THE IWA TO YUKI

No.1-169

岩と雪

BEST SELECTION

1958-1995

はじめに
『岩と雪』復刻に寄せて

『岩と雪』は１９５８年７月に創刊し、95年４月の通巻１６９号を以て休刊した。この間６年５カ月にわたる休刊期間があったから、実質31年にわたって刊行されたことになる。始まりは季刊、途中年３回の一時期をはさんで24号（１９７２年４月）から隔月刊となった。

本格的山岳雑誌を標榜したのは、同じ社内に月刊『山と溪谷』があったためにに、一般的な意味での登山に飽き足らない読者向けに差別化を図ったからだった。おりから戦後の復興も軌道に乗り、マナスル初登頂を契機として登山への興味が増して、全国的な登山ブームが始まっていた。海外登山に対する興味が高まるという期待から、編集のもう一方の柱には世界的視野での編集を置いて海外関連の記事も積極的に掲載した。

本書は、日本のアルピニズムの牽引役を担った『岩と雪』１６９冊の記事から厳選して、歴史的意味のあるもの、現代に通じる内容のあるものを中心に構成したアンソロジーである。記事が書かれたころの時代背景や人物紹介など解説コラムを随時補って、現代読者の理解を助けとなるよう配慮した。

―目次―

（注）文頭の数字は掲載号の通刊番号です。

本書は１９５８（昭和33）年から１９９５（平成７）年に発行された雑誌『岩と雪』を複写し、再編したものです。複写の性質上、発行当時の印刷による文字のかすれや、モノクロ化したために読みづらい箇所などがありますが、修正できないものについてはそのままとしました。また、誤植や文字の統一などについても原本のままとしています。

創刊の辞

「岩と雪」1号編集後記より

＊山と渓谷社創立30周年が２年後に近づいてくる。昭和35年４月だ。長いあいだ岳界を歩いてきた我々は30周年に直面して、それにふさわしい仕事をうちたてなければならない。その一つに我々のつねに念頭にある日本の岳界の最良にして唯一の、本格的山岳雑誌を誕生させることである。そのように思うと、もはやあと２年間待っていることは出来ない。30周年には30周年で新らしい希望が生れるであろう。我々はこのようにして今や〝岩と雪〟〝山と渓谷〟〝ハイカー〟の三つの山の雑誌をもつに至り、名実共に山の雑誌社として通用するであろう。

＊我々はこの新しい雑誌で、どんな仕事をしようというのか。320頁は山の雑誌としては最大のボリュームであろう。この中により高くより困難な、そしてより美しくより新しいものへの理念をもりあげるのである。またこの雑誌創刊と共に、〝登山講座〟６巻、別巻〝山岳事典〟を企画発表した。それが終る前に〝山岳年鑑〟を初めるであろう。然しながら再び永遠につゞけうる〝岩と雪〟をうち出したことは、我々の胸に希望の灯をともしたことになる。

＊〝岩と雪〟では我々は世界的視野における編集内容が主軸である。少くとも100頁を外国の山の記事の紹介に費すこととし、この他を山岳界の重要事件や研究対照に向ける。初登はん記録や人物評伝のほかアルム的な文学的肉づけを加えるなど、この新しい雑誌は奔放新鮮に動きうる天地をもって岳界に強く寄与することが可能である。

＊登山とは登り、読み、かつ書くことの総てが綜合されて成立するものである。然しながら岳人には何故山へ登るかとの疑問符に深刻に悩みぬいた時機があったであろう。そのことは登山の本質と理念をあきらかにすることによって開明するものであり、我々はこの課題と真剣にとりくみ、人類社会に貢献する所がなければならないと思う。

＊若人の心は希望にもえ、限りなく前進し、より高きものへ憧憬し、それに近づこうとするものである。我々はこのようなパイオニヤワークをバックボーンとし、あすの日も生きてゆこうとするものである。

岩と雪 No.1（1958.7）P48-55

ヒマラヤ登山の動向と将来

山《やま》崎《ざき》安《やす》治《じ》

いよいよヒマラヤの登山は新しい時代をむかえようとしている。フランス隊のアンナプルナ主峰初登頂を皮切りにはじまった八千米峰攻略は、僅か十年足らずのうちに、十五座をかぞえるそのほとんどに世界の登山者の足跡がしるされることになった。ヨーロッパにおけるアルプスの黄金時代が一八五四年、アルフレッド・ウイルスのウエッターホルン登頂によって幕が上ったが、それから一世紀たって、ヒマラヤの黄金時代が、いま訪れたのである。

D・F・O・ダンガー氏は、アルパイン・ジャーナル二九五号（百年祭記念号）に「ザ・ハイエスト・マウンテンズ一八五七—一九五七」と題して二三〇〇〇呎以上の山々の初登頂一覧表をのせているが、最初の五十年間では、二三〇〇〇呎をこす山に登ったのは僅かロングスタッフただ一人であった。次の二十五年間、つまり一九三二年までは、その年のラキオトピークとミニヤ・コンカを含めて八座という寥々たるものであったが、登頂された総計五十五座のうち、一九四七年から五七年までの最後の十年間に登られた数はその半数以上の三十一座という目覚しさである。

ヒマラヤにおける黄金時代の序曲を奏したのは一九五〇年のフランス隊のアンナプルナⅠ（二六四九二フィート）であり、三年後には地球の最高峰エヴェレスト（二九〇二八フィート）とナンガ・パルバット（二六六六〇フィート）、一九五四年にはK2（二八二五〇フィート）、チョー・オユー（二六七五〇フィート）、一九五五年にはマカルー（二七七九〇フィート）、カンチェンジュンガⅠ（二八一四六フィート）と一年間にそれぞれ二峰ずつ、一九五六年にはマナスル（二六六五八フィート）、ローツェ（二七八九〇フィート）、ガッシャーブルムⅡ（二六三六〇フィート）と三つのピークがこの年に陥ち、一九五七年にはブロード・ピーク（二六四一四フィート）と、十九座を数える二六〇〇〇フィートをこす巨峰のうち、僅か七年間にその半数以上の十一座が登頂されたのである。（高度はダンガー氏による）

これを八千米の線で切れば十五座のうち十一座ということに

なる。八千米峰のうちカンチェンジュンガ第二峰（二七八〇三フィート）はしばらくおくとして、依然頑強に人類の登頂を拒否しているダウラギリ（二六七九六フィート）の攻略あたりで、ヒマラヤにおける登山の黄金時代は事実上一段落を告げるのではないかとみられている。そしてヒマラヤの登山は次の新しい時代が訪れる。そしてそのきざしは、すでにこの数年来明らかにうかがわれるのである。ヒマラヤの登山が戦後なぜこのように急激に盛んになったかというその理由として三つのファクターがあげられる。

第一はいうまでもなく装備の改良である。特に酸素器具の軽量、簡便になったことは、登攀と睡眠に絶対的な威力を発揮しており、これに加えて、羽毛服、ナイロン・ロープ、優秀な高所靴、天幕、寝袋、および食糧など戦前のヒマラヤ登山では考えも及ばなかった程の素晴しいものが考案されている。衣料や装備などほんの僅かな改良でも、生理学的にみて、すでに限界に達しているクライマーにとっては、非常な相違となってあらわれるのである。

第二はヒマラヤに関する知識が増大したことである。戦前の遠征隊によって残された経験をうけついで、それを土台に、年々あらゆる経験が蓄積されてきた。

たとえば一九五三年のエヴェレストの英国隊は、一九五二年のスイス隊の経験をうけついだものであり、さらにスイス隊は、一九五一年のシプトンの偵察隊や戦前のエヴェレスト隊の経験の上に計画が立てられているのである。

特に重要なことは高所の登攀における生理的情況が明らかになったことで、高所では特に水分を余計に欲するというような問題も戦後に明らかになったことの一つである。またこれは問題になっているが、フランスやオーストリア隊などが登攀隊を元気づけるため麻薬をふんだんに使用してきていることである。

第三のファクターは、心理学上の障壁が打破されたことである。たとえば陸上競技において、一哩《マイル》レースに四分を切る者が出ると次ぎ次ぎにこれにつづく選手が出てくるのと同じような現象が登山にもみられる。長い間空しく試みられてきた一つの山の登攀を誰かが成功すると、突然せきを切ったように、他の人々がこれにつづいて成功をかちとるようになるのである。

この三つの要素に関する見解は、Ａ・Ｋ・ロウリンソン氏がアルパイン・ジャーナル百年記念号「登山の進展・一九三九―一九五六」の中で述べているところのものであるが、戦後におけるヒマラヤ登山の隆盛の由来をずばりといい切って余すところがない。

八千米峰の攻略が一段落ついた次の時代のヒマラヤの登山というものの典型は、一九五七年の六つの隊によってよく示されていると思う。

これまでの国家的背景を持った大がかりなエクスペディションは一つもなかった。何れも気のあった仲間同志のスモール・

パーテイであった。ネパールには四つの隊が入った。モンスーン前には、いずれも英国隊で、エヴァンスのアンナプルナⅡ峰、ロバーツ少佐のマチャプチャリ、ヨークシャー山岳会のジュガール・ヒマール、モンスーン後にはフランス隊がジャヌー偵察を行った。カラコラムではオーストリア隊のブロード・ピークとチョゴリサ、オックスフォード大学のハラモシュの二つがあった。

エヴェレストやカンチェンジュンガに活躍したチャールス・エヴァンス博士のアンナプルナⅡ峰の計画は、D・P・デヴィスとただ二人だけの隊で、ダワ・テンシンをサーダーにウルキン、ミンマ・ツエリン、パサン・ソナンのシェルパも四人という小パーティであった。

ルートは一九五〇年のティルマン隊、一九五三年京大隊、一九五五年隊のとったアンナプルⅣ峰をこえて主稜づたいに達しようとするもので、一九五〇年のティルマン隊に参加していたエヴァンスにとっては二度目だけに十分の自信を持っていた。

雪は例年になく多く、マナンボットの谷間の森林帯はいたるところ雪崩に荒されていた。そのため予定より遅れ、B・C（一五五〇〇フィート）に入ったのは四月十六日であった。四月三十日アンナプルナの山稜に到達し、稜線二一五〇〇フィートの地点にCⅢを建設した。一九五〇年の時とくらべると雪の状態はよく、ステップを作るのも容易であったとエヴァンスは報告している。五月四日CⅣ（二三〇〇〇フィート）に進み、翌五日エヴァンスとデヴィスの二人はCⅣから三時間でアンナプルナⅣ峰（二四六八八フィート、七五二五米）に立った。一九五五年五月ドイツのスタインメンツ隊に次ぐ第二登である。

その夜から一段と天候は悪化したため、アンナプルナⅣ峰とⅡ峰との間にさらにもう一つキャンプを進めて登頂する計画であったが、一たんB・Cへ戻ることにきめ嵐の中を困難な下降をつづけ七日B・Cに下った。五月十三日までB・Cに滞在し、十五日再びCⅣまで登ったが、天候は依然面白くなく、強風が吹きまくっていて天幕もほとんど雪に埋っていた。十六日テンシン、ウルキン、ミンマ・ツエリンの三人を伴った二人はCⅤ用の装備を持ってⅣ峰の肩をこえ、稜線づたいにⅡ峰へと向ったが、行進は遅々としてはかどらず、稜線は予想以上瘦せており、しかも強力な支援隊もなしに悪天候の中を前進するのは無暴と考え、四分の一マイルほど進んだ地点からCⅣに引返した。

荒天にはばまれついにアンナプルナⅡ峰（二六〇四一フィート、七九三七米）の攻撃は失敗に終ったのである。十八日からさらに一週間B・Cで天候の回復をまったが、その見込みが全くないので、後髪を引かれる思いでカトマンズに引上げたのである。

アンナプルナⅢ峰から南下する山稜にそそり立つマチャプチャリ（二二九五八フィート、六九九八米）へはJ・ロバーツ少佐をリーダーとして、C・ワイリー、W・ノイスのエヴェレスト隊員を中心として、R・コーレイ、D・コックスの五名。シェルパはカンチで働いたアン・ニマ、タシ、若いがしっかりしたアン・ツエリンおよびダ・テンバの四名であった。モディ・コーラを遡行し四月二十日一三〇〇〇フィートの地点にB・Cを建設した。

ここからマチャプチャリの側壁が真西に仰がれる。マチャプチャリとは、魚の尾という意味だが、発音が複雑なので一行はM・Pと呼んでいる。山の標高こそ低いがB・Cから頂上へは、エヴェレストのB・Cから頂上までの高さに匹敵するものであった。ロバーツによってガーディローと名づけれた雪のつまったガリーを攀じ一六〇〇〇フィートに四月二十七日CⅠを建設した。CⅠでコーレイが小児麻痺におかされるという打撃を受けたが、計画を進め、一三〇〇〇フィート上部にCⅡを設けた。

しかしコーレイの病状は思わしくないのでロバーツがつきそってポカラの病院へ下すことになった。残った三名は、三名のシェルパと困難な足場切りの後稜線上二〇〇〇〇フィートにCⅢを設けた。

毎日午後になるときまって降雹、降雪があった。CⅢの右上方に巨大なロック・バットレスが行手をはばんで、マチャプチャリの主峰を視界からさえぎっていた。そのジャンダルムからすざまじいナイフ・エッジがつき出していて、まず登れる見込みはなかった。しかしその直下に小さな雪面があり、そこから横にまいて行けば突破出来そうだった。雪庇《せっぴ》をくずし二〇〇フィートのロープを固定して注意深く下り、この難所を突破した。CⅣは二〇四〇〇フィートに張り、五月十八日三名のシェルパをつれ、さらにその上方二〇〇ヤードに荷を上げた。それより上部は悪場の連続で、しかも雪がくさっており、ついにフィックスド・ロープが不足し、一たん縄梯子とロープをとりにB・Cへ退却しなければならなかった。ポカラに病人を送りとどけたロバーツ少佐も急いで戻ってきた。六月一日二十五フィートの縄梯子と、三〇〇フィートのフイックスド・ロープのおかげで二一〇〇〇フィートにCⅤを建設。

翌二日コックスとノイスの二名は午前四時十五分CⅤを出発、時に五十度から六十度の氷の斜面に足場を刻み、時に膝までのラッセルにあえぎ、午前十一時頂上直下一五〇フィートの地点に立った。頂上は手のとどくほどの近さであったし、「社会的にも地位のある結婚している大の男が二人これ以上無理するには及ぶまい」とその地点にネパールと英国の旗を埋めて引返した。

今年深田隊の出かけたジュガール・ヒマールに入ったヨークシャー山岳会の登山隊は、入山早々の四月三十日雪崩にやられ、隊長クロスビー・フオックス海軍大佐が二人のシェルパと共にクレバスにたたきこまれて死亡し、同じロープにつながっていたJ・スペレー大佐はからくも難をまぬがれるというアクシデントを惹起している。

以上の三つがモンスーン前の昨年のネパール・ヒマラヤ隊の

概略だが、モンスーン後には、フランス隊が東ネパールのジャヌー（二五二九四フィート、七七一〇米）へ偵察に入っている。隊員はマカルーやムスタグ・アターに登っているギド・マニョヌをリーダーに、ルルー、ブビエールの三名、サーダーは日本のマナスル隊に同行したガルツェン・ノルブで、まず南東面のヤルン氷河からの登路発見に失敗し、ついで西面、および北面から偵察の後、この奇怪な岩と氷の山に登れるのは南西面ヤマタリ氷河からルートを開くことが出来ると見通しをつけて引上げた。しかしマニョヌはこの山に登るには岩と氷に対する全く新しい技術が必要だといっており、またガルツェンもわれわれが発見したこのルートも非常に危険で困難なものだと述べているのをみても、容易なものではなさそうである。

眼をカラコラムに転じると、オーストリア隊によってブロード・ピーク（二六四一四フィート、八〇五一米）が登られた。八千米の未踏峰としてはカンチェンジュンガⅡ、ダウラギリ、ガッシャーブルムⅠにつぐ四番目の高度を誇っていた巨峰がまた一つ落ちたのである。しかもこの登山が高所用のフンザを一人も使わず、僅か四人の隊員だけでなしとげている点注目されてよい。

隊員はナンガ・パルバットに登ったヘルマン・ブール、M・シュムック、F・ヴィンターシュテーラー、K・ディンベルガーで、五月十二日ゴドウイン・オースティン氷河末端四九〇〇米にB・Cを建設、西山稜にルートを求め、十八日五八〇〇米にCⅠ、六四〇〇米にCⅡ、二十一日B・Cに下り五日間悪天候のために停滞し、二十六日再びCⅡに登り、ルートをきり開き、二十八日六九〇〇米にCⅢを進め、翌二十九日ヴィンターシュテラーとディンベルガーは頂上に向ったが、午後六時頂上直下から退却した。

翌日再度B・Cへ全員下って休養し再挙をはかった。六月八日全員CⅢに入り、翌九日四名は快晴に恵まれ午後六時、全員頂上に立つことが出来た。ヒマラヤにおける新しいタクティックスを彼等は堂々と実行したのである。

次いで彼等はガッシャーブルムⅠ（二六四七〇フィート、八〇六八米）をねらったが、期日に余裕がないため断念してチョゴリサ（二五一一〇フィート、七六五四米）に向った。バルトロ氷河をさか登り、六三〇〇米にCⅠ、六七〇〇米にCⅡと天幕を進め、六月二十七日ブールとディンベルガーは頂上に向ったがひどい吹雪に襲われ午後一時七三〇〇米の地点から引返した。その帰途ブールは七二〇〇米附近で雪庇をふみはずしてバルトロ氷河に落ち行方不明となった。

秋にカラコラムに向ったオックスフォード大学の登山隊もアクシデントをおこして終っている。H・R・A・ストリーザー大尉を隊長とするこの登山隊の目標はハラモシュ（二四二七〇フィート、七三九七米）であったが、これまた九月十八日副隊長のB・A・ジュットとニュージーランド出身の生物学者R・C・カルバートの二名が遭難した。

一九五七年度におけるヒマラヤの登山隊の主な動きは以上あげた通りだが、アクシデントがかなりの数にのぼっているということは、ヒマラヤの登山がそれだけ手軽に行えるようになってきたといえる反面、やはりヒマラヤの登山というものは、それ相当の危険をともなっているのだということをあらためて知らされるのである。特にヘルマン・ブールの場合など、ロープをつけていなかったというにいたっては、いうべき言葉もない。

一九五八年度のヒマラヤも相変らずにぎやかである。

今年ネパール政府が許可を与えた登山隊は、ダウラギリ、アンナプルナⅡ峰、チョー・オユー、ガネッシュ・ヒマール、モンスーン後にはジャヌーとヒュル・チュリ、それにアメリカの雪男探検隊の七つがあり、カラコルムでは、ガッシャーブルムⅠ峰およびⅣ峰、チョゴリサ、ハラモシュ、ディステギルサールの四つの隊が発表されている。

ダウラギリは中央ネパールの最高峰であり、また、未踏の八千米のうち、カンチェンジュンガⅡ峰を除いて、その最高峰でもある。一九五〇年、フランス隊によって最初の偵察が行われ、一九五三年、ラウターブルグを隊長とするスイス隊が最初の攻撃を行っている。

フランス隊が登攀不可能と断じた北面のマヤンデイ氷河に登路を求め、非常に困難な岩登りを行い七七一〇米の地点に達した。翌五四年にはペロン政府の支持を受けたイバニエス中尉を隊長とするアルゼンチン隊がダイナマイトを使って危険個所を爆破し、七五九〇米まで登った。隊長のイバニエスが足の凍傷からついに、死去した。

五五年にはスイスとドイツの合同隊が向い悪天候のため七二〇〇米で撃退され、また同年アルゼンチン隊は本国の政変のためこの山の攻撃を中止し、一九五六年三たび挑戦したが依然その頂は陥落していないという曰くつきの山である。今年のスイス隊はウエルナー・スタウブルを隊長に精鋭をすぐっているので、恐らく前後五回にわたる攻撃をしりぞけたこの巨峰も完登されるものと思われる。

アンナプルナⅡ峰へは昨年と同じく隊員二名しかもシェルパも二名という極めて小人数のイギリス隊が出かけている。昨年のエヴァンス隊によって登路の見通しは完全についているのでこれも天候にさえ恵まれれば成功するだろう。

チョー・オユーのインド隊は、隊員七名、シェルパ七名の編成で、インド隊による最初の八千米峰攻撃という点で注目されたが、去る四月二十八日標高一八〇〇〇フィートのベース・キャンプでダージリン登山学校のプレジデントであるナレンド・ダール・ジャール少佐が肺炎のため死去するというアクシデントに見舞われ、遺体はヒンズー教徒の慣習にしたがって火葬にされたと五月三日カトマンズ発のAP電はつたえている。

しかし、残りの六人のメンバーで登攀を続行中というから、その成果は期待してよい。ジュカール・ヒマールに向った深田隊のことはすでに知られているので説明の要はなかろう。また秋にはフランスのジャヌー登頂がある。隊長はJ・フランコで隊員は八―九名、ガルツェンが再び同行するが、フランス式のテクニックがまたここで存分に展開されるものと思われる。日本山岳会のヒマル・チュリ偵察は二名でやる予定でこの冬に越冬する点注目されている。

カラコラムでは、ガッシャーブルムⅣ峰（二六一八〇フィート、七九八〇米）にはイタリアの著名な登山家リカルド・カシンを隊長にした六名の隊が向い。ハラモシュにはオーストリアのウイーン大学教授エドワルド・ピルフ、ルドルフ・ハンマーシュラグ博士ら七名で、ハラモシュのほかその周辺のマルビチン、ラエラ両峰の登高も計画している。ディステギル・サール（二五八六八フィート、七八八五米）には英海軍とパキスタン陸軍合同登山隊が入った。隊長はM・バンクス海軍大佐、さきの南極横断に協力したヒラリー支隊員のF・R・ブルックス海軍少佐およびパキスタンのクライマー二名が参加している。

桑原武夫隊長以下の京大隊のチョゴリサも、昨年のオーストリア隊の攻撃でルートの見通しがついているだけに登頂の可能性は十分とみてよい。

このほか、カラコラムへは、スイスのレイモン・ランベールがラカポシ（二五五五〇フィート、七七八八米）の入山許可をパキスタン政府に求めていると伝えられ、またオーストリア隊がガッシャーブルムⅠ峰（ヒドンピーク、二六七四〇フィート、八〇六八米）をねらっているといわれていたが許可はなかったようだ。

昨年および本年のヒマラヤの登山隊の動向は右のとおりで、なおアメリカの石油王トム・ストリックの雪男探検隊はヤルン氷河でその髪の毛を発見したことなども報じられているが、この雪男探検隊というのもシェルパの社会にとっては馬鹿に出来ず、また昨年きめられたネパール政府による入山料はエヴェレストの三千ルピー（六三〇ドル）に対し、今年の雪男の探検隊はそのマーケットを八千ルピーに引上げたという。

政治的問題さえ解決すれば、ヒマラヤでは北からのエヴェレスト登頂、あるいは北から南へのエヴェレスト横断という大きな課題を残してはいるが、八千米峰の登頂が一段落つくと共に、何百名というポーターをともなった国家的な支援をバックにした登山隊はいよいよ数を少くしている。

少人数のプライベートな、費用も極度にきりつめた隊でヒマラヤ登山を行う時代になって来ているのである。パキスタンや、インドなどの地元の登山者たちもようやく登山というスポーツを理解しはじめてきていることも見逃せない。またガルワルやシッキムは現在ほとんど門戸を閉していることもまたまだ未開拓の地を多く残していることを物語っている。困難なアルプス的技術を要する登山も、相次いで行われるようになるだろう。

それはムスタグ・タワーを別のルートから同時に登ったイギ

リスとフランスの隊の報告からも十分にうかがわれる。「ヒマラヤにおける黄金時代の最初の栄光はすでに過ぎた。しかしその歴史はなお若く、将来性に満ち満ちている」と述べているロウリンソンの言葉を本稿の結びとする。

〈補遺〉本稿校正中、外電はシーズンたけなわのヒマラヤからのニュースをつぎつぎに伝えてきているので、その概略をつけ加えておきたい。

この中でのビッグ・ニュースは、インド隊のチオー・オユー登頂である。五月十八日カトマンズ発の電によれば、五月十五日、インド登山隊の二名の隊員によって、世界第七位のこの高峰にインドとネパールの国旗がひるがえされたのである。一九五四年秋オーストリア隊につぐ第二登であるが、インドの隊が彼等だけの力によって八千米峰の頂に立ち得たということは、ヒマラヤの登山史を飾る大きな出来事といえる。

この隊はオール・インディアの選抜隊で、隊長はボンベイ出身の法律家ケキブンシャーだが、インド隊はこの登頂につづいて、昨年頂上直下までせまりながら惜くも失敗したガルワルのナンダ・デヴィ登頂を今年も目論んでいると伝えられ、インドの登山界はこのところ大きな生長を示している。カラコラムは今年は大雪で、各隊ともB・Cの建設に手間どっているようだが、オーストリア隊のねらっていたガッシャーゴルムI峰（ヒドン・ピーク）へはニコラス・クリンチ（二十八歳）を隊長とする米国隊が向っており、米国隊にとって初の八千米峰攻略が成功するかどうか興味を持たれる。

なお英国、パキスタン合同隊はラカポシもその目標の一つに加えている。

いずれにせよ、エヴェレストは英国、ナンカパルバットはドイツといった戦前からのヒマラヤの巨峰に対する〃ナショナリズム〃はすでに全く影をひそめた。そしてそれに伴なった国家間の競争意識というものも、八千米峰の陥落と共になくなってきたことは事実である。

誰でも自由に、楽しく、ヒマラヤの登山を試みることが出来るという時代にすでになってきているのである。ここしばらくは未踏の七千米峰の攻略が多くの登山隊によって行われるだろう。そして、また、アルプスの登山の歴史が明らかに示すとおり、ヴァリエーション・ルートからの八千米峰の攻撃ということが当然近い将来とりあげられるに相違ない。ヒマラヤの登山の歴史というものは、まだほんの序の口にすぎないのである。

（三三、五、二三）

（早大山岳部OB・日本山岳会理事・日刊スポーツ文化部長）

岩と雪 No.2（1958.11）P294-305

パイオニア・ワークとはなにか

本《ほん》多《だ》勝《かつ》一《いち》

そして、エベレストの頂上を極めるということはエベレストが山である限り、登山には違いないけれども、また単なる登山を超えた何ものかでもある。（今西錦司「ヒマラヤを語る」）

〈象とはこんなものである〉と、まだ象をみたことのない男が説明する場合を想像されたい。私はここに、ひとつの机上理論——山におけるパイオニア・ワーク（Pioneer Work—創造的行動）についての説明をしようと思う。

机上理論は実験してみなければ、正しいかどうかわからない。実験してみたら、机上理論が〈象とは壁のようなもの〉であった、ということになるかもしれない。

われわれの山岳部は、パイオニア・ワークということを、いいつづけてきたようだが、それには直接の関係はない。私自身がこの立場にたつかどうかも、今後の行動がこたえるのみである。

×

……（前略）

A——たしかにパイオニア・ワークということばも、小さな対象にまでひろげたら、きりのないものになる。しかしパイオニア・ワークというものは、極めて真摯な、また純粋なものだから、小さな対象などという観念を意識しているようなものはパイオニア・ワークではない。この立場からすれば、人生そのものがパイオニア・ワークであるといえよう。

個々の生涯は、それぞれパイオニア・ワークでもある。そして個々としてのパイオニア・ワークが、人類としてのそれまで高められたとき、パイオニア・ワークは最大のものとなる。だからパイオニア・ワークということばは、およそ考えうるすべての世界に存在する。すべての次元をむすぶザイルである。

B——そんならホトケやキリストの境地もか。

A——たぶんね。だからパイオニア・ワークということばを無視し、或は反対するような考えかたも、ひとつのパイオニア・ワークだ。

B――社会革命はどうかな。

A――典型的なものだ。革命は偉大なる芸術だっていうくらいだからね。ただし典型は最高と同義語ではない。

B――では、山とか探検とかいう世界では具体的にどのようなものをパイオニア・ワークというのか。

A――はじめにハッキリといってしまえば、山については処女峯の登行、探検についても処女地の踏査だ。もっとも探検の場合には、地理的な処女地という意味ではない。未知の世界に問題をもとめてゆくものは、すべて探検だといえるからね。しかし山はこの点ハッキリしている。処女峯か処女峯でないかだ。

B――それじゃあ、日本国内ではもう山におけるパイオニア・ワークがありえないということか。

A――先にいった人類としてのパイオニア・ワークの意味ならば、ありえないことはもちろんだ。しかし個人としてならば、ありうるだろう。どんな低い山だって、生れてはじめてのぼる人にとっては、パイオニア・ワークだからな。パイオニア・ワークをささえるものはパイオニア・スピリット(創造的精神)であり、パイオニア・スピリットは冒険(アドヴェンチャ)の精神を根底としている。

たとえ千米級の山でも、平穏な下界から初めてでる者にしては冒険であるし、それを推進させるのはパイオニア・スピリットであり、のぼられた感動の世界はパイオニア・ワークの結果である。だれしもこの感動は忘れられぬものだろうが、その感動をえた同じ山に、二度、三度とのぼったとき、そのたびに最初と同じような烈しい感動をおぼえるものだろうか。そんなことは、ありえない。百回のぼって常に同じ感動をおぼえる者があるとしたら、それは始めから感動などしていなかったのだ。

ある先輩は、一度のぼった山にはのぼりたくない、とまで極言しているが、その気持は充分うなずける。千米の山に感動をおぼえなくなったら、当然さらに高い山へあこがれるようになる。この推移のうちにこそ、すべてがあるのだ。〔一瞬一瞬、人間はつねに新しい熱情をいだいて、新しい計画のなかに身を投げるのだ。――S・B〕

さらに高い山をもとめてゆけば、日本での最高は三千米級だ。彼はふたたび感動し、新しき彼のパイオニア・ワークに酔うだろう。だが逃れることのできぬ推移は、またまた起らざるをえない。

ところが残念ながら、国内にはもうそれより高い山はないのだ。当然海外にでなければならなくなる。さもなければ、もう個人としてのパイオニア・ワークさえも存在しない。

B――極端だな。なにも高度ばかりがパイオニア・ワークでもあるまいが。

A――問題をしぼらなけりゃいかんよ。ここでは山の場合を論じているんだ。別の方向にパイオニア・ワークをすすめることは、どこからでも可能だろう。

たとえば山での科学をやることも立派なパイオニア・ワークだ。しかしそれは山を舞台にしているだけで、山からはすでに去ったものだ。科学を、より深き探検のために利用するのと、科学のために探検するのとでは、根本的に別のものだ。

スコットが南極でアムンゼンに先をこされて悲嘆したのは、彼が極点到達を最高のパイオニア・ワークと考えていたからである。南極の学術調査が目的ならば、なにもあんなにアワテたり無念がったりはしない。

B――そんなら処女峯でありさえすればいいのか。

A――だからはじめにいっただろう。小さな対象なんてことを意識してるようなものはパイオニア・ワークではないと。君は十米の処女峯にのぼる気がするかね。

B――しかし、巨峯にだってヴァリエーション・ルート（変異登路）ということもあるじゃないか。

A――いったいバリエーション・ルートなどというものが、なぜ生れたかを考えてみれば、これがいかにシミッタレたものかわかる。処女峯に関してはバリエーション・ルートが起りえないのだよ。カンチェンジュンガが処女峯でありしとき、なんとかしてより困難なルートを選ぼうとした隊があるかね。ということは、もうその山に対する最高のパイオニア・ワークがなされてしまったあとに、シカタナク選んだのがバリエーションだということだ。

彼はシカタナクということを意識している。最高のものでない、落穂ひろいだ、ということを意識している。パイオニア・ワークとは、彼にとって可能なる最大の冒険でなければならない。

バリエイションが絶対にパイオニア・ワークでないとはいわないが、こんなものにとらわれていては偉大なパイオニアたることはできない。南極に達するためのバリエイション・ルートは、数学的には〈無限〉にあるからね。その無限のルートも、アムンゼンの一本のルートに対しては、すべてが低いのだ。

B――君がそんなことをいったって、現に山男はドンドン日本の山に登ってをり、第一君自身もよく山へいくじゃないか。

A――大部分の山男はアキラメか虚栄か惰性でのぼってるにすぎない。〔多くの人は二十才か三十才で死ぬものである。その年令を過ぎると、もはや自分自身の反映にすぎなくなる。――R・R〕

上高地の雰囲気を考えてもみたまえ、あそこでは、銀座風俗などとケナされるミーハー族の方が、かえって卒直に山を感じている。

ところが、ゆき交う山男たちの、気味わるいまでに過剰な自己表彰には、まるで山自体にまでそんな雰囲気が移ってしまいそうで、嘔吐をもよおす。さらに或る種の山岳団体のごとく、経験者が初心者のシリをピッケルでひっぱたいてるのを見るにいたっては、こっちが悲鳴をあげたくなる。

こんな環境の中で山の洗礼をうける者に真のパイオニア・ワークが理解できっこない。ほんのわずかな山男のみが、きたるべきパイオニア・ワークにそなえて、実力をねるべく登山している。だがそれも、自己に主体性をおいてやってる者は、さらにその中の一部にすぎない。あとは機会がコロゲおちてくるのを待ってるか、レディー・メイドの計画に便乗しようとしているかだ。これでは本当の意味の冒険ではない。

だから処女峯に登頂しながら、しかもパイオニア・ワークでない場合もありうる。これでは処女峯が泣くだろう。また日本の場合はその歴史上の不幸のために、本来発展的な国民であるにもかかわらず、国外にでるのが気重(気軽の逆)になっている。これはわれわれの手で打破せねばならない。

ところで俺の場合についてだが、きたるべきパイオニア・ワークのために訓練として登ってるつもりだといっておこうかな。

B——それじゃあ山にのぼっても味もソッケもないじゃないか。俺なんかは、岩登りのスリル、花畑の美しさ、原始林の孤独さはもちろん、雨であろうが吹雪であろうが、それぞれに感興をおぼえて楽しむことができる境地に達したぞ。

A——当り前だ。俺だってエデンの園のようなカール(圏谷)では性欲を感ずるくらいだわい。

合宿などというパイオニア・ワーク的でないことにも意義をみとめるのも、みんなでのキャンピングが楽しいからだ。

だがこうした感興は、すべてパイオニア・ワークとしては附随的なものだ。こういうものを文学などの芸術としてのパイオニア・ワークの材料にすることは自由だが、それは先の科学と同様、山自体へのパイオニアではなくなってくる。また俺だってそのような感興のみのために山へでかけることもある。つまりハイキングだ。しかしこれはパイオニアを論ずる場合には登山としてあつかわない。〔山登りにたとえてみれば、すぐれた文学は初登攀であり、通俗文学はハイキングだ。——TK〕

B——そんなら訓練としての登山は具体的にはどんな行動をいうんだ。

A——せまい意味では岩や氷にたいする技術とか体力や装備の問題をさすのだろうが、もっとひろく、要するに非パイオニア的なことはしないということだ。

たとえば案内書をたしかめてみるような山行などは、一切排斥せねばならぬ。もちろん処女峯にむかうときには最大限の資料を研究する必要があるが、これは人類としてのパイオニア・ワークを一歩でも可能な範囲に近づけるための当然の〈手段〉なのだ。

しかるに国内の山の場合は、個人としてのパイオニア・ワークがあるのみだが、それもこれから入ろうとする世界が彼にとって未知であってこそいいうることなのだ。〔私は人に道をたずねることさえ好まない。そんなことをしたら、私はその人に隷属することになるから。J——・R〕

〈この谷は何キロあがれば何米の滝がある。これは左にまいてこえる。さらに何百米いくと廊下になっている。これは……〉とか、穂高の滝谷第X尾根はどこからとりつき、どこにハーケンをうち、どこに右手を、どこに左足を……〉などというものを読み、その通りに登ってみてどんな気持がするんだろう。

　山自体にしても、個有名詞がたくさんついた山ほどダラクした山といえよう。劒岳をみたまえ。源次郎尾根、平蔵谷などといってるうちはまだいいが、〈カニの横ばい〉などから首をかしげたくなり、〈八ツ峯第六峯BフェイスYルート〉だとか、〈クレオパトラ・ニードル〉、〈チンジャン〉（これはツィンネのジャンダルムという意味らしい）などになると、悲鳴をあげたくなる。

　近いうちに一つ一つの岩のコブに至るまで名がつくことになるかもしれん。しかも日本の山に外国の名が。（今あげただけでも英独仏の三ヵ国語にわたっている）これはパイオニアたちの世界を拉し去ったツメのあとだ。

B――しかし登山は無謀であってはならん。生命の安全は必須前提である。このことからしても案内書を無視するのは子供じみた冒険ではないか。

A――なるほど子供じみてる。だが永遠の子供たることはむづかしくてね。念のためにくりかえすが、われわれはパイオニアについて語っている。生命の安全な冒険などというものがあるかね。それはスリルというものだ。第一、処女峯に案内書がありますか。

B――時間的に制限されていて、たとえば三日のうちに登っておりてしまわねばならんときなど、全く不案内では目的も果せぬことがあろう。

A――しかし山のパイオニア・ワークはマラソンをすることではない。三日に限られていたら帰りの時間が充分とれる程度まで案内書なしに登ればよい。残された部分については、さらに次回のパイオニア・ワークを重ねることによって完成するのだ。

B――なんにも知らずに行ってみたら、大きなバス道路が頂上まで通じていて、ガッカリした、ということも起りうるぜ。

A――そうだ。だから案内書というものも、ここに唯一の使い道があるといえるね。つまり案内書に書いてない部分を知るために。

B――ところで処女峯登頂の記録にも君は反対するのか。

A――処女峯の記録は全く性質のちがったものだ。記録というよりも、ひとつの魂だな。読む者すべてに、パイオニアの感動――創造のよろこびを再経験せしめる。しかし、処女峯の記録だって、なにもゼヒ書かねばナラヌってわけではないんだからね。

B――ところで君流に考えると、山岳部もすべてパイオニア一色にしちまえ、てことになるかな。

A――山岳部はパイオニア部ではない。単なるスポーツとしてとか、趣味としてとか、また山を材料や舞台として別の面でパイオニアたらんとして山岳部に入るものもあろう。

われわれには、虚栄や逃避を求めてくる者をも、こばむことはできない。それぞれの立場が尊重されねばならない。だからパイオニア・ワークという立場も、その中のひとつの立場でしかない。相互間での価値の高低などは存在しない。山岳部を尖鋭主義者ばかりにしようとしても、尖鋭主義自体にいろいろな分派があるのでは話にならない。

たとえばワンダラーとクライマーとは、考えかたがかなりちがう。

俺個人としては、山岳部がパイオニア的であることがのぞましいのは当然だけれども、これは単なる希望にすぎず、一方には、あらゆる傾向の綜合体であることが、より好ましいと思う気持もあるのだ。そしてどちらかといえば、ワンダラーの方により強いあこがれをいだいている。

もっともワンダラーということばから、いろいろな大学でよく第二山岳部的に存在するワンダー・フォーゲル部を連想されては困るがな。俺の場合のワンダラーは、対象が処女峯であるときには区別することがむつかしいかもしれない。行動のみをみれば、クライマー的方法のすべてを、そのうちのひとつとして含んでいるのだ。

だからどんな高峯でも、どんなに険悪な山でも対象たりうるわけだ。

それから部のありかたについて、最低、次のことだけは強調しておきたいな。山にいくために部があるんで、部の存在のために山にいくのではないとね。あたりまえすぎて忘れがちでな。もっとも部のためにいくという神様みたいな人がいても悪くはないが、そのことをフリマワして恩にきせられては迷惑だ。

B――たしかに。しかしそれは利己主義、つまり単に部を利用している、とも考えられるのではないか。

A――われわれ部員はすべて、結局利己的な意味で入部しているのではなかろうか。〈真の情熱は利己的である〉というスタンダールの言を君はどう思うね。

ハッタリと謙譲の美徳とは、全く同じことなのだ。後者の方がむしろタチがわるい。おそらく君のいうのは、部にとってマイナス以外になんの作用もしないような存在を指すのかもしれないが、それは利己主義もなにもない、それ以前の存在だ。それにマイナスということを、主義上の敵ということとまちがえてはいけない。これをまちがえると、有能な部員を追放することになる。

B――われわれの山岳部でよくきかされるパイオニア・ワークということばは、はたして君のいうような意味のものだろうか。

A――それには全く無関係だ。〈パイオニアの伝統〉ということばを、われわれはよく聞かされるが、しかしそれを叫ぶ以上は、内容を明確に示してほしいものだ。

B――では君にひとつ説明してもらうが、君はナゼ山にのぼるんだい。

A――今さらそんなことをきくようでは、パイオニア・ワークの意味がわかっていないな。これについては、いろいろな山男がいろいろなことをいっているが、あんなに神経質になってベンカイじみたことをする必要はないんだ。「では、君はナゼ生きるのかね」と反問することをもって答としておけばよい。

いったいナゼという質問のされずにすむ行動があるのか。それが特に山に対して強くいわれるのは、山が何にもまして意志をもった行動だからだ。つまり、ほんとに生きてるからだ。

B――海外にでるといっても、それは究極的にはヒマラヤをめざすものだろうが、第一に経済的制約があるし、法的にもそう自由にはなるまい。

A――常識的にはそうだ。しかし根本的にはその考えも先にいった歴史的感情なる気重によるものだ。〔ギリシャやアフカの小旅行すら、とんでもない大胆なことと思っている。しかも団体でなければ歩けない。――H・B〕

それに、いつの世にもパイオニア・ワークというものは非常識なものでね。それが常識的になったときには、すでにパイオニ・アワークでなくなっている。経済的制約についてだが、いったい君は実際に海外にでようとして君自身の体を動かしたことがあるのか。ただバクゼンと、はかなく王子の出現を待っている世の乙女らのごとく、君を援助してくれるキトクな救世主を夢みているか、或は例の便乗組ではないかね。

悪いことに日本のヒマラヤ遠征の先例がほとんど大名行列型であるために、とても個人の力ではいけないという印象を与えてしまった。これにはほかの国のツミも大分ある。もちろん資金の出所があれば大いに有効に使うがよろしかろうが、どこかで出資してくれなければ不可能だなんてきめこんでいるのでは、話がアベコベだ。

B――京大カラコラム・ヒンズークシ学術探検隊も大名行列か。

A――学術探検は別だ。金をかけるべきところへは充分かけなければならない。あれではまだ質素すぎるくらいかもしれん。学術探検は金がかかれば大体は効果も大きい。しかし内容によっては、そうとも限らぬだろうし、わが国のような貧乏国は、できれば安い探検をやるべきではあろうがな。だが登山は必ずしも金に比例して成功率が高くはならないし、第一に行くことが問題なのだ。

B――いったいイクラくらいの遠征が大名行列でないというんだ。

A――ヒマラヤ遠征の相場は、一人につき百万円以上ということになってるらしいが、コンナことを真にうけていては、ジャーナリズムのドレイになるよりほかに道はない。ジャーナリズムは、利用すべきではあっても、利用されるべきものではない。

いろいろ検討してみると、やる気なら三十万円でも八千米級にラッシュできるのではないか。これは先輩の経験や各種の資料などで、かなり根拠のあるものだ。さらに冒険の精神をもって(?)テッテイ的に倹約すれば、三万円でも、さらにさらに革命的手段によれば三千円、いや、タダか、或はもうかるくらいに……。ちといいすぎたらしいが、その気持の象徴だと思っておけ。

しかし無一文で自転車一台もってとびだした上、世界一周してもうけたドイツ人(ハインツ・ヘルフゲン)のいることも考えてほしいね。もし俺がそういう計画をたてたとしても、実際上の障害より前に、まず君等のありがたい御忠言でツブされてしまいそうだからな。

では安い遠征の実例をあげてみよう。ノルウェイのティリチ・ミール偵察隊は二人で五〇万円くらい。クマオン・ヒマラヤへいったスコットランドの四人の遠征隊(The Scotish Himalayan Expedition)は四カ月で一人につき約三七万円だ。スイスのエラ・マイヤールという婦人は、ゴザインクンド湖に三週間かかっていってるが、この費用がタッタ一万円。ただしこれは、この三週間だけの費用だが、この旅の出発点カトマンズまでの費用は、すぐ計算できるわけだ。

彼女の場合は本格的登山というほどではなくて、高地部落の訪問などかねてるけれども、案内人も人夫もつかい、かるいラッシュ・タクティクスくらいできる程度の用意はしている。カトマンズまでを最低の費用でいくためには、〈旅客〉としていこうなんて考えではダメだろうし、コスッカライ大陸人にたいしてヒトのいい日本的センスで相手になっていたら、カトマンズ以前に財布はカラになる。

そのほか、小遠征隊の例は〈岳人〉に深田久弥さんがあげておられるし、実際の体験についての可能性は、今西錦司先生やAACKの先輩たちが語られるとおりだ。

それから法的な問題だが、これはたしかに面倒くさい。入国許可、出国許可、外貨問題、渡航審議会などの関門を次々と通らねばならない。金と権力が有利な世界はここにもある。しかし、われわれに本当の信念と実行力があるならば、こんな障壁にたいしてこそヴァリエーション・ルートを見出すべきだ。

B——具体的な方法があるのか。

A——すべては実際にやってみた上で考えるべきだな。正攻法で通るものなら、むろんそれによるべきだが、それさえやってみずにダメダロウときめこんでる者のいかに多いことか。しかし、やってみた結果ほんとうに〈非情の障壁〉を知ったならば、その道の先輩に相談するのが最もよろしい。こちらが誇大妄想狂や無知でないかぎり、力になってくれよう。

それでも万策つきたとしたら、鉄の意志と世界旅行の権利とをもって、トール・ヘイエルダールや川口慧海やエリック・ド・ビショップや、さらにアラン・ボンバールに学ぶんだな。われわれのような島国の場合、第一の課題は海をわたることだ。

祖国の海岸をはなれるやいなや、彼は処女峯への道をすすんでいるのだ。パイオニア・ワークの世界にふみこんだのだ。もうどこでつまづいても、彼には悔がない。そこにある感情は、機会をとらえそこねたクヤシサではなくて、頂上を眼前にしながら、刀おれ矢つきて撃退された者のみがもつ再起の闘志と創造の歓喜のみだ。

B――それほどにまでに考えるなら、君はナゼ海外遠征にでかけないんだね。

A――極めて近い中にいくだろう。五年前俺はチョモ・ルンマ(八八四〇米)にいくことにきめた。これはまだ計画に着手せぬ中にのぼられちゃった。チョゴリ(八六一一米)もコンロチュウ(八五七九米)も同様の結末だ。

B――それで近い中にどこへいく〈計画〉をたててるってんだ。計画だけなら、どこだってできるぜ。月や火星の山でも。

A――行くことが第一で、目標は複数だ。ところで、月や火星の山は、いわゆる岳人とは全く無関係だよ。それらは科学者の対象だ。科学にパイオニア・ワークを求めた者たちの世界だ。もっとも火星で登山ができるような時代もくるかもしれんが……。

B――しかしだな、〈極めて近い中〉だという君の遠征計画は、はたして歴史的必然性から生れたものだろうか。ササイなことに感激し、オダテられて浮足立った結果ではないか。着実なあらゆる技術的学問的基礎の上に立っているか。君の行動は君の実力と一致しているかということだ。

A――〈着実なあらゆる技術的学問的基礎の上に立っているか〉を反省したら、俺などは穴だらけだと思う。いったい、どうなった時が完成されたときなのかね。それは、世間が異端者的な眼でみなくなったとき、世間の認めた〈順番〉がまわってきたときと、一致するのでなければいいがな。ナぜって、それはつまりパイオニア・ワークとしての場ではなくなったときだからね。また、安楽イスに腰かけた人生批評家には、尚更なりたくなくてな。

〈あいつも、そろそろ行かしてやらんとキノドクだ〉と世間がいうようになったときに、君は〈歴史的必然性〉と叫ぶのだろう。そんなものは歴史的妥協性というものだ。行動を資格づけるものは自己以外にない。真の歴史的必然性とは、パイオニアだけがもっているものだ。

B――少くとも部員としてでかけるからには、他のすべての部員が君を理解していなければなるまい。

A――部としてでかける場合には、最低の線が海外にでるという点で引かれていればよい。遠征への考え方に個人差はあっても、遠征という共通因数さえあればよい。だが〈理解〉がそれ以上のものだとしたら、それは不可能だ。それ以上のイミでパイオニア・ワークを全部員に理解させるということは、山岳部がパイオニア部になるということである。これは部の方針ではあるまい。〈それ以上の意味〉では、俺はヴァリエーション・ルート派を理解できない。しかし尊重はしている。ヴァリエーション・ルートの実行を妨害したりはしない。同じ意味で、たとへ遠征派を理解はできなくとも、尊重し、認めてほしいので、ブレーキをかけてもらいたくないのだ。さもなければ、ハイキング派、ヴァリエイション派、ピーク・ハンター派、放浪派等々、ほとんど全部員に少しずつ個人差があって、それぞれ一派をなしてると思うのだが、それらに対しても意義を、効果を、理由を、方法を、そして〈歴史的必然性〉や〈社会との関連〉を問い正さねばなるまい。

B――君の反逆はすべて何倍にもなって君の上にもどってくるぞ。

A――何倍にもなってもどってくるようなら、俺の〔方法が浅智恵だった――J・K〕ということで、それはまた、いい経験になる。

B――そんなら君は、でかけるまで何もしないというのか。

A――必要な研究と精進には全力をつくさねばならん。しかしそれは、冒険をスリルに変えるためではない。研究と精進による常套的アタックの限度以上は、残った確率何分の一かの可能性に賭けて進むのだ。冒険の精神とはそういうものだ。

B――これこそチャチな頭から発生した危険思想、いや、思想じゃなくてドグマだ。真の冒険は、真実な生命の安全の上ですすめられてこそ存在する。君のは無謀というものだ。

A――いったい、冒険とは、自己を賭けることではないのか。賭ける以上は、勝つか負けるか、生か死かである。生のみの賭けがあるかね。百パーセントもうかるバクチがあったら、やってみたいものだ。生のみの賭けがなければ、生のみの冒険もなく、したがって生のみのパイオニア・ワークは存在しない。無謀とは百パーセント死である場合のみのことだ。

高所の異常環境のために気がヘンになって、百パーセント死とみて逃げ下りることもある。これもまた注意すべきことだ。事実が無謀である場合というものは、それほど多くあるものではない。それにヒマラヤ八千米級の処女峯をやる以上は、それくらいの決意がなければなるまい。

イギリスのエベレストのやりかたが着実で安全な正攻法だ、とほめる人が多いけれども、アタック隊は決して死の確率が少いことはない。また長い目でみれば、イギリスは歴史の上で大きな冒険をしてきているために、すでにアセらなくてもよい素地があったともいえる。だが、それにしても、イギリスはスイス隊にシテやられる可能性が充分あった。むしろイギリスの成功は、半分くらい幸運によるものだ。

スイス隊にヘルマンブールみたいな男がいたら、登ってしまったかもしれない。登ってしまえばオシマイだ。方法よりも事実がのこるだけだ。そうなればスコットがアムンゼンにシテやられたのと同じようなもので、イギリスがいかにくやしがっても、はじまらない。

そもそも、ひとつの山を他の隊に登られないように〈とっておく〉なんてことは、できるはずがない。登る権利は誰にもあるのだ。とっておかれた山などは、パイオニアの目標にならぬ。〈とっておく〉ということは、あるときに登頂可能なものを、そのまま保護しておくということだ。

日本アルプスのなかで、槍ガ岳だけが今まで〈とってあった〉とすると、たしかにそれは処女峯だが、しかしこれに登ったところでパイオニア・ワークだなんていえまい。パイオニアはその時代と常に関連している。過去のパイオニアがやったと同じことを今やっても、パイオニアとはいえない。

ということになれば、チャンスを最大限に生かして賭けなければならない。処女峯はいつまでも待っていてくれるものではない。ヘルマンブールやルイ・ラシュナルのやりかたを見たまえ。また白瀬中尉をみたまえ。君はマルコポーロやマジェランをどう考えているのかね。ヘルマンブールをけなす人があるけれども、何といおうと、〔だが勝利は残る――M・H〕。可能なかぎりの着実な前進。そして賭けだ。〈行けば行ける。しかし、もし天気がくずれたら、もし一人が倒れたら、もしナダレがおきたら、もし退路を絶たれたら……〉などと不安な仮定ばかりしているのは、スポーツとしてのクライマーの態度であって、パイオニアたる資格はない。〔スポーツの定義――Sport: Amusement, diversion, fun; pastime, game; outdoor pastime, e. g. hunting, fishing, racing.――C.O.D.〕

B――君の気持はわからんでもない。君は生涯を山に賭けようとしている。ここにいたっては、われわれは一致することが不可能だ。俺の方は山になんかに賭けようとはしていないからな。

A――決して生涯を賭けようなんて思ってはいない。君は〈山なんか〉といった。おそらくそうかもしれない。山なんかに賭ける奴はバカの骨頂かもしれん。ほかにもっと〈大切な〉ことがあるようだ。俺にはしかし今の所まだわからない。賭けてみたことがないからわからない。だからこれは、もちろん唯一の賭けではなくて、第一番目の賭けにすぎない。今なしうる賭けをしない者は、未来のいかなる対象に対しても決してそれをなしえない者である。計算され、自らを束縛した生涯を俺はさけたい。

B――君は処女峯々々というが、エベレスト以下八千米級はもう大方登られてしまっている。なるほど低い処女峯はたくさんあるだろうが、それでは大したパイオニア・ワークとはいえなくなりはしないか。

A――それこそ、エベレスト登頂の報がつたわったときに岳人たちのうけたショックの正体だ。〔英国隊によってついにエベレストが陥落したのだ。失望落胆やる方なし。私はこの晩をけっして忘れないだろう。――J・K〕ショックをうけなかったなどといってる連中は、ウソツキでないなら、はじめからパイオニア精神などなかったんだ。エベレストなんか早く登られてしまえ、というのも負け惜しみの変形にほかならぬ。〈処女峯が陥落したのちにこそ、真の登山の黄金時代がはじまる〉という人も多いが、真の登山というものを、これはどのように定義しているのだろう。これによれば、つまるところ、ハイキングこそ真の登山だということになる。それはそれでいい。しかしそういう人にかぎって、ハイキングをけなしていなければいいがね。またこの黄金時代ということばは、大衆化時代とおきかえた方がピッタリする。

ヒマラヤ八千米峯をはじめとする主な処女峯が登りつくされたとき、残る処女峯にアタックする心は、ヴァリエイション・ルートと同様に、シカタガナイことを意識している。〔今や幕は下りた。一つの時代が終ったのである。――T・U〕

地球上にエベレストより高い山でもあれば別だがね。しかし探検はもっと幅がひろい。出てから帰るまで全行程がパイオニア・ワークの対象だ。そしてそこには漂泊の魂が、われわれの本来の姿たる〈旅〉の要素が浸透する。

俺は北海道やその附属諸島を漂泊したことがあるが、このときの創造感は、何度目かの北アルプスなどとは比較にならぬものがあった。それから山を知ったのがパイオニア・ワークであったのと同様に、パイオニア・ワークの結果山を去ることもありうるのを知ってもらいたいね。

B――君は今、探検だの漂泊だの旅だのといったが、それも一種のヴァリエーションではないか。

A――イタイところをついたな。いったいエベレストにしたところで、第三の極の名が示すように、一種のヴァリエイションだ。

B――なにもかもヴァリエーションか。まるで、人生はヴァリエーション・ルートなり、てなことになりそうだが。

A――いかにも。人生はオチボ拾いなり。

B――このサギ師め。忙しいのにバカげたヘリクツで時間をつぶした。明日の一番列車で立山東尾根のヴァリエーションをやるべく出かけにゃならんのに。

〔註――引用文の略号：E・Bエリック・ド・ビショップ、G・Kゴットフリート・ケラー、H・Bスランダール、J・K川喜田二郎、J・Rジャン・ジャック・ルソー、K・T高谷好一、M・Cセルバンテス、M・Hモーリス・エルゾーグ、T・K桑原武夫、T・U梅棹忠夫、R・Rロマン・ローラン、S・Bボーボワール〕

（京大探検部員）

岩と雪 No.2（1958 .11）P306-315

スーパーアルピニズム試論

——その発展と将来について——

吉《よし》田《だ》二《じ》郎《ろう》

困難の追求はアルピニズムの一つの課題であり、若いクライマーたちの願望である。すでに登りつくされた感の深いわが国の山のなかに、更に困難な第一級のルートを求めるといった傾向が最近の若い尖鋭なクライマーの間におこり、次第に発展しようとしていることも決して一時的な情熱の所産ではない筈である。

戦後のわが国の登山の中心は、ヒマラヤを標榜する極地法的登山体系におかれ、多くの物量を冬の高処にあげる技術、そして極地法というシスティムのスムーズで完全な運営が強く要求された。その後実際のヒマラヤにおける経験が積まれるに従って、公式的な極地法が批判反省され、スライドの延長やバリエーションルート登攀を行程のなかに組みこむといった方法が採用され、或は大縦走の採用といった風に次第に復雑化され、応用化されていった。

それが今日でも大多数の学校山岳部の行為や思想の根底をなすものであることはいうまでもないし、マナスルの登頂をはじめとするヒマラヤ、その他の海外遠征の基盤となったことは輝かしい事実である。

しかし、本来極地法というものはその名の通り極地探検、或はヒマラヤ八千米の巨峰への一つのタクティックであり、いかに容易なルートを発見し、そこをいかに安全に登るかという要求を満足させるためのものである。より困難なルートの登攀を志し、その行為自体を楽しむというアルピニズムの本質的意義とはかなりの懸隔をもつことは、また当然であろう。

ところが過去のある時期、例えば極地法全盛時代とでもいゝ得るような時代においては、極地法でなければヒマラヤの山へ登れない、更に極地法でなければ登山でないというような行きすぎ的な考え方が横行したことがあった。もちろん一流の登山家がこのような誤った考え方をする筈はないし、それは所詮流行を追う亜流登山家の事大主義的傾向にすぎなかったろうが、ともかく足が地につかぬヒマラヤ熱というものが、わが国の登山界を歪めていたことは否定出来ぬ事実であろう。

こうしたなかにあって、エベレストが登頂され、マナスルの頂上にも日の丸がたてられた。八千米級の巨峰は続々と登られ、今後のヒマラヤ登山の傾向は困難な七千米峰へと移行するということが、内外のヒマラヤ通や権威者によって唱えられた。

公式的な極地法登山が今日ではわが国の山から殆んど姿を消しつゝあるということは、こうしたヒマラヤでの状勢の変化の影響を多分に受けていると見てもよかろう。同時に西欧のすぐれたクライマーたちの登攀記の類が次々と翻訳され、最近のヨーロッパ・アルプスの傾向というものが次第に分ってくると、戦後極地法内至はその変型が大勢を占めていたわが国登山界の一角に、新らしいタイプの一群の若い登山家たちが抬頭してきた。新しいヨーロッパ流の登山をわが国に残された数少い第一級の未登ルートや、すでに登られこそしたが今日なおその価値を高く評価されている大ルートに展開しようというのである。

○

ヒマラヤを目標として極地法的登山体系の実践に余念のない学校山岳部系の登山家を別にすると、実に旧態依然としているのがわが国の登山界の現状であろう。口では登山はスポーツなりといっても、大半は他人の受け売りであって、自分の登山はレクリェーションの域を出ない。それでいて、われこそは登山家なりと自認する人があまりにも多いのである。

たしかに昭和初期において、それは登山の尖端を行った行為であったろうが、登山もまた日進月歩のものである。これまでわが国の登山界の基調をなしていたヘル槇時代の英国流の登山は、当時でこそ尖端的行動であったとしても、今日のヨーロッパ・アルプスではまったく過去のものでしかない。

よき時代を回想し、先蹤者の業績に敬意を表することは若い登山家の忘れてならぬことであるが、徒らに讃美するのみで、今日の登山の正しい評価とその実践を忘れたら、昔風の登山のファンでしかないだろう。スポーツ登山、即ちアルピニズムは常に進取向上の精神によって支えられるべき筈である。とすれば登山界において前衛的な立場をとり、上向きの登山を行うことはアルピニズムの一つの理想であろう。

大体わが国のバリェーションルート登攀時代は昭和十年前後をもって終りをつげたとするのが登山界の定説である。その後、十年から二十年までは立教のナンダコート遠征を一つのピークとする極地法、遠征主義の時代がつゞいた。

主なルートが登られたことによっておこった登山界の行きづまりを形式によって打破しようというのである。これに対して一部の尖鋭クライマーは反旗をひるがえし、より困難な登攀こそ若い登山家のとるべき途とし、昭和初期から十年前後までのバリェーション時代に登り残された困難なルートを次々に登っていった。

こうした主張や批判は『針葉樹』八号および九号の小谷部全助氏の所論によって代表されよう。東京商大、浪高、甲南、松高などを中心とするクライマーは、北岳バットレス、荒沢奥壁、帰不東《かえらず》面、奥又白などわが国一流の岩壁に挑戦していった。

戦後は伊藤洋平氏、石岡繁雄氏らによる屏風岩正面岩壁の開拓、或は佐谷健吉氏によるラッシュタクティックの提唱など記憶すべきことはあったが、大勢は極地法と概念的ヒマラヤ熱に押され、バリェーションルートの登攀ということは過去のものになろうとしつゝあった。

ところが新しい登山層が進出して、これを継承していった。それはこれまでのこの種の登攀の大部分が学校山岳部系の登山家によって行われたのに対して、社会人山岳会系の登山家であった。社会人登山家がこの国のアルピニズムの舞台に登場したのは決して新しいことではない。

関西でR・C・Cが輝かしい成果を収め、東京でも日本登高会や登歩渓流会などが活躍し、登山史的に見ても重要な存在となっていたが、大勢は低山歩きや、レクリェーション的な一般登山路の上下に終始していたし、尖鋭なものといっても、岩登りはともかく積雪期の登山においては、ごく一部の人達以外は学校山岳部との実力の相違は歴然たるものがあった。

実際社会人山岳会が本格的冬山に進出したのは戦後のことであるといってもさしつかえないようにさえ思う。折しもわが国の登山界の状勢は、度々書いたように極地法全盛時代であり、多かれ少かれ社会人山岳会でもその影響を受けぬ者はなかった。

しかし一部は自分たちの立場をよく認識し、困難なルートへの進出を企てた。社会人の登山家は学生と違って大変短い限られた時間しか山へ向けることが出来ない。その決定的な条件が次第に彼等の進む方向を鮮明にさせた。必然的に採らざるを得ない量よりも質という問題、それが大規模な登山の行えぬ事を、困難なルートの登攀へと転化し、地味な実践をつゞけていった。

戦前登られた中級、或は上級ルートのトレース、そのクラスにおける未登ルートの初登攀。それらは華やかな極地法登山やヒマラヤ遠征の蔭にかくされ、或はアクロバティックな登攀はヒマラヤには通用しないの一言のもとに黙殺され登山界の表面には出なかったが、次第にその実力は増し、同時に底辺をひろげ、着々と足場を固めていったのである。

エベレストをはじめとする八千米峰が続々と登頂されて、ヒマラヤにも新しい時代の到来が伝えられ、またヨーロッパ登山界の新しい傾向が輸入されたのは丁度そんな時であった。そしてそれはどんなにか彼等を力づけ、励ましたかしれなかった。保守的な大多数の登山家やその団体は依然としてそれを黙殺したが、ヨーロッパアルプスで驚くべき登攀を行いつゝあるクライマーは、ヒマラヤにおいてもすぐれた業蹟を収めつゝあることは厳然たる事実であった。

フランスやイタリー、オーストリー、ドイツはもちろんのこと、保守的な見本のようにされていたイギリスの登山家でさえ、その大多数はアルプスの第一級ルートの経験者であるということ。それはヒマラヤへの途が決して極地法だけでないことを明示していた。

技術的にも吊り上げや、ビバークなどがよく消化され、次第に尖鋭な若い登山家の焦点は一つにしぼられていった。それが、わが国に残されたより困難な未登ルートへの挑戦であった。

○

この数年間に初登攀された積雪期の大ルートをあげてみよう。穂高では明神最南峰東壁中央リンネ、四峰正面新村ルート、同松高ルート、劔ではチンネ正面と池ノ谷右俣中央ルンゼ、鹿島槍では北壁中央ルンゼ、同直接尾根、同正面ルンゼ、不帰《かえらず》では一峰尾根（末端より）二峰東北壁、二峰東壁独標ルート、二峰正面壁、三峰A尾根　三峰B尾根、三峰C尾根など、北岳ではバットレス中央稜、谷川岳では一ノ倉滝沢、烏帽子中央稜、烏帽子奥壁、その他である。

また穂高の滝谷、奥又白、明神などや劔では池ノ谷や東大谷周辺、鹿島槍の北壁や荒沢奥壁、北岳バットレスの第一―第五尾根など、困難なルートの第二、第三登も続々と行われているのである。そして過去においてバリエーション・ルートの一つとされていたようなルートのうちでも、例えば鹿島槍東尾根や天狗尾根、或は杓子尾根や双子尾根などは今日では新人をまじえた中級パーティのルートと化してしまった。まだ残されているごく少数の第一級の未登ルートは恐らく、明年乃至は明後年までには殆んど登られてしまうといってもたいして誤りではあるまい。

前記したような大ルートは、夏の登攀ですらきわめて困難なものが少くない。ましてやあらゆる条件の悪化する積雪期の登攀など旧派の登山家にはルートとして考えることも出来なかったものである。雪のついた岩壁、氷壁、オーバーハングの乗越し、吊りビバーク、そうした難しい条件を、雪崩や風雪などの恐威にさらされながら克服しなくてはならない。それらがいかに困難なものであり、熟達した技術、豊富な経験、周到な準備、そしてたくましい闘志がいかに要求されるかは想像されるであろう。

かつては岩壁上での吊り上げや、吊りビバークはきわめて劇的に語られたものである。実際戦前に開拓されたルートにはビバークを要するものはもちろん、吊り上げを要するようなルートは多くなかったのである。しかし今日登られるような大ルートでは、オーバーハングのないルートを探すことの方が難かしく、吊り上げ技術の必要性は当然であって何等特記する必要もないのである。

また積雪期にこのようなルートを登る以上、ビバークは当然避けられぬことであり、一晩位のビバークは当り前のことで、二晩、三晩とビバークをつゞけて登攀した例も少くない。むしろビバークなしの登攀が、そのスピードの速さを注目され、却って特筆せねばならない位の昨今である。

未登の大ルートの数少いこと、そしてこうした困難な登攀に向う者の増加は、必然的に初登攀争いをおこし、最近は特にそれが激化している。前記したいくつかのルートで、初登攀者以外にライバルのなかったルートというものは殆んどない。よい意味でのライバル意識というものは常に向上のために甚だ有効である。

普通想像されるようにライバルがあるために何でもいゝから登ってしまえばよいということは、少くも一流のクライマーにはありえない。実際ライバルがある為に却って少しでも完全な、スッキリとした登攀をしようという意識の助長された例が多いのである。

しかし何の場合にも亜流は出てくるものである。そして登攀争いの激化は将来無用の磨擦をおこす心配も当然考えられるのである。しかしクライマーはあくまでフランクに話し合おうという声は方々でおこっているし、更に進んで尖鋭なクライマーは団結して、より高い段階へ進もうとする動きもすでに実現されている。

それればかりではない。一つの山岳団体のワクを超越し、もっと自由でのび〳〵とした立場でより強力なパーティをつくろうとする動きがおこり、それはすではいくつかの具体的な実例によって裏づけられている。

伝え聞くヨーロッパのクライミングパーティの大半はそうした経緯によって成立しているようであるし、同じ目的をもったものがセクショナリズムやエゴイズムを超越して一つにまとまるということ、それ自体意義深いものがあろう。

ましてその力が個々の山岳団体の場合よりも強力で機動性があり、海外遠征などの場合のパーティ編成に一つの示唆を与えている点は見逃すことが出来ない。従来混制パーティというものは遭難の一つの原因と考えられがちであった。しかしそれがエキスパートの場合であり、個々の自覚が完全であるならばむしろ一般の場合以上に安全確実である。

パーティの誰もがいつでもトップに立つことが出来、しかも視野も広いし、実力の巾も大きい……それがより気軽に第一級の未登ルートを次々と登攀させる一因となっているといってもよいだろう。

○

このような大ルートの登攀が次々と行われ、やがて第一級の未登ルートのすべてが登りつくされた時、果して彼等はどんな方向に進むであろうか。その時期は目前に迫り、しかも自分の手でそれを刻々と早めている以上、将来に対する考え方はいろいろの形で検討されている。

もちろん未登でなくなったからといって、第一級のルートが省りみられない筈はない。第二、第三登……が続けられるのは当然であり、そうなってこそわが国の登山界はより確実な安定期に入って行くのである。しかし常に困難と向上を求めるトップグループがそれに甘んじるか否か、大問題である。

当然海外遠征という問題が浮び上ってくる。これまでわが国から送られたいくつかの遠征隊とは異った基盤に立った隊が、ヒマラヤやアンデスなどの困難な山へ進出しようとするであろう。すでにいくつかのグループはひそかに計画を立案しており、一、二年中には最初のものが実現されるかもしれぬ形勢である。しかし周知のように今日われ〳〵が海外の山へ登るということは、単に山へ登るだけでは不可能であり、入国手続、資金、外貨と政治的な力が絶対必要である。そうした意味から海外遠征はまだ〳〵一部のものと考えざるを得ない状態である。

国内の山で更に困難を追求して、ヨーロッパの登山家たちの実力に少しでも近づきたいという希望。それは結局海外の山へ進出する機会をもった場合に最大限にその力を発揮する原動力となるだろう。

第一級の未登ルートの解消以後一段と高い段階を求めると、それは必然的にいくつかのバリエーションルートの結合という方向へ進む以外ないと思う。

例えば穂高では屏風岩のいずれかのルートを登って北尾根をすゝみ、四、五のコルより奥又白に下って四峰正面を登り、更に三、四のコルより前穂東壁（北壁—Aフェース）を登るというようなものである。しかも側面よりのサポートは一切使用しないという条件である。

果してそんな登攀が出来るのか、夢物語か机上の空論ではないかという人もあろう。しかし十年も前には奥又白の四峰正面や、北岳バットレスの中央稜の積雪期の登攀は一種の夢物語か机上プランに過ぎなかった筈である。

当時四峰正面の積雪期のルートを考えていたのよりも、今日前記したような困難なルートの結合を考える方がはるかに実現の可能性は大きい。現にサポートこそ使ったとはいえ屏風岩の第二ルンゼを登り北尾根から前穂へ出、更に奥穂——西穂というすばらしい登攀が今春行われている。とすれば、前記のような登攀の実現は必ず近い将来のことであろう。

サポートなしでこのようなピッチの長い困難なルートを辿るということは容易なことではない。恐らく数回はおろか十日以上もビバークをつゞけて行かねばならないだろう。その装備を例え最新式の軽量なものとしたところで荷物は相当な量となる筈であろう。

ましてやルートはすべて吊り上げなどを要するオーバーハングの多いものとすれば、その矛盾の解決が重要な研究テーマとなろう。十貫近い荷をもってオーバーハングを乗り越せる人があったらスーパーマン以上である。

装備の改良はもちろんであるが、パーティの編成や登攀システィムを従来の常識を離れた新しいものとする必要がある。少くも一パーティは二〜三人単位の数グループで編成されることは第一に考えられる。非常に難しいルートでのトップの疲労は想像以上で、数日も同一人がトップをつゞけることは不可能である。そこでパーティ全員がいつでもトップに立ち得る者であることを第一条件とし、トップグループは軽装で常に先行してルートを開拓し、後続グループは荷を上げつゝこれに追従する。そして適当な時期にトップグループは次のグループと交替して後に廻って追従グループとなるといったシスティム。

これは厳密な意味では従来の極地法とは異り、むしろ縦走形式に近いが、適当なところにキャンプを残すなり、ルートを往復するという形式をとることによって、海外の高山への一つのタクティックと考えることも不可能ではない。

その他埋込ボルトなどの使用によって更に新しいルートの開拓も期待出来るし、一つの形式やタイプにしばられない新しい困難の追求が考えられなければならないと思う。

○

このような実際的なルートや登攀用式ばかりでなく、装備の改良もまた重要な問題である。極端にいうと今日までの登山用具の大半は登山具商やメーカーの考案が大部分であったし、積雪期の登山用具にしても極地法や縦走など重装備主義に則してつくられたものが多く、困難でデリケートな登攀のために特に作られたというものは少かった。登山家側も大多数が保守的な意見をもち、その改良は他のスポーツ用具、例えばスキーなどに較べて格段の差で少かった。

このような傾向に対して若い尖鋭クライマーたちが進んで研究し、用具を真にその目的に合致した合理的なものとしようと考えはじめたのは最近のことである。ピッケル、アイゼンをはじめ、すべて既製概念を離れて使用上の合理性ということを第一に再検討をはじめたのである。

例えばピッケルにしても、わが国では用具というよりもむしろ骨董品か観賞芸術品という目で見られがちであった。シェンクやベンドや山ノ内のカーブの美しさは語られても、使用上の性能というのは主観的にのみ言われて、科学的な裏づけというものは少なかった。そして大多数の岳人はピッケルとはあゝいうものだと思いこんでしまっていたのである。

戦後フランスから輸入されたシモンやシャルレなどは従来のピッケルの観念を破ってカラビナをかける穴をあけた意表をついたものが出現してわが国の登山家たちを驚かせた。これはヨーロッパの現代の新しい登山の要求の結果にほかならなかったろうが、そうしたオリジナルな考え方には敬服のほかなかった。

ところが、その後わが国のピッケル制作者たちはこの穴あきを模倣し、数種の穴あきピッケルが市販されているが、多くはたゞ従来のピッケルに穴をあけたというにすぎず、彼等のピッケルにある合理性というものはなかった。表面だけの人真似である。

これではいけないというのが尖鋭クライマーたちの考えであり、ヨーロッパの模倣でなく、わが国の氷雪のルートに適したオリジナルなものを自分たちの手で考えよう、そしてピッケルは飾りものや、自慢話のタネではなく積極的な登山用具であるという観念を普及したいという願望をもっている。

ピッケルばかりではない。アイゼンもなぜ従来のように重いものが必要なのかとか、ザイルに関する問題とか、ハーケンの問題、ゼルブストザイルの問題など考えられている点は少くない。

更にビバークに際して、フランスで使用しているような腰までのシュラーフザックなどは今年になってから、すでに実際の大登攀に使用され、予期以上の効果を収めている。この他荷上用に滑車の使用やカラビナの改良もすでに研究に着手されている筈である。

それらはいずれも従来まであった装備の改良であるが、更に積極的なものとしては埋込ボルトがある。これはすでに試作、実験の段階を経て、実用の域に達している。

実際にわが国の登攀で埋込ボルトが使用されたのは本年(一九五八年)六月の一ノ倉沢コップ状岩壁正面初登の時である。

この登攀はすでに『山と渓谷』『岳人』などに報告されている通り、異る二パーティがそれぞれのルートから完登しており、一方のパーティは埋込ボルト、一方は縄梯子、滑車を武器として使用している。これらは、いずれも従来の岩登りの概念から一歩踏み出したものであり、特にそうした人工的手段採用の是否が云々され、反対や批判が少くない。

埋込ボルトというものは、すでにアメリカやフランスで実用化されており、有名なドリューの西壁の歴史的な初登攀はその所産にほかならない。いや例え西欧やアメリカで使われたかどうかは問題でなく、登山のモラル(或は慣習律)にてらして妥当か否かゞ問題なのである。

わが国のオーソドックス・スタイルの岩登りはもちろん、最近流行語とさえ思われるほど使われる人工登攀(言葉は新しいが、実は従来から行われている吊上げやザイル横断などの岩登り高等技術のことである)による技術を駆使しても、一流の岩場における未登ルートを探すことは恐らく不可能となってきたのである。そこで一部ではスケールは小さいが未開拓の山(例えば奥只見とか、岩越国境附近とか)に方向を転じて、すぐれた業績を収めている。けれどもそれにも限度があり、また一部にはそれでなくてもスケールの小さい日本の山ではせめて最大、最悪を狙つたらという考え方もあるのである。

積雪期の山においては、それが前記したように、困難な数ルートの結合という方向に進もうとしているのに対して、夏の岩登りではこれまで登攀不可能の壁とされていたものに何等かの手段をとってルートを開くことが期待されたのである。その要求によって登場したのである。

この埋込ボルトについては、すでに奥山章氏が『山と渓谷』に書かれているが、単なるアメリカやフランスの模倣でなく、更に一歩進んだものが作られ、使用されたのである。本誌前号にも藤木九三氏が書かれているが、これが単なる登攀の人工手段としてだけでなく、確保のため、特に遭難救援などに際して絶大な効力を発揮することは注目すべきである。非常に困難な登攀(埋込ボルト使用を前提とせぬ)には常に一パーティに二〜三本のボルトとジャンピングを救急用として携行することにはよって、これまでしばしば発生していた退却時のビレーイング・ピン不良による遭難は防げるのである。

かつてヨーロッパ・アルプスでアイゼンは鬼の爪として嘲笑され、嫌悪された。鋲靴とピッケル（つまりステップ・カットにより）さえあればアイゼンなどは不用であり、邪道だとされた。しかし登山の進歩（或はルートの困難性の増加）は鋲靴とピッケルだけの登攀を困難から危険へと移行させたのである。七十度の氷壁をアイゼンなしで登れというのは今日ではあまりにも非常識な話で、鋲靴とピッケルだけでは登れぬルートは登るな……というのは旧派の登山家の感傷か、アナクロニズムとして一般には通用しない。

今日埋込ボルトに対して与えられる非難もその大半はこれと同じものと見てさしつかえない。アルピニズムは常に発展し、向上するものである。それを忘れて、もし感情的にだけ、埋込ボルトの使用を嫌うものは、前記のことと考え合せてアイゼンやハーケンの使用も止めるべきであろう。八千米の山で酸素を使うことは常識化したが、これまた埋込ボルトと共通する問題なのである。

たゞ困るのはその乱用である。これに対しては私はハッキリと反対を表明するのである。ハーケンについていわれていることと、つまり自己の技術の拙劣をハーケンで補ってはいけないということは、ボルトの場合には更に強く望まれるのである。これは結局クライマーの良識にまかせられる問題であって、それを理由にボルトの使用を否定することは不当である。

最近一部の人はコップ状岩壁の登攀を、重箱の隅をほじりすぎるとか、曲芸だとか評しているが、これは近視眼的観察に過ぎる。つまり、コップ状岩壁というルートだけを見てその登攀のもつ意義とか、時代的背景にまで目がとゞかないのである。或はそれは新旧の登山思想の相違を象徴しているともいえよう。

○

このようにしてわが国の登山界の一角には更にスポーツ的な一群の若者たちが浮び上り、困難なルートを次々と解決して行くと同時に、更に高い段階へ進出しようとしている。前述のような困難な数ルートの結合というような登攀はこれまでのいわゆるバリェーション・ルートの登攀という範囲では収容しきれないし、また登山に関する考え方もこれまでの保守的なアルピニズムのわくを超越する強い力をもっている。

それを私はスーパー・アルピニズムと呼びたい。そしてこゝ数年間に行われた困難な登攀はすでにその範疇に属し、その前衛を承まわるものといえると思う。

これらに属する登山家たちは一見してドライであり、山やルートさえあれば他は必要ないと感じる若者たちと誤解されやすい。また、これまでの悪場稼ぎや曲芸登山家と混同されやすい。もちろん登山は行為を第一とするというのが彼等の主張であり、登らざる登山名士や机上登山家は軽蔑される。しかしそれだけではない。行為と同時に教養を高め、山にロマンを感じようという者が大部分である。

小谷部全助氏らの記録を載せた東京商大山岳部の部報『針葉樹』の九号は、今日若い登山家達に聖典のように読まれているが、同時に彼等は大島亮吉氏の『山』や『先蹤者』の愛読者であり、松方三郎氏の『アルプス記』のしっとりとした文章を愛する。またパウルバウアーの烈々たる闘志を学び、レビュファの『星と嵐』における困難なルートとロマンチズムの結合を身近に感じているのだ。

注意深い人であったら、最近のこれらの大登攀の報告がこれまでの公式的なものからかなり変化しつゝあるのに気付いたと思う。そしてやがてきれいごとな登攀報告は姿を消し、もっと個性のあるありのまゝの報告に変ってゆくであろうといわれている。これが報告文学という一つの水準にまで達するかどうかということは第二義的なことである。ともかく模倣を脱して新しいものを創造したいという意欲はすべての面で現れ、それがスーパーアルピニズムの将来を、より豊かに高く方向づけて行くであろう。

今日のようにマスコミ的登山者が激増している時、もはや従来のような貴族的、ブルジョア的登山はよき時代の夢にすぎなくなってしまった。それが偽らざる現実なのである。

それを故意に回避して、やたら回顧詠嘆したり、冷笑したりするのはスポーツマンシップとはいえまい。マスコミ的登山が、ドライな非人間的登山者をつくりがちなのは、否定出来ないが、それなら登山者のなかから、もっと人間的なものを復興させたらよいのである。

登山道徳の低下は問題だが、上からこれが山の道徳だと押しつけるのみでことたれりとするのではなるまい。もっと内面的な登山者自身のなかから、固苦しい修身的なものでない新しいモラルが生まれるように、しむけるべきなのである。マスコミ的登山者を冷笑したりするような人に、モラルについて云々する資格のないのはもちろんである。

そのような時、若い登山層の一角から、登山におけるヒューマニズム復興の狼火のあげられたことは見逃してはならないだろう。これは必ずしもスーパー・アルピニズムとは関連がないが、こうした尖鋭な登山を実行している一見して従来の「悪場稼ぎ」或は「売名的登山家」と同じ目で見られがちな若いクライマーたちの間に、こうした動きが強く見られるということは、是非とも知っておいてもらいたいことだと考えるのである。

私はこゝに書いてきたような山登りが最高のものだとか、唯一のものだと主張する気は毛頭ない。これも一つの行き方であり、個人の登山に対する主観や傾向がそれぞれの行き方を決定する筈である。私はこゝに、こうした一つの傾向が登山界の一角にやゝ現われてきたということを報告して、多くの方々の御参考に供すると同時に、そのような傾向にある一人として自分たちの行為を一応机上で整理してみたいと考えたにほかならない。御批判をこゝろから待つものである。（第二次R・C・C同人）

日本のアルピニズムの行方

――むしろアルピニズムへの感傷的希求として――

上《うえ》田《だ》哲《てつ》農《のう》

私にとって、アルピニズムとはこういうものであると言い切ることは不可能に近い。

アルピニズムとはこういうもの、アルピニズムとはかくあるべきものなどと一つの規定が文章化されたとき堕落がはじまり、本質はどこかへ消え去っていくように思うからである。規定をした人にとっては本質であっても、他人にとっては一側面の表現としての共感しかもたれないかもしれない。だからといって、やはり、こういう追求の仕方も必要なこととされている。ものの側面に過ぎないかもしれないが、側面の中には本質が存在することを信じ、側面から手をつけることによってその本質を把握しようと試みるのも人間が過去に覚えた一つの知恵だといえようか。

私なども日常会話のなかで、しばしば、アルピニズムなる言葉をつかっている。

――「その方がアルピニズム的であろう」とか、「彼のアルピニズムは」とか、「日本的アルピニズムからいえば」とか、まことに考えてみれば不用意極まることで弁解のしようもない。

ところが、また、幸いなことにこんないいかげんに言葉をつかっても、結構、相手に意志を通じさせることの出来るのもおたがい人間どおしの面白さである。

「岩と雪」をその出発点と考えるならば日本的アルピニズムなどあるわけがないとはっきり言い切る人もある。

また、日本の風土と国民性の特殊なあり方から日本独自のアルピニズムがなければならないという人もいる。

私はこの意見のどちらもわかる気がする。アルピニズムについて考え方の基盤となるものの相違から出たのであって、アルピニズムの本質についての解釈には両者ともいささかも変りはないと信じている。私にとって大切なのは本質の捕え方にあるのであって、与えられたテーマのように〝日本の〟という三文字がつこうが、つくまいが、この一文に限ってはあまり気にしてはいない。

ということは〝日本の〟という三文字にウエイトをおいて読まれる方にはまことに申訳けない仕儀であるが、かようにアルピニズムについての把握の仕方がそれぞれ異なる人々を相手にして話をしているときでも、一向に不便を感じないのだから世の中はうまくしたものである。これも、たがいに山登りが好きだという一点で、すべてが諒解されるのであろうか。

では、アルピニズムとは山登りを続けているうちに出来てきたものごとについての考え方を指すものであろうか。いや、またこう決めつけると自縄自縛におちいってしまう。こんなむずかしいことに底の浅い頭をしぼってみたところでたかが知れているし、それより、アルピニズムは感覚的に捕える方がいいのだとおもっている。

かつて、私は次のように書いたことがある。

――窮極的な意味では「登山」とは山と登る人との間に生まれる全人格的な一種の関係であって、それが具現化されたものが登山様式である。その意味において、様式はあくまで個人に属するものであるかも知れない――

この考えは、いま、なお、少しも変ってはいない。登山とは全く自由なものなのだ。自由であればこそ、そこにはいろいろの様式が生まれもする。

その多くの様式にかかわりなく、また、登る山や、選んだルートがどうあろうと、ほんとうにそこへ登りたいと思いつめた結果の登山がいくつか存在することもしっている。

別の言葉でいえば、どうしても登りたくて、登りたくて、その結果、登らざるを得なかった登山、そんなもののなかにアルピニズムの発現をいつも感じる。そして、そういう山登りをしている人の生活や言葉の中にかくしようもないアルピニズムの片鱗をみる。この「思いつめた登山」は様式にはかかわりないとはいうものの峻険、高峻な地域でおこなわれたものがなんとしても多いことは事実である。これは、山と人との関係が現実化されたものが行動であるとするならば当然の帰結であるであろう。

また、そういう人々にもっとも強く心をひかれ共鳴を感じるのもどうしようもない私のもっている生来の傾向なのである。

むかしから、すぐれた多くの登山家が、それぞれの山登りについて、いずれも、これ以上の真はなかろうと思われるほど、美しくも宝石のような優れた章句をかきのこしている。

私はその言葉の中でも、

「いまだ、かつて人間の指の感触を知らない未踏の岩壁や、絶えず雪崩におびやかされるガリーの横断にまことの登山がもつ根本的意義がある」とした英国人の名登山家マンメリーの考え方にまずひかれる。

太陽が強く照る日ほど影は濃いように、その人の山登りが深ければ深いほど、鋭ければ鋭いほど、そのアルピニズムもまた深くて鋭い。マンメリーの言葉が強い説得力をもって迫るのもそのためであろうか。

私は誇るに足る登攀記録もない。未踏の岩壁に挑む力ものこっていない。しかし、たとえば未踏の岩壁に登れなくても、また、雪崩のガリーを横断できなくても「思いつめた山登り」の態度を端的に表現した章句の代表的なものとして、これに強烈なアルピニズムを感得するのである。

したがって、アルピニズムは登る山、選ぶルートにあるのではなく、登る人の態度の問題であるとする考え方に賛成である。

そして政治や、宗教や、芸術の本質もつねに不変であるように—アルピニズムの本質も不変であると信じている。

もし、変化があるとすれば登山観と様式のうえにであろう。では、一九六六年以降、それらはどう変るであろうか。如何に変化をみせるであろうか。それは、とても推定はつかない。私は予言者でもなければ、占い者でもない。

しかし、これでは答にはならない。いまもいう私が強くひかれる「つきつめた登山」について日頃おもう疑いをのべ、「その行方」というテーマに続く問題を提起することによって、ゆるしていただきたい。しかも、これは私のアルピニズムにおいては一番深いところで重要なつながりをもっているものなのである。

芸術と山登りとは、感覚的、感情的、しかも行動的で、その他いろいろの面からたいへんに似かよっているところが多い。

歴史によるまでもなく、文学とか絵画などの世界では、その道へ一途に命を賭けなければならなかった結果、発狂した人がある。伝記をひもとくまでもなく、画家のバン・ゴッホなどその一人の例であろうか。自らで解決をしなければならない一つのことの追求に生命を賭けるならば——勿論、その人のもつ素質や境遇にも関連のあることながら——不断の精神的緊張が肉体の限界を越えたとき、その人は発狂することによって救われる以外に生命を保持する手段はない。

「つきつめた登山」の道をいくとき、その窮極は一つの狂気の世界へつながるといえる。

大島亮吉氏は「Virtue」という語の基準をそこなわず、山を愛し、山を登っていきたいという態度を明らかにされ、その通りの山と人との関係の中において、そのまま、正統派という言葉がすっぽりあてはまる見事な結実を、かつてない高さでしめしておられたが——私も、また、この態度を普遍性のある全く正しいものとして共感をもつものである。それなのに、その反面、もっと鋭い狂気へ続く道がどこかにあるとおもわざるを得ないのはどういうわけであろうか。

狂気への道は不健康であり、ひどく病的であるが、実をいうと健康でないとか、狂人じみているとか、そんなことは問題ではなくて、そういう天才（この言葉が妥当かどうかは別として）の場合には、そうした定義を越えた一層高いものの存在を感じるからであろう。

「より高く、より困難」を求める「つきつめた登山」の旗じるしは、ある高さまでは自我の拡張を願う心のあらわれとして認められもしようが、その限界から先はなんであろうか。あきらかに狂気への道へつながる。

天才は或る意味で反社会的であり、個人と社会の関係がうまく調和せず、その矛盾のうちに短命に生涯を終ることが多い。彼等は悲劇の英雄ではあるが、普通人としては完全な「失格者」である。山へ登るがために職業を転々として、そのいずれにも落着かず、家庭をも破壊したとするならば、あきらかに失敗者であり、結局、登山だけに適当だった人間であったわけである。

しかも、一人の登山者としてすら、一般のそれとして考えるときには失格者であった。

これは、そんじょそこいらによく見かけられるエセ天才きどりなどとは全く違う真面目な意味で、まことの天才にはよくあり勝ちな現象であろう。

しかも、さらに心ひかれるのは、彼等がもっとも純粋な心を傾けて山を愛しぬいた人間であったであろうと思われることである。

人を嫌い、つねに一人でいたかった孤独の人間でありながら、朝から晩まで岩と雪を恋い、また、遠い未知の土地をさまようことにあこがれ、そこに生きる真実の道をもとめ、しかも、決して満足することなく、矛盾に喘ぎつつ発狂者への道を空しく抵抗を重ねながらもひきずられていく男——こんな哀しいしかも無垢な人間があるであろうか。

前にもいうとおり、私はそんな哀しい人間を将来に期待してはならないという一般的常識のなかに生きているつもりである。

しかし、心の別の場所では、こうした哀しさにいまなお到達しないでいる「つきつめた登山」の実行者のもついい気なまぬるさへの不満——がひそんでいるのである。自らでつきつめていると思うことは、つきつめていないと同じであることをその人たちに知ってほしいのである。

こんなことを言わせるのも、自分をいわゆる「つきつめた登山」の実行者であるとおもいこみ、われこそ「新しい価値」という自己像にナルシスの夢を見たとき、その自己像そのもののもつ偽善性をきびしくつきたいからだともいえる。

私のこういう感慨のでてくるもう一つにはこの「つきつめた登山」と対照的な位置でぬくぬくとぬくまってうそぶく低俗な世間の常識的アルピニズム論に対する反抗もある。そして、いずれにせよ、この両極にみられる救世主的ポーズをくつがえしたいからなのである。

アルピニズムとは発狂寸前のところにその極はあらねばならない
——このような性格を宿命的にもっているものである。

しかし、発狂者をだしてはならない。

なのに、発狂者の出現をのぞんでいる。

この矛盾はきのうも、きょうも、私を苦しめたように、明日もまた同じであろう。

どだい、私のおもう「アルピニズム」とはこのように恐ろしいものなのである。

それなのにこんなことを考えたり、しゃべったりするのも、発狂への天才の道など思い及ばない遠いものとしても、軽いノイローゼぐらいにはふみ込んだのであろうか。

友達の声が遠くからきこえてくる。そして、その声はだんだん大きくなってくる——。

私を健康の世界へよびもどそうとしているのであろうか。

声はいう—

——アルピニズムは遊びだ!

——アルピニズムは遊びだ!!

——アルピニズムは遊びだ!!!

(第Ⅱ次RCC同人・画家)

コラム❶

行き詰まり？ を予感した時代

『岩と雪』は1958（昭和33）年7月に、本格的山岳雑誌を標榜して創刊された。初代編集長・川崎隆章は、本書9ページに再録した「創刊の辞」に、世界的視野における編集内容が主軸である、と書いている。本格的とは、『山と溪谷』や『岳人』といった既存誌とは一線を画して登攀行為（アルピニズム）に絞った内容で勝負するという宣言にほかならない。

当時、1953年から56年にかけて3次にわたり派遣された日本山岳会隊のマナスル初登頂を契機として登山ブームが起こり、海外の山に対する興味が増していた。世界の列強に伍して8000m峰14座の一角を日本隊が落としたことは、復興途上にあった登山界に大きな勇気を与えた。日本のヒマラヤ登山は、偵察や写真撮影を別とすれば、戦前36（昭和11）年の立教大学隊によるナンダ・コット初登頂以来のことだったから、インパクトは大きかった。マナスルと前後して、京都大学隊のスワート・コヒスタン遠征も行なわれた。創刊の年には神戸大学隊が、パタゴニア北氷陸のアレナレスに初登頂、京大学士山岳会隊はチョゴリザに初登頂した。持出外貨枠に制限のあった時代ではあったが、大戦で中断された海外の山へのあこがれは、急速に盛り上がりをみせた。

一方国内の登攀では、まだ冬の登攀を許していない既成ルートが注目され、48（昭和23）年3月には穂高・屏風岩北壁が伊藤洋平らによって積雪期（春分過ぎのためこう記す）初登攀された。『風雪のビバーク』で有名な松濤明の北鎌尾根での遭難は、翌年1月のことだった。50年代を迎えると、有力山岳会は積雪期初登を求めて覇を競った。そんな勢いを駆って、58年には奥山章、二宮洋太郎、芳野満彦らによって同人組織RCCⅡ（第2次RCC）が結成された。創刊号には「一九五六―八年積雪期登攀記録」と題して12本の記録が掲載されている。その半分以上がRCCⅡに参加したクライマーたちの手によるものだった。また、積雪期縦走記録も3本掲載されている。

3シーズン分を一挙に収録したのだから、それは評判になった。「本格的山岳雑誌」は、上々の滑り出しをみせた。ところが、2号（58年11月）以降主要な登攀記録は減り、1号に1本か2本となる。2号に滝谷グレポン、3号に前穂高東壁右岩稜、4号に剱岳池ノ谷ドームβルンゼといった具合だ。季刊では3カ月に1回、複数の記録を集めるのは難しい。いきおい地域研究でページを構成してボリュームを確保することになるが、それなら月刊誌の『山と溪谷』や『岳人』でもできる。また、積雪期初登ラッシュも一段落して、フレッシュな登攀そのものが沈滞ぎみだったことも影響した。7号（60年2月）を以て、いったん休刊に追い込まれた。

6年あまりにわたった休刊中、マナスルを踏まえたヒマラヤ登山が活発になり、大学系に加えて全日本岳連も3回にわたってジュガールヒマールに隊を贈った。63年には芳野満彦と大倉大八が日本人として初めてアイガー北壁に挑戦した。これをきっかけとして65年には日本人がアイガーに殺到した。高田光政が成功、渡部恒明が墜死した。渡部はこれ以前に芳野満彦とマッターホルン北壁を登った。外貨枠緩和もあってアルプスへの興味が高まり、8号（66年7月）で復刊が実現した。アルプス関連の記事のほかに古川純一が59～65年の主要登攀記録をまとめて、空白を埋めようと努力した。

海外への興味が増す一方で国内登攀は下火になっていく。埋込ボルトやピトンを残置する岩壁では再登の魅力は半減し、後続パーティや冬季登攀時にむしろ打ち足されて、Ⅳ級A1の平凡なルートに堕することのほうが多かった。新たな岩場の発見・開拓も魅力あるのは奥鐘山西壁や唐沢岳幕岩、海谷山塊などに留まり、国内の岩登りに閉塞状況を感じるクライマーが増加した。上田哲農「日本のアルピニズムの行方」（40ページ）は、そういった空気を反映して書かれた。それは、RCCⅡの退潮と軌を一にするものだったといえなくもない。若いクライマーの間で「第3次の必要性」がささやかれたのもこのころだった。

岩と雪 No.9（1967 .6）P74-81

ヨーロッパアルプスの冬期登攀

——日本人として初めてヨーロッパ三大北壁の一つ、マッターホルン北壁の冬期登攀を成し遂げた筆者の体験を通じて考察する——

小《こ》西《にし》政《まさ》継《つぐ》

今回われわれは、幸いにも冬期マッターホルン北壁登攀に成功した。日本の精鋭アルピニストたちにとって、夏期よりも困難な冬期アルプスの登攀は、文献上では理解していても実際面での登攀の体験は未知だっただけに、冬期アルプスというものを体験を通して知ったことは、北壁登攀の成功、不成功は別問題としても意義あることといわねばなるまい。この北壁登攀で知った冬期アルプスについて、マッターホルン北壁登攀の経験をもとにここに記してみた。これから冬期アルプスを目指す若きアルピニスト諸氏の参考になれば幸いとするものである。

一、冬期アルプスの条件について

冬期アルプスに入る前提として、まず知らなければならないことは、冬期アルプスの条件的なものと特徴であり、まずこの点を明確にしておく必要があるだろう。

冬期におけるアルプスの天候は、夏期と比較すると比べものにならないほど安定している。夏期のように急激に荒天におそわれる心配はまずないといってよいだろう。好天候期間が訪れると普通で五日〜十日、ともすれば半月以上続くこともあるくらいである。降雪中の積雪量も一晩に二〇センチを越すことはなく、日本の冬山にみられる独特の豪雪、悪天候、湿気、雪崩やエビのシッポなどは考えられないことである。そして厳冬のアルプスの二〇〇〇メートル以上に照りつける陽光は、日本の春山を思わせるほど暖く、逆に冷たい空気は谷間に沈む。

夏期の登攀で最も危険とされている落石は寒気で凍結し、その危険度は著しく低下する。雪崩、ブロックなども急峻な切り立った北壁には雪がほとんどつくことがないので発生の心配は少ない。

そして、常時吹きつける強風は、吹けば飛ぶような乾燥しきった雪をあっという間に岩壁から吹き消してしまい、北壁を除くアルプスの岩壁は夏期と同じように快適に登れる。乾燥した雪と空気、夏期とは違い、流水、降雨がないことから、登攀中、衣服の濡れるこ

冬のマッターホルン北壁（右側の黒い壁）
（一九六七年二月撮影）

ともなく凍死の危険からも、のがれることができる。

以上が夏期と比べ、冬期の登攀に有利な点であるが、やはり冬期であるからには厳しい点もいろいろあることは確かである。

まず第一に冬期は夏期と比べものにならないくらい寒気が厳しくなる。登攀目標が北壁なら一日中暖かい陽光にめぐまれることがないだけに、いっそうの厳しさがある。われわれの二月のマッターホルン北壁を例にとってみると、登攀中はマイナス二〇度以上、さらに強風が加われば三〇度には楽に下ってしまう。午前中はともかく、午後になると急激に温度の低下を感じ、行動するのが辛くなってくるほどである。われわれが最も強く寒気を感じた時は、強風下の四四七八㍍絶頂のビバークで、酷寒の一夜をあかした翌朝の午前一〇時、コッヘルでわかした湯を岩にかけると二～三秒で油氷になったことを付記しておこう。日照時間も短く、だいたい午前八時～午後五時頃までが活動できる範囲である。

岩場には氷雪がつき岩場の困難度は倍加する。今冬のマッターホルン北壁の最初の雪田部は日本の冬山では想像がつかないほどの硬いブルーアイスと化していた。西独製のサレワ・アイゼンも〝ハの字〟に開いてくるほどであり、カッティングには絶大なるアルバイトを強いられた。

また、北壁に吹きつける強風は実に強烈なものがある。山の高度が高ければ高いほどその影響は大なるものがあるだろう。本格的な悪天候ともなれば活動は全く不可能であり、ともすればアルピニストさえも吹飛ばすほどの恐しい威力を持っている。その他装備、食糧などの重荷がアルピニストに加わり、行動中のスピードをぐっとにぶらせる。

冬のマッターホルン北壁でのビバーク準備
（1967年2月撮影）

それから寒気による肺炎、凍傷の危険もこれに加わってくる。凍傷については冬期アルプス登攀において確率が高いだけに真剣に考えねばならぬことである。この冬期マッターホルン北壁登攀を例にとってみても、初登攀したスイス隊のヒルティ・フォン・アルメンが両手の凍傷、ドイツ隊のヴェルナー・ビトナーが足の指十本、ライナー・カウシュケが足の指三本といったぐあいであり、今回のわれわれの北壁登攀でも、パートナーの二名が入院、手術までした凍傷になっている。

凍傷になった場合の本格的な治療は、シャモニ、グリンデルワルト、ツエルマットあたりの小さな山の町では行なえず、大都市の専門的な病院に入ることが必要である。われわれの場合はジュネーブにある Nique Vert-Pre 病院を利用した。この病院は凍傷に関しては専門的なものであり、一九六六年七月、スイスの名ガイドであるミッシェル・ボーシェが妻のイベット・ボーシェと組んでダンブランシュ北壁登攀の際、再起不能とまでいわれるような凍傷になった指を切断せず、しかも短期間に治療したことで有名である。

治療方法はまだ日本ではあまり採用されていないもので Sympathetic Chain Operation と呼ばれているものである。横腹を約一〇㌢ほど切開し、血管に作用している交感神経を手術し、血液の循環を良くして凍傷を治療する方法である。われわれの凍傷にかかった二名もこの交感神経の手術を受け二週間の入院で完治している。

だいぶ凍傷について横道にそれてしまったが、冬期のアルプス登攀では重要なことだけに記しておこう。

以上が冬期アルプスの有利性、不利性といった特徴である。次にマッターホルン北壁について説明し、この冬期アルプスの特性とあわせて理解していただくとよいと思う。

二、冬期マッターホルン北壁について

マッターホルン北壁は高度差一一一三㍍という大岩壁にもかかわらず、確実なジッヘルポイントあるいはテラスが皆無であることは、もうすでにご存知の方も多いであろう。われわれもこの北壁登攀で三回のビバーク、すなわち第一回は雪田部を登り、大クーロワールへのトラバースの中間の助稜（三七〇〇㍍）、第二回は大クーロワール下部の助稜（三八〇〇㍍）、第三回は大クーロワールの終了地点（四〇五〇㍍）で、ビバークを行なったわけであるが、テラス、ジッヘルポイントは全く無く、ビバークは外傾した岩壁に身体をザイル

で固定せねばならぬものばかりであった。第三回のビバークは垂壁にハンモック、アブミを吊してのきびしいものであった。

岩壁の困難度は四級を主体とし、五級を越えることはまずないが、逆にアイステクニックは五〜六級を強いられる部分が多い。例年の冬の状態なら最初の障害である雪田部はアイゼンが快適に効く程度のものであり、冬期初登攀のスイス隊などはノーザイルでかけ登ったくらいであるが、今冬は長期間の好天候にめぐまれすぎたため、雪田部はすべて鉄のような硬いブルーアイスと化してしまい、西独製のサレワ・アイゼンも変形してくるほどであった。

氷の部分は取付のラントクルフトから雪田部にあがる二〇メートルと、雪田部と大クーロワールを結ぶ大トラバース（六〇メートル二ピッチ）が最高度のアイステクニックを要求された。それからこの北壁にはアイガーやウォーカー稜のように明確なルートがないので、ルート・ファインディングの点においてかなりの難しさがあり、北壁登攀中残置ハーケンは四〜五本しか確認することができなかった。

われわれが最もルート・ファインディングに苦しんだ個所は、大クーロワールから頂上岩壁にぬけでる部分であった。この頂上岩壁へのルートは二通りあり、①大クーロワールから頭上の大氷瀑の左側（ヘルンリ尾根）を登り、大氷瀑上部をトラバースしてツムット側にぬけるもの（夏期初登のシュミット兄弟や、渡部、服部パーティが採用している）と、②大クーロワールから直接ツムット側に約六〇メートルの五級の水平トラバースを行ない、W・ボナッティのダイレクト・ルートの小カンテと合致して頂上岩壁にぬけるものとがある。このどちらのルートのとり方がよいかということは一概にはいえないが、一般的には後者のルートを採用しているパーティが多いようである。昨夏の高田光政氏とチェコスロバキアの混成パーティや、ツエルマットのガイドたちもこのルートをアドバイスしてくれた。

岩壁部の登攀はすべてフリークライミングに終始する。ただ一度だけ大クーロワールを終り、ツムット側へのトラバースからダイレ

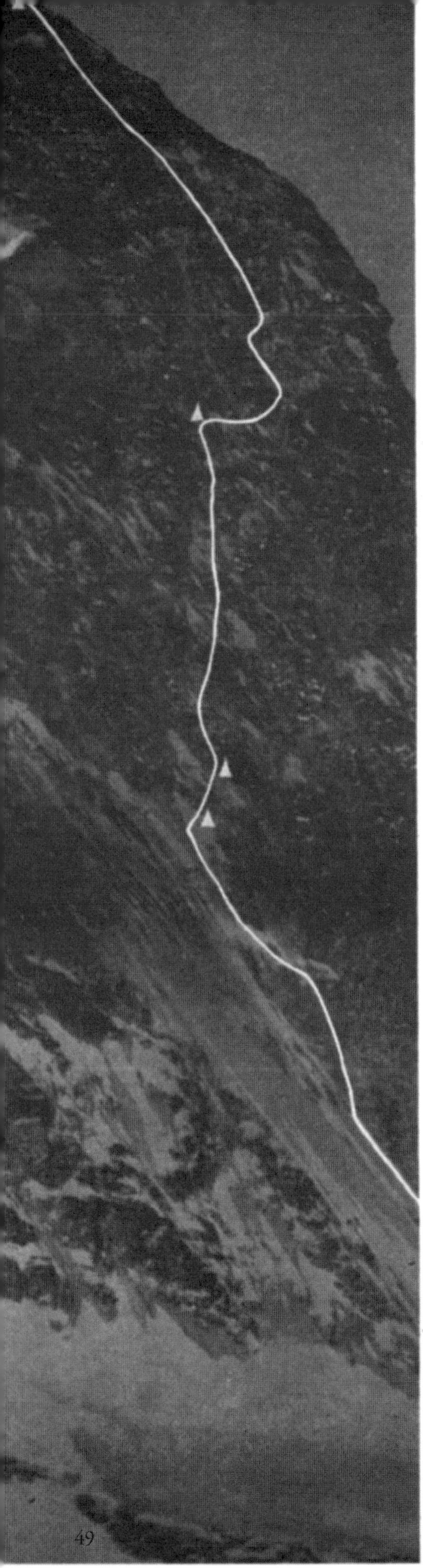

山学同志会パーティのマッターホルン北壁冬期登攀ルート

クトルートと合致する手前の小ハングでアブミを二回使用した。技術的な難しさは問題となるような所はないが、ジッヘルポイントの無いこと、確実なハーケンがあまり打てないこと、そしてデリケートな大トラバースが含まれることなどで、ささいなスリップでも致命的な敗北となりかねない。従って、取付から頂上に達するまで緊張しきった登攀を強いられ、全行程を通じてのフリークライムの難しさ、危険度は充分あるといえよう。

ここで、おおまかにこの冬の北壁をグレードするならば、取付六級、雪田部五級、雪田部〜大クーロワールへの大トラバース六級、大トラバース中の助稜四級、大クーロワール三級、頂上岩壁へのトラバース五級、頂上岩壁三級となるだろう。

下降ルートとなるヘルンリ尾根は夏期の状態と一変し、登攀、下降ともに非常に難しいものとなる。難度は冬の滝谷第四尾根を感じさせ、ソルベイ小屋下部の岩場や、岩峰を東壁側にまわりこむベルグラのスラブのトラバースなどは六級を感じさせるほどである。このヘルンリ尾根は夏期においてはツーリストも登るほどの容易さであるが、冬期の場合は東壁側の一般ルートが全て氷雪でおおわれ、雪崩の危険も充分あるので使用できず、ルートはすべて岩峰の連立する岩稜ルートとなる。

北壁の偵察、下降工作が目的で北壁登攀前にこのヘルンリ尾根を登ったのであるが、ヘルンリ小屋から二日の予定が実際には倍の四日も費してしまっている。第一日はヘルンリ小屋とソルベイ小屋の中間でビバーク、第二日はソルベイ小屋、第三日はソルベイ小屋からスイス側山頂往復、第四日にヘルンリ小屋という行程であった。

下降は頂上からヘルンリ小屋まで約二〇〇〇メートルにおよぶあの長大な岩峰の連続する岩稜を、吹きまくる烈風にたたかれながらの二日間のアップザイレンとなり、北壁登攀を終っての疲れた身体には大変なアバイトとなった。頂上から肩までは、北壁側の下降であり、高度もかなりあるので物凄い烈風が吹きまくる。ザイルはあっというまに宙に舞いあがり、アルピニストでさえも飛ばされるほどの恐ろしい威力を持っている。頂上岩壁のフィックスザイルは強風のため露出しているが、すっかり凍結してしまっているので実際にはそれほど利用できない。

われわれもこのヘルンリ尾根登攀の時の下降にはずいぶん苦しめられ、この下降はいまだかつて日本の国内のクライムでは体験することのできなかったほど辛いものであった。この原因は下降中の二日間、食糧切れで飲まず食わずの行動にあったにせよ、頂上を踏んでソルベイ小屋着二一時三〇分、翌日のヘルンリ小屋への下降は月明りを利用してのオールナイトの行動で、翌朝の夜中の二時三〇分、ヘルンリ小屋着というものであった。

三、他のルートについて

以上が冬のマッターホルン北壁を終って体験した事柄である。この体験を基礎にして、次に残る注目のアイガー北壁、グランドジョラス北壁の冬期における可能性などを一考してみることも興味あることだろう。

しかし、これはあくまで個人的な推測であり、ここで記すことができるのは、われわれの登攀したマッターホルン北壁と比較してみた場合の登攀の条件的なものである。真の答えはこれらの大北壁を狙うアルピニスト諸氏が、あらゆる角度から研究し適確に判断する

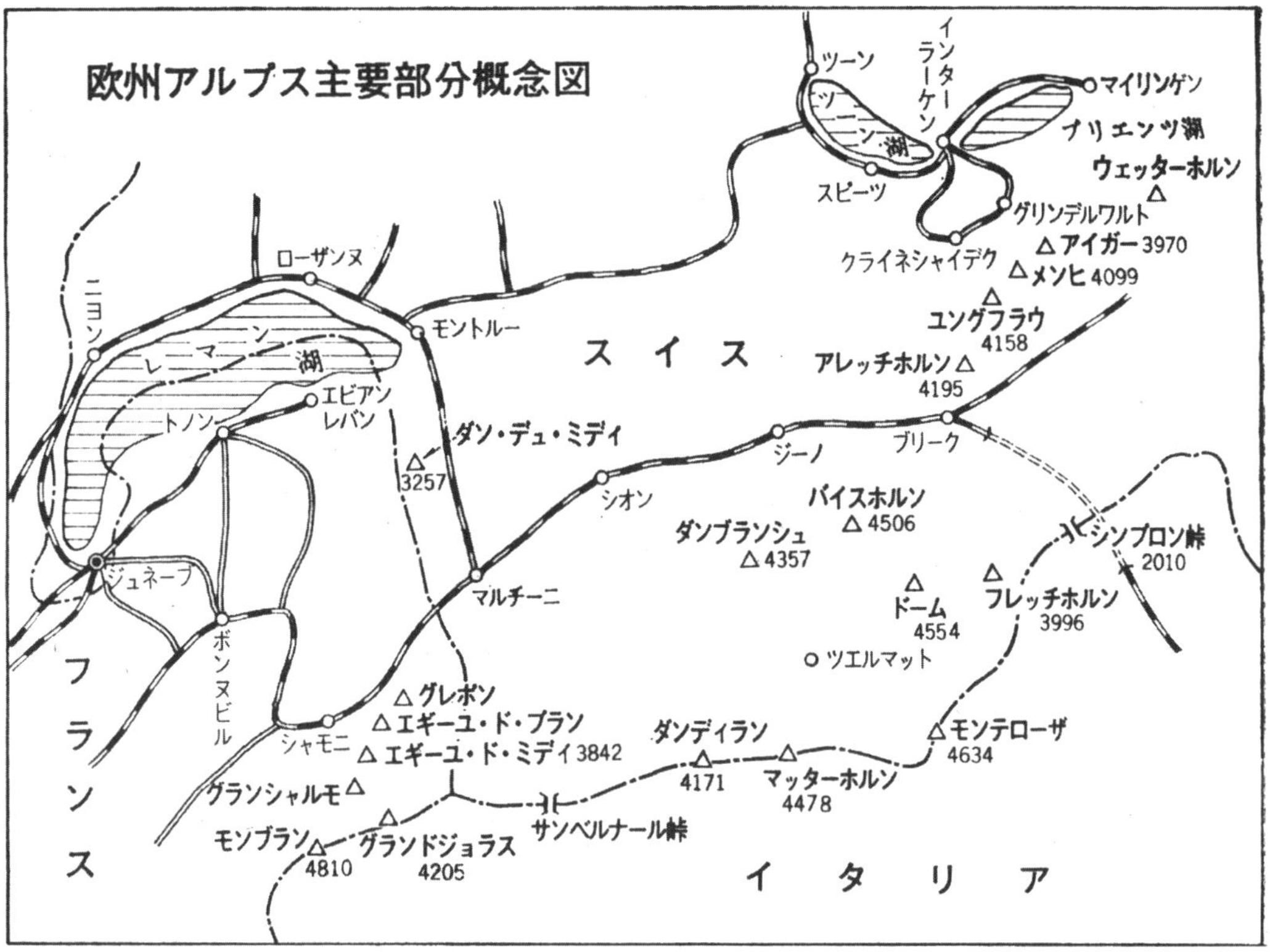

欧州アルプス主要部分概念図

ことであり、以下に記すことがなんらかの参考になれば幸いと思い付記した次第である。

＊

スケールの点ではもう記すまでのことはないと思うが、高度差一〇〇〇㍍のマッターホルン北壁、一二〇〇㍍のグランドジョラス北壁、一六〇〇㍍のアイガー北壁と並べてみると、アイガー北壁が高度差において他の二つの北壁を完全に圧倒している。

マッターホルン、グランドジョラスは、天候、岩壁のコンディションによって多少の差こそあれ、三〜四日の好天候のチャンスをつかめば登攀可能であるが、アイガーはスケールの大きさでどうしても五〜七日の好天候の見通しがたたなければ攻撃できず、登攀条件が最も難しくなってくる。しかしこの壁自体のスケールの差の反面、アイガー三九七〇㍍、ウォーカー四二〇八㍍、マッターホルン四四七八㍍という山の高さそのものにおける自然条件ということも、冬期は一考せねばならない。アイガーとマッターホルンを例にとってみると約五〇〇㍍の山の高度の違いがある。この五〇〇㍍の差は自然条件の厳しい冬期登攀では諸条件において充分計算しなければなるまい。例えばアルプスの場合、これらの山の高度に順応していないわれわれ日本人アルピニストは、四〇〇〇㍍を越すと多少の息切れ、頭痛などの高度の影響を感じ始める。そして寒気、風の強さなどの自然条件の差、あるいは登攀中、三級の岩場も四級に感じてくることなど、この五〇〇㍍の差は意外な厳しさとなって極端に現われてくることだろう。

登攀の重要なキーポイントを握る天候に関しては、今回ツエルマット、グリンデルワルト、シャモニとまわったわけであるが、なんといってもツエルマットが最も安定している。

朝、吹雪のグリンデルワルトを発ち、二〜三時間しか離れていないマッターホルン山麓の町にくると陽光輝く青空であった。アイガーがスイスアルプスの悪天候を最初に受けとめるが、マッターホルンはその地理的条件で比較的天候が安定していた。今冬のツエルマットはこの地理的条件にめぐまれたこともあるが、例年にない好天候期間が続き、十二月〜二月中旬まで十日に一度の降雪程度で、ヘルンリ小屋への夏道もでてしまうほどであった。グランドジョラスは前衛にエギーユ群をたちならべ、その奥に位置しているだけに、天候は変化しやすいが、アイガーよりは好天にめぐまれる率は高いことは確かである。

岩壁の困難度においてはグランドジョラスが群を抜いているわけであるが、ヨーロッパで会ったいろいろな精鋭アルピニストたちに言わせると、「快適である」という返事がずいぶんかえってきた。実際にウォーカーを私自身登攀したことがないのでわからないが、日本人アルピニストが現在までカシン、レビュファの文献上で考えていた〝最悪の壁〟という見方と、ヨーロッパのアルピニストたちのウォーカーの価値づけに、だいぶ開きがあるような感じを受けた。

何十年たってもウォーカーの難しさは昔も今も変ることはないだろうが、時代の進展と共に見方、考え方は当然変えてゆかねばならないものであろう。

夏期においてアイガー、マッターホルンには五級を越す部分はめったにないが、ウォーカーには五〜六級が連続しており、困難度はウォーカーが最も高いことは間違いあるまい。しかし冬期においては氷のコンディションいかんによっては、一口にウォーカーがずばぬけて難しいとはいいきれない一面もあることは確かである。

たとえば、雪田部の登攀の多いアイガー、マッターホルンにしても、今冬のように雪田部が全面ブルーアイスと化してしまった場合などはそのいい例であろう。急峻なブルーアイスの登攀や、トラバース等は同じ六級でも、岩壁部の六級以上の難しさがある。従ってその年のコンディションいかんによっては、マッターホルンとアイガーには氷の難しさが追加され、逆に雪田部の比較的少ないウォーカーは垂壁部が多いだけに氷の変化の点において有利であろう。

ビバークサイトの有無については、夏期ならともかく、冬期登攀においては登攀日数がかなり費されるだけに、攻撃計画にさいしては重要視せねばならぬことであろう。アイガー、グランドジョラスにはなんらかのビバークサイトをポイント、ポイントで確保することができるが、マッターホルンは皆無であるといっても過言ではない。全行程、不安定極まりないものであり、ハンモックまで動員した一場面もあったほどである。

その他、取付までのアプローチ、下降路の点なども大切なことである。アプローチはアイガーが最も有利であり、クライネシャイデック、グリンデルワルトあたりからいきなり攻撃が可能である。マッターホルンは、ツエルマットからシュワルツゼーを経て、一日で基地となるホテルなみのヘルンリ小屋まで達することができる。アプローチで最も不利なのはグランドジョラスである。夏期はメールドグラス経由であるが、冬期はスキーでバレ・ブランシュ経由で攻撃が行なわれている。取付周辺の氷河の状態いかんではヘリコプターを利用するのも面白い方法であろう。基地となるレショ小屋は積雪に埋まって使用できず、ホテルからコンディションを整えて攻撃できるアイガー、マッターホルンと比べると攻撃条件はかなり不利であるといえよう。

下降路についてはアイガー、グランドジョラスはさして問題はないと思われるが、マッターホルンは前記したような困難さがプラスされる。

最後の結びとしていえることは、冬の三大北壁の登攀は、どの北壁が最も困難であり、容易であるという単純な判断のしかたはできないということである。アイガー、ウォーカー、マッターホルンと、その岩壁の有利性、不利性、すなわちスケール、困難度、高度の問題、天候条件、氷の難しさ、ビバークサイトの有無、アプローチ、下降路等といった諸々の難しい要素がからみあい、プラスマイナスしているということである。

しかし、これらの冬の三大北壁の冬期登攀は、日本の冬の岩壁で本格的にトレーニングを積んだアルピニストの技術、体力でも充分通用するが、岩と氷のオールラウンドの実力のともなわない、自称一流アルピニストには、ヨーロッパの厳しい冬の大北壁にはとうてい歯が立つまい。

冬期アルプス登攀において、日本の若いアルピニストたちにとって最も必要なことは、衝立岩正面、屏風岩壁で要求される高度な登攀技術よりも、まず冬の大北壁に圧倒されないだけの精神力と、ずばぬけた体力を鍛えあげることである。そしてスケールの大きい世界のアルピニズムに対して、常に目を開き、それらに対応できる自分自身を作り上げていくことが何よりも重要なことであろう。

（山学同志会々員）

岩と雪 No.11（1968.4）P44-50

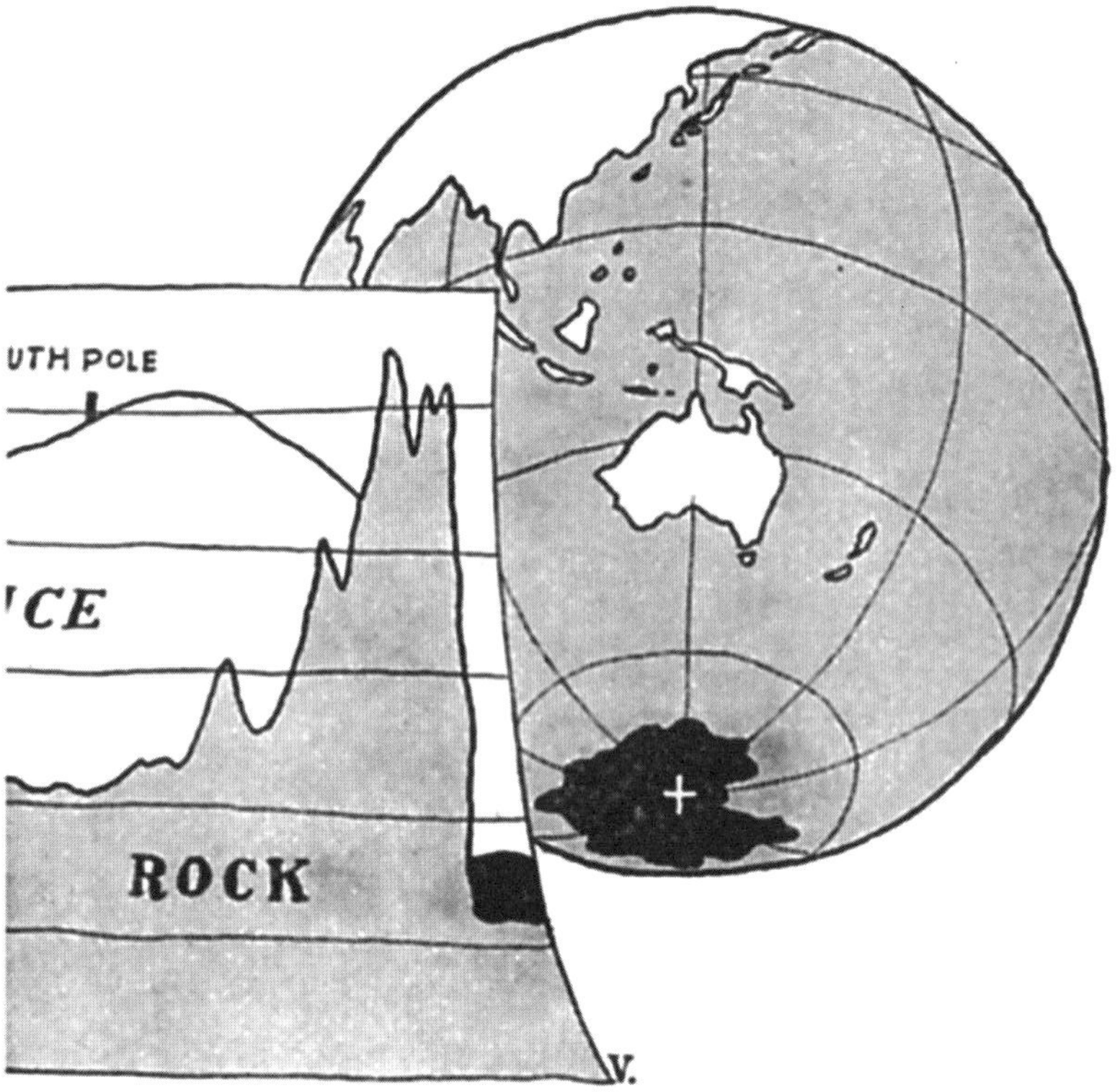

パイオニア・ワーク雑感

パイオニア・ワークとは、それを定義づけ分類し、今後の志向を見るものではなく、そんなものを打破るところからその第一歩が始まる‥‥

江《え》上《がみ》康《やすし》

仙台の宮城県立図書館の展示室に、珍らしい地図が掛けられている。宣教師マテオ・リッチが万暦三十年（一六〇二年）、明の高官、李之藻の助力を得て北京で刊行したものである。この地図には無論、現在のオーストラリアは載っていない。そのかわり当時の人々の空想の中にしっかり根をおろしていた幻想の南方大陸（南極から熱帯にわたり太平洋、大西洋、インド洋をかこみ、ほとんど世界の南方全部をおおう巨大な人類居住地）が書かれている。インドの北、ヒマラヤの付近は山波が書かれているが、その北、チベットかタクラマカン砂漠とおぼしきあたりに、インドとあまり変らない大きさの湖がある。カスピ海かアラル海がこのへんまで移動されているのかどうかよくわからないが、なかなか面白い。

一方、南アメリカは、現在のそれとあまり変らない感じで表現されている。太平洋岸沿いにアンデスの山波がギザギザしており、ピサロのインカ征服の約五十年後ではあるが、利碼（リマ）などの字も見える。わが国は北海道が全然入ってなくて、三河や駿河の南に

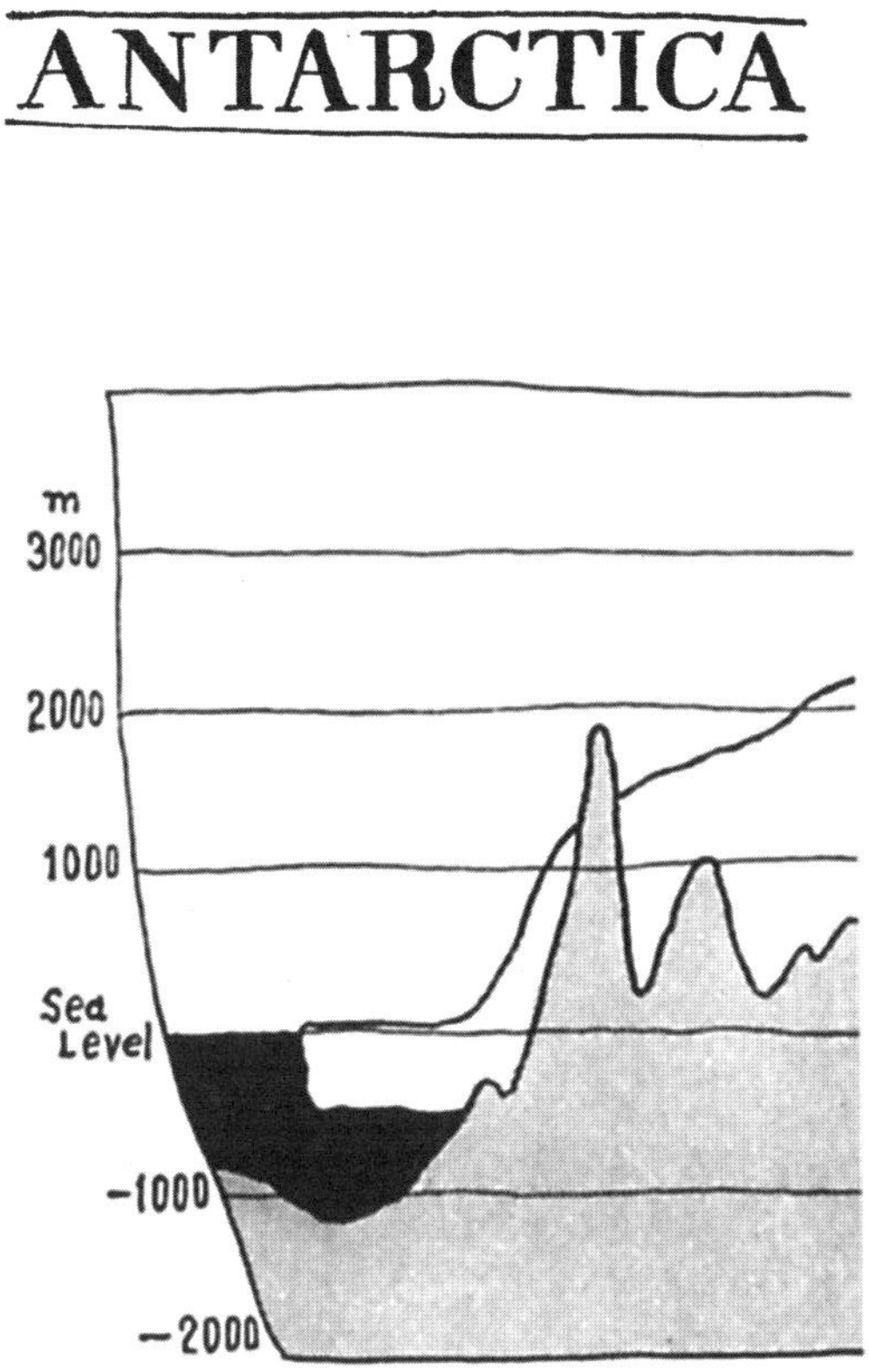

飛騨や信濃がある。

　今から三百七十年も前にできた地図に対して現在の地理知識でケチをつけようというのではない。それどころか人工衛星から撮影した地球の写真で初めて地球の丸さを納得するような私には、当時、あれだけの立派な世界地図を作る人がいたなど、まったくの驚きなのである。そして考える。日本の山岳界の最近のエネルギッシュな海外登山のことを——。世界中の山という山へ（政治的理由で登ることのできない地域を若干残して）数多くの隊がでかけている。外国の山岳地帯や僻地で、同じ日本隊がはち合せになるなど十年前には考えられもしなかった。すっかり世界の山は日本人に知られてしまった。これはちょっと言いすぎかも知れないが、それに近いことだけは誰れでも認めるところであろう。

　これは何もマテオ・リッチの地図との比較において考える必要はない。一九五六年のマナスル登頂当時や、今からちょうど十年前に当るチョゴリザ登頂の頃と比較しても充分である。私の現役時代はこのマナスルやチョゴリザの時代であった。その頃でさえ「パイオニア・ワーク」はすでに過ぎ去った遺物の様な感じさえ持ったことを覚えている。現在からみれば何という贅沢な考え方をしたものであろう。

＊　＊　＊

　一体、登山におけるパイオニア・ワークとは何であろうか。ある種の学術的研究を別にすれば山登りとは結局道楽の一つである。非常に健全な遊びの一つである。一生懸命、一年の三分の一も山の中で過ごした現役時代に「山登りは結局遊びだ」などといわれると、何となく腹が立った。単なる遊び以上のものをそこに見出していたからだと思う。しかし就職し仕事を持つと、山登りが遊びの一種であることをいや応なく認めざるを得なくなるようである。現代の社会はそういう仕組みになっているらしい。長期にわたる海外登山などやろうと思うと、まずこのへんの認識を自ら考えねばならないし、他からも強制される。

　ただ登りたいから登る、なになのため登るという山登りが手段方法の一つではなくて、ただ行きたい、登りたいという気持がその人を山に向かわしめる、これが山登りの本質といえよう。むつかしくいえば近代アルピニズムの本質である。

　山登りが遊びの一つなら、何でパイオニア・ワークなどという面倒くさいことをいう必要があるのだろうか。ゴルフやボーリングにパイオニア・ワークを云々しないのは何故だろうか。水泳やバレーボールに古橋精神や大松精神があってもスウィミングイズムやバレーボールイズムというものがないのは何故であろうか。

山登りは確かに身体が健康なほどよい。弱い身体を強くするために、いろんなトレーニングをやる必要もある。しかし山登りが他のいわゆるスポーツと同類項で考えられるものかどうか。山登りは確かにスポーティではある。幾多の先輩も、修験道や行者の山登りから、よりスポーティな山登りを目指して努力された。日本山岳協会も日本体育協会の中にある。しかし山登りは単なるスポーツであるとはいえない。スポーツ以上でもないし以下でもない、どうも異質のもののようである。国体競技の中の登山部門の位置が何よりそれを明示してくれている。

私は、山登りはスポーツより道楽、遊びに近い要素を多分に持っているように思う。そうかといって囲碁やマージャンなどの室内の遊びとは無論根本的に違っている。庭いじりや植木いじりよりは大いに活動的である。どちらかといえば狩猟や魚釣りに似ている。自然の野山が舞台である。しかし前述同様、狩猟にも魚釣りにも、得物の大きさの自慢くらべはあるが、狩猟におけるパイオニア・ワーク……云々とか、魚釣りにおけるフィッシングイズムなどということは聞いたことがない。

＊　＊　＊

山登りの歴史をふりかえってみると、山登りがパイオニア・ワークの積み重ねで発展したことがよくわかる。誰れも行ったことがない地域へ行く、誰れも登ったことのない山へ登る、より困難なルート（別のルート）から頂上をきわめる、誰れもやったことのない方法や形式を採用して登山をする、などの意志の行動化がそこに見られるのである。山登りは健全な道楽の一つではあるが、それを発展させたものは、いわゆるパイオニア・ワークといわれるものであるといえそうである。何も山登りを発展させるために、その行為を行うというものではない。結果的にそうなるのである。エベレストの西稜から東南稜へ縦走したホーンベインとアンソルドは、エベレストが世界の登山家たちの身近かなものになるように、というわけでこのパイオニア・ワークをなしたわけではない。しかし結果的にはエベレストの西尾根は一九六三年を境にして、私たちにとっても登攀不可能な対象ではなくなった。一九五三年のエベレスト初登頂の時までは、この稜などとても登攀の対象ではなかった。未登の頂や尾根や壁がだんだん失くなっていくことは淋しいことではあるが、これが山登りの発展というものであろう。一九二五年、槇有恒氏らによって初登頂されたカナディアン・ロッキーのアルバータに四十年後の一九六五年、日本の一登山隊が気軽に出かけて行って登って来た。槇さんたちのアルバータ登頂を知らない人はあまりないが、一九六五年隊のことは知らない人も多いだろう。この四十年の間にあるものは、やはり山登りの発展といっていいと思う。

＊　＊　＊

学問的研究や事業においてもパイオニア・ワークはある。種々のスポーツにおいても、いろいろの創意工夫を生かしたトレーニングをやり、新記録を生むことだってある。ただパイオニア・ワークと表現するのにぴったり来ないだけである。ただ山登りにおけるパイオニア・ワークといった場合、その行為に対する表現が非常にぴったりするというだけではないだろうか。

山登りにおけるパイオニア・ワークといった場合、先人のやらなかったことを一歩でも押し進めていればいいというだけのものでもない。冬の穂高に入って岳沢のド真中でテントを張り、一ヵ月間雪崩に会うことなくねばってみた、といっても、これをパイオニア・ワークだという人はあまりいない。岩場のルートに通常のルートから数メートル離れたところを登って初登攀に自から酔った高校生時代を私も経験している、この種の経験は確かにより一層大きな夢を育てるために必要不可欠なことである、と思っているが、この種のパイオニア・ワークがいかに小さな取るにたらないものであるかに気付かねば、その人のその後の山旅は非常に心貧しい、かわいそうなものになるだろう。

＊　＊　＊

山登りにおけるパイオニア・ワークとは、こうこうこういうものをいう、と定義づけができるものではない。ただこの問題をできるだけ明確にするために、現段階においてどういうものをいうか選んでみたい。

(一) **誰れも入ったことのない、あるいは入った人が非常に少い地域に入る**（探検的な登山）

(二) **誰れも登ったことのない未登峰に登る**（初登頂をねらう登山）

(三) **未登ではないがより困難なルートから頂上をねらう**（バリエーション・ルートからの登山）

(四) **新しい登山形式や登山方法を採用してより広域の活動を行う**（新形式の登山）

ほぼ以上の線にまとめられると思う。

＊　＊　＊

世界中で未踏地は本当に少くなった。未踏地とはいっても山がないところはやはり山屋の対象にならない。アマゾンの密林地帯やサウジ・アラビアの砂漠は山登りとは別のものである。地理的な探検登山は最近とみに限られた地域しか残されていない。この種のパイオニア・ワークはもうずっと以前からその限界だといわれている。最近の現役はどんなか知らないが、私には一九五五年のＡＡＣＫによるカラコルム、ヒンズー・クシュ探検など頭に強く印象づけられたものの一つである。モンゴル族を求めて峠から峠へ越えて行く山旅、今西錦司博士の含蓄ある氷河地帯の山旅は、映画「カラコルム」と併せ、詩情豊かな探検的登山の味を教えてくれた。

スイスにアウグスト・ガンサーという地質学者がいる。一九一〇年生れとあるからもうすぐ六十才近い。この人は一九三六年、ガルワル地方で探検的登山をやったことがあるが（アピやヨカパール・ヒマールでの先駆者でもある）、最近はブータンの山々を歩いている。六十才近い人が未だに探検的登山の見本をみずから示しているのである。

ブータンには簡単に入れません、と現役連中はすぐお手あげする。簡単に入れないのは当り前なのである。簡単に入れなかったからこそ、未だに未踏の香り豊かに存在しているのである。チベットには簡単に入れません、といって英国隊はエベレストをあきらめなかったではないか。無論、現在の中共領の山などはいろいろ問題があって簡単には入れない。

最近、日本大学山岳部がグリーンランドに二回も続けてでかけている。フォーレルの登頂は成功したが、次はグリーンランドの横断計画を行うつもりらしい。これなどは日本の現在の海外登山からみれば非常にユニークなものであるし、地理的探検を含んだ登山のよい例だといっていいと思う。

この種、地理的探検の限界は日一日とせばまりつつあり、現在の段階でさえ、すでに重箱の隅的存在であるという見方もできよう。この種のパイオニア・ワークは地球上では必ず限界が来るというところが、前述の学問的なまたは事業的なパイオニア・ワークと根本的に異なるところである。

現在の重箱の隅はまったく魅力がないと考える人々も多い。しかし現在の地球上のその残された地域に対し何の興味も関心も走らない、という人は、すでに山登りの世界からは縁が遠のいた人なのである。そのような人は山登りなどまったく非生産的、厭世的な行為で思いきりやめたほうがいい。

この谷の奥はどうなっているのかよくわかっていない、もしかしたら七〇〇〇メートルの未登峰が見つかるかもしれないとか、日本人でこの地域に入った人はまだいない、などということはやはり山登りのパイオニア・ワークの対象の一つであるし、それがどんなに狭い地域だとはいっても、日本の国内的規模ではないのである。地球は狭くなった、などという人は、一回か二回、短かい期間で外国を旅行した人に多い言であることに気付く。じっくり腰をおちつけて外国を見て来た人や、前述のようなあの種の探検的登山を考えている人には、地球上には行きたい、行かねばならないところが、いつも二つか三つはあるものだ。

㈡の未登峰の初登頂は、まったく書いた通りのことで、誰れもその頂上に立ったことがない峰に初めて登るというパイオニア・ワークである。これも㈠と同じくできるだけ世界的な規模で対象を考えたほうがいいにきまっている。

八〇〇〇メートル峰はもうない。やはりヒマラヤの七〇〇〇メートル峰が対象の中心であろう。八八四八メートルの世界最高峰のエベレストが登頂されたから、高さへの挑戦というパイオニア・ワークは一応完了したかもしれない。しかし未登峰へのパイオニア・ワークはそれをきっかけとでもしたかの如くそれに引き続いて行われているのである。

七〇〇〇メートルとはいわないまでも、ヒマラヤの六〇〇〇メートル級の山でも、その名にふさわしい立派な独立未登峰がある。これも各人の好みによって対象とする山もいろいろ違ってくるのは当然ではあるが、私個人の好みでは、やはり完全な、といわないまでもほぼ完全な独立した、それもどっしりした山でないとどうも好きになれない。その点、六二二一メートルとはいえ、京大の初登頂したインドラサンなどはやはりいい山だと前から思っていた。わが国からも、三、四人程度でクルー、ラホール地方の山などへでかけて六〇〇〇メートルのいい山を三つ四つ登ってくるような隊がでかけてもいい頃だと思うが、そう思っていてもインドがなかなか入れてくれないのだろうか、私は詳しくは知らない。ここにもインドは入れてくれない、という既成概念が支配している感がなきにしもあらずである。

この初登頂パイオニア・ワークも数に限度があるところから、時には大きな山のコブのようなピークへ立って「初登頂」を名乗ったり、貧弱なピークの初登頂など、いろんなものが含まれたりする。各人の好みの問題も入ってくるので一概にはいえないが、やはりパイオニア・ワークを云々するような山は自ずと決まってくる。それにふさわしい頂上に人類として初めて立った感激は終生忘れられないものとなるであろうし、現在、その残り少いパイオニア・ワークが目前にころがっているのである。パイオニア・ワークがすぎ去った過去の遺物だ、などと現在なげいていたら、あと何年かして、あの時ならまだあれほど残っていた、などと本当になげかねばならない。

㈢バリエーション・ルートからの初登攀。

これは地理的探検の歴史やヒマラヤ高峰の登頂史などを振りかえって現実を考える場合、より健全な広い視野からのパイオニア・ワークは、㈠の地理的探検の登山や、㈡の未登峰の初登頂登山などはごく限られたものであり、現代登山のパイオニア・ワークはその大部分がこのバリエーション・ルートからの初登攀であると極言していいかもしれない。

私は㈠、や㈡、でいかにパイオニア・ワークが残されているかというような表現をしたが、これはこの㈢、を導くための前書きとでもいったほうがよい。偉大なパイオニア・ワークの叙事詩は、地理的な探検登山やヒマラヤ巨峰群の初登頂の中にしか見られないもののようである。しかしこれはユリシーズの叙事詩なのである。現代は、やはりそれらの過去を背負った現代であり、その中で新しい叙事詩を書き上げなければならない。とすれば、このバリエーション・ルートからの初登攀の中にこそ、それを見い出す可能性が大きい。

この方向を非常に極端に示したものが一九六六年のドイツ・アメリカ・イギリス合同隊のアイガー北壁直登であろう。とてもあんなオッサンたちとつき合っていると命がいくつあってもたまらないが、一〇年前とは明らかに違うパイオニア・ワークがそこにあるようである。アイガー直登に、カラコルムの詩情を求めたり、アンナプルナのドラマを求めたりするほうが無理なのである。全然別の時代の別のパイオニア・ワークなのである。

バリエーションといっても何も壁ばかりが対象ではないし、稜や尾根もそれぞれの目標になり得るし、アンデスにはアンデスの、ヒマラヤにはヒマラヤにふさわしいバリエーション・ルートを探すことができると思う。

ここ当分この種の活動が海外登山の主流をなすものと思われる。

㈣で新しい登山形式や登山方法を採用してより広域の活動を行うもの、と分類はしたが、これは㈠から㈢にいたるものと別個にすべきものかどうか疑問の残る点もある。山登りのパイオニア・ワークを考える場合、この種の登山形式や方法の根底に流れる一種のフィロソフィーが、その後の山岳界に及ぼす影響は非常に大きなものがある。

例えば「縦走」とか「放射状登山」とか「ポーラーメソッド」とか「ラッシュ・タクティックス」とかいわれているものがそれである。この場合、あくまで㈠から㈢にいたる山登りを行うため(目的)の方法(手段)であることは当然である。ひと頃、極地法登山のための極地法登山などという風潮の時代があった。あくまで極地法の訓練のため日本アルプスで山登りをすることだって結構なことである。しかし極地法登山をするためにエベレストへ行く人はいない。この点海外の山と国内の山とは同じ山であるし、冬の北アルプスのある部分など、ヒマラヤ七〇〇〇メートルの通常の状況とか、アンデス六〇〇〇メートルの気象状況よりはよほど条件は厳しいと思うが、トレーニングの場と目的の場との種々の条件の違いをできるだけ認識した上で事を行うべきであろう。

大型貨物船にとっては通常の航路になっている太平洋を、五メートルたらずの小さなヨットで横断するパイオニア・ワークに類するものが山登りの世界にあってもいいはずである。

元気のよい現役連中から、シェルパ・レスのエベレストなどといわれると、まったく何もわかっていない奴だと思いながらも、その後の生長を楽しみにしている。そんなのに限って卒業後は、まったくおとなしい根性レスのサラリーマンに変化してしまうのである。

先般、南極のビンソン計画をやったグループがあった。私の後輩もその中に入っていた。南極の山登りは、外国ではときどきやっているが、日本では本格的なのは初めてである。当然新しい形式なり方法を採用しなければならない。この隊のことを楽しみにしていたが、残念にも実現しなかった。

＊　＊　＊

以上四つに分類して山登りのパイオニア・ワークについて思いつくまま書いてみたが、探検とか登山とかいうものは何も定義づけや意味づけから出発するものではない。そんなものは後になってつけ加えられるのである。パイオニア・ワークとてもまったく同様のことで、これを定義づけ分類し、今後の志向を見出すなど、まったく本末転倒である。パイオニア・ワークとはそれを打ち破るところからその第一歩が始まるのである。

その意味では私がここに書いた以外の山登りがなされた場合に本来のパイオニア・ワークがあったともいえる。

最初に書いたように私の現役時代は、どうも一〇年前のようである。何故かといえば、その頃なされた数々の山登りが、私にとってパイオニア・ワークの数々だったからである。京大のアンナプルナやカラコルムがなつかしい。あれこそパイオニア・ワークだと思った。それに反して最近の数ある海外登山の中に、パイオニア・ワークを見出すことが非常に少くなったのは、やはり私の精神が老化した証拠かもしれない。

そんな私だからこそ、パイオニア・ワークの旗手を自他共に許していたAACKの今後の動きに非常な関心を持っているのである。カンチェンジュンガ周辺への計画がネパールの入国拒否により中止されて以来、まったく静かである。一九六二年のサルトロ・カンリ初登頂後、AACKがいかなる方向に進むのか、期待と夢を持っていた。一九六四年のニューギニアやアンナプルナ南峰など片手間の一つと思っている。どこかにその本流があるはずである。その本流のほとばしり出るのを待っている今日この頃である。(筆者・同志社大OB　アピ遠征隊員)

コラム 2

日本人の海外登山

第2次大戦前

明治期は海外登山といっても、もっぱらアルプスのガイドを雇った一般登山で日本人は海外の山を体験した。大正に入ると１９１８（大正７）年に鹿子木員信が単身タルン氷河に入り、槇有恒は21（大正10）年にスイスガイド３人とアイガー（３９７０ｍ）東稜（ミッテルレギ山稜）を初登攀、ヨーロッパの登山用具と技術を日本に伝えた。槇は25（大正14）年に慶応隊を率いてカナディアン・ロッキーのマウント・アルバータ（３６１９ｍ）初登頂を成功させた。昭和に入ると29（昭和４）年、各務良幸がガイドと共にモン・モディ（４４６５ｍ）南東壁を初登攀、翌年にはフランク・スマイスとアイガー冬季登頂を企てた。31（昭和６）年の三田幸夫は冬にインドのロータン・パス周辺をさぐっている。

パウル・バウアーのドイツ隊によるカンチェンジュンガ（８５９８ｍ）挑戦（29、31年）に刺激された学生登山者の間にヒマラヤへのあこがれが高まり、京都大学は大胆にもＫ２（８６１１ｍ）遠征を企画した。しかし、インド植民地政府は入域を認めず、計画は挫折。当時、日本陸軍の勢力圏内にあった中国北東部（大興安嶺）探検に切り替えた。一方、立教大学隊は入域可能なガルワールに目を付け、36年ナンダ・コット（６８６１ｍ）初登頂を勝ち取った。

マナスル以後

敗戦後の復興が進むにつれてヒマラヤへの機運が戻ってきたが、今度は今西錦司率いる京都大学がマナスル（８１５６ｍ）の許可を入手した。しかし途中で日本山岳会へ譲渡され、53年から56年まで３回にわたって同会の遠征として行なわれた。初登頂に成功した第３次隊は、槇有恒隊長の下で編成された。初登頂には成功したが、３次隊は、53年エヴェレスト英国隊にならって、酸素の使用をふくむ万全の戦術を採った。８８００ｍの方法を８１００ｍそこそこの山に適用するのがいいのかどうか議論されるべきだったが、マナスル成功の方程式はずっと後まで日本のヒマラヤ遠征を縛ることになる。

大学山岳部系がマナスルの軛《くびき》から逃れられないとすれば、それを破るのは社会人クライマーだが、その機会は日本山岳会が70年にエヴェレスト南西壁に挑むまで訪れなかった。70年代のヒマラヤは壁の時代だった。英国隊がアンナプルナ（８０９１ｍ）南壁、西ドイツ隊がナンガ・パルバット（８１２６ｍ）南壁を登ったのである。日本隊もマカルー（８４８１ｍ）南東稜を登り、翌年にはマナスル西壁に成功した。日本山岳会は、南西壁攻撃にあたって社会人クライマーを呼んだが、その力を糾合することはできなかった。73年のＲＣＣⅡ隊も、「ヒマラヤ鉄の時代」を実現しようと48人の人数をつぎ込んだが、日本山岳会同様の結果に終わった。日本人がバリエーションに成功するのは、76年のジャヌー（７７１０ｍ）北壁とナンダ・デヴィ（７８１６ｍ）縦走まで待たなければならなかった。

70年代前半の問題は日本隊の遭難だった。ネパール各地で転落や雪崩事故が起こった。とくに多かったのは、高所の環境に無知なため前線に出た元気な隊員が高山病で死亡する事例である。

マナスルやエヴェレストの経験から高所順応のメカニズムはある程度解明されていたはずだが、それが広く登山界に共有されていなかったことが悲劇の原因だった。とはいっても、登山の危険は自分持ちにちがいない。ヒマラヤの高峰に向かう登山者が自己防衛のスキルを学ぶには、３７７６ｍの富士山から８０００ｍの世界はギャップが大きい。４０００ｍのアルプス、アラスカやアンデスの６０００ｍ級を経験していれば、ヒマラヤは特殊な世界ではないはずだ。ヒマラヤ時代とあって多くの登山者がやみくもに高峰をめざしたブームのツケがあったといえるかもしれない。

岩と雪 No.15（1969 .7）P40-46

アルピニズム未来論

——そこに山があり、それを登るアルピニストがいる限り、アルピニズムの本質は永遠不変であるだろうか……

二《にの》宮《みや》洋《よう》太《た》郎《ろう》

この四月に発表された日本山岳会のエベレスト計画では、従来の東南稜ルートに加えて標高差一五〇〇メートルの南壁の登攀も併せて実施するという。単なる登頂から進んで、より困難な氷壁登攀——いいかえれば、尖鋭なアルピニズムを実践するわけである。今まで壁の登攀などには関心をむけなかった日本山岳会によって、いうなればヒマラヤ鉄の時代の幕がおとされることについては、しみじみヒマラヤの新しい時代の到来を感じないわけにはいかない。

＊

アルピニズムという概念を明瞭にとらえることは容易ではないが、ヒマラヤの最高峰を登ること、あるいは困難なバリエーションルートや壁を登攀することは、それが不充分な理解のままであっても、アルピニズムの対象として何の疑問も感じさせない。しかし、ヒマラヤの山でありさえすれば、どこでもその対象であるといえば、何かやはり抵抗感がある。またヒマラヤン・エイジだからといって国内にはもはやアルピニズムのかけらもないのだといわれてもやはり何かひっかかるものがある。

何となくわかったようでわからない幻のような概念、しかもとらえどころがないのにわれわれを狂気のごとく駆りたててやまぬこのアルピニズムという概念を、この小論の始めにできるだけ具体的にとらえておかなければならない。その未来をおしはかるのに、出発点が一応必要だからである。

＊

alpinism とはスポーツとしての登山行為をさす、といとも明快に述べているのは、山岳事典（山と渓谷社昭和35年刊）である。さらに〝山に登ることそれ自体を目的とする登山は、一七八六年のモン・ブラン登頂に始まり、英国山岳会を先頭に、ヨーロッパ・アルプス、アンデス、コーカサス、アフリカさらにヒマラヤがその対象となった。また、初登頂のための処女峰が消え、同じピークをより困難なルートからより困難な条件で登る登山方法、即ちロック・クライミング、積雪期登山、氷壁登攀などがその対象となった。狭義

のアルピニズムは普通後者の思想をさす〃という意味のことが解説されている。

このalpinismという言葉は英語であるが、英国では登山はmountaineeringをつかっている。ブリタニカにもアルピニズムという言葉は見当らない。ただAlpine Clubは有名だが、これは、当初アルプスへ行く人の会という程度の意味であったというが、年を経るにつれてアルプス以外に対象が拡大してゆき、遂に山岳会という意味につかわれている。

登山の後進国であるソ連邦では、このアルピニズムという言葉は、そのまま高峻山岳の登山すべてをさしている。高峻でない山や峠についてはツーリズムといって非常にはっきりした区別をしている。

英国と同じようにドイツでは、登山はBergsteigerである。ドイツやフランスではアルプスへ登る人という意味でアルピニストという言葉はあったが、現在のアルピニズムという言葉が派生されたのはその後である。

こうみればアルピニズムという概念は比較的新しいものであり、その発生からみて、いわゆるアルピニズムの内容として思想性とか哲学体系を根元的に期待しても無意味であり、寧ろ実体は動くもの、現状によって帰納されるほか確かめることはできないものではなかろうか。

その意味では現象である。人間が行なう山登りという文化現象であるとすれば、現象は時代とともに変化する。しかし時代をこえてその底に普遍に流れているもの、そのプリンシプルは何であろうか。

発生時の現象からみれば、アルプス風の登山であるが、分析すれば登山のための登山、スポーツとしての登山、より困難さを指向する登山といったファクターが一般の共通したみかたのようである。純粋に登山のための登山ということは、かなり理解されているが、スポーツとしての登山は、まだ充分な理解はされていない。

普通、スポーツには、記録とルールという柱がある。競走というか進歩向上への指向が中心にあってどこまでも記録を追究し、さらにルールがあってそのスポーツが体系的に整備されている。日本におけるアルピニズムは、その意味では、まだ整備されず、スポーツとして、あいまいな部分が少なくない。スポーツを山において科学的に、そして正しく適用することが早急に必要である。例えば、記録性とは、より困難なものを追究する態度そのものであり、ルール性は、山と自己の間のフェアプレイ――例えば山でのモラル自体をルールとして守ること――である。他のスポーツとは形は異なっていても、そのプリンシプルにおいては全く変わるところがない。

しかし、アルピニズムには、パイオニアワークの魅力がないとかアドヴェンチュアとしての要素もあるはずだとか、単にスポーツだけならこれほど私を狂気にさせないだろうなど、いろいろな感想もあるかもしれない。いわゆるセオリーとしては、アルピニズムはスポーツとしての登山だといいながらも、本当はスポーツ・プラス・サムシングの存在であるというように考えている人も少なくないであろう。

これらは確かに理由のないことではない。アルピニズムの香気ともいうべき、これらの魅力は、人々をとらえて離さない。しかしこれらは、アルピニズムというよりは、山自身の属性である。属性は時代とともに変化する。アルピニズムはある意味では山に対する方法とか態度であるとすれば、このことは、山の属性の変化とともに内容が変わりうることを示すものではなかろうか。

*

日本でのアルピニズムという言葉は、西欧のように行為を媒介として出発したものではなく、抽象的な輸入概念であった。したがっていわゆるイズムとして必要以上に抽象的に考えられがちではなかったか。

さらに日本人の思考のパターンとして例えば茶や花を茶道・華道というように精神主義的、求道的、哲学的色彩を好みがちである。オーソドックスなアルピニストたちの意見として〝少しずつ技術をみがき、例えば地形図の読み方から方角の判断、ルートの選択、やさしい山から次第に難かしい山へ、夏山から冬山へ、さまざまな条件を体験しながら目的の頂上を踏んでこられるようになるまでには、大変な修業が必要なのである……〟とか、〝現代日本登山界が海外遠征登山において得た成果は年々つみあげられて、先進国と肩をならべるまでに達したが、その登山の背景となる思想という点になるとその目立つ弱さはいかんともし難い。思想や教養のない登攀はサルピニズムである……〟などという意見がよく出される。

問題の指摘は正当で、決して間違っているわけではない。現在でも大きな欠陥をついているのだが、何となく迫力に乏しく時代的な古めかしさというか、隔靴搔痒の感をまぬがれないのは何故であろう。

岩登りについていえば、グレード・システムや装備、技術の発達によって、早い者は二年ぐらいで一ノ倉の衝立や、冬の滝谷をやれるまでに成長できる時代になっている。岩登り以外についてもそれらの技術の習得のための時間が著しく短縮されている。このことは世界的傾向で各国の登山学校のプログラムやアルピニストの成長をみてもそれがよくわかる。

思想性については、例えば数年前の欧州アルプスのブームのように、行動派の試行錯誤の中から、アルピニズムの行方がある程度きめられてゆくこともまた眼前の事実である。

即ちオーソドックスな指摘の意味はないわけではないが実際に時代のテンポが早すぎるのである。そしてそれに即応したトレーニング論であり思想でなければマッチしなくなったのだ。

また日本人は体質的に思考型より行動型であり、そして素朴な好奇心が強く、野次馬的であるという。こう分析した解説者は、これらのプラスの面を日本の経済成長の大きなファクターとしてあげている。

この数年来の欧州アルプスの登攀をみていると、この実感は胸にせまる。何故アイガーへ集中するのか。

必ずしも感心したことではないにしろ、この雑草の生命力のようなバイタリティーは、経済成長の場合と同様に日本のアルピニズムをひらくものとみてよいのではなかろうか。アルピニズムが現象であるとすれば、なお一層である。

欧州アルプスでのかなりの成果は、世界的視野のなかで日本のアルピニズムに、ある自信と方向を与えた。この現実のアルピニズムを実証的に――プラグマティックにとらえ、そのスポーツ性について一切の日本的なよそおわれたものをふりすてて、単純明快なプリンシプルに一度回帰してみることが今は必要のように思われる。

*

戦後、昭和二十七年ごろから海外登山が開始され、国内でも岩と雪の登攀「積雪期のバリエーション」の開拓が、人工登攀の積極的用具「埋込ボルト」などを駆使して、昭和三十二年ごろから爆発的に実行にうつされた。

困難な登攀それ自体が目的であり、その手段として人工登攀がフルに利用された。これはいうまでもなく、登攀史上の金、銀の登頂やバリエーション時代というより、鉄の時代そのものである。こうしたアルピニズムの前衛――スーパーアルピニズムの対象は、当初の「積雪期のバリエーション」から、さらに困難なルートをつなぐ連続登攀、あるいは人工登攀ルートの開拓へと引きつづき、さらに直登するディレッティシマやユマールなどによる機械登攀などがとり入れられ遂に夏冬を通じてアイガーヴァントのディレッティシマに挑戦するまでにいたろうとしている。このようなアルピニズムの行動の多様化の中で、連続登攀や人工登攀などとくらべてディレッティシマはかなり異質のように思われる。

困難性の追究という点では、ディレッティシマは人工登攀などと同じカテゴリーの中にあるといえるが、何故まっすぐ登るかという説明、あるいはユマールや、ヒーブラーを用いて岩にほとんどふれずに機械的に登ることは、そうしたカテゴリーの中から演繹《えんえき》されることは非常に難かしい。

ソ連邦のアルピニズムでは、時間による記録競走とか、直登の競技大会などが行なわれているというが、これらの感覚はもちろんヨーロッパ流のアルピニズムとはかなり異なっている。さらに日本の場合では一層考えられないことであろう。しかしこの発想は、まさにルール性、ゲーム性などをもったスポーツそのものの立場からのものである。

ディレッティシマの立場は、むしろこうした新しいスポーツの観点からの説明の方がより妥当性をもっている。そしてアルピニズムのスポーツ的要素の面の将来性をふくんだ注目すべきメソードであるといえようか。最近の人工登攀そのものは、従来のアルピニズムの魅力であったアドヴェンチュア的パイオニア・ワークの代りに、徐々にスポーツ的パイオニア・ワークをもりこんだメソードとなりつつあるが、その意味ではディレッティシマもやはりその人工登攀の一つの極に位置するものである。

ディレッティシマのほか、ユマールなどを使用する機械登攀、人工登攀の他方の極であるアメリカ流の尨大な物量を連続的に用いるエンジニアリング登攀、ソ連邦のような競走的なアルピニズムなど、スポーツ性の拡大は、巨視的には鉄の時代の次に来るべきスポーツの時代の萌芽というべきかもしれない。

＊

アルピニズムの舞台はいよいよヒマラヤに移った。アイガーヴァントよりもはるか高所にある標高差一、五〇〇㍍のエベレスト南壁の登攀が目下のハイライトとなっているが、八、〇〇〇㍍以上の壁ではたして欧州アルプスなみの登攀が可能であるかどうか。

計画としては、数組のクライマー・パーティを交互にだしてルートを開拓し、八分通りひらいたあとに、アタック・パーティをだすという。一応計画ではディレッティシマやユマール登攀などは考えていないといっているが、実際にとっつけば登攀タクティックはすべてフルに使わないわけにはいかなくなるだろう。

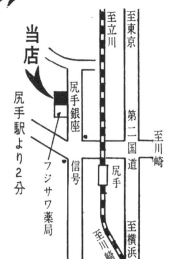

ヒマラヤ八、〇〇〇メートルの巨人群の初登頂は六〇年のダウラギリに終ったが、その金の時代の続編は目下七、〇〇〇メートルに続いている。そして、ナンダ・デヴィ縦走に始まるバリエーション・ルートの銀の時代の困難な登攀が、ようやくヒマラヤの主流となろうとしている。それらと併行して、ジャヌーやアマダブラムなどの困難な登攀、一、〇〇〇メートルの鋼鉄索を始め大物量が投入されたナンガ・パルバットのディアミール氷壁登攀などの鉄の時代が既に始まった。いうなればゴールデン・エイジからアイアン・エイジまで入り乱れて始まっている。画一的な大遠征登山隊の時代は去って、個人の登り方が問題にされるアルピニズム本来の姿になりつつある。人によっては銀の登頂をねらう者もあるだろうし、鉄の壁をねらう者もいるだろう。金の登頂より鉄の壁がアルピニズムとして優れているということはあり得ない。オリジナルなパイオニア・ワークである以上、メソードによる優劣はなく、単にそのアルピニストの好尚の問題があるだけである。

タクティックとしては、機動性を主とした小人数、精鋭主義のパーティ(ライト・エクスペディション)が今後続々とつづくであろう。五七年八、〇〇〇メートルのブロード・ピークを四人のオーストリア人がアルプスと全く同じ方法で登ったように、アルピニストが欧州や南米へ出かけるような調子でヒマラヤへ旅立つであろう。いうなればシルバー・エイジの主役たちである。

しかし一方、エベレスト南壁とかカンチのルパール壁とかディアミール氷壁などスケールの大きい壁に対しても、本格的に人工登攀の粋を集めてアタックされるであろう。

ディレッティシマもあらわれるかもしれない。すでに八、〇〇〇メートルではユマールなどを使用した機械登攀、強行登攀《ゲバルト》でなければ登れないと言明しているアルピニストもいる。

さらにバリエーション・ルートや壁を複合させた縦走がある。ソ連邦などでもこの形式の登攀は非常に困難であり、高く評価されている。ヒマラヤでは大きな主峰の系列に多くの巨峰をもつ山群が多いので、今後登攀の新分野として眼をむけられる可能性は充分にある。そのほか未開拓地帯も多くアドヴェンチュアにウェイトをおく人々の可能性も少なくない。

科学や文化が高度化すれば当然に多様化するが、来たるべきヒマラヤン・エイジには多様なアルピニズムがかなり長期にわたって繚乱と咲き乱れるであろう。そして巨視的には次第に銀から鉄へと移行し、さらにアドヴェンチュアに代ってスポーツ性の色彩を強めていくように思われる。

代表的なアルピニズム、いいかえればスーパー・アルピニズムはヒマラヤを舞台に華やかに展開されるが、国内の登山はアルピニズムとは無縁のものとなったのであろうか。国内の冬山をアルプスとかヒマラヤのためのトレーニング計画の道程とするみかたももちろんある。かつて連続登攀を開拓した人々は多くそのままアルプスやカフカズにつながったのだが、それはこの例である。

現在、冬山は、人工登攀にしても連続登攀にしても価値あるルートはほとんどトレースされている。現在もルートは開拓されてはいるが、多くは亜流であるといっても過言ではない。亜流の多いところにはアルピニズムは不在である。この点からみると、国内のアルピニズムはすでに終焉の時期がきてしまったような錯覚を覚える。

アルピニズムにおいて問題なのは、「如何なるアルピニズムの登攀か」即ち如何なる登り方をしたかであるとのべた。オリジナルな自律的思考にもとづくアルピニズムは、ヒマラヤにおいて多様なアルピニズムの花を咲かせ、共存するのであるが、国内においても同様に多様な展開はあり得ないわけではない。

国内でも冬山は依然として厳しく新しいが、岩場のルートは、開拓された当時のアドヴェンチュア的パイオニア・ワークの魅力が、多くスポーツ的パイオニア・ワークに代っている。

スポーツは前にのべたように記録とルールが大きな柱であるが、その記録の基礎は尺度《スケール》であって、岩場の場合、その尺度《スケール》はグレード・システムである。国内の岩場のルートにはそれぞれ何等級という評価体系があってスポーツの基礎をつくっている。したがって残置ハーケンなどによってルートの清浄性や正常な難易度《グレード》がおかされているときは、除去してノーマルな状態にしなければならない。他のスポーツと同様に能力相応のルートをフェアプレイ——人工手段を廃し限定された条件で登り、これがルールの中心になる。さらに、このグレード体系を組織して、ソ連邦の「憲章」やスキー教程などのような教程を作ることにより、いわゆるスポーツの科学的基礎がつくられ、これによってわが国のアルピニズムも次第にスポーツとして再組織されてゆくであろう。

これからも国内のアルピニズムは積雪期登攀に向かうであろうし岩登り、人工登攀や連続登攀などもますます盛んになろう。あるいは個々に立脚する単独登攀なども一般的になるかもしれない。これらがスポーツらしく整備されフェアに行動する慣習が一般的になれば、いいかえれば「如何なる登り方をするか」というアルピニズムの本来的性格がスポーツの立場から具象化されれば、増大する登山人口のうち純粋なアルピニズムを目標とする人々を正しい意味のアルピニストに育成することが可能である。

社会的に登山事故が問題視されてからかなり久しい。〝事故は社会に迷惑をかける反社会的行為で、登山者が負わねばならぬ社会的責任だ〟という内容であるが、始めは登山者自身の内省的な発言であったのだが、今では社会——マスコミから逆手にとられてその責任論をつきつけられている。しかも事故即ち無謀登山という安易な図式で批判されるのが常例となっている。

国内のアルピニズムがスポーツ的立場から科学的に再組織されたとすると、一応責任ある体系となったわけで登山は初めて社会に対して正当な発言権をもてることになろう。事故についての社会的責任は、その段階において、われわれ登山をする者の側のみにあるのではなくて、逆に社会が登山をする者に対して、その事故防止あるいは救助の社会的責任を負うべき時代となる。

その時、ソ連邦や西欧などのような事故の予防施設、強力な救助機関の設置、保険制などを、公共的立場から設備するよう要求が堂々と登山者からだされるであろう。事故は単に登山する者だけで予防または処置できる範囲をはるかに越えている。しかしそのためには前にものべたように、アルピニズムを社会的に責任をもてる体系に再組織しなければならないのである。

いずれにしろ、これからのアルピニズムは高度成長をとげ、いろいろな意味で多様化するであろうということは、当然考えられるがスーパー・アルピニズムの華やかな現象面ばかりにとらわれず、社会との関連の中における地味なアルピニズムの問題にも眼と心をむけなければなるまい。

（筆者・ＲＣＣⅡ同人）

岩と雪 No.16（1969.11）P133-140

ヒマラヤ鉄の時代によせて

――RCCII十年の回想――

RCCIIがわが国の登山界にもたらした影響は大きい。
その結成より今後のあり方までを考察すれば……

奥《おく》山《やま》　章《あきら》

筆者略歴

・大正十五年東京に生まれる。
・官立無線電信講習所卒業。
・東京近郊の山々や沢登りから登山をはじめ、谷川岳に戦時中もっぱら登り、戦後RCCⅡを創立した。その前後積雪期登攀を実践し、北岳、谷川岳などにおいて活躍したのち、昭和四十一年夏カフカズへRCCⅡ隊として参加、翌年夏マッターホルン北壁を撮影登攀、その他ダン・デュ・ジュアン、グレポン東壁などに登った。本年春ヒマラヤ、デオティバにスキー登山して、これを滑降し、フィルムに収めた。RCCⅡ同人、日本山岳会々員。奥山フィルムを主宰。
・現住所　東京都大田区石川町二の十七の五の二〇四号

ＲＣＣⅡの創設

第二次ＲＣＣも創立十周年を経過したとか。十年ひと昔とはよくいったもので、その頃は氷雪の付着した岩登りに行くとなると、遺書でも書いておきたいような悲愴な気分におそわれたものである。当時冬山といえば極地法登山が全盛で、二〇〇〇㍍に足りない谷川岳に登るのに、アドバンス・キャンプを出すようなことが、照れもせずに大真面目におこなわれていたし、前穂高北尾根を登るのに、グループ総力の極地法でかかり、三年連続敗退して、それを勇気ある撤退などと気取っても、誰も笑ったりはしない時代であった。

大学の山岳部員が、ひと月もかけて冬山にはいり、来る日も来る日も山麓の荷物はこびに明け暮れて、二、三人の登頂隊のほかは頂上も見ずに帰ってくるなどということが当り前と考えられていた時代だったから、冬の岩壁で計画的なビバークをするなどということは自殺同然ときめつけられるし、冬のビバーク常習犯の芳野（服部）満彦君などは〝ビバーク魔〟といわれ、悪魔の申し子のように忌み嫌われたのも無理からぬことであった。

登攀能力よりも、荷物の運搬能力のほうが高く評価された時代では、岩登りは邪道であり、まして人工登攀用具を使うなどということはもってのほかであった。従って〝アブミ〟などという道具は、登山用具の専門店でさえ売っておらず、クライマーは木片に穴をあけ、細引きを通して手製するほかはなかった。しかし子供が禁じられた遊びの道具をひそかに作るような楽しさがあったものだ。

クライマーは異端の徒であり、日蔭者の身であったから、極地法ごっこの愚を批判したり、個人の意志で冬の岩登りを計画したりすることはタブーで、そんなことを口にすれば、たちまち袋だたきのような目にあい、グループからはじき出されるのがおちであった。

当時『岳人』の若手執筆者たちが世話人となり〝岳人友の会〟というのを作り、毎月一度の集りを持っていたが、この会がその頃の唯一の山岳人サロンで、所属グループの異なるアルピニストたちがセクトをはなれて、自由に語りあえる場であった。もっともその会は、表向きは、高名な山にまつわる文化人を講師に招いて、お話しをきく会だったが、高名な山岳人といえば、かなり高齢の方ばかりで、口の悪い望月亮君などは〝老人友の会〟などといって閉会頃にあらわれ、むしろ、散会後の酒席の話題の方に期待していたようである。常連として望月亮、山川淳、二宮洋太郎、吉田二郎、恩田善雄、古川純一などの諸君があり、その連中と会うのが私の楽しみであった。昼席は、静かにお話しを拝聴する行儀のいい、上品な、しかし迫力のない会だったが、夜席のほうの話題は、まことに賑やかで、極地法批判、山岳会批判、人工登攀是非論、積雪期登攀戦術論、岳界人物論などアルピニズム本来の話題に花が咲き、老人友の会は、ようやくアルピニスト友の会となって夜の更けるのを知らない活況を呈するのであった。そんな集まりを重ねるうちに誰いうとなく、そろそろ、ここらで「登攀」というアルピニズムの原型を日蔭から日向へ出して、光をあてないと日本のアルピニズムは亡びてしまう。集団主義一辺倒の登山界から個人を取りもどすためには、セクトを離れてアルピニズムを再検討する場を作る必要がある——という発想が次第に煮つめられ、ついに第二次ＲＣＣ結成の機運に発展したのである。

ＲＣＣ襲名の提案者は私であり、命名者は深田久弥さんであった。結成の会は昭和三十三年一月三十一日の夜、神楽坂の、とある喫茶店を一夜借り切っておこなわれたが、当時東京におられた藤木九三さんもご出席になり、「RCCは、すでに過去のものであるから、新しい酒は新しい革袋に……」というスピーチをされたが、深田さんの「RCCの前衛精神を継承すべし」とのアジテーションによってRCC（第二次）の襲名は満場一致で採決されたのであった。

岳人友の会の有志たちによって先ずRCCⅡ結成の計画は準備されたのであるが、そのエネルギーを起爆させたのは、RCCⅡ創立の年の一月におこなわれた北岳バットレス中央稜の登攀に集まったメンバーたちであった。

芳野満彦（アルム・クラブ）甘利仁朗（一橋大学山岳部）小板橋徹（東京理科大学山岳部）吉尾弘（朝霧山岳会）奥山章（日本山嶺クラブ）という所属グループの異なる五人がひとつのパーティを組んで登るという異例なことが、偶然ではなく、計画的におこなわれた事実は、当時徒弟的な結合によってのみ支えられていたセクト主義の登山界の常識を破るものとして注目された。そしてそれがセクトを超えたアルピニスト個人の横のつながりの可能性について示唆をあたえ、RCCⅡ結成の導火線に火をつける役目を果す結果となったのである。

昭和三十三年一月六日夜、北岳バットレスの中央バンドでビバークしながら、五人はRCC結成の具体案について意見を交わしていた。寒さにふるえながらのビバークの会話というものは、とかくしめりがちだが、この夜の会話は国内の積雪期登攀からアルプスのビッグ・クライミングへ、さらにはヒマラヤ鉄の時代へと熱っぽく発展したものだった。

群小登山グループが、年功序列の徒弟的なタテの系列によってのみ組織されているという変態的な日本の登山界であるから、RCCⅡのセクトを無視した個人のアルピニストの集合体の動きは危険思想視され、会員のRCCⅡへの参加を禁止した登山グループも少なくなかった。事実RCCⅡ同人となったためにグループを除名された者も出たし、除名されないまでも孤立して退会せざるを得ない同人もあった。さらにはRCCⅡ同人であるがゆえに入会を拒んだ歴史の古いアルパイン・クラブもあった。あるいはまたグループには秘密で参加している同人もあった。積雪期の一ノ倉三ルンゼで墜死したK君などは同人名簿に記載されない秘密同人であった。

有形無形の圧力のなかで同人たちの積雪期の岩登りは着々とすすみ、その戦果を報告する公開報告会は超満員の盛況であった。そしてその報告はRCC報告『登攀者』にまとめられている。

スポーツ新聞企画の〝冬山展〟をデパートの催し物として開くについて、RCCⅡに構成を依頼してきたことも二度ほどあったが、会場にハリボテの岩場のセットを作り、人工登攀で逆さ吊りに天井を這う技術を実演公開するという思い切った演出は賛否両論とりまぜて、かなりの反響を呼んだものだ。

望月亮君試作の埋込ボルト一号を藤木九三さん立あいで戸山ガ原の人工岩場で公開実験したのも今はなつかしい思い出である。

岩場のグレード・システムの採用、出歯のアイゼン、穴あきピッケル、岩登り用ヘルメットの試作と実用化など、新しい試みは何でも自由に持ち込めるアルピニズムの実験室としてRCCⅡが果した仕事は少なくなかった。それを、ヨーロッパの模倣にすぎないといえばそれまでだが、しかし、ヨーロッパで古典アルピニズムの残照を優雅にエンジョイしてきた槇さん、浦松さん、松方さん、藤木さんの時代から三十年間もの空白をへて、RCCⅡ同人たちがアルプスへ出かけたとき、すでに日本のアルピニストは西も東もわからない田舎者になっていたのはやむをえない現実であった。

北壁への挑戦

田舎者が東京へ出てくれば、まず上野の西郷さん、浅草の観音さま、靖国神社、宮城と見どころは決っていたものだ。近頃では東京タワーや霞ガ関の三十六階ビルも加わって、六大名所となっているが、田舎者の名所めぐりと同様にアルプスの三大北壁や六大北壁を日本のアルピニストが、まずマークしたからといって、その野暮を誰も笑ったり責めたりするわけにはいくまい。

芳野満彦、大倉大八両君が、まずアイガー北壁からアルプス登山を始めたこと、そこにもアルプス三十年の空白を背負った宿命的悲哀感がにじんでいた。かくいう私も、いい年をしてお上りさんよろしく最初のアルプスの山行は、マッターホルン北壁だった。

野暮といわれようと田舎者といわれようと百姓には百姓の根性がある。三十年の空白を追いつけ追いこせとばかり、堰を切ったようにわがRCCⅡ同人たちがアルプスの六級登攀で大いに赤ゲットぶりを発揮し、その成果はRCC報告『挑戦者』にまとめられた。そして近頃ではアルプスの三大北壁に日本隊の見られないシーズンはない、という賑わいである。

アルプスの三大登山根拠地、ツェルマット、グリンデルワルト、シャモニーに味噌汁の香りの絶えないこの頃である。アルプスの山々は日本のアルピニストにとってもすでにプレイ・グラウンドとして定着したようだ。この夏加藤滝男君をリーダーとする六人の隊がアイガー北壁の片隅を借りて直登法訓練をやっている事実がそれを証明している。一八〇〇㍍もある大岩壁でさえ稽古場にしてしまうほど若い百姓魂は貪欲である。しかも隊のなかには一人の女性が加わっており、彼女は訓練がおわったあと、きわめて優雅な登攀だったと感想を語ったとか、すでにアイガー北壁をご婦人連れで登るまでに急ピッチにアルプスの空白が埋められたかと思うと、RCCⅡの十年をかえりみるとき、まことに感慨無量である。だがここで老頭児は感傷にふけってはいられない。〝歴史は繰りかえす〟とか、アイガー直登を話題とするマスコミの馬鹿さわぎに乗って、かつての極地法ごっこにかわる直登法狂騒曲がどこからともなくきこえてくるような気がしてならない。ご要心、ご要心、とかく若いエネルギーは調子に乗りやすいのである。

　アルピニストを、より困難な対象へとかりたてる要因として、探求心、冒険心、征服慾などにつながるロマンティシズムがあげられるが、そのなかに若干の功名心に結びついたヒロイズムが潜在していることは否定できない。ところが問題なのは、このヒロイズムの度合いである。適量ならば、ごく健康なアルピニストを作りあげるが、それが過多になると、非常に悪い結果を招く。毒にも薬にもなる、この厄介な若気のヒロイズムを、いかにコントロールするか、それがアルピニストの人間形成の重要なかぎとなる。アイガー直登の影響について、いまわれわれは二、三チェックしておく必要があると考えるのはそのためである。

　今夏のアルプスは天候にめぐまれたため、アイガー北壁の成功率も高く、直登隊のほかにも五組の日本隊が通常ルートからの登攀に成功している。その成功組のなかに過去三回にわたって敗退した大倉大八君の名を見い出すことができたのは実に嬉しかった。ところがマスコミの習性として当然のことながら、通常ルートからの成功に対する報道のスペースは、ごくわずかだった。つねに新奇な物珍らしさを追うのはマスコミの体質上やむを得ないが、アルピニストは新聞のスペースの格差を、そのまま登山の価値の格差と早合点してはいけない。その意味からも、アイガー北壁で試みられた直登法というものの性格を、ここで明確にしておく必要がある。

　私の友人のB氏はノンプロ野球出身のスポーツマンだが、アイガー直登の大々的な報道を見た彼は、私にごく素朴な質問を発した。

「アイガー北壁の通常ルートを登れば、二日で登れるのに、何のために集団を組んで一カ月以上もの日数をかけて直登をやるのか理解できない。スポーツにおける戦術というものは、あらゆる場合の共通点として、早くとか、能率的にとか、安全にとかという利点と結びつかなければならないが、アイガー直登にはそれが無い」というのだ。B氏の疑問はもっともな点をついている。そこでB氏に答えた私の見解を記しておく。

「イタリアのドロミテ地方の岩登りから発した、ディレッティシマ(直登主義)は、岩壁に垂直線のルートを作ることに審美的な価値を見い出そうとする厳しい遊びだが、その場合一度岩壁にとりついたら登りきるまでおりずに頑張るのが原則である。だがアイガー直登は物量と人海戦術で選手交替し、途中で下山し休養をとりながらエレベーター式にルートを作っていったもので、ディレッティシマとは異質のものである。たとえていうならば垂直の極地法である。この戦術は日本の山やアルプスでは全く必要としない方法だが、将来のヒマラヤの岩登りでは必らず必要になるものと予想される。高度差三〇〇〇㍍、四〇〇〇㍍にも及ぶ長大級なヒマラヤの岩壁で、しかも標高七〇〇〇㍍、八〇〇〇㍍もの空気が稀薄な場所で岩登りをやるとなると、用具、食料、酸素ボンベなど、膨大な物資を荷上げし、途中にいくつもの物資集積所を作らなければならない。そのためには、右や左へ蛇行する自然に従順なルートをとっていたのでは荷はあがらない。人工的に工作してでも直線にルートをひらけば、滑車、ウインチ、ワイヤーロープの組みあわせで強力な荷上げができるし、中間基地との往復も短縮される。その意味から、おそらくアイガーで試みられた直登法はアイガーのためのものではなく、ヒマラヤの岩登りの演習であり、アイガーはそのためのケイコ台にすぎないだろう」という私の見解説明でB氏は納得したようである。しかし納得しない人もいる。来年のマカルー計画の推進力となっている名古屋の原真君などは「そこまでやるのなら、ロープウェイの建設業者にでも下請けさせたらいいでしょう――」と直登法に批判的である。

　直登法是否論はさておいて、いまの時点で問題にしなければならないことは「方法」と「目的」をとり違えることの危険である。

　かつてヒマラヤ登山に極地法が必要だからという理由で、日本の冬山登山に一辺倒で極地法を取入れたところ、たちまち流行としてひろがり、それを無批判に定着させてしまった苦い経験をわれわれはなめさせられている。一手段が目的にすりかえられたのである。極地法をやるために山へ行くという、その間違いが徒党を組まなければ登れないような能力の低い登山者を沢山作ってしまった。号令一下、牛馬のごとく荷物を運ぶ登山者の隊列に、いまも極地法時代の名残りをとどめている。登山グループのなかにリーダーを階級制として常設する愚かさ。リーダーは山の中で必要なので、街の中でリーダーも平会員もあったものではない。それらはすべて極地法登山時代の暗い置き土産であることを、リーダー諸君は知っているのか。そんな馬鹿げた制度にしがみついているから、チーフ・リーダーに出世できない会員は、数人の手下をそそのかして脱会し、自から会長におさまるためにナントカ・クラブを創立し、手下をリーダーに任命して山の雑誌に会員募集広告を出すことになる。そしてまた核分裂を繰りかえし、群小登山グループはネズミ算式に繁殖していく。いまに会につける名前もなくなり、アルファベットと数字の組みあわせを会名にしなければなるまい。

　山の会は、対抗試合をする必要がないのだから、国にひとつあればたくさんである。ケチなのれんなどたたんでひとつになれば、山小屋を持てるし、救助用のヘリコプターや救助隊も常備できる。第一『岩と雪』にこんな原稿を書かされずに済むだけでも大助かりである。いや『岩と雪』を編集者ぐるみ買収することとさえできるのである。（閑話休題）

　日本人の精神的体質は集団主義に迎合しやすいといわれている。国家的なアルパイン・クラブも作れないくせに、かつては極地法などという一手段を狂信的に有難がったり、近頃ではそろいのリュックサックにそろいのヘルメット、そこにナントカ・クラブというエナメルの文字、そろいのユニホームでデモる場違いな集団性自己顕示など、それらは日本の登山者にしか見られない珍風俗だが、そんな素地があるだけに「直登法」という特異な登山方式が流行としてとらえられる愚劣、さらにはそれが軽薄なヒロイズムに結びつく恥辱に対して、われわれは警戒しなければならないのである。

アルプス登山を目的にヨーロッパへでかける登山者のほとんどが三大北壁に集中し、北壁以外には目もくれないという赤ゲットぶりも、流行、ネームバリュー、キャッチフレーズに弱い一辺倒的体質のあらわれである。

山の価値をはかる物差しは、危険度や困難度だけにあるのではなく、大自然の造形の見事さ、美しさ、それらを純度の高い心で見つめるならば、もっといろいろな山が対象として浮んでくる。そして登る山もアルピニストの個性によってさらにバラエティに富んだものになるはずである。口を開けば〝三大北壁〟と合唱するような没個性の人間、流行に追従する平均化された人間、そういう者になることに激しい抵抗心を持つ者、それが本来のアルピニスト諸君ではなかったのか。

この冬も幾組かの日本隊が三大北壁に集中するという。なかには冬のアイガーで明日のヒマラヤにそなえて直登訓練をする隊（遠藤二郎君をリーダーとする七人）もある。だが夏の三冠王の次は、われこそ冬の三冠王だというようなタイトル妄者も少なくないときく。ところでどうだろう。もうそろそろ北壁さわぎは終止符を打つ時期ではあるまいか。

赤ゲットはたたんでそれぞれの個性にあった服装を着こなし、ちょっと気取ってみても、決してキザには見えないほどに、アルプスはもう日本のアルピニストにとってイタについた背景になっているはずである。なにしろこの頃は、メイド・イン・ジャパンのチーズが、チーズの本場の国スイスで、アイガー・ダイレクトのお芝居場面を入れ込んだテレビCMを作るご時世である。諸君も男の子ならバカバカしくて北壁北壁と騒いでもいられまい。

アルピニズムの新時代に向って

RCCⅡという場をとおして、十年ひと昔をふり返ってみると、同人たちの指向する登攀の標的は、まず積雪期の国内の岩壁群であり、次にヨーロッパ・アルプスの六級登攀であった。竹にたとえればすでに二段目の節ができ、そして、いまは三段目への前進がはじまっている。三段目は、論法としても結論に到達する大事なところである。すでに小西政継君がJACエベレスト南壁偵察隊に加わり、十一月下旬には、かなり具体的な見とおしをつけて帰国するはずである。小西君の帰国と同時に、遠藤二郎、星野隆男両君がアイガー・ダイレクトへ出発する。アイガー・ダイレクトからヒマラヤ鉄の時代へ——この道は初登の独、米、英隊も果たせなかった夢であるだけに、われわれの真剣にとりくみたいテーマである。

最高峰エベレスト南壁は、ヒマラヤ鉄の時代における究極の目的ではない。アルピニズムの歴史が、アルプス最高峰モンブランから始ったように、ヒマラヤ最高峰の岩壁登攀は新時代の開幕にすぎない。エベレスト南壁がアルピニストの手中におさまれば、いよいよヒマラヤは標高によってランクされる時代と決別し、困難度によって、或いは美しさによって、さらには面白さによってはかられる新時代をむかえることになる。その時こそRCCⅡ三段目の節ができ上るときであろうか。

いや、そのとき、もはや三段目の節など必要はあるまい。鉄の時代におけるヒマラヤの高峰群は、岩登り、氷壁登攀、スキー登山など、汲めども尽きないアルピニズムの楽しみのすべてを、永遠に人類に供給してくれる神々の御座なのだから。

岩と雪 No.16（1969.11）P151-159

新たな困難を求めて

連続登攀、埋込みボルトの使用は、極地法に対する一つの挑戦という意味を持っていた。

松《まつ》本《もと》龍《たつ》雄《お》

筆者略歴

・昭和六年東京に生まれる。
・本所工業高校卒業。
・昭和二十七年ごろより丹沢、谷川岳などに単独登攀したのち雲表倶楽部へ入会した。のち一ノ倉沢へ専心入山、昭和三十三年二月一ノ倉中央稜、三月、烏帽子奥壁などの積雪期初登に成功、六月には滝沢第二スラブ、コップ正面岩壁などに新ルートを開拓した。昭和四十一年夏、RCCⅡカフカズ隊に参加、ディフタウ南壁登攀、四十四年夏にはRCCⅡパミール隊員としてレーニン峰に登頂した。東京都交通局勤務。雲表倶楽部会員、RCCⅡ同人、労働者スポーツ協会員。
・主著『初登攀行』
・現住所　埼玉県朝霞市東朝霞団地十八の四〇三

回想は僕の好みではないし、十数年もむかしのことを想起しようとしても、自己弁護でしかない合理化と整理が伴なってしまって、あの絶えず飢えたもののように未登壁を追い求めた青春の昂りをとり戻すことは不可能のようである。

〝新しい困難を求めて〟お題目のように僕の登山にまつわりついていたもの——それは自分自身の限界に対する個人的な、まったく僕個人のひとりよがりでしかない〝たたかい〟であったような気がする。僕たちの世代に残されていたわずかばかりの未登壁の終焉に立ち会い、連続登攀や埋込ボルトを使用して人工登攀の領域に踏み込んだことにも特別の目的意識はなかった。

しかし登攀者である僕の胸のうちに深く巣喰っていた挫折感は、いつの日か僕らはより困難を追求する場を僕らの山々に見い出すことができなくなるであろうという確信で、新たな登攀の成功の都度ふくれあがっていった。

それはうぬぼれに過ぎなかったかも知れないが、非常な危険率を孕むとされた積雪期の一ノ倉の登攀、コップ正面壁や滝沢スラブなどのオーバーハングや逆層のスラブへの挑戦と平行して穂高や剣岳を覗いたとき、打ち消し難い重さで僕の心の奥底に定着してしまった。

ヒマラヤやアンデス、パミールや天山の一角には、まだ人臭を絶した氷雪の峰々や未登の大岩壁が残されているにしても、そこは僕らの手のとどかぬ遠隔の地でしかない。しかしだからといって初登頂の栄誉や、未登壁の疼きにも似た精神の高揚から僕たちだけがとり残されなければならない理由もないように思えた。

そのころの僕の焦りと怒りはとりとめもなく僕をとりまくすべてに向けられていた。誰がヒマラヤメンバーとして充分な資格をもつというのか。金とヒマとコネだけじゃないか。岳連だって日本山岳会だって、一部のおえらがたのオモチャじゃないか。おえらがたが偉ければ結構、ただの老いぼれじゃ困る。そんな奴らにかかわってはいられぬ。そんなことはどうでもいい。俺は俺でできることを存分にやるしかない。整理することも抑制することもできない未熟な意欲だけが先行して〝悪場あさり〟に没頭していた。

そんな僕らとは別に、ここ四分の一世紀もの間、日本国内におけるアルピニズムは、ヒマラヤをめざすための手段の追求と熟練に向っていた。三〇〇〇メートルに満たない山塊で三十日、四十日といった滞山日数を誇示する極地法登山の全盛は、年間二十日間の休暇しか持たない公務員労働者の僕をとまどわせた。

海外では五十三年のエベレスト登頂に続いて五十四年のk_2、チョーオユー。五十五年のマカルー、カンチェンジュンガ。五十六年の日本隊のマナスルと八〇〇〇メートルの巨峰がつぎつぎと未踏の王冠をぬぎ、七〇〇〇メートルを越え八〇〇〇メートルに若干不足する魅力に溢れた山々は隊員わずか五、六人といった小遠征隊に頂上をあけわたした。

なかでも八〇〇〇メートルの巨峰を一トンたらずの装備とわずか三名の隊員で登頂したティッチー隊のチョーオユーや、ドイツの戦後を代表する若い登山家がシェルパもポーターもろくに使用せずネパールヒマラヤで七〇〇〇メートル峰を含めて十一の初登攀をやりとげたことなどが、海外の巨峰への夢を現実のものと考え直させる強い刺激となった。

こうした新しい登山方法に追いつくには極地法一辺倒の日本の冬山から脱却して雪中露営ごっこから若者を解放し、補給という手かせ足かせを断ちきり、冬期登山にスピードと迫力をとり戻すことがなによりも必要であった。

僕らが手はじめに行なおうとしたことは、日本で夏山や雪の少ない南アルプスの冬期登山でだけ許されている山脈縦走を北アルプスの豪雪地帯で試みる、あるいは積雪期登山から登攀への展開をめざすといった程度のものでしかなかったが、長らく日本の登山界を支配している冬期登山の概念からみれば、無謀であるとの誇りをうけざるを得ない性格のものであった。

北尾根から前穂、奥穂、北穂をつなげ、途中に屏風岩と四峰正面岩壁の登攀を組み込む。僕らはこのようなことを真剣に議論した。三〇〇〇メートル峰の限界に挑戦し、極地法の緩慢さを捨て、限られた日数で厳冬期の高峻山岳をものにするラッシュタクティックの探求についてである。

北尾根を選んだのは、屏風岩、四峰、三峰といった岩壁をもつことも最大の理由であるが、極地法で二十日以上を要する本格的なルートとして山崎安治氏によって紹介されていたこと、つまり極地法に対する一つの挑戦としての意味があった。

＊　＊　＊

屏風岩には積雪期未登の中央カンテをルートと予定し、四峰正面岩壁では同じく冬期登攀を許していない甲南ルートを攀ることにした。連続登攀といった実験的な登山を試みるのに未登ルートであるということはかならずしも必要条件とはならないが、登山ブームを宣伝するジャーナリズムがわが国に残された積雪期未登のもっとも巨大な岩壁として屏風岩の登攀をとりあげ、まるでその成功者が光栄なチャンピオンの王座を獲得するものであるかのようにはやして、数多くの山岳会間の競争意識をあおっていた。

初登攀を競合者のある岩壁で争うことには特別の楽しみや苦しみがあろうし、残り少ない未登壁をつなげて登攀することは豪奢な贅沢であり、存分にそれに耽溺したい気持も強かった。

しかしこの計画の実践は僕たちにとっても大きな飛躍であった。当時の雲表倶楽部の冬期登山は、いまでもそうだが新人に対する寺小屋風の訓練と指導、それと併行してアルピニズムのある面での極限まで行きつこうとする一部の尖鋭部員の意欲を満たす、このまったく背反する目的を一週間そこその少ない滞山日数のなかでなんとか消化しようと、ない智恵をしぼっていたものである。といってもそう都合の良いプランがあるはずもなく、極地法に近い方法、というのは、極地法の実質的な効用を発揮させるだけの時間的、経済的ゆとりに恵まれていない社会人を主体に構成されているので、大学山岳部や強大な山岳会のように八〇〇〇メートル、七〇〇〇メートル峰への登山を予定してそのための準備や訓練といえる程の滞山日数もなかったし、この方法でなければ登頂できない山塊を手近にもたなかったこともあって、新人にはベースキャンプか、山麓に近い前進キャンプまで、中堅部員は新人のサポートを得て前進キャンプを伸ばしオーソドックスな登頂を試みる。新人指導につき合った上級部員は、BC、C1など低いキャンプからラッシュまたは縦走形式で、登頂日が一致するよう追いかける、といった相互によりかかった形での登山の体験しかなかったし、積雪期登攀にしても個人的なものとして一つづつの岩壁を登降するにとどまっていた。

こうしたグループとしかいいようのない小さな山岳会のもつ宿命的限界を、ドライに打ち破っていくことに若干の抵抗もあったが、ともかく山岳会なり登山のグループといったものは、少なくとも所属する個人のもつ力を最大限に発揮させる機能をもつ集まりでなければならないし、いかなる理由にせよ山岳会が個人の成長を妨げるようなことは避けようとする理解が、この計画を実現にふみきらせた大きな要素であった。

具体的な計画は、新人を含む二十人ほどの本隊が極地法によって北尾根から奥穂高へ、そして田中敏雄、山田宏、伊藤滋と僕の四名が屏風岩から四峰奥又白側岩壁を経て前穂高——もし可能であるならばできうる限り歩を伸ばして北穂高までビバークを続けながら、ノンサポートのラッシュ・タクティックによって登高することにまとまった。

岩と雪の一週間（左より二人目筆者）

北尾根本隊と同時に入山し、下山する。その間の八日間、一日の休養予定日もなく、風雪による停滞も行なわない。連続行動を原則とし、ツェルト・ビバークによって二つのバリエーションルートをつなげる。そのための装具は一人当り三〇キロにもなった。

それはいままでの岩壁登攀、とくにバリエーションルートを登るための身仕度とは比較にならない重量を背負ってのクライムであるし、連続五夜以上のビバークなど従来とは勝手のちがった登山に対する不安もあった。装備や食糧については特に慎重な考慮を必要とした。軽量で効率のよいものでなければならないのは必須のことであるが、貧しい僕らには遠征隊の用いるような性能のよいものを購入できるはずもなく、羽毛下着の上下を東洋フェザーに関係のあった奥山章氏の好意によって安くわけてもらい、ビバーク用の半シュラフは綿タッサーポプリンの防水布で袋を作り、カネカロン綿を入れて手作りした。あとは着古した肌着やカッターシャツで我慢せざるを得なかった。

食糧は唯一の楽しみであるので、減食とか特殊な携行食糧に頼るといったことを一切無視して、ふだん食べなれたもの、栄養のあるもの、夜の長い冬山の露営を楽しみ豊かにするもの、多量に摂取することができ、消耗を補い前進のエネルギーを絶やさないことを条件とし、重量を二次的なものとした。

しかし近くの距離にある北尾根からのサポートは行なわないことにした。四人のパーティでいかなる事態をも処理するのでなければ意味はないし、北尾根からの支援はそれによって決定的な破局を回避することはできない、あった方が楽といった程度のものでしかないと考えられた。

こうした計画はあくまで一応の計画であって、予定としては風雪日も行動することを前提としていたが、風雪日の行動には限界があり、どうしても行動できないとき、あるいは行動することがあまりにも危険であると判断された時は停滞するのは当然であるが、僕らの場合は、滞山日数に厳しい制約をうけるので、原則的に風雪であっても行動することを打ちだしただけで、もし停滞すればそれだけ前途を短縮するだけのことであろう。八高テラスで一週間吹雪かれて動けなければ、そのまま下山するほかなかったのである。

さいわいに一月としては気象にも恵まれて前穂高までの行動にとどまりはしたが、一応所期のルートのトレースを完了することができた。

華々しい初登攀争いを宣伝された屛風岩中央カンテの登攀では、先行パーティに追いつき、追い越したい焦りが僕らの心理的ペースをかき乱し、重い荷が僕らの跳ね上りのブレーキとなった。


高度の低いブッシュの多すぎる壁での荷上げはいかなる方法でも困難であった。一人一人が自分の背で荷を負う以外に方法がないことを理解するまでの執拗な努力が徒労に終ってからも、目に汗をしみらせアイゼンの爪先がふるえながらかろうじて自分と背負った重量に耐えるような登攀で、バランスを楽しむ岩壁登高とは異質な、体力と腕力の強さを必要とした。が、ブッシュの切れ目に岩壁が点綴的といったふうの興味に乏しいものであり、登攀のやまはむしろ連続行動第四日、第五日目の四峰又白側の岩壁登降にあった。屛風岩上部の登攀中にはじまった降雪は北尾根の登高中に激しい風雪とかわっていた。四・五のコルの下降は理性を麻痺させる以外に踏みだせない状態にあった。塵雪崩と無気味なクレバスの錯綜する雪のルンゼを感覚だけで下った。

視界を霧と風雪と岩壁を流れおちる氷雪にうばわれ、踏み出す雪面は僕らの重量に耐えきれずに裂ける……。

何事もおこらなかったことが、むしろ意外なような三十分がすぎて甲南バンドに立ち、ビバーク・サイトを整えた頃には体力的、心理的疲労が現れだした。第四日の夜、塵雪崩に洗われたビバークに耐えきれず、まったく余裕のない燃料を暖房用に燃やしてしまったので前途の短縮を覚悟した。

翌日登攀予定の甲南ルートには名古屋の先行パーティがあり、僕らは日本登高会ルートを攀った。この岩場は中央カンテよりはるかに手ごたえのあるクライムを味わえた。さほど遠くない左のルートを攀る名古屋のパーティと相前後して登攀を終えた。

四峰の頭直下で最後の夜を過して前穂高岳を往復し、八峰の本隊C_1に帰着してこの計画を終了した。

中央カンテ、四峰甲南ルート共に、初登攀にわずかにおくれた第二登であったが、登高会ルートでは積雪期未登の壁を幾分なりと味あうことができた。

この登高をさして「新しい登山への示唆」とか、その年の「最高の収穫」とかいったような身にあまる賞讃をうけたりしたが、もしこれがそれらの言葉のように新しい登山の方向を示唆するものであったとしても『針葉樹』九号の小谷部全助氏による「前穂高から滝谷」への大計画のラッシュ版でしかない。氏はすでに僕らの計画に二十数年も先き立ってこれに近い考え方を示されていた。(注参照)そして第二次RCCにおられた吉田二郎氏が「スーパーアルピニズム試論」(『岩と雪』2号)のなかで広範な視野に立って述べられているものを僕らが初めて実践し成功したというに過ぎない。

それに僕たちの計画は北尾根の極地法と一体のものであり、それらのことを含まずにこの成果だけをことさら揚言することは本意ではないが、僕らは全力をつくして対象に向ったという快よさを味わった。それがあまりにも鮮烈なものであったので、当時は奇異な感じに迫られたものである。

ここで与えられたものは、今までの登山とはまったく異質のものではないのか。登っては下りてまた登る、奇妙な遊び――と僕たちはこの行為を名づけたが、いってみれば自己の意志と体力と欲望を自ら極限的な状況において確める行為は、登攀の困難性とは無関係に近いほどの忍耐力を必要とした。

しかし僕を登山に駆り立てるもの――それが僕を裸にし、社会的、日常的便宜から切り離されたところで自分の力の限界を超えさせる精神や肉体の高揚にあるとしたら、耐久ぎりぎりのところでの自分自身との格闘は僕にとってアルピニズムそのものであったはずである。

それは捉えようによっては非理性的なものであり、生命を尊重する常識的な生活態度や安全を第一とする登山の主流からきわだって離れた行動であるかも知れないが、僕にはある種の人々にとって、たとえばエベレストに消えたマロリーやアーヴィン、ナンガパルバットのママリ、ウェルツェンバッハやウィリー・メルクル、最近ではヘルマン・ブールなど著名すぎる人々をもちだすまでもなく、登山は美や自然の探求ではなく、山との直接対決をいとわない一つの登攀の成功がより困難な対象に向わせる、それは彼らにとって勝利することも終ることもない彼らの彼ら自身との闘いに似たものであったように感じられる。

そうした固執にはとても及びつかないにしても、大正末期に輸入された日本の近代登山が昭和の初めに初登攀時代を終えバリエーションルートからの登攀によって未登壁のすべてがくまなく蹂躙され積雪期登攀すら終りを告げようとしている現状を見ると、それは近代登山がもつ一つの決定的な宿命であるといいきることができる。

登山がこうした属性によって支えられている以上、登山は初登攀時代の終焉をまえにそれにかわる新らたな困難を見つけ出さなければなるまい。その一つの試みが僕らの登山であったということもできよう。

連続登攀はその後、吉尾弘氏らによる日本の第一級の岩壁、屏風岩東壁、四峰正面壁、前穂東壁を結ぶ文字通りのビッグクライムの実践などによって登山の一つの形式として定着し、いまや夏冬を問わず一般的なものになっている。

三千メートルの限界を、困難なルートをいくつも登降しつづけることによって量的に超えようとする、あるいは積雪期登攀に縦走形式の登山を加味して行なう、たとえば僕と田中敏雄が六十六年のカフカズ遠征をまえに試みた西穂――奥穂――北穂（滝谷C沢右俣奥壁登攀）――涸沢――上高地といった登降は高度順応の課題を除けば一応高峻山岳への登山のトレーニングとして充分なものといえる。

こうした努力は、初登攀に拘泥するあまり、小岩壁に恋々としてその片すみをほじくり返す愚を避け、登山を矮小化させずに大きな壁、困難なルートを大担に結びつけさせる、いわばヒマラヤ鉄の時代にふさわしい山男に育つための必須のものとなろう。

そして、かつて極地法によって数週間を要したこれらのビッグクライムを、一週間程度の日数で完登することは、量的課題と併行して時間的空間の課題、登攀のスピードアップとも取り組むことになり、その意味でもアルピニズムの未来を延長するものとなり得るはずである。

＊　＊　＊

屏風岩の回想を中心に初登攀時代の終焉に続く連続登降について体験的に感じていたいくつかの問題点をひろい出してみたが、もう一つ僕らがとりくんだ垂直の課題にもふれてみたい。

ザイル、ハーケン、アブミ類の使用を限度とするオーソドックスな技法をもってしては、屏風岩中央カンテは、もっとも困難な垂壁であるといえるであろうが、いまでは困難度でそれをはるかに上まわる東壁、東稜、中央壁などに十指にあまる、いわゆる人工登攀ルートが開拓されている。

これらのルートは、いわゆる埋込ボルト（エキスパンジョンハーケン）の大量使用を特徴としている。

谷川岳のコップ状岩壁で埋込ボルトを使用しての日本における第一号初登攀という奇妙な役割を果している軽挑浮薄な僕が、ボルトの連続使用を非難しなければならないいわれもないし、その気もないが、あえて埋込ボルトを使用してまでぼくにコップ正面壁を挑ませたもの、それは岩場における極地法的手段の採用といった唾棄《だき》すべき傾向に対する反発であった。

高度順応の必要のない日本の冬期登山で極地法を試みることがまったくのお遊びでしかないように、高峻山岳も本格的な岩壁をももたない僕らが、小岩壁の登攀に極地法的手段を許容してしまったら登攀の意義を極めて低いものに落すことは明らかであった。

それだけでなく一週間ごと、あるいは一日ごとに一寸きざみに岩壁を屈服させハーケン梯子をつくりあげ、さらに縄梯子や固定ザイルを勝利の記念でもあるかのように取付けるなどということは、もはや登山ではなく、都会と山を往復する岩壁屋の労働に近いものであり、まして極地法補給作戦に一つの山岳会、クライマースクラブの組織力を動員するようではもはや登攀を個人の楽しみとするすべての伝統は失われ、岩壁は集団の工作ないしは労働の場となってしまう恐れを感じないわけにはいかなかった。

こうしたものを排除し、いわば極地法に対する連続登攀をもってしたような観点に立って、むしろ保守的な立場の延長としてコップ状岩壁をラッシュしながら、そこで新しい人工的補助手段（埋込ボルト）の実験的使用に踏みきったのであるが、その使用についてのルールも確立せずに〈人工過剰〉に小さな感傷を捨てきれずにいるのはわれながらはがゆい。

しかしどう考えてみても数量の差が質の差違でないことは当然であるが、尨大な量の蓄積が質的変化をもたらすことも拒否することはできないようである。

〈鉄の時代〉はいまやヨーロッパからヒマラヤへ華麗な展開をみせようとしている。今夏は日本人のアイガー北壁初直登がジャーナリズムを沸きたたせた。さらにディレッティシマがヒマラヤ鉄の時代のタクティックであるとまで飛躍する議論も起りつつある。僕の体験したカフカズでもパミールでも、ウシバ西壁やマルクス峰東北壁など五、六千メートル級のダイレクトクライムに近い登攀が行なわれている。今夏僕が登ったレーニン峰七一三四メートルではすでに十三ものルートが開かれていた。

ディレッティシマというか、ダイレクトクライムというか、この種の登攀はやはり生まれるべくして生まれたという感が強い。一つの山塊は最初もっともやさしいと思われるルートから登られ、つぎにできるだけすっきりしたルートとしてダイレクトなルートが、さらに最も困難と思われる側のバリエーションルートや直登ルート、さらにより困難な部分をつなぐルートが追求されるのであろう。

穂高や剣、谷川岳も岩場のすべてが攀りつくされてしまった日本の登山界では、ダイレクトクライムと併行してより困難な部分をつなぐ特異なジグザグのルートがとられ、それが一般化する日もそう遠くないかも知れないが、より困難の探求は、対象としての山塊や岩場、氷壁のみに求めるものではなく、どのような登り方をしたかに重要な意味があることを忘れてはなるまい。

世界最高峰のエベレストでさえ、イギリス隊が用いた大量の物量作戦と長期にわたる攻撃には遂に屈せざるを得ない。まして日本の小岩壁に極地法を導入し大量の人工的手段を用いてしまったら、それは金と暇の浪費以外のなにものでもない。

ハーケンや埋込ボルトは登攀をやさしい無意味なものとするために作り出されたのではなく、より困難の追求の手段としてあえて用いられたものであって、その意味と伝統を正しく理解する人たちは大量使用に踏みきった現在では、登攀のスピードを増加ししかも人工に頼りすぎないため、体重を支えるのがやっとの程度にまで浅く打とうとしている。かつては吊り上げ技術によって仲間に引き上げられたクライマーもいまではアブミだけで自力で攀ろうとしている。これらはより困難を追求するクライマーが登攀を安易なものとしてしまう人工的補助手段を多用せざるを得ない現実、人工登攀を肯定しながら否定し、人工登攀それ自体のなかから登攀そのもの、深遠さを見い出さざるを得ないことへの苦悩のあらわれとみることができる。

アルピニズムが登山そのものであった時代から、アルピニズムを自己の内底に求め、岩場や氷壁はその投影の場にすぎないとしかいいようのない時代に生まれた僕らが、世界の岳人と互角にヒマラヤ鉄の時代を切り開くには自己に厳しく、肉体的、精神的極限を試す努力が必要である。不屈の体力は日常のトレーニングで養うことができるが、何をなすかは自分で決めなければならない。その意味で登山を再考してみたい。

〈注〉

「積雪期すら初登攀の望み難くなった今日、客体たる山岳そのものとは幾分離れて登山の内容、方法、あるいは登攀の大いさという人に属する性質のものを強く表面に浮びださせる以外限られた本邦山岳に於て、実践アルピニズムの発展を望めなくなってきたという事もできよう。」(『針葉樹』九号)

岩と雪 No.24（1972.4）P28-37

左から安間荘氏，中島寛氏，原真氏

座談会

海外登山・現状と問題点

——これからの海外登山はどうあるべきか

《出席者》

中《なか》島《じま》寛《ひろし》（司会）
一橋大山岳部OB・61年ペルー・ボリビア・アンデス／69年エベレスト第二次偵察／70年エベレスト本隊

原《はら》真《まこと》
札幌医大山岳部OB・66年アコンカグア南壁／70年マカルー東南稜

安《あん》間《ま》荘《そう》
北大山岳部OB・62年チャムラン／65〜66年パタゴニア／70年エベレストスキー探検隊

経験の蓄積がない日本隊

中島 私が司会ということで始めさせていただきます。テーマは「海外登山を考える」というものですが、日頃考えていることをできるだけ旗色を鮮明にして出していただきたいと思います。少々暴言のようにみえても、そのほうが建設的な意図だけは生かせるからです。

最初に、昨年の海外登山についてですが、ネパール・ヒマラヤを中心に沢山の隊が出かけていきました。しかし、その実績はとみると、ネパール・ヒマラヤだけでも一五隊のうち登頂した隊三隊と非常に少ないわけです。一方では、遭難がものすごく多かったということ、その遭難のケースについても、雪崩遭難、滑落による遭難、それから病死。

原 病死というのは、高度障害ですね。

中島 そうです。そういうふうにあらゆるケースにわたって起こっている。

また第二には、シェルパとのトラブルが非常に多かった。この問題を通じて、海外登山を行なう場合のチームの性格という問題がクローズアップされてきた。遭難とシェルパとのトラブル、この二つの問題を通じて、日本の登山の実力は、ただ量が多いだけで、質的にものすごく低いのじゃないか、ということが指摘された。その場合、質が低いとみるのと、質が落ちてきたという両方の認識があったと思うのです。その辺の現状認識について、自分たちの体験を通じて、まず原さん、ご意見を聞かせてください。

原 マカルーの東南稜を登った時に、J・O・M・ロバーツが、まさか日本人が登るとは思わなかったといっておったぞよ、とヒマラヤン・ソサエティのパラジュリがぼくにいうのです。これは明らかに日本人を軽視しているので、日本人は実力がないというふうに外国の登山者は思っていたことを如実に示している。最近レベルが低くなったということは事実なんだが、そればかりでなく昔からレベルがそう高くなかったという認識も必要じゃないかね。

中島　安間さん、どう思いますか。

安間　ぼくもそう思いますね。昔からそう高かったわけじゃないと思うのです。数がだんだん多くなっていったというだけで本質的に一〇年も二〇年も前から大して違いがないと思います。

中島　日本のレベルが低かったとすれば、なぜ低かったのかということになるわけだが、ぼくはあまり低かったとは思わない。少なくとも日本の冬山で身につけた技術が通用しないという性格のものではないでしょう。極端な例をあげれば、一九五〇年のアンナプルナなんかの場合、あのフランス隊というのは、極限状況といえばそれまでだが、記録としてみると、非常にむちゃをやっていますね。

日本の冬山から考えても、まさかこんなことをやるのだろうかということが現実に行なわれている。少なくともヒマラヤ登山の基本的な原則の認識という点では日本が低くてヨーロッパが高いということはない。しかし、あのアンナプルナから、マカルー、ジャヌーと行く場合に、その経験の蓄積がタクティクスの面に明確に反映されているということを感じます。どういう登り方をするか、酸素はどう使うか、あるいはチームをどういうものにすべきかというようなことについて、過去を踏まえた進歩がはっきり見られます。結局、そういう経験の蓄積がなされていったか、いかなかったかというところが、一番大きな問題じゃないかという気がするのです。

原　それはそうですね。たとえばアンナプルナは、ものすごい勇猛果敢な記録で大したものだというけれども、おそらくアンナプルナのフランス隊の登山を見て、経験の蓄積があるイギリスなんかでは、これは最低の登山だと思った人間はずいぶんいるだろうな。しかし、その後フランス隊はそれを乗り越えて、ヒマラヤでは最もスマートな登山をやる国になっているでしょう。そういう意味でいったら、日本は、何度ヒマラヤに行っても成長がないということがいえる。ただ、アンナプルナの場合は、世界で初めてというか、そういう次元での闘いでしょう。だからエベレストが登られたあとでマナスルに物量を投入して登るという場合とちょっと違う。フランス隊がいろいろな過失をやっても、それはパイオニアの分野での議論であって、それはやはり開拓者の失敗ですよ。

日本には、開拓者といえるようなヒマラヤ登山が、世界の水準からいって一体どこにあったのかというと、ないですよ。しかも、諸外国の蓄積を乗り越えるような気質も日本の社会にない。ただ登山人口だけふえて、それで三流のヒマラヤ遠征が軒並み沢山出るようになった。そういう傾向はもうすでに六、七年前からあったわけです。その頃に日本の登山のジャーナリストというか、解説者みたいな連中はどういっていたかというと、日本こそ世界最大の登山国である、沢山行って大変結構なことだとたしかいっていた。その時に、彼らはこういう状態では明らかに何年かあとにヒマラヤで遭難を沢山起こして、世界の笑いものになるという予想すらできなかった。

安間　日本のヒマラヤ隊のレベルが低くなった理由としては、ぼくは、日本の社会的な基盤というか、そういう条件に規定されている点も大きいと思うのです。登山そのものが日本的になってしまうわけです。日本的という意味はいろいろあるが、簡単にいえば、何々組とか何々一家というような非常に固定した徒党をベースにした登山ということです。そして流動的な組織なりチームの組み方ということができない。ですから経験の蓄積も非常に限られた範囲内でのものになってしまう。その結果、形態もレベルも異なる経験とか技術が組合わさり、その上に新しい強固なものが積み重なっていくという、論理過程が全くないような気がします。これは一つには日本的な風土によるものだと思うのです。

原　小サークルをベースにした登山の問題だね。非常に小さいサークルでやたらに沢山ヒマラヤに出る。それから逆にいえば、小サークルでしか出られないような社会的な仕組みがあって、それで経験者も不足しているし、蓄積もないし、小サークルの中の体験でそのまま消滅するから、進歩がない。決定的にいえることは、小サークル主義の弊害、それが登山界を弱体化しているということがいえるのではないか。

中島　その点では、小サークル主義というのが最近では全然駄目になってきた。まず典型的なのは大学山岳部だけれども、登山をする人間の意識なりそれに対する考え方というものがまるで変わってきてしまった。そして存立の基盤さえなくなってきた。

ところが一方では、国内にはパイオニア・ワークがなくなったという見方が一般化している。目標はヒマラヤしかないということになる。対象としては難しいところが多くなっているにもかかわらず、情報量が多くなっているから安易感が伴う。その結果、自分たちの足元がくずれているにもかかわらず、ヒマラヤ登山が修学旅行化してきている。このように、最近のヒマラヤでの遭難多発の遠因には小サークル主義のゆきづまりが反映していますね。

小サークル主義の対極は選抜主義という考え方になると思いますが、もう一つの問題は、登山の技術なり、登山の質についてのメジャーが全然ないために、小サークル主義から選抜主義に移っていく基準が全然明確にならなかったことだと思います。これは日本の登山というもののレベルが低かったということのいわば典型的な現象じゃないかと思うのですが、そこにはやはり日本のタテ社会構造がそのまま反映しているということがあったと思うのです。この両方が、最近ヒマラヤにおけるいろいろなトラブルなり何なりの原因になっているのではないかという気がします。

安間　たとえば日本山岳会のエベレスト隊などは、原さんのいう小サークル主義の一番……。

原　日本から出た国家的な遠征というのがマナスルとエベレストだとすれば、これは広い範囲から選んだというふうにいうでしょうけれども、結局基盤は小サークルなんですね。だからああいう隊員選抜というのは、小サークル主義を全然乗り越えてはいないわけです。あれでもって合成主義あるいは選抜主義に基づいた日本を代表するチームだということはいえないと思う。さらに小サークル主義が激化したとでもいうか、エベレスト閥——エベレストはおとなしいから閥にならぬけれども、マナスルなんか禍根をその後残しているじゃないか、閉鎖社会を形成する上でね。

安間　そうですね。

日本的パターンの中で……

中島　いま小サークル主義の弊害というのが出てきたわけだけれども、登山の方法という面から見ると、確かにマナスルは登山大衆化の一つのエポックになったということはいえると思うのです。あの中に、それまでの海外登山の考え方とか方法とかが全部ずっと流れてきて、そこからまた分解しているということがいえると思うのです。あの中にもちろん小サークル主義というものもあって、それがその後の日本山岳会の登山についてはなおさらはっきり出てきたということができますが、角度をかえて見ると、その後のパターンの一つに、ヨーロッパ・アルプスへ行こうというのがあります。自分たちの実力は低いのだ、だからヨーロッパの三大北壁を登って自分たちの実力をためすのだという、そういう基本的な発想のもとにヨーロッパへ行った。

それから一方では、新しい海外登山のあり方を求めてヒマラヤに行き、ネパールが閉鎖されたあとは、ヒンズー・クシュとかアンデスとかアラスカとかそういうところに向かっていった。技術志向型と未知追求型、パターンとしては、かなり明確にこの二つの流れに分かれた。その辺のところはどんなふうに考えていますか。

原　ヨーロッパ・アルプスの三大北壁というのは、おれたちが生まれた頃登られた壁だよ。それを登るということが日本の非常にエポック・メーキングな出来事になったというのは、一つの錯覚にすぎない。というのは、渡航が不自由だったから行けなかったので、早い話が、第二次世界大戦がなくて誰でも行けたのなら、日本人の手によってその時点で登られていたのじゃないか。現在のヒマラヤ・ブームが起こる直前にヨーロッパ・ブームがあった。ヒマラヤというのはその国の登山力の総合力の勝敗の場です。しかしヨーロッパ・アルプスというのは、御在所に毎週通い、それで滝谷あたりで訓練していけば、その延長線で登れる。ヒマラヤは、それプラス非常に大きな問題があるでしょう。

単純にいうと、たとえば戦略的な問題というのがある。そうすると、登山界の底力というのがヒマラヤでは非常に大きくものをいうし、ヨーロッパでは、その人の個人的な技術がものをいうという。だから、ヒマラヤで日本が高度な登山ができない原因は、日本の登山界のレベルの低さにある、そういうふうにいわざるを得ないと思うのだな。ヨーロッパ・アルプスの場合は、日本の登山界のレベルがいかに低くても、その人の能力がすぐれている、あるいは一生懸命練習していけば登れます。ヒマラヤは総合力の闘いだから、日本の登山界のレベルが低ければ、どうしてもヒマラヤ遠征のレベルが低くなるのではないか。だからヒマラヤこそその国の登山界のレベルの試金石であるといいたい。

中島　その点に関しては、登山の世界でいつでもついて回ってきたのが、登山界で初めてということと日本人で初めてということの二つですね。ぼくなんか海外登山に関心を持つようになった時というのは、それがいつでも頭の中にありました。登山の世界は何か二流の世界だという意識ですね。ヨーロッパ・アルプスに出かけていった人たちというのは、相対的にすぐれた人たちではあった。けれども、そこで行なわれることというのは、いつでも日本人で初めてという枠がついてきたということ、それをヒマラヤについてもう一回考え直そうというのが、ぼくの動機になったわけです。そこでは結局、登山の独創性というか、質的なものをどういうふうに考えるかという問題があると思うのです。その点、安間さんどうお考えですか。

安間　結論が先になってしまうのですけれども、登山家あるいは登山というものに対して、どうしてそれをやるか、あるいはいままでこうやってきたということに対して、きわめて懐疑的なものになっています。逆にいうと、いままで登山家というものは、ある意味では社会的というよりも、人間の生活とかあるいは生存する範囲を広げようとする先兵であったと思うのです。その先兵が、本当に先兵であったことがよかったのか、あるいは正しかったのかということになると、いまはきわめて疑問を感じているわけです。それを考え始めると、それじゃ登山というものはいままでどういうことをなし得たか、あるいは将来なし得るかということになって、もう非常に悲観的になるのです。

中島　道徳的過ぎるな。

原　話がちょっとむずかしくなったけれ

ども、こういうに考えるとわかりやすいと思うのだ。学生の頃、あるいは若い頃、登山にものすごく熱中して、しかも日本の登山界では非常に開拓的なことをやった人たちが、当然のことながら途中で登山以外の方向に転身している例が沢山ある。あるいは学者として大成している人とか、いろいろあるでしょう。そういう人たちのなかには、学問の世界に行ったあとでも、やはり登山が基盤になっている人が沢山いるわけです。本質的な登山のおもしろさというものは、やはり遊びの世界で、実験的な人間としてのファクターを全部持っているわけです。だからぼくら登山をやったことによって、途中から転身するにしても、そこから何か得ることができるし、当然そういうものであらねばならないと思っています。ただ、最近、登山の技術がはなはだ高度なものになってきたから、スポーツ化したというか、技術偏重の時代が来たでしょう。そうすると、それに伴う思想的裏付けというのが、日本の登山で非常に薄弱になってきた。そういう現象があるのではないか。

安間　ありますね。

〝ヒマラヤは終わった〟か

中島　原さんたちのマカルーを例にとると、ヒマラヤの経験者というのはゼロだったわけですね。それでマカルーをやった。ところが、今度日山協で遭難対策のために検討している方法では、ヒマラヤの経験者が何人かいないと、許可の基準にならないということなんです。しかし実際にはヒマラヤの経験者がゼロであっても質の高いものはできるし、いても駄目な場合もある。それを判断する基準というのは全然ないわけですね。そういうことが一番大きな問題だろうというふうにぼくは思うのです。

たとえばいま原さんから、技術は高度になったけれども、思想的な裏付けは全然欠けているというお話があったのですが、いま学生なんかに聞いて、一番やる気が起こらないというのは、〝登山は死んだ〟という本多勝一さんの議論です。いま登山をやるということは、ただの遊びでもないし、遊びとして打ち込むほどのものでもないし、パイオニア・ワークとしての意味もない、自分は何をやったらいいかわからない、というのです。それだったらやめちゃえばいいと思うのです。そういうあいまいさは非常に危険だという気がします。登山をやっているのだったら、技術的な、あるいは組織的な面での鍛錬を怠ったら終わりだと思うのですが、そこに迷いがある。

原　ぼくは、本多さんの議論というのは、戦後の非常に貧困な登山思想の中では、とるに足るものの一つだと思う。ただあまりにもわかりやす過ぎて、エベレストが登られたことによってヒマラヤが終わったという意見は、一部確かに正しいけれども、反面、正しくないものがある。それはなぜかというと、ぼくは本多さんのものは熟読玩味していますが、あの論文は、学生山岳部の堕落にも寄与している。つまりちゃちな遠征一つ編成する能力のない男が、ヒマラヤは終わったじゃないですかといって、かつ三流の登山を平然としてやっているという自己弁護の役にたっているわけです。本多さんはそういうつもりであういうものを書いたのじゃないと思うけれども、あの論文は、この先ヒマラヤ登山は変質するというふうにいうべきところを、ヒマラヤは終わった、パイオニア・ワークとしてのヒマラヤは終わったというふうに断定したために、それを読む弟子たちが彼をものすごく誤解をして、自己弁護の道具にした。そういう意味では、ヒマラヤ登山の思想を弱体化させるところがあったと思う。

たとえば登山の戦術上の問題に関して、かつて日本の登山界で、高度障害について登山家の立場からわかるようなことをいった人は一人もいない。医者の話なんか聞いても、全然わからないのです。海外登山研究会なんかで、彼らのいうことはまるでわからない。その程度のレベルでしかない。しかし実際ヒマラヤに行ってみると、高度障害というのは非常におもしろい問題です。戦術に直接直結させて考えていけば、ヒマラヤ登山のすべてといえるような部分でしょう。そういうものを何も消化してない日本の登山界が、ヒマラヤは終わったというような提言でもって、ますますいいかげんな登山をやり始めた、あの論文には、そういう効能があったような気がするな。だから、やはりあれは、ヒマラヤ登山はエベレスト登頂を境にして変質する、というべきで、終わったというべきじゃないな。

あまりにもイージーな……

中島　そういう理念的なことを話しているときりがないから、少し技術的な問題に入って、現状分析をやってみたいと思います。いま高度障害の問題が出ましたが、高度順化の問題に関して、いまはっきりした結論が出てない。それではどうすればいいかということに関して、たとえば体内のカリウムの量が上がるとか、心電図にどういう変化があらわれるとか、生理学的な高度障害や高度順化の研究というのがお医者さんの手で盛んにやられている。そういう面ではかなり進んだといわれている。

ところがもう一方では、高度順化の問題は、登山家の常識になるべきことであるということがいわれている。しかし、そうなると、お医者さんのやった研究は精緻になればなるほど登山では、ますます直接役に立たなくなってくるという問題がある。その点、ぼくは原さんたちのマカルーの場合に、とにかく表にあらわれてくる症状なり現象なりをとらえて、高度順化の問題を類型化しようとした努力は非常におもしろいと思うのです。その点に関して原さん、考えておられることはないですか。

原　話はちょっと戻るけれども、ヒマラヤの登山が、たとえば御在所や丹沢の登山と違うのは何かといえば、まず第一に、技術的にはヒマラヤのほうがやさしい。エベレストの南壁といえども、御在所の一ノ壁よりやさしいわけです。だから、登攀技術上の問題がヒマラヤの問題であるということはできない。しかし、それが八〇〇〇《メートル》の高さにあることによって、補給の問題とかチームの問題あるいは現地との政治的な交渉の問題とか、やはりそこに人間としての非常に普遍的な問題が山積していて、登山技術はその部分的現象としてある。そのへんにヒマラヤの一番おもしろいところがあるわけです。いまでもぼくはヒマラヤはおもしろいと思うし、もういっぺん行きたいという気持がある。

しかし、日本の登山界というのは、ヒマラヤをそういう形でなかなかとらえられないのです。登山の純粋さとは何かといったモラリスティックな登山思想や模倣登山思想がはびこって、岩登りだけが登山であるとか、アイガー北壁は屏風岩と四峰と東壁を積み重ねたスケールだから、これを連続登攀すればそれに匹敵する登山であるというような非常に箱庭的な登山論が一世を風《ふう》靡《び》している。そのために登山家の人間としての広いバックグラウンドが消失したわけだよ。その結果として、自分たちが体験したものを自分たちの独創でもって分析したり、理論化したりするという科学的傾向が日本の登山界にいまだに育たない。ないから、進んだものをヨーロッパあたりから日本に直輸入する。ヒマラヤに行こうとすれば誰かに聞きにいくとか、どこかで勉強してから行くとかという傾向が非常に強いわけでしょう。実際にやりながら、自分でそれを咀嚼《そしゃく》してやっていくという過程をとらないわけです。

高所医学というか、高度順化も含めて、ヒマラヤ登山全体が登山者自身の問題で、医者に聞くべき問題ではない。医者には研究させるけれども、医者が采配のふるえる分野ではないわけです。たとえばある登山隊が高度障害で人を殺したという場合に、それは明らかに隊長に責任があるわけです。隊長が登山家として失敗したわけでしょう。ところが、それを何か医者の勧告が必要であるというようないい方をする。それは間違いで、登山にまつわるすべては登山家の領域で、登山家独自の見解を打ち出すべきであって、医者にしても、地質学者にしても、そういうものはただサポートである。ところがそういいきれるだけの登山家側の自信というものがない。そういうところに、日本の登山家の思考能力の虚弱さというものがあるのじゃないか。だから、高所医学についていうなら、赤血球がふえようが、白血球が減ろうが、PHがどうなろうが、極端にいってしまえばそんなことは登山家にとっては大して問題ではない。要するに頭が痛いとか、作業能率が落ちたとか、そういう目で見てわかる現象を通して、彼らをどのように扱ったら最も効率のいい高度順化ができるかということについて、登山家自身が定理を打ち出すべきなんだ。それを医者に聞いて何かわかるというふうに考えるのは逃避的な勉強主義というのだろうな。役に立たない勉強主義、そういうものが完全にはびこっている。

安間　原さんは医者だからかえって大胆なことがいえるかもしれないが、そういうふうにいうと、原さんは科学を無視している人みたいに思われちゃうから困る。実践の体系化というか、本質的にものごとを考えていく基盤というか、たしかにそういうものが登山界全体にまるでないな。

原　たとえばセックスのやり方という本が、日本にものすごくはんらんしているでしょう。ああいうものを熟読してからやってみたらうまくいくかというと、そういうものじゃない。登山もそれと同じだよ。日本人は本の読み過ぎだよ。マカルーをやる時でも、まず読むな、それから誰と誰といって、ここでは名前をあげないけれども、日本の登山界で何か啓蒙的な能力を持っているふうに『山溪』なんかが仕立て上げた人たちに相談にいくな。自分で考えろ。わからなければ、直接大使館なり外務省なり、あるいはそれでもわからなければネパールへ行け。カトマンズに一〇日もいれば、最もはっきりしたことがわかる。さらにわからなければ、その山に偵察にいくべきだという態度を徹底させてきた。

安間　読めば読むほど害になる。聞けば聞くほどわからなくなるという登山界の間違った情報の過多というものが問題だな。その原因は、あらゆる面で無責任体制だということですね。最終的な責任は誰がとるか、責任をとる以上、その人がどう考えて、どう判断するかということが最も大切なのに、自分が判断してこうした、ということが明確にされない。ある事故なり何なり起きたことに対しても、すべてそのリーダーの責任であるという姿勢が身につかない。そういうことに対して、あらゆる面で全く無責任体制、やればやりっぱなし、そのかわり人の責任も追求しないから、一つ一つの突き詰めた思想とか論理とかが育っていかないのです。

なぜ、登山レベルが低いか

原　だから、ヒマラヤ三流の遠征が沢山行き過ぎて遭難が起こった。シェルパにも馬鹿にされて、シェルパも使えなくて、成功率は世界最悪という結果がでてしまっだ。そういう状態の登山界に誰が責任があるかといえば、直接的にはその隊に責任があることはいうまでもないが、次いで登山界に責任があるとするならば、やはり名目的に何かの会長をやったり、理事をやっている人たちの責任だ。戦後の登山界という観点から検討しても、戦後二十何年かたった間に日本登山界を弱体化させた人間が世の中にいるわけだよ。歴代のそういう役職についている人間たちというのは責任がある。ないとは絶対にいわせない。能力がないならやめるべきだと思う。しかしやめさせても、いまの日本の登山界のシステムではどうにもならぬということがある。なぜそれを改善しなかったのかという問題でもってさらに食い下る必要がある。たとえば日本山岳会はさておくとして、日本山岳協会というものの性格が全然わからない。

中島　海外登山の問題に限ると、日山協は、多過ぎるからレベルダウンをしているのだという論理ですよ。ところが絶対多過ぎないと思う。本多さんの「イギリスの大学探検部」という文章には、たしか大学探検部だけで年に四〇〜八〇隊も出ていると書いてあった。いま日山協は枠をつくって窓口で制限しようとしているらしいが、どんなことをやっても無理だと思うのです。

原　できないことはない。審議委員会をつくって審議する連中が、完全な責任を公開するという立場でこの隊はレベルが低い、この隊はいいだろうという見解を打ち出せばできますよ。できるけれども、それだけのことをやる度胸のある人間はおらへんな。そういう責任のあることはやらぬ。それから度胸の問題と同時に、彼らの登山家としての能力の問題もあるわけで、そういう審議できる人がそんなに沢山いるかね。例外が一人や二人いるといったほうが無難だけれども、九割まではできないだろう。

安間　審議する能力というのは、一体どういうものですか。

原　それはヒマラヤに関していうなら、ヒマラヤの登山家としての能力ですよ。それを本当にやるのだということになれば、そこに責任があるから、自分から勉強する。駄目なら辞表を提出するなりして、ともかく上部構造が粛正されるよ。ぼくは無差別に誰でも推薦してしまうというのは、役所の下部機関としての責任転嫁だと思う。皆さんに行ってもらいたいから誰でも推薦しますが、あまり遭難が多いから今度は少し規制をしなければならないという発想は完全に役人の発想だと思う。それを平然としてやっている人間の良心というか、ものの考え方だな。だけれども、登山界全体に責任を追及するという気風もないし、これは登山界だけじゃないけれども……。

中島　最近のヒマラヤ登山にあらわれている遭難とかシェルパとのトラブルといった問題には非常に奇妙な、登山としてもお話しにならない現象というのは沢山ある。しかし、それは提出書類を多くしたり、枠をはめても防げない。問題は、もっと根本的なところにあるのではないかという気がします。審議能力を高めるというなら、実質的に登山家の能力を高めていく、あるいは登山の情報を集積していくという、組織としての能力を備え、実行団体としての機能を強化していかなければ駄目でしょうね。そのへんで何か具体的な提案を。

原　ぼくはまず山の遭難についての立場を明らかにしておきますが、山だから死ぬのはしようがないと考えています。死んでもいいじゃないか、うるさいことをいうなというのが登山だと思います。それをあいまいにすると、かえって遭難の社会的意味もぼけてしまう。だから沢山行けば沢山死ぬ。それは比率関係です。かつて一流の登山家だって何人も死んでいるし、山登りの本質には常に死ぬ危険が伴っている。絶対死なない登山があるとすれば、それは三流の登山に決まっているわけです。

問題は、だから死ぬことにあるのではなくて、実力の低下にあるわけだな。そうすると制限なんか幾らしたって駄目なんで、実力を養成する方法が日本にないというところに問題があるのではないか。現状ではどうやって登山の実力をつけるかといえば、やはり山岳会なり、山岳部に入ることになるのだろうが、これだけ山岳会や山岳部のレベルが下って、部員の数も少なくなっている状況で、そうした小さなサークルに入っても、真に実力のある登山者を養成することは不可能です。山岳会の寺小屋式教育にもはや登山技術を養成する力はない。だからそれにかわるべき何かが日本に必要だということになるのじゃないか。

中島　ぼくは非常に卑近な例だけれども、プロ・アマ問題が起こった、それでプロが海外登山に行けないのはけしからぬとかなんとかということがありましたが、やはり一番根本的なところは、プロとアマというのが非常に低い次元で問題になっていることだと思うのです。本質的な議論と、組織的にどうすべきかという議論が混同されていたということがあると思うのです。

原　プロとアマの議論が水かけ論みたいになっているようだけれども、プロにふさわしい人間が登山界にいるのかという問題が一つある。

それからもう一つは、プロとは何かという定義です。現在は、プロだといったからプロだというような議論でしょう。しかしそうじゃないので、プロというのは、やはり生活の糧をそれから得ているというのでなければプロじゃないということがまず第一にいえる。彼らのライフ・ワークであるはずです。それでなければプロではない。そういう意味では、プロを宣言した人はいても、日本では真のプロはまだいない。そこで、プロを生み出すために、ということになるのだが、卒直にいえば、真のプロがこれからの登山界では必要なんだな。

中島　ぼくもそう思う。たとえば、プロ宣言をした日本アルパインガイド協会の人たちがいますね。彼らの書いたものなどみると、小さい頃から憧れていたレビュファと同じようになれてうれしいなんて書いていますね。しかし、どこか他にやることがなくてというひけめのようなものがある。登山具店をやると同じ情熱でもって、登山学校をつくる運動を展開するといったことがもっとあってもいいという気がします。

技術の体系化を……

原　立山に文部省の登山研修所というのがありますね。あれが登山学校でなくて登山研修所だというところに一つの問題がある。登山学校の条件としては、あまねくあることと誰でも入れるという二つが最低の条件だと思う。登山研修所はそのどちらも満たしていないばかりか、講師の講義というのがまた自己満足なんだな。ぼくも一回だけ行ったことがあるけれども、来ている学生も一番優秀な奴は来ていないし、まあいっぺん行っておけという程度にしか評価されてないんだな。無責任体制の標本みたいなものだ。

中島　要するに文部省の飾り棚だね。しかし、登山学校の問題を考えたら、指導者のあり方から始まって、日本的な登山の再検討とか技術の体系化とか本格的に考えなければならない時期に来ていると思うな。

安間　教えるというものの考え方ですけれども、ただ単純に自分の達したところのものをまだよくわからない人に教えるということじゃないような気がするのです。やはり経験の蓄積のなかから、おれはこう思う、ということを徹底的におし出していくことが一番大事ではないかと思うのです。こういう教え方がどうだとか、こういうのが一番いいとかいうことを変に教科書的にお説教したり、ヨーロッパやアメリカではこういう方向にいっているとかなんとかということじゃなしに、自分の信念を表に出すべきだと思う。それは間違っていてもいいと思う。間違っていたら間違っていたなりに受ける側でこんちくしょうと思うでしょう。そこから初めて別なものが生まれてくると思うのです。教えるという立場の人に、とにかくおれはこれだというものがものすごく欠けている。

だから、たとえば数年前に表面化した学園紛争なんかも、結局、先生なり何なりの指導力の不足以外の何ものでもないと思うのです。教えようとする者と得ようとする者とのある闘いみたいなものがなくちゃ絶対駄目だと思うのですよ。

原　安間さんのいっているのは秀才教育だ。ぼくはちょっと次元を異にするのだけれども、たとえばヒマラヤに行く時に、ロープはどう扱うべきかという基本的な見解は登山研修所にはないわけだし、日本の登山界にもない。日山協のそういうものをいろいろひねっている人間たちにもないわけですよ。ところが実際には基本技術として非常に重要である。にもかかわらず、ロービングの問題というのは基礎技術として体系化されてないというのが、日本の登山の現状でしょう。だからマカルーをやった時に、ロープをつなぐという問題だけで何回もディスカッションしたわけです。それで一つの見解をつくった。つくったけれども、それはマカルーが終わったとたんに日本の登山界では消滅してしまうものです。

日本の登山界では、教える側というのがもしいるとしても、彼ら自身がお互いに最良の方法というものを煮詰める段階にすらきてないわけでしょう。そうすると、教えるという先生の側のいっていることが、完全に我流の登山なわけです。それが非常にレベルの高い意味での我流ということになっていれば、それは天才の仕事で意味があるわけでいいけれども、低次元の問題でこれだけ我流がはびこったのじゃしようがない。この間もぼくが研修所で剣沢に行った時に、グリセードは登山技術じゃないとその講師はいっているわけだ。雪渓の歩き方といって、微に入り細をうがって雪渓の歩き方の講釈をしている。それは氷河の上では技術じゃないかもしれないが、日本の山では、グリセードは立派な技術だと思う。それを登山技術じゃないというのはただ単に彼の我流にすぎないわけです。だから、もはや一般の登山者のレベルが低いという問題を乗り越えて、指導者のレベルが低いということをどうするのかというのが、日本の登山界の問題ではないか。

中島　プロとアマの問題が出るとすれば、そういうところで出てくるでしょうね。それに登山技術の体系というのは、それこそ千差万別あるようですが、アルピニズムの模倣と我流のごっちゃになったものばかりという感じで登山学校のことをいうなら、そこらあたりからスタートする必要があるのでしょうね。

原　ぼくは、この先の登山の指導者は、生活の糧をそれで得るような何らかのシステムができないと、社会的責任という点で問題が出てくると思います。たとえば、ぼくは医者です。医者で食っているからこそ責任があるので、患者を生かしたり殺したりする時に、それはぼくの個人的良心の問題とは別に、社会的な責任を追求されるわけです。登山の指導者も当然そうあるべきではないですか。本当に山が好きで、山に打ち込んでいる人がこの先に出てきたとしても、山では食えなくて、何かほかに職をもったり、山の店をやったりしているのではプロとはいえない。そういう格好でもって中途半端に登山をやっているというのでは、登山をやる人間がやりがいもないし、本当のすぐれた登山者も育ってこない。そういう意味でのプロがそろそろ日本にも必要だということはいえるような気がする。

小サークル主義からの脱却

中島　ぼくがその場合に考えることは、やはり基盤の問題ですね。プロが自立してくる、あるいはプロが本来のそういう意味で指導者に育っていく基盤がなぜ欠けているのかという問題です。一つは、やはり組織的な問題がある。それからもう一つは、いまの登山のレベルが低くなっていることにはっきりあらわれているように、経験の蓄積が全然行なわれない。原さんもさっきいったように、たとえばマカルーでやったことがそれで終わってしまうというような問題がある。そういうものをもっとオープンなシステムで体系化していく作業なり組織なりを、考えなければいけないのではないかということですね。

ぼくは日本山岳会の理事をしていますが、この問題に関連していえば、日本山岳会というものはやはりその経験の蓄積を体系化していく、そういうものをもっと持っていいのではないかというのが、若い会員としての意見です。それから、日本山岳会は評価団体であるべきだということです。日本山岳会は根本は小サークル主義の基盤の上に乗っかっているけれども、相対的には、その枠を脱することができそうな可能性も他より余計に持っている。そのきっかけになるものの第一が、評価を行ないうるメジャーをもつことだと思います。若い会員がクラブに魅力をもつのはそういう点で、メジャーをもつための作業を通じて、何年かにいっぺんでも、きわめて質の高い選択ないし合成主義のチームが出ていくようになったらよいと思いますね。

原　あなたのおっしゃることはちょっと抽象的だ。それではどうするのかというと、やはりガンはどう見たって日山協で、あれは役人の下部組織にすぎない。それから小サークルの集合体であるにすぎない。日本山岳会は何であるかというと、立派な会なんだけれども、それは決してエリートの集まりでもないのだな。ところが入るのに何かもっともらしい手続があったりして、エリートの集まりであるかのごときふりはしているけれども、決してエリートの集まりでもないわけです。

いまの日本の登山界は、大勢として、小サークル主義はもう駄目になっているのだ。それじゃそういう現状を先取りして登山界を改造するためにどうしたらいいかということについて、やはりもっと大胆に考えを披瀝するべきだ。ぼくの個人的考えをいうなら、やはり体質の改善は、日本山岳会の体質、日山協の体質が明晰になるということが絶対の必要条件です。特に日山協の存在というのが、全然無意味なんだな。日山協は、個人加盟にすべきです。会員一〇万なり二〇万の組織にして、誰でも入れて、入れば山小屋が使用できるとか、あるいは主要な都市には図書室ぐらいなものは持つようにすべきだ。そうでなければ、直接的な利益を登山者は日山協から得ることができない。日山協がどんなものであるかということを理解するには、海外遠征を最低二回やる必要がある。実質的には何の意味も持たないけれども、日山協の関門をパスするためにいろいろなコツだとか手続だとか、人間を知っている必要があるところに問題があると思う。ぼくは日本山岳会以上に日山協の体質が、日本の登山界のレベルを下げているといわざるを得ぬのです。

安間　日山協が現実にやっていることは文部省がくれたはした金で研究会を開いたり、それから外務省へ提出するリコメンデーションの請負作業みたいなことをやっているわけです。そういう意味で、官僚の下部組織だ。遭難対策とか自然保護とか技術指導とかいろいろあるようだが、実質的にはほとんど機能していないんじゃないか。

中島　日山協が実質的に何もやらないのは、官僚の下部組織ということよりも現実的には硬直的な組織とそれから資金的な裏付けが全然ないことでしょう。それにしても、公的な機関としての性格がすごくうすれているという気がしますね。

原　だから、それはさっきぼくがいったように、個人加盟制にすれば、金はあるだろう。まず膨大な金が集まるだろう。それから登山学校を経営すれば、日山協でなくてもいいのだけれども、登山学校があれば先生が社会的に受けるという責任というものは非常に強くなるけれども、いまの日山協の役員でそこの先生がつとまる人間はほとんどおらぬな。だから、個人加盟制にすれば、いろいろな問題は自然に解決するのではないか。個々の山岳団体は、もはやつぶれる寸前にきている。前代の遺物であるという思想に立脚すれば、そういうものはなくなったっていいわけです。あってもいいし、なくてもいい、それで勇断をふるって個人加盟制にしたら血路は開けるのではないか。

中島　それはもう完全に小サークル主義から脱却ですね。ただそれでも、登山活動は、小サークルを中心に行なわれていくであろうことは当然予想されるわけですね。

原　それはいい。やはり人間ですから、何らかの形である期間つき合うことによってチームというものができるわけだから、日本中から最優秀な人間を集めてどうということは、純然たる理論であって、そういうことはないわけだ。ただ、山岳会というサークルである場合と、非常に自由な背景の中で自然にでき上がって、自然に消滅していくサークルの場合と、やはり本質的な差があるわけです。それはやはり個人としての姿勢に関わりをもってくる。自由な人間関係の中には、そういうものがはっきり責任としてあるだろう。

ところが山岳会というものは、意味もなくその山岳会をつぶしてはならないという考え方に縛られている。かなり優秀な山岳会でも、一つの山岳会では五年に一人ぐらいしか見るべき男は生まれない。その五年に一人出てくる男は、あとの有象無象のために、新人訓練に明け暮れしているというのが実情だろう。それでなおかつ山岳会を保存しなければならないというセンチメンタリズムと日本人の体質がある。その上、能もないのにお説教ばかり垂れる何人かの現役を引退したOBがまつわりついて、一人の優秀な人間はその中でもまれてつぶれる。ぼくが学生時代にいた山岳部は三流の山岳部だったけれども、それでも自分のやりたい山登りというものをやった記憶は全然ない。毎年くだらない連中の訓練ばかりに明け暮れる。それでものになるならばまだいい。九〇%ならない。だから山岳会の負わされた宿命というものは大変なものですよ。しかも、五年に一人出てくる男が一〇人集まって何かやろうという基盤が日本にないわけだから、これは大変な人材のロスであり消耗だな。だから山岳会を維持する必要は全然ない。ぼくは日本山岳会の東海支部でさえ、もうそろそろ解散せいといっているわけです。ところが解散なんかようやらぬ。そんな度胸はない。そのくせ解散と事実上同じようなOB会、酒飲み会みたいなものはある。同窓会が好きで、大学を卒業して一〇年も前の連中が集まって酒を飲むとか、それしか交友関係がないというような人間関係でしょう。だから小サークル主義がなかなか根強いということはわかるのだ。しかし、もうそろそろ有名な大学の山岳部でも山岳会でも、解散するところが出てきていいのではないかという気がする。つとめは終わったわけだからね。

中島　ただ、そこで問題になるのは、チームとしての仕事とか、経験というのはある枠のなかで蓄積されるだろうということですね。だからそれが一つ終わった段階で、それは個人加盟の全部の組織のものになっていくということは難しいですね。マカルーが終わったら、その時点で報告書をつくって全部解散するというふうなことが、どれだけ実際に行なわれ得るかということです。一つの成果の上にまたさらに新しい事業を加えることによってそれが開花していくことだってあるわけです。金を集めるにも名目のはっきりしないグループでは相手にされないことだってある。

原　だから、それは個人加盟制にしてみても、やはり地域的なつながりは消滅しないのです。北海道にしろ、名古屋にしろ、そこに住んでいる人間でなければつき合えないし、いつも東京や北海道の人間とはつき合えないから、当然そこから出てくるわけで、日山協が個人加盟制になったとしても、地域的な結合というものはなくなりはしない。

中島　そうなると、形式的に個人加盟になっただけで、いままでは何々山岳会で入っていたものが、何々山岳会に所属する人間は全員会員でなければいけないというだけのちがいで実質的には何も変わらないということじゃないか。

原　そんなことは絶対ない。個人加盟制で、その地域に一つのクラブハウスがあって、図書室があって山小屋は加盟していることによって安く利用できるというような体制が全国に行き渡れば、山岳会は全く有名無実になります。だって、いまの山岳会というのは、まず第一の目的は、共同装備を金を出し合って買っているとか、馬鹿な山岳会では、いまだに、他の山岳会の人間と一緒に山へ行ってはいかぬという法律があるそうですが、それも物質的な面あるいは物理的な設備の面で恩恵があるから温存されているわけでしょう。だからぼくは、大きい地域に一つのすぐれた設備と組織があるということになれば、山岳会は自然消滅すると思う。せざるを得ないです。

安間　現在の状態は、ヒマラヤへ行ったという事実だけが問題であり、どういう実績をあげたかということを日本の国内というより、全体のレベルで見て、あらい合って、いいものが残り、悪いものがふるわれていくという過程が全くないわけです。これは日本の企業なんかもそうですが、たとえば有害物質を流して非常に大勢の人が苦しむ、そういった時に、企業全体がその中で結束して、よそに対してそういうことを隠し、そういうことで自分のいる小さな共同体を守っていこうという意識が非常に強いでしょう。日本の登山界の場合も全く一緒です。

したがって、事実関係に基づいたカラッとした人間関係が育たないでジメジメした陰微な関係になっちゃうんです。そういう意味で非常に閉鎖的な社会で、建前として、個人、一人一人の人間がそういう組織をつくっているのだという観点に立たない限り、いつまでも同じような状態だと思うのです。だから、いいものと悪いものが本当に陶汰されるためには、オープンであること、それからやはりそれぞれの人の意見は、はっきり旗色鮮明にすべきだということが大切だと思うのです。

今後の海外登山

中島　これまで、海外登山の問題からはじまって、登山界に至るまで種々の批判が出されましたが、それでは具体的に海外登山についていまどういうものをやりたいと思っているか、話していただこうと思います。原さん、どうですか。

原　ぼく自身の体験からいうと、五年前にアコンカグア南壁をやった。次いでマカルーをやった。両方ともぼくが企画の中枢になったので、体験するごとにぼく自身の人間観が変わっている。アコンカグアの時は、隊長はそう重要ではない。すぐれた人間が集まっていれば大体はうまくいくという非常に子供っぽい思想だったのです。ところが実際には、隊長が無能であれば、どんなすぐれた隊員を擁しても駄目だという体験をした。次いでマカルーでは、だから隊長とかリーダーシップがメンバーシップにはるかに優先する意味を持つというつもりでマカルーは企画した。しかし実際マカルーを終わったあとで一つの大きな誤算に気がついた。それは人間は教育できぬということです。適材適所というのは、教育できないから存在しているわけです。隊長に向いた人間、幕僚に向いた人間、それから兵隊、伍長だとか軍曹に向いた人間というのは、天性生まれながらのものです。だからそういう人間の組合せがいかにうまく行なわれるかということが、少なくとも集団で遠征する場合には本質的に重要な問題ではないかと思う。だから、この先自分が遠征をやるとすれば、人間の組合せというものが遠征の成果を決定づける。かつてヒマラヤに未踏峰が一杯あった時には、エベレストに登ればいいのだという時代だったと思うのだ。ところが、それを行なう人間自身の問題がむしろ重要な要素になってきたというのが海外遠征の最近の特徴だと思うのです。

だからその場合に、遠征を企画するプロデューサーの性格というものを抜きにして遠征の議論は行なえない。登山は個人のものだといいますね。それは確かに結構な議論だけれども、個人のものだといった時に、それじゃそれは個性ということを意味しているのかというと、日本の場合、必ずしもそうじゃない。組織から逃避しているという場合が非常に多いわけです。この先自分がリーダーをやるか、それとも幕僚をやるか、これは遠征の質やレベルによっていろいろな場合があると思う。ぼくはリーダーとして自分が適性があるとは決して思わないので、さらにすぐれた人の幕僚をやりたいという気持があるけれども、規模によっては自分がリーダーをやるような隊も可能かもしれない。

中島　安間さん、どうですか。

安間　ぼくは登山のおもしろさというものを、どの山に登るか、あるいはどの地域、どの時期に登るか、ということのほかに、原さんもいわれたように、どういう登り方をするかということのなかに見つけていかないと、先がまっ暗だと思います。

中島　皆さんとほぼ同意見ですが、ぼくもヒマラヤ登山の一番の喜びというのは一つの目的に向かって自分の力を出しきったという共同作業としての充実感ですね。登頂という一点に集約される長い企画、準備期間を含めてのことですけれどね。そういう観点からチームを分類すると、一つの隊で、誰であっても登れば成功というチームと、全員が登ることを建前にしたチームでは中味がまるで違うと思います。エベレスト南壁の問題はさておき、ぼくは全員登頂のヒマラヤ登山をコンパクトな形でやるという計画に興味をもっています。そのための対象はまだまだあるんじゃないですか。

原　いま中島さんは、エベレストはさておきというけれども、エベレストの欲求不満の表現だよな。だからぼくは日本山岳会に対していつも考えていることだけれども、なんでエベレストをもう一回やらないか。やるべきである。これは日本山岳会論になるけれども、帰ってきて、その隊の重要な立場を占めた連中がテレビで、こういう遠征が出るのはこれが最後でしょうなんていっている。そんな馬鹿なことはない。

失敗しているんだから、石にかじりついても、もういっぺんやるということがあれば、日本の登山界も活気がでるのだけれども、無責任きわまりないな。とにかく声を大にして、日本山岳会はなぜもういっぺんエベレストをやらないか。やらなければ解散しろといいたいぐらいだな。

中島　当事者のひとりとして痛いところをつかれました。いわれることはもっともですが、いまはぼくの意見は差し控えたい。間もなくエベレスト隊の報告書も出ることになっているので、その時点で改めて検討していただくことにして、最後に日本の登山界を改善していくためにこれだけはいっておきたいということありませんか。

原　エベレストの件はうまく逃げられちゃったが、とにかく無能無策な指導者層を早急に崩壊させる必要がある。その上で新しい傑出した人物がでてこなきゃどうしようもないという気がする。それも少なくとも次の三つの面での新しい人材が必要だ。

第一は強力な統卒力をもった偉大な政治家だ。過去の登山界には海外遠征のすぐれたリーダーはいたかもしれないが、登山界全体を掌握して思いきった政策を断行できるような人物はいなかった。政治家がいないことがいいのだと考えるのは、ひと昔前の古きよき時代の考え方だ。

第二には、やはりすぐれた日本独自の登山思想を生み出す人物が必要だ。戦前には今西錦司の遠征論とか伊藤秀五郎の「静観的登山について」というような実践者による真摯な思想があった。しかし戦後の登山思想はジャーナリスティックな解説ばかりで、格闘の末生み出されたような独自な境地とか思想に乏しい。すぐれた登攀者で、同時に深い内省に耐える人物が必要だ。

第三に、予言者的な批評家が必要だ。いまの登山界は意見のない無節操な雑文家が大衆におもねすぎていて胸糞悪い。せめて自分の意見でものをしゃべり、将来こうあるべきだと予測できるような人物がほしい。北一輝の「日本改造法案」の登山版が書けるくらいでなきゃ批評家の意味がない。

安間　登山界に限らず、日本の社会全体にそのような人物が必要なわけだ。それにしても、登山は遊びなんだからあまり難しいことはいわずに、という中途半端な考え方がはびこりすぎていると思うな。それは逃避だ。もっと本質的な議論をする必要がある。それに、さきほど原さんが独創的な登山思想家が必要だといわれたが、今日、独創的なことをやろうと思えば、まず何人かの共同作業ということをぬきにしては考えられない。ヒマラヤ登山の場合なんか典型的だけどね。その点で、新しいヒマラヤ登山の思想がでてこなきゃいけないという気がする。

中島　登山界も特別浮世ばなれた社会ではないし、日本の社会あるいは文化の一縮図ということになるから、結局のところ、登山論も日本論に行きつくと思います。

海外登山の議論から始まって最後は日本社会の体質にまで議論が及びましたが、今日はこの辺で終わりたいと思います。

（昭和47年1月29日、東京新宿「広重」にて）

岩と雪 No.32（1973.8）P84-86

高さと困難が登山の目的なのか

岩崎元郎

かつて岩壁登攀は、登山の真髄としてその位置を占め、王者として登山界に君臨していた。

「いったい、岩登りの技術は、単にクラッグス・マン――それは厳密な意味でマウンテニーアと区別されるところの――にのみ必要であるといった風の考え方をするのは間違っている。少なくとも『スポーツの王』と呼ばれる登山の全般性において、当然研究と試練を要すると同時に、真に山と親しみ、山と語ることを欲する登山家は、なによりもまず岩を知らねばならぬ。そして岩登り家の『山』なる観念は『岩、すなわち山』であり、その他の森、林、草などは単なる山岳の寄生物にすぎず、山岳の真の姿――生成のもっとも原始的、赤裸々なもの――は『岩』そのものでなければならぬと考える。そしてアルプスを扮飾する雪谿も、可憐なお花畑も、ときにはむしろなくても悔いないとさえ高調されるのである」

（藤木九三『岩の呼ぶ声』斎藤一男編）

この時代の、そして以後昭和三十年代に到るまで、岩壁登攀は「不可能性への挑戦」というよき時代であった。岩壁は不可能性を有しているが故に、登る側の人間もまた不可能性を秘めているが故に、登攀はそれ自体に興味と価値の全てがあった。不可能を可能にする……なんと夢のある、価値ある労働であろう。

例えば一ノ倉沢滝沢下部の登攀がある。絶望視されていたこの暗い壁の不可能性に、果敢にアタックした二人の男がいた。一九三九年九月二十七日、慶応モルゲンロート・コール平田恭助、北ア烏川ガイド浅川勇両氏は、滝沢下部登攀に成功して、Bルンゼより国境稜線に立ったのだ。そこにはまさしく詩《うた》があった。

「不可能性への挑戦」の時代は、次第にその光彩を弱めながら、昭和三十年代へと連なるのである。三十年代というのは日本の代表的な岩場が、冬期初登攀の対象として華々しく登られた時代で、『登攀者』（第二次RCC）の報告にみる先陣争いは、豪奢な絵物語を想像させる。

前穂高北尾根四峰正面壁北条・新村ルートが登られたのは、昭和三十二年三月、私はまだ中学生だった。屏風岩東壁から前穂東壁右岩稜、Dフェース、いわゆる冬の三つの壁連続登攀の記録は、先鋭的とされるクライマーの一群に大きな影響を与え、「連続登攀時代」を招くことになるが、それが昭和三十七年一月のことで、高校生の私は、ようやく丹沢や奥多摩を歩き始めた頃だった。

◇

そして、炎は燃えつきたのだ。しかし、それと気づかない人はあまりに多い。いまや不可能性などどこにも存在しない。未登の壁があるにせよ、それは不可能性の象徴ではありえない。まさしく可能性の材料でしかない。このことは未登の壁、未開の山域、あるいは重箱の隅を問わず、またヨーロッパ・アルプス、ヒマラヤ、アンデスなど、世界の山々を包括する。エベレスト南壁ですら、可能性の材料なのだ。めざす人間の側も不可能性を秘めていやしない。完登は時間の問題なのだ。資力の問題なのだ。俺が登るか、他人が登るかの違いがあるだけだ。

炎の消えた現在《いま》、登攀はそれ自体なんの興味も価値もない。

確かに岩登りは面白い。単純で複雑。力強く、激しく、そして静かさ。頭脳的、かと思うと動物的。都会的なセンスと同時に、自然にそっとふれるナイーブな心を要求される。「登攀価値」という言葉がある。価値ある登攀とは、その人の心、岩場にむかう動機に大きなウェイトがかかっていると思うのだ。

日曜日になると、東京近郊のロック・ゲレンデはザイルが交錯して、よくまあこんがらないものと感心するほどの混雑ぶりだし、シーズンの谷川や穂高、あるいは剣といった岩場の著名ルートは、順番待ちの行列ができて退屈な時間つぶしを強いられるのだ。こんな現象はいまに始まったことでないし、だれしも一度は味わわされていることだ。

近くてよき山、谷川岳は一ノ倉沢のアプローチ風景など、気の弱い人間など逃げ帰りたくなるような有様である（もちろん一ノ倉沢だけに限った問題ではない）。このことは滑稽とでも表現しようか――「ガラガラ……」これは烏帽子奥壁からの人為落石の音。「バカヤロー！　人ゴロシーィ」中央稜基部から南稜テラスへトラバースしているクライマーの応酬――これが日本の岩登りの現実である。

岩壁登攀はいまや凋落し、登山界の底辺で喘いでいる。ヘドロが海の青さを奪い、排気ガスが山の緑を奪っていったように、アルピニズムは岩登りの不可能性を、登攀の夢を徐々に奪っていったのである。破壊された自然は元には戻らない。登りつくされ、失われた不可能性は奪い返す術もない。

アルピニズム――より高き、困難をめざして――の旗印を右手に、高度成長経済を左手にしたクライマー群は、日本の岩場を登りつくし、ヨーロッパ・アルプスを登りつくし、ヒマラヤ鉄の時代の一翼を担いながら、さらにはエベレスト南壁ダービーの本命とすら目されている。

山岳雑誌には毎号、アルプスやヒマラヤの登攀が華々しく報じられ、クライミング・アニマルの称号を当然のこととして、前衛を任ずるクライマーの一群がクローズ・アップされている。

彼らはなにをしたか。まさしく、登ったのだ。しかし、ただそれだけだ。不可能を可能にしたのではない、可能性を実証したにすぎないのだ。アルピニズムは完全に包囲されている。いや、正確を期して〝日本のアルピニズム〟と表現しよう。

◇

日本におけるアルピニズムが、本場アルプスにおけるそれと隔たりを感じるのは、私一人ではあるまい。日木人には、日本人であることを越えられない、なにか特別なものがある。それがイザヤ・ベンダサンのいう日本教の意味ではなかろうか。

私たちが信じ、登攀行為の精神的背景としてきたアルピニズムは、実はそうではなく、私たちは「日本教徒アルピニズム派」に属していたのである。こう考えれば最近の登山界の傾向、クライミング・アニマルぶり(まさに日本人だ)、さらには交錯するザイルの現実も理解できるのではなかろうか。

日本教徒アルピニズム派は、登りつくして凋落し、いまや乗り越えられない壁に包囲され、底辺で喘いでいるだけだということを、理解してくれる何人かの存在を、私は確信している。

乗り越えられない壁、それが日本人であるということであり、日本の近代登山八〇年の間に堆積した滓なのである。

かつて岩登りは楽しかった。登ることそれ自体に価値があり、それと自覚して、クライマーは自信に満ちて攀じていった。あの楽しさをどうしたら取り戻すことができるか。答はただひとつ。脱走だ。「日本教徒アルピニズム派」から飛びだすことだ。ころびアルピニストになることだ。アルピニズムなんぞ糞くらえ！

◇

私の貴重な山仲間の一人にKなる男がいる。Kはこの冬、一ノ倉沢αルンゼを単独登攀した。αルンゼの出合に八時、一ノ倉尾根には九時二五分には立っていたという。

彼を知る者は、αルンゼ冬期単独登攀を評価し、彼の実力を思い知らされた。「彼らしいな……」というのが仲間たちの讃辞である。この言葉は、登攀へのモチーフを含みながらなお、結果にむけられている。ここに「日本教徒アルピニズム派」の目がある。私も「彼らしい……」と思う。彼の実力を評価もする。しかし私にしてみれば、Kが登ったのがαルンゼであろうとなかろうと、さしたる問題ではない。彼のモチーフへの関心をこめて「彼らしい……」という讃辞をおくろう。目が結果にむけられている間、どうして楽しい岩登りが取り戻せるというのか。

その前日、一ノ倉尾根をめざす私たち七人とKとは、騒々しく一ノ倉沢出合にやってきた。私はといえば、一〇年前、初めて訪れた谷川連峰、冬の蓬峠に立ったとき、目の中いっぱいに飛びこんできた一ノ倉尾根の急峻な横顔がショックだったので、肋骨にヒビが入っちまったのか、毎年冬になって北風がピューピュー吹くと胸がしみるので、一ノ倉尾根を登りにやってきたのだ。気がついてみると七人という大パーティになっていたが、蓬峠からみたあの尾根を登るのであって、一ノ倉を登るという圧迫感を持ち合せていなかったから、楽しく登る自信はあった。

さて、私たちと別れたKは、中央稜テールリッジのこんもりした雪の上で、終日、登るべき第三スラブを眺めていたそうだ。夜になり朝がきても、パートナーはやってこなかった。

打ちひしがれたK、どんよりした暗い目で、彼は燃えあがる一ノ倉を見つめていた。そのとき、ふとひらめいた。αルンゼだ。私は、このふとした思いつきこそ評価したい。この〝思いつき〟が、彼をαルンゼにむかわせたのだから。思いつけること、それは彼の実力である。

同じ会の仲間にTという偉大なやつがいる。歩き始めて五分でダメという男であった。五月の連休に仲間たちはそれぞれ山にむかった。六パーティが好き勝手に自分の山をめざしたわけだが、そのうち五パーティは所期の目的を果して下山したのに、敗退してきたパーティがあった。もちろんTのパーティである。

彼はつくづくいう。

「俺はダメだなあ」

「どうしてダメなんですか」

岩と雪 No.32（1973.8）P86-89

「いやー、内臓がダメなんだ。すぐ胃袋が参ちまうんだよ。あーあっ、俺はいつも夢みるよ。山ン中でさ、柿の種とピーナッツの入ったやつがあるだろう。あれをグッとつかんで口の中にほうりこんでさ、バリバリってくってやりてえよ」

なんて幸福な人だろうか。山にむけてこんなすばらしいモチーフを抱いている人が、どこにいるだろう。

五月下旬には東のナメ（奥秩父笛吹川東沢）を登りたい。源頭の石楠花の群落で、満開の花に溺れて死にそうだったと去年登ったOが話してくれた。

六月上旬は金冷し沢（丹沢水無川）だ。新緑の中に咲く赤紫のツツジが、それは見事なんだから。

秋になったら滝谷だ。出合から遡って岩壁に取付くのだ。紅葉を背にしてちょっと気張ろう。ダイヤモンドフェースからドーム西壁連続登攀などがどうだろう。

ある人は、そこの岩場が小さいうえに脆弱で、登攀価値がないといわれるからという理由で、そこの岩場にでかけてゆく。

またある人は、ヒロイズムを前面に押しだして、自分の岩登りを位置づける。

なんでもいい。どうでもいいのだ。ただ、楽しい岩登りを取り戻すことだけは急務である。そして、新しいモラルが生まれでる日をじっと待つのだ。

それにつけても、日本教徒アルピニズム派は、はるかに高く困難な壁ではある。

（いわさき・もとお　蒼山会同人）

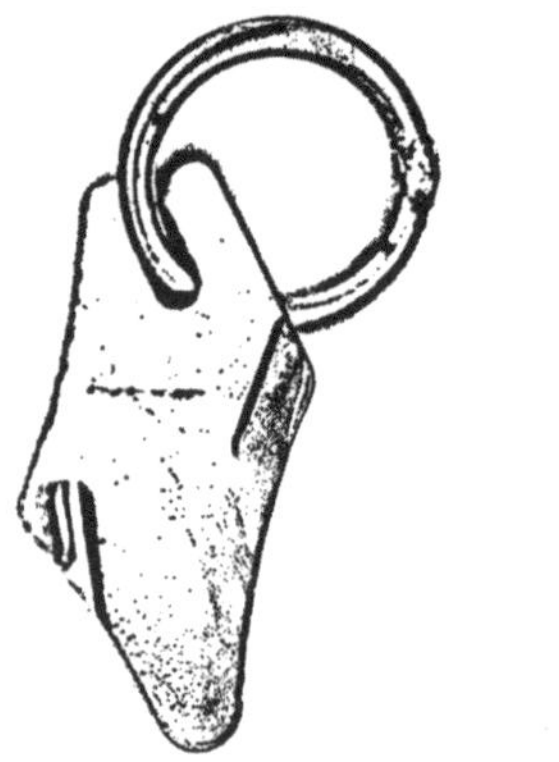

日本の岩登りは限界を迎えたか

斎藤一男

そのむかし、三ツ峠屏風岩でのこと。

どこから来たのか変な小父さんが現われ、下駄を脱いで腰にぶら下げたかと思うと、アッというまもあらばこそスルスルスルッと岩場を登ってしまった。アッケラカンとこの有様に見とれていたわたしたちは、いまさらにサルまわしスタイルのやり場に困ってうろうろしたものだった。

戦後、これに似た経験を新宿に近い戸山ハイツの人工岩場で幾度かさせられたことがある。新人訓練に励んでいるところへ付近の子供たちがやって来て、ノーザイルは勿論、平気な顔でバランスよくスイスイ登っってしまうのだ。大袈裟な大人たちの行動を、きっと笑っていたにちがいない。

人工登攀になってから忘れられないのは、南九州から初めて谷川岳一ノ倉沢を志した一パーティが、いとも簡単に衝立正面壁を登ったときであった。このころ、東京でも幾パーティと登っていなかっただけに、正直いっていささかショックをうけた。腕力が強くて機械体操に巧みな連中がこれからの花形だと悟ったのは、たしかこのとき以来だと記憶する。

戦前、クライマーの数は問題ではなかった。岩登りは登山の一変型もしくは特殊な分野に属して、危険な行為であるがごとくであった。だから三ツ峠に出現した裸足の小父さんが誰であるかはきわめて興味がもてるのだが、いっさい人工的要素を加えないのを自由登攀だとすれば、これこそ教祖というべきであろう。

戦後になっても、すぐ急激な変化は訪れなかった。一ノ倉沢の狭い玄関をはいってあの半円形状の広い岩壁に取付くパーティは、ほんのパラパラ程度に過ぎず、多少の顔見知りが仲間を一ノ倉の洗礼をうけさせにやってくるのだった。無気味な遭難者の塔婆が何本も立つ傍で、内心の緊張をそしらぬ顔で隠しながらワラジに履き替えつつ、ガスの去来する奥壁に一抹の不安を駆けめぐらしていた時代のことが、いまさらになつかしい。

あの当時、岩登りの限界について誰が考えたであろうか——。

◇

一般の技術者が、まずひと通りの技術を身につけるためには、最低五年とか一〇年、あるいはもっと多くの経験を要するものといわれてきた。長い下積み生活、苦しい修業時代を経てようやく一人前と認められ、さらに頭角を現わすまでにはもっと多くの貴重な年月がかかるものと信じられていた。だからこそ人間国宝と仰がれる人たちや、文化勲章の栄誉に輝く人たちには、若者が見当らないはずではなかったか。

しかし、最近はどうであろう。新しい機械や用具の発達はあらゆる分野にわたって革新をもたらし、スピード化、合理化、省力化は登山の世界にまで波及してしまった。もはや十年一昔づらはない。日々刻々と新は旧に取って代る時代なのである。わたしたちは、好むと好まざるとにかかわらず、その文明の恩恵をうけずに暮すことはできない。

もっとも個人的であり、創意的であるはずの登山もまた例外ではありえない。不世出といわれるアルピニストは、そう何人も生まれるものではないが、クライマーそのものを生産することは比較的簡単だといえよう。岩登りを覚えたいなら、どこかの岩登り専門の山岳会に入会すればよい。そこでみっちり仕込まれたら二、三年でかなりの岩場をこなせるはずである。しごかれるのが嫌なら技術書を手本に、最初はやさしいゲレンデから技術を習得すればよい。山の道具店はたくさんあるし、便利な登攀用具はいくらでも買える。西丹沢の沢登りを一〇回以上経験しなければ谷川岳の岩場を登ってはいけないとか、打ったハーケンは抜かなければいけない、という時代ではないのである。

今日、人工登攀でない岩登りは、岩登りではないかのごとくにまでいわれている。いまどき裸足やワラジで穂高や剣、谷川など一流の岩場を登る者は、いったい幾人いるだろう。

自由登攀とは、いっさい人手を加えず、人力に頼らず、自己の能力と努力で登るのが原則であるとした場合、どうであろうか。勿論、岩登りの基本として意義があり、クラシックルートや自由登攀ピッチにいくらでも見出せるとしても、複雑な高度技術、精巧な新用具のまえにはいちぢるしく価値観を減退せざるを得ない。

遠い南九州の果てから谷川岳一ノ倉沢を登ろうとし、色褪せたルンゼのルートに見向きもせず、いきなり衝立正面壁を目指すなどは、このもっとも顕著な一例なのではないか。

どうせ登るなら知名度の高い代表的なルート、登り甲斐のあるむずかしいルートを、といった傾向はなにも日本の国内に限らない。ヨーロッパならさしづめマッターホルン、アイガー、グランド・ジョラスといった三大北壁か、これらに準ずる大岩壁、ヒマラヤなら八〇〇〇㍍級の大物が対象になる。一生に何度も出かけられない遠方の山であれば、的をよく絞り、命中させたいのは当然であろう。しかし、狭くてちっぽけな日本の中で、しかも限定された少ない岩場だというのに、せかせか登りたいのは日本人の共通した国民性とばかり片付けてよいのだろうか。

ある人はいう。岩登りは体力的限界、精神的限界、技術的な限界のバランスがたもたれてこそ、自己の登攀限界をのばせるのだ、と。しかしそれは理想論であって、現実的には環境に縛られて行動の自由を欠き、肉体の退化、精神的不安がある以上、もっとも体力気力の充実しているうちに効果的な岩登りをしておきたいのが一般の人情らしい。

いくら岩場が少なく、目ぼしいルートに限りがあろうとも全部が全部、いやその大半でも登り得る保証がなければ、価値ある登攀に焦点を合わせるのは間違いでない。価値判断は無論自分でするべきでルートの困難度、長短などを考え、単に知名度で付和雷同することは避けたい。地の利を得た岩場であれば片端から登るもよし、気に入ったルートなら二度で三度でも気の済むまで登るもよいであろう。滅多矢鱈に行けぬ所は、その核心部を登ってほぼ全貌を把握するのも賢明といえよう。とくに体力を極度に必要とする人工登攀、積雪期登攀は老年期では不向きなのである。

◇

海外のことはさて置いて、日本の場合、〝岩登りよ、どこへゆく〟という出題はいまいましくてチェッ！と舌打ちしたくなるほど意地が悪い。なにしろ肝心な岩場の絶対量が少ない半面、クライマーが短期間にワンサと量産されている日本の場合は、大袈裟な表現でいえばラッシュアワーの国電で通勤通学するようになってくるのではあるまいか。まさか水芭蕉開花期の尾瀬沼や、山開きの富士山ほどの大混雑にはならないとは思うが、もしも登攀人口が世界の人口増に比例してもっと膨大な数に達したとしたら、いったいどうなるだろう。

いまでさえ猫額大のキャンプサイトには天幕が蝟集し、あとから来たら張る場所に困る始末ではないか。しかも不潔な排泄物から伝染病が蔓延する心配もあり、登山者による人工落石の危険は増大している。ビギナー同然の人たちが容易に取付くようになって墜落事故、落石事故が頻繁に発生し、登攀時間が長引くため後続パーティの待ち時間が多くなる。取付点で順番待ちしているうち午後になり、登攀終了したら深夜だったり、不幸にもビバークになりかねない。

新しい岩場の開拓は、こうした氾濫を緩和する有力な手がかりだが、毛虫さがしはほとんど底を突いたのではあるまいか。黒部別山、丸山のようにいままで登攀の対象から除外されていた岩場や、明星、巻機、鳥甲、御神楽などあらゆる山域も開拓された。一部渓谷の側壁、海岸線以外、もはや纒った形の新しい岩場の発見は、まず不可能かに思われる。無理に探したヤブの中の岩登りや崖登りでは、あまりにも冴えないのである。

日本で三大岩場と称される剣、穂高、谷川の山域で目ぼしいルートを拾うと、ざっと二〇〇を越える。これに最近の人工登攀ルートを加算すれば、この数はもっとになるにはなるが、玉石混淆は避けがたい。このほかルートの多い岩場では、黒部別山、丸山が注目され、明星、北岳、八ガ岳、甲斐駒、鹿島槍、不帰、錫杖、宝剣、御神楽、鬼ガ面、阿蘇などのほか、六甲、御在所、三ツ峠、奥多摩の越沢、ツヅラ岩、マコ岩といったゲレンデまで挙げれば、数のうえでは簡単に不足しているようには思われない。いかに貪欲なクライマーでも一瞥しただけで五〇〇以上もあるルートを登りつくせるであろうか。まだこのほかにも探せばあるし、しかも積雪期の対象まで含めるなら相当な数になる。

しかし、問題は量でなく質なのである。わずか四、五ピッチ、高度にして一〇〇メートルあるかないかの岩場や、Ⅳ級もしくはそれ以下のグレードが何パーセントを占めているか、それを計算すれば明白になるであろう。

連続登攀は、二つ以上のルートを結ぶことによって登攀を拡大した。これはかつて昭和十二年前後、折から行き詰まったバリエーション・ルート開拓を打破するため、極地法を採用して迂回ルートから北岳バットレス、荒沢奥壁にアタックした東京商大・小谷部全助、森川真三郎らの故智を偲ばせた。

◇

積雪期におけるディフカルトバリエーション・ルートの初登攀は、昭和三十二年、前穂高・四峰正面岩壁や谷川岳一ノ倉沢滝沢をめぐって、その輝かしい時代の幕明けを告げた。さらに昭和三十三年には北岳バットレス中央稜、一ノ倉沢烏帽子岩周辺、剣岳チンネ正面岩壁などが次々に初登攀され、同年末から三十四年一月にかけての穂高・屏風岩中央カンテの初登攀争いで一段階を終えた。もちろんこの以後も穂高や剣、谷川、さらには鹿島槍北壁、荒沢奥壁、不帰東面、その他の山域での記録はすばらしかったが、第一級の未登ルートはまもなく絶えたのであった。

第二の段階は、一ノ倉沢コップ状正面岩壁を嚆矢とし、衝立正面岩壁や屏風岩東壁へと展開した人工登攀と、積雪期の屏風岩中央カンテから四峰甲南ルートを結ぶことの成功を転機に、屏風岩東壁～前穂東壁右岩稜～同Dフェースを完成させた連続登攀の二つの主流に分れた。このような登攀の拡大は、ただ未登ルートがなくなったからだけではなく、ヨーロッパのⅥ級の岩場への願望を意味し、さらにはヒマラヤの氷壁を目標にしているのであった。

昭和三十八年、RCCⅡ・芳野満彦、大倉大八は、アイガー北壁登攀を試み、日本人のヨーロパ・アルプスⅥ級ルートへの本格的アタックに先鞭をつけた。これは、マナスル以来のヒマラヤ一辺倒に対して新しいアルピニズムの姿勢を示唆した。昭和四十年にはマッターホルン北壁、ドリュ北壁、同西壁、同南西岩稜をはじめとした記録が社会人登山家たちによってもたらされ、さらにアイガー北壁、グランド・ジョラスのウォーカー稜を含めためぼしいルートが次々に登られてしまうと、今度は冬期の登攀時代のトップを切ったのは、昭和四十二年、山学同志会パーティによる冬期マッターホルン北壁登攀に始まるアイガー北壁ダイレクト、グランド・ジョラス北壁への一連のすさまじい進出であった。

ヨーロッパ・アルプスに発生し、日本に移植されて発展したアルピニズムの主流は、生まれ故郷のヨーロッパへ帰ったか、とまで指摘されたのは、このころのことであった。

そして、ヒマラヤ鉄の時代といわれる垂直の極地法に全世界の眼は注がれている。世界の名だたるアルピニストたちは、かつては夢想にのみ託していた極限に挑戦できる現実にふるい立っているのである。

◇

しかし、日本の岩登りは、これからさきどうなるのであろうか。人工登攀もめぼしいルートの開拓がなくなれば、それに代る方法を考えねばならない。自由登攀のルートであれば、第二登以降の者でもその困難性を激減することはない。心理的解放感と岩壁の予測はあり得ても人工登攀の比ではない。人工的補助手段を多用するルートの場合は第二登から様相を一変してしまう。岩壁に残置されたボルトやハーケンが登攀を機械的に固定し、ルート・ファインディングを省略し、階段登りに登攀を容易にし、成功を約束する。これでは機械体操であり真に感激を味わうことにはならない。それは登山のもつもっとも大切な創造性、開拓精神に欠けるからである。

人工登攀は、たしかに登攀の新生面をひらいた。登山の行き詰りを打破した。だが科学文明の発展が、一面では人間本来の原始性を払拭し、自然を破壊し、ときとしては公害をもたらすことを否定できないのと同じに、岩登り技術――その用具の濫用が登山を垂直、あるいは空間の遊び以下に堕落させてしまうのではないだろうか。

奥秩父の雁坂峠に一四〇号線が開通したとき、純日本的な森林美と渓谷美によって代表される奥秩父のよさは、登山から観光へと転落するだろう。登攀者の急増は、ルートのグレードを低位なものへと更新し、Ⅵ級の岩場は姿を消し、やがてⅤ級の岩場さえ、わずかな数に減少してしまう。岩登りの特殊性であるはずの困難さがついに執拗なクライマーたちの前から葬り去られるとき、岩登りは完全な終局を迎えるのだ。過ぐる日、戸山ハイツの人工岩場が付近の子供たちの遊び場になったように、日本の岩場が岩登りの対象から遊びの場所となり、やがて初心者、子供たちに解放されてよいのだろうか。

悲観論者はいう。

〝生あるものは必ず亡び、形あるものは悉く毀れる、これ古今不滅の法則である〟と。総面積わずか三七万平方キロ、四つの島に一億一千万人がひしめく日本。国土の大半が山岳地帯とはいえ、高度でいえば中山性で

岩と雪 No.32（1973 .8）P89-91

しかない日本。日本アルプスの稜線に四車線のスカイラインコースさえ計画されたほど高度成長の早い日本。純粋な岩場がもともと乏しい日本の宿命。もはや岩登りは末期的症状を呈し、ただ終幕を待つばかりである、と。

楽観論者はいう。

〝起死回生という言葉がある。人類は古より幾度か破局を乗り越えた。泰西の詩人は謳う。〝冬来たりなば梓弓　訪ずる春は遠からじ〟と。岩登りに閑却された精神性が優位に立つとき、ルールは確立し、新生面が誕生するであろう。人間の叡智は、すばらしいではないか、と。

未来を告げる予言者は、誰か――。

（さいとう・かずお　ＲＣＣⅡ同人）

国内登攀における今後の課題

古川純一

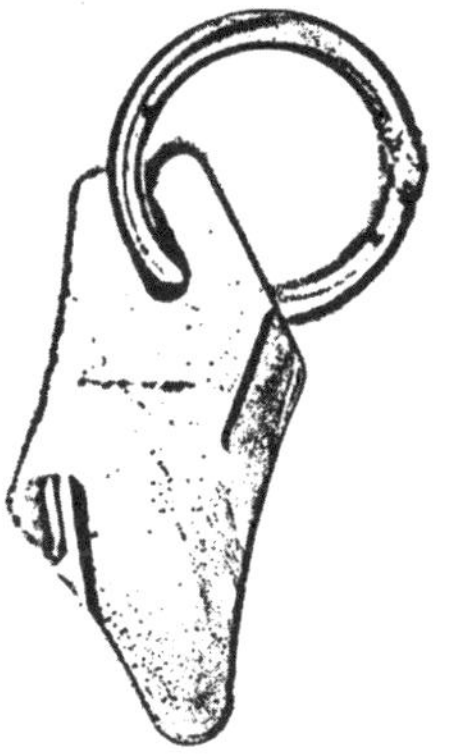

今の日本の登山界では、国内の登攀に限ってみると、行き詰まりの状態を呈している、という見方が、大方の意見である。

ところが、私がまだ懸命に登っているころには登るルートが少なく、初登攀できるルートが沢山残されていた。といってもある人たちから見れば登攀不可能と見えたかもしれないのだが……。であるから、私にとっては非常によき時代であった。戦時中から戦後にかけて、しばらくの間は踏襲時代がつづき、新ルートの開拓はほとんどなされていなかった。この時期における私の初登攀とその記録の発表は、当時国内の登山界にかなり衝撃的に迎えられたようである。

俺たちもやろう、という気運には当然なるはずである。そこに現われたのが故奥山章君である。私に第二次ＲＣＣを作ることについての手紙をよこした。かなり熱っぽいもので、それは私が谷川岳幽ノ沢中央壁の左フェースを初登した次の年、同壁の正面を初登した時によこした手紙の中に書いてあった。今から一七年前のことである。第二次ＲＣＣはこの翌々年あたりに結成されたと記憶する。当時相当の批判をあびたが、精鋭を集めただけに、新ルート開拓をふくめて国内の積雪期登攀を次々に実行していった。そんなわけで、日本国内の未登のルートはほとんどなくなり、国内における第二次ＲＣＣの任務は終りつつあるかのような時期を迎えていた。

そんなある夜の第二次ＲＣＣの会合で、今は亡き梶本徳次郎氏が南米から持ち帰ったものだ、という埋込みボルトを公表したりした。

ところがである、第二次ＲＣＣがかなりのセンセーショナルな登攀とその発表会などを行ない、いやが上にもその名声を高めていたにもかかわらず、その陣に加わらず、ひたすら同一の目標に向かっている二つのグループがあった。東京の雲表倶楽部と緑山岳会である。この両山岳会は、当時全く不可能とされていた谷川岳のコップ状岩壁の初登に、同時に成功したのであった。

この岩壁の初登には初めて、全く人工的な埋込みボルトが使われ、日本の登山界に一大センセーションを巻きおこした。その成果に対しては賛否両論というよりも、否とする論が圧倒的に強かった。曰く重箱のすみ云々。曰くそうまでしてあの壁を登る必要はない。曰くあのような未登の壁は残しておくべきである云々。

前衛は常にたたかれる、ということわざがあるが、今になってみればこの登攀は前衛にほかならなかった。というのも、良し悪しは別として、このような垂直を越える岩壁の登攀が埋込みボルトを使いつつ行なわれ、現在に至っているからである。

しかしなんといっても圧倒的な実力で、日本の登山界の登攀内容を変えていった東京雲稜会の南博人君の業績をあげないわけにはいかない。穂高の屏風岩東壁と谷川岳一ノ倉沢の衝立岩である。この登攀は困難度もさることながら、その困難度のスケールが大きかった。彼の大胆な計画と実行力とその成功は、日本の登山界の一大エポックとなった。衝立に至ってその頂に達していた。

以後若き先鋭的なクライマーたちが彼につづき、現在の如く登りつくされた状況にたちいたったのである。

この間第二次ＲＣＣ内部からは、ボルト

を使ってのルート開拓者は一人も現われなかった。一番最初に埋込みボルトを見たのは第二次RCC内部であったのだが。

◇

現在の傾向としては、アルピニズムは川まで降り、さらに海まで降りてしまい、ついにはスケールと困難度に傾くよりも――谷川、穂高、剣のような華々しさはなくとも、地味でもいい、スケールはどうでもいい、草や木は少しはあってもいい――いかなる条件よりも新鮮さを第一とし、海谷山塊などに新ルートを求めているのが現状である。

以上のようなプロセスによって、国内の未登の岩壁はまたたく間に登りつくされてしまったのである。そして今は地方の静かな岩のルートが開拓され、これから登られようとしている。

ということは、日本のアルピニズムが完全に行き詰まったことにはまだなっていない。とはいうものの、私は冒頭に行き詰まりの状態を呈している、と書いた。それはなぜであろうか。少しく考えてみたい。

この世の中で、われわれの知る限りのあらゆる機関または設備などは徐々に高度なものへと発展してきた。交通機関、事務機械などその例である。ところが国内の登山に限ってみるとその発展のしかたが、別に悪いというわけではないが、こうでなければよかったのでは……、と思うのである。

結論的にいえば、海谷、越後、海岸、その他フリークライムの小さな岩場が登りつくされ、最後に黒部周辺、穂高の屛風や一ノ倉の衝立などが残されているならば、現在行き詰まった、とはだれ一人感じないことになるわけである。

ところが実状はそうではなかった。困難度もスケールも最高のところが先に登られ、その後海谷などが登られるようになったからである。埋込みボルトがもっとずっとあとから出現してくれれば、まだまだ夢や希望が手近なところにあるのかもしれない。だが、これも世界的傾向であったため、しかたのないことである。

海谷山塊もかなり良さそうな情報を聞かされてはいるが、やはり国内のビッグルートからすれば、かなりの差があるのではないだろうか。そしてある程度この方面も登られ、明らかになってくると、行き詰まりに至った、と考えざるを得ない時期がくるだろう。これは私の感傷かもしれないが、最後に残された海谷山塊も、大勢おしかけて登ってしまわずに、いつまでも未知の地域として、残っていたほうが……。とはいうものの、いずれ登りつくされることになる。未知の地域や未知の岩壁がなくなることは登山《アルピニズム》にとってはさみしい。もしも日本国内に絶対に登れない岩壁が一つでもあったら、それは楽しいことである。この件は国内ではなく、ヒマラヤの大岩壁に残ってもらうことにしよう。

少し横道にそれたが、以上のような考察によると埋込みボルトが少し早く出現して、その結果不可能はなくなり、国内も最悪の岩壁はすべて登りつくされ、よりローカルへと移行の情勢にある。ということは完全には行き詰まっていないことになる。しかし、主要な岩壁からローカルに移行したこと自体、行き詰まりの現象にほかならない。近き将来必ずや行き詰まりの時がくる。

◇

ではこれから国内の登攀はどうすべきであろうか、という問題が提起されてくる。

登山というスポーツは、本質的に困難の追求であって、困難を求めながらも、登攀に当たっては可能性から可能性へとルートが開拓されてきたのである。それは埋込みボルトがなかった時代の知性の結集であったのである。それが一つの岩壁の初登攀だったわけである。

ところが埋込みボルトが出現すると、不可能が可能になったのだから、どんなところも登れるわけである。そこに登場したのがディレッティシマという考え方である。悪いところを避けずに頂上までまっすぐに登ってしまおうというわけである。ところが、この登り方も日本ではあまり話題をよばなかった。ヨーロッパの岩壁がほとんどその舞台となった。

しかしよく考えてみよう。ディレッティシマが本当の困難の追求という意味を持っているだろうか？　ということである。ディレッティシマを実行したとする。直線的に登って行く時、もしもその直線のすぐ近くに大きなオーバーハングがあったとする。とそれは避けていなくとも、それを登っていないことは避けたことと全く同じことにはならないだろうか。とすると不可能がなくなった現在ディレッティシマ的な考え方を捨ててしまわなければならない時に来ているのではないのか。むしろいくらルートは曲ってもいいから、徹底的に困難から困難へつなげて行くべきである。この課題を考えてみると、日本国内でも技術、体力共に相当に優れていないとても登れそうにないルートができる。新しい岩壁の開拓がほとんど不可能である現在、この考え方にのっとって新しいルート（全く新しいとはいえないが）を開拓すれば、かなり面白いことになると思う。

具体的に例をあげてみると、穂高の屛風の東壁である。ここには登攀にはとても苦しいオーバーハングがあるので、これをうまくつなげることが考えられる。

鵬翔ルートのオーバーハング帯といおうか、一一〇度ぐらいのあのオーバーハングである。このオーバーハングをもう少し左にルートを作って、オーバーハングを抜けきらずに、最上部へ到達したところで左にトラバースする。そして緑ルートのオーバーハングに入る。鵬翔ルートのオーバーハングを抜けてしまうと、そこで休息ができてしまうので、困難を追求するならば抜けきらないところの最上部で緑ルートに入る。緑ルートは御覧の通り凄いオーバーハングがある。あの大オーバーハングを突破すると左にトラバースして大テラスに着く。この大テラスに着くとあとは難なく登攀終了となる。ところが、この大テラスは一三〇度以上はあろうかと思われる大オーバーハングによって空が見えないくらいになっている。この大オーバーハングは登られていないので、これを開拓するということは、非常に困難であることは分る。だがだれかにやってほしい。

もしもできたら、国内では最も困難なルートとなり、限られた優秀なクライマーのみに許されるルートとなること受け合いである。

あとは谷川岳の衝立、黒部の丸山東壁等考えるべきところではないだろうか。齢も齢であるが、体力的にも私には到底できないことであり、だれかがやってくれないかなと思うわけである。だがいくら自分にできなくても、こんなことを考えているだけでとても楽しいものである。衝立、黒部はさておいても屏風は是非完成させたいところである。

ここで問題となるのは、初登攀者に対する礼儀である。このような考え方を実行する場合、新ルートを作るのとは異質であり、過去のルートを変えることになる故、なんといっても礼儀上初登攀者に対して申しわけなく、実行に移れない、という大きなブレーキがかかる。

しかし、何事も発展のために犠牲はつきものであり、止むを得ないのではあるまいか。埋込みボルトの出現によって、初登攀における精神主義は捨てられ、行動第一主義になってしまったのであるから。今や開拓における精神主義はアルピニズムのブレーキにしかならず、発展は行動第一主義によってしか実現しないのである。もしアルピニズムにおける今後の課題としての最後の手段が実行されたとしたら、初登攀者の方々には、是非ともこれらの行為をお許し願いたいのである。

日本の岩場はスケールが小さいということが、日本のアルピニズムの宿命である。たしかにみじかいルートを登った時よりも、長いルートを登った時のほうが充実感はある。このスケールという問題は固定されたものであって変えることはできない。だが登山は完全にスケールのみ、ということではなく、その内容によって異なる、ということは何人も知る通りである。そこで困難から困難へとルートを結び、全体におけるスケールは同じでも内容を一変し、一つの岩壁における困難度を延長するのである。日本国内においてより多くのこういったルートができることを願ってやまない。日本のアルピニズムの今後における一つの課題として……。

◇

以上は、われわれが登る対象物、つまり山、岩壁など、固定されたあちら側の問題である。ところがこちら側、つまり登山者である。この登山者側にも問題があるので、考えてみたい。

たしかに国内登攀に限ってみれば、行き詰まりの状態である。だが人間側にとってみれば、自分自身もう登るところがなくなった、という人が何人いるのだろうか。現在では困難なルートが沢山作られているので、これらを夏も冬も登ってしまい、もう外国に遠征するしか残された道はない、という人に私はまだお目にかかっていない。

日本には外国に遠征した人が沢山いる。だが、それらの人々のうち、日本では登るところがなくなって外国に行った人が、果たしているのか、私には分らない。多分、多くの人々は国内登攀を沢山残しているにちがいない。とするならば人間側にとって、国内登攀が行き詰まったとする人がいないことになる。穂高屏風岩の緑山岳会で開拓したルートなどを冬登った人が何人いるのだろうか。

ましてや私の提案する今後の課題として、例えば屏風岩東壁に前記のようなルートができたら、そしてその他にも、そういった意味のルートができたら、クライマーにとって、最終目的は、ますます遠くなるわけである。だが、個人にとって行き詰まりということは絶対にない人と、もしかしたら完全に行き詰まった、とする人が出るかもしれない。それは私の提案するルートができてから果たして何人出るだろうか。

とすると、個人にとって行き詰まりではないのだ、といえそうである。だが、一ついえることがある。それは初登攀の場がなくなった、ということである。しかし、よく考えてみると、初登攀はもうとっくになくなっているのではないのか。私が考えてみるに、ボルトを使って初登攀した場合、もう一つのいい方がある、ということである。それはルートを作る、ということである。純粋なる初登攀はハーケンまで、ということになり、ボルトによる初登攀は「作る」という意味あいが非常に強く感じられるのである。

私の提案した課題などを実行すると、それがより一層強くなり、完全に「作る」という感じになってしまう。ボルトを使っていたということは、とっくの昔に「作って」いたのである。つまり初登攀というよりもルート・メーキングだったのである。最近では外国でもそうだから、別に嘆くにはあたらない。

「国内はもうゲレンデだよ」なんてことを聞く。これから登山を始めようとする人にとって、それはあまりにもひどい衝撃である。底辺の人々は行き詰まりどころか、国内だけでも気が遠いのである。あらゆるスポーツが底辺の上にしか存在しないのである。若い人の希望を打ちくだかないことを心がけよう。

（ふるかわ・よしかず　JCC会員）

岩と雪 No.32 (1973 .8) P92-93

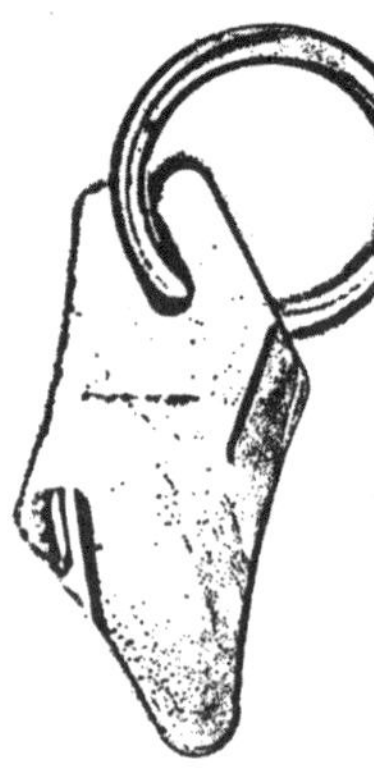

登攀における主体性の確立

青木 寿

今年の三月、ヨーロッパから帰って三年ぶりで穂高に入った。

十二月に一ノ倉、一月に明星山、二月に再度一ノ倉を訪れて冬の登攀を試み、一応成功したものの、何か納得されないものが残っていたが、しばらくぶりに充足した登攀を味わうことができた。

屏風、滝谷、奥又の継続登攀を狙い、結果は、一ルンゼから右岩稜Aフェースの登攀のみに終ったが……。

北尾根をたどっている一〇日間、ほとんど他のパーティにも会わず、高気圧の移動と前線の通過による、好天と風雪の交互にくる中で雪洞をうがち、ラッセルをくり返して進み、その充実した登攀に「日本にも、まだ山がある」という強い実感をいだいたのであった。

◇

日本の登山界の現状を思う時、海外渡航の容易化に伴い、ヨーロッパ、ヒマラヤ等において数々の輝かしい成果があげられていることは大変喜ばしいことであるが、半面、国内における登攀が軽視され停滞している傾向にあるという感があるのではないだろうか。

日本にはもう登る山も、困難の対象になる岩壁もない、という言葉をしばしば耳にするが、果たしてそうなのであろうか。

現在の日本の山において、ジャーナリスティックな話題のものはほとんどないかも知れないが、ヨーロッパ、ヒマラヤにくらべて、スケールは小さいとはいえ、困難な課題がすべて解決されてしまっているようには考えられない。

一例をひくと、ひところ論議をよんだ継続登攀も、冬期の二つのルートを結ぶ登攀を成功させているパーティは、毎シーズンほんの二、三パーティにすぎない。まして三ルート以上の継続登攀に成功しているパーティは、この一〇年間に十指にも足りない状況である。

その他、単独登攀や新しい困難な岩場の開拓等にまだまだ困難な課題を追求する余地は充分にあると思う。(ただ日本の岩場の一つの困難な課題追求を究極の目的とするものでなく、次の高い次元の登山への過程を考えるべきであるが)。

また一方、日本の岩場には日本の岩場の個性も、良さも、面白さもあり、そのようなものを味わう登攀もしたいものである。ヨーロッパや、ヒマラヤには、冬の山しかないが、日本の山には四季のうつり変わりがあり、それぞれ情感があって、登攀に一段と深みを加えてくれるように思う。

これらのことは、ヨーロッパやヒマラヤ等における海外登山を否定するものでなく(この点についてはまた後でふれることにする)ただ、ジャーナリズムの華々しい話題を追いかけ、ヨーロッパやヒマラヤにのみ、その登攀の対象や価値を見出せない軽薄な風潮に対して批判の念を持ち、日本の山々にも、いろいろな課題を発見し、困難を追究する地道な努力をつづけて欲しいものである。

半面、日本の岩場について考える時、注目される岩壁はほとんど登りつくされ、また衆目をひく岩壁は網の目のようなルートによって被われているので、新ルートの開拓は当然、重箱の隅的な登攀になるのはやむを得ないと思う。既成の岩場における新ルートの開拓の場合、そのルートそのものの価値は問題にならないかも知れないが、登攀の内容が、そのパーティにとって前進的なものであれば良いと思う。

ただ日本人の場合、山岳会をあげてとか多くのサポートを使ったりする集団登攀の傾向が多いが、登攀は、元来二人のペアによるものが原則であり、少数パーティによる登攀が望ましい。

また、日本の岩場における登攀は、人工登攀(ボルト登攀)に偏重している(これは日本の岩場の性質上やむを得ないが)。もっと自由登攀を重視し、自由登攀のルートの開拓や、既成の自由登攀のルートをどんどん登ることをくり返して欲しい。

◇

今度、ヨーロッパに二年半近くいる間、夏三シーズンのほとんどをツェルマットで過ごした。この間、ヨーロッパを訪れる多くの個性溢れる登山者に会い話し合った。中でも最も印象深く心に残っているのは、古川正博(清水RCC、故人)と植村直巳(明大OB)の両氏である。

古川さんは、岩登りを志す者なら誰もが知っている通り、その山に徹した生活態度と求道精神で、日本の岩場は勿論、ボルネオのキナバル、ヒンズー・クシュのサラグラール、ヨーロッパ・アルプスと数々の初登攀、単独登攀を成しとげている現代日本のトップクライマーで、この時は、究極の主題であるマッターホルン北壁の冬期単独登攀を狙って、サラグラール西壁終了後、直接ヨーロッパにやってきていたのであった。(彼がその後、アイガー北壁登攀中、落石と思われるアクシデントによって遭難死したことは、日本の登山界にとって残念で哀しみに耐えない)。

また、植村さんは周知の通り、その溢れる生命力と行動力によって、五大大陸最高峰単独登頂、アマゾン源流よりの下降等で一躍ジャーナリズムの脚光を浴びた、現代唯一の日本人離れのした冒険児で、この時は壮大な男の夢、南極大陸の単独徒歩横断のトレーニングとして、グリーンランドでの越冬を図って、渡欧してきていたのであった。この二人は垂直の極の可能性を究めようとする徹底した登攀者と、水平の果てに未知を探る探険家と極端に対象的であったが、薄暗いホテル・バンホッフの地下食堂で、いろいろと登山について深く話し合えたのは非常に有意義であったと思う。

◇

今の日本の登攀者たちは、山登りないしは岩登りに対して特に信念もなく、ただ漠然と登攀をくり返している。すなわちジャーナリズムの宣伝に乗せられて、皆がヨーロッパといえばヨーロッパへ、ヒマラヤといえばヒマラヤへと、しっかりした課題追究の意図もなく、周囲のムードに流されている一般的傾向があるように思う。

その結果、大部分の人は海外の山を一つ二つ登れば、もう登る山もないと登山や登攀をやめてしまうようである。古川さんのようにきびしい登攀追究の態度を持ちつづける人は大変少ないと思う。

登攀における主体性のなさは、結局登攀に対して「自分の主題」のなさとその追究心のなさによるものであろう。

「自分の主題」を確立し発展させるということは、自分が本当にどの山に登りたいか、どのようにして登るか、そしてそれをどのように次の高い次元へ発展させるかを、他人の借りものでなく、自分で思索し、試みることである。

「自分の主題」の確立とその発展を、対象と方法の二つの面から考えて見る。

対象を日本の山からヨーロッパ、北南米、ヒマラヤへと、低きより高きへ、スケールの小さいものより大きいものへと発展させ、方法を夏期より冬期へ、既成ルートより新ルート開拓へ、単一岩壁の登攀より継続登攀へ、集団登攀より単独登攀へと、易から難へ、低次元より高次元へと進める。この両面を組合せて自分の可能性の極限を広げる発展的登攀をつづければ、日本の岩場の登攀においても(方法面)、いくら登っても充分だということはなく、次々に新しい課題を自分に課することができるはずである。

日本の岩場にもう何の興味もなく、海外の山しかないという登攀者は真の登攀者ということはできず、ただ安易に与えられた借衣で満足する亜流の登攀だと思う。

勿論、何度もいうが、海外の登攀を否定するのではなく「主題」を持った真のクライマーは、何処の山においても、その登攀において、主題の発展のために倦むことを知らないものであろう。死以外にその宿命から逃れ得ないのかも知れない。(勿論、中途でクライマーであることを放棄する以外は)

既成の岩場を登るにしても、登攀者には以上述べた主体性の確立をまず望みたいのである。

一方で、古川さんのように息づまるほど「主題」のきびしさを追究する登攀を望みながら、半面、植村さんのような豊かな広がりを持った大きな登山をも志して欲しいのである。

大体日本人は元来セクショナリズムにとらわれ、一つの山岳会、グループに片寄る傾向が大変強いが、岩登りにおいてもゲレンデ派という奇妙な現象さえ見られる。

日本の山には日本独自の個性があり、これだけでヨーロッパの山や、ヒマラヤの山から別個の山登りを確立し、困難な課題を充分追究することはできるが、あまりそれに固まって扁狭な登攀をすることは危険である。機会が許されるならば、ヨーロッパも、南米も、ヒマラヤも、その登攀の対象として幅広い山登りを期待したい。そしてその登攀の中から、日本の岩場の新しい登攀を見い出していって欲しいと思う。

また岩登りを登山の中の一部分であると思って欲しい。一般に登攀者は険しい岩壁の登攀のみを求め、山登りを軽視しがちであるが、登山(マウンテニアリング)とは、キャンピング、ピーク・ハンティング、ワンダリング、クライミング、パイオニヤリング(探検)と、いろいろな側面を持つ総合的な、大きなもので、ただ一部分の追究のみでは充分ではないと思う。

きびしい極限の困難を追究するクライミングを大切にする半面、幅広く世界的な規模でワンダリングや、探険も重視して、豊かな大きな山登りのできる登攀者になる努力を望みたいのである。

以上種々述べたことは、日頃考えていることがらを、自分への反省を含めて述べたものであるが、既成の日本の岩場を登る人も、海外の登攀を志す人も、よく考えて欲しいことだと思う。

(あおき・ひさし　登攀倶楽部会員)

岩と雪 No.33（1973 .10）P22-26

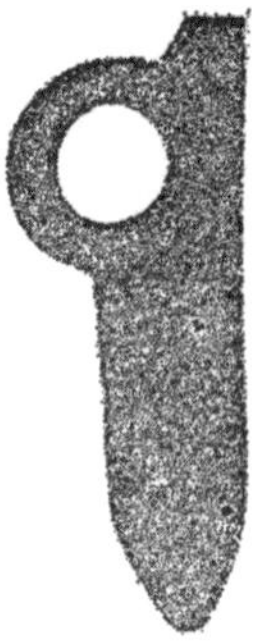

山——陶酔と失墜

遠藤甲太

私は感性的体験によって生きているのであって、論理的釈明によって生きているのではない。

――ジョルジュ・バタイユ『内的体験』出口裕弘訳より

一、「書くこと」、「登ること」

登山――この魅惑的な自己崩壊の場、あらゆる論理性の彼方にある営みについて、語ることは無益である。それは「書くこと」の彼岸にあるのだ。とらえんとして手を伸ばすと、風に浮んで空に溶けてしまうゼフィルスにも似て、我々登攀者《クライマー》は自らの山に向かう心を、とらえることができない。詩心《ポエジイ》が詩《ポエム》に具現されたとき、すでにして詩心は去っているのと同様、クライムについて語ることはクライムを変容させてしまう。「書かれたもの」はもとよりクライムではないのだ。しかしながら、私は書かねばならない。クライミングが内的なデモンにつき動かされた結果であるとするならば、「書くこと」もまたそれと同様なのである。私は、クライマーである私を語らねばならない。遠ざかりつつあることを知りながら、決して求められぬ本質を追って、シジフォスの運命《さだめ》を生きねばならない。それは言葉をあたえられた人間の永劫のかなしみ、表現することへの限りない希求である。

二、登山は価値の体系には属さない

分類することは私の嫌うところだが、人間の営みには二つの体系が在ると言える。一つは生産、蓄財、あらゆる吝嗇のための営み、自己保存、種保存の本能に代表される自己の繁栄のための営みである。他方、これに属さず、しかもなお人間の生にとって最も重要な営みの体系がたしかに在る。それは次のごときものである。あらゆる純粋な芸術、生殖のともなわぬセクシアルス、過度の飲酒、有害かつ甘美な薬品の使用、種々の供儀。これら浪費、失墜の体系とでも呼ぶべき悟性をはなれたファクターは、文明の裏面にあって、実に大きな影響力を人の生に対していだいている。そしてあきらかに、登山(アルピニスム)もこの体系につらなるものである。これは自己と他者への利益を全く考慮しない。蛇口からほとばしる水道の水のように、常に一方的な浪費、ときによると生命までも、その犠牲《いけにえ》としてしまう極限的な遊びなのだ。

三、登山とは非社会的な営みである

人間の生がすべての機械とひとしく、ある機構のもとに合目的性の意識をもって営まれているとき、それはかなりに社会的である。社会とはそもそも、その主体、個々の何らかの便法、利益追求のための制度、集団だからである。したがって「二」に分類したごときの非生産的な営為群は社会的ではない。登山も然り。自己弁護の余地もなく、山登り、クライムは何らの貢献を社会に果すものではない。登山とは全く非社会的な営みなのだ。これは反社会《アンチイ・シャリテ》ですらない。なんらかのアンティテーゼを社会にいだいているわけではないのだから。登山営為とは、本質的に社会営為と別の次元に属する。それは全き個に収斂される。つきつめれば、すべての登山は単独登山と同義だとさえ言っても良い。社会学的、あるいは生態学的なアプローチをもって、アルピニスムをとらえんとすることは、なるほど興味ある有意義な仕事かもしれないが、それは少しも「山に登る心」の本質にせまるものでないことはたしかだと思う。

四、アルピニスムとはあまりにも強烈な自己主張である

社会の異端者、全き個人の非目的なる営み、アルピニスムは当然その根拠を、強烈なる自我意識においている。我々は山に行き、生活し、闘い、さらにあくことなく上方を指向する。それらはすべての常識、穏当さ、他への協調とは本質的には無縁である(パートナーとの協力は、「思いやり」「やさしさ」を基としたものであって、功利的な協調であってはなるまい)。かつて上田哲農は、「アルピニスムとは発狂寸前のところにその極はあらねばならない」(『岩と雪』第8号)と語ったが、それは正確な指摘であろう。我々を瞠目させる過去のビッグクライムはすべて、この種の「狂」的人間た

ちによって成しとげられてきたのだ（ヘルマン・ブール、ルイ・ラシュナルを引合に出すまでもなかろう）。然り、登攀とは狂である。上田哲農が、「アルピニスムは遊びだ!!」（同誌）と三度も絶叫せねばならぬほどの「狂」なのだ。そしてそれをささえるためには、あくまで強靱な自我の意識が必須なのである。おさえきれぬ自己主張は、たとえ意識の下層に沈んでいようとも、やがてはげしく噴火せずにはおれないのだ。その情念の炎は何処へ向かうか。はげしい生への希求と同時に、限りない失墜、死への希求とが、奇蹟的なバランスを保って静止する地点。クライマーにとって冒険的な登攀行為こそが、その地点に他ならない。それがきびしく、危険に過ぎれば過ぎるほど、より大きな自己主張が必要となり、その登攀はより大なるロマンティシズムを有する。それは、とりもなおさずより以上の個の表現につながる。

五、登攀行為とは個の表現である。しかしそれは他への伝達《コミユニカシオン》をめざすものではない（承前）

登攀するということは、自らの裡に自らの個性《ペルソナリテ》を確認することでもある。これは一種の自己表現に他ならない。しかし表現するということは、必ずしも他への伝達《コミユニカシオン》を目的としているわけではない（伝達は本来副次的な産物である）。登攀行為が自己表現をその目的とするならば、そしてその対象物をもたないとするならば、それはマスターベーションのごとくむなしいはずである。ところが、無目的、無作為の表現は、それがそうであるほど、道化じみてくる反面、美しい聖の生に近づいてゆく。観客のいない舞台の上で、彼は大見得をきり、歌をうたい、叫び、躍る。そうすると彼は忘れてゆく。自分自身を。表現することをさえ。こうして、あまりにも強烈な自己主張は、はげしい登攀に際して限りない自己喪失へと向かう。陶酔。そのとき彼の自我はどこにも無く、全く開かれた彼はその岩壁（氷壁）の点景にすぎなくなる。彼の自己主張は、同時に高度の受容性をもつに到ったのだ。

六、では「アルピニスム」とは何か

いままで故意に、「登山」「アルピニスム」「クライミング」という言葉を渾然とさせて使ってきたが、それは明確な概念規定などうでも良いと思ったからだ。しかし、「アルピニスム」なる語は、これほどまでに人口に膾炙され、誰もかれもが口にしているにもかかわらず、あまりに漠然と使われている。そこで他の登山と、アルピニスム旗下の登山とは観念の上で、どこに一線を引くか、私なりの考えを述べてみたい。

前段まで徐々に顕わにしてきたが、登山とは本来、霊的な自己と山との交感《コレスポンダンス》であると言える。あらゆる創造行為がその対象である被造物をもつのと異なり、登山とは一種の創造でありながら何物をも産み出さない（「記録」はもとより登山ではなく、その目的であるはずがない）。しかし詩作が言葉との交感であるより以上に、音楽が音との交感である以上に、登山とは山との交感なのである。無機質の岩や雪、もの言わぬ草樹たちが、これほどまでに我々の心をひくのはそのためである。そして絵や詩、諸々の作品のごとく残るものもある。それは悦び、悲しみ、恐怖、美たち。かたちにならぬ生の軌跡、決して失われ得ぬ種々の山行の追憶である。それらは山と自己の相互的関係として記憶されている。山と自己との交感の記憶だ。もちろん、ハイキング、ワンダリングと呼ばれる登山も対象が山であるかぎり当然その山との交感の生ずる可能性がある。ではアルピニスムはそれらとどこが異なるのか？ その答は実は明白である。あらゆる失墜の極北、死への意識（潜在意識をも含めて）がそこに入り込むか否かである。要約すると以下のごとくなる。――登山の一形態アルピニスムとは、山との霊的交感を基とするが、そこに自己の死を予感するものである――。

七、山における死

山との交感《コレスポンダンス》は自己を全開状態に保たねば得られない。これはきわめて能動的であると

同時に、すぐれて受動的であらねばならない。感性豊かなアルピニストは受容性にも富んでいて、ときには死さえも享受してしまう。大島亮吉は好んでオスカア・エーリッヒ・マイエルの「Die Beiden」を引用した。それは、高山での輝しい短き生と、都会における平凡で長き生涯との二者択一の物語なのだが(このテーマの原形はギリシア神話のアキレウスの選択の物語にあることは、三田博雄氏の指摘を待つまでもないが――『山の思想史』より)、いみじくも大島は前者を選び、若くして前穂北尾根に逝ってしまった。ゲオルグ・ウインクラーの死も、ヘルマン・ブールの死も同様である。さらに最近では、日本のワルテル・ボナッティ、古川正博のアイガーにおける死。――生前古川は、「自らを一個の芸術作品たらしめたい」という意味のことを書いた(清水RCC『会報』より)。いささかの気負いも感じられるが、氏の辿った足跡を追ってみると、飽くことなき自己追求と、崇高なほどの自己開放とが、そこに共存していることがよくわかる。氏が未登の積雪期一ノ倉滝沢第二スラブを計画したおり、そのパートナー候補に告げた苛酷な言葉は、氏自身への確認でもあったに相違ない。「冬の滝沢スラブを登るなら死を覚悟せよ」(同会報)と。「死を覚悟する」とは、自己を全開にして山に委ねる意志のあることだ。この全的な投企こそこよなく美しい。いかに暴力的、非道徳的であろうと、アルピニスムの極限とはこのようなものだ。しかしそれは人間としての強さではない。クライマーはむしろ弱い側の人間であるからこそ、この投企を成し得るのだ。クライマーは一種の生活破綻者であって常に欲求不満である。現実的な欲求が満たされたら山をやめるのだと自らは思っているにもかかわらず、彼は何ひとつ肯定することができない。クライマーとは永久に欲求不満者なのだ。そして彼は文字どおり死ぬまで、死への道を歩む。クライマーとは何ひとつ獲得し得ぬ永遠の弱者なのだ。アルテュール・ランボーのごとく、二十才そこそこで芸術を捨て、長い余生をおくるほどの強者ではない。――その詩があまりにも高いしらべをもっているがゆえに、ランボーの強烈な生には驚愕させられる。以下の諧謔と呼ぶにはあまりにも真摯な言辞を見よ。「ぼくは金利生活者になるんだ……」(『太陽は熱く燃えていた』より)。多くのクライマーはランボー的生に憧れはするが、ランボーにはなり得ない。

きょうも理想像を求めて……

八、アルピニスムとはひとつの否定的体験である

我々は日常生活においても、ときとしてある理想的観念《イデー》(あるいは実在的)をいだく。徹底的なニヒリストでさえ、少なくとも観念の上に、ある漠然とした理想像を結ばざるを得ないであろう。――たとえば、ユイスマンス『さかしま』の主人公デ・ゼッサントのごとく――。ところでアルピニストの理想像は当然、山頂《ピーク》、岩壁、氷壁、あらゆるきびしく美しい山岳の姿態だが、それらは非常に具現的である。本来理想とは実現し得ぬはずのものであるのに、「山」――アルピニスム――においては、もし目的とするルート、岩壁、頂を登り得たならば、それはまさに理想の具現化である。たとえば我々は、いかに小さな岩壁であろうと、それを登る以前は谷川岳の衝立岩や滝沢スラブを、絶世の美女に憧れるのと同じように、理想化することができる。そして、上野駅から夜行列車に乗れば、さらに運良く登攀に成功したなら、その理想像を自分のものにする(あるいはそう錯覚する)ことが可

能なのである。これは人間の生にとって、めずらしくもすばらしい。しかしながらこの内的体験の絶頂は、おそろしく否定的なものである。あらゆる宗教的な神秘体験とは趣を異にして、登頂者のエクスタシイ——内的体験——は全き否定である。それは明らかに充足ではない。せっかくの理想の成就にもかかわらず、そのときの空虚さは、甚だしいものである。往々にして登頂者は自らに酔い、充足したと錯誤しているが、心の深部ではおそらく、おさえがたい疑念、否定の感覚を禁じ得まい。これは、理想という観念がまさに実現したからであり、このア・プリオリに不条理な「生」において条理が成る、という感覚的不均衡さによるものであろう。登頂者は詠じる。「これですべてが終わったのだ——なのに次に私の登るべき岩壁が待っている」と。アルピニストとは永遠の不充足者なのだ。アルピニストに躁鬱症患者の多いことは予想に難くない。彼は、絶頂と失墜とのせわしく交錯する日常をおくっているのだから。

九、アルピニストは何を志向すべきであるか

少なくとも、アルピニスムは平和主義ではない。あらゆる意味づけ、方法論は無意味だが、従来のあまりにも道徳的な論理の体系に、アルピニスムを概念化することは、アルピニストたらんと欲する者を、決まりきったパターンに収斂させてしまう危険がある。柏瀬祐之氏は、従来の登攀方式からの解放を説き、「ネオアルピスム」を唱えたが（同人誌『山岳展望』16号）、登攀方法、観点のネオではあっても、意識変革にまで到っていない。たとえば氏は一ノ倉沢を中間部で一周する「トラヴァースルート」を開拓中だが、私にはこれはナンセンスに思われる。氏の発想の奇抜さ自由さには脱帽するが、それは少しも美しい登攀とは思えない。それはあまりに作為的すぎる。既成ルートの数メートルわきに寄生ルートを拓くこととたいした差異はない。重要なのはどんなところを登ったかということではない。美しい登攀かそうでないかは、その登攀行為に（山に）どれほど自己が接近し得ているかによって決まる。その窮極は、「山」と自己とがほとんど分かちがたく渾然一体となっている様態である。そのときアルピニストは死をも生と同様に意識しない。そのときアルピニストは死なぬがために生きて在るのではない。岩や樹や空やハーケン、ザイルと同様に、他意なく一個のオブジェとなって、いかなる執念《オブセッション》をもつこともなく、山に同化しているのだ。いかに登ろうとも良い。大切なのはいかにして「山」と近づくかにある。その観点からみれば、エベレストの南壁も丹沢の沢登りもひとしく同一線上に並ぶ。しかしアルピニストは必然的に、死を志向せずばなるまい。何故なら死に最も近くまで往ったときこそ、最も「山」に近づいた地点であろうから。そしてそのときは、生が最もはげしく美しく燃え輝くときでもあるのだ。

十、山—陶酔と失墜

私の登山とは生きることと同義である。歌うたうことである。誰もがおのおの歌を、それぞれの言葉でうたうであろう。私も私の言葉で、私のしらべでうたいたい。ピアニストがピアノに向かうときの緊張とひとしく、心躍らせ、白いノートを前にペン持つ詩人とひとしく、私は今岩壁の下に立つ。なべて良いことは、自ら所有し得ないことにのみあるのだ。

死すべき宿命を負っていたクライマーは、それがいかに自己陶酔の極であろうとも、私を哀しくさせる。自ら選びとった彼等の短き生は、やはり私には美しすぎる。燃え尽きた彼等は何処へゆくのか。野天に寝て、夜空を仰ぎ、あのきらびやかにも冷い星辰を見るときに、私の胸はやさしく愛《かな》しい追憶に充たされてふるえる。若くして逝ってしまった友たちよ、きみは今や充ち足りているのだろうか？　やがて人々の記憶から遠ざかり、忘れ去られてゆく彼等。私はこの小文を、山で死んだすべての友たちに捧げます。

（えんどう・こうた　山岳会あぶみ会員）

岩と雪 No.33 (1973.10) P27-33

アルピニズムは帰ってきた

柏瀬祐之

五十年間も山と親しんできた今になってようやく「山がそこにあるから」という言葉の意味を自己流に解釈するようになった。私たちにとって、山がそこにあるからの「そこ」とは、自分の心の中だと思う。
――今井雄二・喜美子著『心に山ありて』より

私が最初に「そこ」の山に登ったのはサンノウ山という名の山である。山といっても、私の生れ育った栃木県の足利市在にある標高三百メートルに満たない小山だから、土地の人にもほとんどその名は知られていない。実のところ、かくいう私にすらその山の名がたしかにサンノウ山であったかどうかの自信はない。

足利の平野部は、なかば開いた扇形に広がっており、裾の一辺を川で区切られ、二辺が山に囲まれている。ここでいうサンノウ山とは、その二辺の山の連なりが奥深く接する位置に、左右の峰よりいくぶん高く、むりすればピラミダルとでも形容できる格好で鎮座している。

最初にその山に登ろうとしたのは小学校四年生頃だったと思う。その頃、私は不細工な仔犬を一匹飼っていた。猟犬の子だというふれこみでもらってきたのだが、妙に腰がふらついていて、その上、胴がふつりあいに長く、鈍足は近所にたむろする飼犬の中でも抜きんでていた。それでもクロとかなんとか名をつけて、私は自分の分身のように一生懸命かわいがっていたのだが、ある日、いつものように学校から帰ってみると、クロの姿が見えなくなっていた。

「花壇を荒して困るから、くれちゃったよ」

はじめのうちはいいしぶっていた母も、私のあまりの剣幕にへきえきしたのか、そんなことをつぶやいたようだ。その後、母との間にどんなやりとりがあったのか忘れたが、ともかく私は自転車に乗って家をぬけだした。おそらくクロを探そうとでも思ったのだろう。しかし、どこの家にもらわれていったのかも知らないのだから見つかるはずもない。そのうちどこをどう走ったのか、いつか私は家から数キロ離れた畔道にひっくりかえっていた。疲れきって捜索一時休止といった按配だったのかもしれないし、あるいはそうしてクロが現われるのを待っていたのかもしれない。夕暮どきだった。

そのときがサンノウ山とのはじめての対面だったと思う。感傷的になっていたこともあるのだろうが、ねころんで眺めていた空の終りに黒々とした三角形の山があり、その山を見ているうちに、ふいに「オラァ、かなァネエなあ」と思ったことだった。クロのことで頭がいっぱいのはずなのに、なぜその山を見て「かなァネエ」と思ったのか今さら思いだす術はないが、ともあれ、その後の私にとって三角形の山、サンノウ山はぬきさしならないクサビとなって心に残るようになった。

　第一回目のサンノウ山登山は、クロの事件があってから半年ほどたってからのことだ。ところが、そのときは弁当も持たずにひとりででかけたようで、途中寂しくなって麓にも辿りつかないうちに引きかえしている。続く第二回目は、たしかその二、三年後だった。前回にこりたのか、今後は級友の一人を誘い、棒切れの刀で〝武装〟して五キロほどの道のりをほとんど真すぐ山縁まで歩いた。どんづまりに近い水田の際に、黄色い菖蒲の花が咲いていたから五月の終り頃だったのかもしれない。折りからの雨に濡れながら、あちこちに薪束のころがった狭い山間をぬけ、思ったより早く山頂の平担部に続く急な尾根にとりついた。その辺りは、ヤブが刈り払われ、足元にはいつも遠くから眺めていたサンノウ山の幅広い胸部斜面があった。あこがれの斜面を目の前にした印象は「ちいせェノ」。ふたりはチビた下駄をぬいで片手に持つと、素足になって跳びはねるように登りはじめた。

＊＊

　サンノウ山への小さな冒険登山の後、私は「そこ」にある山をぼちぼち登るようになった。中学校の二年生頃になると少しばかり遠出もするようになり、家の近くの河原から見える赤城山の雲にあこがれて黒檜山にでかけたり、あるときには、兄から聞かされた夏でも残っている雪とやらに触りたい一心で、谷川岳南面のヒツゴー沢をつめたりもした。

　やがて高校に進むと病興じて山岳部にかけこみ、町の山岳会にも出入りするようになった。山行回数はそれまでとは比較にならないほど増え、誰もがそうだったように縦走から沢登りへ、そして岩登りへと急ピッチで階段を登りはじめた。少しばかり放浪癖のある山好きな少年でしかなかった私も、そのうちには手製のアブミを首にぶらさげ、工事用のヘルメットをかぶっていっぱしのクライマーを気取るようになっていた。

　多分その頃からだったと思う。私が「そこ」の山に登らなくなったのは。

「そこ」に得体の知れないものが侵入してきたといってもよい。そして、むしろその得体の知れないものによって山を選び岩を這うようになっていた。

　丹沢の沢に行くのはマチガ沢を遡るためで、マチガ沢を遡ることは一ノ倉沢に入るため、そして一ノ倉沢の三ルンゼをつめることは、烏帽子奥壁を登るため……。そのためにのみ山はあり壁はある。いかなる山や壁もステップとしてのみ価値があり、レベル・ダウンや同じレベルの水平移行はより大きな目標のための助走としての意味しか認められない――やや極端に表現すれば、そんなふうに考えるようにもなった。

　アクロバティックな屏風岩登攀も、バランス・クライミングの幽ノ沢中央壁も、さらには奥秩父の椹谷や井戸沢でさえ、どこかに向かうための過程であり、乾いた〝練習場〟にすぎなかったといえる。

　あたかも求道者のような自分に酔ったのもこの頃だった。「どこかに向かう」ことから生れた自己愛的なヒロイズムだったかもしれないが、このヒロイズムと〝練習場〟との奇妙な合体の上に当時の私の登山はうごめいていた。

　ところで、私の登山が「どこかに向かう」ものである以上、その「どこか」がなくなれば当然私の登山も消えてしまうことになる。そのことにおぼろげながらも気がついたのは、ちょうど手製のアブミにはじめて乗って喜々としていた昭和三十四年にさかのぼる。この年、南博人、藤芳泰両氏らによって、当時の第一線のクライマーにとって最後の課題といわれた一ノ倉沢衝立岩正面壁が初トレースされたが、このときのショックと呆然自失の体験が私の登山にも終りのあることを実感させられた最初だった。私などはまだ同じ衝立岩といっても南稜あたりを懸命になって登っていたのだから、どう逆立ちしても正面壁をねらう柄ではなかったが、それでも私にとって、この逆層の大岩壁は勢いっぱいの「どこか」だったわけだ。

しかし、この衝立岩正面壁ショックによる終りの実感は、そう長くは心に残らなかった。その直後から、RCCⅡのメンバーを中心とする積雪期初登攀のニュースが陸続として耳に入るようになったし、決定的には昭和三十八年の芳野満彦、大倉大八両氏によるアイガー北壁アタックによって、そこにあたかも無限の世界が開けたように思えたからである。

まだ積雪期の初トレースが残っているじゃないか、が実感をさりげなく予感にまで薄め、「アイガー北壁に向かった芳野満彦氏らは、日章旗をテラスに掲げ……」の新聞報道が、予感をさらにきれいさっぱり拭いさり、私の登山を永遠のものに仕立てあげた。

「人間は無意識において自己の不死を確信している」とはフロイトの台詞だが、私はまたぞろ自己の登山の不死を信じて登りまくるようになった。自分の登山が不死であることと、自分の登山が「どこか」に向かっていることとの間には、究極においてどうしようもない自家撞着が待っているにもかかわらず。

ところが、この自家撞着が露呈するときは意外に早くやってきた。きっかけは私の十年来の知己が次々と山の世界を離れていったことによる。それも尖鋭を自認するクライマーがである。芳野氏らが渡欧してから二、三年後のことだ。「なぜ?」は私の頭の中でいくどとなくくり返された。そのくり返しの渦の中に、私もまたクライマーとしてノッピキならない淵に立っている自分を見た。

客観主義の決定的ないきづまり、つまり今はやりの言葉でいえば、私の登山の「終末」を見たといってよい。かつての衝立岩正面壁ショックによる一時的な終りの実感に比べ、はるかに深く大きく、おそらくは永遠に救いのないものとして。

私の登山が客観主義に立つものであることはもはや明らかだった。「どこか」もむしろ客観的な価値観によって決められており、私のせめてもの自由は、その決められたいくつかの「どこか」から自分の登るべきところを選択するのがせいぜいだったといえる。しかし、その選択の余地さえもやがてなくなる。ステップが高まればなるほど選択の余地は三段跳び的、加速度的に少なくなり、理屈からいえば、ついにはこの地上でたった一つの「地上最大の岩壁の、しかも最難の登攀」が残るだけになるからだ。そして、事実それが何者かの手によって成しとげられたとき、私の登山は突然にして消失することになる。

その日は近い――と思った。

＊＊＊

一九七三年、昭和四十八年七月――つまりこの夏、何度目かのエベレスト南壁隊がカトマンズ入りした。

今の私にとって、正直なところ昨今のヒステリックとも思えるエベレスト南壁詣でには「ああ、またやってるな」程度の関心しかない。こんなことをいうと、アルピニズムの戦列から脱落した似非クライマーの世迷い言ときめつけられそうだが、それも一面では的をついており甘受するしかない。事実、私はアルピニズムの「戦列」からはとうに離脱している。が、それは少なくても技術的、体力的に落目になったからしかたなく、といったものではないと自分では思っている。自分ではもう少し積極的にコトを構え、(アルピニズムの戦列に加わっていた)客観主義的な私の登山からあえて脱走したと信じているのだ。

だから「日本の登攀界は今や混迷状態に陥入っている」といわれても、さもありなんと思うにすぎない。他人事なのだ。おそらく地震を予知したナマズが右往左往しているようなもので、アルピニズムにおける客観主義者の戦列が崩れを見せているだけだろう。ならばかえって結構なことだとさえ感じる。〝山〟そのものは大して好きでもなんでもない連中、本多勝一氏のいう「たんに賭けの方法を知っている」から山に登るにすぎない一部の輩が、それこそ山の中から消えうせるだけでもせいせいする。

今度のエベレスト南壁登攀が仮りに成功したとすると、この戦列の乱れはおそらく極限に達するだろう。たとえエベレスト南壁の登攀が、実際には「地上最大の岩壁の、しかも最難の登攀」でないとしても、彼らにとって、象徴的には「もっとも大きく、もっとも難しい」岩壁ではあるからだ。

重ねていおう、混迷大いに結構。

極限の混迷の結果、年中行事でくり返されてきた「アルピニズムの行方」論もついに凋落し、その行方を追いかけて必死にとりすがったクライマーの、その肩ヒジ張った、にもかかわらずどこか女々しい後ろ姿も消えてなくなる。

アルピニズムにおける徹底した主観主義誕生の土壌がそこに現われる。アルピニズムは帰ってきたのだ――。

どこに帰ってきたのか――「そこ」である。冒頭に引用させていただいた今井氏の文にもある「自分の心の中」だ。

間違っても〝個人〟に帰ってきたなどとは解さないでほしい。この国では〝個人〟という言葉は手垢にまみれすぎている。これまでにも「アルピニズムは個人のものだ」といわれ、実際にも一見それ風のクライマーがうようよするようにはなった。しかし彼らの多くが信じている〝個人〟とは、大パーティを組んで山に行くのはやめにして、自分ないしは自分達だけで登ろうといった程度(それ以上でも以下でもない)のもので、いわば反集団主義の域をでていないのが現状だ。だからその結果は、有名ルートに数珠つなぎになった個人主義者風クライマーの大群といった笑うに笑えないシーンを見せることになる。これでは「他人指向型の個人主義者」という題のマンガだ。

混迷状態の中からアルピニズムにおける徹底した主観主義が台頭する……

そうではないのだ。彼らの主張する〝個人〟の、さらにその奥にある「自分の心の中」にアルピニズムは帰ってきた。私はそう思いたい。

しかし、帰ってきたというが「自分の心の中」だなどというと、山岳モラリストの説くきれいごとのアルピニズムになりそうだが、私のイメージに浮ぶそれはむしろ逆の意味に近いことを断っておく。「自分の心の中」とは、実はきれいごとであるものではなく、暗闇の混沌だと思うからだ。

アルピニズムのスポーツ化現象にからんで、私はかつてある小論にこんな一節を書いてみたことがある。「自分の心の中」というものに関連があるので、多少長くなるが引用させていただく。

『人が山に登り岩を這う行為を、美しい友情の世界、清らかな浄化への誘いという美辞麗句で飾りたて、ノッペリとしたスポーツという言葉でしめくくる前に、この行為が人間ひとりひとりの存在――たった独りでこの世に生れてきたという事実――に深くかかわったアナーキな心の空間を内蔵していることも忘れてはならない。アナーキな心の空間とは、個人の絶対的な自由を欲する心であり、それだからこそ、ときに狂気を生み、あるときは至高の信仰さえ生みだす非論理な淵である。つい先頃急逝した第二次RCCの総帥上田哲農が、晩年になって〃アルピニスト発狂説〃を唱えたが、彼もそうしたアルピニストのもう一つの側面を見つめていたに違いない。つまり、このアナーキな心の空間は、現実の社会秩序にとっては常に負の価値として位置しつづけるものなのである。

アルピニズムのスポーツ化は、この負の価値から力を去勢し、アルピニズムを無害化しようとするワナだ。スポーツ化とは、行きつくところルール化であり、安全化であり、なによりも実体の徹底した虚構化である。〈遊び〉には虚構性をおびたものが多いことは知っている。しかしアルピニズムという〈遊び〉は本質的には実社会と並存（共存ではない）した実体である。決して実社会の中にウソの空間を作りあげ、その囲いの中で遊ぶものではあるまい。ところがスポーツと名がつくものは、すべからく虚構の遊びに直結しているのが現代の特徴だろう。カイヨワも「ルールはそれ自体として虚構を作りだす」と書いているが、スポーツを現代的に解釈すれば、それは実社会のメカニズムの中にありながら、なおルールという非現実的なキマリの上に構築された仮空の舞台での出来事であり、しかも反体制的な〃狂〃や〃悪〃をルール化してすくいあげ、現実の社会秩序には決して富を与えない家畜にしたてあげた結果といえるのである。このことは、身近かな例をあげれば、武器をうばわれた被圧迫民族の怨念から発生した「テイ術」が、空手道に名を変えたとき、怨念としての〃術〃は去勢され、現実から遊離し、観念としての〃道〃ないしは虚構としてのスポーツに浮びあがったことを思いおこしてもよい。ともあれ、ルールを無視したところにスポーツは成りたたない。そこでルールは絶対視され、現実の社会秩序にとって完壁な防波堤の役割をはたすことになる。シャカの手のひらであばれる遜悟空である。勇み足を許してもらうなら、スポーツの世界から社会革命がおきた例は聞かないし、むしろ、資本主義国家にしろ社会主義国家にしろ現体制護持の陣営にまわるのはこうした点からもうなずけるのである。

こうはいっても、私はなにもアルピニズムの反社会性を促進させたり、ましてやそこに社会革命の発端を期待しているわけでは毛頭ない。ただ〃山に登ろう〃という気持の背景には、「人間は社会的動物である」という定義が強圧的に押しつけられてきたとき、同時に反社会的なものに転化する非社会的な〈個人〉があることをここでもう一度確認しておきたいし、その上で、なおこうしたアナーキな心の発露を今後いかなる時代がこようとも、せめてアルピニズムの中だけには息づかせておきたいと願っているにすぎない。なぜならば、たとえアルピニズムが〃近代〃のワク組にはめられても、なおそれを無償の行為として主張できる面があったとすれば、それはなによりもこのアナーキな心の空間に一筋の根を張りだしていたからであったし、そうした論理を超えた地平にしかアルピニズムが真に〃人間〃と出会うところはないと信じられるからである』

この中でも「個人」という言葉を使っているが、これがさきほど指摘した、たんに反集団的な個人概念を、さらに一歩つっこんだものであることはいうまでもない。それはともかく、ここで問題になっている「自分の心の中」というものは、文中にいう「アナーキな心の空間」と同じイメージを指している。

土観主義のアルピニズムとは、実にこの「アナーキな心の空間」すなわち「自分の心の中」が、すべてに解放された状態で、山とのナマなかかわりをもつときに実現するものだろう。

* *
*

山とのナマなかかわりをもつとき、それがどのような行動となって表面化するのか知る由もない。山が変り、人が異なり、ときが移ればそれすべてオリジナリティの世界なのだ。

――と、ここまで書いてきて、さて筆がつまってしまった。私自身のアルピニズムの行方というのがこの文に指定されたテーマなのだが、「それはすべてオリジナリティの世界なのだ」といいきってしまったら、もう実際には、あとはなにをかいわんやなのだ。このあとどんな話を書いてみても屋上屋を重ねる愚を犯しかねない気もする。

他人のことはもちろん、私自身についても、今後なにをやらかすのか見当もつかないくらいなのだ。子供の頃のことは先に書いた通り。そして最近は、湿原巡礼を洒落こみ、出合の風景が気に入った沢を遡行し、ときに絵ハガキに魅せられてカナディアン・ロッキーに向かったり、一ノ倉沢の全壁トラバースにうつつをぬかしたりしている。

それだけなのだ。あとはこの先、なにをやるか、なにもやらないか、それは皆目見当もつかない。ただ「オレは山が好きだ」の一言で動いていることだけが確かなことだ。

山よりも海が好きになれば、上田豊氏の提案したディーピズムとやらにとりくんでみるかもしれないし、河が好きになれば、その河に溺れこむほどのかかわりをもつ遊びを創りだすかもしれない。

芳野氏とアイガー北壁行を共にした大倉大八氏は、近頃ではカヌーにもこって、天竜川を下ったりしているというし、ロンリー・クライマーこと細田充氏あたりは、今年の夏はヨットをやるんだと勢いこんでいた。かつて幽ノ沢中央壁正面右ルートを拓いて名クライマーの名をほしいままにした服部清次氏も、どこかの海でスキン・ダイビングをやっていると仄聞したことがある。植村直巳氏にしてしかり、ワルテル・ボナッティにしてまたしかりである。

なにも山に限る必要もない。河であり、海であり、氷原であり、離れ小島であり、そして空であり、なんであってもいいじゃないか。自然に区切りがあるわけでなし、「自分の心の中」はもともと混沌なのだから。

そして、その上でなおも山にだけ没入したいならそれもよし、だ。

はてさて筆がつまったからといって、支離滅裂なことを口走ってみてもはじまるまい。原稿の所定枚数にはまだ間がある。ともあれ、いいつけ通り私のことでも語らせてもらおう。

いまいったように、これといった計画をもちあわせているわけではないが、刹那主義者ではないつもりだから、大ワクの希望ないしは願いといったものなら私にもある。二つだ。

一つは、山との「共感」にもとづいて行動してみたいということ。たとえば前掲した一ノ倉沢全壁トラバースをはじめとする最近の山行は、不完全ながらもそうした動機を根底においている。しかしこれはまだ理念の段階を完全にはぬけきっていない。理念そのものについては別の機会に言及したことがあるのでここでは割愛する。

もう一つは、少しばかりひねったいい方をすればナンセンスなアルピニズムとでもいえる行動だ。

これにはちょっと説明がいるだろう。かりに、まったく主観にもとづいた行動しかしない登攀者がいるとすると、その登攀者は初登攀を誇り、岳界に地位を築く（実際にはこの手の輩が意外に多いのに驚く）必要はなし、ましてや自分の行動に「青少年に夢を与える」などという大仰な意義を持ちだす必要はさらにない。他人から見れば、はじめから終りまで無意味であるのがその本来のはずである。こうした見方をさらに押し進めていくと、やがて自分自身でさえ無意味に思える行動が浮びでてくる。うがっていえば、「アナーキな心の空間」に徹底してのめりこんだ末の行動だ。

たとえば、冬の一ノ倉沢本谷をつめて、ノゾキで凧をあげるなど。冬のノゾキを吹きぬける西風は、アンザイレンなどしていようものならザイルが弓なりに張って身体ごと飛ばされてしまうくらいに強い。その真っただ中で凧をあげるのだ。糸の強さはもちろんのこと、よほど頑丈に作られた凧でないと一瞬たりともたないだろう。いや、そんなことの前に、一ノ倉沢本谷を登る途中で雪崩にやられてしまうかも……。

無意味といえばこれほど無意味なこともない。くだらないと思われるかもしれない。そう、まったくその通りだ。そのくだらないことを真剣にやってみる。理由は「ただやりたいから」でまさに充分。

そういえば、例のイカロス昇天グループが熱気球をあげたときも、その理由を問われて「やりたいからやったまで」と答えている。メンバーの一人である梅棹エリオ氏の文を読んでみても、行為の意味づけなどは、たとえ自分に対してもしていない。ナンセンス・アドベンチャー――彼らはそういいたいのかもしれない。

その段でいけば、こちらはさしずめナンセンス・アルピニズムとでもいえるか。いや名前などどうでもいい。ともかく私は山を相手にくだらないことをやってみたい。そんなことを夢うつつに考えているこの頃だ。

＊＊＊

もうずいぶん前になるが、たったひとりでエベレスト登頂を志し、気違い呼ばわりされた男がいたことは有名な話だが、私はアルピニズムというものは、本来そうした気違いざたで、くだらないものなのだと思っている。他人に対して理解を求め、納得を迫れるたぐいのものでは決してない。

だから、ヒラリーが同じエベレストに登って〝サー〟の称号をもらったからといって、英国の環境をうらやましがることもない。もともと理解されるはずもないものが、理解ばかりか褒賞の対象にまでなるとは、英国の方がよっぽど変な気がする。

考えてみれば、現在欧州を席巻しているアルピニズムは、地理的探険時代に領土拡大という国家的利益を背負って船出したパイオニアの流れをくんでいる。すなわち近代アルピニズムといっても、かつてのパイオニア・ワークを抽象化させたものにすぎないのだ。そんなわけだから、彼の国の登攀者はいまだに国家的利益を担うことになんら抵抗はないし、国家や社会の方も登攀者達にそれを(現在は国家威信の高揚という利益に代っているが)担わせることを当然のこととしている気配がある。そこには登攀者と社会との間に利害の確執がおこらないような客観的な価値体系が暗黙のうちに存在しているわけだ。

しかし、日本の歴史を辿ってみた場合、パイオニア・ワークそのものが強力に国家あるいは社会の利益を背負ったという時代はなかったようだ。そこで、欧州から近代アルピニズムが直輸入されても、社会の方では、その客観的価値の妥当性を受け入れる素地はほとんどなかったといえるし、ましてや利用するなどということは、一、二の例外を除けば、これまでまったくありえなかった。近代アルピニズムの信奉者は欧州に比べればおよそ白眼視されつつ山に登っていたといえる。

ところが、こうしたパイオニア・ワークの流れをくむ近代アルピニズムの価値体系も、ようやく崩壊しようとしている今日のさ中、この日本国の社会は、なにやら登攀者に対して急に理解顔を見せはじめたようだ。体制側社会も反体制側社会も。登攀者が尾っぽをふったのか、社会の方が乗りこんできたのかそれは知らない。しかし、どちらにせよ、登攀者が登攀者個人としてでなく、トータルに近い規模で社会に歓迎されるようになった裏には、かつての大英帝国とパイオニア達の癒着に似たそら恐ろしさを覚えることはたしかだ。もちろん、今さら昼行灯のような登攀者のパイオニア性が利用価値ありとみなされたわけではあるまいが(その可能性がまったくないとはいえないが)、もっと違った次元で登攀者と社会との間に新たな「契約」が結ばれようとしているようにも思える。

杞憂なら問題ない。しかし、もし仮りに当っているとすると、アルピニズムから解放され、登攀者ひとりひとりのもとに帰ってきたばかりなのに、またぞろ得体の知れない客観的価値体系という怪物に呼びもどされ、「社会」の囲われ者、走狗になってしまうだろう。

アルピニズムよ
永遠にくだらなくあれ
願わくば気違いざたであれ

(かしわせ・ゆうじ　岳志会々員)

岩と雪 No.38（1974 .8）P100-107

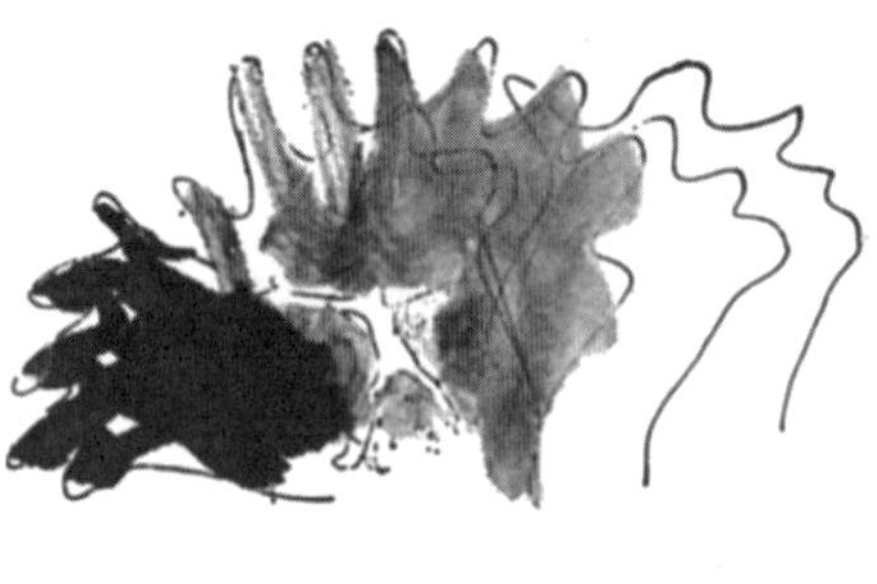

登山と「神話」

高田直樹

先頃、『ノストラダムスの大予言』という本が、話題になったことがありました。何人かの若者から、この本についてのコメントを求められ、しぶしぶ読んでみたわけです。

あんまりバカバカしい内容なので、途中でいやになりました。あれを感心して読んだ人がいるとしたら、頭の程度が知れるかも知れません。というよりか、あんなもののインチキささえ、正確に認識できない国民を作りだした、教育の責任が問われるべきです。

最近では、「ユリ・ゲラー」に始まって、「念力少年」が巷の噂を呼んでいます。ぼくにとって興味があるのは、本当にスプーンは曲がるのか、インチキかそうでないか、そういうことではないのです。そんなことは考えるまでもない。「念力少年」がブラウン管の話題となり、人々の関心が、そんなどうでもよいことに集中することによって、喜ぶ奴は誰なのか。

無意識的にしろ、そういう非科学的事象をデッチあげ、日常化しようと策しているのは、どういう人達なのか、そういうことに最も興味をもちます。照れ臭さをおし殺して、大上段にふりかぶっていえば、社会点視点とでもいえるでしょうか。

さて、ぼくは考えるのですが、もともと、「山登り」というものは、実体としてはない。一つの抽象概念です。あるのは、山へ登る人間、生身の人間がいるだけです。同様に、「クライマー」などはなくて、クライミングする人間がいるだけです。「クライミングする人間」の最大公約数が「クライマー」のイメージとなって当り前のはずです。でも、どうもそうではない。クライマーのイメージは、適当に捨象・抽象され、美化された形で、クライムしようとする人間に押しつけられ、さらには、人々がそのイメージに向かって、かり立てられることになる。そうなっている状況を、ぼくは、「クライマー神話」があると呼ぶわけです。

いやに傍観者的に、あるいは評論家的に述べていますが、ぼく自身、決してこういう「神話」から自由ではなく、それにしばられているようです。

たとえば、「アルピニズムとは……」などと始めると、もうどうしようもありません。それほど、言葉の呪縛は大きいともいえるでしょう。これはまさしく「アルピニズム」神話です。このやりきれない、袋小路から脱出するため、ぼくは、去年の『山と溪谷』四月号に、「神話へのクライムから、内なる呼び声によるクライムへ」の小文を書いたわけです。

ところが、よく考えてみると、「内なる呼び声」そのものまでも、「神話」に犯されているようなのです。そうであれば、残る方法は、「神話」自体をじっくり見すえ、その偽瞞性をあばくしかない、と思うようになりました。やり方は、もろもろの「神話」を社会的視点でとらえることです。

今回は、まず大前提として、「スポーツ神話」をとりあげてみたいと思います。

スポーツとは

スポーツをどう定義すればよいのか。これは、なかなかしんどいことで、ぼくは、のっけからもう、お手あげしたい位です。

　しかし、すでに述べたように、必死にスポーツの定義を考えても、ことの本質には近づけないかも知れない。あの「念力少年」の例と同じことです。「定義もできないくせに、スポーツを論じる資格があるのか」などというのは、一種のいちゃもんではないですか……などと、ここで開き直っておきます。

　さて、これまでに、そこかしこに見られる、スポーツの定義のほとんど、あるいはすべてが、全く方向性ゼロという特徴をもっている（方向性ゼロということほど、強烈な方向性はないのですが……）と、ぼくは思います。

　そもそも、「sport の語源は、ラテン語の disporter であり、それは carry away すなわち〝実務から転換する〟ことを意味していた。このラテン語は、後にフランス語の disporter あるいは depoter となり、さらに英語の disporter から sport へと変化してきた。」などという説明に、ぼくは何となく、『ノストラダムスの大予言』を連想します。

「古代ギリシャのスポーツは……」などと始まると、オリンピックを想いだして、気色が悪くなります。それに、この云い方は誤まっていると考えるべきです。古代ギリシャに行われた、闘争的な競技は、ぼくたちが用いる「スポーツ」とは、明らかに異質のものであるからです。

　ぼくが考えるには、「スポーツは、近代ヨーロッパ社会において生みだされた、だから近代的性格をもった運動の様式」といえます。

「近代ヨーロッパ社会」という中には、二つの要素があります。その一つは、資本主義社会であり、自由競争の時代であったということ。いいかえれば、能力主義と「弱肉強食」「適者生存」のダーウィニズムの思想が主流を占めていた。

　これは、当時のブルジョアジーの思想です。ブルジョアジーというのは、これが、二つ目の要素になりますが、貴族階級をうち倒して、成立した人々であったということです。貴族階級に独占されていた「遊び」を奪いとることが可能になって、始めて、「スポーツ」が成立したわけです。この点が、極めて重要なスポーツの方向性だ、とぼくは考えるのです。大衆化への方向性とでも云えましょう。

　しかし、この方向性は時代の主人となった「ブルジョアジー」によって、むしろ逆転させられます。そして、能力主義や適者生存の論理は、そのまま、スポーツの世界に反映し、閉鎖的に自分達を守るものとなったわけです。

スポーツ登山

「スポーツ登山」などという言葉は、おそらく、というよりか確実に、日本独自のものでしょう。どうしてこんな言葉ができてきたのでしょうか。少々興味がわきます。

　色々の推測は可能でしょう。たとえば、それ以前の探検登山とはちがうという意味で用いられたという解釈。あるいは、登山から始まって、スポーツ登山→アルピニズム→スポーツ・アルピニズム→スーパー・アルピニズムという直列的配置に位置づける考え方。または、より困難をめざす登山という並列的な見方。まあ色々ある。

　ぼくたちは、戦前の天皇主義教育では、物事を一面的にとらえることを強制されていました。一見新生したかに見える戦後の教育に於ては、かなり意図的に、こんどは、無方向に多面的なとらえ方を並べたてられ、困惑してつっ立っている状態です。行動につながる明快な論理をもてないでいる。そして、みんなが考えるように、みんながしているように、ということになってしまうのです。一見民主的のようでいて、決してそうではない。

　だから、ぼくはここで、そういう色々の解釈を並べたてる気持は毛頭ありません。極端にいえば一つのことに関して、百の解釈・百の論理が可能なのです。問題は、そのどれが正しいかではなく、どの階層に立って、どんな方向性と視点でもって、そのどれをとるのか、ということだと思うのです。

　さて、話をもとにもどして、スポーツ登山ですが、こう云い方を始めたのは誰で、どこで使ったのか。そういうことの詮索は、ヒマな人にまかせておきましょう。興味があるのは、この云い方が生れたのはどういう時代であったのかということです。

それは一次大戦(大正三年)以後だったと、ぼくは考えています。それはどんな時代だったのか。この頃の状況を、歴史本から、いくつかピックアップしてみましょう。

明治三十六年、十三歳で旋盤工の徒弟となり、大戦後に、労働運動のリーダーとなった野田律太は、こう書いています。

「日本兵器会社はロシヤ注文の弾丸の一部を作るのであった。数が大量なのと期限が切迫しているのだから仕事のやり方は激しいが、能率の上げ放題でいくらでも金を出すのだ。私は十二時間死物狂いで働き十五円稼いだことがあった。ここの労働者は、遊廓やカフェー、レストランでは福の神のように歓迎された。私はこの時代に貯金というものをしたが、百円、二百円とトントン増えて六百円になった」

つぎは、東京下谷の貧民窟にすみ、労働者の味方を自任した演歌師・唖蟬坊のノンキ節は、こうです。

我々は貧乏でもとにかく結構だよ／日本にお金の殖えたのは／そうだ！ まったくだ！ と文なし共の／話がロハ台でモテている　ア、ノンキだね

南京米をくらって南京虫にくわれ／豚小屋みたいな家に住み選挙権さえもたないくせに／日本の国民だと威張ってる　ア、ノンキだね

膨張する膨張する国力が膨張する／資本家の横暴が膨張する／おれの嚊《かか》ァのお腹が膨張する／いよいよ貧乏が膨張する　ア、ノンキだね

というような状態だったのだけれど、一方では私鉄網をもった都市ができあがり、デパートができました。サラリーマンが主人公になってきた。円本ブームが生れ、映画館もでき、競技場・球場もできた。つまり「遊び」が解放されてきた、とも云えるわけです。

山本茂実は、少しザツではありますが、次のように書いています。

――長年かかってようやく築きあげた明治の経済基盤の上に迎えた第一次世界大戦の余波は、日本に突然の経済好況時代をもたらす。そこにできた国民経済の余裕は一面に学生山岳部を育てた。時あたかも探険期を終ったばかりの北アルプスはこの学生山岳部の活躍に手ごろな玩具を提供した。――

スポーツ登山がいわれだしたのは、こういう時期だった。

登山のアマチュアリズム

スポーツは、明らかに輸入されてきた、ということについては、異論はないはずです。

はじめは、エリートに完全に独占されていたのですが、明治の終り頃になると、そういう状態から脱し始めてきます。

夏目漱石の処女作『我輩は猫である』には次のような所があります。

「吾輩はベースボールの何物たるかを解せぬ文盲漢である。しかし聞くところによればこれは米国から輸入された遊戯で、今日の中学程度以上の学校に行なわれる運動のうちで最も流行するものだそうだ」

この『吾輩は……』は、明治三十八年一月より『ホトトギス』に連載されだしています。また、これより四年前の明治三十四年十一月には、「時事新報社」の主催する競歩大会が行われています。これは、午前四時から午後四時までの十二時間に、不忍池のまわりを七六回歩こうというものだったようです。

どういうわけで七六回などという数をきめたのか分かりません。とにかく、優勝したのは、七一回歩いた人力車夫の安藤初太郎だったといいます。

こんな風に、明治の終りにはすでに、スポーツが、新聞社が主催したりする形で民衆に解放されつつあった。

ところが、こういう風潮をニガニガしく思う考えが顕在化してきた。エリートもしくはエリートと自ら任ずる人達の間に、です。これが、つまり「アマチュアリズム」というわけです。そして、この「アマチュアリズム」は、第一次大戦後、「遊び」が民衆に解放されてくる頃になると、極めて強烈となってきます。

この辺の流れを、日本のアマチュア規定にみることにしましょう。

日本最初のアマチュア規定は、明治四十四年のものです。抽出して書きますと、年令十六歳以上。学生・紳士たるに恥じないもの。中学校・あるいは同等学校の生徒、卒業生。中学校以上の学生等々です。

二年後の、大正二年のものでは、中学校の生徒とか学生とかの規定はなくなっています。

ところが、大正九年になると、全く唐突に「脚力を用ふるを業とせざるもの」という規定が入り

ます。どうも、その頃になるとマラソン競技には人力車夫や、牛乳や郵便の配達夫が参加し、しかも、上位を占めることが多かったようです。これが、さきの規定が生れた理由らしい。

つまり、アマチュア規定は、「資格」規定のような体裁をとった、「身分」の規定であった。もっと端的にいえば、「労働者閉めだし」の差別規定であった、ということです。

たとえば、当時の体協の副会長、武田千代三郎は、次のように述べて、その差別意識をあらわにしています。

――今の選手と称する者自己の品格を重んぜず好んで野鄙《やひ》なる服装を為し、自己の威儀を顧みざること下層の労働者と択ぶ所なきもの多し（傍点は当方）――

こういう感覚は、当然、山の世界にもあったはずです。「スポーツ登山」を行っていた人達は、そういう感覚をもっていた。

加藤文太郎が、学生たちに、どうしてあれほど冷たくされたのか。普通は、彼が単独行という、一般的ではない形式をとっていたからだ、とされているようです。でも、これは疑問です。たとえば、大島亮吉は、すでに大正十五年に、G・ウィンクラーを紹介しています。また、伊藤愿も単独行でした。

やはり、文太郎は労働者であったが故に、白眼視されたのだ、とぼくは考えています。

現在では、社会も変りました。なるほど、「下層の労働者と変らない」などというようなひどいことを、云ったり書いたりする人は、いないかも知れません。でも、少し鋭敏な神経さえ働かしておれば、こういう意識で物をいっている人が、けっこういることに気づくはずです。

第二次大戦後、日本の山は、ほぼ完全に大衆に解放されたようです。山における「アマチュアリズム」は消滅したかに思えます。しかし、よく考えれば、決してそうではない。

この身分差別的発想をもつ「アマチュアリズム」は、新憲法の下でも生きつづけているようです。

そして、いわゆる「アマ・プロ問題」となって噴出し、最近では、「海外登山推薦基準」となって姿を現わしたのだと思うのです。

スポーツマンシップとは「強者」の論理

かつて、誰かが、山登りに関して、こんなことを書いたのを、読んだ記憶があります。

「山登りでは、本当に登頂したかどうかは当人しか分らぬ。それを信ずる所に山登りが成立つ。これは、山へ登る人がスポーツマンであって、そのフェアプレーの精神を人々が信じているからなのだ」と。なるほどそうかも知れません。でもこの説明、どうも儒教臭い。

よく引用されるところですが、池田潔は、スポーツマンシップについて、『自由と規律』に次の様に書いています。

――さてスポーツマンシップとは、彼我の立場を比べて、何かの事情によって得た、不当に有利な立場を利用して勝負することを拒否する精神、すなわち対等の条件でのみ勝負に臨む心掛をいうのであろう。（中略）無論、対象が人間とは限らない。イギリス人の愛好する狐狩では、必ず狐に逃げ切る可能性のあることを前提条件としている。この逃げ切る可能性をスポーティング・チャンスと呼ぶが、この語が彼等の日常生活のあらゆる面に融け込んでいる事実が、彼等のこの点についての深い関心を示している。――

高校生の頃、この本を一生懸命よんで、なるほどなあ、と感心した記憶があります。

でも、今はそうはいきません。ほんまかいな、と思います。「狐に逃げ切る可能性」があれば「対等」だって。バカにするな。狐も銃を持ち、ハンターも同等に撃ち殺されることがあって、始めて対等ではないのか、と思います。

なるほど、そうか、スポーツマンシップとは「強者の論理」だったのか、と思います。

このことを裏づけするように、この本の著者は、次のようにつづけています。

――正当に立向う力をもたないものに対しては刀を打ち込めないのがこの精神ではあるが、今更、外来語を持ち出すまでもなく、かつてわれわれの祖先が刀にかけて尊重してきた大らかな精神と相通ずるものであり、決して珍らしいものではないのである――

「われわれの祖先」という所を、「武士階級」とおきかえると、よりはっきりします。「刀狩り」などやって、刀をとりあげておきながら、「大らかな精神」でもないでしょう。

さて、スポーツマンシップが「強者の論理」だということは、考えてみれば、極めて当然のことかも知れません。というのは、前にもいいましたように、スポーツは「ブルジョアジー」の作ったものですし、彼らを支えたのは「弱肉強食」の論理だったからです。

「自然淘汰説」を中心とするダーウィンの学説があらしのような歓迎をうけ、潮のような勢で普及していった時代に生きた人々によって作られたのがスポーツだったのです。

ところで、この現代にまで流れる大思潮「ダーウィニズム」を作ったダーウィンです。彼が『進化論』の発想を得たのは、「ビーグル号の世界周航」であったことは、よく知られた事実です。この三年半にわたる船旅の間、彼は八回、船をはなれてのエクスペディションを行っています。極めて興味があると、ぼくが思うのは、彼が至るところで、高い山に登ろうとしていることです。

――このようにして未知の領域を探険しながら至るところで、少しでも高い山をみつけると、必ずその頂上まで達しようとして、あらゆる努力をはらっているのである。高いところに立てば、そうしないよりも、はるかに広い土地が見わたせるから、登山は探険の一方便であるともいいうるが、彼はまたそうすることによって、はじめてその頂上に到達した人間になるという、一種の虚栄を満たしうることをも否定していない（世界の名著『ダーウィン』中央公論社）――

イギリスに、アルパイン・クラブが結成されるはるか以前のことでした。

〈はじめて頂上に到達した人間になる〉という、登頂へとかりたてる欲求、つまり登山を支える一つの欲求を、ダーウィンがもっていたわけです。面白いことです。そして、「適者生存」「弱肉強食」の論理を作ったのもその当人、その論理を反映しているのがスポーツです。そのスポーツの中で少少特殊と見られているのが「登山」だ、ということになっています。

少し強引かも知れませんが、もしかしたら、登山は、スポーツの中で特殊なのではなく、極めて本質的なのだ、ということになるかも知れない。

つまり、登山には、極めて強烈に、スポーツにおける「強者の論理」が反映しているのではないか、と思うのです。

そうであってみれば、「強者の論理」が告発されている今日、登山もまた問い直される状況にあると云えます。

スポーツと儒教道徳

先の項の冒頭に、フェアプレーの精神の儒教的解釈による山登りの説明を引用しました。あの場合、「フェアプレー」が意味するところは、「ウソをつかない」ということのようです。

でも、ウソをつかずに、スポーツなどできません。「トリック・プレー」は、それ自体「ウソ」ですし、ルールを破るところに、スポーツの面白さもある。こういうことが、一切指摘されないで、「フェアプレー」がいわれるところに、ぼくは、まやかしの「神話」を感知するわけです。

大分前になりますが、NHKの『国盗り物語』で明智光秀が面白いセリフをはく場面がありました。

家臣の一人が、光秀に「検地帳」を見せながら、「農民は田地を偽って少なく報告しているに違いない。隠し田を探し出して罰するべきです」といいます。すると光秀はこういうのです。「武士のウソは、知謀といわれる。坊主のウソは方便となる。農民は何といえばよいのか。捨ておけ」と。

話がとぶようですが、フランスで、十二世紀から十四世紀にかけて生れた、物語詩『きつね物語』を引用します。

これは、きつねのルナールが、悪知恵を働かして、おおかみをやっつける話なのですが、まさに始めから終りまで「ウソ」「計略」「トリック」に満ちています。そして、この物語詩は、おおかみが、「やはりだまされた俺の方が悪かったのだ」というところで終るのです。当時、貴族と僧侶という特権階級に抑えつけられていた民衆が生みだした作品です。

ついでにもう一つ。『リーマスおじさん』。これは、アメリカ南部の黒人に伝わる民話を集めた本です。これも前のと同じく、弱者が強者に立向うには、「ウソ」しかないことを、主人公のうさぎの行動をかりて語っています。

さて、日本ではどうでしょうか。同じような民話があったはずだ、とぼくは信じています。しかしその全部が、抹殺されるか、あるいは完全に変形されてしまったようです。それをやったのは、おそらく、明治政府だったのでしょう。読者のみなさんが、何を馬鹿な、とおっしゃるかも知れないので、例をあげてみます。

まず、有名にして、なつかしい、あの『かちかちやま』から。

あれは、柳田国男説によれば、二つの部分が合体され、合成されたものだといいます。もとの部分は前半で、後半はつけ足された部分というわけで、何の理由もなく、人間の味方となって仇討をしたりする、正体不明のうさぎが現われます。

もとからあった部分の前半も、大分変えられています。こういうことは本題ではないので詳しく述べられないのが残念です。一部を述べてみますと、もともとは、捕えられた狸が、おばばをだまし、じいさまに「ばばあ汁」を飲ませてから正体を現わし、「流しの下を見てみい。ばばあの骨があるぞ」という残酷物語なのです。

狸の側にも、やらなければ自分が喰われるということを認めたうえでの、極めてきびしい民衆の思想がおり込まれていたと考えられるのです。

つぎは『はなさかじじい』をあげます。これももとはといえば、「枯木に花を」、つまり「死を生に」あるいは「無から有を」という、不可能を可能にしたいという民衆の素朴な夢が生みだした民話であります。そのとき、「枯木に花を」咲かすべく、話を展開さすうえでの舞台回しとして、二人のじいさんが登場するにすぎなかったのです。

ところが、これを、「正直じいさん」と「欲ばりじいさん」に変形したのは、誰かの悪だくみとしかいいようがありません。

大正六年にでた、武者小路実篤の『カチカチ山と花咲爺』をよんでみて下さい。現在復刻版もでています。何とまあと思われる位、「儒教道徳」がもり込まれています。

学校教育においてはいわずもがな、あらゆる場面で、天皇制を支えるものとしての儒教道徳を、徹底して注入された結果、ぼくたちは、「弱者の知恵としてのウソ」等ということを、認めることができなくなった。あるいは、弱者の立場という発想すら、失われてしまったというべきかも知れません。

中国では、大分以前から「儒教」について、「被支配階級の不満が高まった時期に、それを鎮めるべく説かれた思想」という定義がされていました。最近では、ある中国高官が、「これまでに中国が日本に迷惑をかけたものは、『儒教』と『漢字』だ」と述べています。

日本の支配者は、この思想をもっと浸透させたいと思っているはずです。でも、まさか、あからさまに「儒教道徳」を鼓吹するわけにも行きません。そこで、スポーツが、最大限に利用されるのだと思うのです。「近代的な運動様式としてのスポーツ」と、全く何のかかわりもない、儒教的徳目が、スポーツの世界にどれほどあるか、一度考えて見るべきではないでしょうか。

「フェアプレー神話」と「ルール信仰」

サッポロ・オリンピックの少し前に、ある事件が新聞で報じられました。

強化選手の一人が、酒に酔って車を運転し、おまけに注意した人間を、ポカリとなぐったというのです。別に何のことはない。そこら中で起っている様な事件です。

ところが、この場合はそう簡単ではなかった。かなり大きな問題にまで発展しました。

この事件について、オリンピックの関係者も数人、コメントしていますが、ぼくが面白いと思うのは、その選手のつとめ先の上役の弁です。

「スポーツ選手だけに、どうしてあんなことをしたのかと、びっくりしている」

普通の人間ならともかく、スポーツ選手がまたどうして、というのです。彼は、スポーツ選手はこうした事件に最も縁どおいと信じていたのかも知れません。

そして、こうした信仰は、おそらく、スポーツによって人格がきたえられているはずだから、という前提の上に成立っているのでしょう。

でも、「スポーツが人格を高める」などというのは、「健全なる肉体に健全なる精神が宿る」と同じく、壮大なウソでしかない。

勝つためには技をみがかねばならない。そして技をみがくだけでなく、自分に勝たねばならぬ。こういうテーマのスポーツマン物語が、それこそゴマンと作られてきました。

こういう話の筋書は、ほぼきまっています。強いけれども技だけの、精神的には欠陥のある人間が、日本一、あるいは世界一の座をめざす主人公の前に立ちはだかるのです。そして、苦労はしますが、かならず人格のすぐれた主人公の勝で終ります。

でもこれはあくまでお話しで、現実がそうなることは、まあないといった方がよい。現実がそうでないからこそ、ぼくたちは、「スポーツマン物語」を喜ぶのだと思うのです。同じ勝つなら、立派な、思いやりのある人に勝ってほしいという、民衆の願望なのです。

　さて、もう一度前にもどって、例の強化選手の場合を考えて見ます。彼がやったことは、飲酒運転と人をぶったこと。人をポカリとやった位ですぐ警察にひっぱられることはない。自分が悪いことをしておいて、注意した人をなぐるとは、という主に人格上の問題です。

　ところが、前者の飲酒運転は明らかに法律を破る違法行為です。つまり、あの上役の言葉の中には、スポーツマンがどうして違法行為をしたのだろう、という意味がこめられていると思われます。

　そして、この言葉には、さらに次の二つの意味が含まれています。一つは、スポーツマンは、ルールを守るフェアな人間であるということであり、いま一つは、スポーツのルールと法律とを混同している、ということです。

　スポーツのルールと法律とは、同じに考えられやすい。しかし、この二つは、全く異質のものです。局限された、非現実空間における、とりきめにすぎないスポーツのルールは、法律とは大ちがいです。

　けれども、この二つは混同されている。そしてスポーツはルールを守ってやるところに成立っている、と考えられている。これら二つのことが、セットされて、「スポーツマンがどうして……」ということになるのでしょう。

　これが一般人の見方であり、「フェアプレー神話」です。ところで、「フェアプレー神話」は、選手にもあります。

　国体の開会式で、選手が真剣な顔で宣誓します。「フェアプレーの精神にのっとり、正々堂々とたたかいます」と。彼はきっと、心から「フェアプレーの神話」を信じているのでしょう。その真剣な顔を見ると、ぼくは、すこし気の毒になってきます。彼は、国体の運営が、まったくフェアに行われていると信じているのかしら、あらゆるスポーツの組織が、いかにフェアでないか、知っているのかしら、と思います。

　さて、一般的にいって、スポーツマンは単純であるといえます。あんまりめんどう臭いことはきらいです。これは、スポーツ自体とも関係があるのでしょう。いちいち、みんなで相談して、ボールをパスしていたりしたら、ゲームになりません。

　そもそも、人間は環境の動物であり、習慣は性質となります。スポーツマン的性格が形づくられても不思議ではありません。それに、日本の場合スポーツ集団は閉鎖的な家族主義の中にあり、儒教的道徳をたたき込まれる仕組になっています。

　こういうことが、会社などで、スポーツマンが好評を得ている理由なのでしょう。言葉づかいがよく、はきはきしており、云いつけをよく守り、規律ある行動をするからだそうです。いってみれば、よく調教されているということです。

　高校のホーム・ルーム等で、何かを決めるべく討論しているとき、「こんなことはどうでもいいではないか。先生にきめてもらって、外でソフトボールでもしよう」といいだすのは、きまって運動部の生徒です。

　彼等は、スポーツのルールを、自分達で変えてみんなが楽しめるようにしよう、などとは決して考えません。ルールに不変で、守るべく存在するという「ルール信仰」をもっているようです。おまけに、スポーツマンシップとしての強者の論理も持っている。

　スポーツというものが、こういった「ルール信仰」や、「強者」の論理を含んだ、いわゆる「健全な精神」を育てるとしたら、これは大きな問題といわねばならない。

　そして、スポーツが本質的に持つ矛盾が問い直されないまま、「国民皆スポーツ」などということが、一方的に叫ばれる今日、ぼくたちは、鋭い目を持たねばならない、と考えるのです。

「スポーツ神話」と「アルピニズム論」

　スポーツは、それ自体純粋である、ということがいわれます。表現を変えて、もっと端的にいえば、政治から離れて存在しているのが本来のあり方である、という主張です。

　こうしたスポーツの非政治性の主張は、それを誰がいっているのかによって、その内容が大きく異なっていることに気づく必要があります。

　たとえば、IOCや日本体協が、そういうときには、「大会や競技会に、金だけはふんだんにだして、それ以外の口出しはするな」という意味をもっている。ブランデージといえども、国家つまり政治が、オリンピックに金をだすことを否定したことはないし、もしそういうことになれば、オリンピックが開けなくなることぐらいは百も承知のはずです。大会に消費されるお金は、もともとぼくたちのだした税金ですし、国民のスポーツ要求を保障していくのは、政治の任務なのですから、政治が口出しして当然です。

一方、ぼくたち国民が、スポーツの純粋性や、非政治性を叫ぶのは、政治が国民の要求を無視しつづけてきたという、政治不信に根ざしていると考えるべきです。

言葉を変えていいますと、きわめてささやかな最低限の願いである「遊び」の世界にまで、政治が介入してくることに対するいきどおりが、そういわせるのでしょう。そのいきどおりが、政治の介入を拒否しようという主張となるのだと考えます。

さて、前の方で、もしかしたら、山登りは極めて本質的に、スポーツであるかも知れないと述べました。そういう意味あいからも、この「純粋性」「非政治性」が、もっとも強くいわれるのも、山登りではないか、と思えます。

こういう内容を含んで、山登りの世界では、いわゆる「アルピニズム論」が存在する、とぼくは考えています。

日本ほど、「アルピニズム論」のさかんな国はない、ということがよくいわれます。今までに、実に数多くの「アルピニズム論」があり、それらは、その時々の時代を反映して、色々変化してきています。しかし、一定して変らないものがある。それは、「アルピニズム論」なるものが、社会的視点、あるいは方向性をもたない、一種の「登山至上主義」の中で論じられていたということです。

たとえば、「高山は、地球の上の、一つの別世界である」という考えがあります。別世界といっても登るのは、生身の人間で、別人間というわけではない。それを、あたかも真空のガラス鐘の中にあるかの如くいうのが「登山至上主義」です。

また、「つまるところアルピニズムの精髄は、自己の生命力の根源につながるもので、下界的な虚飾とは無縁な存在であろう」などというのも、おなじ発想で、一つの幻想です。

ルネ・デメゾンが、「人間が機械に支配され、事務所に釘づけになり、金銭を崇拝し、自らを奴隷状態に帰しているような、〈金〉がなにより力があるようないまの時代……」という時代認識をして、「豊富な経験と最良の準備さえあれば、登山の危険は完全にのぞくことができるなどと思い込むことは、空中楼閣を描くのに等しい。アルピニズムは、明らかに危険なスポーツである」と述べてもそれはそれだけのことです。

「デメゾンだけに云えることだ」くらいで片づけられてしまいます。たかだか、生命保険の団体加入がいわれる位が関の山で、たとえ「危険なスポーツ」であっても、その「スポーツ」を行なう権利を保障すべきだ、というような主張など、生れる余地もありませんでした。

最近、この雑誌の33号に、二つの「アルピニズム論」がのりました。どちらも明快で、かなりの共感はおぼえましたが、同時に、あるおぞましさをも感じました。

たしかに、美化された「神話」におどらされている自分に気づいたとき、その怒りを込めた主張は、ニヒルになり、アナーキーになる。変にモラリスティックな考えによって、真実がかくされて、「たてまえ」だけがまかり通っていることが腹立たしくなったら、主張は暴露型にならざるを得ません。だから、ぼくには、あの「ニヒリスティック・アルピニズム論」あるいは「アナーキー・アルピニズム論」はよく分かります。あるいは、肯定的な意味あいでの、ポルノ的な「アルピニズム論」といえるかも知れない。しかし、これまでの「アルピニズム論」と質的には同じです。

ただ、こうした「アルピニズム論」がいわれだしたところに、ぼくは、自由化へのたてまえとはうらはらな、管理社会の進行と、時代の閉塞状況を感じるのです。

そして、そうやって、怒りを「アルピニズム論」にぶちまけたところで、何の質的転換をも得られない。高貴とされてきた「アルピニズム」を、実はくだらなかったのだと暴露し、「永遠にくだらなくあれ」と絶叫しても、それはそれだけで、何物をも生みだしはしないと思います。

どうしてかというと、これらの「アルピニズム論」を生みだした怒りが、未組織の怒りであり、個人の「遊び」を守ろうとする怒りに止まっておって、国民全体の「遊び」の権利を守ろうとするような怒りになっていないからなのです。

やがて、こうした怒りが、国民全体という視野と展望の中で組織され、結集されるという状況が生れたとき、まったく質的に異なる「アルピニズム論」が生れるかも知れない。あるいは、「アルピニズム論」は消滅し、末期症状ともいえる、この「山登り」というスポーツが、新しく蘇えるかも知れない、と考えるのです。

（つづく）

（たかだ・なおき　登攀倶楽部顧問）

岩と雪 No.54（1977.4）P40-47

誰も書かなかったヨセミテ

吉野正寿＋林 泰英

ぶっつけで試み、その難しさに意気消沈してしまったショート・ルート
人工登攀では負けないぞ、と自信を回復したリーニング・タワー西壁
そしてついに念願のビッグルート、エル・キャピタン・ノーズとハーフドーム北西壁に成功した

リーニング・タワー西壁
W. Face of Leaning Tower

アンデスの余勢をかってヨセミテへ

完全に乾いた岩への憧れ、それは氷雪を伴った山におけるものへの憧れとはまた異質なものである。高い山に登ったときに感じる特有の満足感というものもない。そこには何かアルピニズムといったたぐいの思想からくる満足感すらないといえるかもしれない。ただ己れの肉体を岩にぶつけて燃焼させる、より原始的な肉体的快楽の追求である、といったほうがふさわしいかもしれない。

ヨセミテのクライミングが、この完全に乾いた岩への憧れを満たしてくれることはまちがいない。単なる崖登り、として異端視されてきたヨセミテのクライミングが、今や世界のクライマーの注目を浴びているのはなぜであろうか。フリー・クライミングの極限、ナッツ登攀、チョーク問題などと、このところ少しずつ日本の登山界にも話題をなげかけているこのクライミングのメッカ、ヨセミテを一度は訪れてみたい、と思うのはクライマーならごく自然のことであろう。そこにはアルプス、ヒマラヤのためのトレーニング、といった思考のもとに攀じる日本の登山家にはみられぬ姿があるはずだ。

このように、私たちの乾いた岩への憧れは、具体的にはヨセミテへの憧れとして常に心のどこかに顔をのぞかせていたが、その実現は意外なところからやってきた。

一九七六年、岡山クライマース・クラブによるペルー・アンデスの遠征後、時期的にも秋という好シーズンにヨセミテを訪れるチャンスが巡ってきたのだ。

アンデス遠征を成功裏に終えて意気上がる私たち二人は、下調べも、予備知識もろくにないまま気楽にヨセミテへ立寄ったのである。

アンデスにおける長期間の高所生活、旅の疲れ、おまけに林などはアメリカへの途中に食中毒で入院、といったように消耗した体であったにもかかわらず、ビッグルートを一本は登ろう、と気楽にヨセミテを訪れたのは、やはりアンデスでの成功が、いつの間にか私たちに思い上がりを生じさせていたのであろう。

フリー・クライミングの極限を追求するヨセミテへ、旅のついで、と気楽に立ち寄るとは、真摯なるアメリカのクライマーに対し全く失礼なことかもしれなかったこうした気楽な態度には〝登れない〟という強烈なおかえしが待ち受けていた。

エル・キャピタン・ノーズのグレート・ルーフ The Great Roof of El Cap. "Nose"

ヨセミテのレベルは高かった。単なる崖登りとして異端視されていたここヨセミテが世界的に注目されてきたのは、何よりもそのクライミング・レベルの高さであった。

この巨大な岩塊の前に、ヨセミテのクライマーは登山の中のロック・クライミングという一つの分野に無限の可能性を感じとり、早くからその道一すじに没頭していたのである。このように「岩登り」という登山の中の一つの細分化された分野についていえば、ヨセミテの歩んだ「岩登り」の歴史は深く長いものであったといえよう。そうした「岩登り」の歴史を背景として育て上げられた思想と技術をベースに、今日の極限的クライミングが存在しているのだ。

したがって、5・11、まして5・12などというグレードは、ちょっとやそっとでは登れるものではない。ヨセミテのクライマーの大半は、春と秋の好シーズンになると仕事をやめてこの谷に来る。彼らは岩を登るために生活しているのだ。そして、夏とか冬の間に仕事をして金をため、近郊のゲレンデで腕を磨いているという。だが、もちろんヨセミテに入りびたりのクライマーがすべて5・11を登れるわけではなく、ほんの一握りの数でしかない。いわんや、日曜登山家の日本のクライマーがここに来て、その難しさに戸惑うのは無理からぬことである。

私たちは当初、二週間もあればビッグルートの一つや二つは登れると考え、アメリカのビザを三週間しか取らなかったが、ナッツなどの道具に対して不慣れであったこと、そして私たちが自覚している以上に体力が消耗していたことなどから、初めの二週間ではとてもビッグルートなど登れなかったのである。

したがって、私たち二人は、一度はビザ延長のためにヨセミテを後にしなければならなかった。ビザ延長の難しいアメリカのこと、再びこのヨセミテに戻れるかどうかわからない私たちの前に、エル・キャピタン、ハーフドームはあまりにも圧倒的であった。

以下は私たちの敗退の記録であるとともに、運よくビザ延長を済ませた後、敗退をベースとした回生の記録でもある。

リーニング・タワーで自信回復

九月もおしせまった三十日、地理不案内ながらもやっとヨセミテ公園に到着。ルート・グレードはもちろん、全体的な地理すら不案内で、下調べなしで訪れたことに戸惑いながらも、クライマーのベース・キャンプであるキャンプ4に着いていた。何から何までわからないことばかりであったが、わからない時は人に聞け、とクライマーらしい隣のキャンプ・サイトのアメリカ人に気楽に話しかけて情報の入手に努めた。

その男ジェフ・エルガールは一八歳の若者であるが体が大きく、見た目はずっとふけている。初めてヨセミテの岩に触れられる喜びに、旅の疲れもとれないまま、翌日ジェフと三人でさっそくエプロン、スワンスラブなどのショートルートへ出かけた。

私たちは普段日本で使用している登山靴で登ったが、エプロンのような滑らかな岩では全く歯が立たない。セカンドで登ったとはいえ、5・9、5・10aなどのピッチでは落ちなかったのが不思議なくらいである。

ヨセミテを登るクライマーの多くが使用している〝EBシューズ（商品名）〟は柔らかく、足にフィットした軽い靴だ。この靴の特徴は、フェース・クライミングにおける小さなフット・ホールドを拾うのに適していることだが、しかしそれよりも、むしろクラックやチムニーなどでのジャミング（はさみ込み）テクニックにおける威力が素晴しいのだ。とにかく、後について登るのがやっとだったため、最初のいきごみとは裏腹に、完全に意気消沈してしまった。

グレードの高さをいきなり思い知らされて、気楽に訪れた浅はかさを後悔しながらも、何か新たなる挑戦の指標を見い出した思いであった。以後、連日にわたって基礎から登り直し、消耗した体力の回復をはかるとともに、靴やナッツ等の道具を揃えることにした。

こうして、毎日ショート・ルートを登り込みつつ、キャンプ4に帰ってからもボルダーリングをくり返し、体のコンディションを整えることから始めた。しかし、二週間という滞在期間はまたたく間に過ぎ、ビッグルートへアタックするのに充分な体力、技術を得るに至らず、何か自信を取り戻せない感じの毎日であった。

結局、残り少ない滞在期間をリーニング・タワー一本に絞った。最初に知り合ったジェフが是非一緒に登ろう、といっていたルートである。リーニング・タワーは名前の通り、壁が傾いており、初めから終わりまでハングした人工登攀のルートである。ジェフとしては人工登攀の得意な私たちと是非このルートを登りたかったのだ。

ヨセミテの若いクライマーは人工登攀が得意でないようだ。そして、彼らはエル・キャピタンなどの大きなルートにアタックするために、どうしても人工登攀をマスターしておく必要があり、この完全な人工登攀ルートのリーニング・タワーは、彼らにとって一つの登竜門となっているのだ。

十月十三日、ノンビリと準備をするジェフをせかしてやっとアタック開始。人工登攀のルートといっても、日本のそれとは大いに異なる。残置ピトンは少なく、大半の場合はワイヤー・ストッパーやナッツ、あるいはコパーヘッドといった道具を用いるからである。ハーケンはこれらの道具が使えない所だけに用いる。したがって、単なるアブミのかけかえ、といったものでなく、自分でナッツ等をセットして登らなければならないため、時間はかかるが、初登者同様ルートを攀じる喜びがあるといえる。

フリー・クライミング、特にフェース・クライミングでは5・10cまでこなすジェフも、人工登攀ではぎこちなくおそまつだ。壁の中でのビバークも今回が初めてである彼は、闇夜の中を明日の分も稼いでおこうと頑張る私たちを、おとなしくアワニー・レッジで見守っていた。

このリーニング・タワーにおける一ビバークの登攀は、ナッツ・テクニックの習得だけでなく、体のコンディションを整えるとともに、精神的な自信を回復させてくれた。それは、人工登攀に関してはヨセミテにいる連中に負けないのだ、という一つの心のよりどころを見い出したためかもしれない。ヨセミテのクライマーでも得手不得手があり、フリー・クライムだけをみても、フェースは5・10までだがクラックは5・9まで、というようにさまざまである。

もちろん、人工登攀のエキスパートもいてA4、A5のルートをこなす者もいるのだが、A5をこなす者はフリー・クライミングの5・11をこなす者より少し多いぐらいのものだろうと思われる。

A4、A5の困難なピッチは、日本の感覚からすればボルトを取り出す所だろう。それなしで登れるのはコパーヘッド、アローヘッド、ラープなどの、ボルトに代わる優れた道具があるからにほかならない。これらの道具は使い慣れることにより信頼感が得られるもので、本質的には抜けそうなハーケンを騙しながら体重をあずけることと変わりはないのだ。私たちの場合は、以後もフリー・クライミングの多いルートを選んで登ったため、A5のピッチは経験していないが、決して不可能なものとは思わない。

ただここで問題なのは、人工登攀の多い日本のクライミングに何故ここで使われている優れた道具が普及していないのか、ということである。このことは、単に道具や技術面でおくれをとっているということだけでなく、日本のクライミングに関する思考面での問題点を示唆しているように思う。

エル・キャピタン　手前に張り出しているのがノーズ El Cap. “Nose”

ビザ延長、エル・キャピタンへ

十月十八日、ビザの期限もあと二日となった。やっと調子を取り戻してきたところだが、ヨセミテを去らなければならない。果たしてビザの延長は可能だろうか？始めから余裕をみてビザの申請をしなかったことを悔みつつ、キャンプ場で知り合った異国の多くの仲間たちに別れを告げた。背後に大きく、重くのしかかるエル・キャピタンの巨大な壁を、揺れるバスの窓ごしに感じながらヨセミテを後にした。そして二十日、サンフランシスコの移民局でさんざん苦労して、やっと一カ月間のビザ延長に成功し、再びヨセミテの谷に降り立った。

前回の敗退をベースに、今度こそはビッグルートへアタックするぞ、と気持を新たに出直して来たのだ。目標はエル・キャピタンのノース・アメリカ壁だ。しかし、その準備を進めているとき、隣のキャンプ・サイトでカゼをひいて寝込んでいたもう一人のアメリカ人、メイスン・フリッチェッテが私たちのエル・キャピタン行きをかぎつけて、是非一緒に登りたいと申し出てきた。彼は、エル・キャピタンの最も古典的ルートであるノーズルートは素晴しいルートだ、といって私たちをそそのかすのだ。結局、道具はほとんど全てメイスンが提供するということで、図らずもノーズ・ルートに変更することになった。

計画が決まった後、お互いのクライミング・テクニックを確認するとともに、パートナーとして意志の疎通がスムーズに行くよう、四、五本のショート・ルートと4級程度のハイヤー・カシードラルなどのルートをともに登った。メイスンもジェフ同様、支度がのろいのでイライラするが、この辺の感覚はお国柄の相違だろうか。ジリジリしながらも彼にペースを合わせる。メイスンにとっても6級ルートは初めてのことで、食料、装備などの要領はお世辞にもいいとはいえない。またたく間に壁に持ち込む装備はふくれ上がってしまったが、ここはヨセミテ、何もいうまいと諦めて彼に合わせる。

十月二十八日、五〇㌔以上にもふくれ上がった荷を持って、やっとアタック開始。今日はシクル・レッジまで登り、フィックスして取付でビバークだ。十月も終わりとなるとヨセミテの谷は落葉に埋まり、夜の冷え込みは厳しいが、日当たりのよいこのエル・キャピタンでは日中は真夏のように暑く、巨大な岩塊から放射される熱のため夜中でも結構暖かい。

三十日、メイスンと私たちは代わるがわるトップをつとめつつ、重い荷上げに喘ぎながら少しずつ高度をかちとっていった。今日はエルキャプ・タワーでビバークだ。このテラスは信じられないほど広く、平坦である。まるで岩の凹凸にグラインダーでもかけたようだ。ハンモックも用意してきたが、このノーズルートには適当な間隔でテラスがあり、ビバークは快適なものである。

　困難なストーブ・レッグ、豪華なキング・スイングを突破してさらに上部に入ると人工のピッチが多くなる。

　三人パーティの場合、どうしてもスピードが上がらない。一日にせいぜい七、八ピッチがいいところだ。ノーズルートの場合、平均三、四ビバークという。

　十一月二日、最後のビバークテラス、キャンプⅥを出発し、ついに終了点に達した。三六ピッチの岩の塊りともいうべき巨大な壁は五日間の闘いの後、いまや私たち三人の眼下にあった。

ハーフドームを1ビバークで

　アメリカ人を混じえての登攀も色々な面で勉強になったが、やはりペースが合わないなど、ちょっとしたトラブルが生じる。こうした小さなトラブルは、特に大きな登攀でお互いが消耗していると、結構気をつかうものである。そこで今度は二人で気楽に登ろうと、エル・キャピタンでの五日間の登攀の疲れを癒やしつつ、私たちは次の目標をハーフドーム北西壁とし、準備を進めた。

　だが、実際問題として充分な登攀装備と金を持ち合わせていない私たちは、どうしても彼らアメリカ人から道具を借りなければならなかった。少しばかり親しくなったとはいえ、登攀用具を大量にかき集めるのは容易なことではない。おまけに、彼らが一緒に登ろうというのを断わりつつとあっては……。

　十一月五日、まだエル・キャピタンの登攀の印象もさめぬうちに、ハーフドームへの一般道を歩いていた。ハーフドームはヨセミテのルート中一番アプローチの長い所だという。長いといっても四、五時間のことであるが、便利な他のルートに慣れてしまった体には結構遠く感じられる。ハーフドーム北西壁は平均二、三ビバークであるという。初日に三ピッチほどフィックスし、六日に登攀開始。充分な水と食料を荷上げしつつ登り始めるが、二人とも調子はよく、ペースは上がる。

　上部岩壁に移る一三ピッチ目あたりからは岩質もよくなり、手の切れそうな鋭い岩角がなんともいえない感触だ。荷上げも順調に進み、なんと私たちは一日目に一八ピッチをこなし、快適なビッグサンディー・レッジに着いた。残りの八ピッチは人工が主でやや時間をくうが、この調子なら一ビバークで完登はまちがいなしだ。

　予想通り、翌七日午後一時には完登し、その日のうちにキャンプに戻った時は、完登したことをジェフがなかなか信用してくれなかった。日の長い時期に、荷上げを行なわずにスピードアップすれば、一日で完登できたであろう。ハーフドーム北西壁のノービバーク登攀は、ヨセミテのクライマーにとっても一つの目標なのだ。

　調子の出てきた私たちは次々と登りたい。だが、そのたびにいちいち道具を借りるのは大変だ。しまいには面倒になったので、ナッツやストッパー類はほとんど買った。だが、五〇㍍ザイルとユマールは高く、借りなければならない。ヨセミテではザイルの長さが五〇㍍のものを使用するから、大きなルートに入るには是非必要だ。

　もう一本6級ルートを、と思っていたが装備が揃わず、5級ルートに変更した。

　十一月十一日、センチネル・ロックの古典的フリー・クライミングのルート、ステック・サラーテ・ルートを六時間ほどであっさり登った。クラック、チムニーの多い楽しいルートである。十三日、ワシントン・コラム南壁をアタック。ディナー・レッジからさらに三ピッチ登ってフィックス。十一月ともなるとヨセミテも完全に冬空で、ぱっとしない。もう一日天候がもってくれと祈るような気持も空しく、夜中から降り出した雨に最悪のビバークとなってしまった。明け方には雨は雪に変わり、こごえる手足をさすりながら一目散に逃げ帰ってきた。みぞれ混じりの雨は二日つづき、もうヨセミテの登攀シーズンの終わりを告げていた。

ヨセミテをどう見るか

　私たちは、とにかく所期の目的どおりビッグルートを登攀することができた。このことは「登攀に成功した」という満足感と同時に、ヨセミテのクライミングが私たちに提起しているいくつかの問題点を、改めて強く認識したということにほかならない。

　登れないことから自信を失い、卑屈になったりしたため、登れなかった本当の原因を表面的にしか認識できないことがある。私たちの場合は、幸運にも少しばかりの余裕を持って事実を正視するチャンスを与えられたといえよう。それは、ナッツ、チョークの使用、そしてEBシューズといった外見的なことでなく、クライミングに関する基本的姿勢の問題である。クライミングの本質に関する認識の上に立った内面的思考のことである。

　ヨセミテで使われている道具や、極限的フリークライミングは、これらの思考のもとに使われ、実践されているのだ。だから、これらの思想的背景を理解せずに、単にナッツやチョーク類を持ってヨセミテ・スタイルで日本の岩場を登っても、単なるモノマネの域を脱しないし、道具中心の登山からさして進歩することはないとい

ハーフドーム北西壁　サンクス・ゴッド・レッジを辿って進む
Thanks God Ledge of Half Dome N. W. Face

える。また、ヒッピー的で怠惰な彼らの悪い面も同時に吸収することになり、ただ混乱を招くだけである。

たとえば、チョークにしても、大半のヨセミテのクライマーが使用しているから、そしてチョークを使えば今まで登れなかった所が登れるから、ということで安易に受け入れていいものだろうか？　私たちも始めのころは、ものは試しと使っていたが、後半は全く使用せずに5・10のピッチも登っている。チョークの使用を全面的に否定するつもりはないが、ただ、何かを使えば登りやすくなるのは当たり前のことで、極言すればハーケンなどの補助手段を使用することと大差がないといえる。

私たちがヨセミテのクライマーの根底にある思想を考えるとき、もっとも注目しなければならないのは、ボルトやピトンをホールドにするだけで、また振子トラバースをするだけで人工登攀とみなす厳しい規定の中で、彼らは人間の極限を追求している、という事実であろう。つまり、岩をできるだけ自然のままに保つとともに、人間側の力と技を追求することにより、人と岩との間隔を近づけるという基本姿勢である。道具を媒体とし、道具の発達に助けられて、ただどこどこを登ったという結果の追求だけをする山とのかかわり合い方ではないのだ。

ヨセミテのレベルが高いのは、何よりもクライミングの原点に帰り、その本質をしっかりととらえているところにあることを忘れてはならない。

いずれにしても、単なるモノマネでなく、日本のクライミングというものを、本質を踏まえた上で今一度考え直してみることは、これからの日本の岩壁に新たなる課題を見い出すことになるだろう。

（よしの・まさとし　岡山クライマース・クラブ会員　はやし・やすひで　広島山の会会員）

エル・キャピタン・ノーズルート▶

1～4Ｐ　ナッツ多用の人工登攀　下部3分の2は残置ハーケンなし

5Ｐ　4級　容易

6Ｐ　5.7～5.8を登り凹状に入った所にハーケン2本あり　その位置から右に回り込んで上にあがるとボルト2本あり

7Ｐ　振子トラバースで右のクラックに移る　振り込んだ地点にボルト1本あり　直上してドルト・ホールでビレー　途中ボルト3本あり

8Ｐ　ボルトラダーを登り，最初のボルトの位置まで下降して振子

9～12Ｐ　ストーブ・レッグ　このルートの核心部　クラック登攀が難しい

18Ｐ　キング・スイング　20～25mの振子

23Ｐ　グレート・ルーフ　残置ハーケンを利用しての人工登攀

24Ｐ　パンケーキ・フレーク　ボルト1本ハーケン数本の残置あり

ノーズ16ピッチ目　On El Cap. "Nose" at the 16th Pitch.

着く　ハーケン2本あり

21Ｐ　人工とフリーでサンクス・ゴッド・レッジへ

22Ｐ　レッジをトラバースし，切れた所でビレー　ハーケン1本あり

23Ｐ　頭上のハーケン1本を使用して2mの凹状部に入り，これを登ってスワイス・チムニーを登る

24Ｐ　レッジから左に水平にトラバースのあと細いクラックにナッツをかける（ワンポイント）　ボルトを登ってレッジへ

25Ｐ　4級のバンドを左に下降ぎみにトラバース　バンドが終了する手前にハーケン1本あり，そこでビレー

26Ｐ　バンドが終わるまでトラバースし，容易なフェースを登る

EL CAPITAN NOSE

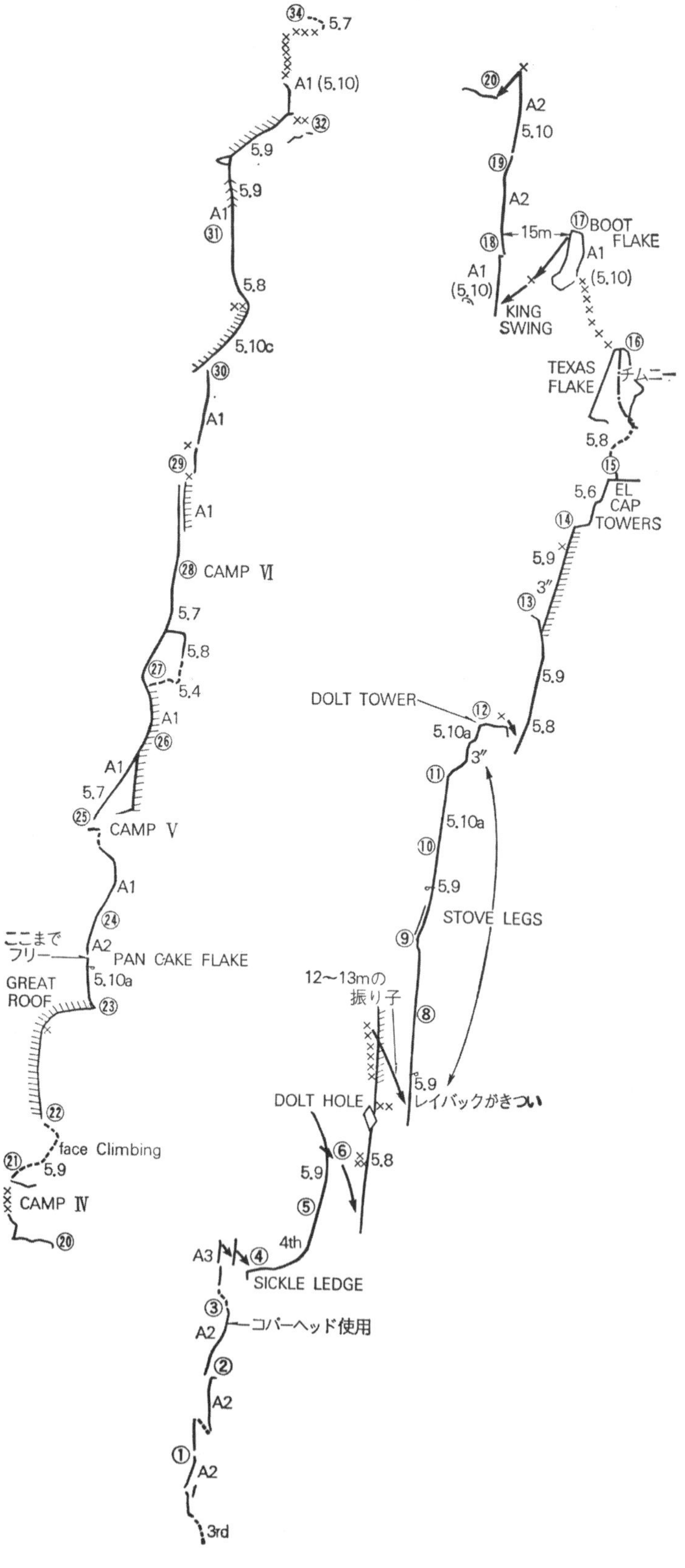

HARF DOME NORTHWEST FACE

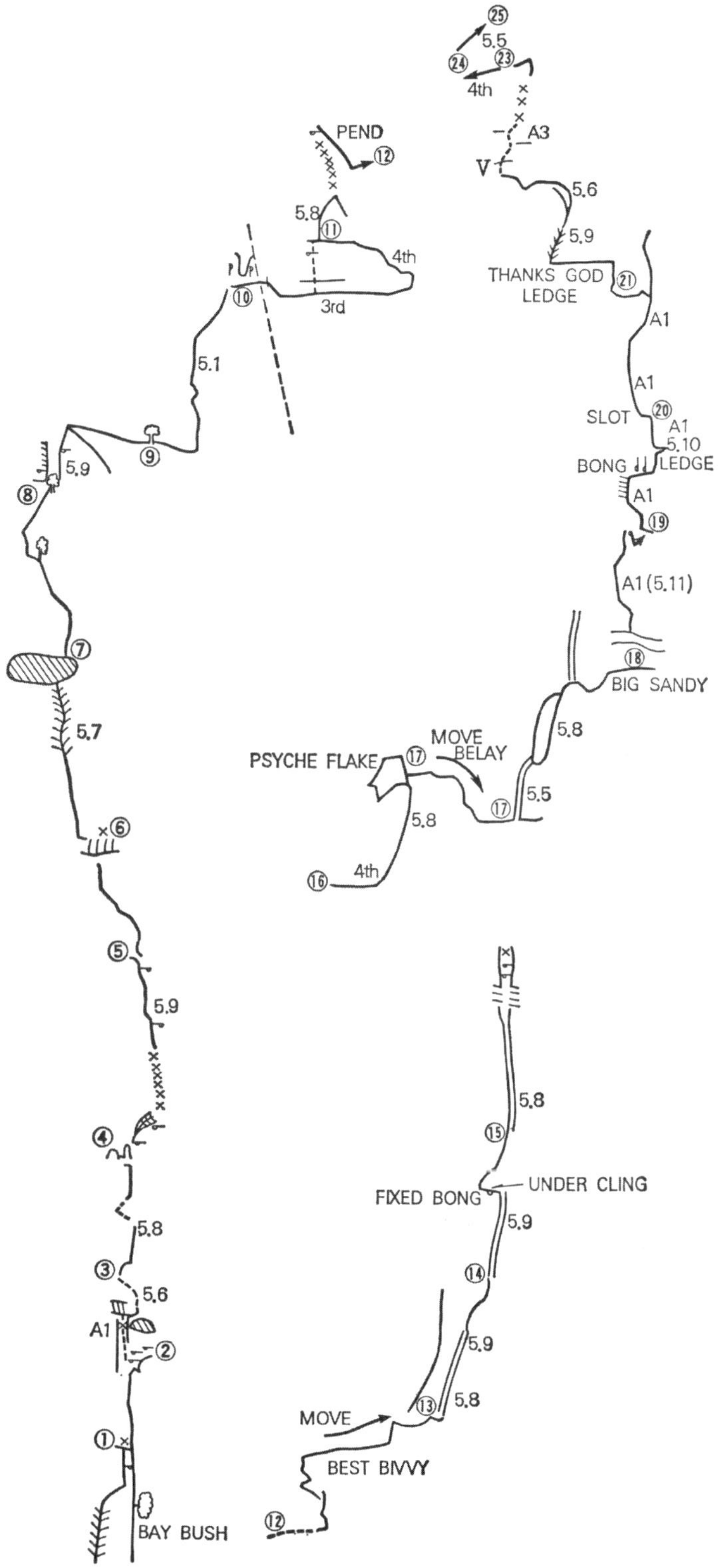

◀ハーフドーム北西壁

1P　凹角から短いクラックを登ってレッジへ　ボルト1本あり

2P　細いクラックを人工登攀　残置ハーケンとナッツを半々で使用　テラスにはハーケン3本あり

3P　最初の2mの垂壁が悪い　浅いチムニーを登り終わった所から右のレッジに出て傾斜の落ちた所を左上する　チムニーの入口にハーケン1本，出口にボルト1本あり

4P　右に2mトラバースし，短いクラックを登る　傾斜の落ちた所を登ってレッジへ　ボルト2本あり　壁とピナクルの間に入ってビレー

5P　5.11のピッチだが，入口と出口にハーケンが各1本あり　ボルトラダーを登って，クラックをフリーと人工で登る

6P　容易だが，短い5.9が出てくる

7P　テラスの左にある細いクラック（浅い凹状部に2本）を登る　凹状部はザイル一杯のピッチ　大きなテラスに出る

8P　テラス右端の容易なクラック2mを登って傾斜の落ちた所を登る　小さなカン木の上に大きなカン木があり，その上のレッジでビレー　ハーケン1本あり

9P　右のきれいなクラックを登る　途中ハーケン1本あり　ピナクルの上に立ち，右下りぎみにトラバース　ブッシュでビレー

10P　容易な所を右にトラバースして行くと，メイン・ウォールとの接点近く（凹状部）まで行く　ここから左斜上してテラス　ハーケン2本あり

11P　右に下りぎみにトラバースし「接点」から右にバンドが走っているのでそれをトラバース　ハーケンが1本ある位置まで行き，上のバンドに上がってハーケンを利用してテラスへ

12P　テラスから右に弧を描くようなクラックを登り，ボルトラダーの終わりから振子トラバース　テラスへ

13P　右にトラバースしてクラックを登る

14P　バンドをトラバースし，チムニーを登る　上部はスクイズ

15P　浅い凹状部を登り，大きな岩がたれ下がっている所をアンダー・クリング　ボンボン1本あり

16P　チムニーを登ると中間部で少し傾斜が落ちる　再び浅いチムニー（左右に細いクラックあり）をジャミングして登る　登り切った所にボルト1本あり　上のテラス（ハーケン2本あり）でビレー

17P　テラスから右のコーナーを登り，テラス着　右に5～6m下りテラスに着く

18P　クラックを登って，終わった所から再び右のクラックを登るとビッグ・サンディーに着く　幅1mあまり

19P　右に弧を描くコーナーを登り，右に振り込んで右手のコーナー入口でビレー

20P　狭いチムニーを3m登り，ハーケン2本を利用して右のレッジに立つ　フリーと人工でコーナーを登るとスロットに

コラム③

ヨセミテの風1 ビッグウォールへのあこがれ

ヨセミテ・クライミング事始め

ヒマラヤの高峰やアルプスの北壁を至高の目標と考えて精進してきた日本人にとって、ヨセミテ渓谷の大岩壁は感覚的に受け入れがたい対象だった。標高はせいぜい２０００m、氷河も氷壁もない岩ばかりの世界に食指が動かなかったのも無理はない。北米大陸の登山といえば、アラスカやロッキーズ、カスケード山脈が目に留まっていた時代だった。１９６０年代にアルプスを席巻したフー南壁やドリュ西壁ダイレクトが、進化した北米ロッククライミングの賜物であったことすら、わが国には正しく伝わらなかった。

そんな風潮に一石を投じたのが、『岳人』69年4月号に掲載された「ヨセミテ・クライミング」だった。大阪山の会の吉永定雄らが3年前のカナダ・アメリカ遠征の途次に立ち寄ったヨセミテでの見聞をまとめた記事である。57年に行なわれたヨセミテ初のⅥ級（これはルートのスケールを示す）登攀、ハーフドーム北西壁初登からフリークライミング・ルネサンスの始まりまで、当時、彼の地で進んでいた変革を的確に述べていた。しかし、50年代のドロミテで流行した直登（ディレッティシマ）こそが至上の目標と受け取っていた日本では、ヨセミテをボルト連打の人工登攀だと位置づけ、その神髄に迫ろうとする試みはまだ行なわれなかった。

73年、編集部に舞い込んだ一枚のハガキ。「ぼくたちは夏にヨセミテを訪れて、以下のクライミングを行いました……」（黒田薫）。さっそく連絡を取って、黒田薫、高橋宏安、山岡二郎のトリオが行なった登攀の記録が『岩と雪』36号（74年3月）で10ページの記事となった。全員20歳から21歳の若いメンバーだった。ビッグウォールは登れなくても、ヨセミテの岩に親しみ、その現在を過不足なく描き出していた。74年には小森義夫と森正弘、翌年には蔡恵司らの骨と皮同人チームが訪れた。後者は「日本の岩場で悪いといわれるところは5・7程度」と、彼我を比較して書いている。黒田も、松島晃らとヨセミテチームを結成して再訪した。

日本人初のビッグウォール

76年には、岡山クライマースクラブの吉野正寿と広島山の会の林泰英がアンデス遠征の帰途訪れ、ハーフドーム北西壁とエル・キャピタンのノーズを、いずれも当時の標準タイムで登った。１２６ページに掲載した「誰も書かなかったヨセミテ」がその報告である。登山靴で登ったショートルートの難しさに刺激され、ビザを延長して11月まで登りつづけたふたりは、岩登りに対する彼我の差を実感し、次のようなことばで記事を締めくくっている。

「単なるモノマネではなく、日本のクライミングというものを、本質を踏まえたうえで今一度考え直してみることは、これからの日本の岩場に新たなる課題を見い出すことになるだろう」

ヨセミテのフリー・ルネサンスに関しては、『岩と雪』39号（74年10月）にジム・ブリッドウェルの「ヨセミテの新しい波」（Brave New World）が訳出されていたが、日本人クライマーに与えたインパクトの点では吉野＝林の論考が勝っていた。そして彼らは仲間と共に、地元の岡山や広島の岩場に新たな価値を創造していくことになる（１７５ページ参照）。

79年にハーフドーム北西壁とエル・キャピタンのサラテ、ノーズを登った鈴木英貴は翌年、美智子夫人とハーフドーム北西壁ダイレクト、エル・キャピタンのウエストフェースとアクエリアンウォールも登った。エルキャプのビッグルートは年々日本人にとってなじみ深いものとなり、91年にはA5のサウスシーズとロスト・イン・アメリカが保科雅則らによって登られた。また後年、平山ユージはノーズのスピード記録を2度にわたって塗り替え、サラテのオールフリーにも新たな形で挑戦してみせた。

岩と雪 No.66（1979.4）P89-93

一〇〇メートルの壁と一〇〇〇メートルの壁

国際岩登り競技会とドリュ西壁での体験から

坂下直枝

ソ連へ……

モスクワ行アエロフロート機の少し窮屈な座席に腰をおろすと、幾分ほっとした。窓から外を眺めたが、あいにく曇り空で何も見えなかった。目を戻し、改めてあわただしかった出発前のことを反芻し、手落ちのなかったことを確かめてから、今度の旅の目的である、ソ連のヤルタで行なわれる第二回国際岩登り競技会のことに考えを集中させた。

私自身、山学同志会という岩登り主体の山岳会に所属しながら、これまで、岩登り競技には積極的な関心を持たなかった。スピードと登山を直結することに、他の人と同様、抵抗があったのかも知れない。しかし、その一方で会の仲間である今野や大宮が第一回競技会に出場した後、世界のレベルの高さ、特にソ連のクライマーの卓越した技術を折にふれて聞かされ、羨望の念を抱いていた。ともあれ会の方針では、技術向上の一環として、クラブ内での岩登り競争を行なうことになった。当然私も参加し、思いがけず二位となり、都岳連の大会に出場することになった。会の代表として、あまり不名誉なこともできないので、その後一、二回ゲレンデに通って練習したせいか、運よく一位になることができた。今度は都岳連の代表として日山協の大会に出場した結果、ホームゲレンデの有利さからか、二位となり、一位になった同じ会の和田と、ラボラトリー'80の白石さん（三位）の三人で、日本代表として、国際岩登り競技会に出場することになった。実際、自分の山に対する考え方や姿勢は関係なく、思いがけない方向に事が運んでしまった、というのが正直なところだった。

しかし、ソ連に向かいながら思ったことは、会の代表となって都岳連や日山協の大会に出たとき、いろいろ激励し、世話をしてくれた、今は亡き小川はじめ多くの仲間たちのためにも、力の限りやろうということだった。

モスクワ郊外のシュレメチェボ空港に到着したのは午後六時だった。秋の終わりを想わせる冷たい雨が降っていた。

通関を済ませて外に出ると、すでにロビーには数カ国のクライマーたちが待っていて、私たちの到着が最後だったようだ。一行を乗せたバスは、黄昏のはじまった郊外から、モスクワの中心部に向かって走り、間もなく今晩の宿舎であるメトロポール・ホテルに着いた。部屋を決める前に、まず夕食にするというので、プロトコール（通訳兼ガイド）の指示にしたがって、とてつもなく広いレストランに入る。別のバスで来たらしいクライマーたちが、すでに席についていた。

腰をおろしたとたん、斜め横からの視線を感じたので、フッと見上げると、二年前にワハン谷のノシャックのベース・キャンプからカブールまで、トラックをチャーターして一緒に旅をしたポーランド隊の隊長、シャフィルスキ氏である。その偶然に驚き、肩をたたき合って再会を喜び、近況を語り合った。彼自身は、ポーランド屈指の著名なクライマーだが、今回は、若手三人を率いて、団長として来たという。彼らは昨年、ウクライナで行なわれた選手権にも出場しており、そのときの模様を、食事の間いろいろ語ってくれた。彼によれば、まずソ連の強さは抜群で、一クラス上である。西欧の連中で、うまいとか速いとかいわれている者でも、ソ連のクライマーに比べれば格段の差がある。「まあ、サカシタ、三日後のクライミングを見ればわかるよ」といってウインクしてみせた。

ソ連人は八級クライマー?

翌朝、モスクワから、会場のヤルタに飛んだ。会場は街の中心部から約一時間のところで、海岸線に沿って、延々数十キロに及ぶ岩壁の一角に設けられてあった。この大会のために、地元のクライマーによって新しく拓かれたものらしい。道路のすぐ近くに、このような岩場があるのは羨しい限りだ。

その日は完全な下見だけでホテルに引上げ、翌日、予選ルートの試登が行なわれた。参加国は日本、東西両ドイツ、スイス、イタリア、ポーランド、チェコ、ユーゴ、そしてソ連の九カ国で、開催地のウクライナ及びオープン参加のクリミアも含め、都合二八選手が参加した。

ルートは高度差約七〇メートル。下部は四級上、中間部六級、上部五級ぐらいのグレードで、ソ連選手や二、三の例外を除いて、ほとんどの選手が、中間部のハングのところで苦労していた。私たち三人も、トップ・ロープのお陰でどうやら登り切ることができたものの、もしワイヤーがなければ墜落していたに相違なかった。腕でぶら下がるクラックが多いため、ハングに行くまでに腕力や握力を消耗してしまうのだ。この分では、翌日完登できるかどうか、怪しくなってきた。

翌十月七日、開会式の後、個人予選が行なわれた。私の前に十数人が登ったが、半分以上が中間部で落ちてワイヤーにぶら下がり、失格した。かくなる上は、ひたすら完登をめざすのみだ。前に登った白石さんのアドバイスを参考にして、下部をできるだけ押えて、握力の消耗を少なくした。そして、中間部のオーバーハングに取付く前に、一、二分、腕をふって握力の回復を待った。タイムより、まず落ちないことだ。どうやらハングを乗り越し問題の垂壁部だ。下でみていると、外国選手は、足をかなり上まであげて、左のホールドを、手をいっぱいに伸ばしてつかんでいた。残念ながら、彼らとは手足の長さが違うので、それぞれ一つずつ余分にホールドを探さないと、次のよいホールドまで届かない。握力が消耗してきて体がはがれそうだったが、強引に小さな右のホールドをつっぱるように押えて、半歩体を上げ、左手で幾分しっかりしたホールドをつかむことができた。あとは、棒のように硬直した腕の筋肉をだましだまし、上部を登り切った。完登はできたものの、自分の非力さに改めて気づいた。それに比べるとソ連選手の動きはどうだ。六級の壁でも、四級の壁を登るようによどみなく登って行く。私たちが三級や四級の壁は、それほど迷うことなく登れるように、ソ連の選手は六級の壁を迷うことなく登れるのだ。単純に計算すると、ソ連人の実力は八級クライマーということもできる。

誇張しているのではない。決勝に進出できなかった私が、岩壁の前にころがっている大きな岩の前に立っていたところ、ソ連人としては小さな、赤いトレーニングシャツを着た男が、ジーッと私を見て、登ってみろと合図をした。やってみるが、どうしても登れない。私もちょっと口惜しかったので、その男に、お前が登ってみろという動作をしたら、彼はガルーシャ（登攀用に使われているゴム底の靴）にはき替えるや、スルスルと、全く迷いのない動きで登ってしまった。私が何度もためらってのせたフット・ホールドに一回でスッと立ち、私がどうしても体を引上げることができなかった、指先が少し引っかかるくらいの小さなホールドをつかみ、スックと立ったのである。彼はその後、幅三メートル、高さ三メートルほどのこの小さな岩場を、三種類の違う登り方で登ってみせてくれた。

口惜しいことには、彼が親切に、使うべきホールドを教えてくれたにもかかわらず、三つのうちのどれ一つとして、私には登れないのだった。これほど歴然と技術の差をみせつけられたことは初めてだった。それから一時間後、私は決勝で、彼の芸術的ともいえる登攀をみた。まるで、しなやかな獣のように、岩を攀じるさまを。彼こそ、この大会で一位になったバリージンだった。

ちなみに、バリージスのタイムと、ソ連以外で一位になったチェコのバロービッチ、日本で一位になった和田のタイムを比較すると次のようになる。

〈予選〉
バリージン　三分四一秒（比率一・〇）
バロービッチ六分〇四秒（〃一・六五）
和田　八分二九秒（〃二・三〇）

〈決勝〉
バリージン　五分五五秒（比率一・〇）
バロービッチ一〇分二秒（〃一・七〇）
和田　一六分九秒（〃二・七三）

これだけの差があるのだ。大会前に、ソ連の選手は練習していたのではないかと思うかも知れないが、その形跡は全くなかった。たとえそうだとしても、前述の小さな岩を三つのルートから登ってみせたあの技術は、私には疑うことのできない真実なのだ。

私は、バリージンが一〇〇メートルの岩場を登る姿を、アイガーやグランド・ジョラスの壁に置き換えてみた。あの赤いトレーニングシャツの男が、わずか数時間でアルプスの大岩壁を総なめにしていく姿を想像したとき、ふと自分の考えの誤りに気付いた。彼らはあくまでも一〇〇メートルの岩場に限定されたスカラス（岩登り競技者）なのかも知れなかった。アルピニストへの道を選ぶか選ばないかは彼ら自身の問題なのだ。ただ、彼に一言「お前は今後何をめざすのか」と尋ねてみたかった。いずれにせよ、バリージンのあのスピードをアルプスの岩壁に結びつける作業は、他ならぬアルピニストである、私たち自身が取り組むべきものなのかも知れない。

第一回大会同様、結果は個人、団体ともにソ連の圧勝に終わり、大会も無事終了した。私たちの成績は日本で大会をやった割には惨めなものだった。

翌十月十日、五日間の実り多い日を過ごした南国の保養地ヤルタからモスクワに戻った。途中の飛行機の中での雑談で、私と和田がこの後、アルプスを登りに行くといったら、イタリア、スイス、西ドイツ、ポーランドの選手やガイドたちが、いろいろアドバイスしてくれた。ほとんどが、もうシーズンは終わった、氷河の状態も今が一番悪いし、天候もほとんど雨とかミゾレで、すぐれたクライマーが数多く命を落としているゾ、という忠告だった。

ドリュ西壁登攀

この冬のグランド・ジョラスをめざしていた和田はそのままシャモニに残ることに決めていたし、七日間休暇の残っている私も和田と一緒にシャモニに入り、ドリュ西壁のアメリカン・ダイレクトでも登ろうということになっていた。所用でシャモニまで行く白石氏も含めて、私たち三人はチューリッヒへと飛んだ。

シャモニに入ったのは夜の八時ごろだった。翌日を買物やドリュを見に行くことで過ごした後、天気図では二、三日の好天が期待できるというので、翌朝すぐ出発することにした。

一〇時始発の登山電車でモンタンベールに向かう。天気はすこぶるよかった。二重靴も持参していたが、スピードを考えて、私はクレッター、和田はEBをはいた。モンタンベールの駅からつづら折れの道をたどって、メール・ド・グラスに下りる。十月という季節のせいか、ベルクシュルントは大きく口を開け、あちこちにクレバスが走っていた。

対岸にはドリュの基部から水を集めた滝が数本かかり、私たちは最も傾斜の緩そうに見える滝をめざして氷河を横切った。ガレ場を適当に登りつめると目標の滝につきあたったが、結構傾斜があり、ルートとして取れそうになかった。滝から大分離れたところに、かすかな踏み跡らしきものをみつけた。行ってみると、灌木の繁みの中に、細いがはっきりした道があった。忠実にその小径をたどって小一時間登ると、ドリュのロニヨンが見えてきた。一時頃に取付ければ、と思っていたが、すでに二時を過ぎていた。

ドリュの西壁をめざす人たちは、このロニヨンでビバークし、朝一番で取付くというのが常套なのだが、時間のない私たちは支度を済ませ、三時過ぎに登攀を開始した。細いクレッターシューズには、シモンのアイゼンは幅がありすぎた。雪壁にけりこむたびにアイゼンが動いた。雪の部分は一ピッチで終わり、途中、台座のバンド部分と、北壁に回りこんでからのチムニー等に残る氷を除いては、標高差一〇〇〇㍍の純粋な岩の世界だ。このさわやかな秋空にそそり立つドリュの大岩壁は、岩登りの楽しさそのものを、私たちに提供してくれるように思われた。ガッシリしたホールド、フリクションのきく岩肌、クラック、ディエードルと変化のあるルート、背中の重いザックを除いては何一つ申し分なかった。

ドリュの大きな岩壁に取付いているのは、私たち二人だけだった。風もなく、限りなく静かだ。五、六ピッチ登り、傾斜の落ちたスラブ帯に出たところで日が暮れた。さらに一ピッチで台座のバンドに出た。バンドといっても狭い雪田が残っているだけで、幅一㍍足らずの雪を削りとって、ビバーク・サイトを作った。

その夜は、和田が来たるべき冬の登攀に備えて持参した貴重な、アルファ化米を食べた。紅茶を忘れてきたので、砂糖湯を飲んだが、渇いた喉には最高の飲物だった。ザックを軽くするために寝袋は持ってこなかったが、十月にしては寒くなかった。安定した高気圧がモン・ブラン山群全体を包みこんでいるようだった。

翌日もよい天気となった。明け方はさすがに寒く、和田のEBシューズは、カチンカチンに凍っていた。裸足ではく靴なので、靴が溶けて暖まるまでは我慢が必要だった。寒さのためつい出遅れて八時になった。和田は、凍った靴にどうやら足が入ると、すぐトップで登り始めた。

左へトラバースして、二、三ピッチ登ると、かじかんだ手足も暖まってきて、また楽しさが蘇ってきた。一見、乗り越せないような岩でも、上に手を伸ばすとガッチリしたホールドがあって、体重を完全に腕一本に託すことができるので、小さなオーバーハングではアブミは必要なかった。クラックも、この上なくしっかりした岩なので、手の甲のフリクションを使った、思い切った登り方ができるのだ。私たちは《ニッシュ》から落ち込んでいる大きく顕著なディエードルめざして登り続けた。

小さな岩のコブを強引にこしてビレー点につくと、すぐ上には《六級のデュルファー》と呼ばれる、垂直の素晴らしいクラックが走っていた。是非やらせてくれという和田の頼みで、引き続きトップをやってもらう。途中までアブミを使わずに登っていったが、やはりフリーだけで登るのは難しいとみえ、アブミをセットした。このピッチを、果敢にもピトンを使わず、自己の腕力と技術だけを頼りに、デュルファー・スタイルで一気呵成に登り切った初登攀者のG・ヘミングとR・ロビンスの卓越した技術と度胸のよさに、改めて感服した。

《クサビ止めの岩》を越え、《九〇㍍のディエードル》に入った。ここでアメリカン・ダイレクトは終了し、マニョーヌの拓いたオリジナル・ルートに合流している。ここはハーケンがベた打ちしてあって、途中でアブミ・ビレーを含むこのルート唯一の完全な人工登攀のピッチだ。ディエードルの左上方には、マニョーヌらが、北壁にトラバースするために拓いたといわれる、錆びて赤くなったボルトが、横一列にハング帯に打ってあり、白いボロボロのザイルが数本たれ下がっていた。《九〇㍍のディエードル》を、アブミの掛け替えで登りながら、クリミアで逢った、予選で一番速いタイムを出したポーランドの若いクライマーの顔を思い出した。シャフィルスキの話によれば、彼はこのアメリカン・ダイレクトを、ビバークなしで、かつ使用ピトンは六本で抜け切ったという。確かに、朝早くロニヨンを出発し、荷を背負わず登れば、一日で登り切れないことはないだろうが、ハーケンを六本しか使わないとは、よほどの覚悟がいるにちがいない。私たちは今まで、すでに何本残置ハーケンを使っただろうか、とふと考えたのだった。そういえば、あの大会に参加した連中の山の話、登攀の話には、必ず条件がついていた。フレネイを登った、ジョラスを登った、というだけでは、もう不充分なのだ。俺はマッターホルンの北壁を、一二時間で登ったとか。ハーケンは何本しか使わなかったとか、という条件がつくのだ。登攀の内容が厳しく吟味される時代に入っているのである。

かつて一九七五年、ジャヌー偵察のとき、ローツェの南壁を登りに来たメスナーにカトマンズのヤミドル屋で逢って、ローツェやジャヌー北壁の話を一時間ほど、話し合ったことがあったが、ドロワット北壁の単独登攀に話しが及んだ。今は亡き星野（隆男）のドロワット登攀について、私が話したとき、彼は間髪を入れず、きいたものだった。「何ビバークだった？」と。幸か不幸か、私はそのとき誤って答えたのだが、もし「one vivi」といえば「nice climbing」というし、「two vivis」といえば「not so bad」といっただろう。そして「three vivis」といえば「きっと状態が悪かったんだなあ」といったにちがいない。

またシャフィルスキは、ドリュのこのルートで、六本しか残置ハーケンを使わなければ5・12、四本しか使わないとすれば5・13あるいはそれ以上だろうといっていた。

東欧圏のポーランドにおいてさえ、ヨセミテのグレード・システムが日頃から考慮されていることを考えていると、ヨセミテ派の与えた影響は、私たちの予想を超えるものがある。実際、スイスや西ドイツのクライマーたちが、私たちに聞いてきいたのは、アルプスやヒマラヤ、アンデスの話ではなく、ヨセミテに行ったか、ということだった。

案外、ヨセミテ詣ではヨーロッパのクライマーの間で一種の流行になっているのかも知れないが、わざわざ膝元のアルプスを飛び越えて、海の向うのヨセミテに行くというのは、やはり何かいい知れぬ魅力があるにちがいあるまい。それは、アルプスが持つ、人里から隔絶しているがための深い山の味わいとは異質のものにちがいない。氷とか雪とか嵐とか、純粋の岩登りとはちがう要素をすべて切り捨てた岩だけの世界がそこにあり、また、駐車場やキャンプ場、あるいはバーからすぐ岩場に取付くことができるという気楽さ、またヒッピー的な解放感等、通常の山登りプラスαがそこにあるにちがいない。

そういえば、ソ連の岩登り競技会も、ヨセミテの文化とは一見かなり距離があるように思えるが、案外、本質的には同じものを追求しているのかも知れない。つまり、自然条件にほとんど影響を受けない、限られたコンディションの下で、体操とか他のスポーツのように客観化されたタイムとかグレード・ポイントによって、岩登りの技術を評価するということ。そして、そのためには、他のスポーツと同じようなシステム化されたトレーニング体系ができていること。また、アルピニストとは別な、純粋のロック・クライマーが育っていること等である。

私はソ連選手から「お前はスカラスか、アルピニストか」とよくきかれた。「俺はアルピニストだ」と答えると、一種の軽蔑とまではいかないが、失望感を持って去る人と、「アルピニストか、お前はヒマラヤへ行ったことがあるか」と熱心にきく人と、二つのタイプがあったことを不思議に思ったが、今こうして考えると、スカラスとアルピニストは、岩を登ることは同じでも、意識の面ではかなりちがうカテゴリーに入るのだなと思った。

ああ、すでに、このディエードルの部分だけで、ハーケンを一〇本以上使ってしまった。右側へと弧を描いて走る岩の突出部を手がかりにトラバースすると、ツルツルのツラブに出た。そこから、古い残置ロープを伝わって《ドイツ人たちのテラス》に着くと、もうあたりは暗かった。テラスとは名ばかりで、小さな日本人二人座るのがやっとで、あまり快適なビバークとはいえなかった。

その日のうちに抜ける予定だったので、食料は、ほとんどなかった。砂糖はもう切れて、お湯だけになった。好天気は依然として続いており、私達は幸運だった。

朝、残りの食料をちょっと口に入れて、和田はまた、凍った靴に素足を強引にぶち込み、昨日同様八時に出発。

少し下って右へトラバースし、ハングをめざし、人工とフリーのミックスで登っていった。大きくみえるハング帯の一番小さな通路になったところを容易に越えてしばらく進むと北壁側へと移り、北壁の第三テラスについた。直上すると氷の比較的少ないクラック、左は正しいルートの、雪と氷のべったりついたチムニーとなっているので、適当なところで左へトラバースしようと思いながら、アイゼンで右のクラックの氷を登って行くとハーケンがあり、ルートを指示していた。そのハーケンにしたがって登りつめると南西岩稜にとび出した。頂上へは完全なオーバーハングとなっており、炎岩稜へ回りこまなければならなかったので、左へ振子トラバースし、残置ボルトを使って、再び氷壁の部分まで下りて、正規のチムニールートを登った。

これで随分時間を消費してしまった。氷のチムニー・クーロワールを、EBシューズの和田はユマールで登ってくるが、ペラペラのゴム底なので大変だ。岩の一ピッチを登って、一人がやっと通過できるトンネルに出た。そこからバンド通りに南壁に回りこみ、約四ピッチで頂上に着く。頂上は意外に広かった。グランド・ジョラスが、美しい岩肌を輝かせて、メール・ド・グラスの奥にあった。白い氷河からそそり立つ優美な山容は、その色調と合わせて、見事という他はない。和田は、二カ月後の冬のジョラスに想いを馳せていたにちがいない。小一時間頂上で過ごした後、下山を開始した。

一〇ピッチほどの懸垂下降を終えたところでザイルが岩にからみつき、回収できない状態になった。すでに暮色があたりを包み始めており、危険でもあったので、またビバークすることにした。今夜はお湯だけだ。私は腹が減ると、とたんに動きが悪くなる。コッヘル一杯沸かしたお湯を交代で飲みながら、明日渡らねばならないズタズタに裂けたシャルプア氷河の状態を想い出して、ゆううつになった。私たちはどうも日本の山行の癖で、岩壁を登り切れば山は終わりと考えがちだが、どっこい下降もまた大変な仕事だ。今更ながら、ソ連で逢ったガイドたちの忠告が想い起こされた。

しかし案外、こうした下降が難しいとか、食料がなくなるとか、天候の激変だとか、いろいろな不確定要素が、他のスポーツに比べて山登りには極めて多い。その不確定部分が、山登りという遊びの幅や深みを増加させ、私たちを楽しませてくれる源泉になっているのかも知れない。そうだとすると、逆に、限定された状況における岩登りを主張する競技会や、ヨセミテの岩登りは、山登りとは完全に異質なものといえる。しかし、一方では不確定要素が多いということを隠れ蓑に、体系的にトレーニングをしていなかった私たちは、深い反省を強いられているのかも知れないぞと思った。

翌朝、お湯を飲んで出発。昨夜の懸念通り、クレバスが三㍍おきに口をあり、氷河は最悪の状態だった。一度強引に下ってみたが、結局袋小路となり、再び登り直す。和田は、EBシューズをズックにはき替えた。氷河を長い間うろついた後、ようやく対岸に渡り切ることができた。シャルプア小屋は無人で扉がしまっていた。空腹をこらえながら、とぼとぼとシャモニまで歩いて帰った。ガスが少しずつ降りてきて、翌日から土砂降りの雨になった。天候の面ではラッキーだったが、いろいろ反省の多い登攀だった。

お前は何をめざすのか

次の日の夜行で、シャモニを発ち、パリからの飛行機の中で、ソ連とアルプスで過ごした短い日々のことを考えた。

山の世界は深く、また広い。たった三㍍の極度に困難な岩を攀じる男、一〇〇㍍の岩壁をひたすら速く登ろうとしている男、そしてヒマラヤに単独で登る男。またアルプスの大岩壁を、冬に単独登攀しようとしている男。みなそれぞれの情熱を、それぞれの課題に向けて努力しているのだ。

私は、バリージンに尋ねたかったことを自問していた。「お前は今後、何をめざすのか」と。バリージンの登攀ぶりは確かに素晴らしかった。話に聞くヨセミテのフリー・クライマーも、やはりすごいとは思う。しかし、私の登攀への情熱は、どちらかといえば、人里離れた大自然の中で、より大きな壁に向かってぶつけていきたい。今回の岩登り競技会やドリュ西壁で私は、痛いほどの刺激を受けた。それを今後の大登攀へのバネとして、生かしていくことが、重要なのではないかと考えているこの頃である。

（さかした・なおえ　山学同志会会員）

岩と雪 No.69（1979 .8）P58-62

奥鐘山西壁フリー化の試み
―その遊戯と論理

山本 譲

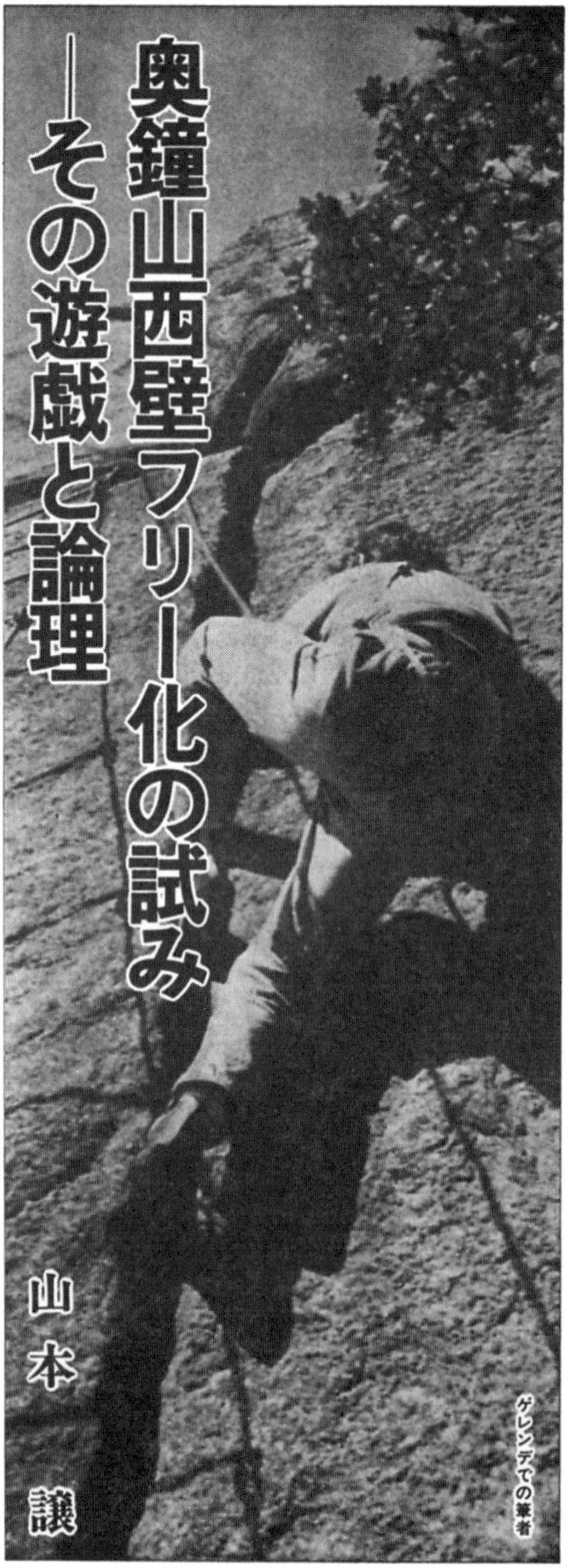

ゲレンデでの筆者

黒部の深い谷間に秋の陽ざしが届くのは遅い。激流の徒渉にずぶぬれになってしまった僕たちは、ただ寒さに震えていた。たき火とちょっとした食事でやっと人心地を得て、ようやく登攀の準備にとりかかった。必要以上に多すぎる装備やほかのルートを登るために用意したピトン、アブミ類、それに食料を岩小舎に置いていくことにする。

わずかな登攀用具を背に、奥鐘山西壁の右端を見事に弱点をついてほぼ理想的な曲線を描く紫岳会ルートへと向かった。

夢

一九七五年夏、照りつける太陽と燃えるように熱い岩、その猛暑の中を、僕と今回の山行のパートナーにもなった橋本由利子は、悪名高い近藤＝吉野ルートを開拓し終えたばかりの近藤国彦氏にリードされて直上ルートを登った。暑さに疲れ果てての登攀だったが、このとき、だれの口からともなく出た話題が「〃くの字のディエードル〃はフリーで登れるかも知れない」である。もしも可能なら、それはこのルートを一層完成されたものに、よりすばらしいものにするに違いない。僕はこの登攀を夢に描くようになった。

当時、いまよりもずっと駆け出しだった僕は、岩小舎に帰り着いた吉野正寿氏がつぶやいた「こんなボルトを使っての登攀はもうあきあきした」という言葉でもわかるように、こうした夢の立ち入るすきがないほどに、ボルトがルートに埋め尽くされてしまい行き詰まったといわれる国内の岩場をも、新しい挑戦として乗越えていけるだろうと、楽天的に信じていた。日本とヨセミテの岩質の差もわからないままに……。

一年目の夏が過ぎ、二年目が過ぎてしまった。この間、西壁の既成ルートの何本かを自分なりに満足できる成積で手中に収めていたけれど、夢は依然として憧れの彼方にあった。何度か試みを思い立ったこともあったが中止した。充分な実力のないままに取付いて、試登や偵察程度の戦果で終わらせてしまうのは、憧れがついに現実のものとなったときの喜びをひどく曇らせてしまうように思えたのだ。

そして三年目を迎え、憧憬の周囲は少しずつ変化していった。国内でもフリー

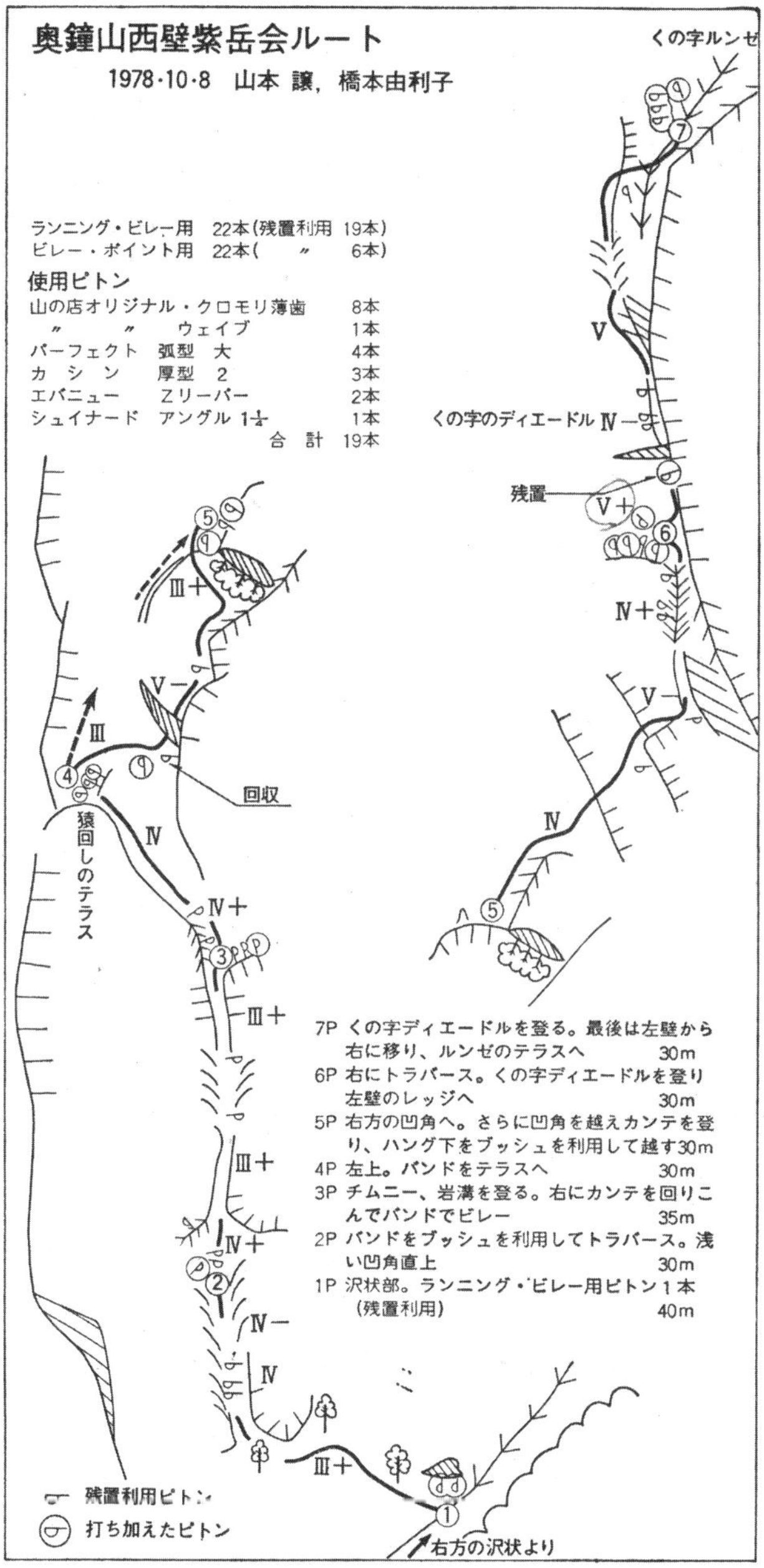

▲山本 譲(23歳)
黒部丸山，奥鐘山西壁，穂高屏風岩，滝谷，九州・行縢山，比叡山，大山北壁等に足跡を残す。登山は高校で山岳部に籍をおいてから。たいした記録も実力もない。通称・大ものいいの山本。もちろんゾーン10。

▲橋本由利子(28歳)
大学時代後半に重広恒夫氏の影響でクライミングを始める。穂高屏風岩，黒部丸山，奥鐘山西壁，甲斐駒赤石沢奥壁，大山北壁等に足跡を残す。1976年には岡山クライマース・クラブ隊の一員としてペルー・アンデスへ遠征，チャクララフ東峰南壁を登った。

化という言葉が使われ始め、既成ルートをよりフリーで登ることが評価されるようになった。ゲレンデではもっと積極的にその試みが行なわれたのである。

僕はぐずぐずしていられないという焦燥に駆り立てられた。だが、僕たち二人の体調はけっしてベストではなかった。彼女は夏の山行で右ヒザを痛め、日々のトレーニングをしばらく休まなければならなかったし、僕にしても最近やっと人並みの仕事に就職し、その多忙な社会生活に追われて新しいプログラムのトレーニングを充分に消化しきれないでいた。それでも熱情と焦りは抑えがたいまでにたかまっていたので、もしも人工登攀に頼らなければいけなくなったら、ただちに退却するという条件で挑んでみることに意見は一致した。

三年間の僕たちの努力の積み上げが、一層の勝算と意欲を抱かせたのだ。

鍛練

世界中にその波紋を投げかけた「ヨセミテの新しい波」は、僕たちにも多大な影響を与えた。

よく制御された厳しい鍛錬は、一〇〇《メートル》競走が一〇秒の壁を破ってもなお早く走られ、走り幅跳びが現在よりもさらに遠くへ跳ぶことが確実なのと同様、クライマーの能力の上限をいま以上に引き上げることは間違いないだろう。不可能、あるいはとても攀じ登れないと見放された岩場も、決して純粋な平面ではないはずだ。向上した技術によって登路が見い出される可能性もあるだろう。

こうした机上の計算は、ヨセミテで幾つかの登攀を成功させて帰国した吉野正寿氏の報告によって、にわかに現実のものとなった。ヨセミテのほんのひと握り、たとえそれが数人のクライマーにすぎないにしても、彼らの真摯な姿勢から多くのものを学ぶ必要があるだろう。

「ハード・トレーニング」を合い言葉に各自が思い思いのトレーニングを開始した。各人各様の内容だったが、方法については再三討論が行なわれた。週末には争って腕が試された。実際のところ技術的向上はほんのわずかにすぎなかったけれども意識においては大きな変化となった。ゲレンデではボウルダーリングに夢中になったり、短いけれど非常に労力のいる困難なクラックをトップ・ロービングで反復して練習を行ない、狭いチムニーの中で必死にあえいだ。

こうして僕たちは自分たちのやり方、流儀を作り出していった。それは幾分ヨセミテ流とは異なったものになったが、僕たちは自分たちの流儀の中に可能性の方向を見い出したのだ。ヨセミテと日本の岩質の絶望的な差異を知るようになっていたが、僕たちとヨセミテ派との間には、岩質や環境以上に違いがあることも僕たちは知った。それこそが問題なのだ。

僕たちのトレーニングの場となった瀬戸内海に面する小高い丘、王子ガ岳に点在する岩塊は、ほんの数㍍にしかすぎなかったので、いざ実戦となるとたとえ四〇㍍でも相手は大きすぎるように思われた。が、僕たちはそれを偉大な先人たちに習って精神的努力で乗越えようと努めた。

月日の流れのうちに紫岳会ルートの記憶は随分とあいまいなものに薄れていたが、技術的向上に精神的な勢いが加えられ、なんとかなるだろうという気にさせた。こうして僕たちは、心に暖め続けていた計画を移すに足る自信を得たのだ。

登攀

巨岩の間を、徒渉できる場所を求めて右往左往し、胸までの水流に浸りながら注意深く対岸へ渡る。ひと息つき、ぬれた衣類を着替えて登山靴を履き、準備を整える。

草付とぬれていることの多いこの壁にはビブラム底が一番有効だし、それによく履き慣れている。少なくともつい一週間前まではそう確信していた。ところがこの登攀に備えて久し振りに登山靴を履き、ゲレンデで練習してみると、ここ一年余りラバーソールの靴ばかりで登っていた僕たちは、不安定でぎこちなくしか登ることができなかった。

急に不安にかられた僕は、ラバーソールの靴を一足携帯することを思い立つ。だが、僕の使用している靴はソールがはげ、内側は破れて穴が開いてしまい、とてもデリケートな登攀には有効に働いてくれそうにもなかった。新しい靴を東京から取寄せる日数も、山の往復の交通費にも窮している僕の財政ではその余裕はなかった。

入念に準備を整え、右手の沢状から取付く。調子の出ない最初のピッチはいつもどおり少しばかり緊張し、水にぬれた所は気を遣って登る。ブッシュの中を、次のピッチの取付となるレッジへ向かって左に移動する。

ここで、僕たちと前後して取付いた名古屋の三人パーティに先を譲り、しばらく待つ。いよいよ始まる登攀を目前にして、いつもより加勢にあろうとする僕と、いつもより慎重にあろうとするパートナーとの間で二、三の短い会話が交された。僕と彼女は幾度かの山行を共にしていたけれども、彼女は僕にとって勝利の女神といえるどころか――無論、彼女にとっての僕もそうなのだが――お互いに足を引張りあい、かろうじて一命を取り止めるといったことも一度ならずあったのだが、それでも安心して確保を任せられる数少ないパートナーの一人だ。

ビレー・ポイント用に二本のピトンを打込み、ロープをパートナーに手渡して僕は登攀のスタートを切った。最初のピッチで先行パーティの落石にあわてたことと、ロープがジャミングしたために随分ふがいない思いをしたのを除けば、僕たちは順調に〝猿回しのテラス〟まで進んだ。当然それなりの難しさはあったが、取り立てて問題にするような所もなかった。確保は充分に信頼のおけるものだったし、動作はすぐにいつもの調子を取りもどした。

澄み切った青い空と氷雪に磨かれた美しい白いスラブ。このスラブにわずかに二本のボルトが連打されている。その障壁を避けて右方の凹角部を登っていくことにする。少しばかり登って適当なリスを探し、ピトンを一本打って安全を期す。僕たちはこの登攀で俗物的根性主義にかられてロープにナイフを当てて確保しなければならないような危険に身をさらすつもりはない。ビレー・ポイントには細心の注意を払った。

しばらく初登のラインから離れる心配に用心してガッチリ打込んだピトンは、すぐにそれがいらぬ配慮であることがわかった。やっかいな箇所にはいずれも比較的新しいピトンが残置されてあった。

割れ目に茂った草に足元を邪魔され、また大いに助けられもして初登ルートのレッジに登り着く。続いてパートナーが笑顔でやってくる。

この登攀の計画を打合せた際、僕はパートナーにヨセミテ式にユマーリングで後続してくれればいいといった。彼女は怒ったような表情を見せ、すぐに苦笑した。僕たちの装備リストからユマールは削除されていたのだ。

僕たちは次のピッチへと進んでいく。初登ルートどおりに右にトラバースし、"くの字のディエードル"に達する。大胆さが要求される登攀を楽しんだ。足を大きく動かし、腕力に頼って強引に体を引き上げた。ディエードルの奥を慎重に登り左壁のレッジへ緊迫した思いをさせられて移った。

深く切れ込んだ薄暗い灰褐色の壁に囲まれた小さなスタンスの上で、僕はあわただしく呼吸をしていた。左壁の小ハングに阻まれて視界から消える頭上のディエードルは、昨日までの雨に申し分のないほどにぬれている。

足元のリスに二本のピトンを打込み、念のためにもう一本打ち加え、残置ピトンと合わせて四つの支点でビレー・ポイントを固める。パートナーの確保に充分な注意を払ったのはもちろんだが、僕は険悪な様相を見せるが唯一の登路である、深く閉じた凹状部から目が離せなかった。垂直に切れ落ちた左壁と覆いかぶさるような右壁が鋭角の接点を成して続いている。それは三年間、僕が目標として抱き続けてきたものを、決して裏切らなかった。少なからず期待し、興奮を感じた。恐らく、不安定な動作の連続になるに違いない。ゲレンデで身に付けた技術のベストを駆使しなければならないだろう。あるいはそれでも限界を超えて墜落するかもしれない。僕の目には、もうボルトは映っていなかった。

しばらくしてディエードルの底に姿を現わしたパートナーにルートを指示する。やがて彼女もレッジに登り着き、頭上を見上げて自分の受け持たされる責任を理解した様子だった。

回収した用具を受け取り、ビレーを慎重に交替して僕は登り出す。しかし、数歩も行かないうちに行きづまってしまう。右手がつかむべきホールドが上方に見い出せない。左手が疲れてしまう前にあわてて後退する。予測されたことだったが、右壁にも左壁にもなんの好意も隠されていない。

落胆した思いが走り、わずか数メートルに過ぎない小ハングまでの隔りが無限の距離のように覆いかぶさってくる。平静になろうと努め、目をこらしてほかによい手がないものかと探ってみる。そしてたいした策のないままにもう一度試みるが、先ほどの到達点から元の場所にもどるのに苦労するだけに終ってしまう。パートナーが心配そうに声をかけてくる。再び後退。

一歩下った所で左に薄いフレークがあるのに気づく。そんなことが解決策になるとは思えないが、壁とフレークの間にピトンを差し込むように打ち、ランニング・ビレーを取る。このことが功を奏したのか、先ほどより半歩だけ、かろうじて進むことができた。そのまま一気に体をずり上げ、行きづまった所で背後の右壁をまさぐり、うまい具合にバック・アンド・フットで安定した姿勢を保つことに成功した。

この場所でできる限り呼吸を整えようと努める。だが、いつまでもこの姿勢のままでとどまっているわけにはいかない。再び、気の休まる所までリズミカルに一気に登ってしまおう。どんな苦しいピッチにも、そのピッチにふさわしいリズムが存在するはずだ。焦りや慎重さを欠いた不確実な動作は許されない。しかし尻ごみや不必要な躊躇は同じ結果をもたらすだろう。

どうしても見つからなかったフット・ホールドをコケの下に探し出し、先の見通しをつける。思い切って飛び出そうと考えるが、決断をつけかねたまま足元に目を移す。水にぬれた小さなフット・ホールドのわずか数センチ上に一本のボルトがあるではないか。一瞬か、あるいは長い間だったのか、複雑な迷いが交錯する。何度かためらった後、僕は意を決して心もとないフット・ホールドの上に垂直との平衡を保つ。

追い立てられるように進み背を滑り込ませ、左壁に足を突張る。背中と靴底が岩にしっかりと触れ、奇妙な安心を与えてくれる。おかげで状況を冷静に判断しディエードルの最奥のボロボロのリスにZリーパーを打込む余裕を得る。このピトンは後続のパーティへの落石の心配からと、僕の悪戦苦闘を記念して残置される羽目になった。微妙なホールドを頼りに背中を岩から離す。さらに何歩か慎重を要したが、ついに小ハングに達し、それを乗越える。

小ハング上は傾斜も落ち、何もかも容易になった気がした。そのまま駆け上がれるほどに思えたが、荒い呼吸と疲れ果てた指のため、ロープはゆっくりとしか伸びなかった。技術的にも難しさは続いた。どうにか深い井戸を脱け出し、浮き石に注意をして右に渡り、明るく広い、背後に対岸の山並みとその上に青い空の広がるテラスに両足で立つ。

「やった!!」

登り切ったんだ。

この登攀の仕上げとなるピトンをハンマーの音を響かせて叩き込み、パートナーにコールを送る。パートナーを迎える間にも、僕は押し寄せる感慨に満たされてしまう。

この壁の半分の高さにも満たないこの場所が、僕たちの登攀のフィナーレを飾るにふさわしい所だとは思わないけれども、黒部の濁流によって大幅に遅れてしまった予定のため、それを余儀なくされた。明日は奥鐘山西壁の主要ルートを全部登り尽くすことを目標にしている彼女に付き合って、広島中央ルートを登る計画にしていた。

苦情もいわずに後続してくれた直上ルートへ向かうパーティを見送り、僕はある思いを込めて頭上のオーバーハング帯に目をやる。そして、薄暮の中を急いで懸垂下降に移った。

結論

山頂を踏むことなく、わずか七ピッチにすぎない登攀によって得たもの、僕たちを満たした喜びがなんであったかを知るにはいましばらくの時間が必要かもしれない。

この登攀が国内における一つの課題であるとか、登攀史に貴重な一歩を記すといったものではないことは確かだし、見ようによってはコケむしたボロボロの水にぬれた岩場で、やがてはすぐに行きづまるヨセミテの亜流だといえるかもしれない。それでも僕たちは、ヨセミテを模範にしたけれども模倣したつもりはなかった。そして新しい用具が幾分か成功に貢献したのは事実だが、厳しい鍛錬や多くの精神的努力にしたところで、しょせんはソフトボールよりも野球の方が高等だといった意味しか持たないのだろうか。

なにも僕たちは極限のフリー・クライムだけが至上のものだといおうとしているのではない。クライマーにとって時間と装備はいつでも無制限に入手できるものではないだろう。人工登攀とボルトさえ使えばどんな岩場も容易に登れてしまうと考えているわけではない。ただ、こんな難しい所はボルトを埋込むべきだという固執した観念に振り回されることなく、全力を傾けて手段を尽くしてみることの楽しさを、すばらしさを知ってほしいと思う。

王子ガ岳にはいまなおたった一人の人物にしか登れないボウルダーが存在するし、ほんの五㍍に満たないクラックに最大限の奮闘を強いられる。それらを登ろうと努力を繰返すうちに、僕たちは気づいたのだ。一本のボルトを使用するだけで、それは可能性を秘めた未来からA0という過去に変わってしまうことを。人工登攀でしか登れないと決めつけるならわざわざハンマーの振りにくいクラックへとルートを取ったりしないだろう。知らない間に自分たちに足かせをはめ、楽しみの半分を放棄していたことを。気持ちさえ新たにするなら、何本かのボルトを埋め込む作業やいくらかの人工登攀は回避できるはずだ。

もちろん、僕たちの流儀を強要するつもりはない。クライマー各人各様の登り方があるだろう。クライマーにとって原初であり究極である攀じ登る喜びは、結局のところ自己満足にすぎないだろう。各人の満足感がクライミングの歴史に左右されるわけではないが、ただ、余白を残さないほどに易から難へ、自由登攀から人工登攀へ、そして谷川岳での埋込みボルトの出現から直登の時代へと一つの蛇行した歴史があるように、僕たちの登攀様式もそれらの影響の上にあることは間違いはない。

それらの歴史を引き継ぎ、さらに行きづまったといわれる国内の岩場の上に、不断の努力によって試行錯誤を繰返すとも、一つの望むべき姿勢だろう。つらい厳しさに自虐的に耐える必要はない。得られる満足はそれよりもずっと大きいものなのだから。

なにも黒部丸山東壁緑ルートのフリー化といった目標を掲げて永遠の幻想を夢見よといっているわけではない。可能性はそこら中に散らばっているだろうし、やがてはもっと変わった側面が展開されるかもしれない。登攀という行為も、僕たちもまだまだ未完成だ。国内の岩場という限定された環境でも、新たなる前進を求めて多くの試行錯誤が続けられるのだ。そしてやがては歳月の流れの内に淘汰され、一つの歴史となっていくだろう。だが、明日の歴史を作るのも、また僕たちだ。

徒渉中、相棒のレディを男性と間違えたJCCパーティとの間で起こった愉快な思い出も含めて、ちょっとしたハプニングのために予定を繰上げ、体育の日の早朝、岡山に帰り着いた僕たちは、装備を簡単に整理した後、いつもの仲間たちとゲレンデに向かい、いつもと変わらないトレーニングを始めた。

遊戯の論理は、そこに見い出される喜びの中に存在する。

（やまもと・じょう　岡山クライマース・クラブ会員）

■メンバー＝橋本由利子、山本譲
■登攀タイム＝一九七八年十月八日、取付一一時三〇分―終了一六時三〇分
■装備＝ロープ（九㍉×四〇㍍）二本、ロックハンマー二本、ピトン一〇本、ジャンピング・セット一組、ボルト二本、シュリンゲ一〇本、カラビナ二〇枚ほか

コラム 4

歴史を動かした表紙写真

バーカー・ショック

雑誌の顔は表紙である。どんなに内容がよくても、表紙にインパクトがなければ読者が手に取ってくれるはずもない。『岩と雪』72号（80年2月）の表紙を飾ったジョン・バーカーのボルダリングショットは、予想を超える反響を呼んだ。まさに「百聞は一見に如かず」。どうやって登ったんだろう、と思わせるだけで読者の目を引き付ける効果のあった一枚となった。

撮影したのは、79年にヨセミテを訪れた戸田直樹と平田紀之のコンビ。ふたりはキャンプ場でバーカーに会い、彼のボルダリングをスチルの連続写真と8㎜フィルムで記録したうえ、インタビューも行なった。彼らの書いた記事がこの号の特集「アメリカのフリー・クライミング」の中核となった。

バーカーのボルダリング映像を撮ることには、前年にヨセミテを訪れた友人から強い要望があったのだという。戸田＝平田コンビは帰国後さっそく、スライドと8㎜を携え、各地の友人に招かれて上映会を催した。新しい岩場の開拓や記事の執筆に加えて、この時期に行なわれた重要な啓蒙活動で、多くのクライマーを鼓舞した。

ジョン・バーカーとロン・カウク

ヨセミテに凄いボルダリングをやる男がいるという噂は、それ以前から日本に届いていた。彼のボルダリングを撮った写真が登山用具店の広告に使われたこともあった。しかし、バーカーとはいかなる男なのか、そのボルダリングはどう凄いのか、実際に目撃した人以外には具体的にもたらされる情報がないまま、ただ期待を抱かせるだけだった。例のボルダー自体、単にビッグボルダーと呼ばれていた。そのボルダーが通称コロンビア・ボルダー、バーカーが登ってみせた課題はミッドナイト・ライトニングと呼ばれていることを知ったのは、72号刊行以後のことである。

当時バーカーしか登れないといわれていたが、実際はロン・カウクと激しいセッションを繰り返した末にカウクが初登、バーカーが第2登を果たしたのだった。バーカーの名前は、75年にヨセミテに初めての5・12、ホットラインをもたらし、アストロマンを登ったことなどで誌面に登場していたが、Bacharがバチャーなどと表記されていたため、まとまった印象がなかった。

ロサンゼルス郊外に育ったバーカーは、エルゾーグの『アンナプルナ』やハラーの『白い蜘蛛』を読んでクライミングに興味を抱き、ストーニーポイントでボルダリングに励むようになった。やがてジョシュアツリーやターキッツまで足を延ばして、マイク・グレアムやトビン・ソレンソンと知り合った。毎夏をヨセミテで過ごすようになり、カウクとも知り合って、競うようにトレーニングを繰り返した。世界一のクライマーになるためには、せっかく入学したUCLAを76年にやめることも厭わなかった。

表紙の写真が撮られた2年後、バーカーは西ドイツ（当時）で催されたクライミング集会にアメリカ代表として派遣され、スター級の扱いを受けた。イギリスからロン・フォーセット、フランスからジャン＝クロード・ドロワイエ、地元西ドイツからヴォルフガング・ギュリッヒも参加した国際的なイベントだった。ヨーロッパの岩にふれたバーカーは彼の地のスタイルに溺れることはなかった。一方カウクは、80年代末に訪れたフランスで、ラップボルトで拓かれた高難度ルートに影響を受け、そのスタイルをヨセミテに持ち込もうとした。グラウンドアップにこだわるバーカーは激しく対立し、カウクの打ったボルトのハンガーを叩き潰す暴挙に出た。

ヨセミテのゴールデンボーイはこうして袂を分かち、バーカーは後年、自宅に近い岩場でフリーソロ中に落ち、ひっそりとその生涯を閉じた。

左足を膝の高さまで上げる

左手左足で一気にのび上がり、右手が高いホールドをつかむ

両手はそのまま左足を右足に踏み替える

ジョン・バーカーの華麗なボルダリング

JOHN BACHER ON THE BIG BOULDER

かねてから噂を聞いていたジョン・バーカーにはヨセミテ入りしてすぐ偶然会うことができた 我々の頼みにこたえた彼は、いまだに彼だけしか登れないというボルダーで、その見事なテクニックとパワーを披露してくれた

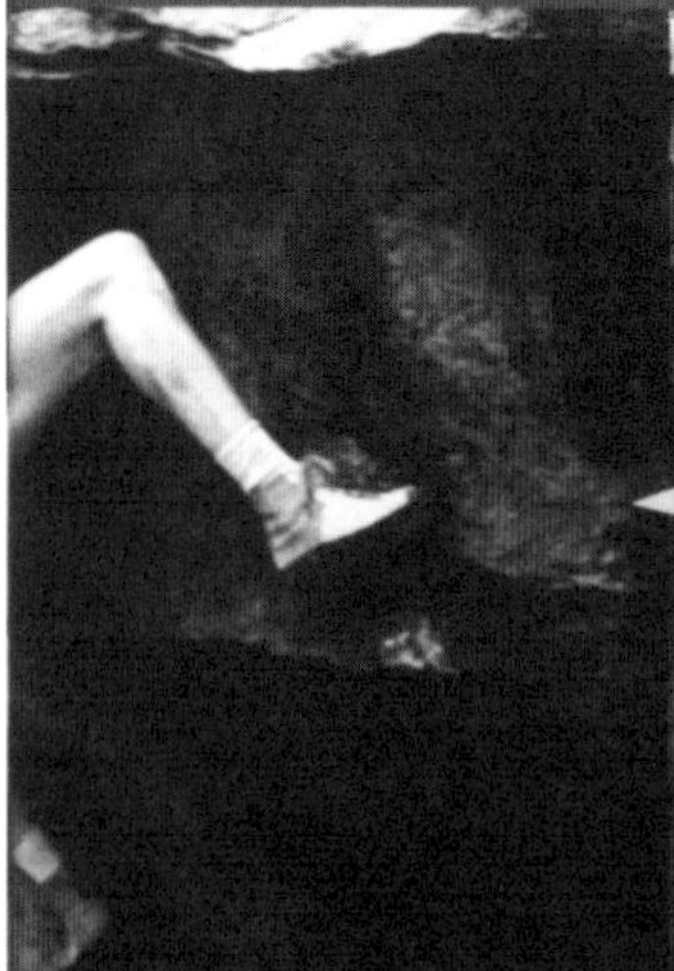

左足で岩を押す勢いで右手が庇の縁をつかむ

左手を右手のかかっているホールドに移す

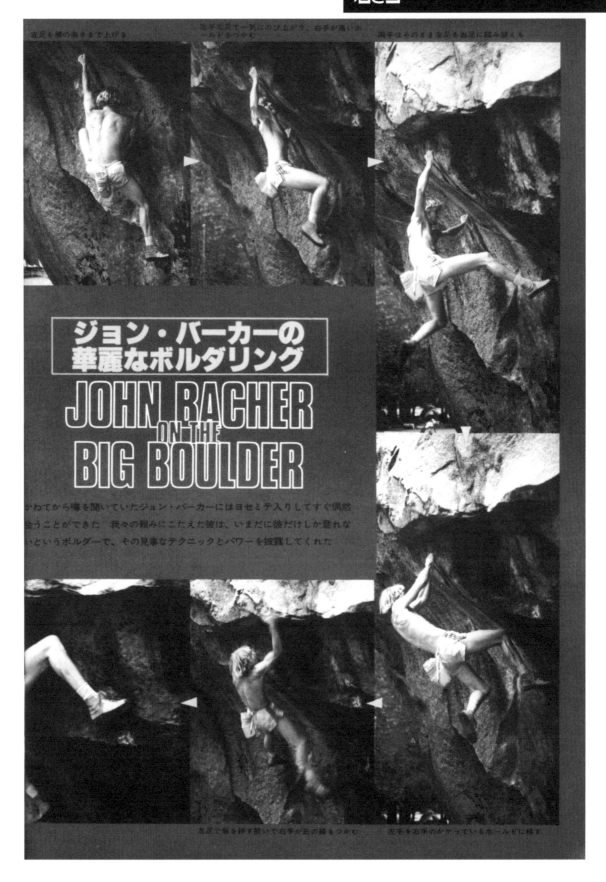

左手を引きつけ右手はアンダープッシュ
右足内側のエッジを微細なホールドにかける

右手でフレークの縁をつかんで立ち上がり、
左手を次のホールドにのばす

右手を一段上のフレークにかけ、左手はアンダー・プッシュに持ち替える

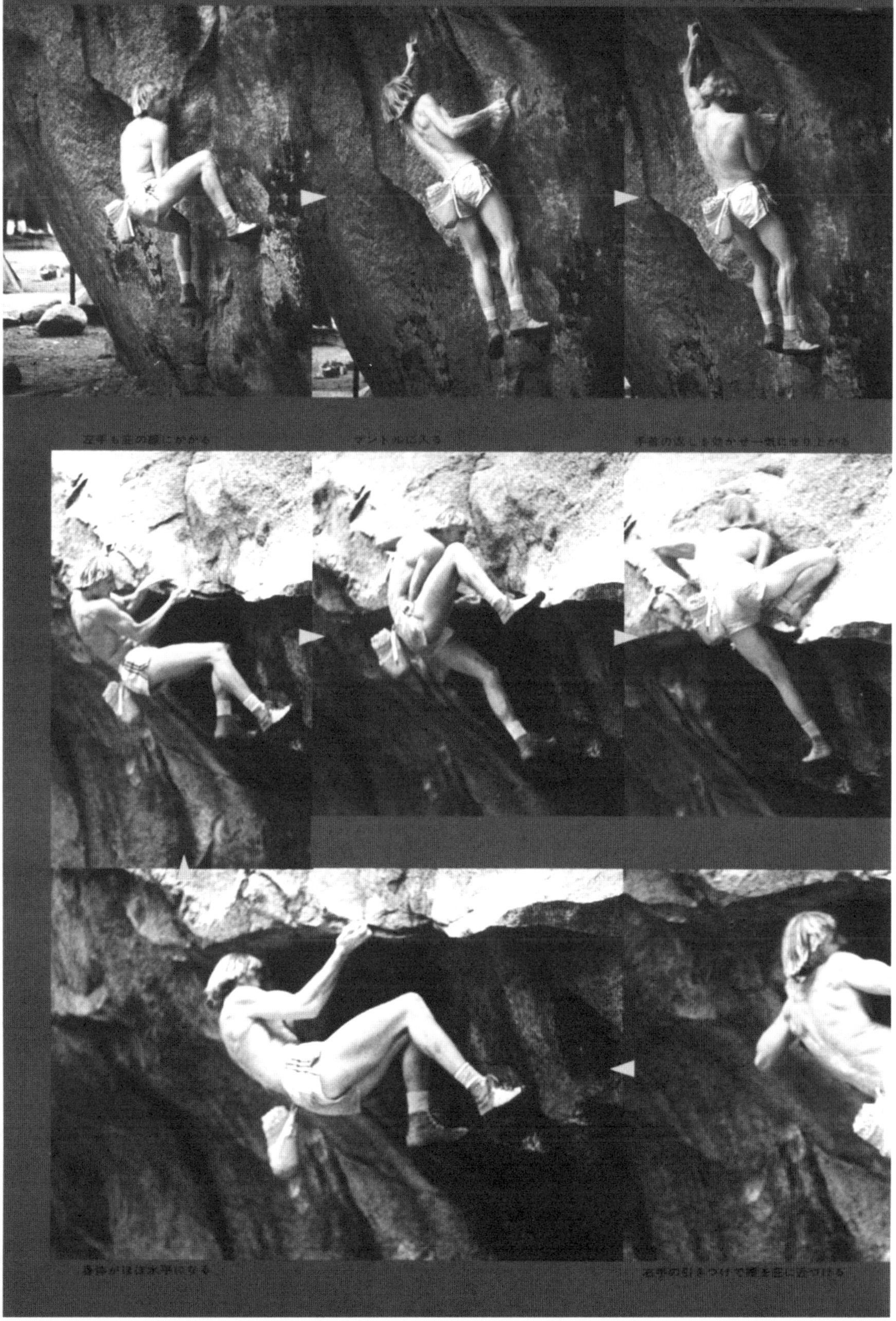

左手も庇の縁にかかる

マントルに入る

手首の返しを効かせ一気にせり上がる

身体がほぼ水平になる

右手の引きつけで顔を庇に近づける

岩と雪 No.72（1980 .2）P36-45

ヨセミテとコロラドの体験

フリー・クライミングは自己の限界を遙かに高くまで押し上げてくれる

戸田直樹

カラー口絵参照

AMERICAN FREE CLIMBING

自信喪失

正味三週間程度の滞在なのに、ハーフ・ドームのダイレクト・ノースウェスト・フェースとエル・キャピタンのサラテ壁を登りたいなどと、人なみに欲ばったうえ、どうせ行くんだから既成ルートだけでなく、新ルートの開拓もやりたいと、多量のボルトまで持参した今回のヨセミテ行であった。しかし、実際は一八〇度方向転換し、ビッグ・ウォールへの挑戦はひとまず置いて、ボルダリングとショート・ルートの難しさを知ることで、充実したヨセミテ・クライミングを満喫することになった。あるアクシデントのため、登攀期間が三分の二に短縮されたことにもよるが、それ以上に、自分のフリー・クライムの実力を、もう一度見直し、鍛え直してみようと考えさせられたことが、こうした方向転換をうながしたのである。

ヨセミテに出かける前に興味があったのは、本場のフリー・クライムの難しさは、いったいどの程度のものか、ということだった。一九七八年に韓国の仁寿峰を訪れて、5・9といわれるルートを体験していた私にとって、ヨセミテのそれとの比較をすることも楽しみだったのである。

五月二十日、ヨセミテ入りした私と平田紀之は、初日の小手調べと、グレイシャー・ポイントのエプロンに出かけ、マンディ・モーニング・スラブをすんなり登った。5・7、5・8は楽勝……そんな気分で隣りのパティオ・ピナクル・ライトに取付いたら、二ピッチ目の5・8のスラブがどうしてもトラバースできない。初めて使うチョークをいくら手につけても、足が本能的に一歩踏み出すことを拒んでしまう。アー、なんたる惨めさ。翌二十一日はファイブ・オープン・ブックスに行き、コミットメントを終え、サプライズ・バリエーションも順調に三ピッチ目まで登ったが、四ピッチ目、最後の一㍍がどうしても越せない。#1のストッパーを手がかりにして、5・9のクラックをやっと登る。こんなことでヨセミテのルート開拓などとは、とんでもない話だったと苦笑いさせられた。

初心にかえって

韓国では5・9のクラックを快調に登れた記憶があったので、一層ひどい自信喪失状態だったが、翌日から気分一新、初心にかえって登り直すことにした。まず、フェース、クラック、スラブそれぞれの5・7、5・8を登り、自分の力を知ることから始めた。この結果、クラックなら5・9、フェースは5・8が安全圏のようだった。

ようやくヨセミテの岩に慣れ、気分も上向きになってきた二十五日、屈辱のパティオ・ピナクルに再挑戦する。一ピッチ目はチムニー左のフェースを登り、問題の二ピッチ目に入る。チムニーをまたいで渡り、右斜上する細いバンドをたどる。七㍍で目の前にボルトが一本。ありがたくロープを通す。そこから一段上のレッジに、花崗岩の何ともいえぬ感触の薄いフレークに指先をかけ、グイと体重を預け、スタスタと立ち上がる。前回はここからホールドばかり探し、結局諦めたが、今回はアンダー・プッシュで六〇度ぐらいの、のっぺりしたスラブを右に二㍍。さらに三㍍で二本目のボルトにたどり着けるが、その手前にちょっとしたカンテがある。白い岩に点々とある黒っぽい岩肌がどうもザラザラしていそうなので、右足をそこに先行させ、重心を移動させた瞬間、ズッ、ズーッ、落ちるというより滑るようにしてロープにぶら下がった。しかし、この滑落が「落ちるのはみっともない」という精神的負担を取り除いてくれた。再びトラバース地点に戻ったときには、身も心も軽く、自分でも驚くほど上手にフリクションを利用したトラバースができて、本当にうれしかった。

この日は余勢をかって、同じエプロンのクニヤード・ピナクルの5・9のスラブもパス。翌日はスワン・スラブにあるレイナーズ・レイバック（5・9）をすんなり登り、すっかり自信を回復した。人間調子に乗るとこわいもので、そろそろ5・10にチャレンジしてみるか、となる。

サニーサイド・ベンチのジャム・クラック・ルートに我がパートナーが取付く。予定ではこの一ピッチ目の終了点からロープを垂らし、レイジー・バムの5・10のクラックを試みるつもりだった。ところがジャミングした手が滑り墜落。目の縁を切ったため五日間も登れないのは、滞在期間のかぎられた私たち二人にとって大きなショックだった。

「他の人と登ったら」と、パートナーはいってくれたが、ひとりテントに残して登りに行くほど割り切った気持にはなれない。しかし、何もしないとせっかくの調子も元にもどりそうなので、ボルダリングでトレーニングしてみようと思った。私たちもここに来た当初ヨセミテの岩はどのくらい難しいのか、腕試しのつもりで何回か試みたが、全く登れなかった。チョークの跡を見れば、そこが登れるルートであり、ホールドまで一目瞭然。それでも地面から一歩も足が上がらない。日本でもこれに近いことをして遊んだことがあるが、少しばかり難しいと「ここは登れない」と決めつけて諦めてしまう。三㍍にも満たない石っころに、一時間も二時間も飽きもせず登ろうとする衝動の根拠のひとつは、そこが登れるルート、少なくとも誰かが登ったルートだからだ。登れない数㍍を一生懸命登ろうとしているうちに、トレーニングのために登っているのも忘れ、いつしかボルダリング・ゲームのとりこになっていた。

リト・テハダ・フローレスの「クライマーのするゲーム」によると、ボルダリング・ゲームは、パートナーはもちろん、何のプロテクションも使わない、ひとりでするゲームである。ボルダリングの楽しさって何だろう。

今までつかめなかったホールドをつかめても、高度を一㍍上げても、その瞬間、瞬間に「やった!」という満足感を得られる。悲壮感を持たずに極限的アクロバチック・クライミングを楽しめる。しかも、余計な装備を必要としないシンプルさで、めんどうなザイル操作も、パートナーもいないので自分の好きなだけ、何の気兼ねなくやっていられる。落ちたところで、平らな地面に安全に着地できるのはうれしい。これだけ楽しんだうえ、それがショート・ルートやビッグ・ウォールに行くための絶好のトレーニングにもなる。難しいボルダリング・コースも何回かやっているうちに、少しずつ登れるところが増えたり、距離が延び、登れないところを真剣に登っている楽しさ、対象が数㍍でも数百㍍でも自分の気持ち次第で夢中になれることを知った。

登れないからこそ

日本のゲレンデ風景を見ると、登れるルートをテッペンまで登るのがトレーニングで、登れないところを登ろうとするのがヨセミテでのそれだ。日本のルートは、とにかく岩がなくなるまでピトンやボルトが打ち込まれ、登るほうもプロセスはいっさいおかまいなしに、登ったという結果のみに執着していた。ヨセミテでは、ビッグ・ウォールは例外として、ほとんどのルートはフリーで登れる地点までで終わり、クライマーもその間の過程を楽しむ。そこには量で補えない質の差がある。グレイシャー・ポイントのエプロンはその典型的なもので、壁の三分の一くらいの高さまでしかルートは延びていない。それ以上になると人工になるので、みんな懸垂で降りてくる。日本ならボルトを連打してでも、頂上までルートにしてしまうだろう。下降は惨めな敗退だけを象徴するものではない。ルートの完登のみを目標とせず、その中のあるピッチに注目した登り方であれば、すばらしいピッチが終わったあと、泥壁や単調なアブミの掛け換えの部分まで登って、クライミングを退屈なものにする必要もない。こう考えてくると、岩登りを楽しむには、対象物の大きさは絶対的な問題でなくなる。

この一週間で感じたヨセミテの魅力、それはなんといっても登れないピッチがたくさんあること、その一言につきる。弱気になれば難しくていやになってくるが、反面、日本のように岩登りを始めて一年目の人と一〇年目のクライマーが、同じルートを同じように登れ、ストップ・ウォッチで計らないとわからない程度の差しか生じないやさしいピッチばかりの岩登りでなく、技量に応じたハード・ルート(ピッチ)があることは、全くうらやましいかぎりだ。誰もが登れるピッチを登るために、真剣にトレーニングするクライマーがいるだろうか。登れないからこそ目の色を変えて、自らを鍛えたくなる。そこにトレーニングの意義がある。よい水のあるところにうまい酒ができると同様に、ハード・ルートがあるところにすばらしいクライマー誕生する。日本にも早くロック・クライミングのスペシャリストがあらわれなければ、レベルアップは遅れるばかりだ。「夏の岩はやさしすぎる。冬の岩にしか興味はない」といいながら「冬期登攀は厳しいので……」と、ピトンやボルトを平気で打ち足す登攀とは早くおさらばして、夏でさえ登れないハード・クライミングが生まれなければいけない時期だ。

DNB

抜糸を翌日に控えた夜、これからどうするか相談した。私はボルダリングのおかげで、一時失っていた自信もすっかり回復、調子も上々だが、平田はここ四日ほど岩に触れておらず、最悪のコンディション。しかし、登る気だけは私以上にあるので、明日どこかフリーの長いルート、ミドル・カシードラルにでも行こうか、といったところで一致。ルートはダイレクト・ノース・バットレス(通称DNB)となる。

五月三十一日、待ちに待った解禁日。午前中二手に分かれ、私は買い出し、平田は病院で抜糸。

「どうだった? 岩登りしていいって?」

「別になんにもいってなかったから、いいんじゃない」

ヒッチハイクで着いたところがエル・キャピタン・メドウ。右手に世界で一番大きい花崗岩、エル・キャピタン、左手にはカシードラルの大岩壁がそそり立っている。とてもフリーで登れるとは思えない。

DNBを見上げると先行パーティのラストが、いましも登り始めるところだった。このルートはルート・ファインディングが難しく、それが楽しみのひとつと思っていたので、他のパーティがいることを知り少々がっくりした。こんないいルートは私たちだけで静かに登りたいと思っていたのに。先に取付いているペアは、ピクニックと呼ばれる5・10のバリエーションから入っている。このルートは一ピッチでテラスに着くが、ノーマル・ルートはその左手のチムニー・ジャムクラック（5・7）を二ピッチでテラスに達する。私たちは当然ノーマル・ルートから行くつもりだったが、見るとかなりプロテクションがあるので急に試みたくなった。これまで5・10を登った経験もなく、まして苦手のスラブにいきなり挑むのは不安だが、登れなくたっていいから、とにかくやってみたかった。

始めから露出度の高いクラック。久しぶりにジャミングした手の痛みに、クライミングのなつかしさを感じた。思ったほどの苦労もなく、三〇㍍でクラックを終え、左手のレッジに立つ。先行パーティはこのクラックで何度か落ちていたが、上のスラブは簡単そうに登っていたので、ここまで来れば〃一丁あがり〃と思いながら、一〇㍍ほどのスラブを登り出した。

「ン？」外傾した帯状のふくらみが三本スラブを横切っている。その上に乗って、また乗って、それで終わりだと思っていたが、始めから乗れない。足を大きく開いてふんばり、右手の指先を小さな割れ目にねじ込み、左手でふくらみをプッシュ。不安定な大の字になってしまう。次のホールドを目で追うが、どこを見ても引っかかる感じのフレークなんかない。そのうち、ふくらはぎは痛み出すし、指先の力も限界にきたらしく、キリキリ痛み出す。体が放り出される前にひとまず退却。これでやっと気がついた。5・10はここだったんだ、と。

「ちょっとヤバイからさ、落ちるかもしれないよ」

5・10のスラブを登るのは難しいが、それを文章で表現するのはそれ以上だ。左手を大きく開いてスラブの上に置く。右手をわずかな突起にかける。両足で大きくふんばり、身体を支える。さあ、いやらしいマントリングだ。右足先でスラブをけるようにして少しずつ左手に重心を乗せる。右手を頭上にあげ、右足をふくらみの上に置く。今度は重心を右足に移す番だ。顔がスラブに押しつけられ、ついには後ろにのけぞり出した。アッ危ない……どうやら墜落する前に左足もふくらみに乗り、きわどいバランスながら身体も徐々に伸ばせるようになった。こんな動作を三回くり返し、最後のレッジに乗って爪先立ちながらホールドに手を伸ばす。あと三㌢。指先が別の生物のよ

ミドル・カードラル・ロックのダイレクト・ノース・バットレス
Direct North Buttress of Middle Cathedral Rock.

うに、すぐ上にあるフレークをつかもうと、せわしなく動く。あと一㌢。ぴったりと岩にへばりつき、空しい試みがつづく。今度はスカイフックを引っかけようとしたが、ひけ目を感じるせいか、さきほどより身体が伸びず諦める。一時は飛びつこうかとも思ったが、再度身体と指先を目いっぱい伸ばし、右手でカンテをつかみ、バレリーナのように爪先立ちになったと同時に、左手の指先がわずかにフレークをとらえた。指先に力を込めると、スッと第一関節まで入った。しめた！　素早く右手も移し、強引に乗越す。

このDNBはピクニックを経由すると一六ピッチのオール・フリー、5・9が七ピッチで、それもこのテラスから五ピッチ連続して出てくるハード・ルートである。一九六二年にシュイナードとルーパーによって登られ、三年後の、いまから一四年前にフリー化された。このことからでも、いかにヨセミテのクライミング・レベルが高いか容易に察しがつく。

ホールバッグを引っぱり上げ、二ピッチ目に入る。指先がガッチリかかるレイバックから左手のスタンスに移り、指先の力と身体の柔軟性を必要とするマントル。この日はもう一ピッチ登り、ロープ二本分をフィックス。対岸のエル・キャピタンが、夕陽を欲びてオレンジ色に染まるのを見ながら、取付にもどる。

ザイルをつけての登攀からしばらく遠ざかっていたので、勘はすぐもどるだろうか、平田のコンディションは大丈夫だろうか、と心配の種はつきなかったが、三時間ほどで三ピッチ、ハイ・グレードの部分を登れたのでひと安心。

上部からの落石の心配と興奮でよく眠れなかったが、七時に登攀を開始。ザイル二本分をユマールで上がり、四、五ピッチ目も順調にこなし、連続する最後の5・9のピッチに入る。一〇㍍下り、左に三㍍、上に二㍍でスタンスに立つ。両手をいっぱい伸ばすと、平行した二本の丸いホールドが、右下に流れるようにある。指先をかろうじて引っかけ、左足を小さなフット・ホールドに押しつける。この体勢から右上四〇㌢のレッジをつかまなければいけないが、右手を離して伸び上がれば、自動的に左手、左足も岩から離れてしまう。何度かためらったあと「一、二の三ー」で飛びつく。このような登り方をボルダー・ライクといって、一瞬で決まる動作に賭けるわけだ。そんなの岩登りじゃない、としかられそうだが。

そこから5・7、5・8、5・9をそれぞれ二ピッチずつ登ったところで夜を迎えてしまった。ロング・ルートの経験不足で、登攀具類を多く持ちすぎ、荷上げをしたためだ。ナッツ類はルート図に載っているよりかなり少な目で充分、とくに大きなものは使わなかった。いいテラスがなかったので、腰かけたままで、ツェルトをかぶる。水をひと口、食パン一切れで口に入るものは全てなくなった。

ハーフ・ドーム上空に赤みが増し、エル・キャップのアーリー・モーニング・ライトに朝陽が差し始めた。眼下にはマーセド・リバーの流れとまだ覚めやらぬヨセミテ・バレーが横たわる。さしものヨセミテ・フォールの轟音もここまでは届かない。

4thにしては難しすぎるチムニー／オフ・ウィズスを二ピッチ。5・7のチムニーを抜けると小さなテラスに着いた。残るは5・8のチムニーが一ピッチだけ。早く片づけてしまいたいところだが、このルートはノース・バットレスといっても一日中陽が差し、平田が軽い脱水症状になった。ちょうど日蔭のほこら状の場所にいたので、少し休めば平気だろうとのこと。ヨセミテに来て以来の快晴が今日もつづき、暑くてしようがないが、私もシャツを顔の上に乗せ、横になる。

「登るから確保頼むよー」と叫ぶ声にあわてて起き上がると、一時間以上も寝ていたことに気づく。

最後の最後まで荷上げに苦労させられたが、チムニーを五〇㍍いっぱいで終了。暗くなってからサニーサイドのキャンプ場にもどると、頬はげっそりこけ、目だけがランランとしている姿を見て、「アッ、ユーレイだ」と周囲の日本人からいわれた。

最後の一週間

食べたいものを食べ、プールで泳いだり、魚釣りをしたりの休日をすごすと、滞在期間も余すところあと一週間となってしまった。この期間をどのようにしてすごすかは、実のところ何もきまっていなかった。せっかく来たのだからVI級の大ルートを一本ぐらい……という迷いもあったが、ショート・ルートでのフリー・クライミングをもっとやってみたいという気持ちのほうが強かった。

VI級ルートに行けば、準備や荷上げを含めて一週間はあっという間にすぎてしまうだろう。みんなが出かけるので、ハーフ・ドームやノーズは順番待ちさえ出るありさまだ。それに、本当の意味でハード・フリーの実力のない私たち日本人が行っても、すでに大半のピッチがフリー化されているこれらのルートを、大袈裟なエイド・クライムでやっと登るのが関の山だ。そんな、内容のない登攀はもうたくさんだ。無理して有名ルートへ行くより、難しいピッチをできるだけたくさん登ってみたい。ただ大ルートを登る

AMERICAN FREE CLIMBING

ということなら、チャンガバンで、とうに経験したことだ。

この希望を平田に話すと、彼も大ルートをユマール登攀するより、ショート・ルートでいいから自分の手と足で思う存分登りたい、と同意見だった。

六月五日、久しぶりにすがすがしい朝を迎える。これからの一週間は、5・10クラスのフリーをなるべくたくさん登ってみようということにきまっていた。さすが情報通の平田も、5・10のあるショート・ルートを集中的に調べ上げたことはなかったと見え、昨夜は寝ないでリストを作ったという。それによると5・10のピッチ、それもクラックとなると意外に少ない。ほとんどが、車がなければ行けない西の岩場に集中しているとのこと。そこでまず、ダグ・スコットが『ビッグ・ウォール・クライミング』のなかで推選しているロイヤル・アーチのアーチズ・テラスへ行く。ここはすばらしい花崗岩で構成された四ピッチのスラブ・ルートだ。金沢大OBの吉田君も一緒に、思う存分楽しんだ。

午後まですごしたあと、腰を上げ、この日最後のメニュー、セレニティ・クラックへ。ショート・ルートのいいところは、自分の好みのピッチを選んで手軽に楽しめることだろう。つまらない、余分なピッチを登って、やっと望みのピッチに到着するという無駄がない。そのうえ、荷上げのつらさ、わずらわしさがないので、登攀のリズムを壊されないのは本当にありがたい。

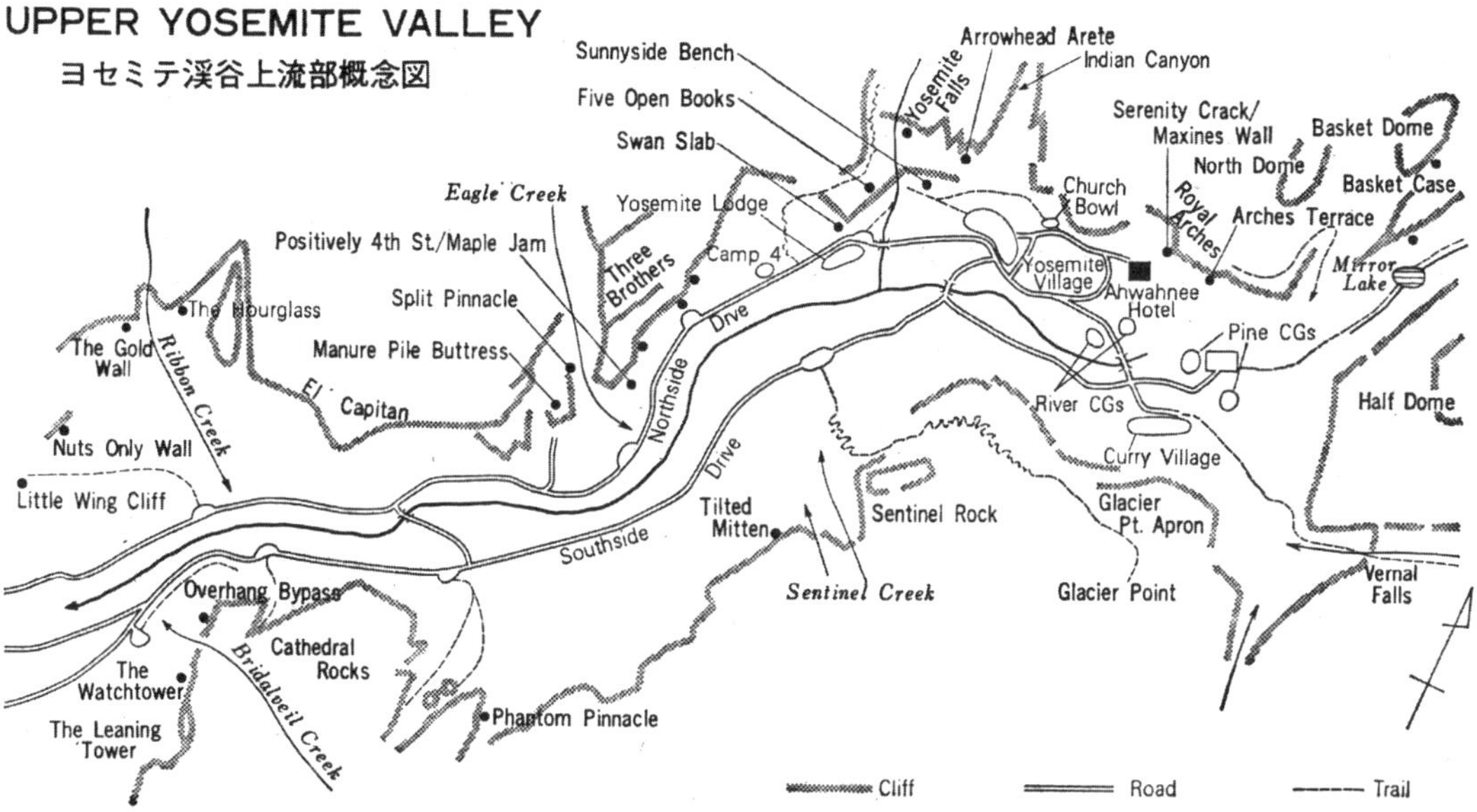

さて、一ピッチ目は5・9のクラック。噂には聞いていたが、ピトン回収のために破壊された無残な穴が一直線につづいている。長方形の穴に指先を入れ、ジャミングというより、下に押しつけるようにして登り始めるが、その長いこと。いい加減いやになったところで、やっと到着。二ピッチ目は待望の5・10だ。クラックはいままでとはうって変わって細くなり、足先がうまくきまらない。どうしても腕に負担がかかってくるが、指先さえかかれば、こっちのものだ。手を換え品を換え、レイバックからジャミングへと登りつづける。露出度も一ピッチ目に比べればかなり高くなり、気持も高ぶる。二ピッチ目を終えたところで時間切れになったが、もう少し早く取付けば、この上のフィンガー・クラックも登れたのに、と残念だった。

六日は金沢大の二人と一緒に撮影大会。はじめは想い出多きパティオ・ピナクル。ついで同じエプロンのマージナル。このルートは5・9のスラブが二ピッチつづくが、駆け足で登れたくらいだから、どう考えてもパティオ・ピナクルの5・8のピッチのほうが難しい。

六月七日、この日はサニーサイドのすぐ近くにあるリクソンズ・ピナクルに総勢五名で出かける。目ざすはイースト・チムニー・ルート。

手にチョークを塗り、ひんやりしたフレークをつかんでダイナミックなレイバックから始まる。六㍍で、がっちりくい込んだピトンにプロテクションをとる。再びチョーク袋に手を入れ、気を静め、気合を入れる。ここからは一段と露出度の高いレイバック三㍍で、身体を半回転させスクイズ・チムニーに入るが、四分

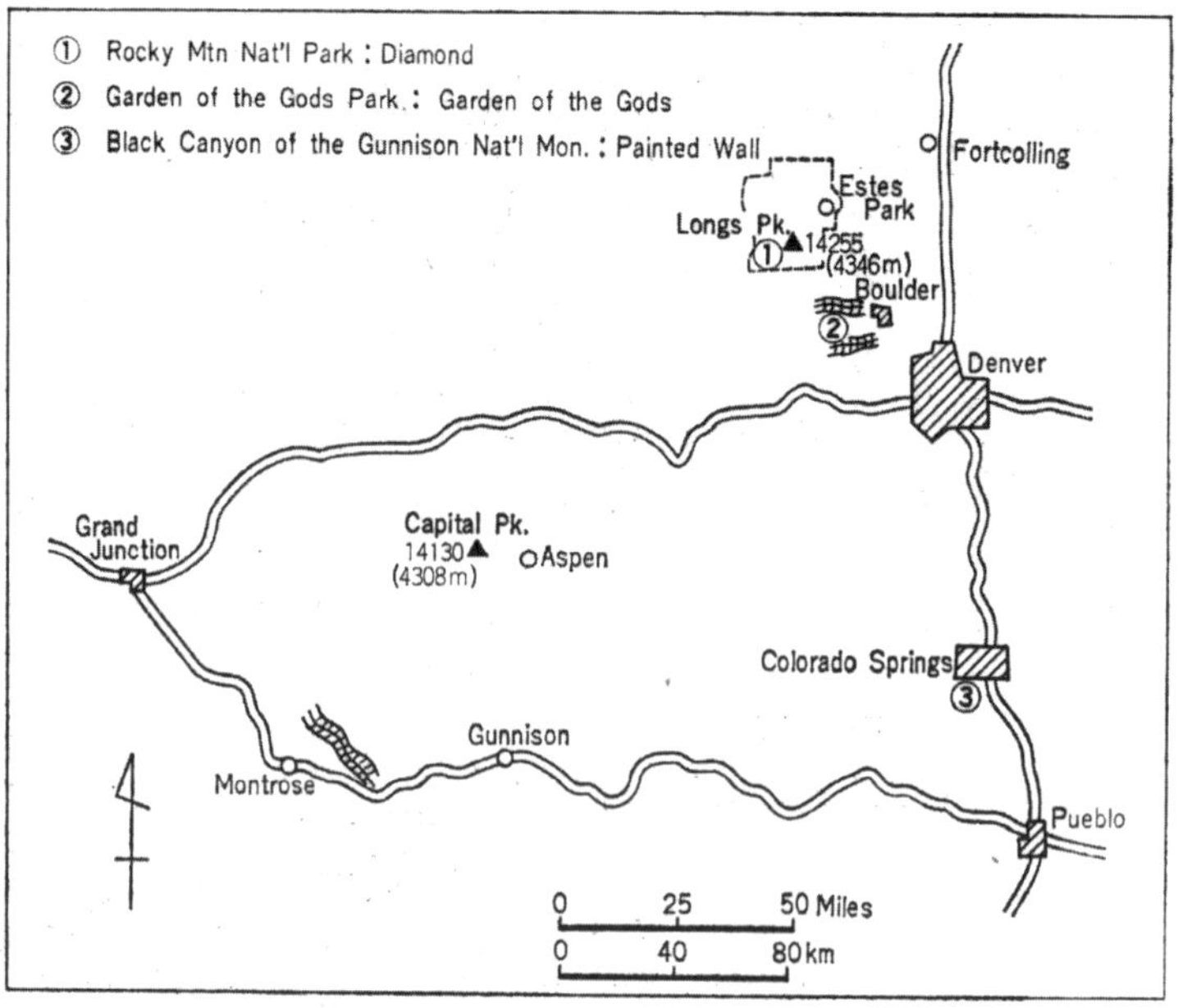

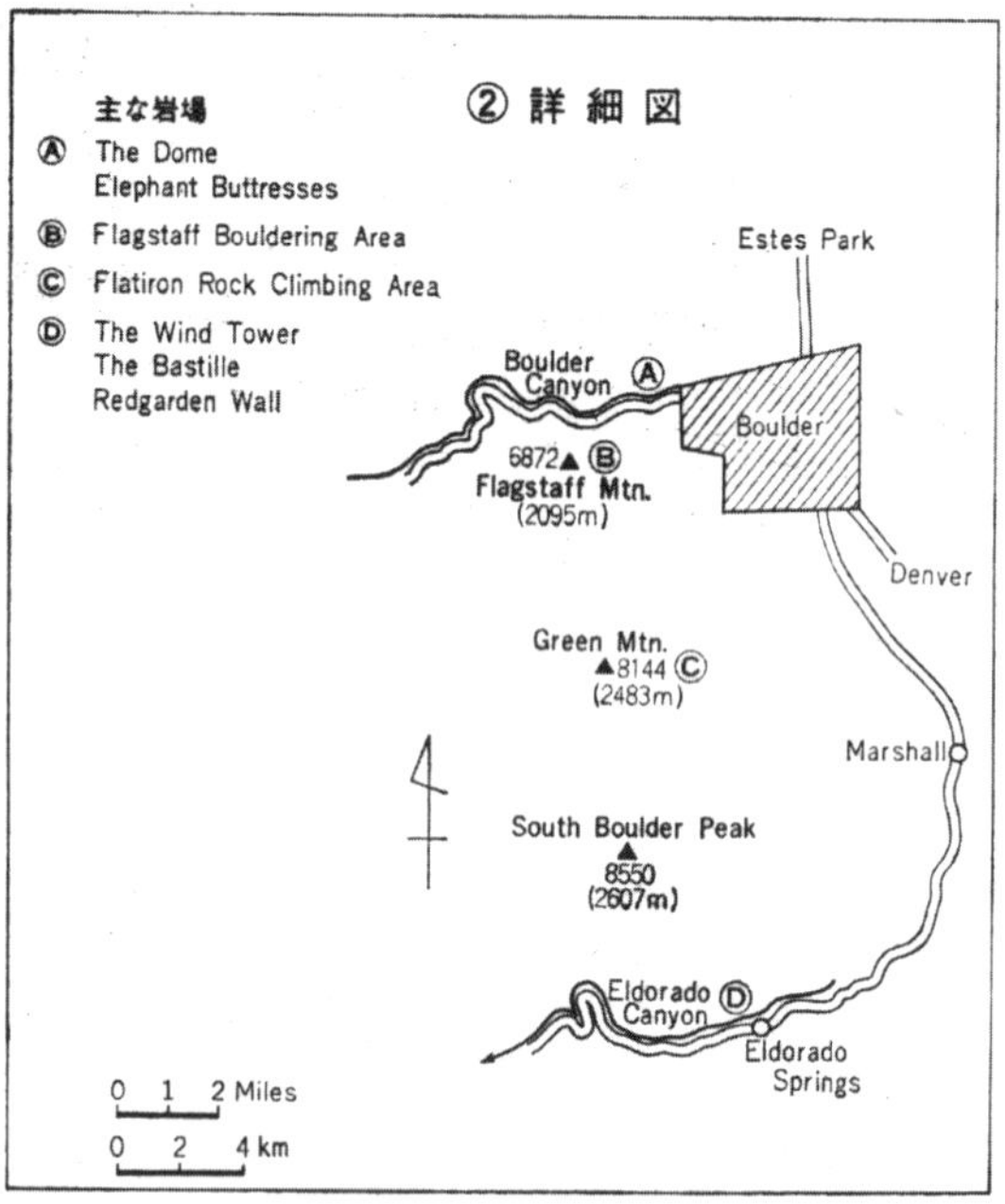

の一回転したところで右足が滑り、ヨセミテで二回目の墜落。これしきのところを登れないはずがない、それほど気合が乗っていたので、何のためらいもなく、再度レイバックで突進、スクイズ・チムニーのなかに入り込む。あとはゼーゼーいいながら登るだけ。つづいて残りの人たちが続々と登ってくる。全員が登り終えたところで、一㍍横のバリエーション・ルートをトップ・ロープでトライする。こちらは同じ5・10でもCにランクされる代物。半月状のオフ・ウィズスの奥に幅一〇㌢ほどのクラックが走る。中間にあるオーバーハングがキー・ポイントになる。今度は握りこぶしを作り、ジャミングした両手にぶら下がり、左足はクラックに効かぬジャミング、右足はバック・アンド・ニーで腕の負担を軽くする。手の甲は針の山にでも押しつけているようで、痛みが全身に伝わる。ハーハーする息づかいも一段と高くなる。身体は取付点からもう二㍍も空間に飛び出し、まだつづく。オーバーハングを越え、やっといままで背にしていたフレークをつかんでレイバック。腕は上げるのさえつらい。つづいて蒼氷の山崎君が試みるが、ハングで落ち、もどろうとしたがもどれず、改めて露出度の大きさに驚ろかされる。

午後は、セレニティ・クラックの右二㍍にある。マキシンズ・ウォールにきめる。このルートはいきなり5・10のフェース・クライミングから始まる。先日セレニティを登っていたとき、アメリカ人パーティが何度も滑落しているのを見たばかりのルートである。最初のボルトまでの五㍍ほどが悪い。落ちないように、滑らないように、爪先立って小さなホールドを探しながら、一㍍、また一㍍と高度をかせぐ。登るにつれ傾斜は増し、フリクション頼りのEBの靴底はいつもわずかながらずり落ちるようになった。右足が落ちきらないうちに左足を上げ、左足が……まるで下りのエスカレーターを登っているようで、足は動かしても指先は一向に動かない。セカンドが登ってくるのを見ていると、はじめから終わりまで、爪がスラブをひっかくカリカリ、カリカリという音が聞こえっぱなし。いまとなっては実に懐しい音になった。

こうして短くはあったが、充実したヨセミテの生活に別れを告げ、アンデスに向かった。

コロラドへ

七年ぶりのアンデスはなつかしかった。しかし、EBシューズに比べ二重靴の重たいこと。高所障害をがまんして、雪を融かして作るわびしい食事。非文化的生活をくり返していると、ヨセミテの乾いた岩が恋しくてたまらなくなった。重い荷を背負った苦しい荷上げ。

「俺、いま楽しいのかな？」

アメリカに舞いもどってきたのは八月半ばだった。今回のパートナーは前年ヨセミテで数多くのビッグ・ルートをこなした上島康嗣。二十日にデンバーへ飛び、マイクル・ケネディの待つアスペン

AMERICAN FREE CLIMBING

に着いたのは、二十一日の夜だった。それから一週間、増築中のケネディ家の居間に居候して、周辺でなまった身体を鍛えようと思ったが、とにかく車がないとどこへも行けない。ヒッチハイクも試みたが、どうも私たちにはつれなかった。結局、キャピトル・ピーク（一四一三〇フィート＝四三〇八メートル）の退屈な北壁を二十五日に登っただけで終わった。つづいてケネディの紹介で、エステス・パークのスティーヴ・コミトの所にころげ込んだ。彼は登攀用具店を経営しており、自宅には彼の店で働いている有名なクライマーダンカン・ファーガソンが同居している。

腕試しは、彼のすすめにしたがって、ザ・ブックのJクラックに出かけた。一ピッチ目はやさしいディエードル。二ピッチ目は逆Jの字のクラックにそってジャミングをくり返すだけだが、トレーニングの不足分を割引いても、とても5・9といえる代物ではなかった。コロラドの5・9はヨセミテの5・10だという話も、あながちウソではないと思った。そのまま「J」のヘッド・ウォールを登れば5・11だが、これは手が出ないので、フリクション・スラブの迂回ルートをとる。この登攀で、コロラドのグレードが大体見当ついた。

大物のダイヤモンド（ロングズ・ピーク東壁）へは、もう少し登りこんでから行きたかったが、日数がかぎられているので、そうもいかなかった。

ことしのコロラドの天候は異常らしく、夕方になるときまって夕立ちがある。それが、ここ二、三日止んでいて、ラジオは数日後にまた雨が降りやすくなると伝えているので、いまをのがしたら登れなくなるといわれ、一抹の不安はあったが、ダイヤモンドのグランド・トラバースに挑むことにした。

ロッキー・ナショナル・パークのレンジャー・ステーションから三時間で基部に到着、静かな湖畔にテントを張る。このダイヤモンドは予約制で、一日一ルート一パーティ。順番待ちはない。

九月二日早朝、ダンカンの書いてくれたルート図を頼りに、中段にあるブロードウェイまでノース・チムニーを登る。そこは広いバンドが走り、ビバークには絶好。しかし、おおいかぶさってくる上部岩壁の威圧感でまいってしまう。一ピッチ目はダイヤモンド・ワンのすぐ左から取付く。嵐の前の静けさのように、ホールドの豊富な登りから始まる。二ピッチ目、フェースを一〇メートル、そこから垂壁に走る幅一〇センチにも満たない切れぎれのバンドを左へトラバース。悪いことにホールドに手が届かない。足もとスッパリ。露出度もすごい。墜落覚悟で渡り始め、一〇メートルで今度はバンドに手をかけ、なおもトラバース。七メートルほどでバンドにマントリング。その間しっかりしたプロテクションもとれず、緊張の連続、とても楽しむなんて余裕はない。

ロープが五〇メートルいっぱ

コロラドの岩場はヨセミテに比べ，空間への露出度が高い急峻なフェース・クライミングが多い Colorado are steep face-climbings.

いのびたところで、ルートを外していることに気がついた。ヨセミテには白いチョークの跡やプロテクションがあったが、ここには何もない。上島にここまで登ってきてもらうことにしたが、ザックを背負って落ちずにバンドをトラバースするのは不可能に思えた。これが5・8。上にはまだ5・9のピッチが待っているし、ロープも一本しかない。これ以上登ったら下りることさえできなくなる。考えた末、諦めた。一年前にフリー化されたばかりのルートが、簡単に登れるはずがない。

コミトの家にもどると、かわいそうに思ったのか、ダンカンが休暇をとってエルドラド・キャニオンを案内してくれるという。

三日はコミトに案内され、5・11のショート・ルートで遊ぶ（もちろんトップ・ロープ）。5・11となると創造力を要求される知的なゲームだ。見ただけで〝これはいいホールドだ〟なんて代物はない。壁をなで回して、何回か試して、やっと一歩上がる。二時間一〇回以上試みて、やっと六、七㍍登れたにすぎない。しかし、やさしいルートを何本登っても味わえない、量では補えない楽しさを感じる。

10年遅れ？

コロラドには数多くのクライミング・スポットがある。ブラック・キャニオンのペインテッド・ウォールやダイヤモンドに代表されるビッグ・ウォールから、ボルダーまでそろっている。なかでも、私たちがダンカンに案内されたエルドラド・キャニオンはその中心地である。ルートは三～五ピッチ程度のⅢ級ルートが多いが、中味は濃すぎるぐらいだ。5・11なんてそこら中に散らばっている。

コロラドの岩を登ってまず感じるのは、ヨセミテとは大部構成が違うということだ。こちらは比較的大きなホールドがあっても、空間への露出度が桁違いに高い。両手でハングにぶら下がって越えるような所もやっと5・10というくらい、垂壁ないしは全体にオーバーハングしたフェース・クライミングが主体になっている。クラックでも、ヨセミテのように人工的に破壊されたものは少なく、自然のままなので、ジャミングでピタリときめるのは難しい。

また、コロラドは岩場まで交通の便がないし、キャンプ場も少ないので、車がないと大変不便な土地である。この点に関して、やはりヨセミテは観光客用だと痛感。

さて、朝の七時にエステスパークを出発、九時にエルドラドに到着。ここは道路からいきなり登り出す。ダンカンにリードされ、ウィンド・タワーのカリプソから開始。ついで対岸のバスティーユに移動。二ピッチのフェース・クライミングからなるヘア・シティ（5・9）をリードするが、一ピッチ目の終了点からザイルを垂らすと壁に触れないほど傾斜がある。二ピッチ目は顕著なオーバーハングを大股開きで越す。三本目は同じバスティーユのワーク・サップ（5・9）。ダンカンにリードされたせいもあるが、このクラック・ルートは快調だった。

最後は大物。ジム・エリクソンがオーバーハングのフリー化を開眼したというタガー（5・10）だ。傾斜のつよいスラブをフィンガー・ジャミングで第一のハング下まで登り、ここからハング下を第一関節がわずかにかかるレイバック。コロラド・クライマーの流儀にしたがってチョークをもっていなかったので、実にしんどい。二ピッチ目は一㍍ほどの庇状のオーバーハングなので、ダンカンとトップを交代、ゆっくりと5・11クライマーのクライミングを見学。実に落ち着いた登り方をする。その彼もオーバーハングの乗越しには少々手を焼いている。彼がスムーズに越せないんじゃ私たちはいったいどうなるか心配だった。さて私の番だ。右手でハング下のがっちりしたホールドをつかんで庇の先端に左手をかけ、左足を左横の岩に突っ張り、左腕でぐいと身体を引き上げ、右手を伸ばし、その上の小さなホールドに指先をかける。その体勢で左手を離し、クラックにジャミング。右手の指先は針にさされるように痛み、左手の甲は岩にがっちりくい込んだ。痛くて痛くて、身を引き上げるどころじゃない。いったんロープにぶら下がってから、二度目にやっと越えた。一〇年以上も前にここをフリー化したエリクソンに尊敬の念を抱く。

コミトの家に滞在中、ダンカンに話を聞く機会があったので、いろいろなことを質問した。詳しくは上島君のレポートに譲るとして、ダンカンにいわせると、日本のロック・クライミングは一〇年遅れているという。コロラドでもフリー化に関しては、はじめのうち白い目で見られたが、いまや完全に定着したという。そして「君たちはその遅れを知ったのだから、五年の遅れだ」と付け加えた。

確かに日本のロック・クライミングは遅れているし、独立したジャンルになりきっていない。夏のロック・クライミングは冬期登攀の踏み台としてあり、その上（？）にはアルプスが、ヒマラヤがある。夏の乾いた岩のすばらしさ、楽しさは知っていても、それに真剣に取り組んでいる人間が何人いるだろうか。クライマーはアルピニストやヒマラヤニストの予備軍なのだろうか。ヨセミテでジョン・バーカーと話をしたとき、私がチャンガバンの隊長だと紹介されると、「君はアルピニストだ」と即座にいった。そのときの彼の姿に、ロック・クライマーの誇りを感じた。

　ダンカンに送られ、ボルダーに住む女性クライマー、モリー・ヒギンスの家に今度は居候。相棒はちょっと足を伸ばしてボルダー・キャニオンあたりに行きたがったが、私は本場ボルダーでボルダリングに専念したかった。さっそくマウンテン・ショップでボルダー・マップを購入。歩いて三〇分ほどのフラッグ・スタッフ・ボルダリング・エリアに行った。

　ヨセミテのボルダリング・コースにはグレードがついていないが、ここにはちゃんとついている。登れたのはＢ５・９。本当のボルダリング・グレードはＢ１からＢ３までで、Ｂ１が５・11かそれ以上とされている。

　ここで興味をひかれたのが、ロング・トラバースと名づけられたＢ５・10プラスのコースだった。一五㍍ほどのトラバースだが、初日は二㍍行き、落ち、またそこからやり直しのくり返し。途中何カ所かどうしてもトラバースできない所があった。翌日、こま切れにトラバースすればなんとかできるが、始めから終わりまで通してはできない。この日はこのコースだけで三時間楽しんだ。三日目、昼にはヨセミテにもどるのでラスト・チャンスとばかり、珍しく早く起きて挑戦。やっとできたときには、大声で叫びたい衝動にかられた。

おわりに

　いまや世界のロック・クライミングをリードするヨセミテ、コロラドのクライミング・スポットを巡り歩いて、私自身に変化があったとするなら、それはクライミングに対する限界が、遙かかなたまで押し上げられたことだろう。いままでなら人工でなければ登れないだろうという眼でしか見られなかった所でさえ、フリーで登れるかもしれないと思えるようになった。可能性を秘めた眼で見ると、いままで見向きもしなかった岩場に、すばらしいラインが見つかる。

　日本でも楽しい、ダイナミックな登攀ができそうな予感が、確かな信念へと変化しつつある。日本でも、一ピッチ登っただけで充分楽しめるルートが作れるはずだ。あるはずだ。そして、楽しい、満足度の高い登攀とは、そのクライムにどれだけ没頭し、夢中になれるかによる。

　草付の悪さ、岩質のもろさに緊張するのではなく、目の前の岩自体をどうやって攻略するかと、頭を、そして手足を働かせるほうが、目的達成の快感は大きくなる。そのためには困難度の高いものが要求される。ここでいう困難とは、冬の気象条件の悪さとか、岩質のもろさ、支点の不確実さなど、自分ではどうしようもない悪さからくるものでなく、純粋にテクニック面での困難度をさす。

　確かに、日本の岩場には、そんなクライミングのできるルートが少ない。だからといって、冬期登攀にしかクライミングの醍醐味を求め得ない、というのはどうかと思う。夏の岩で培った高度な技術があって初めて、冬期登攀でも本当のクライミングができるのではないか。それを怠ったままでやる冬期登攀は、つねに、ピトンやボルトを打ち足したり固定ロープを用いたりする、ごまかしのクライミングでしかないだろう。ある意味では、私たちのチャンガバン南西岩稜だって、それに近いものだったといえるかもしれない。

　だからこそこれからの私は、まず日本の岩場で、ハードなフリー・クライムに専念してみたい。日本の岩場では、まだ常識化していないフリー化のことを考えれば、これから楽しめる要素は無尽蔵といっていいくらいだ。

（とだ・なおき　グループ・ド・コルデ会員）

岩と雪 No.76（1980.8）P52-59

日本人のヒマラヤ登山とその背景

K2登山隊を取材して見たものは、俗世間の構成原理によってがんじがらめにされた登山界の閉塞状況であった

本田靖春

1

私は登山に関してまったくの門外漢である。それでいながら「週刊文春」に「魔の山K2に憑かれた男たち」と題する作品を連載した。（昭和五十四年一月十一日号〜四月十二日号）

省みて、身の程知らずであったという気がしないでもない。事実、物書き仲間から、なぜお前が山のことを書かなければならないのか、という苦言をちょうだいした。

しかし、私が書こうとしたのは、登山そのものではなく、遠征に集った隊員たちが織りなす人間模様だったのである。

彼らの中の少なからざる部分が、この遠征に参加するため、職場を捨てたという。私がまず惹かれたのは、そこのところであった。

実をいうとこの私も、ほぼ十年前に十六年間身を置いた新聞社を辞めた。そのわけを限られた紙幅で正確に述べることは出来ない。ごく大ざっぱにいえば、言論機関といえども例外ではない管理体制の進行に対する反撥、ということになろうか。

ともかく、私は生活の安定を捨てた。高度経済成長期以降の日本は、いわゆるアフルーエント・ソサエティ（裕福な社会）である。敗戦直後ならいざ知らず、食べて行くだけならどうにでもなる。私はたとえ収入が半減しようとも、人間として自由である途を選んだのである。

体験として痛切に感じることだが、現代における企業（とくに大企業）と呼ばれるものも、その成り立ちの基本原理においては、幕藩体制がかたまったあとの諸藩と何らかわるところがない。

その証明として、司直の追及を食いとめるため「企業は永遠です」との遺書を残し自ら命を絶った総合商社の常務の一例を引けば充分であろう。

わが国において、集団の成員である個々人にアプリオリに求められるものは情緒的な一体感であり、この構成原理は昔も今も一貫している。そして、それが、精神面の近代化をどれほど妨げて来たこ

とか——。

藩が企業へと組織を改めても、かつての藩士さながらに社員は公私両面にわたる束縛を受け、いささかも自由人たり得ない。わが国で、個の尊厳という近代化には不可欠の思想が定着しないのも、悲しいことに、当然の成行なのである。

そういう同胞に苛立ちを覚え続ける私は、K2隊の話に飛びついた。彼らの行動に仮託して、いまなお続く閉塞状況に穴風の一つもあけてみたいと考えたからである。

しかし——。

私は前記の連載を一冊にまとめた『K2に憑かれた男たち』の「あとがき」の中で、こう書いている。

〈正直に告白すると、書き終った私に、物足りなさが残った。それは、当初、K2隊の面々に反逆者のにおいを、勝手にかいでいたからである。

工業化社会で最上段に置かれる徳目をかりにいえば、「足し算上手」とでもいったものであろう。属する集団の枠組の中で、個を殺して同一化することを強いられ、ひたすら物的な積み上げに明け暮れて来た日本人の窒息状況を、横から突き破る勢力が、そろそろ現れてもよいのではないか。年来、そういう思いにとりつかれていた私は、はずれ者の一人として、彼らにカタルシスを求めたのである。

せめて、遊びの場に、「反逆者」を見たい。海外登山は、あたまから壮大な「引き算」を前提にして成り立っている。隊員個々の実生活も、これまた「引き算」の連続ではないか——。

私は登山の話を書こうとしたのではない。小さな安定に背を向けた人びとの小気味よさとでもいったものに、引き寄せられたのである。

しかし、かい間見た現実は、形をかえた窒息状況であった。新貝氏は日本山岳界の前近代的体質にがんじがらめにされて、自由ではあり得なかった。

日本の登山もまた、個を殺すという意味で、日本的にならざるを得ない。遠征も、つまりは、即物的反応の域を出なかったのではあるまいか。そうした思いが、いささか私を疲れさせたのも事実である〉

2

K2隊の隊長をつとめた新貝勲氏は、度重なる海外遠征がたたって、文房具販売会社の社長のイスを失い、同業者に雇われる身となった。その片腕として副隊長に乞われた深田泰三氏は、同様の理由で昇進を期待出来ない公務員生活を送っている。もう一人の副隊長である原田達也氏は、K2隊に参加するため、れっきとした会社の課長の職を投げうった。

この三人に限らず隊員のすべてが、何らかのかたちで生活面でのマイナスを背負い込んでいる。

そこだけをとらえると、海外登山はたしかに「引き算」を前提にして成り立っているが、私はいま右に挙げた「あとがき」を部分的に訂正しなければならない。というのも、K2計画はその資金の大半を財界に頼らざるを得なかったからである。

この計画は新貝氏らの属するHKT（ヒンズークシュ・カラコルム会議）で持ち上がった。素人である私は取材の当初、新貝氏が主催問題をめぐって日山協（日本山岳協会）の首脳部に屈辱的ともいえる扱いをされながら、それでもなお辞を低くしてお百度参りをする経緯を理解することが出来なかった。

そのために新貝氏は居住地である福岡と東京のあいだを、数知れず往復したのである。

私の素人考えからすれば、日山協などにわずらわされることなく、HKTが単独で計画を推進すればよかったではないか、といいたくなる。

だが、そうは行かないらしい。そこで私は日山協という摩訶不思議な団体について、にわか勉強を始めなければならなかった。

その過程で、日山協の内部には大別して有力大学山岳部が主軸をなす日本山岳会と社会人クラブを中心となす旧全岳連（全日本山岳連盟）系の二つの勢力があり、両者のあいだに想像を絶する反目があることを知った。

あるいは、日本山岳会の旧全岳連系に対する抜きがたい優越感の裏返しとしての差別意識と、これに反撥する旧岳連系の怨念にも似た対抗意識の葛藤といいかえた方が、より実態に近いのかも知れない。

ここから先は付焼刃であることをお断りしていうのだが、戦前はもとより戦後もわが国の登山界をリードして来たのは、日本山岳会であり、これが究極的に志向するのは、極地法によるヒマラヤ大遠征であった。

戦後初のビッグ・エベントは、衆目の認めるところ、日本山岳会によるマナスル計画であろう。

この伝統あるクラブは昭和二十八年を皮切りに三次にわたって大遠征を送り出し、三十一年五月、三度目の正直でようやく世界第八位の高峰を落とした。

ときの隊長は慶大OBの槇有恒氏であり、三次にわたる遠征を通じ三田出身者の重用が目立ったとされているが、その詮索はさておいて、隊員のすべてが有力大学の山岳部関係者であったことはいっておく必要があろう。

戦後、いち早く活動を開始したのは伝統を持った大学山岳部で、前述した通り極地法によるヒマラヤ大遠征を夢見る彼らは、日常のトレーニングも縦走に重きを置いた。登山は、わるい言葉でいえば金と暇に恵まれたお坊ちゃんの遊びだったのである。

当然のこととして、ヒマラヤ遠征は彼らの独占するところとなった。

そのころ日本は、常時、外貨準備が不足しており、学術調査と銘打たなければ外貨割当が許可にならないといったような事情も手伝って、海山登山は彼らの独壇場であった。

片や金も暇もない社会人は、大学山岳部のする合宿や縦走など思いもよらず、東京および首都圏の場合でいうと、土曜日の夜行列車の床でまどろんで、翌日、谷川岳に登るといったふうに、近間での岩壁登攀に若さをぶつけていた。

日本山岳協会のある岸記念体育館

こうして、日本の登山界には、大きく分けると二つの流れが生じるのである。

ところが、昭和三十年代に入ると、いわゆるしごきを嫌う学生が同好会へ走るなど、時代風潮の影響を受けて大学山岳部が衰退に向かい、かわって尖鋭的な社会人クライマーが台頭して来た。

〈そしてそれは、積雪期におけるディフィカルト・バリエーション・ルートの初登攀の続出によって、いかんなく発揮されたのである。

すなわち、昭和三十二年、前穂高四峰・正面岩壁や谷川岳一ノ倉沢滝沢をめぐって展開された初登攀（争い）は、その輝かしい時代の幕明けを告げた。さらに昭和三十三年には、北岳バットレス中央稜、一ノ倉沢烏帽子岩周辺、剱岳チンネ正面岩壁などが次々に初登攀され、同年末から三十四年一月にかけての穂高・屏風岩中央カンテの初登攀争いで一段階を終えた〉（『現代アルピニズム講座』別巻・斎藤一男）

この間、昭和三十三年には東京を中心とするクライマーたちを選りすぐった第二次ロッククライミング・クラブ（ＲＣＣⅡ）が結成された。ここには一部、大学山岳部系も参加したが、主なメンバーは雲表倶楽部、朝霧山岳会、東京雲稜会、日本山嶺倶楽部など異った団体に属する面々で、横断的に第一線のクライマーを糾合したこの同人の発足は、取りも直さず社会人の勢力伸長を物語るものであり、一面、登山界を壟断《ろうだん》して来た日本山岳会に対する示威行動でもあった。

社会人の側からの突き上げを無視出来なくなった日本山岳会は、昭和三十五年、全岳連との調整機関ともいうべき日本山岳協会（現在の日山協とは別組織）を設けることで切り抜けようとする。

その背景に、スポーツ外貨枠を日本体育協会傘下の日本山岳会が一手に握って来たということがある。

このため、学術外貨を得て海外登山を重ねて来た京大を別にすれば、遠征隊を派遣出来るのは日本山岳会かその翼下の東京の有力大学山岳部に限られており、全国組織でありながらカヤの外に置かれた恰好の全岳連は強い不満を抱いていた。日本山岳会の恩恵を受けない他の大学山岳部も同様である。

昭和三十五年を境にして、日本山岳会の完全支配は揺らぎ始めた。この年に、全岳連が初めてスポーツ外貨の割り当てを受けて、伊藤久行氏を隊長とする遠征隊をジュガール・ヒマールへ送り出した。

ついでにいうと、同じ年に同志社大がアピ遠征を行い、初登頂に成功している。これが東京を除く地方の大学にスポーツ外貨が割り当てられた初めてのケースであった。

昭和三十五年といえば、あの悪名高い岸内閣が第一次安保闘争の高まりの中で倒れて、いわゆる所得倍増政策を掲げる池田首相が登場した年である。

以後、わが国は高度経済成長路線をひた走るのだが、それにつれて輸出が活発になり、昭和四十年には外貨が自由化された。

釈迦に説法だろうが、いま少し日本の登山界の動向について述べることをお許しいただきたい。

外貨の自由化を待っていたように、その年の八月、ＲＣＣⅡの芳野満彦氏と渡部恒明氏が、日本人として初めてマッターホルンの北壁登攀に成功、下山して来た渡部氏は足を痛めた芳野氏と別れ、名古屋山岳会の高田光政氏と組んで、これまた日本人としては初登攀となるアイガー北壁に挑んだ。その途中、渡部氏が墜落して不帰の人となったのはあまりにも有名だが、高田氏は単独で頂に立ち、この夏、三大北壁の二つまでもが日本人によって登られたのである。

この年の三月、ネパール政府がヒマラヤ登山の全面禁止を打ち出したため、気鋭のクライマーたちは続々とヨーロッパを目指し、全日本合同隊の吉尾弘・湯浅道男氏がドリュ北壁を、星川政範・加藤滝男氏がドリュ西壁を、ＲＣＣⅡの大倉大八・長久保実氏がドリュ・ボナッティ岩稜を登るなど、活躍の場はアルプスの三大北壁と他の六級ルートに移った。

極地法によるヒマラヤ大遠征を絶対視していた時代は去り、大学山岳部の陰に隠れて黙々と岩壁にとりついていた社会人クライマーたちが、いっせいに花開く時節が到来したのである。

これより早くヨーロッパの登山界は冬の北壁の時代に入っていたが、昭和四十二年二月には小西政継氏の率いる山学同志会隊が冬期マッターホルン北壁の第三登を成し遂げ、登山先進国とのあいだの開きを一気に縮めた。

昭和四十四年、ネパール政府はヒマラヤ登山を解禁し、昭和三十八年にすでに許可を取得していた日本山岳会は、昭和四十五年のプレ・モンスーンに本隊を送ることを決めた。

その第二次偵察隊に小西氏が乞われて参加したことの意味は、戦後登山史の中で小さいものではない。

〃純血〃を誇った巨人軍が凋落期を迎えて背に腹はかえられず、外人の助っ人を入れたように、名門日本山岳会も差別の対象としてしかその存在を意識することのなかった社会人クライマーに助力を仰がなければならないときが、ついにやって来たのである。

サウス・コル経由からの登頂は、も早、大した価値がない。そこで日本山岳会は東南稜隊と南壁（南西壁）隊との頂上でのドッキングを計画した。

当時、南西壁は未登であり、極地法を金科玉条として来た日本山岳会の内部には、この難壁をこなすだけのクライマーはいない。やむなく、岩壁登攀のエキスパートである小西氏を迎え入れたのである。こうした事例は半世紀を超える日本山岳会の歴史上、初めてのものであった。

昭和四十五年の本番で、小西氏をリーダーとする南壁隊は敗退するが、それから十年を経て、今回の日本山岳会によるチョモランマ遠征が、社会人を主力として成り立っているのを見るとき、大学山岳部の低調はいよいよ明らかである。

これより先、昭和四十二年に、現在の日山協が発足、日本山岳会も他のクラブと並列的な位置を受け入れて、その下部に属することになった。しかし、一本化されたこの日山協の首脳部を日本山岳会の実力者が占め、組織図こそ書き改められたものの、彼らによる実効的支配はなお続くのである。

3

さて私はこのあたりで、Ｋ２隊に話を戻さなければならない。

新貝氏とは取材の域を越えて時間を重ね、その飾りけのない人柄に強く惹かれるものがあった。好ましい人物であるということにいささかのためらいも持たない。

Ｋ２隊について、その出発の前、「二流の登山家の集まり」といったような冷ややかな評価がマスコミにあらわれていたことを私も知っている。

一流か二流かをいう資格は私にないが、ほとんどの隊員が未知の間柄という混成チームを率いて、世界第二の高峰に第二登を果たした新貝氏のリーダーシップは、認められてしかるべきであろう。

ただ、私が氏のために惜しむのは、この遠征が日山協に管理されたかたちで行われなければならなかったということである。

いまの私は、新貝氏の苦しい立場を理解している。

大遠征の形式をとるからには、最低一億円からの資金を要する。そして、その大半は財界からの寄付に頼らざるを得ない。そのためには、日山協のお墨つきを不可欠の要件とする。

Ｋ２の計画が持ち上がり、その推進者の役割をになわされた瞬間から、新貝氏は囚われの身になったというべきであろう。

野武士と綽名される氏本来の性格からなれば、すでにイタリア隊に登られている東南稜には目もくれず。バリエーション・ルートから挑みたかったに違いない。しかし、氏はそれをしなかった。

日山協の主催が決定したあと、その首脳の一人はこんなことをいったという。

「新貝君、三人までは殺していいからな。絶対に登頂してくれよ。四人死んだら、これは社会問題になる。そのときは引き返すとして、しかし、失敗は許されないんだぞ」

さまざまな話題を提供したＫ２　広島三朗撮影

登頂を至上命令として言い渡された隊長としては、より確実なノーマル・ルートを選択する。

宿題の登頂を果たしてラワルピンディに帰り着いた新貝氏を待ち受けていたのは、帰国に際してのこまごまとした日山協の指示であった。そこには、羽田空港でタラップを降りる順序から、ロビーで予定される記者会見での発言内容まで指定されていたという。

事大主義とは、まさに、このことをいうのであろう。

私はながいあいだ登山家のうえに、自由で濶達《かったつ》で、個性的で、反俗的で、冒険的で、自立心の強い人間像をイメージして来た。登山界はそうした人たちの寄り集まりであろうと想像して来た。

ここもまた、実社会と同じく、俗物がはびこり、老害におかされる世界であるのか。

4

Ｋ２隊は混成にしては珍しくチームワークがとれていたときく。伝えられたトラブルは、第一次アタック隊の指名にもれ、第二次アタック隊に回されたのを不満として下山した、故森田勝氏のケースだけであった。

Ｋ２隊の取材にあたって私は、文字通り北は北海道から南は九州まで隊員を訪ね歩いたが、主だったメンバーの中で森田氏にだけ会うことが出来なかった。それがいまも心残りである。

森田氏は「週刊文春」での私の連載が始まるより早く、シャモニに乗り込んで、冬のグランド・ジョラス北壁をうかがっていた。長谷川恒男氏とのあいだで単独攀争いを演じたあのときのことである。

どうしても森田氏の発言を欠かせないと判断した私は、たまたまフランスに滞在中であった友人に依頼して、森田氏にインタビューしてもらった。手元に残ったそのときの録音テープの中で、彼はこういっている。

「日本のヒマラヤ登山隊には、総指揮がいて総隊長がいて、隊長がいて、……副隊長がいて、といったふうで、お役所的なんですよ。あれ、英語に訳したら、物凄く大変でしょうね。

K2の場合は二人の副隊長がいて、一人は指揮を一所懸命やったけれど、もう一人の副隊長はベース・キャンプでご飯をたべていたに過ぎないような気がするんですね。これは陰口みたいになっちゃうんですけれど。

ああいう登山は、戦後間もないマナスルの登山と、あまりかわりがないと思うんです。パキスタンにはネパールと違ってシェルパがいないから、高所ポーターを雇いましたが、C2までしか上がらなかった。だから、隊員の人数を多くして、ボッカマンに使う。そういう人たちは指令室のいうがままに荷上げして、犠牲になるわけですよね。

最近のヨーロッパの遠征隊は小人数で、五人なら五人に指揮官は隊長が一人です。その隊長もベース・キャンプに座っていたりしないで、みんなと一緒に行動する。私は実社会をあまり知らないんですが、日本の会社ではやたら肩書をくっつけるそうじゃありませんか。日本はやっぱり肩書社会なんでしょうね」

実をいうと、取材を進めて行く過程で、私は会ったことのない森田氏に、いちばん人間的な魅力を感じていた。

彼の造反が新聞紙上で非難されたとき、その記事に「崩れた山の神話」という見出しがついていたように記憶する。

山の神話とは、たぶん、チームワークを指すのであろう。

極地法はチームの中のだれかが頂に立てばよい、という発想で成り立っている。この形式が大学の山岳部で継承されてきた理由の一つに、それがいわゆるタテ社会になじみやすいていのものであった、ということがあるに違いない。

繰り返しめくが、わが国において集団の成員に何よりも求められるのは、エモーショナルな全面的参加による一体感の盛り上げである。そしてその集団を組織として機能させるために、たえず序列が強調されて来た。

私はアポロ11号による月着陸の前後、ケープケネディとヒューストンに三カ月ばかりいて、テレックスによる送稿を受け持つITTのスタッフと起居をともにしたが、現場の最高責任者である副社長を、若いオペレーターを含めた全員が「ジョン」とファースト・ネームで呼んでいた。アメリカでは職分の差が身分の差にはつながら

K2隊の中で故森田勝氏に，いちばん人間的魅力を感じた

ないのである。

日本だとそうは行かない。平社員は上司に対して「課長」とか「部長」とかの役職名で呼び掛けるのが通例であり、それは酒場など私的な場でもかわらない。そして、上役の引越しでもあれば、休日を返上して手伝いにかけつける、といったふうである。

このような序列の差は、直接的な利害をともなわない大学でも強く意識されており、ここで生じた先輩後輩の関係は、終生かわることがない。

官僚の世界は序列で保たれているようなものである。彼らのあいだで「花の〇〇年組」といった言い方がよくされるのは、その一つの表れであって、入省年次を無視した抜擢人事など絶対に行われない。

こうして例を挙げていると切りがないので、先を急ぐとしよう。明治の資本主義勃興期に、労働者の定着を目的として案出された年功序列・終身雇用制はわが国独特の管理方式で、これが今日の経済的発展の基盤を成していることは、周知の通りである。

工業化を近代化というなら、日本は世界でも有数の近代国家となった。

しかし、人びとはいまなお個の尊厳を奪われたまま、小さな安定と引き換えに封建制にも似た窮屈な枠組の中で不自由をかこっている。私が登山家に期待するのは、そのリフレーンではない。

5

それにしても日本人は、なぜ、大遠征がこうまでも好きなのだろう。

昭和四十五年の日本山岳会エベレスト隊のとき、大遠征もこれが最後だろう、といわれた。昭和四十八年のRCCⅡエベレスト隊のときも同様であった。

だが、その後、昭和五十二年の日山協K２隊があり、これでいよいよ最後かと思わせたが、昭和五十五年、またまた日本山岳会がチョモランマに大遠征隊を送り込んだ。

素人の私が登山そのものに言及するのは避けたいが、ヨーロッパでは小人数ないしは個人の登山へと移りかわって来ているというのに、わが国は昭和四十五年から数えても、まさに十年一日のごとくではないか。大遠征という形式は、どうやら日本人になじみやすいもののようである。

チョモランマ隊の編成にも表れているように、日本山岳会と旧全岳連系の対立は急速に解消に向かい、いまでは一つに合流しつつあるように見受けられる。そのこと自体は喜ぶとしても、日山協というまことに日本的なタテ社会の前近代的体質はにわかに改まるとも思えない。それで私は気づくのだが、管理体制に進んで身を投じる性向は、大学山岳部の出身者ばかりでなく、社会人クラブ育ちにも共通しているということである。

日本列島から横断的に隊員を募って組織された隊は、本来、ヨコ社会を構成するはずであるのに、丸ごと日山協にからめとられてしまったし、その内部にあって隊員個々も森田氏を唯一の例外に、きわめて指令に従順であった。上が言い立てるチームワークは、しばしば絶対服従と同義語である。

登山というのは、最終的に個人のスポーツではないのか。

実社会の構成原理を遠征隊に移しかえて、それを八千メートルの高所に運び上げたところで、今日的意義は認められない。

私が登山家に切に望むのは、俗界では見られない真に自由な人間の魂の輝きであり、非妥協的な自己主張なのである。

（ほんだ・やすはる　評論家）

岩と雪 No.78（1980.12）P48-56

ヒマラヤの事大主義、物量主義を排し、真の高所登山スタイルを確立する姿勢とは……

高所登山のルネッサンス

原　真

高山と中山と低山

高山というのは、登山戦術的観点から見て、ほぼ六〇〇〇メートルを境にして、それより高い山と考えるのがよいと思う。ちゃんとした体力をもった中級以上の登山者なら、遮二無二つき進んでも、六〇〇〇メートル辺りまでなら、なんとか到達できるものだ。体力があまりない者でも、五五〇〇メートルくらいまでは、頑張って直進できる。そうである以上、六〇〇〇メートル以下の山をのぼるのに、うるさい方法論をもち出しても、実感がともなわないことになる。どんなにへこたれても、登頂できればそれでめでたしということになり、登山法のよしあしまでは頭がまわらない。

六〇〇〇メートル以上の山になると、話はそう簡単ではない。かなり強い登山者でも、六〇〇〇メートルを越えてなお一気に進みつづけることは不可能である。かりに、この高度で倒れるまで進んでから、おりてきたとしよう。その場合は衰弱が強くて、再起するまでに無駄な時間を空費することになる。まして動けなくなった場所（六〇〇〇メートル以上の）で泊まるようなことをすれば、致命的な結果を招きかねない。六〇〇〇メートル以上の山をのぼる場合には、方法のよしあしが、のぼる効率のよしあしを歴然と支配する。

しかし、このことは、体験するまではなかなか解らないらしく、相当なクライマーでも六〇〇〇メートル以上の未経験者だと、失敗しやすい。したがって、高所登山というものは高度に対する独特の技術と感覚を必要とするので、登山のなかでの独自のカテゴリーを形成すると規定してよかろう。

「山高きが故に尊からず」という言葉は、低山については真実かもしれないが、高山についてはあてはまらない。六〇〇〇メートル以上の山では、まず、高さが困難の度合いを決定する。したがって、高所登山の作戦というのは、第一に高さに対する作戦のことであり、高さ以外の条件についても、高さを無視して語る訳にはいかない。これが、六〇〇〇メートル以上の山、すなわち高山についての概念である。

それならば、六〇〇〇メートル以下の山は、一括して低山となるのかといえば、そういう訳ではない。低山というのは三〇〇〇メートル以下の山であろう。そこでは、高度の影響は、ほとんど問題にならない。しかし、三〇〇〇メートルを越す辺りから、高度の影響は、はっきりと人体に自覚されはじめる。そして、四〇〇〇、五〇〇〇とのぼるにしたがって、高所反応はつよまるが、それでも五〇〇〇㍍台までは、高山病をなんとか我慢して滞在していればいずれはらくになる。三〇〇〇㍍から六〇〇〇㍍辺りまでを中山とすればよかろう。つまり、

低山――ゼロ㍍から三〇〇〇㍍
中山――三〇〇〇㍍から六〇〇〇㍍
高山――六〇〇〇㍍以上

と大別しておく。

実は、高山の体験をしっかり身につけていれば、低山でも高度の影響を自覚することができるようになるが、その逆はむずかしい。つまり、高山をのぼれば、低山をよりよく理解できるようになるのに引き換え、低山の経験から高山を推量することはむずかしい。だから、日本の登山家は不利な条件にある。この考えは、世界を知らずして日本を知ることはできない、というのと同類の思想で、これからの登山観の重要なバックボーンである。

中山の経験から高山を予想することも、それほどやさしくはない。中山というのはまだまだ無理押しできる世界だからである。結局、中山といえども高山ではないからだ。高山の独自性は、高山をのぼることによってしか理解できないと考えて、ほぼまちがいあるまい。高山をのぼるためには、低山や中山の経験がなくてもさしつかえない、とさえいえる。

6000㍍以上の登山にはその効率のよしあしが成否を決定する。写真はダウラギリ1峰　尾形好雄撮影

日本の登山家の誤解

日本には低山しかない。富士山（三七七六㍍）が、かろうじて中山に首をつっこんでいるだけである。日本人の宿命は、低山をのぼりながら、高山に思いをはせることだった。あるいは低山を、高山をのぼるための練習場とせざるを得ないことだった。こうした条件におかれた日本の登山家は、高山に対する独特の誤解をもつにいたった。

誤解は、二つの系列に分かれる。

第一は、極地法万能主義の蔓延《まんえん》であった。ヒマラヤの巨峰をのぼるためには、極地法という登山

高所登山のルネッサンス

法が必要であるという知識の導入から出発して、日本の山でその方法を練習しようということになったのである。極地法というのは、ヒマラヤの八〇〇〇㍍峰――なかでもとくにエヴェレスト――をのぼるために採用された登山法で、いうまでもなく大規模な補給作戦にささえられて先端の隊員が登頂する方法である。包囲法ともいわれている。なぜか、日本では極地法という言葉が最初にひろがり、包囲法はあまり一般的でなかった。

エヴェレストで採用された極地法は、実は本当の意味での極地法ではなかった。本来の極地法は、平面を移動するときの方法で、先端の隊員は、補給さえつづけば、最先端に長く滞在することが可能である。しかし、高所では長期滞在は自滅の原因になる。だから、エヴェレストで採用された極地法は、実際には極地法の変形であって、正確な意味での極地法ではなかった。水平と垂直の道は、大きくへだたっていたのだ。だから、極地法というよりは、包囲法といったほうが合理的なのである。

ともかく、極地法を低山に用いれば、それは水平的行動（縦走）になるから、本来の極地法にはならないということになって、高山用の極地法にはならないのだ。皮肉なことに、日本人は日本の山で、本来の極地法を実行したことになるが、それは高山用の変形極地法（包囲法）ではなかったのだ。日本の山で極地法を練習することが、高山へのぼるためだとすれば、意味のないことだ。日本人は奇妙な

人種で、日本式低山極地法を独特な形で発達させた。そのための道徳、哲学までつくりあげた。それは登山技術というよりは、一種の生活技術といった方が適切であろう。日本人の集団依存主義が、低山極地法の育成にあずかって力があったのかもしれない。ここまできた極地法は、高山へのぼるためには、無意味なだけでなく有害となった場合も案外多いことだろう。海外登山を計画する場合の、事大主義、物量主義の温床になっただけでなく、弱卒をそだてる結果にもなったのではあるまいか。

第二の誤解にうつろう。

戦後の登山界は、極地法主義に対立する岩のぼり主義というのがあった。それは、縦走主義に対する垂直主義といえたかもしれないし、あるいは、集団主義に対する個人主義とか保守主義に対する尖鋭主義と主張するむきもあった。大学山岳部派に対する社会人山岳会派という階級思想さえ生まれた。その主張の是非や真偽はともかくとして、これらの岩のぼり派も、結局は高山に対する認識をあやまっていたのではないか。

岩のぼり派は、日本で岩壁をのぼるように、高山でも岩壁――あるいは壁らしきもの――をのぼるべきだと主張した。極地法主義者たちは、ヒマラヤにまで行って馬でものぼれる尾根をあるいているにすぎない、という批判もでた。高山でも次第に壁がのぼられるようになるはずで、そのような時代を、〃きたるべきヒマラヤ鉄の時代〃と命名する人物もあらわれた。この主張自体はもっともで、別に、どこといって字づらの上でのまちがいはないのかもしれない。ただ、抽象的にこういう主張をする人が、高山のなんたるかをよく解っていなかったところに問題があった。日本の岩壁をのぼっていれば、そのままヒマラヤで岩壁がのぼれるということではなかったのである。日本では岩のぼり派だったはずの人たちが、ヒマラヤではとてつもない物量作戦に落ち込んだ例はめずらしくもない。あるいは、岩のぼりに熟達していても、高所のことを理解していないために、なんでもない高山にのぼれなかった例もある。

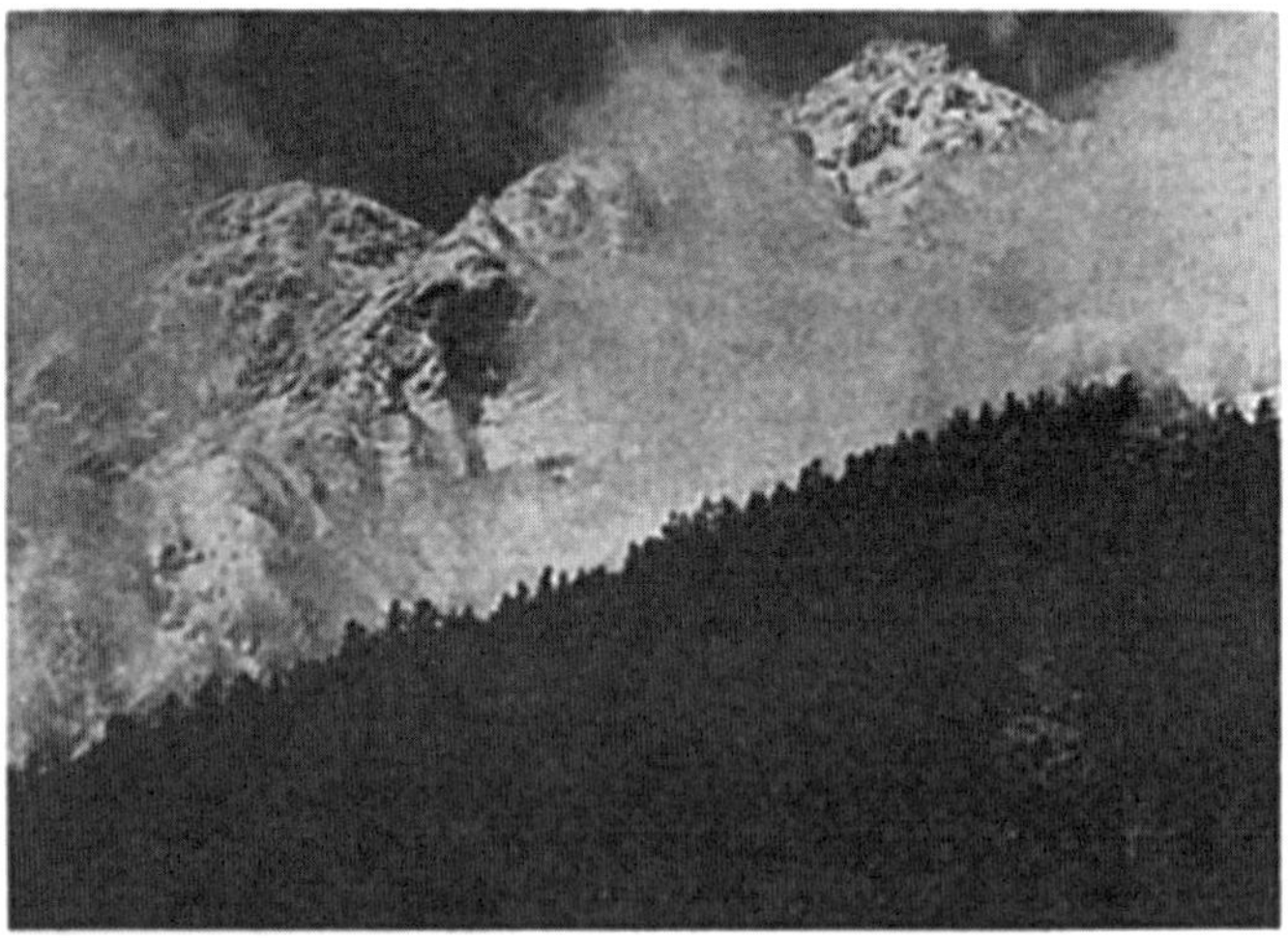

3000m前後の日本の山にはそれなりの登り方がある。写真は穂高岳西面　佐藤博史撮影

高山でも岩がのぼれるためには、岩のぼり術以前の高山術が必須であることがまだよく解らなかったのである。高山の高山たるゆえんを無視した点では、極地法派も岩のぼり派も大差なかったわけで、その意味では保守も前衛も似たようなものだったといえそうだ。要するに島国根性の低山趣味がいろいろに形をかえて表現されたということではないのか。

抽象的な登山思想というものは、とかく誤解の種になるもので、日本で岩のぼりをやったあとはアルプスへ行くべきで、ついでヒマラヤへいたるのが正統のアルピニズムだなどという思想もやや非現実的だったようだ。高山ののぼりかたは、最初から高山で学ぶにしくはない。それができないとき、他の山で練習することになるのだ。高山のもつ根本的な特徴は高山でしか学べない。アルプスへ行ったから、日本の山よりヒマラヤへ一歩近づいたという考えも、すこし割り引いたほうがよい。アルプスの体験では、高山への準備としては、まだ不充分で、あまり参考にはならない。結局、低山は低山らしく、中山は中山らしくのぼることのほうが、高山を高山らしくのぼる作戦につながりやすいのではないか。すくなくとも、そうあるほうが心理的には健全で、島国根性から解放される道でもあろう。日本の山で高山ごっこなどしないと決心したほうが、かえって外国の高山へ挑戦するちか道かもしれない。

アルパイン・スタイル

五年ばかり前から、アルパイン・スタイルという言葉が流行しはじめた。これは、ヒマラヤなどの高山を、アルプス風に、小人数で短期間にかたづけてしまう登山法のことで、メスナーとハーベラーによるガッシャーブルム1峰（八〇六八㍍・一九七五年）の登山あたりを契機にいわれだした言葉のようである。その三年後にはヤニック・セニュールも同様の登山法でブロード・ピーク（八〇四七・一九七八年）をのぼった。メスナーはベース・キャンプ設営後、十六日目、ベース・キャンプ出発後わずか三日目に登頂し、セニュールもベース・キャンプ設営後十日目、出発後三日目で頂上についたといわれている。

アルパイン・スタイルというのは、高峰の頂上まで一気呵成にのぼりきることをいっている。これは、アルプスで採用される方法と同じような形式という意味で、包囲法を排除した突撃法ということになる。短期登山あるいは速攻登山といってもよいであろう。あるいは無酸素登山といわれるものも、結局のところは、極限的なアルパイン・スタイルのことなのだ。このような登山法をわざわざアルパイン・スタイルと命名する裏には、いままでの高所登山は、包囲法が主体であった——すくなくともそういう意識が一般にあった——という事実がある。実際には以前にも、アルパイン・スタイルの高峰登山が存在したにもかかわらず、一般的には、それらは正統な登山法ではなく、むしろ異端的な登山とみなされていた、といいかえてもよい。近年、あらためてアルパイン・スタイルが正統的な登山法であると考えられはじめた。メスナーやセニュールを待つまでもなく、ソ連の登山家たちは、パミール（七〇〇〇㍍級）で以前からアルパイン・スタイルを実践していた。そして、アルパイン・スタイルは、壁の登攀にも採用されはじめている。

アルパイン・スタイルという表現は、以前にラッシュ・タクティクス（突撃法）といわれていた方法と類似の概念である。

一九〇七年、ロングスタッフが、トリスル（七一二〇㍍）にのぼったときの突撃法が有名である。ロングスタッフ一行は、五三〇〇㍍のキャンプを出発して、十時間半で高度差一八〇〇㍍をのぼり、頂上に達した。七十二年も前の話である。この登山に関するロングスタッフの感想がある。

「私はこのパーティーの中でいちばん弱いと思っていたが、ラッシュ・タクティクスをやってみることに決心した。あの二〇〇〇〇フィート（六〇〇〇メートル）のキャンプは恐ろしくてこりごりだった。人体のあらゆる組織の中で、酸素欠乏に対していちばん初めに影響が現われるのは脳細胞である。だから頑張り続けようという決心は、まだ意志の力が弱くならないうちに早目にきめなければならない。」

（『わが山の生涯』ロングスタッフ著、望月達夫訳、白水社）

高所登山のルネッサンス

このいい方には、意志うんぬんの個所に多少の誤解の余地があるけれども、重要なのは、ロングスタッフの時代にこのような突撃法登山がおこなわれていたにもかかわらず、それが次第に影をひそめたという事実である。エヴェレスト——つまり、トリスルよりはるかに高い、八八四八㍍の頂——を攻略するために、包囲法が台頭してきたからである。そして、ながい曲折の末ではあったが、とにかく、一九五三年五月二十九日、完璧な包囲法と充分な酸素補給によって、エヴェレスト（八八四八㍍）は初登頂されたのである。エディンバラ公殿下の言葉をかりれば、この登山は「全人類の卓越した範として歴史に残るであろう。」ということにあいなった。

たしかに、エヴェレスト登山は偉大な叙事詩であり、人類の遺産といえるかもしれない。しかし、それはすでに達成され終了した事業なのであるから、その二番煎じをいつまでも繰り返していたのでは、エヴェレストが堕落する。エヴェレスト以後、包囲法の蔓延によって、高所登山は一面では堕落した。集団主義、拝金主義、マネージャーの跋扈《ばっこ》、老醜の露見といった現象を堕落というのである。

エヴェレストの初登頂は、ハントという軍人によって、軍事作戦にちかい方法でなしとげられたのであった。それは、少数精鋭主義者のティルマンやシプトンが隊長であったら実行したであろうような登山とは、かなり異質の登山であったのではあるまいか。もし、シプトンが予定どおりに隊長をやっていたならば、エヴェレストののぼられ方は、もっと別なものになっていただろうから、高所登山の歴史もすこし変わったかもしれない。アルパイン・スタイルの台頭も、二十年くらい早まっていたことだろう。そうなれば、アルパイン・スタイルなどと、いちいちもったいをつける必要もなかったのかもしれない。しかし、実際の高所登山の歴史は、包囲法の定着と、そこからの脱却という過程をとおる必要があった。いずれにせよ、人類の歴史にとっての二、三十年はたいした期間ではなく、流れの本質こそが重要なのだ。おそらく、包囲法万能主義は登山史の流れから逸脱した一過程の現象であったと、将来は評価されることになるだろう。

アルパイン・スタイルというのは、登山の形式である。字づらどおりに受けとれば、形式にすぎないといえる。そうだとすれば、高所登山の形式には、包囲法とアルパイン・スタイルがある。どちらでも好きな方法をおやりなさいといって逃げるのもひとつの態度だ。そういう無思想な態度を打倒するために、こういっておかなければならない。

アルパイン・スタイルというのは、いつに登山の形式であるのみならず登山の価値観でもあるのだ。包囲法よりはアルパイン・スタイルのほうに値打ちがあるということなのだ。健全な精神をもっている人間にとって、その理由は簡単に理解できるはずだ。

包囲法から生まれてくるイメージは、巨額の金と無駄な時間とばかげた大宣伝とヒエラルキーである。これは物事の価値を他人に判定してもらおうと考えている人間、すなわち俗物の世界なのである。

それにひきかえ、アルパイン・スタイルには自己実現のイメージがある。登山という行為の値打ちを、自分自身が判定するのである。

この問題については、多言を必要としないだろう。わかる人間にはわかるし、わからない人間にはわからないということなのだ。心理学は、いまだに俗物の研究を充分になしとげていないのだから。

自分自身の体験を、至高のものにしようとする意志が、アルパイン・スタイルの原型である。たしかにハントも傑物ではあった。彼の実行した包囲作戦は模範とすべき完成品で、物量のたれ流しではなかった。しかし、それを充分に評価した上でなお、登山家として評価するならば、ロングスタッフやティルマンやシプトンのほうがハントよりは上であろう。彼らは、自己実現を第一とした人物であったから。

どんな高山でも、できることなら、アルパイン・スタイルで始末したほうがよいのである。しかし、アルパイン・スタイルとは、高山をアルプス風にのぼるということではあっても、その方法がアルプス登山と完全に同じということではない。純然たるアルパイン・スタイルが不可能な場合はいくらでもあり得るのであって、そんな場合でもよりアルパイン・スタイルにちかづけることに意義があると考えるのがよいだろう。包囲法を簡略化してアルパイン・スタイルに移行する過程として、セミ・アルパイン・スタイルが、当分の間の、実際的な作戦となればよいのであって、純粋型にこだわりすぎる必要はない。セミ・アルパイン・スタイルから、アルパイン・スタイルへ向かう道程が現実の方向といえるであろう。

―アルパイン・スタイルの実際―

包囲法が高所登山の常識だと思っていた時代には、突撃法(アルパイン・スタイル)は、無謀なあるいは超人にのみ許される行為だと考えられがちだった。フランス隊のアンナプルナ登頂は、それが突撃法にちかい登山であったがゆえに、ヒロイックではあるが悲惨な登頂になったのだと、誰しもその時代には考えたものだ。だからこそ、フランス人自身も、次のマカルーでは、完璧な包囲法を実施して安全な登頂をなしとげたのだと評価されている。このような考えは、半面の真理として、あとにつづく者たちの頭を混乱させることになった。いやしくも高山を目指す者は、包囲法の研究とそのための組織づくりに専心することが第一義だとされたのである。その結果は、弱い登山者の群が集団依存型の人間関係を形成することに弁明の余地を与えることにさえなった。日本では、とくにその傾向がつよかった。

だがしかし、実際には上手に実行されたアルパイン・スタイルは、危険などころか安全で快適な登山法であることが、だんだんと解ってきた。ロングスタッフもいうように、アルパイン・スタイルは体力の劣る者に、より適した登山法でさえあったのである。ただ、そのためには、高所順応が上手に獲得されるという、大前提があっての話である。

もちろん、体力がある上に、アルパイン・スタイルを実行すれば、登高距離は、いち段と大きくなる。これは、いうまでもない。体力が劣るなら劣るなりに、アルパイン・スタイルが体力の消耗を防いでくれるし、体力があるならあったで、より大きな業績につながるという訳である。

つまり、アルパイン・スタイルというのは、高所順応を下手におこなった場合は、危険な結果を招くのに引き換え、高所順応が上手におこなわれた場合には、最も能率のよい、したがって快適な登山となる可能性をもっているのである。

実際に、六〇〇〇㍍を越える高山で、高所順応がうまく獲得されていない状態で、進みつづけることは不可能なのである。無知ゆえに、この不可能をあえてやれば、悲惨な結果につながることもあり得る。たとえ、登頂できても、それはまことに不愉快な登山になってしまう。過去の登山では、不愉快な作業に耐え抜くことを意義ある苦業と錯覚する風潮はたしかにあった。マゾヒズムは、一部の登山家の特性であることは否定できないにしても、アルパイン・スタイルは、むしろ快楽主義者——すくなくとも快適主義者——に向いているというべきであろう。

極地法は必要以上に多くの隊員数と物量をうながしがちだ。写真はアンナプルナ1峰　松永敏郎撮影

ここに、アルパイン・スタイルの新解釈がある。それは、誰でもがおこなうべき登山法なのである。私は、三回の、初心者で試した高所実験登山から、この結論を実証したと思っている。パミール(一九七六年)、ガルワール(一九七七年)、アンデス(一九七九年)で試した結果、アルパイン・スタイルに関して、次のような確信を持ってよいという証拠を得た。

(一)アルパイン・スタイル(これはいうまでもなく六〇〇〇㍍以上の高山をのぼるためのスタイルである)は、適当な高所順応を獲得したあとにおこなわなければ例外なく失敗する。

(二)正しく実行されたアルパイン・スタイルは、体力の消耗を最少にとどめてくれる。

(三)方法が正しければ、短時間にのぼればのぼるほど体力の消耗はすくない。

(四)基礎体力があればあるほどアルパイン・スタイルに要する時間はみじかくなる。

(五)アルパイン・スタイルを実行するための感覚は、実際の高所体験によって訓練していないと充分に感得できない。つまり、経験豊富な登山家でないと、適切な計算がしにくい。

(六)初心者は、ほとんど必ずといっていいほど、早期に進みすぎて失敗する傾向を持つ。

(七)アルパイン・スタイルは短時間の晴天を利用して登頂できる。——悪天候につよい。

(八)しかし、アルパイン・スタイルは、登高の高度差が大きいので、天候の急変に対する備えが必要である。これは、完全な防寒装備と、撤退を断行する気力と計算能力とを意味する。

これらを要約すれば、アルパイン・スタイルは誰でもが実行すべき高所登山法ではあるが、その成果の大きさは、高所順応法と体力と経験によって決まるようだ。

アルパイン・スタイルの失敗は、下山中におこる遭難という形をとりやすいことを、銘記しておかなければならない。目指す頂上をのぼるための高所順応が不充分だった場合か、あるいは、どっちみちその高度へのぼるための基礎体力が不足していた場合に実行されたアルパイン・スタイルによって、その型の下山中遭難がおこりやすいのであ

高所登山のルネッサンス

る。完全に順応していない高度をさまよっていれば、下山中といえども高度障害は進行する。しかもくだりはのぼりよりも技術的にむつかしいのが一般だ。そこで、下山中に×印の形のグラフができあがる。体力が不足していた場合も結果は同じである。

体力の強さによって、アルパイン・スタイルでの、のぼれる高度の見当がほぼつく。

普通の登山者なら六〇〇〇㍍くらいまでは、まちがいなくのぼれる。かなり強い登山者ならば、七〇〇〇㍍までのアルパイン・スタイルが可能である。これは、一般のスポーツマンとして、二流の上または一流の下といった体力である。八〇〇〇㍍にアルパイン・スタイルを実行（無酸素）するためには、一流スポーツマン並みの体力がいる。スポーツ界では、こうした体力は測定可能であるから、この表現は明析な裏づけをもっていると考えてもらってさしつかえない。

一流スポーツマンは最大酸素摂取量六五（単位はmℓ/㎏）以上、一流の下または二流の上は六〇、ふつうのスポーツマンは五五、と考えてよい。それらを一二分走に換算すれば、六五は三三〇〇㍍以上、六〇は三〇〇〇㍍、五五は二七〇〇㍍くらいである。こう考えてくれば、自分の体力を考えた上で、アルパイン・スタイルでのぼれる高度の見当はつくというものだ。

体力のない人間が、包囲法でしかも酸素を吸ってのぼっても、値打ちのない登山ということに、これからはなるだろう。そんな人間を登頂させるための犠牲になって、下で荷運びにあまんずる人間が、文明国の圏内に存在するはずがない。まして、腕におぼえのある登山家なら、そんなのぼりかたで登頂者としての自分の値打ちをさげる行為は避けるようになるだろう。高所登山も、このような意味で、スポーツとしての要素をつよめることになるはずだ。そのことによって、登山の精神的知的内容が下落することは決してない。むしろその逆である。

アルパイン・スタイルが悪天候につよい理由は、短い晴天の寸暇をとらえて下から一気に登頂できるからであり、不必要な上部に幕営などしていては、多くの場合肝腎な登頂の日に悪天候にたたかれてしまう。すべからく、悪天候のときは下へくだり、晴天の到来とともに一気に頂上を狙うべきである。この際の判断力こそ、まさに経験によって培われた洞察力によるものである。

― 高山作戦の実際 ―

包囲法を排除して、アルパイン・スタイルにちかづくことに価値があるという基準に立って、高所登山の作戦を考えるとすれば、その要点はどうなるか。

まず、すべての大前提として大切なことは、山岳旅行と登山とを明確に区別することである。高山でこの両者を同時に実行することは至難であるので禁忌とすべきであろう。未知の地域をまず探検（旅行）し、その結果として、ある未踏峰が初登頂されたという歴史的なロマンは、いまだにある芳香をただよわせている。しかし、探検と初登頂とを合体させて、落穂拾い的な未踏峰へ向かうのは、戦前派のノスタルジアであろう。登山としても旅行としても、非能率でおもしろくないのが普通だ。旅行は旅行、登山は登山と、しっかり区別して実行したほうがはるかに充実した結果が得られるというのが、高山の実体である。「山岳旅行を成功させるためには、決して頂上に立とうとしてはならない」というのは、ティルマンの名言だが、その逆もまた真であろう。登山を成功させるためには、旅行に深入りしてはならない。

つぎにルートの形状について考えてみる。高山の登頂ルートとしては、一定の傾斜で頂上へつきあげるものが、最ものぼりやすい。その傾斜は三〇度から四〇度くらいを最良とする。傾斜がきつくなれば、技術的にのぼることが困難になるのはいうまでもない。これは誰にでも納得のいくところだ。見落としてならないことは、あまり傾斜がゆるくても、消耗がつよまって、山はのぼりにくくなるということである。これは、高所に長時間滞在すると体力が減退するという高所衰退論理から当然のことだが、低山では問題にならないことだから、とかく見落としやすい点なのである。ベース・キャンプから取付までの距離がながくて傾斜のゆるい山は、意外に消耗を強いられるものだから注意しなければならない。

長大な尾根も避けるにこしたことはない。日本人の登山感覚からいくと、ゆるくてながい尾根はやさしいと感ちがいしがちだが、高山では傾斜がゆるすぎるとかえって苦労する。とくに六〇〇〇㍍以上での平坦ルートは速攻登山の大きな障害になる。この理由から、高山の縦走が――もしそれが包囲法を排除したものであれば――やっかいなものであることは予想がつく。つまり、高度を克服するためには、最もやりやすいルートというものをまず仮想してみて、それをこなすための論理的な方法論を設定してみる。そのルートが理想の形態から、より垂直ないし、より平坦の方向へずれていく度合が、その高山のむつかしさ、ないしはめんどうくささを決定していくと考えればわかりやすい。

さて、山というものは、単にベース・キャンプから上の形態によってだけ、登山法に影響をあたえるものだと考えてはならない。ベース・キャンプへいたる時間を含めた道程が、登山方法と、登山者の身体的条件に大きな影響力を持っているのだ。

かりに地球儀を見ながら、ヒマラヤとアンデスを比較してみよう。日本から行く場合、いうまでもなく、アンデスのほうがヒマラヤより実測の距離は遠い。しかし、飛行機と自動車を使って山に近づく限り、ベースキャンプへ到着するまでの時間距離は、いまのところアンデスのほうがはるかにちかい（みじかい）。ヒマラヤの多くの地域は、いまだに平均二週間くらいのアプローチを歩かなければ目的の山に到着しない。アンデスの場合は、最後の都市から、車とロバと徒歩を合わせて一日で山のふところに到達できる。日本を出発してから実質四日目くらいには、山へ着いてしまうのである。あるいはパミールについて考えてみよう。これはソ連領だから、政治的な理由によってまずモスクワまで飛ばなければならない。あとは、モスクワを夜出発（飛行機）して最後の飛行場からはトラックを駆って、とにかく翌日の昼すぎには四〇〇〇㍍のベース・キャンプへ入れる。日本から、実質二日半の時間距離だ。中国側からのヒマラヤも山によってはそれにちかい状況になるだろう。マッキンリー（アラスカ）は、飛行機が二〇〇〇㍍の氷河上まで登山者を運んでくれる。上手に考えれば、日本を出発したその日のうちに、山麓に到着できるという訳だ。

アルパイン・スタイルの実践こそ登山をスポーツの領域に押し上げる。写真はジャヌー　アラン・ラウス撮影

山にちかづく時間距離がみじかければ、それだけ、人体の受ける高度の影響がはげしくなる。つまり、手軽にちかづける山ほど高山病にかかりやすいということになる。だから、時間距離のみじかい山ほど、事前の体力調整をしっかりやっておかなければならないし、現地での高所順応も要領よく論理的に完成する必要がある。手軽にちかづける山ほど高山作戦が重要になってくる。そして、長いキャラバンのはてに到着するような（時間距離のながい）山は、途中の峠越えで、知らぬうちにある程度の高所順応が獲得され、また体力の調整も歩いている間にできるので、かえってのん気に取り組めるというものだ。

―合理的訓練のすすめ―

アルパイン・スタイルでのぼるための原理は、単純にいうと次のふたつになる。

㈠登頂前に、必要にして充分な高所順応を獲得しておく。

㈡登頂のときは、ベース・キャンプを出発してから、頂上まで停滞することなくのぼりつづける。

㈠と㈡とを適当に組み合せることによって、短時間の消耗の最も少ない、少数のスマートな登山が可能になる。上級の体力をもつ登山者なら、最終段階（二）で、四〇〇〇メートルのベース・キャンプを出発するとして、初日に二〇〇〇メートル（六〇〇〇メートル）二日目に一五〇〇メートル（七五〇〇メートル）三日目に八〇〇メートル（八三〇〇メートル）くらいの高度はかせげるであろう。それより高くのぼるためには、多少全体の数値をさげて、四日をかけることになる。

このような度合で高度をかせげるかどうかは、基礎体力と高所順応の完成度によって決まることで、いうまでもなく高所感覚にすぐれたベテランでなければならない。そして、一日の行動時間五、六時間で各段階の行動ができるはずだ。また、前項でのべた種々の条件によって、登山の内容は千差万別に変化するはずである。

ルートが困難でなければ、高所順応訓練は、同じ山で実行する。もしルートが困難なときは別の山でこれをやったほうがよいこともある。あるいは、年に二回以上も高山へのぼっている登山者は、順応訓練の過程をかなり省略できるはずである。困難なルートを一撃でかたづけようとすれば、そのような体験の積み重ねが必要となる。

しかし、実際に高山で順応訓練をしてみれば解ることだが、順応のための上下運動をしている間に、体力そのものの持続的な消耗がおこってくる。もっとも、上手に順応活動をしても、かなりの疲労がたまってくるので、基礎体力のあるなしが、どの高度までの順応を獲得できるかに、比例的相関をもってくることになる。七〇〇〇メートル以上をらくにのぼろうとすれば、やはり基礎体力がかなりあることが必要で、高山を目指すかぎり、それはあたりまえのことでもある。

いままでは、高所順応の訓練は、山の中で実行するものと考えられていた。しかし、もしそれを下界の低圧室で試してみたら、体力消耗を最少におさえて、高所順応のみを純論理的に獲得できるかもしれないという仮説が成立する。それが可能ならば、まず現地登山期間が三分の一に短縮できることになるが、さらに体力の消耗をふせいだ分だけ、登頂そのものもより迅速な、あるいはより安全でらくなものになるかもしれない。私たちは、その仮説にもとづく一定の実験論理を作って、低圧訓練実験を実行してみた。この実験を完了した二人の隊員が、一週間後にマッキンリーへ飛び、実験室での順応効果を試してみたところ、どうも予想を上まわる効果があったようだ。二人は、四〇〇〇メートルを出発し七時間後にマッキンリー（六一九四メートル）の頂上に立ち、二時間後には下山した。もし深いラッセルがなければ、五時間で登頂できたはずだと彼らは報告した。標高二〇〇〇メートルの氷河で飛行機を捨てたあと、実働三日（一日平均約七時間、合計二二時間）でマッキンリーの登頂を終了したのであった。

この実験をもう少し繰り返してみれば、高山をのぼることの生理的な意味が、さらにはっきりしてくることだろう。これを登山術へ応用すれば、事前に充分に合理的な訓練を積んでおくことによって、能率のよい目の覚めるような高所登山が可能になるだろうということである。

高山へのぼるためには、まず体力と高所順応が必要なのだが、それらはいずれも訓練によって獲得すべきものなのだ。それらの上に登攀力を加えたとき、高山におけるあたらしい登山の可能性が開けてくるにちがいない。その可能性は、単純な記録としての登山よりも、むしろ質的に多様な登山法を出現させるように展開すると予想される。

包囲法は組織の登山であり、その運営が複雑なぶんだけ、結果は単純で退屈なものになる。アルパイン・スタイルは個人の登山であり、その原則が単純なだけ結果は多彩で刺激的になる可能性をもっている。高所登山をたのしむのならアルパイン・スタイルを採用するにこしたことはない。包囲法が退屈なだけでなく、くだらない理由は、包囲法を支える人間たちの心理状態が封建時代の人間心理そのものだからであろう。価値の判定という立場から見れば、そこが一番大切な点だと思う。

私が拙文の題にルネッサンスという言葉を含ませた理由が解っていただけただろうか。新奇な作戦や戦術だけを求めても無駄だ。私は、日本の登山家の精神が再生することを待望して、この一文を書いた。

（高山研究所所長）

■参考文献
「高所順応の方法」原　真、『岩と雪』六二号
「高所登山と体力」島岡清、『岩と雪』七一号

コラム5

ヨセミテの風2

教訓を生かす

1970年代、ヨセミテの風にふれた日本人たちは、土産話に終わらせることなく、彼の地で得た教訓を国内の岩登りに生かそうと努力を傾けた。ヨセミテのインパクトは、あの比類なく壮大なビッグウォールよりも、短いルートで行なわれていた高度なフリークライミングにあった。ビッグウォールを登ること自体が、せいぜい数ピッチのルートを如何にして登るかという、思考と研鑽を土台として成り立っていることを理解したからである。

実際、当時のヨセミテでは目ぼしい大岩壁のルートはあらかた登り尽くされて新ルートの余地が少なくなり、エイドを用いて登られていた困難なピッチ――たとえばノーズのストーブレッグスをどうしたらフリーで行けるかということを課題にする時代に入っていた。ヨセミテ村の長老、ジム・ブリッドウェル（当時30歳）のもとに有能な若手が集まって次々に課題を克服していった。ジョン・バーカーは75年にジョン・ロング、ロン・カウクとワシントンコラムにアストロマン（5・11c）を拓き、カウクとエレファントロックのホットライン（5・12）を登っていた。

500m、1000mの大きな壁がなくても、小さな壁なら自分たちが日ごろ登っている、いわゆる「ゲレンデ」が身近にある。これまで、穂高や剱の本番ルートを登るための練習台として、ある意味おざなりにしてきた岩場で新しいことを試みれば、残置ピトンやボルトに埋め尽くされてⅣ級、A1の凡庸な登攀に堕していた本番ルートの再生にもつながるだろう。そんな意識のもとに彼らは動き始めた。

林泰英の地元である広島の三倉岳、吉野正寿の地元王子ヶ岳では、仲間たちを巻き込んでゲレンデの見直しが始まった。岡山のあるクライマーが、「最近では5mや10mのクラックを登ってるほうが、よほどおもしろいんですよ」と述懐したのを聞いたことがある。関東でも、遅ればせながら鷹取山や日和田山で同様の動きが始まった。しかし、このころの広島・岡山のレベルは関東勢の一歩先を行くものだった。三倉岳を訪れたあるクライマーはよく「一歩も足が出なかった」と認めている。登攀界では、これを西風と呼んだ。

これらの動きと並行して新たな岩場探しも盛んになった。「クラックを探せ」が当時の合言葉になった。岡山や広島の瀬戸内海沿岸地方には花崗岩が多い。歴史のある六甲山地を含めて、ヨセミテ風のクラッククライミングに適していた。関東近郊で小川山や城ヶ崎が開拓されるのは、もう少し先のことになる。

こうしてクラッククライミングが盛んになるにつれ、用具の面でも後押しがあった。EBに代表されるフラットソールは、シャモニなどの岩場で履いてみた経験者もある程度いたが、これはゲレンデならいいけれど本番には使えないと、普及するのに時間がかかった。日本の本番ルートでは岩壁部が終わってから草付斜面を登らなければならないことが多いため、滑り止めとしてソールにナイフで溝を刻んでいる人もいた。

それまでの岩登りは基本的にビブラム底の登山靴、せいぜいクレッターシューズが主流だった。しかし、そんな靴では微妙なホールドに立ち込んだり、クラックにつま先を突っ込んでクサビ止めにしたりするジャミング技術は使えない。当時、一部の本番ルートやゲレンデでエイドルートをフリー化するのに使われたのは、もっぱら安価な運動靴だった。フリーといってもⅤ級Ⅵ級レベルでは、それでも十分に機能したのである。

EBシューズが初めて輸入されたのは76年、その数はわずか600足だったという。クラックにセットしてプロテクションにするナッツ類も徐々に輸入されるようになった。

要は、そのような新兵器を必要とするクライミングが広く行なわれているかどうかという需要の問題だったのである。

岩と雪 No.85（1981.12）P78-84

クン西壁 七〇〇〇メートルの岩壁登攀

近藤国彦

インド・カシミールの高地に、黒々とした岩肌をみせるクン（七〇七七メートル）西壁。断念を余儀なくされた一九七九年に引き続き、この岩壁で繰り広げられた再度の登攀は、一二ビバークの末完成された。

1300mの高度差を見せるクン(7077m)西壁　伊藤行人撮影

一九七六年の六月から八月にかけて、すばらしい仲間たちとともにペルー・アンデスに遠征し、その結果、高所における本格的な岩壁登攀を実践することができた。ワンドイ、チャクララフ、イェルパハーの、岩と氷で構成された壁で、一シーズンに三つの登攀に成功し、この成果が次の目標への大きな足がかりとなった。その目標とは、まだこれからの課題と思われる七千メートル峰の岩壁の登攀であった。

今までにも七千、八千メートル峰において壁は登られている。しかし、それらのすべてが、ルートの大半を氷・雪壁に求めており、ルートによっては壁というより面と呼べるものが多かったように思われる。私は、よりきびしい登攀になるであろう、高所の岩壁登攀を指向していた。そしてアンデスの経験から、七千メートル峰の岩壁といえども、今の我々の力量からすれば登れると考え、より困難な形で可能性を追求してみたかったのである。

そこで考えられたのが、壁に固定ロープを張りめぐらすポーラー・システムではなく、最小限の装備で人数も二人、ワン・プッシュによる登攀を実践しようというものである。幸い、私には吉野正寿というすばらしいパートナーがいる。この登攀については、以前から二人で話していたことなので、計画を実行に移すにあたって時間はかからなかった。そして対象としてインド・カシミールのクン（七〇七七メートル）西壁を選んだのである。写真で見る限り、その南西面は大半が岩壁で、場所によっては水を作るための氷さえないように見える。この岩壁は我々が目標とするに十分足りうるものと思えた。

痛恨の一九七九年

一九七九年夏、チャンスを得た近藤、吉野、坂田興一、藤沢英治、大平祐輔の五人は、クン西壁を登るべくパルカティ氷河上にベース・キャンプを設けた。しかし、写真でしかクンを見たことのなか

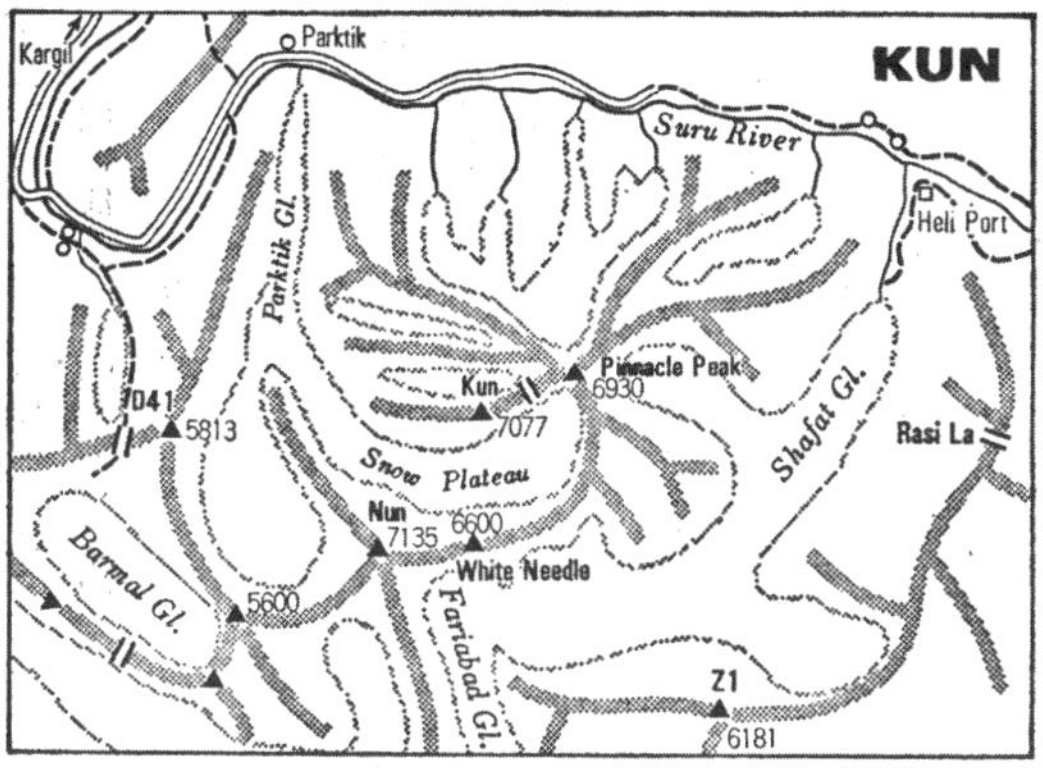

つた我々は、西壁へのアプローチについて大きなあやまちを犯していた。西壁への近道だと思って採用したパルカティ氷河は、現地に行って初めてわかったのだが、キーポイントとなるアイス・フォールが危険きわまりないものだったのである。しかし西壁へのアプローチは他に見あたらない。ルートを求めて足を踏み入れてみたものの、とてもルートをキープできる状態ではなかった。三日間のルート工作で疲れ切った我々には、西壁へのアプローチを断たれた絶望感が残った。

　来年もう一度出直そうという話も出たが、どうにも腹の虫がおさまらない私は、ヌンから写した写真と双眼鏡を手に、新しいアプローチをみつけるべくパルカティ氷河の上を歩き回った。その執念が通じたのか、氷河右岸のドロミテを思わす岩壁帯に、一ヵ所だけ上部が開けている谷をみつけた。偵察の結果、下部はせまいルンゼ状のスラブで、中間部に懸垂氷河をもつが崩壊の危険はなく、アプローチとして可能なことがわかった。しかしこのルートはベース・キャンプから稜線まで一四五〇㍍の高度差がある上に、目的とする西壁へは、この稜線を含め二つの尾根越えをしなくてはならない。険しく長いアプローチとなった。

　西壁へは近藤と吉野、ノーマル・ルートからは坂田をリーダーに藤沢とリエゾン・オフィサーが、このアプローチを利用して頂上を目ざすこととなった。だが、リエゾン・オフィサーが頂上まで二、三時間のところで高山病となり、全員で救助（ヘリコプターに収容）に当たらなければならなかった。

　その後、疲れ切った体で、ふたたび近藤と吉野は西壁へ向かい、壁の三分の二近くを登ったが、運の悪いときには悪いことが重なるもので、わずかなスリップで吉野が足首をねんざしてしまった。それも歩行不能に近い激しいもので、彼の強靭な精神力をして初めて、だれの手も借りることなくベース・キャンプまで帰れたのだと思う。

　こうして一九七九年のクン西壁は失敗に終わり、次の機会にもち越されてしまった。

執念の一九八一年

　帰国してからは、何としてもあの西壁は自分の手で登りたいと、思いは募るばかりであった。翌一九八〇年、ふたたび入山許可申請を行なうが、クンはすでに他の数パーティに許可がおりているためダメとの返事である。失望していたところ、インドに留学中の坂田から、一昨年同様のパルカティ氷河側からのアプローチに限り特別に許可がとれるとの連絡を受ける。この際アプローチが悪いからなどといってはおれず、さっそくこの条件で許可を取得した。

　しかし前回のパートナーの吉野が今回は行けそうにない。どうしたものかと迷っていたところへ、広島山岳会の名越実氏より同行したいとの話を受け、メンバ

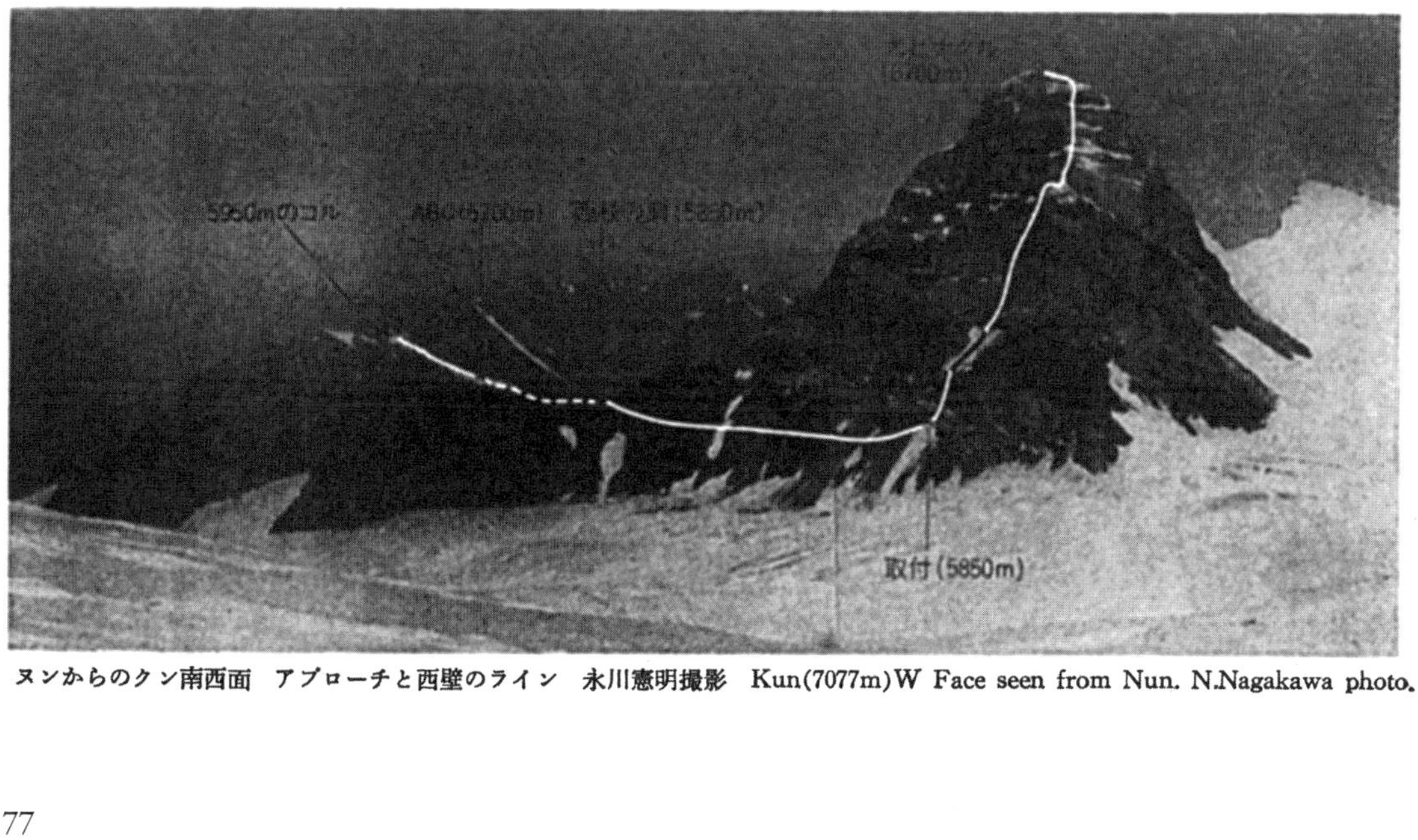

ヌンからのクン南西面　アプローチと西壁のライン　永川憲明撮影　Kun(7077m)W Face seen from Nun. N.Nagakawa photo.

ーは、彼と近藤、坂田の三人となった。名越氏とは冬の大山でよく一緒に登っている間柄であり、パートナーとして心強い限りである。

こうして西壁へのチャンスを得た我々は、一九八一年六月十二日、ふたたび西壁を登るべく、バルカティ氷河上にベース・キャンプを設けた。メンバー三名とリエゾン・オフィサー、コックの計五名なので、四人用テント一張りと上部へ持っていく二人用テント一張りだけの、とても七千㍍峰へ向かうとは思えない、まことに貧弱なベース・キャンプである。

六月十三日はキャンプ・サイトの整備と登攀準備を済ませた後、アプローチとなるルンゼの偵察に行く。ルートとなるルンゼ右よりのスラブには、一昨年の固定ロープがほとんど使用可能な状態で残っていたので、一応のルート整備をしてベース・キャンプへ下る。十四日から荷上げを開始。ベースから稜線まで一四五〇㍍の高度差では、一気に荷上げするのは無理なので、五三五〇㍍のところにデポジットを設ける。二十数㌔を背負ってのルンゼの登攀、加えて九〇〇㍍の高度差に、初日から気の遠くなるような荷上げとなる。

十五日には大半の装備を上げ、翌日は休養日としてベース・キャンプにとどまって最後の打ち合わせを行なう。リエゾン・オフィサーには、一昨年のこともあるのでコックとともにベースに残ってもらう。そして近藤、名越が西壁を登り、坂田は単独で西壁下部を南面に回り込んで、東稜から頂上を目ざすことにした。西壁パーティと坂田はトランシーバーで連絡を取り合うことにする。

十七日、残りの装備と個人装備を持ってベース・キャンプを後にする。昼過ぎには三人ともデポジットに着き、岩棚を整地してテントを張る。遠くにナンガ・パルバットが望めるこのキャンプは、この谷で唯一の安全な場所でもある。

十八日、五九五〇㍍のコルを目ざして荷上げする。最初は快調に登るが、傾斜が強くなるにしたがい急にピッチがにぶくなる。一人につき三〇㌔近い重荷のためもあるが、原因は高度のようだ。今回の遠征では初めて出合う高度であり、苦しくて当然だろう。さらにものすごく寒い。高所靴をはいているにもかかわらず足先が冷たい。体は少しも暖まらず、止まると寒くてじっとしていられない。それでも午前一〇時過ぎ、五九五〇㍍のコルに着いた。荷をおろしてデポジット・キャンプに戻る。今日はダブルボッカの予定だったが、だれ一人としてもう一度行く気はないらしい。

十九日、今日は何としてもここを離れたいため、装備のすべてを一つの荷にまとめる。全員四〇㌔を超す荷になってしまった。わずか四五〇㍍の高度差ではあるが、固定ロープがほしいような上部の斜面。それにこの高度での荷上げはまだ二日目だというのに、ほんとうにこの重荷を一度に上げられるのだろうか。思いはみな同じらしく、出発して二〇〇㍍と進まないうちに、三人とも無言で、申し合わせたように荷物を二つに分けていた。荷を軽くしたとはいえ、これからが大変である。すでに帰るべきテントはない。何としてもこの分けた荷もコルに上げ、今日中にアドバンス・ベース予定地まで行く以外方法はない。各自二つの荷をピストンで運びながら五九五〇㍍のコルまでようやく上げる。今回の山行中、一番苦しい荷上げとなった。コルからは、可能な限りの荷を背負い、残りはデポしてアドバンス・ベース予定地へ下る。

ここは、東向きの斜面を背にした標高五七〇〇㍍の台地で、居住性が非常によく、展望もすばらしい。苦労してここまで来ただけに、まさにユートピアである。二十日はコルに残した荷をアドバンス・ベースに持ち帰り、二十一日は登攀に備えて休養。装備・食糧の最後の点検を行ない、のんびりと一日を過ごす。お

上/アプローチのルンゼ　下/荷上げ中の筆者(5900m付近) The author climbing in the couloir below 5900m col.

6450m付近の乾いた岩壁を登攀　Climbing on the rock at about 6450m.

5950mのコルで坂田隊員(左)と名越隊員
M.Sakata(left) and M. Nagoshi on 5950m col.

西壁基部(5850m) Camp-site at the bottom of W Face.

もわしくなかった天候は、ついに夕方から雪となってしまった。

二十二日、前日から降り出した雪は朝になってようやく上がり、あたり一面新雪に覆われている。一昨日から体調のよくない坂田は、日数にも余裕があるので、しばらくここで様子を見ることにした。近藤と名越は西壁の取付まで荷上げを行なうことにする。取付へはまだ遠く、アドバンス・ベースから一度北面の氷河に下り、これを横断してさらに西稜の肩へと長いトラバースをした後、やっとたどり着くことができる。この日は雪のため遅い出発となった。昼過ぎ、西稜の肩への斜面で、悪い雪質にとまどいながら登って行くと、いきなりバシーッという音とともに斜面がゆれ動いた。一瞬二人とも棒立ちになる。無言のまま顔を見合わせた後、やるべきことは決まっている。ステップを切りゆっくりと荷をおろすと、一気に尻セードで安全地帯まで滑りおりた。せっかく高度をかせいだのにと、斜面を見上げる。どうするすべもない。とりあえずアドバンス・ベースまで引き返し、夜になって斜面がクラストするのを待つことにした。早々に食事を済ませ、寝袋にもぐり込む。

西壁の登攀

六月二十三日、午前〇時起床。全装備を持ってふたたび取付へと向かう。今度はあのいやらしい斜面もクラストしている。まず危険はない。夜明け前に装備を西稜の肩に上げ、テントを張ってしばらく仮眠。その後西壁の取付までダブルボッカをして、午後二時過ぎにはすべての必要装備を集結することができた。取付の雪と氷を削ってテントを張り、この日はさらに一ピッチ西壁にルート工作をする。

二十四日、本格的な登攀に入る。一昨年と違い、今回はルートを考える必要はない。しかし同じルートとはいえ、残置ピトンは皆無に等しく、すべて一からやり直しである。まず岩壁を取付から五ピッチ登って大雪田に入る。この雪田の上部から大岩壁となる。大岩壁の基部までルートを伸ばしたころより、天候がおかしくなり雷まで鳴り出したので、大急ぎで取付まで下る。

二十五日、すべての荷物を持って前日のルートを登り返す。大雪田上部には昨日残しておいた固定ロープがあり、これを利用して岩壁基部まで登る。さらにかぷりぎみの壁を、人工とフリーのミックスの登攀で二ピッチ登り、バンド状のテラスに着く。ここで何とか二人が体を伸ばせるスペースを作り、テントを張る。ポールは使わず、ツェルトのように壁に吊り下げて使用する。二十六日は、かぶりぎみの悪い壁を三ピッチのルート工作に費やし、このビバーク・サイトまで下降。

二十七日、どこまで行けるかわからないが、とにかくビバーク地を引き払うことにする。

いつものことながら荷上げとピトンの回収は大変な労力だ。大きな登攀においてこの二つが占める割合は非常に大きい。五ピッチ登ったところで日没となってしまう。しかしよいビバーク地が見当たらない。仕方なくヘッド・ランプをつけてさらに一ピッチ登ってみるが、テラスらしきものはなく、暗闇の中に黒々と岩壁が続いているばかりである。私の思い違いで、思わぬオーバーワークをしてしまった。ふと下を見ると、西稜の肩からしきりにライトによる信号が送られている。昼過ぎに西稜の肩にテントを上げている坂田からだ。こんな場所で夜間登攀をやっているのを見て、さぞバカなことをしていると思っているだろう。時間も相当経過しているので打ち切りとし、元のところへ戻って細いバンドでビバーク。オーバーワークに加え苦しい体勢でのビバークとなり、疲れをとるどころではない。うた寝をするたびに体が空中に投げ出されそうになり、必死で抵抗しながら一夜を明かす。

二十八日、朝食も早々に行動に移る。なんと、昨日の終了点からさらに四〇㍍いっぱいロープを伸ばしたところに、二人が横になれそうなテラスがあった。ここを今日のビバーク地と決め、もう二ピッチ、ルートを伸ばす。夜のトランシーバー交信で、久しぶりに坂田の元気な声を聞く。彼は体調を回復し、西壁の下を回り込んでノーマル・ルートから頂上を目ざすとのこと。

二十九日、今日も重荷に苦しめられながらの出発である。二ピッチは前日の固定ロープを使って登り、ボロボロで悪いバンドを左に二〇㍍トラバースし、さらにかぶりぎみの、岩のもろい凹角にルートを伸ばす。打ち込むピトンのほとんどがきかず、非常にいやらしい登攀となる。さらに四〇㍍登ったテラスをビバーク地と決める。日没までにはまだ時間があるので、上部のルート工作を行なう。まず岩と氷のミックス壁を四〇㍍登り、その上の雪壁（一昨年はものすごく堅い氷であった）を六〇㍍登ると岩壁である。

一昨年、吉野はこの雪の斜面から岩壁に移るときにスリップし、右の岩壁にたたきつけられて足首をねんざしてしまった。だが、今年は氷の上に雪が付き、スリップしてもあのような事態にはまずならないだろう。あの事故は、まさに不運としかいいようのないものだったのだ。

荷を背負って6550m付近を登る
Climbing on 6550m.

三十日、天候があまりよくない。ときおり雪がちらついている。しかし休むわけにはいかない。思い切って出発する。前日もオーバーワークしたためか、体が重い。ルートは昨日の終了点から右のかぶりぎみの壁に求める。傾斜が強いにもかかわらず、その大半をフリーで登れるこの部分は、三ピッチで南稜にある大ピナクルのコルに出た。ヨーロッパのシャモニ周辺の岩壁を思わせるこの三ピッチは、豪快な登攀を楽しませてくれた。

南稜の大ピナクルは、遠くタンゴールの村からも望めるしろものであり、ピナクルと稜との間はコルというよりも門と呼ぶ方がふさわしい。今は天候が悪く、吹き飛ばされそうな風が吹き抜けている。その風がヤッケを通して、体を凍らせてしまいそうである。このときばかりは、苦しいはずの荷上げも、体を動かすことで少しでも暖かくなればと苦にならなかった。この門の一段上に、風当たりの弱いバルコニー状の大テラスがある。ここは一昨年に残しておいた装備があり、最後のビバークをした場所でもある。また、ここまでのルート中、唯一テントを張れるテラスである。このテラスの存在を知っていたので、今回はわざわざテントを持参していたのである。ここで初めてポールを使ってテントを張ることができた。しかし夜に入って天候はますます悪化し、ものすごい風雪となる。

七月一日、テントの布地に顔をたたかれて目をさます。しかし起き上がる気にはなれない。天候はさらに悪くなっているようだ。時間もかなり経過しているのだろうが、時計を見るのもおっくうである。テント内に雪の吹き込みが激しいのでよく見ると、テントの一部が空中に張り出しており、その部分が切れている。荷上げ袋をそこに置いて穴をふさぐ。高度計は前日よりも二〇〇㍍も上がっている。相当大きな低気圧が来ているのだろう。今日は停滞と決める。夕方になって、吹き荒れた天候もやっと回復のきざしを見せ始めた。

二日、天候もよくなったので出発。バルコニーテラスからオーバーハング下を七〇㍍トラバースしなくてはならない。ルート中、最も困難で、キーポイントとなるピッチである。一昨年、西壁を断念する前に、次の機会を考え単独同様でこのトラバースを行ない、固定ロープを残しておいてある。しかし、それにもかかわらず、今回は雪が部分的にホールドをかくしているため非常に悪く、息をのむようにして進む。悪戦苦闘の末、やっと通過。四回の荷上げにも多くの時間を費やす。

未知の岩壁、そして意外な登頂

ここから先は、私にとっても全く未知の部分である。今までに比べ傾斜もかなり弱くなったようなので、ルートもやさしいだろうと思い八㍉一〇〇㍍の固定ロープを着けて登るが、見た目よりずいぶん悪い。スラブに乗っている雪と氷に肝を冷やしながら登るはめになった。さらに七〇㍍ロープを伸ばしたオーバーハング下にすばらしいキャンプ・サイトをみつけることができた。

三日、坂田と朝の交信をするが、あまりよく入らない。切れ切れに聞こえる彼のことばでは、すでに東稜のコルにテントを上げ、頂上に王手をかけているらしい。頂上でのランデブーは望めそうにもない。明日にも彼は登頂するだろうから。

天候はといえば不安定である。しかし日数もかなり経過しているので、じっとしているわけにはいかない。キャンプ・サイトから、雪の付いたいやらしい岩壁にルートを伸ばす。二ピッチ登ると傾斜が急に落ちて階段状の岩棚となっている。頂上近しと思っていたら奥にもう一つ、屏風を思わせる岩壁がそそり立っている。悪天候といいこの岩壁といい、我我を頂上へ行かせたくないのだろうか。しかし今の我々にとっては、いかに悪条件だろうと、進む以外方法はないのだ。さらに二ピッチ登って屏風のような壁の基部に着く。この、幅の広い壁には弱点らしいものがない。仕方なく、かぶりぎみの一本のクラックにルートを求める。一ピッチ近く登ったところから風雪が激し

上/核心部である，バルコニー・テラスからの70mのトラバース
下/トラバース後に広がったスラブ **Top**/Traverse in the crux pitch.**Bottom**/Climbing the slab above the traverse.

くなり、下降してテントに戻る。

四日、外は風雪である。もう好天はこないのだろうか。食糧もとぼしくなってきているので行動に移る。しかし前日のホールドは雪で隠され、非常にきびしい登攀を強いられる。二ピッチ登ったところで、前日見つけたキャンプ・サイトにテントを張り、とりあえず天候の回復を待つことにする。しかしいっこうによくならず、悪くなる一方である。登攀装備を付けたまま午後五時まで待つが、ついに今日のルート工作はあきらめる。

五日、外はあいかわらず風雪である。しかしもうじっとしているわけにはいかない。思い切って風雪の岩壁に取付く。これが七千㍍近いところで行なう登攀だろうか。自分自身を疑ってみたくなる。それでも登るだけだ。垂直に伸びるクラックにそって登るが、途中からスラブになってしまい手がつけられない。仕方なく右上に見える弱点に向け、ボルトを十数本連打してルートをつなぐ。弱点とはいえ、ここは岩がもろく、緊張する登攀を強いられた。それに最後のビレイ・ポイントはボルトも打てないような浮いた岩で、ピトンを六本打ち込み、それをまとめてやっとビレイすることができた。

この上にもまだ岩壁があるが、これは右に巻いて登れそうである。傾斜の落ちた斜面を四〇㍍登り、事実上の岩壁の終了点に着く。すでに午後五時近かったが、頂上も近そうだし、天候もいくぶん回復してきたので、もう少し登ってみることにした。約三〇分も登ったろうか、なんと、頂上に着いてしまった。ちょうど五時三五分。あれほど待ち望んでいた頂上も、きびしい状況の中で、しかもルート工作中に到着してしまったため、あまり感激もわかない。それよりも明日は重荷をかついで再び登り返さなければ、とその苦労の方を先に考えてしまう。頂上にはわずかな時間いただけで、西壁のビバーク地へと下る。

頂上での著者 The author on the summit of kun.

夜の交信で、坂田は一度頂上直下まで登りながら悪天候のため引き返し、それ以後登頂のチャンスはなく、まだ東稜のコルにいるとのこと。すでに食糧も少なく、明日が最後のチャンスらしい。

六日、今日も雪が降っている。しかしもうこんな岩壁にとどまる気はない。前日の固定ロープを利用し、全装備を持って登る。岩壁の終了点にいらない装備を残す。それでも一人二五㌔ぐらいの重量である。一休みした後頂上へ向けて登り始めるが、重荷に加え、この一二日間、攀じるばかりで歩くことを忘れていた我々は、体が重くて少しも進まない。しかし、運のいいことに、我々が頂上に着くころ、一時的にガスが切れて下降路をみつけることができた。後はいやらしい雪と氷の東稜をコルに向けて、ただひたすら下る。

コルで一四日ぶりに坂田と再会。彼はここに五日間もいながら、頂上が見えたのは彼がアタックをかけた二時間だけだといい、ついに登頂を断念したという。すでに午後六時を過ぎていたが、今日中に安全地帯までおりようと、一気にプラトーまでかけ下った。長かったクン西壁もやっと終わった。

この登攀に成功したのも、一昨年のパートナー吉野のガンバリと、今回のパートナー名越の力に負うところが大きかった。昨年は腰痛になやまされ、ほとんどトレーニングできなかった私にとって、彼らの存在なくしては登れなかったろうと思う。また、よい仲間にめぐまれたことを抜きにしては、今回の登攀を語れなかったであろう。

（こんどう・くにひこ 岡山クライミング・クラブ）

■一九八一岡山インド・ヒマラヤ遠征隊 隊長＝近藤国彦(36) 隊員＝名越実(33)、坂田興一(30)

■クン（七〇七七㍍）**西壁初登攀** 一九八一年6月12日、パルカティ氷河にBC設営後、荷上げと同時に19日、五七〇〇㍍地点にABCを設営。近藤隊長と名越隊員が西稜を越えて23日西壁取付に到り、坂田隊員は西壁下部を南面に回り込んで東稜に取付く。西壁パーティは一二ビバークで7月5日登頂し、6日、東稜を下降して、東稜を断念して東稜のコルで待機中の坂田隊員と合流。7日ABC、9日BCに帰り着いた。

コラム6

来日クライマーの横顔

フリッツ・ヴィースナー（アメリカ）

ドイツのドレスデンに生まれ、第2次大戦前アメリカに移住した。ドロミテやエルベ砂岩で卓越した岩登りを披露し、移住後はワイオミングのデヴィルズタワー初登攀（初登頂はそれ以前にハシゴをかけて行なわれた）。ニューヨークのシャワンガンクスの岩場も開拓し、ヨーロッパの先進的な岩登りをアメリカに伝えたほか、カナダのワディントンにも初登頂した。1932年、米独合同隊でナンガ・パルバットに遠征。39年のK2アメリカ隊の隊長を務めるが、シェルパのパサン・ダワ・ラマと2人で先頭に立ち、無酸素で8230mまで達した。しかし、この勇猛な突進の間に下部キャンプが撤収され、取り残された隊員1人と救助に向かったシェルパ3人が死んだ。

70年9月、夫人と共に来日し、1週間滞在。チューリヒで行なわれるUIAAのグレード委員会出席のついでに東京に立ち寄ったもの。上高地では、西糸屋に泊まって西穂独標に登った。19号に吉沢一郎氏の記事がある。

イヴォン・シュイナード（アメリカ）

フランス系アメリカ人。ヨセミテのビッグウォール開拓期にロイヤル・ロビンスらと共に活躍。エル・キャピタンの北アメリカ壁やミュアウォール、マウント・ワトキンス南壁などを初登攀。ヨセミテ・クライミングを辺境の岩壁にと提唱してフィッツロイ南西稜を初登攀した。登攀用具の考案に秀で、さまざまなサイズのチョックを製造、クリーンクライミングを推進した。カーブしたピックのアックスも作ってダブルアックス技術の先駆けとなった。

1972年暮、34歳のとき、自社のザックの日本販売権を交渉するために初来日。その後もミニヤコンカ遠征の途次や商用で何度も来日している。83年、3度目の来日のおりに96号で坂下直枝氏と対談した。

ハンス・シェル（オーストリア）

1964年、オーストリア隊を率いてカラコルムのモムヒル・サール初登頂。その後もディラン（68年）、マルビティン（71年）と、いずれも京都カラコルムクラブ隊が手を付けて失敗していた山の初登頂をかっさらった。75年のガッシャブルムI峰（ヒドゥン・ピーク）はメスナーとハーベラーの許可に割り込んだが、一足先に登山を始めてしまった。登頂したのはメスナーの後だったが、しこりを残した。76年にはナンガ・パルバット南西稜を初登攀している。

その前の4月、グラーツ市の観光団を引率してリゼロッテ夫人と来日。観光の合間に富士山に登った。

ラインホルト・メスナー（イタリア）

1976年5月、前年にガッシャブルムI峰でペーター・ハーベラーと行なった8000m峰初のアルパインスタイルに成功した成果を引っ提げて、当時のウルズラ夫人と来日した。銀座東急ホテルで記者会見が開かれ、ヒマラヤ登山やシェルパ教育計画とガイド化、クライミング一般について述べた。映画と講演のほか登山教室も開いて帰国した。

リカルド・カシン（イタリア）

第2次大戦前の1938年、三大北壁の最後のピース、グランド・ジョラスがイタリア人の手に落ちた。率いたのはエミリオ・コミチの後継者として名を馳せていたカシンだった。35年チマ・オヴェスト北壁、37年ピッツ・バディレ北東壁を初登攀。大戦中はパルチザンに入った。53年にK2偵察に赴いたが、確執から本番ではクビ。58年ガッシャブルムIV峰で隊長となり、ボナッティとマウリを登頂させた。61年にはマッキンリー（現デナリ）南壁を登ってカシンリッジとする。75年ローツェ南壁隊隊長。

来日したのは77年10月。招聘元の通訳で単独インタビューし、K２から外されたことをいまだに怒っているのに驚いた。記事は59号に掲載された。

ヤニック・セニュール（フランス）

１９７１年春、ロベール・パラゴ隊長のフランス隊は、「Ｉの字のように切り立った」マカルー西稜を初登攀。７５００ｍ以上でⅤ級、Ａ２の難所を克服した。頂上に立ったセニュールとベルナール・メレは、前年に南東稜から登頂した日本山岳会東海支部隊が置いていった日の丸を持ち帰った。79年にはメレが隊長、セニュールが副隊長となってＫ２南南西稜を攻撃、８３００ｍで敗退した。セニュールは79年ナンガ・パルバット南東側稜の隊長を務めたが、セラック雪崩を浴びて骨盤に亀裂が入り、救助された。

インタビューしたのは78年春で、ちょうどメスナーとハーベラーがエヴェレスト無酸素登頂に挑んでいるころ。話題も2人の成否に集中した（62号）。

ジョー・タスカー（イギリス）

１９７５年に、ディック・レンショーとガルワールのドゥナギリ南東壁をアルパインスタイルで初登攀した。技術的に困難なルートからのアルパインスタイルは、同年のメスナーとハーベラーによる８０００ｍ峰アルパインスタイルよりもクライマーが注目すべき記録だった。翌年にはピート・ボードマンとチャンガバン西壁を初登攀。翌年春には、ダグ・スコットとのカンチェンジュンガ北稜無酸素初登攀の記録を引っ提げて来日した。

英国大使館が後援したブリティッシュフェアの一環で、東京・名古屋・大阪で講演会が開かれた。持参したスライドはカンチェンジュンガとチャンガバンから計３００枚。70号にインタビュー記事がある。

クリス・ボニントン（イギリス）

１９８０年、中国・新疆の未踏峰コングールを偵察した帰途、香港のジャーディン・マセソン社の招きで東京に立ち寄った。マイケル・ウォード、アラン・ラウスとの3人連れ。計画実施は翌年の夏で、ボニントンは「この未踏の最高峰は南西側からアルパインスタイルでやってみる」と言明、ラウスは「７０００ｍ峰では最初の、初登頂がアルパインスタイルになる」と意気込んだ（77号）。クライマーは4人で、のちにピート・ボードマンとジョー・タスカーと発表された。ボニントン一行は翌年、成功を報告するために再来日。同時期に北面から挑んだ京都カラコルムクラブ隊は3隊員が行方不明となり、明暗を分けた。

ボニントンはその後も、著書『現代の冒険』のために植村直己を取材するなど何回か来日した。

ノエル・Ｅ・オデル（イギリス）

マロリー時代のエヴェレストの生き残りであるオデルが、日本山岳会の招きで１９８０年に来日した。講演会やレセプションの公式行事は別として、おりから来日中の中国登山協会一行とのランデブーを上高地の河童橋で演ずることになった。というのは、日本隊が外国隊として初めてチベット側から成功したお礼に史占春一行も招かれており、読売新聞に写真を掲載する予定があったからである。オデル老は小雨降るなか傘もささずに悠然と長身を河童橋に運んだ。

夕食後、五千尺ホテルの囲炉裏をはさんでインタビュー。マロリーたちが行方不明になった日のことや登頂した可能性などについて話してくれた（77号）。

ロイヤル・ロビンス（アメリカ）

ヨセミテの王は１９８０年10月、自らの名前を冠したウェアを宣伝するために初来日した。初のⅥ級となったハーフドーム北西壁に始まり、エル・キャピタンで3本の大ルートを初登攀、他の大ルートすべての第2登に加わっている。また、ドリュやマウント・プロボシスに進出してヨセミテ・ビッグウォールの技術と用具をアルパイン環境で駆使し、ヨセミテを国際的なメジャーエリアの地位に引き上げた。来日時45歳。昔のことばかり聞き過ぎた気がする（79号）。

チャールズ・ハウストン（アメリカ）

高所生理学の権威。日本登山医学研究会で講演するため１９８２年５月に来日した。ハーバード五人衆と呼ばれ、ティルマン、オデルとナンダ・デヴィに遠征。最終キャンプで高山病に倒れ、初登頂のチャンスをティルマンに譲った。38年のＫ２は７９２４ｍで敗退。53年は嵐で高所キャンプに閉じ込められ、血栓ができたギルキーを助けるため全員が奮闘するが、ギルキーは雪崩にさらわれてしまう。翌年、初登頂に成功したイタリア隊の祝賀会に招かれたとき、登頂したラチェデッリとコンパニョーニが細長い包みを差し出した。それは前年、撤収のどさくさでキャンプに残してきたパラソルだった。頂上で国旗を掲げるような真似を嫌うハウストンたちは、旗の代わりにそれを立てようと持っていったのだった、というような心温まるエピソードを話してくれた（90号）。

ジョン・ロスケリー（アメリカ）

１９９３年１月にゴアテックスの招きで来日。ウリ・ビアホやガウリシャンカール、チョラツェなど低いが難しい山から、マカルー西稜やＫ２北東稜の無酸素登攀まで、なんでもこなす力を誇る。しかし、このときの短いインタビューで「アメリカ山岳会を動かしている人々の考え方が信じられない」と爆弾発言（94号）。本当に退会してしまった。

ジム・ブリッドウェル、ジョン・ロング（アメリカ）

ヨセミテの新旧両巨頭が１９８３年９月、ボルネオ島横断探検の帰途、突然来日したので、戸田直樹、平田紀之両氏を交えて話を聞いた。ボルネオはさておき、ヨセミテの今昔について、スピードクライミング、フリーに飽きた理由等々、話題満載のインタビューとなった（１００号）。

ジェリー・モファット（イギリス）

ＲＣＣⅡグレード改訂委員会の招きで84年9月、クリス・ゴアと共に来日。日本に生まれた高難度グレードを登って確かめてもらおうという算段である。小川山、城ヶ崎などおもな岩場で登りまくり、スーパーイムジンなどを次々にオンサイト。日本人クライマーについては「ムーブの経験量が少ないね」と貴重なアドバイスを残していった（１０６号）。

ロン・フォーセット（イギリス）

モファットの翌月にモンベルの招きで来日、小川山でデモンストレーションした。小川山レイバックの左にエッジ・オブ・イクスティンクションを残していった（１０７号）。

シュテファン・グロヴァッツ（ドイツ）

写真集『ロックス・アラウンド・ザ・ワールド』の取材で、イザベル・パティシエ（フランス）とカメラマンのウリ・ヴィースマイアーの3人連れが87年4月～5月に来日。同じころフランスからはマルク・ル・メネストレルとダヴィッド・シャンブルがやってきた。小川山も城ヶ崎もときならぬ外国人ラッシュ。グロヴァッツはスーパーイムジンの裏にＮＩＮＪＡ（５・14ａ）を置土産にしていった（１２３号）。

岩と雪 No.85（1981.12）P58-63

日英交流岩登り

日本の岩場をめぐって

英国人一行にとって、最もくたびれ果て、おもしろく、また意欲をそそられた、一七日間の旅の印象記

デニス・グレイ

筆者　Dennis Gray, the author.

マイク・トレブル、ポール・ドースン、リチャード・ハシュコ、ナイジェル・ギフォード、マーク・ヴァランス、それに筆者の六人の英国クライマー一行は、BMC（英国山岳評議会）を代表して、去る五月二十五日から六月十日までの一七日間、日本を訪問した。これはBMCが行なった交換訪問の中でも最も有意義なものの一つとなった。というのも、日本人が世界の探検登山家として主導的であることには疑う余地もないからである。そして、いまやアメリカやイギリスのクライミングの中心地を訪れるようになってから、数はまだ少ないが勢力は増してきているクライマー集団は、現在の西欧のフリー・クライミングの最高水準まで迫ろうと鋭意精進している。

日本山岳協会が我々の日本での日程全てを立ててくれ、多くの第一線クライマーがホストとして参加してくれた。おかげでこの旅は、我々一行にとってこれまでの人生で最もくたびれ果て、おもしろく、また意欲をそそられるものとなった。行程と組込まれた行事の高密度の故に、我々は時としてまるで踏み車にのせられたハツカネズミの気分にさせられたこともあったとはいえ、どこへ行っても受けた親切ともてなしは名状し難いほどで、我々がこれまで世界の各地で経験したいずれをもはるかに上回っていた。我我は王子様のように扱われた。それも、これほどの厚遇を受ける声望の根拠と、

同時に唯一の要件はといえば、単に我々がイギリス人クライマーだということのみだったものだ。

三ツ峠と城山

我々のクライミングは三ツ峠ではじまった。ここは背景に〃フジヤマ〃が控えている。私はこれまで世界中のいろいろな崖を攀ってきたが、このような景観にはお目にかかったことがない。しかしクラッグの下にうず高く積まれたゴミの山にはショックを受けた。ホスト諸氏が詫びていうことには、日本人クライマーは、やっと環境に注意を払いはじめたばかりだとのことであった。三ツ峠の岩場は場所により何段かに分割されており、クロッギーとか、カレッグ・ウェイステッドの岩場にいくらか似ていた。岩棚がフェースを横切っているのだ。それでもいくつかは素敵なピッチがあり、なかでも本物のハート・ストッパー「大根おろし」はプロテクションなしの5bで、クラッグの最上部にあった。その頂上で、まさにこのピッチから墜落死したロープの同志の記念碑にビレイをとるという事実に真の日本的趣を感じた。

Richard Haszko.

疑いもなく、日本人クライマーは我々とはちがった人生観を抱いている。とくに「死」を軽く見るという点において、たとえば〃人食い《キラー》〃谷川岳についての話は、全て皆が皆お喜びといった様子で語るのだ。我々は滞在の最後にそこを訪れることになっていた。したがって、それまでの一〇日間、谷川岳は我々の想像のなかでふくらんでいき、少なくともローツェ南壁くらいの巨大さと、アイガーヴァント並みの峻厳さを持った山に育っていった。ホスト諸氏が過去二〇年間に七一〇人が死んだと説明してくれても、我々は誤訳だろうとしか思えなかった。いくら人食い山とはいえ、そんな割合では生贄をむさぼり食えないからだ。事実は正反対であることはじきにわかったが！

夕べの催しを重ねるうちに、我々のホスト諸氏は別に狂信的な人物でも何でもないことが明らかになっていった。彼らは酒やウィスキーをガブ飲みするのだ。初めのうちこそホストがガブガブであっても、我々はほんのおつき合い、間もなく我々もホストの側へと移行して活気が生じ、陽気な宴となっていった。

三ツ峠山頂での一行 On Mt. Mitsutoge, Mt. Fuji in the background.

我々は誰も日本語がわからず、ホスト側にも英語のうまい人はほとんどいないにもかかわらず、西へ東へとそれからの数日間を一緒に行動した。

深い谷の脇にある素晴らしい崖、城山へ出かけた。ここでは質の高いフェース・クライミングが楽しめる。昔は人工で、それも最も放縦にボルトを打ち込んで攀られていたが、昨年イギリスを訪れたクライマーがほとんど全てのルートをフリー化していた。「しょい籠」のボール・ドースンが一行の中で最も真面目に攀る一方、マイク・トレブルが大内氏とともにその日の最高のルート、連続して5bがある五〇〇《フィート》を奪った。ここでは我我はお互いに名前で呼び合うのは（知らない同士では）よくないと考えられているということを学んだ。常に「ミスター」が付けられるのだ。もっとも私は団長であること、一行中では大変な「おじん」だということで特例であったのだろうか、なんと「ミスター・デニス」と呼ばれた！（訳注・英語圏では頻繁にお互いを姓でなく名前で呼び合う。またミス

ター、ミセスは必ず姓にのみつけられる）

素晴らしい御在所の岩

我々はじきに眠らずに行動すること、箸を使って食事することに慣れ、旅がずっと好天につきまとわれていることを納得した。日本人は最もよい意味で冷酷である、なぜなら彼らは世界で最も礼儀正しい人たちであるから。

「あとほんの四〇〇キロ行きますとね、ミスタ・デニス、そして楽しくすこし歩くと御在所の小屋ですよ」

いざ着いてみるとそこは素晴らしい花崗岩地帯で、告げられてはいなかったフリー・クライミングがこの顕著な岩ででもきそうだった。小屋では、その前後に訪れたいずこでもそうだったが、ドアが勢いよく開けられると何十ものにこやかな笑顔が並び、テーブルには食べ物が山と積まれ、少なくも一人に一本のウィスキーが我々を待っていた。

あちこちでフリー初登が攀られ、この壮大な岩場をわずか一日で去らねばならないとは、と大いに失望したものだ。

我々は次いで神戸市へと旅して、登山研修所に泊まった。我々一行がかつて見たなかで最も奇妙なクライミングの壁が、そこにはあった。大体八〇フィートの高さで、ポケットに手を突っ込んだまま登れそうな、緩やかな傾斜がつけられたセンター本館の外壁がそれである。

翌日は六甲山で攀った。この崖はレイクランドやウェールズの渓谷でよく見られるクラッグによく似ていた。

我々はずっと随行者といっしょだったので、そのときまでにはお互いに親しい奇人同士となっていた。彼らは水たまりに投げ込み合う我々のゲームに引きずりこまれた。ほとんどが柔道三段は持つ彼らが大体勝ったものの常に完勝とまではいかなかった。ジンギス汗（注・中山芳郎氏）、ミスタ・日本（白石一良氏）、ミスタ・ウッチー・クッチー（大内尚樹氏）、みな親しい友達で仲間になった。しかも彼らのほかにどこへ行っても、その地のクライマー諸氏が案内役として我々を待ち構えており、六甲（注・裏六甲不動岩）も例外ではなかった。ここではマイク・トレブルがこれまで日本の岩場で目撃されたなかでも最高部類のものといえる、軽々とした身のこなしをもって、高々とユニオン・ジャックを掲げてくれた。そこはことのほか難しいルートのフリー初登であった。（訳注・核心部の三分の二を登ったが、惜しいところで二メートルを残して下降）彼の〝初登〟にピリッとした味を添えたのは、一度落ちたときペグがポッキリ折れたことだった。墜落は日本人がおもしろがる類の出来事で、彼らは拍手喝采した。幸いなことに三〇フィート落ちたところで、よく利いたナットが我々の最年少メンバーの墜落を止めた。教訓／自分のナットだけ信用しろよ、倅。

三ツ峠屛風岩を攀じる筆者
The author on Mitsutoge Crag.

我々は長々と登攀倫理について議論した。そして日本人クライマーは、ロック・クライミングではボルトやピトンを避け、自前の確保用具を使うようにするのが一番だということを自覚するようになってきた。

Michael Trebble.

日本には実に多数のクライマーがいる。何人いるかということは難しいが、クライミング・クラブは五千もあり、東京だけでクライミング専門店が三〇軒もある。クライマーは全てクラブに所属しているようで、そのクラブの大多数は日山協に加盟している。また日本人クライマーの過半数はより〝山攀り〟(mountain climbing) を指向しているようだ。ほんの小さなクラッグに出かけるにも、（夏であるの）に完全装備でアイゼンを履き、まるでアルプスの大ルートを攀るかの如きいでたちのクライマーを見かけることはけっして珍しくない。考え方が、そもそも冬山の登頂への練習にクラッグ

Paul Dawson.

に来ているのであり、Tシャツに短パン、EBシューズという概念自体が極めて少数の人たちのスタイルに過ぎないのだ。それにもかかわらず、極めて才能に恵まれたこの国のロック・クライマーのある部分は、ロシアのサーカスを受け入れ、クライミング競技に参加している。黒海でソヴィエト人の組織する競技に日本チームを送ってきている。もっとも、徐々に向上しているが、これまでの成績はかんばしくはない。最良のロック・クライマーの何人かは、それが登攀倫理の堕落だと考えることができるように思えた。日本のクライミング・クラブの大多数はそのような競技とは無関係である、あるいはそのように我々は聞かされた。しかし多くの優れたクライマーは、クライミング競技にまき込まれている。本人の寛大さの故に、競技阻止のためにピケット・ラインに加わろうとする者は全くおらず、「やりたいのならやらせておけ」という態度なのだ。この態度は他の人々のクライミングの楽しみ方にも影響を与えている。優秀なクライマーのある者たちは、気ままな登攀倫理に毒され、登攀の最重要個所にピトンを打ち過ぎたり大仰にボルトに頼ったりしている。

そして谷川岳へ

我々は東京から神戸へ下り、京都に立寄ったあと、再び東京へ戻った。いまや公衆浴場や温泉につかり、この国の歴史や文化も少しは学んだ。また「谷川岳の歌」（訳注・「鯨の歌」のこと）にもおなじみとなっていた。この歌詞を訳せば、

〝日本では山から流れる川で釣りをすれば、魚がとれるし、運がよけりゃ鯨でもとれる。けれども、谷川岳から流れ出る川で釣りをすれば、山男の死体がとれることはうけあいだ！〟

となろうか。全くのところ、自信を湧かせるという歌ではあり得ない。

そして、ついに我々は東京を発ち、二〇〇キロ北の谷川岳へと向かった。日本の最高峰ではない、むしろ低山に数えられる。しかしこの山の位置が日本の天候変化の中心地にあるという条件が、高度不足を補っている。冬にはシベリアからの風を、そして夏には太平洋からの風を受ける。我々は一冬に二〇メートルの雪が降ると教えられた。そして夏には熱帯性の雷雨や台風その他に襲われるとも。

麓で「遭難慰霊碑」へ連れて行かれた。ここには裸の男性が巻いたロープを手に持った像と、（確かに裸で山に向かっていた）巨大な石のピトンの彫刻、死者名簿が飾り板にずらりと並び、不吉なことに最後は空白になっている。

城山でのドースン(右)と白石一良 P. Dawson(right) and K. Shiraishi on Joyama S Face.

「ここにですね、ミスタ・デニス、あなたがたのお名前を刻みますから」といったのは我々のよき友、日本で最も有名なクライミング・クラブのメンバーでジャヌーとカンチェンジュンガ両北壁の征服者、そしてアンナプルナの単独登攀中にクレバスに落ち、一週間をその底で過ごして生還した坂下直枝だった。ニヤリと笑った口はバナナほどにも広がっていた。こういった愉快な想いとともに、我我は壁を見にあがった。

午後の遅い日ざしの中で、それは大そう穏やかに見えた。それより強く私の目を射たものは雪渓上に開けられた巨大な穴だった。クライミング・ロープで作られた網がたれさがっている。

「魚でも獲るのかね、ミスタ・直枝《ノーウェイ》」

「いやいや」と教えてくれたのは我々の運転手にして通訳のミスタ・孝夫（注・黒沢孝夫氏）だった。「これはクライマーの身体を獲えるものであります。雪解けで現われたとき下の川へ流れ出ないようにここで止めるのです」「この前の冬から教えて一〇体が雪の下にあります。一つはノーウェイのよい友達でした」

イギリス人は驚いて顔を見合わせた。

夕日を浴びた谷川岳は、おばあさんにさえたやすく見えていたからだ。とてもではないが、これほど安全無害に見える場所で、そんな大虐殺を理解できるはずもない。

我々は警察の山岳救助小屋（訳注・指導センター）でビバークした。谷川岳で攀るためにはあらかじめ許可が必要だった。実際には我々のホストがその夜のために発行したものであったが。この登山許可は我々が推理できない論理によっていた。どんなに能力がある者でも夏には谷川岳でのクライミングには許可が必要である。しかし冬は全く自由に攀ってかまわない。その理由は、最も能力があり経験豊富な者のみが冬に攀れるのだから、死亡してもそれは本人の責任だということであった。

推測を働かすことをあきらめ、促されて〃人食い山〃に何回も乾盃を重ねた。我々は先に逝った全ての人たちの思い出のために飲む必要があったのだ。

ひどい宿酔いを抱えたまま、夜明けとともに我々はその〃人食い山〃へとあがって行った。やさしい雪の上を歩き、次いで這いあがり、ロープもつけずにスラブを攀った。おまけの問題も少々ついてまわった。

「気をつけて、ミスタ・デニス、ちょうどそこで四人死んでますから」私のパートナー、ミスタ・孝夫はこうして上へと私を励ましてくれたものだ。そして壁そのものへ取付いた。そこは植物に被われ、急峻な岩が広がる巨大な崩れた壁だった。すぐに何が問題なのかがわかった。岩は玄武岩で、おまけに腐っているのだ！ 我々は二人ずつのパーティに別れて壁に向かって広がった。ナイジェル・ギフォード、マーク・ヴァランス、孝夫、直枝、それに私は素晴らしく見えたリブに取付いた。腐った岩だが、うまく打ってあるピトンに助けられ、素早く高度をかせげた。四ピッチ目のところでガラガラッと音がして警笛が鳴った。大きな岩がいくつも落ちてくる。私は最終ピッチから数《フィート》上におり、リードしていた。スリングに腰かけていたときだったので身動きがとれないでいた。岩は我々のよき友ミスタ・大内を目がけて落ちていた。彼は精一杯横へ飛び、可能な限り岩に密着したが、無駄だった。タイプライター大の岩が彼を直撃するのを私は見た。そしてうめき声を聞いた。彼はあお向けになっている。怪我したことは明白だった。我々は大急ぎで懸垂下降し、彼のところへ向かおうとした。

城山の鎌形ハングを登るドースン
P. Dawson leading the "Sickle" hang on Joyama.

ポール・ドースン、マイク・トレブル、ミスタ・日本、ジンギス汗の四人が先に大内氏のところに着いた。四人は残りの我々が手すりを作り、ビレイからビレイへとそれをつたって下れるようにしつらえた下の地点まで、大内氏を降ろした。ミスタ・日本はロープで即席に作った背負い紐で大内をかつぎ、下へ下へと降ろし、昼までには下山させることができた。彼は右腕がひどく折れ、震えが止まらなった。それにしても、驚いたことには、この事故はミスタ・大内が谷川岳から人手を借りて下山すること三回目だったことだ。一回は落石、もう一度は悪い岩のために墜落したのだそうだ。

Nigel Gifford.

我々一行ではただ一人リチャード・ハシュコが谷川岳を登った。彼はミスタ・木本と別のルートを攀り、この事故に気がつかなかったのだ。二人はクラシック・ルートのひとつ、南稜を攀った。リチャードは後に、二度とこの山には近づかないと宣言したが、大変グラグラの岩だったという。

再び東京へと戻り、イギリスのクライミングについて講演を行なった。場所は驚くほど大きい世界最大のスポーツ用品のデパート、西武スポーツであった。〃人食い山〃でのゴタゴタのあとだけに、この巨大都市の見物や、飲んで食べて楽しんでといったことは、まさに生きて帰れてよかったと感じることができた。この感傷的気分には、日本人の友人諸氏も同じく浸っていたようだ。

旅の終わり

冷静に別れを告げることはとてもできず、〝サヨナラ〟もふさわしくなかった。『オールド・ラング・ザイン』(Auld Lange Syne)（訳注・スコットランド語でなつかしい昔、蛍の光のメロディは同題名の歌曲から取っている）さえも最後にはぴったりしなかった。このような幸せな機会に、少しは苛立ちや誤解があったとはいえ、全ては固まって忘れ難い全体に包まれてしまっているのだから。日本人諸氏もまた人間的な誤ちを犯すことを示してくれた。一回、準備不足で講演が中止になったことがあった。スライド映写機にマガジンがなくて映写できなかったのだ。それも公立の登山研究所で！

Mark Vallance.

グレードを検討するハシュコ(左)と白石一良　R. Haszko(left) and K. Shiraishi.

この事件で我々は彼らがよけいに好きになった。私自身についていえば、日本人に対する、小柄な黄色い人種で蟻の如く働く、というステレオタイプを秘かに抱いていただけに、いまここに私は、日本人が世界でも最も文化的で教養ある国民だという印象を得たと報告できる。日本を訪れた我々全員が、これまでに経験したちで最も有意義なクライミングと生活の体験であった。我々は日本の友人諸氏に彼らの親切、礼儀正しさと、我々に対する理解を感謝しなければならない。

話はここで終わらない。というのも、坂下直枝氏が来年の全国登山会議（BMC主催）に出席し、講演することになっているからだ。また一九八三年の冬には数人の日本人クライマーが攀りにやってくる予定がある。個人的には、できるだけ早い機会にもう一度日本を訪れたいと考えている。どうしてかって、俳人芭蕉が正しくも謳っているではないか、

明ぼのや　しら魚白きこと　一寸

と――。

（高増寛治・訳）

Text by Dennis Gray, originally published in Climber & Rambler.

（写真＝岡田　昇）

岩と雪 No.89（1982 .6）P32-36

烏帽子奥壁大氷柱

冬の谷川岳一ノ倉沢に残された最後の課題

勝野惇司＋菊地敏之

1982年１月、谷川岳一ノ倉沢烏帽子沢奥壁に懸かった大氷柱　平田謙一撮影

幻の大氷柱…………勝野惇司

ここ数年、冬の登攀シーズンを迎えると、決まって脳裏に現われ、そして胸を圧するルートがあった。烏帽子大氷柱である。こんな思いを抱いていたのは私だけでなく、谷川岳を目ざす、関東の何人かのクライマーも同じであっただろう。

谷川岳一ノ倉沢烏帽子沢奥壁の最大傾斜線に、高距二五〇㍍、平均斜度七〇度、幅一～一〇㍍の、ほぼまっすぐな氷のラインを形づくる烏帽子大氷柱は、年ごとに微妙にその様相を変えるものの、十二月に入ると形成され始め、一月中旬には最高に発達する。そして二月末から三月になると、上半部を残して崩落する。完全に発達した時点でさえこの氷瀑はツララの集合体で、スラブの部分は薄いベルグラ状である。また頻々と落ちるスノー・シャワーは、実際に取付くまでもなく、きびしいクライムを予感させる。

この大氷柱を登攀の対象として発想したのは、一九八〇年、グランド・ジョラス北壁で遭難死した森田勝氏である。六九年の森田＝岩沢英太郎パーティに始まるアタック以来今日まで、谷川岳の冬の壁に精通した野心的クライマーによって挑戦は熱く続けられてきていた。

森田＝岩沢パーティ（変形チムニー上の氷瀑で敗退）

長谷川恒男氏（プロガイド　詳細不明）

過去にできた大氷柱　右から1974年（浜川悠撮影）、77年（今野和義撮影）、69年（内田良平撮影）

鎌田正和氏（同人志気　約二〇回のアタックを行なう。変形チムニー上の氷瀑で敗退）

増永勝幸＝竹内孝一パーティ（山学同志会　変形チムニー横の垂直の氷壁で敗退）

犬木精一＝勝野惇司パーティ（JCC　変形チムニー横の垂直の氷壁で敗退）

また、アタックこそしなかったものの大氷柱を研究し尽くした人もいるときく。ある人はアイス・ピトンを用い人工登攀にすれば登れるといい、またある人は、この傾斜ならダブル・アックスで登れるという。しかし、体力、精神力、技術ともに充実したパーティが敗退に至ったのはなぜだろう。アタックを経験した人の中には登攀不可能といいきった人もあるように、今回の私たちの登攀も、登って初めてわかるきびしさがあった。

現在、岩登りはハード・フリーが主流化しつつあり、氷壁登攀も垂直あるいはハング状の所をフリーで登ることが試みられている。アイス・クライムの場合、技術的には斜度と氷の質が問題になる。どちらか一方が容易なら、今までの技術やダブル・アックス、あるいは人工登攀でも可能となる。しかし双方ともにきびしければ、プロテクションをとることが極端に困難となって登攀も危険なものとなるであろうし、ハード・フリー的要素の高いダブル・アックス技術が要求される。烏帽子大氷柱を技術的に要約するならば、確実にこれらがあてはまる。ゲレンデ化された谷川岳で、ひとつの技術的進展を可能としたルートである。

大氷柱の登攀……菊地敏之

一九八一年の暮、大氷柱ができているという噂をきいてから一カ月、一月十日にひとりで偵察にでかけたが、結果はかなり悲観的なものだった。あんな氷が本当に登れるのだろうか。

一月十五日、一ノ倉沢にしてはまずまずの天気だった。気軽に出発はしたものの、登るにつれ頭上に大きく垂れ下がった大氷柱の、不気味な威圧感がひしひしと迫ってきた。こういうときはいろいろと考えない方がいい。一〇時半、変形チムニー・ルート取付から私がトップで登り出す。傾斜のゆるい氷壁を登り、二ピッチ目は右のリンネ内の氷を勝野が登る。ここまでは問題がない。問題はその上、変形チムニー左にある垂直の氷だ。ここは右のバンドから入り込むのだが、薄いベルグラが岩から浮いた状態で垂れていて、ちょっと手がつけられない。手で叩くだけでバリバリ落ちてしまうのだ。おまけに垂直ときている。過去のパーティもこの氷で敗退、あるいは変形チムニーを登ったあと氷柱をアタックしている。

ちょっと試すつもりで左に大きく一歩出たら、わずかにピックの効く所があって、そのまま中段まで五㍍登ってしまった。もうもどるにもどれない。といってこのベルグラでは、プロテクションにアイス・ピトンを打つなど論外だ。仕方なく、前爪だけで立ったままボルトを打つことにする。目の前の氷を軽く叩くとすぐ岩は得られた。ふくらはぎの痙攣と戦いながらボルトを埋め込んだはよかったが、最後にボルトの頭がまがってしまった。もう一本打とうとすると、今度はキリが折れる。五㍍左上すれば上部氷壁の肩に出られそうだ。決死の気持で登り出す。しかし行ってみると左から岩がかぶさって不安定きわまりない。右手にアックス、左手に岩をつかんで、落っこちる寸前にバンドに這いあがる。ここからロ

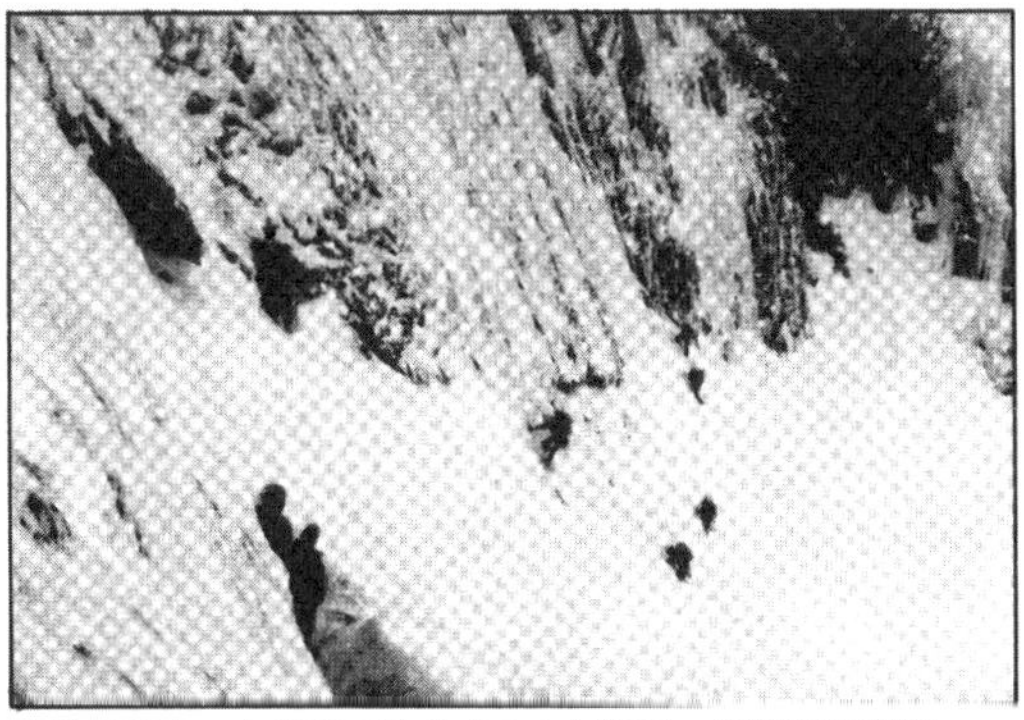

大勢が集まった奥壁で取付く２人（最奥）　斎藤正善撮影

ープを固定して下降。今日は予想外の成果だった。これはひょっとしたら登れるかもしれない。テール・リッジを下りながら、このとき初めてそう思った。

一月十六日、昨日にもましていい天気だ。取付からユマーリングをし、昨日の到達点着九時半。見あげた感じでは、ダイレクト・ルートのトラバース・バンドから上の四〇㍍が核心部となりそうだ。話し合いの結果、まず右のカンテから横向きに落ちている氷瀑を越えて緩傾斜帯に出、さらにその上の五㍍のアイス・フォールを越えることにする。

勝野がゆるい凹角内の氷を登り出す。右上ぎみに進み、氷瀑の手前にきわどいバランスでボルトを埋める。ところが、簡単と思えた最初の氷瀑がベルグラで越えられず、いったんトップを交替。迷った末、右のカンテから空中に垂れ下がった五㍍のツララを登ることにする。案の定、氷は安定していてあとは腕力の勝負だ。ダブル・アックスでぐいぐい登り、あとちょっとという所で猛烈なスノー・シャワーがきた。アックスが効いていたのでかろうじて引きはがされずに済んだが、下を向いて必死に呼吸を確保しながら思い出したのは、片岡義男の小説『エンドレスサマー』の波乗りシーンだ。

落ちついてからここを抜け、下からは緩傾斜帯にみえた絶悪の氷壁を二〇㍍でハング下に達する。ハングから垂れたアイス・カーテンを軽いヘッド・バットで叩き割り、中の空洞へマントリング。一時間半かけて一本のボルトを埋込み上部の氷柱に挑むが、まるで軒下のツララのようなそれは、アックスが触れるだけでポキポキ折れて手がつけられない。唯一可能性があるかにみえた右のスラブもまったくのベルグラだ。苦しい試合になった。再度勝野とトップを交替するが、やはりこれは無理だという。五時間もの長く苦しい一ピッチだった。右手岩場のレッジにボルトをセットしてロープを固定。

一月十七日、吹雪でスノー・シャワーがはげしい。問題の氷瀑のすぐ右にはダイレクト・ルートのボルト連打がみえていて、それを伝って上部に入れそうだ。しかし五分とおかずに襲う雪崩の中では目も開けていられず、トップの勝野も一時間近く粘った末にとうとう断念。右下のダイレクト・ルートのボルト・テラスに振子で移り、改めてロープを固定。これで勝負は来週に持ち越しだ。

帰りの電車で考えた。あの氷瀑を巻くべきかどうか。巻いてしまったら、本当に大氷柱を登ったことにならないのではないだろうか。しかし、今回をのがしたら、もう二度と私たちには登れないだろう。なにしろあれは大氷柱なんてものじ

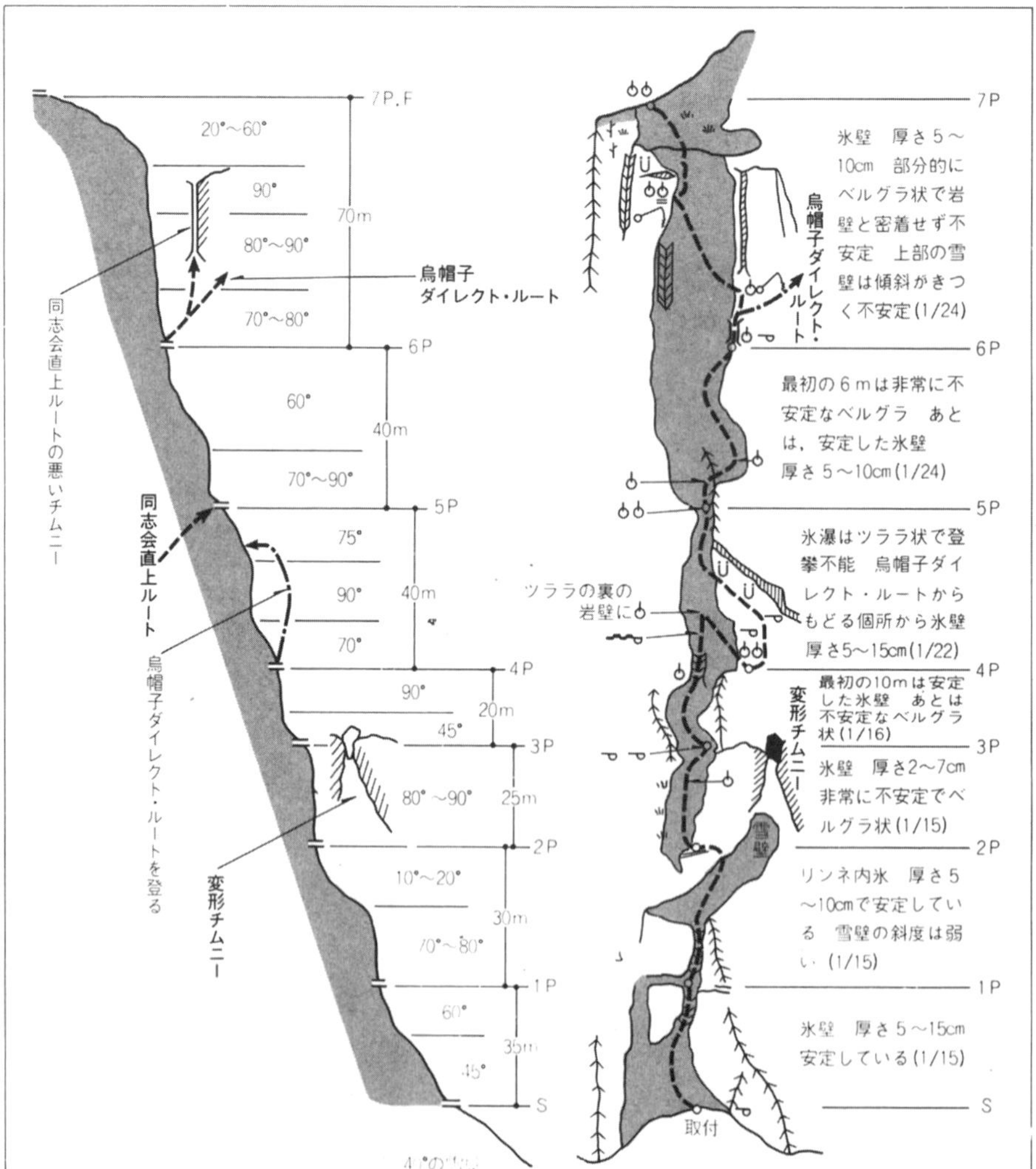

3ピッチ目、変形チムニー横の不安定な氷壁　斎藤正善撮影

やない、氷に身を化した悪魔だ。

大氷柱完登…………菊地敏之

眠れない夜が四日間続き、二十一日の夜行で再び入山。先週と違い雪が重く、全身びしょ濡れになりながらのラッセルで、取付に二一時に着く。天気は快晴。先週の最高到達点までユマーリングして、改めて問題の氷瀑を観察するが、どう考えても直登は不可能だ。複雑な心境だがもうもどる気はない。

ダイレクト・ルートをA1で左上し、最後のピトンから思いきって一歩、左の氷壁に移る。移ってみると予想外の薄さで、とくにここから下の例の氷瀑までは氷というより雪がへばりついているに等しい。傾斜も六〇～七〇度で、ほとんど垂直に感じられる。ピックはずっと岩にあたりっぱなしだ。ロープいっぱいで凹状になり、インゼルにボルトをセットし今日はここまでとする。これで完登への望みはだいぶ開けた。

一月二十三日、またしても吹雪でユマーリングすら四ピッチ目で敗退。このまま大氷柱は冬の幻で終わってしまうのだろうか。焦りの色がでてくる。

一月二十四日、半ばあきらめかけていた天気も明るくなると同時に回復し、みごとな青空となった。高なる鼓動を抑えながらユマーリングし、一一時、残された二ピッチの登攀を開始する。

出だしは少々やっかいだ。目の前は垂直のベルグラ、右端には、夏は凹角の右壁を構成するカンテから垂れた、高さ三㍍、幅二〇㌢のツララが申しわけ程度についている。登るとしたらここしかない。まずツララに完全に乗り、左足をそのベルグラに蹴り込もうとしたところ、ベルグラはあえなく崩れてつるつるのスラブが現われた。右足をツララに蹴り込もうにも、こんな氷では恐ろしくて力が入らない。幸いアックスとハンマーは効いていたので、体重の移動は身体を宙に浮かし、完全に腕だけで引きあげる。片方のアックスを打ち込むときだけ、身体がずり落ちないように右足を軽くツララに引っかける。その間左足はずっとぶらさげたままだ。三回ほどこの動作を繰り返して、やっとカンテの上に出ることができた。短いが、非常に力のいる、ボルダリングのようなピッチだ。あと一㍍ツララが長ければ私の腕力では登れない。おそらく、岩登りではⅥ＋はあるだろう。その上の傾斜のゆるいミックス壁を微妙なバランスで三〇㍍登り、ダイレクト・ルート上のチムニーでピッチを切る。

セカンドの勝野がそのままトップに立ち、目の前のかぶりぎみのチムニーを抜けて五㍍直上。頭上には同志会直上ルートの最後のチムニーが大きくかぶっている。トップは思いきりよく氷壁の中央にトラバースし、そのまま左上方の草付テラス目ざしてダブル・アックスで登っていく。氷は割合安定しているようだが、傾斜と高度感はすごく、プロテクションもなしとあって、確保している私は心臓が爆発しそうだ。氷壁の右端から左端まで斜めに一五㍍、テラスまであと一歩という所で、左手のアイス・ハンマーが柄の所でポッキリ折れてしまった。なんとかテラスに入り込めたものの、折れるのがもっと手前だったらと思うと身の毛がよだつ。急いで予備ハンマーを引きあげてボルトをセット。だが勝野はさすがにショックが覚めきらず、交替する。

この上は、最後の垂直部を、氷が最も安定していそうな中央をダイレクトに越えるが、落口のため氷がふくれあがってハングしているのだ。非常に悪い。越える所も入り組んでいる。右足は段状の所に乗せることができたが、正面にはふくらんだ氷が張り出しているため、のけぞった姿勢でこれを抱えていなければならない。身体を右に移したいのだが、ここまできてまたも氷は薄くなり、アックスを振ると岩に当たってしまう。苦闘の末、右上にホールドをカッティングしてこれをつかみ、ぐっと引き寄せて体重を右足に移動させることができた。

これで悪場は終わったが、傾斜が落ちると期待した上部の氷壁も雪壁もかなり急で、おまけに途中で日が暮れて真暗になってしまった。さらに進むうちに、最も危惧していたことが起こった。ロープが足りなくなってしまったのである。一時間ほど、声を限りに叫び続けたがだめだ。焦った。全身に油汗がほとばしった。ここで中央稜にヘッド・ランプの明かりがみえなかったら、頭に血がのぼって足元の深淵に飛びこんでいただろう。この時刻に、中央稜に人がいたのはまさに天の助け、僥幸というほかない。声を中継してもらい、下でロープをつぎ足してやっとのことで南稜に這いあがることができた。助かった。

だがこの暗さでは、岩も捜せずボルトも打てない。雪稜にまたがり、腰がらみでロープを握りしめ、セカンドにユマーリングしてもらうことにした。しかし、荷重がかかり始めてすぐに、これはらくではないことが判明した。少なくとも満員電車でじっとしているよりらくではない。九㍉ロープは胴にくい込み、息は止まった。気を抜けば闇の中に引きずりこまれるのは必至だ。苦しい。歯をくいしばり全身の筋肉を硬直させた。

頭の中を懐しい人の顔がちらつき陽気な音楽が鳴り始めたころ、張りつめていたロープがふっとゆるんだ。上部雪壁帯に抜けたのだ。そして、金物を引きずる音が闇の中をゆっくり近づいてきた。

問題の4ピッチ目、ツララ状の氷瀑を見あげる　菊地敏之撮影

登攀を終えて……勝野惇司

登攀前、パートナーの菊地に、きれいごとでは登れないだろうから、ボルトやアブミの使用もあると伝えた。というのは、彼が大氷柱アタックの経験がないこと、また、ハード・フリーに熱心な彼の登攀モラルに反することを懸念したからである。実際、支点のほとんどをボルトに頼らざるを得ず、氷瀑を巻く個所ではアブミを使ったのである。包囲法を用いたのも、上部の氷の状態が皆目見当がつかず、獲得したピッチはことごとく再登が不可能、二度登るなどまっぴらといったピッチの連続であったからである。もしも、このルートにグレードをつけるなら、氷の発達した今年の状態ですら6級スーパーをつける。

登山はすべてが個人の発想によって成りたっている。発想が登山技術を生み、登山用具を生む。その技術は登攀対象、ルートを発想させてくれ、登攀モラルを生む最大の要因となっている。

大氷柱が森田勝氏によって登攀対象として発想された当時の技術は、カッティングと人工登攀であった。私たちが今考えるのはハード・フリー的なダブル・アックス技術である。これをマスターできたとしたら、より大きなルートを想うことができる。国内なら、穂高岳屛風岩右岩壁二ルンゼに懸かる垂直の大氷柱など、行ってみたいルートのひとつだ。

もしもこの大氷柱が、カッティングと人工登攀によって登られていたとしたら、私は登山をやめるであろうと、登攀後しみじみと思った。

■装備　勝野＝アックス（シモン）、アイス・ハンマー（インターアルプ、柄が折れる）、アイゼン（シモン）、予備にアックス、アイス・ハンマー、アイゼン各一。菊地＝アックス（サレワ）、アイス・ハンマー二本（フォレスト、サレワ）、アイゼン（シャルレ）、予備はアックス一本。ロープ九㍉×五〇㍍を三本、アイス・ピトン二〇本（一本使用）、アイス・フック三本（三回）、ジャンピング・セット三、ボルト三〇本（一六本使用）、ピトン一五枚（六枚使用）、ユマール二セット、アブミ四台。

勝野惇司（かつの・あつし）　谷川岳一ノ倉沢ルンゼ状スラブ冬期単独初登、唐沢岳幕岩S字状ルート冬期初登を行なう。七九年にはグランド・ジョラス北壁冬期単独初登を、ひとつにはほぼ同時期に登って遭難した森田勝氏の救助で逸する。大氷柱へは三シーズン八回目で完登を果たした。一九五〇年生まれ日本クライマースクラブ（JCC）所属

菊地敏之（きくち・としゆき）　ハードなフリーを指向し、あまり好まないながらも各岩登り競技会では上位入賞している。アイス・クライミングは昨シーズンから集中的に行ない、冬の谷川（バリエーション）入りは今回が初めて、一九六〇年生まれ。JCC所属。

コラム7

フリークライミング定着の足跡

ヨセミテやコロラドの岩場を訪れた日本人が異口同音に抱いた感想は「日本の岩登りは10年遅れている」という現実だった。それは、技術的な意味ばかりでなく岩に対する精神においてもいえることだった。クライマーたちは、ほぼ例外なく「あんな充実感を得られる岩登りが国内でもできないだろうか?」と感じて帰ってきた。

その解答が175ページ「ヨセミテの風2」で書いた、広島の三倉岳や岡山の王子ヶ岳、東京近郊の日和田山だったわけだが、80年代に入ると奥秩父の小川山や瑞牆山、伊豆半島の城ヶ崎が脚光を浴びるようになった。小川山や瑞牆山は70年代から手が付けられていたが、初期の開拓はあくまでエイド交じりで新ルートを登る目的で行なわれた。まだフリークライミングの意識が定着する前のことで、当時『岳人』が取り上げた「未踏の岩壁シリーズ」でも、「ボルトやブロックハーケン、アングルハーケン、ユマール等の最新兵器を活用する以外完登の道はない」と、時代錯誤の解説をRCCⅡの大御所が書いている。

こうしたアジテーションはさておき、小川山の花崗岩峰が注目されたのは、79年の広瀬ダイレクトⅥ+と80年のモアイクラックⅥの記録だった。ルートは短いが、日本離れしたクラックがクライマーの目を向けさせた。ヨセミテから帰った戸田直樹は80年、一ノ倉沢のコップ状岩壁と滝沢下部をフリー化したあとは瑞牆山に目を向け、十一面岩末端壁の春うららルートに傾注する（208ページ以降の「飛翔1～3」参照）。

80年代初めから注目を浴びた城ヶ崎は、奥秩父とは異なっている。大室山から流れ出した溶岩が海水に冷やされて固まり隆起したもので、波の浸食を受けて無数のクラックが生まれた。高さもないシークリフで、伊豆高原リゾート地の一角とあってはエイド時代のクライマーが訪れるわけもなく、当初からクラッククライミングのメッカとして発展した。小川山や瑞牆山で小岩峰をひとつひとつ訪ねたように、城ヶ崎では複雑に入り組んだ入江が、海岸沿いに通じる遊歩道から懸垂下降して探られ、そこに潜むクラックが登られていった。

「檜谷さんのグレードは辛いヨ」とは、当時よく聞かれたことばである。檜谷さんとはRCC神奈川の檜谷清のことで、彼は自らのヨセミテ体験を土台に、城ヶ崎の諸ルートをデシマルシステムで発表していた。小川山や瑞牆山にクライマーがつけたグレードよりワンランク辛いというのが当時ささやかれた判定で、城ヶ崎グレードとも呼ばれた。

従来、日本のグレードはUIAAのⅠ～Ⅵ級が用いられてきたが、80年代のフリークライマーには感覚がつかめず、ヨセミテのデシマルシステムのほうが理解しやすかった。国内フリーの先駆者となった広島・岡山のクライマーたちもデシマルを採用した。広島山の会の高見和成らは、日本人も多く訪れる韓国・仁寿峰の各ルートをデシマルに換算して、たたき台としたこともあった。

RCCⅡは、60年代なかばから行なってきた日本の岩場のグレーディングを二度にわたって改訂したがデシマルは採用せず、UIAA準拠の姿勢を保った。しかし、フリークライマーの共通語としてはデシマルのほうが通りがよく、フレンチ・グレードも含めて国際的な換算表が整備された今日では、デシマルで表示することになんの支障もない。城ヶ崎グレードも小川山グレードも、当初存在した微妙な差異は、再登者が増えるにしたがって解消されていった。

トップグレードは初登者個人が決めるものではなく、第2登、第3登した人の見解も加味して決まる時代になってきたのである。

岩と雪 No.92（1982.12）P8-17

衝立岩フリー宣言

第一ハングをリードする筆者

谷川岳一ノ倉沢衝立岩正面壁——
この、日本の岩場を象徴するような岩壁にフリー・クライミングの課題を求めて私たちは挑戦した。
二カ月にわたる試行錯誤の記録

文＝池田 功＋写真＝保科雅則

なぜ衝立を

昨年秋、コロラドとヨセミテをめぐって帰国してからの半年ばかりのことだ。自分の中で育っていたフリー・クライミングへの情熱が、日本ではまだ一般に理解されていないのではないかという不安と焦燥を私は感じていた。それをぶつける相手もないまま、先へ先へと筋力だけが欲求する悶々とした日々をトレーニングに捧げる生活を送っていた。

ハード・フリーは外国でしか味わえないのか。日本の岩場では限界があるのだろうか。この思いは頭から離れず、それをたしかめなければならないという衝動にかられていた。そして——。

夏を迎えようとするころ、私の頭のなかは、谷川岳一ノ倉沢の衝立岩のことでいっぱいになっていた。

ここは、よくも悪くも日本の岩を象徴する岩壁である。かつては日本有数の困難な壁といわれ、自衛隊による銃撃で知られる宙吊り遭難などショッキングな歴史をもつ。この壁をフリーで攀じることは私の登攀欲をかき立てる。この壁のフリー化に成功することは、ある程度のピッチ数と困難性をもつフリー・クライミングが日本でも可能だということを示す絶好の機会になるだろう。

6月下旬の一ノ倉沢　小堀彰撮影

頭の中に衝立岩を描いてみる。登れそうなラインとして岳人ルート、ダイレクト・カンテ、雲稜第一ルートなどが浮かぶ。一般的に、初登ルートというのは、その壁の弱点を巧みについている場合が多い。フリーのラインはその近辺に求めうる可能性が高い。私は、迷わず雲稜第一ルートぞいに目をつけた。

標的が決まってからの日々はあわただしかった。解決すべき問題はいくつもある。パートナー、トレーニング方法、登攀方法、装備の調達、決行の時期、プロテクションをどうするか等々だ。

パートナーは、単に衝立を登るだけでなく、この時代の、同じフリー・クライミングに打ち込んだという体験を共有し、分かち合えなければならない。

彼、南場亨祐との出会いは一年前、チーム・フレンズの和久本、東田らとともに小川山に行ったときだった。私がクレイジー・ジャムをリードすると、彼はがむしゃらに攀じてきた。そして、ジャミングができないことを激しくくやしがっていた。その彼の、クライミングに対する情熱がとても印象的だった。その後、彼は常盤橋公園で徹底的にジャミング技術をマスターした。

衝立を落とそうという話は、そのころ出たものだったが、私のアメリカ行などで途切れたままになっていたのだ。その彼と、あらためて共通の目標——衝立に向かうことになった。

それからの私はきびしい減量、持久力をつけるためのジム通い、柔軟性を養うためのストレッチングとヨガ、加えて精神力・集中力を甦らせるための剣道と、生活パターンをよりきびしく変えた。

登攀方法は、私たちの力の範囲でできるかぎり、よりよいスタイルでやるつもりだった。ロープのテンションで休むことも、それが二人の限界ならば、いったん下まで降りて登り返せなくてもしかたがない。私たちにとっては、次によりよいスタイルで登られるまではフリーでやったことになるのだ。だから、私たちのスタイルよりすぐれた形で、このルート(あるいはピッチ)が登られたとき、私たちのとったスタイルは否定され、あらたなスタンダードが生まれるのだ。

ここに記すのは、私たちがこれまで衝立岩で行なってきたフリーの試みのなかで到達しえた、ピッチごとの最もよいスタイルである。純粋なフリー・クライミングの基準からすれば、プロテクションの事前セット、トップ・ロープでの試登、テンションでのレストなど、問題点もいくつか含まれている。それらは今後の課題である。

まだ明けやらぬテールリッジを急ぐ

2人用テラスでの筆者

第一ハングに挑む

梅雨のさなかだったが、日が長いと行動が楽なので、雨のあい間を縫って六月十七日、冷たい風を受けながら雪渓を登りはじめた。

テールリッジから衝立岩を仰ぎみたときには、心のたかまりを感じた。これから素手でねじ伏せようとする、巨大なグリズリー(熊)を目の前にしているからなのだ。そうだ。もしこの登攀が完成したら、ルート名はグリズリーとしよう。

安全を期して一一㍉ロープのダブルで登る。加えて六〇枚からのカラビナで荷物は重い。だが命には替えられない。

取付いてから二ピッチ目。南場が人工で、プロテクションをチェックしながらリード、私はセカンドでフリーを試みる。

ハング下二〇㍍のフェースは浮石が多く、踏ん切りのつかない動作の連続だが、ムーヴとしてはⅥ－、5・9であろう。最大の難関と思われる第一ハングの基部からボルト・ラインにルートを求めるが、可能性は見いだせない。ランニング・ビレイを外したところで「ラーク」と一声南場に合図を送り、空中遊泳。そのままロープの振りを利用して再びハング下の大きなホールドにしがみつく。

人工ルートの近辺という想定はあまりにも範囲がせますぎた。「よし、このハングと真向から勝負してやろう」と思い、一番深いところに目を向ける。弱点は、あった。岩が重なってできたフィンガー・サイズのクラックとフィンガー・チップのアンダー・クラック、それと、わしづかみにしながら身体の振りを利用してこらえれば、なんとか引き上げられそうな手がかりはいくつか見当がついた。が、それ以上は視界に入らない。考えていてもしかたがない。とにかく身体を上に、高度をかせごう。

アンダー・エッジを両手でとらえ、強引に身体を引き上げて片手でこらえる。

目いっぱい伸び上がり、フィンガー・ジャム。まるでフィフィで休んでいるような安定感だ。ここで両手両足にチョークを塗り直し、一気にハングの中間部にあたるアンダー・クラックに片手ずつさしのべる。万才の格好から背筋をピクピクさせながら、じわじわと腰の高さまで足を引き上げ、目の前にかぶさった岩から顔をのぞかせる。出口はまだ遠い。

そろそろ手が張《パンプ》ってきたみたいだ。両手の血管が浮き上がってきた。だがまだ使える。何動作かして身体がほぼ水平になったところで力つき、再び空中遊泳。

「こりゃあ、見た目よりも手ごわいぞ」

しばらくロープにぶら下がったまま前腕の回復を待つ。

再びロープを振って岩に取付き、手がかりをさがしながら登り出す。やっとの思いでハングの出口から顔を出すことができたが、そこでまた墜落。

谷川岳一ノ倉沢 衝立岩正面壁雲稜第1ルート

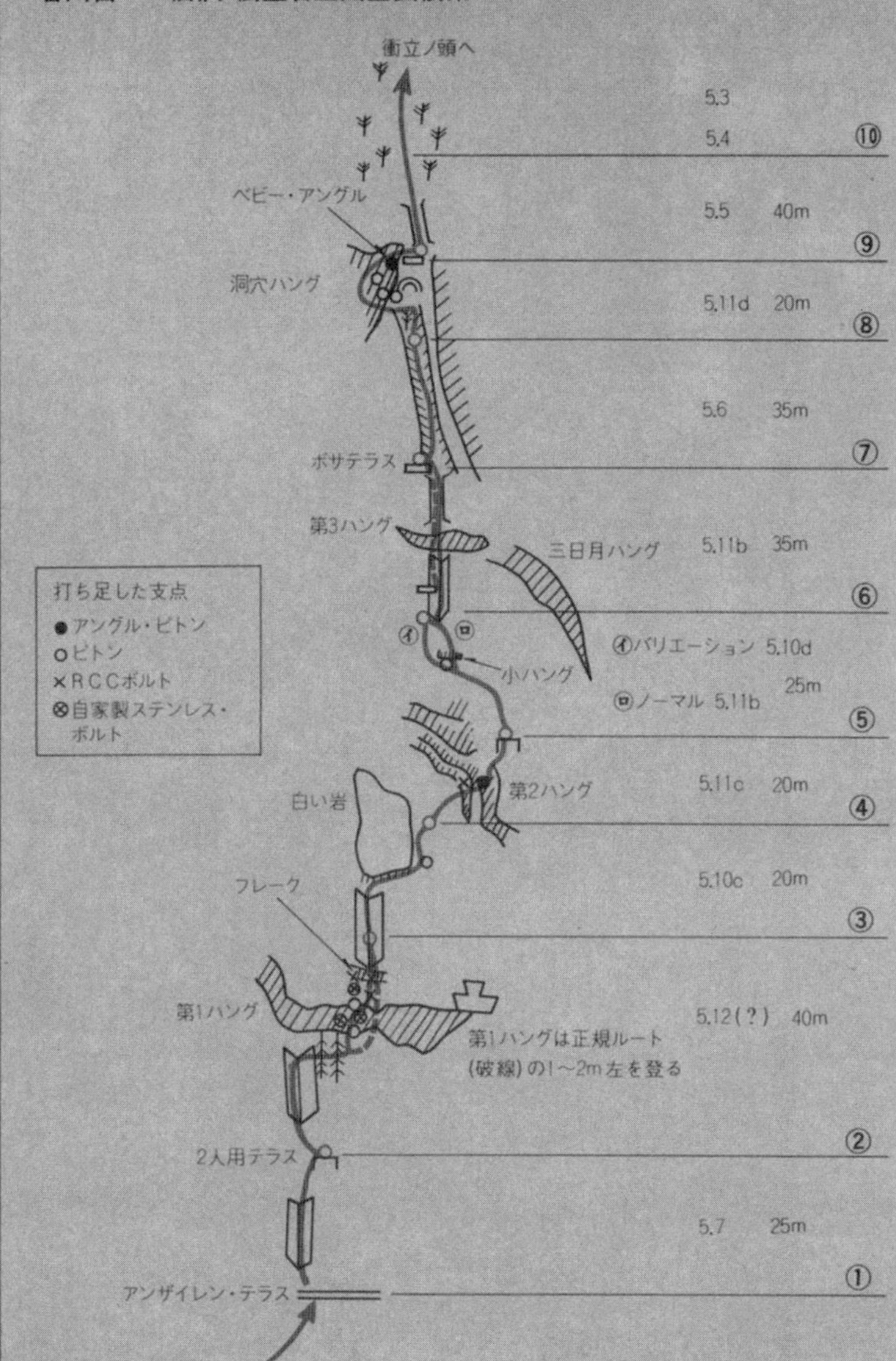

参考グレードはヨセミテ，コロラドの体験をもとにデシマル・グレードを用いた

パートナーの南場亨祐

何回か墜落をくり返したあと、ハングを出て垂壁に変わる。精神的に落ち着くが、こいつがまた手がかりの乏しいやつだ。わずかな手がかりもいやらしい方向を向いていて、熊公のお腹にしがみつく思いだ。そんな動作のなかで、得意とする自称「池田ステップ」という足の使い方と背筋の力でこの垂壁をクリアーできたのはうれしかった。

確保する南場の顔を、やっと余裕をもって見られる動作に変わってきた。熊の手を振りほどいて、どうにか逃げのびた思いでビレイ点に着く。最大の難関、第一ハングの動作の要素は見いだせたのだ。

「やるしかない」ビレイ点から四〇㍍下まで降ろしてもらった私は、再びトップ・ロープで、岩をクリーニングしながら登り進み、三回のテンションでこのピッチを登った。そして三度目、トップ・ロープながらついにテンションなしで登り

いよいよ第一ハングにとりかかる

きることができた。

まだリードしていない段階で正確なグレーディングはできないが、5・11d以上はあるだろう。昨年コロラドやヨセミテで体験した5・11dのどのピッチよりもきびしい動作が要求されたからだ。

この日は、ここまでで夕方になってしまった。

第二ハングへ

六月十八日。まだプロテクションの完成されていない第一ハングを、前日同様南場が人工でリードし、私がフリーで後続する。第一ハングのプロテクション作りはあとまわしにして、その先の可能性に挑戦することにした。

第一ハングは私、第二ハングは南場と話がついていたので、三ピッチ目は南場のリードではじまった。フェースを三㍍ほど登り、右へトラバース。白い岩というところだ。そのあたりはややくさりぎみなので、プロテクションはこまめにとっているようだ。

ちょうど八㍍ぐらいロープがのびたあたりで行き詰まったらしい。かぶりぎみのフェースから抜け出せないようで、そのうち力つきて吹っ飛んできた。

ビレイ点まで降り、再度挑戦するが、いまひとつ踏ん切りがつかず、中途半端な状態で落ちてくるようだ。

第1ハングの中　片手で支えつつチョークをつける

彼の手の回復よりも私の突進本能がうわまわり、代わって挑戦させてもらう。5・10レベルの登攀で第二ハングに突入したのだが、ハングのまっただなかでプロテクションを使い果たしてしまった。しかたなく、そのあたりをクリーニングして、最後のプロテクションから一〇㍍下降させてもらう。結局二ピッチ目のビレイ点から二〇㍍上で、あらためてビレイすることにする。(このルートの初登時はロープの長さが二〇㍍だったため、安全ではないが、二〇㍍おきになんらかの形でビレイ点が得られる)

力尽きて墜落

腕力が回復したのか、南場は快調に登ってくる。私を通りすぎ、第二ハングへと向かっていった。

ここから先はしっかりした支点が連続しているので、思いきった動作が楽しめるだろうと思って見ていると、南場は、ハングの右にまわり込んだところから、小さな足がかりを拾っての無理な体勢でレイバックに入っていった。見るからにきびしそうだ。ひとつプロテクションをとり、また吹っ飛んだ。休めるところまで下降させ、またひとつプロテクションをのばすと落ちるという根性登りをくり返した末、第二ハング上のビレイ点に着いた。

フォローした私の感じでは5・11の動作であった。彼はⅦ級の感じじゃないかという。すでに夕刻。あわてて下降を急いだ。

プロテクションを作る

危険性があれば、フリーで登る前にボルトを打ち直すし、登れるか否かわからないときには試登もする。――これが私の考えだ。

二日間にわたる試登の結果わかったのは、とにかくパワーが必要だということだ。第一ハングは化け物のように威圧的だった。またハングを抜けてからは、ロープの摩擦を増さないように、長めのスリングを用いなければならない。フリー・クライミングでは、人工登攀よりはるかにロープの流れに神経をつかう。セットのしかたいかんで、登攀の成否が決まることも少なくない。

ロープは、一一㍉のダブルではあまりにも重いので、九㍉と一一㍉を使用することにした。ちょうど九㍉五〇㍍のロープが手に入らなくて困っているとき、IBS石井の杉山氏が分けてくれた。ロープをくれたことよりも、私たちのクライミングを理解してくれたことが、とてもうれしかった。

ハングを登るときに、スリングにぶら下げたたくさんの登攀具がかぶさって腰のチョーク袋がさぐりにくいので、腰の左右に二つ付けることにした。

六月下旬、私たちは再び衝立岩に向かった。二十九日の午前中は雨。午後から第一ハングのプロテクション作りにはげんだが、軽装できた私たちはあまりに冷たい風のため、ボルト一本、ピトン一本を打ち足しただけで下降する。

翌日は予想どおり無風快晴となった。第一ハングにボルト二本、ピトン一本を打ち、このハングのプロテクションが完成した。第二ハングは南場がテンションなしでリード。私はプロテクションをチェックしながらフォローしボルトとアングル・ピトン各一本を打ち足し、必要に応じてその付近のくさったピトン類を抜きとった。

さて、ここからは未開のフェースだ。この二〇㍍を南場が人工でリードし、私はフリーで続いた。プロテクションはほとんど残置支点がつかえ、ピトン一本を打ち足しただけ。ラインもノーマルとバリエーションの二本ができるほど動作に余裕があり、いろいろな登り方が楽しめた。

第1ハング上　手がかりの乏しいフェース

身体もかなり慣れてきて油ののったところで、私は第三ハングへ突入する。初見でリードだ。出だし一五㍍のコーナーは不安感もなくこなせたが、第三ハングに取付いてから、適した動作を発見するのに苦労した。それでも、こまめにヌンチャク形のランニング（二枚のカラビナを一㍍ほどのスリングでつないだもの）でプロテクションをとりながら、こまかい足がかりをさがし出し、しつこい筋力の持続でポサテラスまで登りきる。これは大きな収穫だ。

Ⅳ級の凹角を四〇㍍登るといよいよ最後の課題、洞穴ハングだ。初見でフリーをやるには支点が甘いようなので、ピトン二本とベビー・アングル一本を打ち足しながら、私は人工でリードした。南場はセカンドでフリーを試みたが、ここまでくるだけで腕力をつかい果たしているため敗退。人工で這い上がってきた。

ここで夕方。急いで残りのⅢ級ピッチを八〇㍍登り、下降する。

今回わかったのは、洞穴ハングをのぞけば、全ピッチがフリーで可能だということ。一〇ピッチのうち八ピッチまでがリードできるということだった。これでフリー・ルートとしてのプロテクション

第1ハング上のフェース　じりじりとせりあがる

ンは完成された。あとはリードすることへの挑戦だ。

よりよいスタイルを求めて

七月九日。朝方霧雨だったが、八時ごろには陽がさしてきた。中央稜をかけ登り、雲稜第一ルートを頭から二ピッチ下降して洞穴ハングの基部に着く。可能性を見いだしていないのはこのピッチだけだ。これがトップ・ロープででも登れれば、その時点で、目には見えない細い糸のようなものが、衝立岩ノ頭とテールリッジとを結ぶのだ。

私がリードする。ハング下を左へまわり込みながら、新しい支点に、確実にランニングをとっていく。動作は、いまのところ5・10aだ。最後のベビー・アングルまで身体を引き上げたが、身体の振り方がわからずに、落ちる。

下まで降りずに、ロープの振りを利用してまた取付く。最後には、ハングの出口に片手でぶら下がり、足のマントリングで乗越した。実に豪快。このルートのフィナーレにふさわしい動作だった。フリー・クライミングをやってきてよかった、と思った。

翌日は快晴。いよいよ第一ハングをリードする日だ。いままで、心臓の鼓動がこんなにたかまったことはない。プレッシャーがかかっている。絶好調のときでもトップ・ロープで苦労する課題だ。プ

第一ハングから第二ハングへ　高橋がリードする

レッシャーなどにまどわされている余裕はない。精神を集中し、自分のなかの陰を押し殺し、眠っている陽を引き出す。

　カラビナ六〇枚の重さは、もう頭から消え去っていた。人工ルートの左右の岩の弱点を頭のなかで計算しながら、定められたラインからはしゃぎ出る。アブミをもたずにこの衝立に取付くパーティがいるのだ。これこそフリー・クライミングなのだ。

　それはまるで鳥カゴから逃げ出し、いきなり空を飛びまわっている鳥だ。カゴの中にいれば、決まったエサを与えてもらえるのだが、それを自らさがし求めて飛び出したのだ。

　動作が限界に近づくと、人工ルートのエサがちらつきはじめる。だが、それを横目に自分の夢をさがす。

　ハングの中間部で五㍍ほど墜落。ロワーダウンする。腕力がなかなか回復しないので、南場が交代してくれた。その彼も、プロテクションひとつのばしたところで三㍍の墜落。回復した私が代わり、今度はテンションなしで登りきった。

　たったこれだけのことだが、終わったときはもう夕方だった。

第３ハングをリードする南場

　完成した。全ピッチが、テンションなし、ロワーダウンなしとはいかないが、一応下から上まで、リードでつなげることができた。この時点で、フリー化成功といえないこともないと思ったが、さらによいスタイルを追究しようと、私たちはワンプッシュの攻撃を試みることにした。できればロワーダウンなしで。
　例年にない長梅雨と台風10号による豪雨で、その機会は約一カ月後にようやく訪れた。八月六日。計画を立ててから二カ月が経過していた。台風の影響がどれほどのものか、と不安を抱きつつも、私たちは早く衝立岩を自分のものにしたかった。
　今回は写真撮影のため、保科雅則（クォーク）と安藤憲一（東京ＹＣＣ）も加わった。しかし第一ハングは豪雨の名残りですっかり濡れていた。ここでいくつかの動作はしかたなく人工で登ったが、残りのピッチではリードに成功した。

第２ハング　リードする南場の墜落

　私たちの、今日までの成果はここまでだ。今後も機会をとらえては、よりよいスタイルでのフリー・クライミングを求めて、私は何回でも衝立に挑もうと思っている。これまでに書いてきた私たちのスタイルについてご意見があればぜひ聞かせていただきたい。
　なお登攀の性質上、時間がかかるし、他パーティとの混乱をさけるため、登攀はすべて、ウイークデーに行なった。
（いけだ・いさお　クォーク・クライミング・クラブ代表）

後記　今回の私たちの行動は、日本のフリー・クライミングのテクニック・パワー、精神力が向上したことの、なによりの証明ではないだろうか。また、日本の岩場へのあらたな挑戦のひとつの足がかりになったとも思う。

　思えば、フリー・クライミングと人工登攀は車の両輪のように、おたがいに影響し合って発展していくものではないだろうか。ところが日本では、つい最近まで、岩場の弱点を無視してまで登攀を容易化するような人工登攀（Ａ１、Ａ２）が最終手段として幅をきかせてきた。そこでは登攀技術の向上という興味は失われてしまっていた。

　フリーか人工か、という声も聞かれる昨今だが、現在の日本では、まずフリー・クライミング技術こそ注目され、磨かれるべきではないか。そしてフリーの限界を超えるものとして、人工登攀がより一層の意味をもつようになるのだと思う。将来は、おそらく九州あたりの岩場で、Ａ４、Ａ５という人工登攀がフリーの限界の上に打ちたてられるのではないだろうか。

岩と雪 No.93（1983 .2）P52-57

飛翔

瑞牆山十一面岩左岩稜末端壁をめぐるモノローグ

花崗岩の壁に刻まれた一条のクラックとの出会いが私を夢中にさせた。たかだか四〇メートルの〝岩の割れ目〟には、どんなに心踊るドラマが穏されていたことか——。

［短期連載①］

戸田直樹

日山協の競技会ルートを設定すれば英国の岩がタダで登れるという、一〇代の頃なら夢のまた夢の一大事業が、あちらのほうからやってきた。ところがいざ着手してみると、観客席が確保でき、そのうえ交通簡便要宿泊設備と、建売住宅のチラシ並みの付帯条件がつけられ、否おうなしにあちこちの岩を登ることになった。条件が満たされても、納得できるルートでなければ、ルート・セッターとして首をタテに振るわけにはいかない。

その夜も、あてどない品定めの旅に出かけるために、日野の大内尚樹さん宅におじゃましていた。挽きたてのコーヒーをすすりながら、豊かな山歴を物語るアルバムに手をのばす。とりわけ情熱を注ぎこんだ海谷編は圧巻の一語に尽きる。感心したり呆れたり、ようやく数限りない大内コレクションに先が見えかけたときだった。

「そーそー、戸田さんの好きそうなヤツがあるんですヨ！」といいながら席をはずし、大型の茶封筒の端をつまんでヒラヒラさせながらもどってきた。

いつになくすました顔でテーブルの上に置いた一枚の写真。それはまぎれもなく岩。——一直線に伸びるディエードルを仰いだその中に、魅惑的なコーナー・クラックを見つけた。白と黒のコントラストが一層シンプルさを強調した、素晴らしいクラックだ。指がすっぽり入りそうな深さとかかりのよさそうなエッジ、少々手荒に扱ってもビクともしない質感、ロックした指の痛さが伝わってくるようだった。

「これ何処なんです、フリーで登られてるんですか？」

一カ月ほど前に登られた、瑞牆山十一面岩左岩稜末端壁の春うららルートだという。

「ナッツの人工で登ったらしいけど、フリーでもかなり行けるんじゃないですか。エーと、ヘキセンの三番、四番が有効とありますから、幅は……何センチぐらいですかねー」

●

ごほうびのブリティッシュ・ロックを満喫している間に、十一面岩ではめざとい仲間たちが何本かのルートを登っていた。アプローチの長さが難点だが、岩はなかなかのものであるという。春うららをナッツの掛け換えで登った藤司に様子を聞くと「フリーでは……」と口をにごす。登れそうだというには難しすぎるし、登れないと断言するには不安が残る、苦しいところだ。

●

クラック・クライミング、それもジャミングを意識したのはつい最近のことである。五年ほど前、韓国の仁寿峰を訪れたころは、テクニックとしてのジャミングを感じるには前提の知識があまりにも貧弱で、なんとなくがむしゃらに、ちょうど第四回の競技会（三ツ峠・戸田クラック）でがんばった選手のように、登っただけだった。

とくに相性がいいとは思っていなかったジャムに強い愛着を感じるようになったのは、なんといっても三週間あまりのヨセミテ生活だった。うぬぼれにもバランス感覚がいいとはいい難いので、冷静に考えれば当然の結果だったのだろうが、初日から一気に奈落の底まで急降下。絶望の縁をUターンした強みはあっても、5・8の敗者復活戦、5・9とのリターン・マッチもレフェリー・ストップにかろうじて救われ、5・10aへの真剣勝負までなんとか引っ張ってくれたのがクラック、ジャミングだった。

不思議な縁で結ばれた、などと書くにはあまりにも現実的な出会いだったが、私には魅せられて離れられなくなったわけがわかるような気がするのだ。

日常よく耳にする会話に、

瑞牆山十一面岩左岩稜末端壁　春うららルートをリードする筆者

「アイツは文科系タイプの人間云々…」というのがある。私は典型的な理科系、ようするに理屈っぽいのである。この性格が災いすることもあれば、運を招くこともある。災いの代表格が、フリクション登攀のときに数学の方程式で登ろうとして大切な感覚を鈍らせることであり、逆に非常にテクニカルなジャミングに関しては理解しやすい。

ところが、そうした組みし易しのうぬぼれが多少なりとも蓄積されていたせいだろうか、春うららとの出会いはショックだった。どうあがいても問題が見えなかったのである。フリーで登ることを答とするなら、初めのそれは全くのまぐれだった。少なくとも正解ではなかったことは確かで、一年以上もたってようやく問題を見つけたくらいだ。

一ピッチ目の一手でこのザマだから、二ピッチ目のクラックは現在でも恐いルート以外の何物でもない。記録的には登ったことになっているが、とてもとても……。

●

一九八〇年十月十日、末端壁に向かう。以前十一面岩の翼ルートを登ったことがあるので確かに見ているはずだが、何も思い出せない。ヘェーこんな所もあったのかと考えながらナメ滝をヒタヒタ登り、枯沢を詰めると、末端壁の全容が目に入る。

〝大樹〟が取付き付近を覆い隠しているが、木の生え具合からして壁自体は垂直ないしかぶりぎみ。小さなハングを越すと注目のディエードルがゆるやかなカーブを描いて続き、登るにつれて傾斜を増し、再びハングを形成する。その上は垂直で、右上するクラックがお昼寝テラスをかすめている。

ずいぶんのっぺりしているなぁ、というのが第一印象だった。

そのころの私たちは、手強いルートやプロテクションのしっかりしていないルートでは、トップがフリーにこだわらず登り、セカンドが可能性を探るようにしていた。ところがディエードルに入る小ハングで慣れぬナッツが抜け、トップは急降下。とりあえずその一五㍍ほどを片づけることにした。

垂れさがったロープは想像以上に岩から離れている。正面からでは〝かぶりぎみかな〟程度しか見えないので信じられない。信じていないからこそ、指さえ入ればなんとかなるだろうと、気軽にロープを結んだ。「難しい」といわれていた出だしは見た目以上にそり返り、なんともバランスを保ち

意識を高めると厳しい状況ほど多くのものが見えてくる

写真提供＝岡田昇

一直線に伸びるディエードルの中に魅惑的なコーナー・クラックを見つけた

づらい。三㍍ほど上のバンドに立つと身体はのけぞったままで、アレッと戸惑いの中に一瞬動揺。心許ないフレークとの間にハンド・ジャムを決め、一段上がり、肩まで入りそうなクラックの奥にフィスト・ジャムを引っかけると、ようやく足で立っている実感をつかむ。

そこからコーナー・クラックが始まり、壁は一段と前傾の度合を強めた。しかもX字状にコーナーが入れ違う、単純だがやっかいな三次元空間に入る。

正面から攻めると傾斜をモロにかぶるので、レイバックが常とう手段になる。しかし二歩前進できても、コーナーの向きが変わるので一八〇度の方向転換が必要だ。だが、身体を正面に向けてつなぎ止めるだけのジャムしか見つからない。次のレイバック姿勢がとれないまま、フーッと空間に吸いこまれるようにして、ロープにぶらさがった。感じる傾斜を、手を伸ばしても届かない岩とのへだたりに見る。

張りつめた前腕をもみほぐし、乱れた息が静まるのを待って、正面からのジャミングに切り換える。一手、二手……、ちょうどコーナーが交差する一〇㌢くらい下で第二関節がしっかり決まる場所を見つけた。その状態で左手はなかば伸びきり、さらに前進するには一歩高い位置にフット・ホールドを求めなければだめだ。右足で粗い岩肌を押しつければ、ずり落ちない程度のフリクッションは期待できるが、左足はまともな岩角をとらえたい。

両肩を押された窮屈な姿勢でコーナーの外をのぞくと、細い外傾したフット・ホールドの中に、鋭角な結晶を見つける。注意ぶかく左足を移動、何度か踏み替え、一番かかりのいい位置をさがす。左足が決まると次は右足だ。何処にスメアリングしても同じように思えるが、左足に微妙な違いを感じる。

フリーで登る意識を高めると厳しい状況ほど多くのものが見えてくる。粗い岩肌と思いこんでいた面に無数の凹凸が、月面クレーターのようにくっきり浮かびあがる。これだ、と直感した粒子に狙いを定める。一連の動作を終え、位置が決まりかけるころには前腕が張りつめて限界だ。ロープにぶらさがったままで、目印に白いチョークをなすりつけて、水入り。

何度かくり返していると、その地点まで登るのが精一杯で、次のジャムをさがす体勢すら保てない。可能性を感じないまま時間切れ。

翌朝、今日こそはと思いつつ取付く。マークした岩角に靴先を押しつけると、左手は頭のすぐ上にくる。右手のロックを解き、なるべく高い位置に指先をそろえて押し込み、ひねりを加える。いい感じがない。ひねりをもどし、クラックにそってずりさげてみる。これといったポイントがない。再び元の位置にもどし、小刻みにひねってはもどし、ずりさげてはひねる、のくり返し。三〇㌢ほどの範囲にジャミングのできそうな場所を求めるが、何度試みてもロックできそうな感触がない。

わずかにかかりを覚える所があっても、身体があがる前に指がクラックにそってずり落ちる。静態が限度で、とても前傾した岩にへばりついた身体が引きあがるとは思えない。

全く解決の糸口さえ見つけられないまま、惨敗に終わった。

●

夜遅く家にたどり着き、運動靴を脱いでザックを置く。本箱から『クライム』と『マスター・オブ・ロック』を抜きだし、ドッカとソファーに腰を沈めた。「お風呂入ってヨ」の声を無視してページを急ぐ。類似した構成の岩をとくに意識しながら、フット

通称〝グー〟〝チョキ〟〝パー〟の第一関門

・ホールドの求め方・置き方、上半身の使い方から指の入れ方まで、いままで何となく見過ごしてきた、さ細な動きと今日の登攀を比較する。どんな違いがあるのか、どうすればよかったのか、なぜ登れなかったのか、それを知るまでは眠る気にもなれなかった。

翌日、痛む筋肉をチェックする。痛みや張りが残るのは、その筋肉を酷使するルートであり、またそこが弱いということでもある。その個所を集中的に鍛えれば、次回は登れると短絡的な考え方はしないが、ある部分で一歩近づき、足らない何かを少しぐらい補ってくれるはずだ。

図書館で見つけた『身体運動の基礎』(図解・筋機能)をもとに、背中で痛む筋肉の名称から調べることにした。腕の付け根と肩甲骨の回り。該当しそうな筋は広背筋、大円筋、小円筋、棘下筋、菱形筋に僧帽筋など。

大円筋の頁を開けて解説を読む。作用。上腕を後内方に引き、これを内方に回す。内方の意味を確認してから、解説に合わせて腕を動かしてみる。視覚で確かめると、目をとじて実際の岩場をオーバーラップさせながら、同じ動作をくり返す。感覚的に理解できる。二重マルをつけよう。

棘下筋。作用。上腕を外方に回す。位置的には近いが、上腕を外側に回す動作に疑問がある。無印のダーク・ホース。

広背筋。作用。垂れた上腕を内旋しつつ後下内方へ引く、また、あげられている上腕を下方に引きさげる。……

同じような場所についている筋肉でも、作用に微妙な違いがあることを知った。それを知ると◎に△に×と、競馬新聞並みの記号がずらりと並び、細かに分類した筋肉それぞれに有効なトレーニング方法を無性に知りたくなった。しかし、一般向けのトレーニング書には、それに見合うだけの意識と記述が不足している。専門誌ともいえる月刊『ボディビルディング』から得ることにした。手持ちのバックナンバーはたかが知れているので、二度手間を省いて確率の高い国会図書館に直行、数十枚のコピーをとってくる。

Q&Aコーナーに興味ある記事を見つけた。

Q　背の部分を集中的に鍛錬したいと考えております。広背筋、大円筋など、ワキの下と肩のうしろ側にある筋を的確に刺激できる運動は？

A　……おおまかには広背筋または大円筋のための運動を行なえば……しかし、かなりビルド・アップした人やコンテストに出場しようとする人たちには、それらの筋をひとつひとつ鍛練することも必要であろう……。

各筋肉の作用から始まり、ていねいな方法論を解説してある。だが、いざトレーニングを開始するとどれくらいの重量で、回数は、セット数は、といった疑問を持つ。これはボディビルダーの目的が強い筋力をつけることより、美しい（誰もがそう感じるかは別として）筋肉をもつことにあるから、この雑誌から満足な解答は得られない。運動生理学の分野に移る。

そのあい間にもジョン・バーカーの写真を見直し、どの筋肉が発達しているのか、この運動が本当に有効なのかなど、自分の行なっているトレーニングに不信を抱くたびに、なんらかの方法で納得できるまで確証を求める。そうした心鎮まる夜はトレーニングに集中できる。

“イチ・ニイ・サン……”リスト・カールをくり返す。期待と希望に前腕が張りつめ、いま、今まさに墜ちそうな場面を想定して、「こんちくしょ」怒りをこめてもう一度。キリッ、キリッと鋭い痛みが駆けぬけるパンピング・アイアンをさすりながら“やった”気分にどっぷり浸ると、岩のことを忘れて痛快な満足感に心が開放される。

一年三六五日そうした夜ばかりなら、英雄にだろうと、スーパースターにだろうとお好みしだいというわけだが、まず三日と続いたことがない。トレーニングに集中するには壮大なロマンと大げさな動機づけを必要とするが、さぼるときには、とるに足らない口実があればいい。手痛い敗退も所詮は二、三日のかすり傷程度のもの。もしクライミングをスポーツと呼ぶのなら、これほど怠け者が大手を振ってまかり通れる世界もないだろう。

●

一週間後、二人の熟年クライマーを案内する。前回何度も登っているのであっさりクリアーしてもよさそうだが、はじめてリードする不安が不信感を呼び起こす。もう少しトレーニングしておけばよかった、ナッツはこれで足りるかな、バンドに立つときは手と足どっちが先だっけ。ロープを結ぶまで気楽に考えていたことのひとつひとつが、入れ代わり立ち代わり鮮明な残像を落として行く。

こうしたイヤーなときにチョークという小道具は妙に気分を落ち着かせてくれる。手にこすりつけたり、靴底になすりつけたり、安物の精神安定剤より効果がある。もっともそうした効能より岩との摩擦力を確実なものにしてくれるから愛用しているのだが。しかし、クラックの場合それほどでないが、フェース・クライミングの場合に、わかりにくいホールドの位置や使い方を暗示して、手と足を移動させる機械的動きに登攀を一歩近づける一面がある。美観上の問題は、クライマー以外めったに訪れることのないこの地では、勝利者の軌跡になることはあっても問題にされることはない。

いつの間にか足元はこぼれ落ちたチョークで白くなっていた。

「落ちるかもしれないからね、頼む」

といいながら、またひと塗り。

ホールドの手ごたえ、ジャミングの効き具合、バランス感覚、どれひとつとってみても異常なほどの鋭敏さで伝わる。流れの中のある動きに過ぎなかったことが孤立した動作になり、なにをするにも確認がとれるまで次の手順に移れない。階段とエスカレーター、あるいはエレベーターのちがいを思い起こしていただきたい。ふだん冷静な状態で登っていると、回りの景色も岩も動かず、クライマーが高めた量に応じて高度を高める。だが冷静さを失うと、クライマーがほんの少し動いただけで、相手にしている岩が恐ろしいほどのスピードで遠ざかり、超現実的な高度感を味わうことになる。

通称“グー・チョキ・パー”の第一関門に入る。握りこぶしをクラックにはめこむ、技術的には単純明解な“グー”。これまでなら、ここでためらうことなく、右手で手刀を切るようにして高く伸ばすところだが、意識が左手から離れようとしない。必要以上の筋力を過度に緊張させ、こぶしを見据えると、いまにも外れそうに思えてならない。なかばやけぎみに断をくだし、岩角から右手を離すと、こぶしがグッと引かれる。

頭上にあげた手に視線を移すと、目ざすクラックがちらつく、軽く膝を伸ばせば届く指先とクラックの間を、今日は目とクラックの距離でしか測れない。予定地点をほんの少し通過した所で腕がストップするまで、やけに長く感じる。視線を足元にもどし、小指に神経を集中。期待どおりの圧迫が第二関節をはさみつけ、ロックが完了した。

「グー」から「チョキ」とは逆に、わずかな引っかかりからジャグ・ホールドに移る次のステップは一目散に空間をかき分け、「パーッ」とホールドに襲いかかる。

どうなるか見当もつかなかった修羅場をくぐり抜けると、たかだか稼いだ三㍍ほどの高度に似つかわしくない快感が刺激的だ。

結局二回目も、それから二週間後の三回目の挑戦でも、一歩進展する気配さえなかった。手がかりの得られない垂壁ならいざ知らず、指の入るクラックを目の前にして、可能性なしの刻印を打たざるを得ないなんて淋しいことである。

ところがそれから数カ月後、ちょっとした偶然から前途の光明を見い出し、再び挑戦する気迫をとりもどした。瑞牆山の雪が解ける春を、私は待ちかねた。

（つづく）

岩と雪 No.94（1983.4）P58-65

飛翔

瑞牆山十一面岩左岩稜末端壁をめぐるモノローグ

［短期連載②］

戸田直樹

早春のある日、なごりの雪を踏んで訪れた私は、ようやく解決策を見つけた。あとはこれをリードすることだ。ニピッチ目には、さらに拒絶的なクラックが待ち受けている。

一九七九年五月中旬、ヨセミテ入りした私達のキャンプ生活は、暑くなったらバスに乗り、登ってくって、攀じって食べて、眠くなったら横になる。現実離れしたクライマーの理想とするところだった。しかし何もかもが新鮮で挑発的な三週間はとても長かった。不安に追われ、斜眼帯をかけて登る生活はつらい日々の連続だった。ところがアメリカからペルー・アンデスに直行した私は、高山病のけだるい気分で、味けない食事をしながら、ヨセミテ生活がどれほど充実していたのかをしみじみと知らされた。アンデスから舞いもどったコロラドでは期待どおりの登攀はできなかったが、フリー・クライミングによせるおもいは断ちがたく、日本の岩場への郷愁は日増しに強まる一方だった。

私が夢中になったボルダリングの対象はたかだか五㍍に満たない高さの石だ。誰にも見向きされない石コロだって、意識をかえればすばらしい魅力ある場となり得る。

フリクション・ルートの集中する岩場にクラックは未発達だ。一見さえない岩場で、もう一度登りたくなるルートに出会うこともあった。

こうした体験を重ねると、草付がじゃまなら掃除して、クラックが登りたければ、クラックのある岩場へ出張する。興味わくルートがなければ自分でつくればいい。ないものねだりをして、その対象が提供している個有の課題までも放棄するなんて、まったくばかばかしいことだと気づく。さらに、小遣いにしては高額すぎるお金や、生活を破綻しかねない時間がなくても、身近な岩場で十分遊べそうな予感さえする。新たな意識のなかで私の生活空間がどのような場となるのか、見きわめたい気持でいっぱいになった。この数カ月で知った岩登りのおもしろさがヨセミテやコロラドでしか味わえないと限定していたら、耐えられないほどの寂しさを感じていただろう。

●

九月下旬、帰国当日がクラブの集会日だったので、みやげ話を手短にきりあげ、フルーツ・パーラーのたまり場から話題の常盤橋公園に移動する。檜谷清、小林孝二氏らRCC神奈川の人達が中心となり、公園内の石垣に設定した課題にボルダリング・ゲームを見る思いだった。

数日して発売された『山と溪谷』（十一月号）には、岡野正美氏の「極度の難しさは高さを忘れさせる」が掲載される。東京近郊の日和田山と小川山のある一日を綴ったその記事で、興奮状態のなかで意識ばかりが先行している自分のクライミングが、すでに具体化されていることを知ってびっくりした。想いめぐらせていた岩登りの遊び方が自分で思っているほどの大発見でないことにも気づいた。

半年ぶりに訪れた三ツ峠では、中山芳郎、森正弘氏らが二年も前から登っていたという「フレーク」や「さあてこれから」などのラインを登り、半信半疑の戸惑いが現実のものとなる。翌週、巨人ルート一ピッチ目のボルト・ラインを終え、懸垂下降中に通常ラインの右斜上するフレークをまじまじとながめていると、ここもフリーでイケル気がしてきた。記念すべき巨人ルートのフリー化から、イメージでふくらませていた世界をたしかな手ごたえと感じはじめた。

●

初雪のたよりがちらほら聞かれるようになっても、冬山に行きたいとは思わなかった。冬期登攀が嫌いになったり、ばかばかしいと心変わりしたわけではない。それ以上に気をひく対象が出現したから、寒くな

問題はただひとつ、不自然なほどおもいきり引きあげる左足の動作にあった（写真はリード時のもの）

三ツ峠・巨人ルート一ピッチ目のフリー化

ったという理由だけでは岩登りを中断する気になれなかったのだ。

元旦早々から日和田山のハングにぶら下がり、谷川岳の解禁をひたすら待って、コップ状岩壁正面雲表ルート、滝沢下部ダイレクト・ルートをフリー化。幸さきよいスタートをきり、本場イギリスの岩まで堪能したが、ゴール寸前に春うららルートで厚い障壁に押えこまれた一九八〇年。この年の幕からしばらくは伊豆の城山に凝っていた。主要ルートのフリー化を終えた二月末、そのタイミングをはかったかのように、春うららの三回目のトライに同行した楡谷氏から、おもしろそうな岩場があると耳うちされた。一度たしかめてから教えてあげますよ、といわれた場所が現在脚光をあびている城ガ崎海岸だった。

さっそく私達も彼が書いてくれた怪しげな案内図を頼りに、このクラックの宝庫をたずねる。そしてあるコーナー・クラックで苦しまぎれの「逆手」のハンド・ジャムがきまった。その直後である。「ひょっとしたら春うららで使えるかもしれない」と直感したのは。二度目は意識してその効きぐあいと感覚をたしかめる。

城ガ崎では、これまで必要としなかった、気づかなかったテクニックを要求されることがあった。きまりにくいクラックには指をたたきこみ、無理やりねじこますことを覚えた。はじめて読んだころには縁遠いことと考えていた、デイル・バードの「パンピング・クラックス」(岩と雪73号)の一字一句を真剣に読むようにもなった。

この逆手をきっかけとして、城ガ崎の実践と「パンピング・クラックス」の踏み台から、ふたたび春うららルートにゴー・サインがともりはじめた。

●

奥秩父といえども、早春の沢すじには冬のなごりをとどめている。ひと休みして、ザックを背にしたときのピタッとはりつく冷たさは、いつまでたってもなじめない。雪とのたわむれはひどく新鮮だった。

カラビナ開口部の向き、ナッツの順列、チョーク袋の開きぐあい、ほんのささいなことまで神経がピリピリする。息をととのえ、気分が集中したところでクラックに左手をのばす。「スーッ」と深く息を吸いこみ、吐きだすと同時に足を地面から離す。右手ですばやくエッジをとらえ、左手は「グー」できめる。「チョキ」から「パー」も無難にパスして、核心部下のくぼみに到着した。

頭上一㍍でコーナーが入れ違い、交点には頼もしいアングル・ピトンが根本までつきささっている。その下には手ごろな間隔をおいてジャミングの効きやすい二カ所の定位置がある。上部をキーポイントと称し、そこから上段のコーナーに身体をいれることが宿願だ。そのためにピトン上部のどこで、どんなジャミングを効かすかが当面の課題であった。

一度はあきらめかけたこのルートに「逆手」をぜひ試みたいとこだったが、クラック幅が狭くて使えないことが一目瞭然。それならば妙な小細工をしないで正面からクラックと対決するしかないだろう。

キーポイントで左手をロックして、右手はピトンを越えたなるべく高い位置にねらいをつける。手の平と甲に岩角があたる。なおも小刻みに右・左とゆさぶり、力いっぱい押しこむ。鋭利な結晶が耐えられないほどの痛みをこぶしにつたえるが、しっかりとつつみこむ圧迫感がない。

「やっぱりな」

位置をずらし何回かくり返す。

「だめだ、このルートは」顔をあげて、壁を見上げる気力さえなくなった。

拍子抜けした時間つぶしをしているときだった。

「あのサー、カラビナつかんでシュリンゲ使ってもいいから、とにかく一度その上に

十一面岩左岩稜末端壁　左から二つ目のコーナーが春うららルート

行ったら？」たまりかねた平田紀之が声をかける。いまひとりのパートナー、白石一もその言葉を待っていたとばかり顔をあげる。

たしかにこの膠着状態を打破する最短コースかもしれない。しかし、ある種の決断が必要だ。その心の準備が追いつかない。

「もう一度だけやらせてよ。それでだめだったら……」

結局はピトンにシュリンゲを継ぎたし、足をかける。バランスをとりながらチョークで白くよごれた範囲から未知の領域に指をすすめる。チョン、チョンと右手が鮮やかな痕跡を残す。

アレッ？　何か感じたが、たしかめる余裕もなく左手をカラビナから離し、残置ナッツにすばやくロープをとおす。白いクラックは腰の位置になったが、その途中に何かがあった。たしかにあったはずだ。

「ちょっとだけ降ろしてー」

「どーしたのー、上へ行かないの」

春うららリードの日　左手のジャムで支え、プロテクションをとる

無駄口をたたいていると、あの感触を忘れてしまいそうだ。ほんのすこし下げてもらい、白いクラックの上部に指をいれる。これまで何度となく触れていた範囲より二〇㌢ほど上で指の第二関節が軽くかかる。

　これだ！　これが突破口になるはずだ。まったく手ごたえのなかったクラックに、ようやく手がかりを見つけた。そこに指をロックして足の置き場を検討する。右側の壁面には大き目の結晶しか期待できないが、左足用は確保した。これで立てる。右手の上のエッジを左手でつかみ、レイバック態勢をとる。前進できる。

　越えられない難所をどのようにして克服するか。下から順次手をのばし、やがて王手をかけるのが一般的な解決法だが、今回は逆に上から下へ、こーなるにはそーして、そーなるにはあーしてと、解決されている地点まで逆もどり。苦肉の策といってしまえばそれまでだが、まるで、答を盗み見したあとの帳尻合わせをするようなものだった。

　ポイントはただひとつ。不自然なほどおもいきり引きあげる、左足の大胆な足はこびであった。ついつい目先の手に関心が集中して、意識と感覚を頼りとする足さばきをおろそかにしていた。あとから冷静に分析すれば、これまで私がしつこくくり返していたことは「三〇㌢の範囲でジャミングできない」ことの検証にすぎなかった。も

気負いと不安の交錯するひととき

うすこし柔軟な発想をしていれば「四〇㍍では、五〇㍍の範囲ではどうなのか。そのためには足をどうすればいいか」となっていたはずだ。知ってしまえば実にあっけない。あっけないけど、知っているのと知らないとでは、天と地ほどの違いがある。

私は、あまりにもひとつのことにこだわりすぎていた。固定観念に振りまわされていたようだ。わざわざ難しいポイントで苦しんでいた。その個所でジャミングを効かして登る動作を5・11としたら、その上でロックすれば5・10の難しさで越えられる。

無造作に指をクラックに詰めこみ、身体を引きあげるのがジャミング技術ではない。指や手のサイズとクラックの幅・形状を、合理的に調和させられるポイントで駆使すべきだった。

何ひとつ解決策が見つからなかったクラックが、いま、ある地点をつかめば登れるところまで近づいた。『問題はつかめないがホールドはつかんだ』そんな状況だった。

手持ちのプロテクションだけでは不安なので、バック・ロープでナッツ、フレンズ類を引きあげ、そのまま登攀を続行する。小さなハングをレイバックで越えると、快適そうなコーナー・クラックが続いている。はじめの一、二歩は、それまで垂直を超えた傾斜を相手にしていたせいかゆるく感じたが、どこでプロテクションをとろうか、墜ちたらどうなるかといった気のあせりが指先に必要以上の負担をかける。腕がパンパンに張って楽な登攀ではなかったが、なにがなんでも登りたい欲求がそれを上まわっていた。

半年あまり執着し続けた、タタミ一枚ほどの広さの岩棚をようやく見た。とうとう久恋のお昼寝テラスに四つんばいになってはいつくばった。残置ボルトでセルフ・ビレイをとり、脚をなげだして壁にもたれかかる。頭のなかはからっぽだ。

しばらくして、せいいっぱいのがんばりをみせた白石があがってきた。懸垂下降する前、気になって二ピッチ目のクラックに指を入れてみる。フィンガー・ロックが小気味よく効く。これならいただき、と気をよくして下降に移る。はじめから終りまで空間に身体は浮いたままだったが、垂れ下がったロープをはなれて見ると、岩のスカイラインが垂直で、ロープは斜めに横切っていると錯覚する。この一帯に入ると、びっくりハウスにまぎれこんだように、平衡感覚を乱される。

●

アプローチの整備、岩小舎の拡張など環境づくりを終えてむかえた五月合宿では、一ピッチ目のリードと、それどころでなかった二ピッチ目のクラックが目標になった。

しかし、半年ほど前に入会した中沢勝男は、春うららルートの開拓者のひとりでありながら、二ピッチ目は知らないし、エイドで登った加藤泰平、藤司幸男の印象もあてにならず、このクラックに関する正確な情報はもっていなかった。

対岸から双眼鏡でのぞいてみると、草付や岩茸が快適な登攀をじゃましそうなので、偵察をかねた大々的な掃除が、とりあえず必要だった。初日、二日目と手間どりながら、クラックにはう木の根を断ち切り、土をかきだす。岩肌をワイヤー・ブラシで磨きあげ、信頼できないリング・ボルトの脇にはアングル・ピトンを打ちたした。

四〇㍍あまりの前傾したフェースをきり裂く深遠なるクラック。予想を上まわる露出度の大きさを知り、恐ろしかった。自分の力を超越しているようで怖かった。

どうしようか。二ピッチ目のルート整備を終えた夜、大内尚樹に相談する。

「トップ・ロープでも、いきなりリードするにしても、戸田さんがやりたいようにすればいいんじゃないですか。部外者がとやかくいえる問題じゃないですよ」

本音をさらけだすか、立前で構えるか、私にはきついことばだった。

前年の英国訪問でくどくどいわれたことは「トップ・ロープを捨て、リードしろ！」そのひとことだった。無謀な突進とならないためのプロテクションのあり方も教えてもらった。だが、いま一歩踏みだせなかった。

それらを実践するのに最適な場がここにありながら、心のなかではトップ・ロープに傾いていた。しばらくその正当性を見つけようとしたが、徒労に終わった。怖いからやりたいんだ。恐ろしいからするんだ。他人の眼はあざむけても、自分の気持に見て見ぬふりはできない。どうせ身内の人間しか見ていないんだ。やっちゃお、と思った。

翌朝、後発メンバーとともに入山した中沢、白石らと掃除用ロープをたどり、お昼寝テラスに降りる。

はじめのジャムだけは快適だったが、次から俄然きびしいフィンガー・ジャムになり、思惑はみごとにはずれた。一ピッチ目は、スカスカのクラックに手がかりを見つけることが課題だったが、この二ピッチ目の出だしは、まったく異なるタイプのクラックだ。痛くて感覚をなくすほど指の効きはいい。効きはいいけど、前傾したフェースに足の置き場が見つからない。がっちりくいこんだ指先の激痛にたえながら、次の好ポジションを得るために何度もクラックに指を出し入れしていると、ササクレからすぐ血がにじむ。そのまま墜ちると指先だけ残置されそうな恐怖感に、イチ、ニィのサンでタイミングをとって指をはずす。グワーンとロープにぶらさがる。指先に血液が勢いよく流れこむと、痛みが腕から脳天につきぬけ、指をちぎってたたきつけたくなった。アルパイン・スタイルは寒いけど、フリー・クライミングは痛いもんだ。

中間部から延々とレイバックが続く、とにかく、おっそろしくてきついピッチだった。

●

一九八一年五月四日、二ピッチ目の試登を終え、一ピッチ目をリードする日がやってきた。いつものとおり、右足の靴紐から締めあげ、左足にうつってテーピング・テープを巻く。かっこいいところを見せるかという気負いと、今日も登れるかなといった不安が交錯する。ユマールにぶらさがり、撮影準備のととのった平田が叫ぶ「いつでもいいよー」の掛け声がひときわ元気よく聞こえてくる。

手慣れた手順の前哨戦。はじめのころと比べると、前腕の張りは数分の一以下だ。キーポイントで左手をロックして、すぐ上のピトンにロープをとおす。そのまま行こうかと思ったが、一瞬気が散ったので後退。心の動揺が鎮まり、迷いのふっきれたところでふたたび前進する。

両手のジャムを効かし、左足を腰の位置までひきあげる。右手をのばし例のポイントに指をさしこみ、左手を添えて直立する。この姿勢からレイバックに移るあいだに、一瞬手の効きが無防備になる時がある。下方に引きぎみにロックを効かしているが、左に身体が振れはじめると、ある角度でそのロックがはずれる時がある。瞬時のことであるが、その間隙をしのげばレイバックの安定した動作にはいれる。そのスムーズな流れに指先のパワーが必要だ。

洗練された解決法をもっていないがためにパワーに頼るしかなかった。指先の感覚は満足すべきものでなかったが、祈りながら賭けた。フワーッと振られ、ゾクッとする飛翔感に冒され、すぐさま残置ナッツでプロテクションをとりたくなったが、「ここでとったら墜ちる。行け、行け」といいきかせつつ見過ごす。自制心がきれると、オチル、オチルと叫びたい衝動のなかで、全身をガタガタふるわせながら大急ぎでナッツをセットする。こうした時にかぎって、一度できまらない。小ハングをレイバックで豪快に越えると、右側壁を横切る幅二、

お昼寝テラスまであとわずか　一ピッチ目リードがいま終わる

四㍍のフット・ホールドをとらえる。

やった、登れた！　これでなんとか面目は保てた。

激しい息づかいとともにけだるい安堵感をたっぷり味わう。肩をうしろに反らすと、わきの下の筋肉が攣りそうだった。楽観的希望的観測をならべ、自己暗示をかける。しかし、気合いだけでは指先に活力はもどらない。ビレイヤーの退屈さを忘れ、余韻をかみしめながら、フィンガー・パワーの回復を待った。

カメラのシャッター音が耳にはいるようになったが、目でたしかめるほどの余裕はなく、因縁深いコーナー・クラックをたどる。手持ちのプロテクションをすべて使いきり、ようやくお昼寝テラスに立つ。

ここでVサインをだせたら千両役者になれたが、それほど元気じゃなかった。中沢、白石のあとに、前年の小川山に続いて今回も岡山からはるばる参加した山本譲氏が後続してきた。自分が苦闘したルートを遠慮を知らぬ客人にあっさり登られると、テラスにかけた指先をやさしく踏みつけ、ラバーソールの柔らかな靴底で頭を軽くけってあげたい。アフォリズムというらしいが、『初登攀に成功したというだけでは不十分だ。他人が失敗しなければいけない』の心情がぴったりする。

ともかくゴールは近づいた。だが、春うらら――その行手には、あらたな厳しさがちらついていた。

（つづく）

岩と雪 No.96（1983.6）P62-67

飛翔

瑞牆山十一面岩左岩稜末端壁をめぐるモノローグ

五月最後の休日、ようやくのことに二ピッチ目のフリー化を終えたものの、私の心には割りきれぬ思いが残された。それをたしかめるために、再び瑞牆がよいがはじまった。

［短期連載③］　戸田直樹

そのころクラックは玉手箱だった。夢とまぼろしがぎっしり詰まる玉手箱だった。いつとりだしても指先に残るわずかな痛みに心は揺りおこされ、台本のないドラマをひたすら演じる姿が映しだされる。春うららとの出会いがそのころだった。

●

指さえ入ればなんとかなるさ、と自信めいた気楽さでとりかかったまでは計算ずくだったが、魅惑的な一ピッチ目のコーナー・クラックにたどりつく以前で手ひどい肘鉄砲をくらった。何くそっと奮闘しているうちに、ズルズルとこのクラックにのめりこんでいた。一ピッチ目をリードするころには、このルートのフリー化が既定の事実になってしまう。またそれが望ましいプロセスであったかもしれない。中沢、白石と週末の瑞牆がよいがはじまった。

雨かなと思いつつ、ふもとでそれをたしかめないと不安になる。未練たらしく濡れそぼつクラックを見上げて出直すこともあった。一週間の緊張が和らぐそうしたときに、心の片隅でほっとする自分をかい間みる。登ることより参加している気分だけですくなからず満足していたかもしれない。

五月最後の休日は久方ぶりの好コンディションにめぐまれた。一ピッチ目だって、絶対のきめ手をもっていないからきつく、三人がテラスに集合するころには、その名の由来どおりお昼寝に恰好の時刻となっていた。

二ピッチ目のメニューは、はじめの五㍍が、わずかに右斜上する〝ドラキュラ〟と呼ぶ前傾したフィンガー・クラック部。二㍍ほど上にきれぎれのスタンスがあり、さらにその先七、八㍍はしんどいレイバックが続く。外傾したスタンスに立つと傾斜がおちてバック・ロープも岩肌をはいはじめ、オフウィズスぎみのスロットル部をぬければしめたもの。つりあがった目尻におもわず笑みがこぼれおちる。

右手をあの部分でロックして、右足はあの岩角にかけて……手順を暗記しながら登ることがある。事前に読んでから触れることもある。だが、今回はあきらめた。覚えなければいけないことが多すぎる。とにかく恐怖心にしばられず、自分のもっているものを一〇〇パーセント発揮することを心がけた。対象が大きすぎると人間を素直にしてくれる。じーっと岩を見つめ、何のためにここにいるのかを復唱した。

「登りたいんだ。登るんだ……」

精神を集中させ、邪念をおいはらう。はらってもはらいきれるものじゃないが、とても並の精神状態では、やる気になれない。二度と耐えたくないこの重圧から逃れるために、なんとしてでも今回で終わらせたい。

●

アッパーぎみに効きのいいフィンガー・ロックからはじまる。次はグリップ。そのまた次も効く。血糊がこびりつくほどジャムが効いても足の置き場に苦しむ。ひきつけを強くして身体をうかし、足先の負担分を軽くして、細いクラックに靴底のエッジをあてがう。

「イ・チェー」と、ひと声怒鳴りたいところをグッとこらえ、意識をハンド・ジャムからレイバックにうつす。

一手、二手、指先が、肘がひらいてゆくようで、

〝あー、やばい！　墜ちる〟

一瞬のあせりが命とりになる。なすすべもなく取付まで急降下。

二度目はなんとかきれぎれのスタンスをとらえ、爪先立ってボルトにカラビナをか

春うらら二ピッチ目　身体のどこかでくすぶっていたなにかが燃えはじめていた

ける。ロープをたぐりよせるが届かない。ひと呼吸おく間もなくロープを口にくわえ、さらにひと息たぐってクリップ。

「ハッテ、ハッテ、墜ちるよ」

たるんだロープがピーンと張られるまで待つ余力はあっても、前進する気になれない。この場で緊張が解け、気が弛んでしまったら一巻の終わり。

バトンタッチした中沢が、しんどいレイバックをがんばって越え、中間部のスタンスに達した。私もゴールまで一気に登りたいところだが、そう思いどおりにはいかない。弱った指先に連続するレイバックはきつい。

サッ、サッ。手をのばせばピトンに届きそうだ。片手をはなしカラビナに手をかける。

……ストーンとロープにぶらさがる。

〝ちきしょう〟ピトンをにらみつける。

ザッ、ザッ。カラビナをピトンにかける。ロープをたぐるまでの間隙をぬって「やばい？」とためらうと同時に、ふたたび五㍍ほど墜ちる。

ヨイショ、ヨイショ。かけ声が自然とわきおこる。必死にロープをたぐりカラビナにとおそうとするが、あせっているせいか入らない。もうひとがんばりがきかずに墜落距離をさらにのばした。

すこしくらい休んだところで、衰弱した指先にパワーがよみがえってくるとは考えにくいが、この場に不必要なものが次々と削ぎおとされ、身体のどこかでくすぶっていたなにかが燃えはじめていた。自分が登っているようで、自分で登っている意識がうすらいでゆく。

かつて同じところでこれほど墜ちたことはなかった。たんのてらいなく墜ちた記憶もない。恐ろしさも不安も感じない夢想の世界をさまよっているようだった。

●

バック・アンド・ニーでスロットル部に身体をつなぎ、額を岩にこすりつけた。目をとじ、あがった息を大きく吐きだす。腕がけだるく重い。すべてを投げだして空間に飛びこみたい衝動にかられる。心身ともに疲れ、集中力も限界だ。

〝もうすこし、もうすこしなんだ〟

何度も自分にいいきかせる。

すこしずつ、すこしずつ、ずりあがる。ロープの重みにひきずられないように、そろりそろりと緩傾斜のフェースをはって、バンドに生える潅木に手をのばす。

「終わった！　あーもう終わりだぞー」

心のなかでせいいっぱい叫んでいた。

●

とにかく登ってしまえば明かるい材料がすこしくらい見つかるだろうと期待していたが、日がたつにつれ意識が硬直化してゆく。二ピッチ目の出だしから十数㍍続く前傾という傾斜が、必死にはいあがる私を背後の空間にひきずりこむ。どうあがいても現状のままでは歯がたたない。逃げようのない立場を認めざるを得なかった。

中沢から「上まで行こう」のことばを聞いたのはそれから一カ月後だった。もちろん一、二ピッチ目を登り直して終了点に立ちたい願望はあっても、立とうという意志はなかった。ワナ・ルートを横断バンドまで登り、三ピッチ目以降を登るつもりになった。

春うららルートをパカッと割ったら、その断面は横断バンドを境に「くの字」を描くことだろう。首の痛みを気にせず確保できることが、今回の登攀のすべてを語ってくれる。

バンドの上と下とではこんなに違うものかねーと、なかば感心しながら粗雑に登る。私たちが下半部を黙殺したと同じように、春うららもいつになく寡黙な表情をくずさない。フィナーレに似つかわしくない潅木帯に到着した。

「これでもうこなくていいんだなあ」という安堵感に浸った。しかし一方では、春うららへかよう必然性を失った寂しさを、ことばにこそださないが、心のなかでは空虚な満足感をもてあましていた。

●

翌月の甲斐駒、赤石沢左ルンゼのフリー化を終えると、個人的理由からしばらくクライミングから遠ざかるつもりで、クラブを退会した。

開店休業中の半年間は安閑とした日々だけではなかった。そのころ参加していた、第二次RCCのグレード改訂委員会などの雑用で、月に一度くらいのペースで岩に触れていた。広島の三倉にも、九州にも行った。岡山の王子ガ岳を再訪し、堡塁の大ハングもリードした。だけど、どこかでなに

意地の悪い前傾壁では、いっときとしてごまかしがきかない

かがちがっていた。登れても登れなくても、ムキになる気持ちを抑えつけている、と思いたかった。

なぜだろう？

すさまじい勢いで過去の人となる自分を感じるとき、「走りながら振りきられたわけじゃない。休んでいるから遅れたんだ」と、ひとりとり残される悲哀をまぎらわしていた。

妄想相手に心の葛藤でエネルギーを消耗させる時期をすごすと、無性に岩が登りたくなった。生活の一部となった岩登りを感じる。

印象に残る登攀を思い出して、ああすればよかった、いま岩が目のまえにあったらこうしたい、こうやって登ろうと、イメージ・クライミングをくり返す。かっこよすぎるかもしれないが、熱くなりっぱなしだったある時期の岩登りを、あらためて冷静に見つめなおせたことは貴重な体験であった、と思う。

●

春が、手をのばせばつかめそうになったある日、大内尚樹さんから奥秩父の岩場紹介を本誌に連載する話を聞いた。盛況を博している小川山のことを思えばタイムリーな企画だと考えた。ところが、そう考えたあとでハッとした。

末端壁にクライマーがふえれば、私がほったらかしにしておいたいくつかのクラック・ラインに興味をもつ人もいるだろう。これはヤバイ話だ。できることなら小川山に他人の眼を集中させ、末端壁のことは避けてほしかった。

そうこうしているあいだに、『岩と雪』の臨時増刊号で春うららルートのフリー化がとりあげられてしまった。これでは五月のゴールデン・ウィークだってうかうかしていられない、とあせりはじめる。

クライマーたるもの、誰かに登られたあとのルートを登るより、初登にあこがれるはずである。だとしたら、私たちだけが知っている末端壁の空白部を登りたいなら、五月の連休がラスト・チャンスになるだろう。二度とないこの機会を平然と見過ごしたら、あとで悔むことになるだろう。

ささやかな願かけを解いた。

●

初陣はまっ先に登られてしまいそうなワイルド・カントリー・クラックとした。ステミング・コーナーからハンド・トラバースをして、二面にまたがる電光型のワイド・クラックをたどるルートである。

ルートの紹介等は次の機会にゆずるとして、この登攀では意識と意志、行動と結果が一致した心身一如の状態のなかで、登ることだけに徹した自己を見つめ、思いがけない充足感を味わうことができた。久しぶりのクライミングも新鮮だった。岩登りがこれほど心を踊らせてくれることを忘れかけていたようだ。悩み苦しみ、戦いぬいた春うららから数メートルはなれただけで、あのルートを登ることで得ようとした数々の歓びと、錆びついてしまった感動を知った。そ

ペガサスは春うららの右どなり、一直線にのびるハンド・クラックだ

れは休んでいたから、ていねいに登ったからといった理由だけで説明のつかないことだろう。おそらくはこのルートの難しさと、私の波長がぴたりと同調した結果だと思う。たしかに、こうしたルート選択をしていれば、明かるく健康的なクライミングが実践できる。

　しかし、私の目標はワナ・ルートの一ピッチ目、T&Tクラックから、一年以上も前からペガサスとルート名を決めていた、春うららの右どなり、一直線にのびるハンド・クラックのラインにしぼられる。登れそうにないルートをしつこく試みる行為にも、捨てがたいクライミングの醍醐味を感じる。ふたたび週末の瑞牆詣がはじまり、毎週毎週あきずに車を走らせた。九月からはじまった〝雨の週末〟だって、意地の張りあいでかよい続けた。

　そうこうしているあいだに、影のようにまとわりついて離れない春うらら、その存在が無視できないほど近づいてきた。

　春うららのフリー化を終えたとき、いつかはスッキリ登りたいという期待があった。気持だけではどうにもならないことを知っていたから、十数ｍ続く前傾壁を登りきれる持久力がついたら再度チャレンジしようと誓った。傾斜も傾きかげんも似たペガサスは手ごろな試金石になった。と同時に、春うらら二ピッチ目のクラックを真近でながめるチャンスを得て、〝なんだ想像していたより前傾していないじゃないか〟と感じることも、〝今なら登れる〟と意気ごんだこともある。「そんなに甘くないよ」とせせら笑うささやきがなんとも耳ざわりだった。

　そして、当初の条件がととのわない昨年の十一月、待ちきれず春うららに手をだした。一ピッチ目の核心部はそれまで気づかなかった問題をようやく見つけ、あい変わらずきつかったけど愛想よく迎えられた。ところが二ピッチ目では、期待にたがわず軽くあしらわれた。

　最初にここを登ったときは、なにがなんでも登ってしまえという玉砕戦術を採用したが、確実なリードを志すには、前回中沢と交代で克服した捨て身のレイバック部分を、自分なりの眼で組み立て直さなければいけない。たぶん、ジャミング系にきりかえる必要があるだろう。

このルートの課題はどれひとつ克服していない　ようやく四つに組んだところだ

対岸から二〇〇㍉の望遠レンズをとおして見ると、その可能性が十分感じられた。それまで避けてきた春うららに親しみを感じる。なぜいままでほったらかしてきたのか悔み、ようやく直視する興味を覚えた。

●

翌週、直接つぶさに観察すると、いままで気づかなかったこのクラックの細部がはっきりしてきた。狭いの広いの、深いの浅いの、フレーク状になったものから、亀裂にも似た鋭いクラックもある。そのどれにも、ぴったりと指をきめられるわけではない。

　見た目には悪相のイメージをただよわせていながら、力強く握り返してくれるポイントがあったり、ギュウギュウ無理やり押しこんでも、頑として受けつけてくれぬクラックもある。フット・ホールドのちがいやちょっとした体勢のずれで、いままで効きづらかったジャミングがなんとか有効に作用してくれる場合もあった。歯をむきだしてクラックをにらみつけ、指先に全神経を集中させながら、フット・ホールドのありかもさがしださなければならない。

　ロックした詰めものが吐きだされる前に次の一手を、と考えたくなるが、意地の悪い前傾壁では、いっときとしてごまかしがきかない。引っかかっているほどであれば、かろうじて壁にはりついていられる。だが前進するには不満だ。前傾という、空間にひきこむ傾斜と闘うためには、より確実で強固な方法を見つけなければいけない。悪意に満ちたクラック部にはレイバックがよみがえる。クラック内部の肌ざわりまでもが重要なポイントになってくる。

　課題は四肢末端の動き加減にとどまっていない。両手で鉄棒にぶらさがっても五、六分が限度であるという。フット・ホールドの補助があるとはいえ、片手で身体を保持するにはそれなりの筋力が必要だ。しかも、重要な働きをする腕が常に心臓より高い位置にキープされ、いわば酸欠状態にある。指や手首の筋肉を十分鍛えると同時に、前傾部分を登りきるまでの時間に打ち勝つ高度な持久性が要求される。

　一瞬たりとも気のぬけない総力戦に耐えうる集中力が不可欠となる。それは、春うらら二ピッチ目への再戦を阻んだ要因が、墜落をものともしなかった前回の登攀心情を再現できるだろうか、という不安であったことに気づいたからである。

　登る意識より落ちる準備に忙殺されるようでは超えられない。

●

もしそれがドラマであったら、この二年ちかくの歳月を注ぎこんできた春うららの存在が私にとってなんだったのかを、そろそろ解きあかすころだろう。しかしいまの私には、その問いにかえすことばがない。このルートに散在する課題どれひとつとして克服したものはない。ようやくそれらと、真正面から四つに組んだところである。

（おわり）

岩と雪 No.121（1987.4）P32-45

高峰登山

現代登山批判にかえて

和田城志

現代は飽食の時代だという。それは、物質的なもの（衣食）だけを指すのではなく、精神においても同様だという。多様な価値観が相互作用により孤立を強め、大量の無節操な情報を貪って丸々と肥えている。森林浴がブームになり、釣り人は磯に列をなして海の遠方を見ている。若者が、リクリエーションとして、ハイキングをラジカセと一緒に楽しんだ時代とは異なって、無言で自然の中に佇んでいる。

最近の山岳雑誌の記事の傾向は、華麗なフリー・クライミングのグラビアと、高峰登山であるように思う。誌面はそれらの記録の伝言板になっているようだ。それで、高峰登山について私見を披露して、ちょっと波風を立ててみようと思った。この小文の主目的は、私個人の好みを宣伝することであるが、自己弁護か他者批判をともなう

エヴェレスト頂上からのマカルー　Makalu from Everest. Sangaku-Doshikai photo.

のは、自分の意見に自信を持てないからでもある。私の言葉が足らず、この文を読んで不快になられる方がいたら、すべて私の責任である。

話を①処女峰について、②高峰登山の魅力、③低圧訓練批判、④アルパイン・スタイル、⑤私の登山観、という順序で進めてゆきたいと考えている。

処女峰の過去と現在

本来、登山には規則というものはない。何をしても自由である。ダイナマイトで山をぶっ飛ばすとか、国境近くで諜報活動をするとかは、土木工事であり政治活動であるので、山が舞台だとしても登山の範疇にないのは当然である。登山の目的が各自異なることも至極あたりまえのことである。現代は登山の細分化の中での洗練されたスペシャリストがもてそうである。極端が好まれる時代である。

現代の登山を簡単に分類すると、①高峰登山、②僻地登山（アプローチの遠い、比較的人跡の少ない場所の山）、③ハード・フリー・クライミング（整備されたグラウンドでの難度追求型）、④多目的登山（スポーツ的傾向が強くパラシュート、スキーなど多角的な要素を持ち込む）、⑤地域集中型登山（オーソドックスだが高度な登攀を、ホーム・グラウンドで実践するスペシャリスト専用登山）。

ここで問題としているのは高峰登山につ

いてであるから、おもに①と②を中心として話を進めたい。両者を集約的にいい変えれば、八〇〇〇㍍峰（巨峰）のヴァリエーションと処女峰――残り少ない未踏（未知）の山々ということになる。

昨年の夏は、近年の傾向にますます拍車がかかって、多くの登山家がバルトロの巨峰群に殺到した。いくつかのヴァリエーションも拓かれた。しかし、同じカラコルムでもヒスパーのような山域は静かである。巨峰と処女峰以外の大多数の山々は人気がない。とくに外国隊は巨峰に、日本隊は処女峰に集まる傾向にある。

処女峰とは何かというと、当然だが、未だ人類の足跡のない山頂を持つ山のことである。いかに知りつくされた山域でも、頂上が人間に触られていなければその山は処女峰である。その意味では、地球上には無数の処女峰がある。しかし、魅力的な処女峰となると、もう数えるくらいしかないのが実情だ。

登山史をみるまでもなく、近代登山は処女峰の征服に始まったといってよい。そのときの処女峰も高度が絶対的な価値基準であったことはまちがいない。まず最初に目ざすのは最高峰であることは興味深い。ヨーロッパで展開された、モン・ブランを皮切りにしてマッターホルンに至る道筋は、そのままヒマラヤに通じるものである。エヴェレストの登山が、あらゆる意味での処女峰への最初の挑戦であったことは重要な意味をもっている。エヴェレストには山として個性は求められていない。エヴェレスト＝山として、すべての要素を求められたのは、唯一高度によるものである。登山はいかなる理由をもっても、高みに上がることが前提である。山は周囲より相対的に高い所を指す。低い所は谷という。現代のように手段と目的の合一化が重要な時代には、ときどき忘れられることが多いが、これは変わらないことである。エヴェレスト登山が水平の地理的探求の中に完全に同居して、垂直＝高さへの挑戦をも実践できたことは、そのことが真のパイオニア・ワークであったことを示している。非の打ちどころのない、人類の可能性への挑戦だった。

登山というジャンルの中で最初に最高峰が登られたことは、多くの示唆を含んでいるように思う。なぜ、エヴェレストは、絶対的に登攀不可能な高度を持ち得なかったか。もしくは、易より難へ、小より大へ、マイナスからプラスへと、上昇志向が努力の積み重ねの中で満たされるような、到達し難い対象でなかったか。なぜ科学のように自己修正的で、決して完成しない（真理に到達しない）世界を自然の中に作っておかなかったのか。まるで宗教のように、まず最高点を極めたところから出発したのはなぜだろう。そこに登山そのものの本質が隠されているような気がする。「処女峰はエヴェレストを指している」という意見は、あまりにも明白であまりにも残酷ないい方だ。

今、処女峰という言葉は、すでにエヴェレストを離れて本来の意味にもどっている。それぞれの山々に個性が与えられている。そして高さから解放された数少ない処女峰は、低い評価の中で、消滅に向かって登山者の訪れを待っている。

現在、残されている魅力的な処女峰の多くは、政治的理由で許可されない地域に集中している。この数年、国境紛争が落ち着いてきたり、とくに中国側からのアプローチが、国内政治の安定を反映して、許可されるようになってきた。これは、大いに歓迎できることである。

魅力的ということは、この場合もやはり高度にある。ある山域の主峰的存在であり、その山域が未踏査であることである。なるべく人の入っていない所のなるべく高い処女峰が魅力のバロメーターだ。この姿勢は登山の本質であり、古来変わらないものだ。これをパイオニア・ワークとしてとらえなくてもよい。個人の経験の蓄積と考えて、登山に喜びを求める動機に十分になる。

ただ、処女峰が限定されたものであり、必ず消滅することは重要である。目ざす対象が縮小する世界に展望はない。

となると当然、供給の途絶えるものには、需要が加速度的な競争をもって肥大してくる。登山がオリジナリティを最高とする点においても、この動きはマイナスに働く。さりとて止める術はない。登山（純粋に登ることそのもの）の開始の前段階、許可取得の比重が高くなるのは当然である。政治力、経済力が登山の中で最も重要な能力となるのは、遠征隊が海外登山隊といい替えられている現代には、やはり、いびつで逆行しているようにみえる。

こういう意見は、おおむねコンプレックスから発する場合が多い。私にもそういう能力が欠けているからだ。しかし、敢えてグチを並べるのは、処女峰たるものが普通に考えているよりはるかに美しいし、人類（地球ではない）の大切な財産のように思えるからだ。

今となっては、有終の美さえも見えるほどに思い込みが激しくなってきている。

処女峰をどう登るか

登山には、山そのものの魅力と登る人間側の価値観とが関係し合っている。山を擬人化する気はないが、山は人間の存在や意志とは無関係に、泰然として、水や風を友にして美を競っているところがある。人間の価値観ほど短命でデタラメなものはない少なくとも、他人より先に登ることが、処女峰登山の動機の原初であることはまちがいないとしても、ちょっと手直しをしていいように思う。

今は、規則の重要な時代だ。各自の自由意志が他人の不自由を強制するという場面が多くなった。意図はなくてもどこかで関係し合っていく。複雑化が人間の管理能力を越えそうだ。本来、自由と創造がモットーの登山にも、フリー・クライミングに代表されるグレーディングと物の規制が導入された。岩場の解放は、汚染と破壊から守

巨峰と処女峰以外の大多数の山は人気がない　写真はK2　Y. Soga photo.

るために、単純に登ればよかった岩場のキャパシティが小さくなるとともに、必要に迫られている。人間側のルールの中に、新たな創造力の再生を図っている。

高峰登山にも同様の波が及んでいる。これらの発達は、登るための合理的な方法（困難な対象をいかに楽に登れるか）を模索する方向にない。詳しくは後の「アルパイン・スタイル」で述べるが、ここでは高峰登山でも方法の中に規制が働いていることを示すだけにする。既登峰にはノーマル・ルート（最も楽に登頂できる合理的なルート）↓ヴァリエーション・ルート（より困難――結果的に――な別のルートからの登頂）↓よりシンプルな方法のヴァリエーション・ルートの発見、という登山方法の移行がみられる。

処女峰に対しても、過去のように「登れば勝ち」というだけでなく、登り方にも注意を払ってはどうだろう。残された処女峰がその高きゆえに、困難ゆえに、遠きゆえに登られていなかったなら、登り方まで言及しないと思う。

もし、その初登頂が、登山としてやさしいものであったとしたら、拍手は送れない。処女峰が、そのようにして失われることに淋しさを感じるからである。

外国からの日本隊への批判は、経済大国の物量登山隊への嫉妬と、登山内容の拙劣さへの軽蔑にある。我々もヨーロッパの過激な登山に憧憬がある。

処女峰の登山許可取得に能力を出すのはリーダーだ。そして実際にその栄光にあずかるのは登攀者だ。登攀者の満足を最大限に引き出すことがリーダーの役割だ。登攀者がリーダーの努力に報いるという登山は、登山内容より結果の重視をまねく。過度の許可取得の競争も絶対成功を要求する。なりふりかまわずの登山方法はここでも加速され、登攀者は疎外される図式となる。

今、運よく初登頂への切符を手に入れた方々は、失敗をものともしない激しさで、挑戦者としての登攀を自らに課してもらいたい。ゆえに、リーダーが登攀者であることが望ましいのはいうまでもない。私は、初登頂が現代アルピニズムを超えた魅力を持ち続けていることを認めたうえで、贅沢な失敗をものともしないチャレンジ精神に期待している。

最近の記録の中で、評価できる初登頂は、アラン・ラウスらイギリス隊のコングールIIと東大隊によるK7である。両方は山の性格も登り方もまるでちがっているが、それぞれに共通していることは、その隊の力量の最大限を要求される登山方法を用いたことだ。東大隊の諸君の能力を低くみるつもりはないが、たぶん、ヒマラヤニストとしては初心者だろう。当然、体力・技術・経験すべてにおいて、世界の強豪には劣るにちがいない。しかしK7においては、たぶん誰にも敗けない登攀をしたと思う。K7という処女峰を選んだこと（そんなに多くの隊と競合したとは思われない）。そして、いいラインを読んだこと。「私ならアルパイン・スタイルで登ったる」という批判がでてこない、さわやかな初登頂だ。

コングールIIは非の打ちどころがない。この山は幸福だ。時代に合った登場だ。山には初登頂者の個性が現われるところがある。ナンガ・パルバットやブロード・ピークが大勢の登山者を引きつけるのは、ヘルマン・ブールのせいに思えてしかたがない。ずいぶん昔から、初登頂が最も楽で合理的に行なわれたとは限らない。敢えて時代を先取りしたか、逆らったかわからないが、登り方の中に登山者の個性を織り込むことによって、処女峰は美しく輝き始める可能性がある。一度登られて二度と振り向かれない山たちは、山自身の個性だけでなく、かかわった人間の歴史によって、美しく飾られることを望んでいるのかもしれない。

元来、山には女性名詞を使うことが多い。未踏峰を処女峰というのも、うなずける。探険や冒険の分野は男性優位だったからだろうか。しかし昨今は女性のあらゆる分野への進出も目ざましく、逆に去勢されたようなジメジメ男が増えている。

国語辞典を繙くと、処女＝きむすめ、未婚の女、最初、というように説明している。処女峰にも、同様にまだ開拓されない初々しさ、というイメージを求めている。私もそのように信じていたが、今残された未踏峰は人の視線に汚され、未開の峰とはいい難い。「最初」を連呼するあまり、興醒めた感じがないわけでもない。

少しアナクロな例だが、最近の消えてゆく処女峰を遊女にたとえたことがある。西陣の旦さんに水揚げされた薄幸の半玉たちと、失恋の一力茶屋の板前見習い（これは私だ）だが、これでは旦さんに失礼だし、だいいち銭でゴリ押しするほど品は悪くもない。それで、未踏峰を現代風に意気地のない童貞青二才と呼び替えてみた。今まで世間にもまれもせず、裏付けのない自尊心が自己主張の柱になっているような山々（少しきついかなあ）。

そして童貞峰を落とすのは、酒豪のキャリア・ウーマンがいい。これからの未踏峰は、「最初」だけが取り得の処女よりは、これから鍛えられる童貞がいい。ちなみに辞典によると「童貞＝純潔を守って、異性と交接しないこと」とある。

最近の記録の中で評価できる初登頂はコングールIIとK7である　いずれもその隊の力量の最大限を要求される登山方法を用いた　K7 (above). J. Nakamura photo. Kongur II(below). C. Bonington photo.

ヴァリエーション・ルート

処女峰の対極にあるのは、高峰のヴァリエーション・ルートである。とくに八〇〇〇㍍峰といっても誤ってはいない。

ヴァリエーションという考え方は、高度優先の山の価値観に異議を申し立てたものである。山の魅力のバロメーターは、いつの時代も変わりようがない。「高さ、困難度、遠さ」に集約されている。高さは自然を、困難は人間の能力を、遠さは文明からの逃避を意味している。そして、高さは不変であり、困難は無限であり、遠さは縮小するのみである。処女峰とヴァリエーションが不可分であったエヴェレスト初登頂はこの三点を満たしている。今、あらためてヴァリエーションという言葉を使うときは、比較の作用が常に働く。比較が真の創造でないというのは正しそうな気もするが、一概にはいえないところもある。というのは「ひらめき」よりは「積み重ねられた努力」の中にも、往々にして素晴らしい業績を残すことが多いせいでもある。努力の方向に個性を欠くとしても、長年の努力＝歴史は思わぬ結果を産むものである。

山の三要素の極端にも最上級を固定せずに比較級的に考えると、「より高き、より困難、より遠き」の具体例は、「K2の冬季新ルート、アルパイン・スタイル登山」といえる。ヴァリエーションの考え方は自由であるが、現代の細分化した登山形態をみても、やはり「より困難」が中心的な基準になっている。つまり人間の能力（登攀技術、体力、発想）の優劣が表面化しやすいからだろう。一般的にいって三要素間ではそれぞれ比べられるべき性格ではないのに、「より高き」志向者＝高所登山専門家に対して、「より困難」指向者＝フリー・クライマーは批判的だ。「より遠き」探険的フィールド希望者は、両者に冷たいように思える。そして高所登山家は、他の両者に対して嫉妬している。

ただ、処女峰登山が最初にエヴェレスト登山から始まったことが、その魅力が常に減退してゆく運命を背負い、その終焉を暗示しているのとは逆に、ヴァリエーションには、限られたフィールドを無限の存在に高めるという可能性がある。今、多様尖鋭化した登山は、主流が地理的探険から高峰冒険を経て、スポーツ的躍動に移りつつある。ヴァリエーションとは、この変化そのものを容認した考え方である。文明の管理におびやかされる有限な自然に対して、無限の可能性を模索する方法として重要である。ヴァリエーションとは、自然としての山にだけ期待したのではなく、人間の姿勢に対して疑問を投げかけた考え方なのである。その魅力は人間の創造力の魅力である。

ヴァリエーション・ルートにはいろいろな性格があるが、大別すると①ノーマル・ルートに次ぐやさしいルートの発見と、②その山の最も難しいと考えられるルートへの挑戦といえる。前者は対象が高峰で、処女性を求め、異なったルートからの登頂を目ざしている。後者は、岩峰が多く困難度の追求が第一で、登頂よりはその過程に価値を認める姿勢である。当然両者の混合が最も多いが、その中味をみるとどちらかの傾向が必ず優勢で、その登山の方向が一目でわかる。

ここでは、高峰登山の魅力を伝えることを目的としているので、あまり方法論に深入りしない。現代の高峰は、ヴァリエーションとしての舞台を最大限提供してくれていることを示したいと思う。

高峰は登山の三要素を満たしてくれる。高度は山の定義の不可欠な要素であり、すべてであるといっていい。高峰の困難さは、高さゆえに低酸素、低温、強風などあらゆる自然条件の最上級の劣悪さが保証されている。遠さは、人間のうごめく都市から隔絶していて、文明の利器の持ち込みを拒否している（最近はそうもいえなくなってはいるが少なくとも人里から遠い所にある）。

ヴァリエーションは人間の側の話であるので、自由自在にホラを吹くことができるが、実際にはヴォイチェフ・クルティカのいう、巨峰の新ルート、アルパイン・スタイル登山は想像以上に難しい。八四〇〇㍍以上の巨峰では、まだ一度も登られていないと思う。冬季K2西壁ソロ、ローツェからエヴェレスト縦走アルパイン・スタイル、カンチェンジュンガの完全縦走ソロもほとんど可能性がない。しかし人間の考えたことで不可能ではない。いつの日にか、スーパー・クライマーが現われて登るだろう。

しかし、まったく手がかりのない一枚岩が登れないように、冬の巨峰縦走ソロは登れない。人間にとって不可能な世界はある。フリー・クライミングにおいても5・13から不可能まで無限のグレードを与えることができるし、高峰登山にも同様なプランは考えられる。その極限が、ナンセンスな世界であることはいうまでもない。単に自殺志願者と見誤るような行為がでてくるからだ。それは横軸にルートの難度、縦軸に人間の努力を示す正の放物線で表わせる。不可能を求める態度に少々滑稽さを感じないこともないが、可能と不可能の接点に迫るとみれば、この世界に多少の自負を与えてもいい。それは、科学的真理と同じ見果てぬ夢だからだ。自然が一万㍍の山を我々に与えなかったことを感謝しなければならない。巨峰は我々に自然として最大限のきびしさを提供しているが、それは成層圏でもないし、深海でもない。生身の人間がさまよえる生き物の世界の上限であるからだ。

高峰登山の方法

「山高きがゆえに尊からず」は解釈がいくらでもできるが、処女峰のところでも述べたように、あまりに高度ばかりにこだわった過去の登山への批判からきていることはまちがいない。「何回も登られるブロード・ピークよりビルマの秘境の孤峰がいい」ともいえるし、「チョゴリザよりトランゴ・タワーの鋭い岩峰がいい」ともいえる。今日では秘境が数少ないせいで、この言葉はおもに低い岩峰の、高いボタ山への抵抗として使われる。

しかし、前述したように、技術的困難度の追求と高度の主張とは常に相反するとはかぎらない。確かに、極論好みからいうと、フリー・クライミングによる巨峰ビッグ・ウォールのソロといえば「より高い」山の「より困難な」ルートの開拓が、両方の観点から究極にちがいないが、それは、短距離スプリンターが南極でサポートなしのトライアスロンをやるようなものだ。

登山の中で異なった目的を統合しようとするには、まず高い山を選び（より高度な技術の発揮を求められるような）可能なラインを決め、省エネ・スタイルで実行すればいい。巨峰にエル・キャピタン風のルートの選び方をすれば、ほとんど無限といっていい。ただ、自然条件が悪すぎて純粋に技術上のグレーディングが意味をなさないので、極端なルートの細分化はないだろう。当分は高峰の既成ルートでのアルパイン・スタイルの定着の方向に登山が展開されるだろう。これは意外と時間がかかるように思う。現在の記録が一部スペシャリストによるものだし、想像以上に困難だからだ。

どの分野においても、尖鋭・前衛という者がいるが、彼らに導かれる、もしくは彼らを支える大多数の人々もいる。高峰は十分に開放されていて一部のスペシャリストだけのものではない。ブロード・ピークやガッシャブルム2峰のように数えきれない登頂を許した山でも、高さの魅力は失っていないし、新ルートの可能性はある。高峰登山が、他の登山スタイルと本質的に異なる点は一にも二にも低酸素につきる。天気はその表情を読むことができるし、ルートは選ぶことができる。しかし低酸素は変化もしないし、登山者を差別もしない。単に生物を拒否して生命をおびやかすだけだ。頭痛、嘔吐、倦怠、劣悪な環境で大自然を愛でる。八〇〇〇㍍はそういう所だからそのまま受けとめればいい。

八〇〇〇㍍峰は人間が勝手に決めた線引きによって高度を強調するあまり、不幸な立場にある。しかし高峰登山の極点は、好むと好まざるとにかかわらず、この一四座の中にあることもまちがいない。これほど登山者が集中するのを見るにつけ、限定された自然の哀れが感じられてならない。私は八〇〇〇㍍峰と限定せずに七〇〇〇㍍以上の山も目ざしている。経験的に、この高度を持つ山々は山塊の主峰としての風格があるし、高度の影響が努力を越えている世界のように思えるからだ。言葉を替えれば、人間に媚を売らない自然のように見える。

とくに七八〇〇㍍の、準巨峰ともいえる山々は、八〇〇〇㍍峰の魅力に決して劣らないが、訪れる登山者が極端に少ない。これは高峰登山を目ざす人々には好都合なことである。たぶん、これからも高峰登山愛好家は多くはならないだろう。観光地としても、競技場としても不向きだからだ。高度情報社会、大量消費、対他人依存、共同体的同一感の現代・未来において高峰登山がメジャーになる要素は少ない。もし競技性が強くなったり、高峰に対する一般の人々の関心が高まったとしても、その舞台はエヴェレストかK2の限られた山域の開発（破壊）にしかならないだろう。小人数の高所登山愛好家たちだけに、最も贅沢な遊びが約束されている。

一部には、ソ連のパミールのように開けている所もある。高峰を簡単に経験できるようにシステム化（環境作り）されているようだ。入門コースとしては便利にちがいない。ただ管理された山が魅力に欠けるのは、都市のコンピューター・クライマーでも否定はしないだろう。だいいち登山者が多くては、何のために山に来ているのかわからないと思うのだが。

低圧訓練と登山

高峰登山の方法を考えていると、最近の風潮に疑問を持つことが多い。過激なハードフリー・クライミングや速攻登山を見るにつけ、記録主義はますます激しくなっているように思う。

私は、既登の巨峰群を対象とするとき、過度の記録主義――とくにタイムレース――に陥るよりは少しでも処女性の高いルートの開拓にウェイトを置きたい気がする。難度の追求が登攀技術の向上を図り、ハードフリーの世界を広げたように、高峰登山もタイムを目安にして、技術革新（主にソフト）と合理的訓練を向上させてきている。高所における活動の方法がまだ完全に確立されていないので、低酸素に対する人間の反応という面では、学術的興味は大きいにちがいない。その興味は単なる冒険野郎のアイディアよりは高度な知識が必要だし、持続する探求心が不可欠である。豊富なデータの集積と分析でより普遍的な基準を見つければ、高峰登山にも貢献するだろう。しかし高峰登山の方法論に科学的メスが加えられるにつけ、抵抗感が湧くのはなぜだろう。的はずれな感想かもしれないが、人間側への関心が強すぎて、自然を置き去りにして論が進められていることへのとまどいからだろうか。それは本来、自然と人間の比較の話ではないから当然なことなのに、そういう感想が浮かんでくる。

例を挙げて申しわけないが、以前に高山研究所（原真氏主宰）のマッキンリー速攻登山の記事を読んだことがある。低圧訓練の効果を確かめるためにマッキンリーを短期間で登る計画である。上島康嗣氏のカシン・リッジ案に対して原氏の、ノーマル・ルートを最少時間で往復することの意味が書かれている。低圧訓練の効果の程度を数値で明示することを強調しているくだりがある。二人の会話のすれちがいは上島氏の一方的な理解不足のように読めるが、私は、無意識に上島氏が登山を主張していたのではないかと推測した。

登山で実験することはできる。登山の中

で、人間心理や肉体の機能を調べることで学術上の理解を深めることは可能であり、値打ちがある。しかし、登山を実験することはできない。登山は行為そのものが目的であり、成功であれ失敗であれ一つひとつの登山は完結していて、一人の登山者の軌跡として記録されてゆく。実験登山と呼んでいるが、これは登山でなくて実験であることは明らかだ。そうすれば上島氏は登山家という被実験者であって、自由意志（これがないものは登山とはいいがたい）によって行動していないことになろう。わずかにタイムレーサーとしての自己満足が彼の本音を容認したのではなかろうか（上島氏へ——これは推測ですので当たっていなかったら許してください）。

　低圧訓練の是非を考えるということは、その効果の有無を考えるということではない。実験登山という言葉に、登山の中の実験の成果以上に、登山としての主張が見えるから、敢えて例にだしたのである。これからダラダラと述べる批判はその一点にある。低圧実験室が登山への予備訓練として使用されるのではなく、学術的興味を満たすためのものであるならば、この批判は誤っていることになる。

高峰登山が他の登山と本質的に異なる点は低酸素につきる　変化もしないし、登山者を差別もしない　写真はエヴェレストの頂稜
Sangaku-Doshikai photo.

　高峰登山には、合理的な登り方はたぶんないだろう。登攀者の個性が強すぎるし、またそれぞれの発想こそが価値の基準となるからだ。長年の経験は次なる登攀の予備訓練だともいえるし、一朝一夕に獲得できるものではない。それぞれ多くの無駄を積み重ねてきている。

　低圧訓練が模擬高所の体験であり、短期に高所順応が得られるとしたら、便利だと考える人々がいるのは事実だろう（効果のほどを私はよく知らないが、順応に対してマイナスだと考える理由はない）。

　情報過多の時代、大量の時を持つことは、あらゆる分野で生き残りの武器になる。地球に住み、共通の時を生きる人々は、速さ（行為や運動の）を増大させることで、時の増量を企てている。登山が探険的でなくなり、高所が冒険的でなくなった現代こそ、薄められた時を使わず無駄を体験しなければならないと思う。

　もし、低圧実験室が研究の場を離れて、積極的に登山（実験でなくて）を目的として使用され始めるとしたら、高峰登山は影響を受けるだろう。それは酸素ボンベ以上に問題を投げかけることになろう。低圧実験室も酸素ボンベも共通しているところが二つある。ひとつは両方とも登攀用具ではないこと。ピッケルよりはテントや衣類に近い。もうひとつは両者とも人間の生理を外部からコントロールする点だ。低圧実験室内での訓練は、酸素ボンベとちがって登攀者に代償を要求しないだけやっかいだ。低圧訓練は巨大な実験室という物に依存しているにもかかわらず、訓練＝努力（頭脳プレーも根性もあるが）の隠れミノでその本質がぼやけているからだ。酸素ボンベは、つらい荷上げやゴミという恥を背負っている分、まだ可愛気がある。

　効果的で便利だという理由で低圧実験室を使用するのは、ほとんど血液ドーピング（事前に自分の血液を抜き取り、競技直前にもどす方法）と同じようなものだ。高所順応のメカニズムが解明されて、酸素ボンベ同様に医療専用として、本来の機能を発揮するようになってもらいたい。

スペシャリストと記録主義

今の私の実際的な懸念は、低圧実験室が健康管理や運動能力開発に使用される方向そのものにある。少し高峰登山から離れた方向に話が広がるおそれがあるが、私の登山観に関係するところが多いので、くどく述べる。

専門家でないことをおそれずに、人間の身体の状態に序列を与えると、死体↓病人↓不健康体↓健康体となる。我々は生れてきて以来、自分の位置についてほとんどの人が健康体と不死を信じている。各自の身体の状態というものは実にバラバラで相対的であり、生まれながらにして疾患を持っている人も多い。そういうことを考慮に入れても、各自の自覚のバックボーンは健康体にあるといっていい。

「そこに器官がある」と感じたとき、その器官は疾患を持つという。健康体とは、自分の身体に無感覚なときの状態だ。これをわかりやすく数直線の座標で表わすと、健康体は0であり、死体はマイナスの∞だ。マイナスの値はすべて疾患の程度を表わす。不健康体は、病んでいないが健康体ではない状態を示す。この数直線は、生命力をバロメーターにしている。不健康体は、病人のように外圧によって強制された生命力の損失者というよりは、生命力の無駄使い者というイメージだ。その気になれば、いつでも生命力の回復が自分で可能な者と定義したい。プラスの方向に何があるかと推測すると特殊能力獲得者（何かおかしい？）となりそうだ。本当はすぐれた能力者に生命力があるかどうかは大いに問題である。しかし、速く走るという能力を軸に考えると、死体は走れない、骨折した病人よりは普通の健康な人が早く、もっと筋力のあるたくましい人ならもっと早く走れるだろうと考えられる。我々は普通、健康体の自分を前提として夢を語る。普通の人に魅力はない。スペシャリスト（スーパーマン）に憧れる。偉大な業績を残した人々に対して、超人とか天才とか名付けるのはそういう傾向があるからだ。

スポーツ科学が流行《はや》っている。医学、とりわけ生理学のスポーツへの応用と考えていいだろうか。医療は、病人の解放と健康体の疾患からの保護＝予防にある。そして科学としての医学は、人間の生理の解明を通して医療に貢献し、科学的真理に近づく。お互いの生存に関して否定するものはいないので、もしマイナスの状態に陥れば無条件に第三者の補助で0に戻ろうと努力する。スポーツ科学は医療ではない。それは健康体から特殊能力獲得者への発展（はなはだ疑問だ）を目ざしているように見える。

スポーツ科学が貢献するだろうと思われる人々を三つに分けてみた。①オリンピック選手の強化合宿、②ダイエットやストレス解消のためのアスレチック・クラブ、③現代の究極——宇宙飛行士の訓練。これらは、第三者の補助の中で自分の肉体を管理している点で病人と共通しているが、余儀なくされた管理ではなく自由意志が働いている。

②には社会病理の姿が見える。③はパイオニアとしての自負が科学や政治の中で認めてもらえそうだ。①を擁護してくれたものは記録、それも「世界新」という名の人間の競技としての記録更新だ。

競争原理は、単純化したゲームの方が表現されやすい。そして、科学的合理主義は、分析を得意とするだけに、競争原理に支配された人々には受け入れられやすい。

高峰登山における低圧訓練には、若干②のような社会病理的な側面を感じないこともない。つまり都市生活者が自然から遊離している日常生活の中で、ストレスに苦しみながら、わずかの余暇をフル稼動して、タイムカードで追われ管理されて、あわただしく高峰に挑む。時を節約（時を増量）して有効な肉体訓練を施し、最大限の成果を得る。しかし、おもな影響力は①にある。スペシャリストがその分野の牽引力になることは事実である。

オリンピックでたびたび疑問を投げかけているアマチュア精神とプロ的生活のギャップ、各種の肉体改造法（薬物や器材による訓練）は記録至上主義の産物だ。登山にも同様な側面がある。是非は時代が決める。高峰登山の記録性をどこに求めるかで、スペシャリストの性格も左右されるが、今はいかに早く、確実に、困難なルートからの登頂を数多くこなしているかということが目安だといっていい。とくに「確実に数多く」は、他の競技スポーツと異なって重要だ。一回のすぐれた登攀だけではあまり評価されていない。それは、高峰登山そのものが単純に優劣を決め兼ねる雑多な要素を含んでいるからだ。絶対量とその全体レベルの高さが要求されている。

今、記録主義は登山の細分化を早めて、競技性を強めている。その代表がボルダリングである。すでにグレーディングという名のもので、自然の素材に対して上下（最近は洗練されて美的難度といえる）の評価を与えて久しい。そして人間側に規制を加えることによって、ゲームを単純化して優劣を明確に示すようになった。一時は、インタレスト・グレードという造語もあった。興味深さの客観的度合とは何のことだろう。たぶん、技術優先批判のいい替えだろう。すべてに共通して、現代は比較競争し、優劣を顕在化する記録主義の中に関心が強い。オリジナリティを評価することへの関心は低いといわなければならない。

低圧訓練が、スペシャリストもしくはスペシャリストもどきを作る方向に働いているとしたら、オリンピックという矛盾の中にただ取り込まれていくだけだ。競技性を強め、公平不公平が問われ、ルールの確立が要請されるだろう。それは、ますます自然から遊離して自由さを失うだろう。白バイに先導されるマラソン・ランナーのように、頂上のテレビ・カメラに向かって登るヒマラヤン・ランナーになりさがることになろう。

物依存からの脱出

人間は科学という武器のハードの面(装備や輸送手段)、ソフトの面(訓練方法やタクティクス)を発達させて、自然をねじ伏せてきたようにみえる。しかし我々が感動してきたさまざまの記録は、やはり登攀者の行為そのものにある。彼の動機であり、感性であり、それらを誘発してきた自然である。科学の影響力は無視できるものではないし、その発達は時代の要請でもある。だが、皮肉にも先駆者たちは、おおむね科学に対しては批判的な立場をとる人が多いように思う。

クランポン、ボルト、興奮剤、酸素ボンベ、そして低圧実験室など、時代によって批判されてきたこれらの意味は千差万別だが、有効であったこと、自然を利用しなかったことは共通している。ナイロンゆえにアンナプルナの成功があった。酸素ボンベゆえにエヴェレストの初登頂があったといえるかもしれない。

我々が感動してきたさまざまの記録は登攀者の行為そのものにある　写真はガッシャブルム4峰西壁を登ったクルティカとシャウアーのライン　W. Kurtyka photo.

その時代をリードしていた数少ない批判者たちは、そのものの未来への影響力を予見して批判していたというよりも、便利な方法や物に対して嫉妬していただけかもしれない。低圧訓練に対して、多くの登山者が直感的に不快感を持っているものと思う。その最大の理由は、有効な手段への嫉妬がベースにはあるだろうが、低圧実験室なる設備が高価であることと、登山以外の専門的な知識が必要で誰でも手に入りにくいことだろう。

また、それは現代の人々がおぼろげに感じている物への依存からの脱出にも関係がないこともない。

フリー・クライミングはシンプル・スタイルをモットーとして、人工的手段の積極的使用を否定したが、登攀技術の高度化は難度の高いルートを求め、フレンズや各種ナッツ、ラバーソールなどのおもにプロテクションのための用具の開発を促した。ムーヴ自体にはこれらの装備の直接加担はないが、雪渓をつめるための登山靴や、大量のギアがザックに満載されていて物の依存への観点からすればシンプルに逆行しているようにも見える。それは人間の知識の驕りのように思えてならない。

チョークは不可欠な装備らしい。フリー・クライミングは全身的な運動で、まさに人間の能力の極限を見る思いがする。しかし、身体の各部器官をフル稼動するためには、指先の発汗作用を取り除かねばならない。そうでないと腕力も腹筋も柔軟性も発揮する場を与えられない。チョークなしの登攀はグレード・ダウンと、もしかすると行き止まりを示すかもしれない。

私のいいたいことは、物依存からの脱出の手助けを物に依存する矛盾を自覚してほしいことである。当然極端者は、チョークなしの完全フリー・ソロに至る。彼は、死を賭けた瞑想家で、登攀者を超えている。待つのは死ばかりだ。

私は、低圧訓練にも似たような感情をもつ。低圧訓練による事前高所順応によって成り立つアルパイン・スタイル（後に説明を試みる）を速攻登山と呼んでいる。速攻は速さに意味がある。速いことがよいか悪いかは難しい話になるが、少なくとも装備・食糧の省量化にはなっている。パミールのベース・キャンプに大量の物資を持ち込む必要はない。装備の積極的使用も否定しやすい。しかし、その条件を得るために十分巨大な装備に依存しているではないか。消費エネルギーの多少を計算したら、低圧訓練を受けた速攻登山と受けない包囲法登山と、どちらが多いか（当然受けないアルパイン・スタイルがベストだが）興味がある。しかしその答えを待つまでもなく、高峰が人間に課した高所順応という手順は、自然の中でこそ獲得すべきだろう。そのために登山日数が多くなると（私には願ってもないことだが）、アルパイン・スタイル（この場合は速く登る意味）に不利益だとしても甘受するほうがシンプルである。そして記録の上からいっても、低圧訓練が時代に逆行する点は、すでに何人かのクライマーによって、高峰登山において完全なアルパイン・スタイルが為されていることである。酸素ボンベには、エヴェレスト初登頂という逃げ道があったことを忘れてはならない。

アルパイン・スタイルの定義

アルパイン・スタイルという言葉は、またその定義が確立していないように思う。文字面どおりに解釈すれば、巨大なヒマラヤを小さなアルプスのように手軽に登るようなスタイルといえる。日本の山でアルパイン・スタイルで登るとはいわない。この言葉は、おもに高峰を舞台として使われた包囲法（極地法）に対して生れたものだ。アルパイン・スタイルはアンチ包囲法として定義されているといっても過言ではない。だから包囲法の欠点の数だけアルパイン・スタイルの主張がある。その比較の論点は、①物量に頼らない（装備、食糧などの）、②小人数であること（多くのサポートを受けないこと）、③登山日数の短いこと(登攀速度が速いこと)、の三点にあると思う。

しかし、よく考えてみると、一見あたりまえな定義が作れそうだが、解釈や価値感の相違でずいぶんと様相が違ってくる。そこで、私の価値観を少々強調しながら、包括的な定義のための資料を提供することにする。

私はアルパイン・スタイルをいろいろな意味で是としている。アンチ包囲法としてのアルパイン・スタイルを他人に勧めるために、まず包囲法批判と擁護を述べたい。

包囲法は、個人の能力だけでは不可能と考えられた対象に挑戦するために用いられた方法であり、南極点到達のための方法に端を発している。巨大な計画にはこの考え方が有効である。月探険の方法も、基本的には完璧な包囲法だろう。三人のアタッカーの月面到達のために、数多くの人や物が働き、アタッカーの安全と成功を支えている。包囲法批判は歴史を無視してはできない。かつてヒマラヤの巨峰群には南極点のような巨大な困難と危険がひそんでいた。今では装備や交通の発達、大量の情報などによってヒマラヤは相対的に小さくなり、登山そのものをやさしくしてしまった。包囲法が現代において批判される点は、包囲法でなくても登れる登山においてそれが使用されることである。包囲法そのものの、過去における輝かしい業績をおとしめるものではない。

そういうことは別に、包囲法の本質的な弱点は、時代を越えて存在する。それは人間の疎外にある。宇宙飛行士は宇宙探険を実体験する中で、そういう疑問を感じているらしい。管理された被実験者の位置である。トム・ウルフの『ザ・ライト・スタッフ』の中で、飛行士と科学者との間の根本的な意識のちがいが表面化するくだりがある。つまり、飛行士が管理された猿か、操縦するパイロットかの認識の相違である。包囲法は、集団による合理的な戦術であるから、役割分化がきびしくなり、タテ社会になる傾向がある。高峰における包囲法は登山が個人の冒険心や未知への探求心を重要視するだけに疎外感を強める。偉大な登山家であるH・ティルマンは、エヴェレスト初登頂という世紀の大事業を前にしても、彼の姿勢をくずさなかった。包囲法のナンセンスを直感していた一人にちがいない。

アルパイン・スタイルの特色について、最初に書いたように、①物量②人数③登山日数（速度）の三点において話を進める。

①物量がより少ないこと。ノーマルとかヴァリエーションとかに関係なく、より少ない装備・食糧で登ること。当面はフィックス・ロープと固定された天幕をなくすことだが、登攀用具や個人装備にも及ぶだろう。

②小人数であること。登山は単独行を最高の登り方とする。以下パートナーが増えるに従って、登山の中での一人当りの役割が減少するので、それだけ満足度がさがる(他人を管理したり、リーダーシップの発揮、事業の成就への満足は別のジャンルと理解する)。だいいち①と③に反する。普通アルパイン・スタイルは四名を上限としているようだ。

③については少々議論が分かれるところだ。登山日数が少ないことはそのまま登攀速度が速いことにはならないからだ。①と②の結果として登山日数は少なくなるが、登攀速度が速いとはいえない。じつは、登

攀速度が速いということは個人の能力の話が中心であって、方法論を論じるためには不要な話である。アルパイン・スタイルかどうかの目安にはならないが、このスタイルを実践している人は登攀速度の速い人が多い、ということである。

すべてを考慮していえば、アルパイン・スタイルとは、「一度登り始めたら下らず、頂上まで一気に登る方法」ということであろう。この定義は最もわかりやすく、的をついているように思うが、よく考えれば自己撞着に陥る。アルパイン・スタイルが高峰登山のみに使われるのは、高峰――つまりその巨大さと低酸素という特色を克服するための登り方を模索することにある。中でも高峰たるゆえんは低酸素にある。一気に登るということは、高峰登山の中心課題である高所順応と矛盾する。前の定義は「高所順応をどこまで無視して登りうるか」を求めるか、「その山以外で事前に高所順応してから」登れ、といっているにすぎない。「登り始め」はどこからを指すのだろう。ベース・キャンプに着いた時からか、登攀ルートの中に入ってからか。一度悪天候になってベース・キャンプにもどったらそのルートでのアルパイン・スタイルはできないのか。本質をいい得ていない定義にはいくらでもケチをつけ、疑問を引きだせる。

私はアルパイン・スタイル＝速攻登山という考えに無理があるように思う。速攻には、「一気に登る」＝「事前高所順応の必要」＝「低圧訓練の有効性」の図式がチラつく。実際に高峰登山を経験した方は承知していると思うが、事前の順応なしの速攻は危険だし、よしんば登れたとしてもほとんど楽しんでいないことを知っている。吹雪の中を登り続けて、頂上からのパノラマも見ずに下ってきたようなものだ。となると、アルパイン・スタイルは高所経験者のみに許された登山方法といえるだろう。もしアルパイン・スタイルの条件として速攻に固執するなら、未経験者は、まず包囲法か低圧訓練を経験しないとできないことになる。これは、アルパイン・スタイルの最も重要な人間の自由の拡大、自然との対話というロマンに水を差す（少々、話が極端に展開し始めた）。

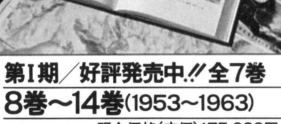

実際のアルパイン・スタイルは、ほとんど高峰経験者のみで行なわれている。とくにアルパイン・スタイルを主張する尖鋭登山家は、事前順応を重視してベース・キャンプに着いたら必ず、下降ルート及び近くの山で順応したり、また目標のルート上でも行動している。彼らは、自分の考えたラインを小人数で最少の装備で登れるか否かに関心があって、速く登ることを目ざしているようにはみえない。考えてみれば、速く登る力は体力であり技術であるので、登山の方法とは関係ない。あたりまえの能力だ。包囲法であってもこれは最も重要で、登山家の基本である。

アルパイン・スタイルの定義で、最もアンチ包囲法として認められるのは、物量の排除と小人数登山の二点であろう。しばら

高峰登山の魅力は大いなる自然のデタラメさと人間の遊び心にある　写真はエヴェレスト　I. Petrik photo.

くは、アルパイン・スタイルと自称する過激な登山を、この二点のみで見守ってみたらどうだろう。すぐに、カラビナを握った、握らないの議論がでるだろうが。

今は、「速く登ること」は速く登れるだけのやさしいルートか、いい状態だったことを伝えるだけである。アルパイン・スタイルの最終目標は、長い高所滞在を余儀なくされる新ルートをいかに登攀するかにある。例えば、ダグ・スコットのマカルー東南稜、ヴォイチェフ・クルティカのガッシャブルム4峰西壁である。

私の登山観

高峰登山について自分の意見を主張するつもりで書いてきたが、他者批判ばかりになってしまった。「ねたみ、ひがみ、いやみ」が目立ってしまった。建設的な意見は本当に難しい。それに、「登山は理屈やなくて実践や」という意見に全面的に賛成しているので、文章を発表することにためらいがあった。私も峠を越えたのかなあと不安になることもある。登山を振り返る余裕ができたのか（それだけ興味が薄れた?）、振り返ることができるだけの経験の量がたまったのかよくわからないが、私の経験を話して登山の楽しみを伝えようと思う。

自己満足は他人にはわからないが、自己欺瞞を他人はすぐに察知する。高峰登山の楽しみは年齢とともに変化するが、私の経験のうちでは、次のようにいえると思う。初期＝初体験の喜び、熱中、柔軟な発想、中期＝躍動と冒険、後期＝持続と根性。年齢を断ずると、初期は一〇代から二〇代、中期は三、四〇代、後期は五〇歳以降、となるか。若いころは、あまり期待できないのは楽しみに深さを作れないからだ。熱しやすく冷めやすい。それでいい。中心は中期だ（私も今、そこにいる）。私は満足の度合を「ザイルのトップ」と「汗」に求める。常にルートの上でパートナーをリードしようと努めることであり、より多くの負荷を課すことである。

高峰は、登頂の有無で評価が分かれるが、登攀者の満足の目安にはあまりならない。それこそ登ればいいものではない。私の数多くない登攀の中でも、いくつも後悔がある。剣沢大滝では後輩の片岡泰彦君（大阪市大山岳部）に核心の一ピッチを譲ったし、冬の黒部別山第一尾根では乃村昌宏君（立命館大山岳会）のテクニックで何とか越えられた。カンチェンジュンガ縦走では三谷統一郎君に少し頼っていたし、マッシャブルムでは頂上岩壁は外山哲也君（新潟大山岳会）のリードで登れたようなものだ。すべて成功という点では私も貢献したが、消化不良を体内に残した。登山の喜びは、名を取れば取るほど、欠けてゆく。人の行為を十分に見るとその登山の優劣がよくわかる。ただ記録なるものが往々にして一方的な自己顕示を含んでいるから、誤解されるだけである。

ともあれ、中期で冒険真っ只中にいると

きはそう自己欺瞞に苦しみはない。問題は後期だ。私にはまだ後期まで十分に時間はあるが、どうも自信がない。持続するためには目標がいる。根性をだすには信念がいる。どうも体力は下降線だし、知力に訴えるにはストックがない。残るは気力だけだ。酒を飲んで夢をさがし、その気にさせるだけだ。とにかく、先のことだからあわてることはないが、いくつかの心掛けはある。ザイルのトップに立てるようなルートを選ぶこと。荷を担ぐことを目的とすること。未知の探求より無知な冒険（知に働かないということか）を目ざすこと。どれも老境に入れば最も困難な事柄ばかりだ。ホラに終わらないよう努力したいと思っている。

　今まで、初登頂の心構えとか、包囲法批判とか、競争原理否定とかを長々と述べてきたが、実は私はこのすべてにおいて、非難する側に立つ資格はないのである。というのは、初登頂を魅力的でない登山方法で経験したし、包囲法にいたっては、フィックス・ロープベタ張りの巨大プロジェクトにも参加したし、いや、包囲法以外で登った登山はブロード・ピークただ一回だけという経歴であるし、競争原理をこけにしながら決してぬけきらないでいる。いや、これからも包囲法を積極的に使うだろうし、初登頂を目ざすだろう。ただ、自分の中で少しずつ変化している何かを自覚している。あまり極端に走れないとまどいを喜んでいる。これらのバック・ボーンとなる経験を少し述べることにする。

　一九七八年、ランタン・リルン初登頂に成功したときのことである。私はひどく恥ずかしい思いをしたことがある。それはペンバ・ツェリンというシェルパを知ったときから始まったのだが、登山＝海外遠征という残像に染まって、我々の対シェルパ感情の傲慢さと、彼らの圧倒的な体力と順応力そしてパートナーシップを目のあたりにして、自分の非力を知ったときだった。ザイルのトップは譲らなかったし、荷上げも競ったが、彼らの、ヒマラヤの峰々に溶け込むような存在感には心底感服させられた。

　アルパイン・スタイルとはよく名付けたものだ。本当はヒマラヤン・スタイルと名付けて、物量否定と小人数での高峰登山のスタートとしたいくらいだ。

　ランタン・リルンの報告書にも書いたが、シェルパは荷上げで酷使され、登頂という目的もないまま労務を提供するだけで、一日も早い帰宅を望んでいる。危険なアイス・フォールで汗を流すことは、賃金を得るためだから文句はなかろう。しかし、横をすりぬけるサミッターたちに何か割りきれぬ感情を与える。ましてや、そのシェルパが最後のザイルシャフトになったとき、私は、昔から続けられた包囲法の矛盾を最も敏感に感じたものだった。あることがらにおいて、人間の能力の優劣が表面化するときは、ことがらそのものが魅力を失うときだ。ランタン・リルンでは感傷的になった。頂までの道程を彼と私はまったく別の道から歩み寄った。いろいろと立場や動機はいえるだろう。しかし、はっきりしていることは、我々が最初のサミッターになったことだ。これは変わらない。

　今、直感して自分の好みに多少の自負を持っている。今までは若さも手伝ってトレーニングに否定的だった。とくに目的が明白なときの具体的なトレーニングには、思わず赤面するところがある。アスレナック・クラブの鏡の前で自分の肉体美にウットリしている人を見たら、はっきりと脳ミソも筋肉だと馬鹿にするところがある。ましてや、偉大なる大自然こその遊びに、金属質の機材に囲まれる訓練を主張するに及んでは何をかいわんやである（時代はこれを積極的に認めている。私は古い）。トレーニングは、その人の熱中のバロメーターであり、その努力は評価すべき性格のものであるのにもかかわらず、私は軽んじてしまうところがある。当を得てない話だが、こんなとき、シェルパがツァンパだけで荷上げする姿や、チベットへの交易に重い荷に喘ぎながら峠を越える風景を思い描く。

　高峰登山の魅力は、大いなる自然のデタラメさと人間の遊び心にあるのはいうまでもない。高峰が文明に触れたとしても、順応とはまず異文化に対して、自然に対して、そして低酸素に対して、現地で獲得すべき高峰登山の過程そのものである。なるべく物に頼らないほうがいい。宇宙食でなくても、お茶とチャパティでエヴェレストに登る人もいるのだから。

（わだ・せいし　サンナビキ同人代表）

岩と雪 No.125（1987.12）P56-61

ビッグ・ウォールが待っている

5・13が登れたら年来の夢——世界の大岩壁を目ざすのだ コズミック・デブリ、エル・キャプ、ドリュ……一年五カ月の放浪記

山野井泰史

小学校六年生のとき、テレビ映画でヨーロッパ・アルプスの風景を見て以来、山に一目惚れしてしまった俺は、早くもヨーロッパやヒマラヤの壁を夢見るようになっていた。そしてすぐに、いまのような山一辺倒の無職の生活も予想はついた。そのころは城ガ崎や四方津などを中心としてさかんにフリー・クライミングが行なわれていたが、興味はわかなかった。ヒマラヤ、ヨーロッパを目ざしていた俺にとって、谷川や穂高の岩壁を登ることがその夢につながると信じていたからだ。しかし、いちどだけと思って行った城ガ崎がやみつきとなり、フリー・クライミングに夢中になってしまった。同時に、そのころデシマル・グレードの上限だった5・13までは登ってやろう、5・13が登れてからビッグ・ウォールの登攀をはじめても遅くはないと思うようになった。

高校を卒業後すぐに、単身ヨセミテを目ざした。その時点では5・11＋までしかリードできなかったが、貴重な収穫を得た。5・13ルート、コズミック・デブリを間近に見たのである。半年後、俺はふたたびアメリカに飛んだ。こんどは完全に「デブリ狙い」である。ところが一カ月もしないうちにクライミングを中断しなければならない事態が発生した。落石に左足首を直撃され、複雑骨折してしまったのだ。コロラドの病院で手術が行なわれた。針金が埋めこまれ、ついで巨大なギブスで固められた。病院には多くのクライマーが見舞にきてくれたが、どの手もチョークの跡で白く、それを見るたび悔しくてたまらなかった。俺は、生まれてはじめて悔し涙を流した。

帰国後、松葉杖が離せない状態だったが、懸垂をはじめとするトレーニング、そしてトップロープでクライミングを再開した。コロラドでのアクシデントから一〇カ月たった八六年4月、松葉杖を使わずに歩けるようになった。そして5月、三たびアメリカ行きのチケットを手にした。それから一年と五カ月という、海外でのクライミングがはじまった。

コズミック・デブリ

今回のパートナーは四つ年下の平山裕示君（当時一七歳）だ。彼ならクライミングはうまいし、なによりも元気がいい。最高のパートナーだ。夏になると、所属する日本登攀クラブのメンバーも集まり、ちょっとしたアメリカ合宿となった。しかし俺はいまひとつ充実していない。足の調子は悪く、ルートをあまり登っていないのに早くも秋が近づいてきたからだ。カリフォルニアからスタートし、コロラド、ワイオミング、オレゴンとまわった。そして最後のヨセミテでコズミック・デブリと闘わねばならない。春にも挑戦はしたものの調子は出ず、結果はメタメタに終わっていた。

8月27日、デブリの取付まで急いであがる。「最初はトップロープでやったら」と平山君。いまの俺の調子だとトップロープが妥当だろう。右足にテープを巻き、ていねいにチョークをぬる。右足は靴を履かないつもりだ。デブリは左上しているクラックなので右足の指でジャミングができ、左足を使わずにすむというのが俺にとっては最高だ。

念願の5.13、コズミック・デブリをリードする筆者　平山裕示撮影

トップロープで気楽に登りだす。出だしの五㍍のフィンガー・クラックはバッチリ。そしてハンド・ジャムでレスティング。そこから第一関節が入るぐらいのフィンガー・ジャムが下部クラックの終りまで続く。だんだん息が荒くなり、テクニックも必要になってくる。あと一㍍。右手をおもいきり伸ばすがパンプ。気がついたときは壁から体が離れていた。どうしても核心であるこの一㍍が解決できない。あと二〇㌢でフィンガー・ロックがきまって楽になるのに……。

「一㍍降ろして」

左手の逆手ジャムからでは右手が伸びない。こんどは左順手のジャムでトライ。ランジぎみだがフィンガー・ロックをとらえた。そのまま上部である左のクラックに移る。終了点まで残り三㍍。二本指のフィンガー・ジャムを繰りかえし、そしてマントリング。ついにムーヴをつかんだ。

8月29日、トップロープながらテンションなしで成功。いよいよリードだ。

9月1日、起きたときからすでに緊張している。「今日が勝負」と、なんども口にしながら散歩。いよいよ5・13の夢が達成できる。そして明日からビッグ・ウォールへの道がはじまるのだ。

早々に取付を目ざす。ナッツの順番、シューズの締め具合、右足のテーピングとすべてに神経をつかう。「頼むね」とビレイの平山君に一声かけ、静かに登りだす。五㍍のフィンガーを楽々とこなし、ハンド・ジャムでレスティング、と思った瞬間に落ちた。まだパンプしていないのに……。

三〇分休憩したあと再びトライ。下部クラックはあと二㍍、そして核心部もいつのまにか通過、あとは左のクラック二㍍で終りだ。さすがに興奮してきた。ハーフサイズのフレンズを突っこむ。激しいパンプ。ロープをつかみあげるがクリップできぬまま、「落ちる」と大きな叫び声をあげて墜落。下までおろしてもらう。

エル・キャプを見ながら二時間ほど休憩しこれが最後のトライのつもりで取付く。血だらけの手を静かにクラックに入れる。

「登りたいんだ、登れる、登りたいんだ、登れる」心の中で叫ぶ声がする。気分が集中したところで腕を引きつけると同時に足が地面から離れる。「行け、行け」の叫びに体が答える。そして最後のマントリングを返した。俺はコズミック・デブリ、5・13aを抜けていた。左足は吐き気がするほど痛かったが、それにもまして登れた感動のほうが大きかった。ついに三年間の夢がかなったのである。

気になる噂

グレード5・13を登った俺はつぎなる夢、世界のビッグ・ウォールの登攀へと前進し始めた。10月、同じクラブの岩田堅二を誘い、エル・キャピタン南東壁のゾディアックに成功。荷上げ、ユマーリング、ピトン打ちと、すべてが楽しく感じられた。

エル・キャプ登攀後、ちょうど持ち金がなくなった俺はロサンゼルスで仕事をはじめた。そこは中国人の経営する中華料理屋で、おもな仕事は皿洗いなどの雑務だった。その間、アパートを借りていたのでは金がたまらないので、夜は車の中ですごし、ホテルのトイレで体を拭いてシャワーの代わりにしていた。たいていの夜はストーニー・ポイント（ロスから一時間ほどの郊外のボルダー・エリア）ですごしていたが、ここで大きな問題が起きた。

ひとつは夜中に四人の黒人に車を襲われて、ナイフで腹を刺されクライミング・ギアと貴重品を盗まれてしまったこと。まあ、これは金さえあれば解決する。そんなことよりもっと大きな問題があった。それは、友達のジョン（ストーニー・ポイントで一緒に登っていた地元クライマー）から「デブリは5・13aから5・12dにグレード・ダウンしたらしいよ」といわれてしまったのだ。これには動揺した。デブリは5・13であってくれないと困るんだ！

エル・キャピタン南西壁　実線がラーキング・フィア　戸田直樹撮影

3月15日、四〇〇〇㌦をためた俺は仕事をやめ、コロラドへと車をとばした。ビッグ・ウォールをやるためではない。どうしても5・13にこだわったのだ。目標はスフィンクス・クラック、5・13bだ。このクラックもデブリ同様左上している。左足を使わなくても登れるというだけで、カリフォルニアからコロラドへと移動した。カリフォルニアのクライマー、ジョンとトップロープでムーヴを発見したあと俺は、4月1日に四回のロワーダウンでスフィンクス・クラックの岩頭に立った。しかし、デブリのときのような喜びはない。ただ、仕事がひとつ終わったという解放感だけだった。よく、〝グレードを追ったクライミングは楽しくない〟というが、まさにそのとおりになってしまった。コズミック・デブリはほんとうに登りたかった。しかしスフィンクスは……。

ひとりぼっちのエル・キャプ

むなしく終わったスフィンクス・クラックのあとヨセミテに戻った。この夏、ヨーロッパ・アルプスでもっとも難しいルートのひとつといわれるアイガー北壁〈ギルニ=ピオラ直登ルート一九八三〉の単独登攀を狙っていたので、ぜひともエル・キャピタンを単独で登攀し、アイガーのトレーニングとしておきたかった。

4月21日、ヨセミテ入り。今回で何回目のヨセミテだろう。森林地帯を抜けると巨大なエル・キャピタンが見えてきた。何回見ても感動する。まさに花崗岩の怪物だ。

22日、マウンテン・ショップでフレンズ、ナッツ、カラビナ、ロープなどを買いこんだ。しかし、それですでに金が足りなくなり、ホールバッグの代わりにはザックをテープで巻き、シュラフ・カバーはビニールのゴミ袋をガムテープでつなげて代用とした。雨具は値段が高く、結局買うことができなかった。ルート決定に際しては、この時期（1月1日から8月1日の間）、パシフィック・オーシャンからタンジェリン・トリップまでの南東壁一帯がハヤブサの巣作りの保護で登攀禁止になるため、南西壁の周辺とした。レスキュー・チームの話ではラーキング・フィアは単独でもあまり登られていないようだし、クラック主体のナチュラルで美しいラインだというのでこれに決めた。

4月23日、ギアをめいっぱいつめ込んだザックを担ぎ、急登を一時間登ればラーキング・フィア（Ⅵ／5・10、A3）の取付だ。日本では何本かのルートを単独で登ってはいたものの、ひさしぶりの単独登攀に緊張する。メチャメチャに重いギア・スリングを両肩にかけ、ユマールでロープをくりだし一ピッチ目を登り出す。高度を稼いでゆくとしだいに気分も楽になってきた。

一五㍍ぐらい登ったときだろうか、フレンズをセットしてエイダーに足をヒョイとおいた瞬間「ガチャッ」といやな音がした。フレンズがいまにも外れそうだ。やばい、早く下のエイダーにもどらなくては……。ゆっくり腰をおろし下のエイダーに戻る。

「やめようかなー」

おもわず呟いてしまう。しかし、この多量のギアを見るとてもやめられない。

「あんなに金を出して買ってしまったしな。それに、ここでやめたらとてもアイガーなんて登れっこないぞ」

フレンズを直し俺は再び前進した。そして三時間をかけてついに一ピッチ目をフィックスした。

24日、二ピッチ目フィックス。

25日、明日アタックをかけることを決める。食料を買い、水筒に水を入れ、ザックをテーピング。夕方には早々にシュラフにもぐりこんだ。自分がエル・キャプから落ちて地面にたたきつけられ、手足がバラバラになってしまうことなどを想像してしまって、なかなか眠れない。だれもが単独で大岩壁に挑戦するときはこんな気持ちになるのだろう。

4月26日午前四時、シュラフからはい出る。口のなかにラーメン、おかゆとメチャクチャにつめこむ。空はまだ星でいっぱいだ。コロラドに行く途中、爆発してしまったので車はもうない。サニーサイドから森林地帯を歩いて取付を目ざす。取付に着いたときはすでに太陽はあがっていた。フィックス・ロープにユマールをセット、エル・キャピタンの壁、そしてラーキング・フィアのラインを目で追ったあとユマーリングを開始。いよいよ、エル・キャピタンとの闘いが始まったのだ。

27日、七ピッチ目まで。

28日、一〇ピッチ目まで。

29日、一三ピッチ目まで。

30日、一六ピッチと半分まで登る。ハンモック・ビヴァークの連続から、ひさしぶりにテラスでのビヴァーク。残すはあと一ピッチ半。登りきったも同然だ。テラスの居心地があまりにもいいためか、すぐに寝てしまった。

何時間ぐらい寝ただろうか。外の様子がへんだ。顔をだしてみると、雨が降りだしている。シュラフ・カバーの代わりをしていたビニールもすでに穴だらけで、そこかしこからどんどん雨が入ってくる。三〇分ぐらいでウエア類もビッショリ。体の震えが止まらない。気温はどんどん下がる。風も強くなってきたと思うと、ついには雨が雪に変わってしまった。

「いま、いったい何時なんだ」

時計は登攀中になくしてしまったので時間がわからない。ヘッドランプを取りだし壁を照らしてみると、壁はすでに雪でビッシリ。寝ていた場所も雪で覆われている。三年前、広島のパーティがノーズの最終ピッチを残して死んだことが頭に浮かぶ。でも俺は死ねない。あと一ピッチと半分。登ったも同然なんだ、と自分自身にいいきかせる。

午前三時ぐらいだろうか、まだあたりは暗く風雪はひどいが、登りはじめる。タイト・フィットのフィーレはガチガチに凍りつき、履くことができない。しかたなく運動靴で雪のついた5・8ぐらいのフェースに挑む。が滑って登れない。スカイフック、フィッシュフックなどを使い、雪のついた一〇㍍のフェースを突破する。

残すは5・10の一ピッチだけだ。そこは猛烈な滝に変わっていた。雨が一気にこのピッチに集中している。体は強烈に寒いが、二〇㍍ほど上はもう稜線のようだ。気合いを入れて滝のなかに突っこむ。氷水に打たれながらフレンズの掛けかえで前進。稜線まであと五㍍。そのとき急にメイン・ロープがあがらなくなった。チクショー、寒くて頭がおかしくなりそうだ!

必死でメイン・ロープを外し、バック・ロープだけで雪のついた壁を登る。気がついたときは垂直の世界から抜けだし、手を離しても安全な稜線に達していた。俺はおもわずニヤッと笑ってしまった。

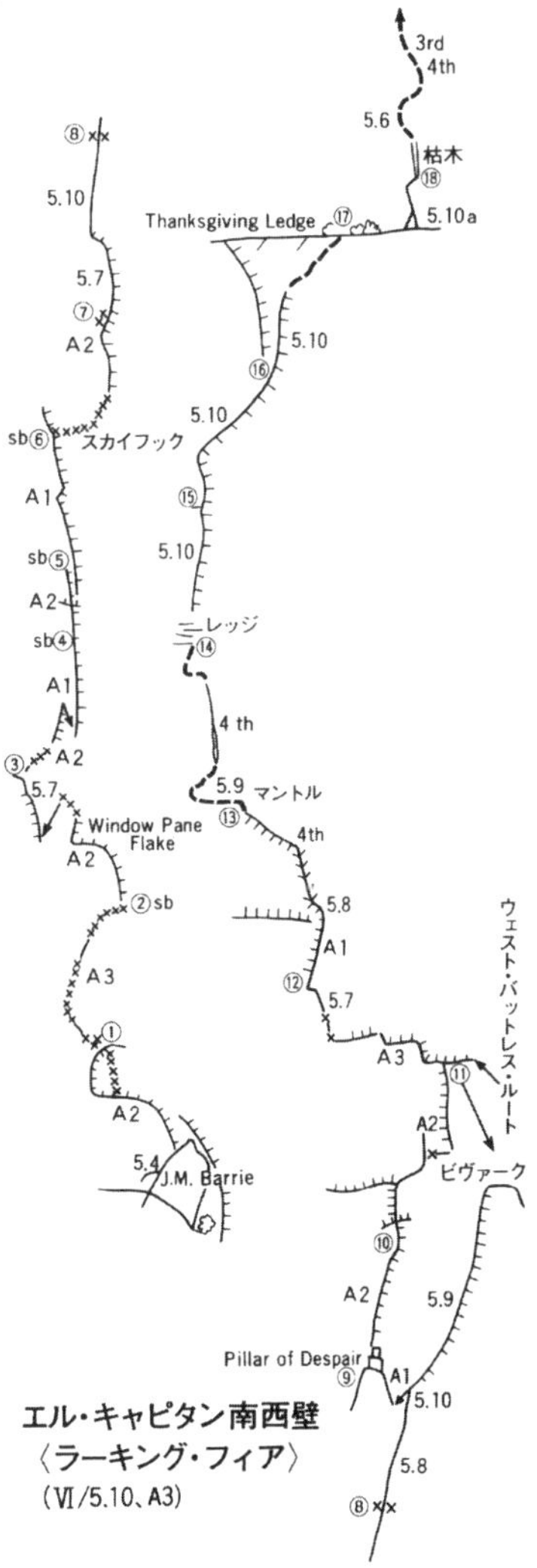

エル・キャピタン南西壁
〈ラーキング・フィア〉
(Ⅵ/5.10、A3)

ドリュ西壁

エル・キャピタンを単独で成功した俺は、すぐにロスに行きヨーロッパに飛んだ。5月、ロンドンからドーバー海峡を渡り、フランスはシャモニに入った。

5、6月とシャモニ周辺の山でトレーニング。そして7月、アイガー北壁の〈ギルニ=ピラオ直登ルート一九八三〉へ向けての最終トレーニングとしてドリュ西壁〈フレンチ・ディレッティシマ〉の単独登攀を選んだ。このルートは、八二年にクリストフ・プロフィらによって初登攀された新しいルートで、エイド・グレードはA3、フリーは6bとなかなか厳しい。それに、まだ単独では登られていない。

6月28日、三〇㌔ちかい荷物を担いで取付を目ざす。今日は荷上げだけなので気分は楽だが、なにせアプローチが長い。モンタンベールから六時間歩き、やっとのことでボナッティ・クーロワールに到着。クーロワールを二〇〇㍍ほど登り、多量のギア類をデポする。

7月1日、天気もよさそうなので明日アタックとする。アイゼンやピッケルを研ぎ食料を整理、ウエアに防水スプレーをかける。準備が進むにしたがってだんだん緊張してくる。俺の場合、アタックの日はそれほどでもないが、むしろ前日がたまらない。仲間にウォークマンを借り、ロックっぽい音楽を聞きながらドリュのラインを目で追う。そして自分をハイな気分にさせていくのだ。歌が終わるころ俺は叫ぶ、「やってやるぜ」。

明けて2日、最高の天気だ。取付まではキャンプ場の良き仲間である斉藤直が同行

ドリュ西壁　実線はフレンチ・ディレッティシマを示す　A・コンタミヌ撮影

してくれる。荷上げの日の半分の時間でボナッティ・クーロワールに到着。デポしたギア類を回収してフレンチ・ディレッティシマの取付へ。取付は素晴らしいテラスになっている。斉藤氏に見送られクライミングを開始した。この日は二ピッチ目まで。

3日、八ピッチ目まで登り、六ピッチ目終了のテラスでビヴァーク。

4日、一三ピッチ目途中まで。トマス・グロスと別れる大テラスでビヴァーク。

5日、いままですべてがうまくいっている。クラックもナチュラルでナッツが使えるし、核心部の四㍍のハング（A3）もなんなく越えた。今日はいよいよレッド・シールドの登攀にかかる。フィンガー・サイズのクラックが二〇〇㍍ぐらい延びており、まるで小川山のイムジン河のようだ。まさに、よくいう垂直のトリップ。

気分よく登っていると、隣りのアメリカン・ディレッティシマ（6c、A3）をすごい勢いで登ってくる単独クライマー（英国人？）がいた。たちまち彼は俺と同じ高さにきた。どちらも単独初登になるね、などと会話をかわした。こちらは終了点が近いし気分も最高。話もそこそこに終了点を目ざす。彼も動きだしたようだ。と、そのとき、突然叫び声がしたとおもうと「ガチャーン」ともの凄い音。下を見ると彼が顔を血だらけにしてロープにぶら下がっている。スリップしたのだろうか。すごい形相で壁をにらんでいる。「だいじょうぶか、助けは必要か」などといろいろ聞く。「だいじょうぶ、だいじょうぶ。でも俺は降りるよ」そういうと彼はいらない道具を放り捨ててアプザイレンの体勢になった。「頑張れよ、登れよ」と俺にいうとニッコリ笑って下りはじめた。

突然の出来事に俺は、ただ呆然とするだけだった。それからどれくらいの時間がたったろうか。俺はさらに前進をはじめていたが、頭からはさっきの事故が離れない。そのときだ。乗ったピトンが不意に抜けた。途中にかけたピトンやナッツも抜けてゆく。

「しまった！」

さいわい墜落はたいしたこともなく一〇㍍ぐらいですんだ。さっきの事故、そして自分の墜落とだんだんと俺は放心状態になっていった。それからどう登ったのだろうか。長い時間がすぎた気はする。そして墜落地点から二ピッチ登ってアメリカン・ディレッティシマと合流した。そう、フレンチ・ディレッティシマは終わったのだ。しかし、俺の体は全身恐怖で包まれていた。

アメリカン・ディレッティシマでの彼の墜落、そして俺は俺で本番ではじめての墜

ドリュ西壁
〈フレンチ・ディレッティシマ〉
（ED/6b、A3）

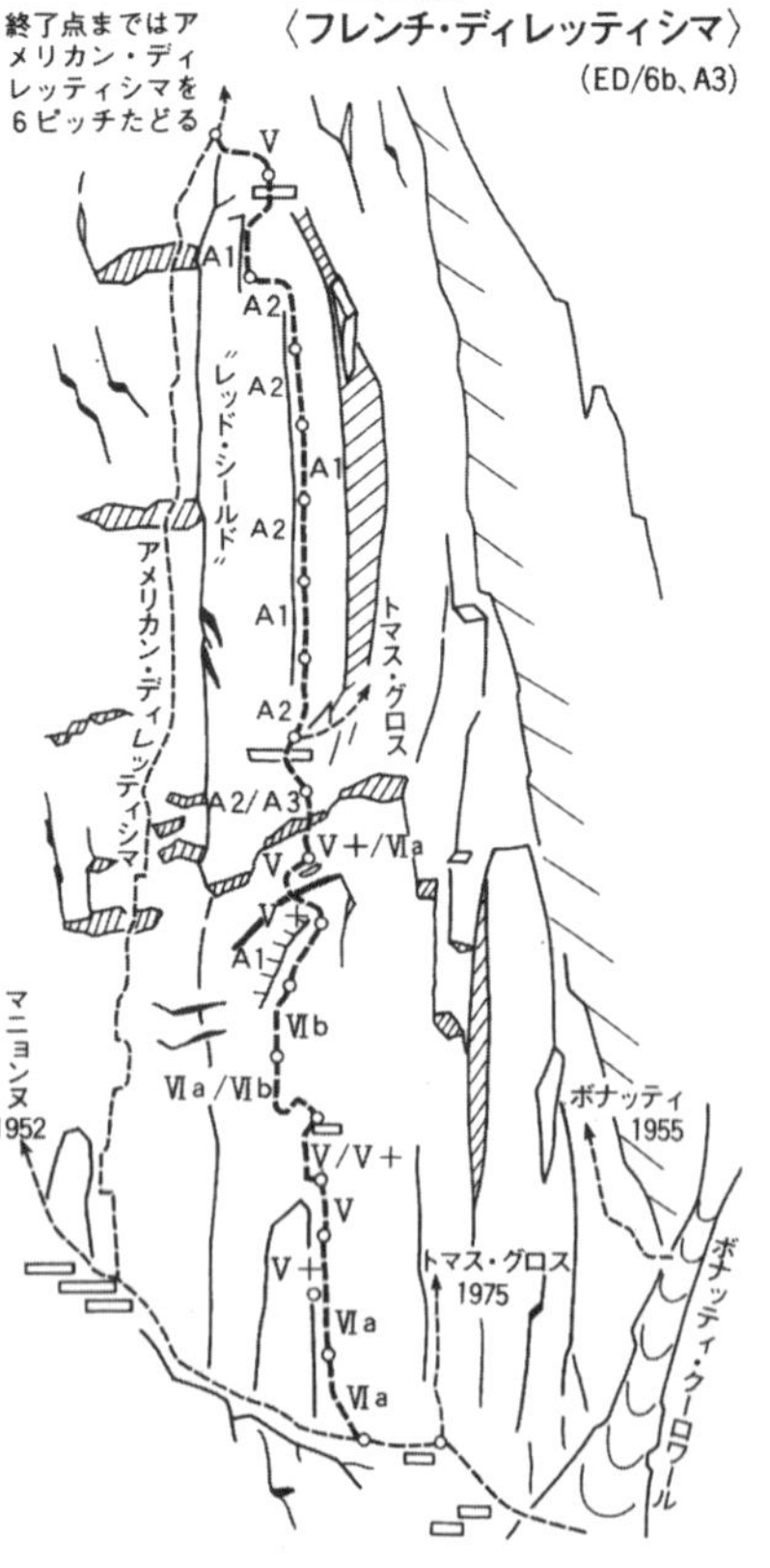

落を経験した。俺にとってビッグ・ウォールの登攀は怖いものとしか感じられなくなってしまった。街に降りてから俺は完全にビッグ・ウォールがいやになりアイガーを中止した。

ふたたび大岩壁へ

ドリュから帰って三週間たち、俺は再び燃えはじめた。ドロミテでチヴェッタ北西壁を斉藤直と完登した。なぜ、あれだけ嫌いになったビッグ・ウォールをまたはじめたのか自分でもわからない。ただ、大きな岩壁を見ると心のなかが熱くなる。

つぎなる目標をパタゴニアの単独登攀にすえた俺は、その資金を稼ぐためふたたびアメリカへ渡ることにし、アテネでニューヨーク行きのチケットを手にした。しかし公園でフライトの日を待つ間、運悪く盗難にあってしまい、俺の一年五カ月のクライミング放浪は終わった。

今回のツアーでは、前半はフリークライミングに燃え、5・13まで登ることができた。後半はエル・キャプ、そしてドリュを単独で手中にし、大きな成果をあげることができた。

いま日本に帰ってきて思うことは、フリー・クライマーなら、トレーニングさえすればだれでも5・13まで登れるだろうということ。俺みたいにセンスもなく大怪我により体の自由がきかなくとも達せられたのだから。ビッグ・ウォール、そしてアルパイン・クライミングについて考えると、日本人はまったくダメだ。もっと、フリー・クライマーに見習ってトレーニングを積まなければ、日本人のこの種のクライミングは終わってしまうのではないだろうか。

もちろん、俺自身まだまだ学ぶべきことが山ほどある。これからも日本で、そして世界でと大岩壁の登攀を目ざしてゆきたい。

（やまのい・やすし　日本登攀クラブ）

モンタンベールから取付を目ざす　斉藤直撮影

フレンチ・ディレッティシマ１ピッチ目

コロラド〈スフィンクス・クラック〉（5・13b）
八七年3月、五日間トップロープでトライしたのち、六日目に四回のロワーダウンでリードに成功。

エル・キャピタン南西壁〈ラーキング・フィア〉（VI／5・10、A3）単独第三登
4月23、24の両日でA2、A3の二ピッチをフィックスし、26日から5月1日の六日間で完登。ギアはピトン類五〇本、カラビナ一〇〇枚、フレンズ、ナッツ二セット、一〇㍉×五〇㍍ロープ一本、九㍉×四五㍍ロープ一本。ラーキング・フィアは七五年5月に開拓されたルート。単独では八六年のフランコ・ペルロットにつぐ第三登。日本人の記録としては八四年5月に鈴木英貴・美智子＝森脇聖児パーティが登っている。

ドリュ西壁〈フレンチ・ディレッティシマ〉（ED／6c、A3）単独初登（通算第四登）
6月28日に取付まで荷上げを行ない、7月2日から5日の四日間で完登。終了点からはトマス・グロス・ルートとの合流点まで登り、同ルートを懸垂下降した。ギアはフレンズ二セット、ロックス二セット、カラビナ八〇枚、ロープ二本。フレンチ・ディレッティシマは八三年9月に開拓されたルート。

岩と雪 No.131（1988.12）P14-21

極限のソロ

バフィン島「トール西壁」単独登攀

山野井泰史

The West Face of Mt. Thor

なんとしても単独で

5月18日、バフィン島フロビッシャー・ベイに到着。バフィン島はグリーンランドのすぐ西に位置し、島のほとんどが北極圏に属している。この極寒の島に来た目的はただ一つ、バフィン島最大といわれるトール西壁をソロで登るためである。

ぼくには、このバフィン島遠征を実行する前に二つの計画があった。一つはニューギニアの岩壁で、これについては資料を集めていくにしたがって、岩壁までのジャングルを一人では突破できそうにないことがわかり、中止。もう一つはカラコルムのトランゴ・タワー南東壁隊に誘われたことだった。トランゴ・タワーは前々から登ってみたい対象だったので、この話はぼくにとっても嬉しかった。最初は乗り気だったこの話も時間が経つにつれて、なんとしても「単独で登る」気持ちを変えることができなくなった。昨年、エル・キャピタンとドリュを単独で成功させたぼくは、もっと大きな、そしてもっと困難な「壁」で自分の力を試してみたくなり、トランゴ・タワーの話を断わった。

皮肉にも登攀終了後は好天　雪はすっかり消えた　Ironically enough, fine weather brought the best condition after the climb.

トール西壁を初めて知ったのは一九八四年のことだ。クラブ（日本登攀クラブ）の先輩である米井輝治らのパーティが西壁中央部を初完登したことで、トール西壁の存在を知った。しかしそのころはビッグ・ウォールに興味がなかったのでたいして気にとめなかった。八六年に入ってコロラド州のマウンテン・ショップでアメリカ・チームの「ダイレクト・ライン三〇日の記録」をスライドで見る機会を得た。彼らは米井パーティの翌年、ヘッド・ウォールを直登するラインを拓いたのである。そのスライドはとても迫力があるもので、オーバーハングを越えていくクライマー、垂直の岩壁でポータレッジを使って寝ている写真など、どれを見ても興奮した。それ以来いつかは「トール」を登ってやろうと心に決めていた。

ことし3月に本格的な準備に入ると、ヨーロッパで友人になった斉藤直も、そしてその友人である高橋明平も同行することになった。斉藤は、経験が豊かでこのような僻地では絶対的安心感を持たせてくれるし、何度もロープを組んだこともあるので、喜んでバフィン島行きを一緒にすることを決めた。斉藤の友人の高橋は、けっして弱音をはかず、我々の中でもっとも頼もしい存在となった。ぼくはトール西壁をソロで、斉藤、高橋はアスガードをペアで、それぞれの目標をもって5月16日、日本を出発した。

自分を賭けるだけの価値が

5月19日フロビッシャー・ベイから小型飛行機でパナータンへ。パーク・オフィスで我々の計画を話すと、トールをソロでやるのは大変危険だといってきた。しかしぼくは何とも思わない。なぜならその危険な行為をするためにはるばる日本からやって来たのだ。

食料を早々に買い、地元のエスキモーに、厚く凍った海をスノーモービルでフィヨルド・ヘッドまで送ってもらう。20日、21日は今までの旅の疲れをとるためレストとした。5月22日キャラヴァン開始。一人八〇キロ近い荷物を三回に分けて六キロ先まで運ぶ。23日、グレイシャー・レイクまで荷上げ。24日はウィンディ・レイクまで。このウィンディ・レイクに到着すると、突然丘の間から、海坊主のように不気味なトールのヘッド・ウォールが現われた。ぼくはトール

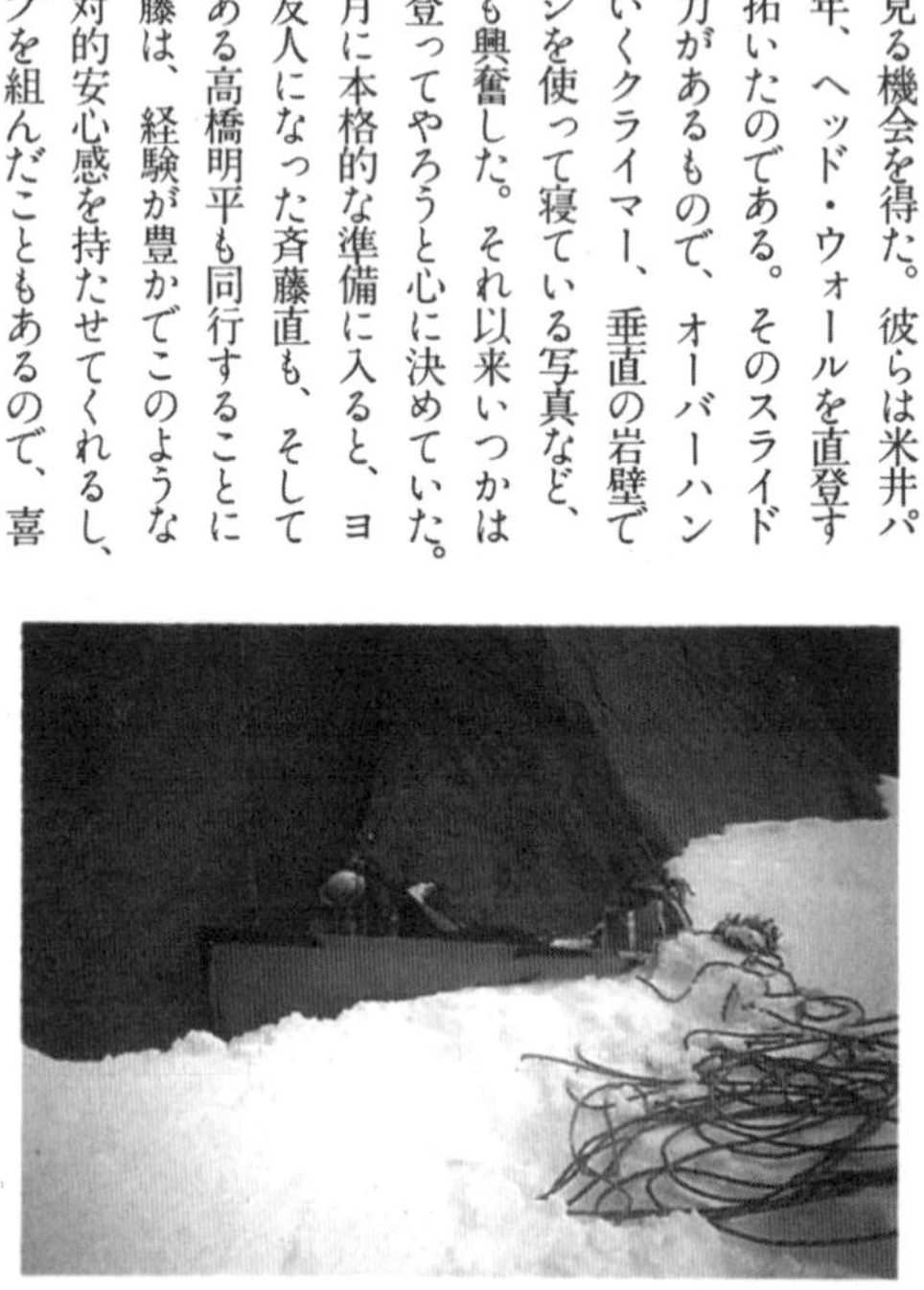

第２バンドでのビヴァーク　信じられない雪の量だ
A bivouac site on the second ledge.

の全容が見たくて、荷上げの疲れも忘れ丘をかけ上がる。息を切らせたぼくにトールは微笑みかけてくれるだろうか、という淡い期待はみごとに打ち砕かれた。あまりにもコンディションが悪すぎる。壁に多くの雪が付きすぎている。とくに第一岩壁は雪でベットリだ。それ以上に、トールのスケールに圧倒された。ほんとうに一人であの巨大な岩壁を登れるのだろうか、生きて日本に帰ることができるのだろうか……。

5月下旬　ベース到着時のトール西壁は雪まみれ
The face was covered with snow in the end of May.

　フィヨルド・ヘッドからキャラヴァンを開始して一〇日目の5月29日、やっと「西壁」までわずか一時間のところにベース・キャンプを設置することができた。ベース・キャンプから見るトール西壁の迫力は凄まじい。一四〇〇㍍の岩壁が被いかぶさるように立っている。ぼくは今、実感した、自分を賭けるだけの価値あるビッグ・ウォールだと。

　5月30日。この日から天候は不安定になり雪、あるいは強い風が吹きまくった。翌日、本格的なクライミングをする前の身体の調整、そして西壁の偵察をかねて基部まで荷上げとする。ワンプッシュのヨセミテ・スタイルで今回のクライミングを考えているぼくにとって一番の悩みは、装備の重量だった。いつ凄まじい嵐がやって来るかわからないバフィンの天候の中で、スピーディに登らなければならない。

　一応今回のクライミング・ギアを紹介しておこう。ロープ二本、カラビナ五〇、フレンズ二セット、ナッツ三セット、ハーケン二五、スカイフック、カパーヘッド、アイス・ハンマー、アイス・バイル、アイゼン、ラバーソール、その他食料、ガスボンベ、寝袋、ポータレッジなどの生活用具を合計するとホールバッグは三〇㌔以上にもなる。

いまこそチャンスだ

　6月19日、ひさしぶりにバロメーターがゆっくり上昇しはじめた。強風の中で毎日続く食事と睡眠だけの生活、これともそろそろおさらばだ。もしも明日の朝天候が回復していたら出発することを、斉藤、高橋に話す。翌朝、起きてみるとまたも雪。今日もクライミングできないといういらだちもあるが、なぜかホッとする。緊張のあまり一睡もできなかったので再び寝袋に入りこむ。

カリブー氷河とアスガード　斉藤＝高橋ペアは北峰(右)東稜を頂上直下まで迫った　Mt.Asgard from the southeast.

コラム8

山野井泰史という男

トール西壁への道

山野井泰史のことを知ったのは、コズミック・デブリを登った1986年前後のことだった。翌年にはヨセミテからアルプスをめぐってスフィンクス・クラック、ラーキング・フィアー、ドリュ西壁と次々に大物を落としていった。旅先からの知らせを聞いて、帰ってきたらぜひ原稿を書いてもらおうと決めていたのが、125号に掲載した「ビッグ・ウォールが待っている」（242ページ）である。「なんか俺は、俺はって、随分粋がっていたネ」、後年『岩と雪』がなくなってから、『山と溪谷』誌上で対談したおりにそういって苦笑していたが、読者に衝撃を与える、文句ないデビュー作だった。「登りたいんだ」という強い意気込みが、素直に誌面から漂っていた。

ちなみに、コズミック・デブリのパートナーを務めた平山裕示も、同じ号に「ユウジの小川山日記・1987夏」を初めて寄稿している。山野井22歳、平山17歳のときである。

カナダ北極圏に位置するバフィン島のマウント・トール西壁は標高差1400m、のちに島の東岸フィヨルドにもっと大きな壁が発見されるが、当時はこの島で最大の岩壁だった。75年にJMCC隊が世界に先駆けて挑戦するが、基部から15ピッチ登ったところで断念。84年に、山野井の所属する山岳会（日本登攀クラブ）の米井輝治らが初登攀した。トールの存在は、この先輩たちの登攀で知ったが、当時は「ビッグ・ウォールにそれほど興味がなかったので気にとめなかった」と山野井は書く。ところが86年、コロラドのショップで、ヘッドウォールを直登したアメリカ隊（アール・レッドファーンら）のスライドを見て、「いつかトールを登ってやろう」と思ったのだという。

パタゴニアからヒマラヤへ

トール以降は、89年に一度失敗したフィッツロイ冬季単独登頂を翌シーズンに成功させ、91年には初めて8000mの高峰ブロード・ピークに登った。通常ルートを行くということで、「次はちゃんとやりますから」と、歓送会でしきりに恐縮していたことを思い出す。

だが、一度でも高所を経験したことで彼の世界は大きく広がった。92年アマ・ダブラム西壁冬季単独登頂、93年ガッシャブルムⅣ峰東壁単独挑戦を経て94年にはチョー・オユー南西壁を単独で初登攀してみせた。8000m峰の単独登頂自体はほかにいくつも記録されているが、新ルートをひとりで登った例は、78年メスナーのナンガ・パルバット西壁など数えるほどしかない。

96年のマカルー西壁単独挑戦はTV取材クルーを同行させるなど、山野井らしからぬ作戦を採ったこともあってか、7400mで敗退となった。この壁にはジェフ・ロウ、スティーブ・ハウス、マルコ・プレゼリらが攻撃を仕掛けたがいまだ落ちず、それこそヒマラヤ最後の課題として残されている。2000年のK2は、ポーランドのヴォイチェフ・クルティカと組んで未踏の東壁をねらったものだが、雪崩の危険から断念。その後、山野井ひとりが南南東リブに回り、無酸素・単独登頂に成功した。

02年にはギャチュン・カン北壁に挑んで登頂したが、下降中に妙子夫人もろとも雪崩を浴び、九死に一生を得た。このときの話は凍傷治療中の入院先に見舞って聞いたのだが、指を切られるというのに落ち込んだ様子はけっして見せなかった。その後05年、中国・四川省ポタラ峰のビッグ・ウォールを登って再起を果たし、グリーンランド、パミーロアライ、ペルーと、全盛期に比べれば不自由な身ながら、クライミングに向ける士気は衰えていない。

30年越しの山野井ファンとしては、心から拍手を贈りたい心境だ。

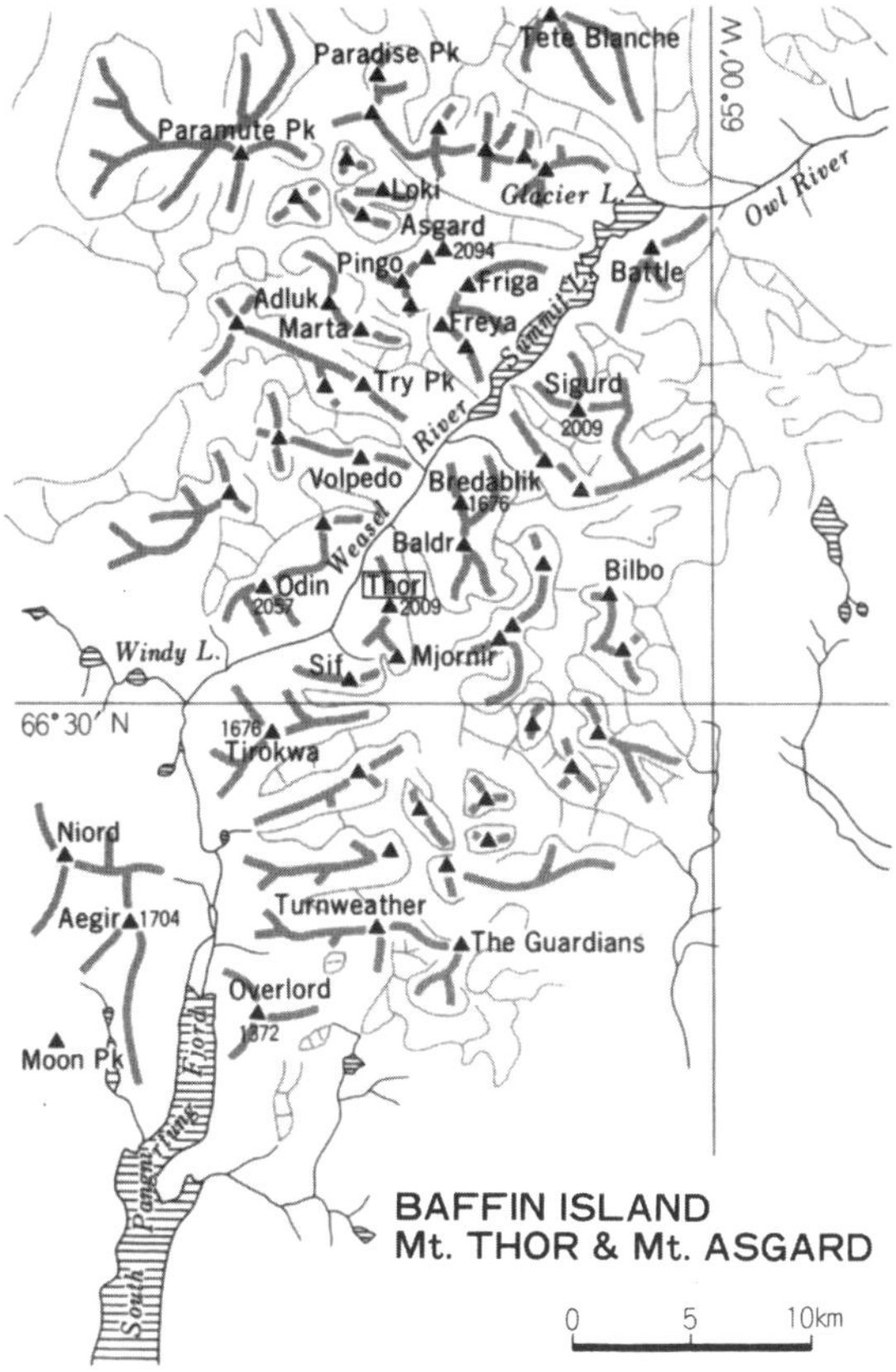

数時間後、太陽の光がテントにさしている。外に出るとなんと青空が広がってきている。いまこそチャンスだ。二人の友人はぼくのために、たっぷりバターののったホットケーキを作ってくれた。二人は何もいわなかったし、ぼくも「じゃあね」、それだけいって歩きだした。取付までの一時間のあの緊張は生涯忘れることはできないだろう。

取付付近はあまりの岩の状態の悪さに最初に考えていたラインをやめ、左の氷のクーロワールから攻めることにした。最初から新ルートだ。苦手なアイス・クライミングで高度をかせぎ、予定どおり第一バンド付近でビヴァークする。岩壁用ベッドのポータレッジは高価なだけあって、らくちんだ。夜になって何度も落石の音がこだまする。

ここまで来てやっと巨大な岩壁にたった一人でいることが身にしみてきた。ぼくは、その日の日記に「これから何日一人でいなければならないのか、何日緊張していなければならないのか、でも完登するまで、けっして下りるなよ、ファイトだ泰史」と書いた。

二日目、いよいよ本番だ。ここからの花崗岩の岩壁は頂上まで一気にせり上がっている。最初からむずかしい。困難なエイド・クライムをしているとすぐにピンチはやってきた。二〇㍍ほど進んだところでナイフブレードが抜け、ぼくは吹っ飛ぶ。完全にアウトと思った瞬間、左ひざに激痛が走る。墜落は六㍍ぐらいであったが、膝、そして左手から出血している。ぼくは「これで退却の理由が出来上がった」一瞬そう思ったが、ベースにいる二人の顔を思い出すと、やすやすとはもどる気持ちになれない。傷の手当てをした後、再び登りはじめた。そして、一五時間以上の悪戦苦闘のすえ第二バンドをぬけた。

「やったじゃないか、次は第三岩壁だ」

三日目、バンドを右上して行くと七三年の「静岡登攀クラブ」の試登跡があった。そこには色あせたフィックス・ロープがぶら下がっている。そしてロープの左には、ところどころ抜けているボルトラダーが続いていた。ぼくはそのボルトラダーをアブミのかけかえで一気にロープを伸ばす。ボルトラダーから右のフレークに入りこむと快適な花崗岩のクライミングが終わり、再び雪と氷がクラックにつまってきた。ぼくはラバーソールのまま雪面に蹴りこんで行く。登りながら足元に目をやると、何もない、西壁の下までダイレクトに見通しだ。垂直の壁を時間を忘れて登っていると、空はいつのまにか黒い雲で覆われてきた。一時間もすると小雪がちらつきだした。今日の行動も一七時間以上になる。ポータレッジを組立て壁にぶら下がると、ビヴァーク体勢になった。どこで濡らしたのか寝袋がビショビショになっている。これからのビヴァークを考えると頭が痛い。

疲労は極限に達した

四日目、相変わらず小雪がちらついているが、岩は堅くなり、クラックもしっかりしてきた。登攀は5・8ぐらいのレヴェル

アプローチはスノー・モービルで In the approach.

が続き、エイドも多く使うようになった。しばらくは順調に四ピッチほどルートを伸ばすと多量のボルト、そしてロープを発見、静岡隊の最高到着点である。どこで遭難したのか、不気味だ。ルートはハングしたディエードルに伸ばす。今日は一五時間以上連続で行動している。すでに夜の一時、白夜の中のミッドナイト・クライミング。天候は急速に悪化していく。朝からの小雪にくわえて強風が吹きはじめた。連日のハード・クライムのため指は傷だらけ。やさしいランペを左上したところでビヴァークとする。この日の天候はとくにひどい荒れ方だった。

五日目、嵐は朝になっても吹きつづけた。

トール西壁とライン　太田和夫撮影　The W tacs of Mr. Thor.

ポータレッジはミシミシと音がする。疲労もたまっているし、もう少し眠ろう。昼過ぎ、嵐はおさまらないが登攀開始。5・9のクラックを左上していく。スピードが上がらない。疲労は極限に達した。トールがゴーゴーと唸りだした。天候はぼくに逆らいはじめている。クラックを三ピッチ登っただけで登攀を中止する。今日のビヴァークは悲惨そのもの。ポータレッジはブランコのように揺れ、まともに食事もできない。ヤケになり、非常食のグラノーラをすべて食べてしまう。明日は必ず第三バンドまで行こう。第三バンドまで行けばグチャグチャになったギアを整理できる。それにボロクソになった身体もゆっくり休ませることができる。

六日目、やはり嵐だ。朝六時登攀開始。行くしかない。5・8ぐらいのクラックをナッツのエイド・クライミング。エイダーに乗っても吹き飛ばされそうだ。傷ついた指は、むくんだまま凍る。指だけではない。すべての道具が凍りはじめた。単独システムもきかなくなってきた。本当に怖いよー。

一〇時間のクライミングで第三バンドまであと一ピッチと迫る。最後のディエードルはバンドからのスノーシャワーが激しい。氷の下のクラックを探る。そしてロストアローを叩きこんでいく。トールはどれだけぼくを苦しめればいいのだ。くそトールめ！　ディエードルに取付いて二時間後、ついにバンドに到着。もうふらふらだ。ビレイ・ポイントを作るのに三〇分もついやした。いつもどおり冷たい寝袋に入る。今日はなぜか強烈な睡魔が襲う。このまま寝てしまったら永遠に目覚めることはできないのではないか……グッドナイト。

七日目、目が覚めた、生きている。雪と風はおさまったが、空は厚い雲が覆っている。調子は最悪だ。身体がだるい。手の指は二倍にふくれあがり、足の感覚はなくなっていた。今からすぐのクライミングは無理だ。とりあえずヘッド・ウォールの偵察だけにしておこう。膝までもぐるラッセルで第三バンドを左にトラヴァースして行く。アメリカ・チームのラインは素晴らしいが、ぼくの残りハーケン（二〇本）では足りない。少なくともあと三〇本は必要だ。さらに左へ行くと日本チームのラインだ。このルートはチムニーにとられているため氷がビッシリだ。今の状態では到底無理。さらに左へトラヴァースして行くと赤いディエードルを見つけた。ここだ、ここならぼくのテクニック、そして装備でぬけることができる。たぶん五ピッチぐらいで行ける。一日でぬけられる。これが最後の「壁」になるだろう。

全ての力を出しつくした

八日目、サンシャインだ。この日だけは天候も味方してくれるようだ。残りのチョコボールとチーズを口に入れると出発。夜中の二時だ、予定どおり赤いディエードルへ。もう全力をつくすしかない。岩はとても危険な状態だった。いつ崩れるかわから

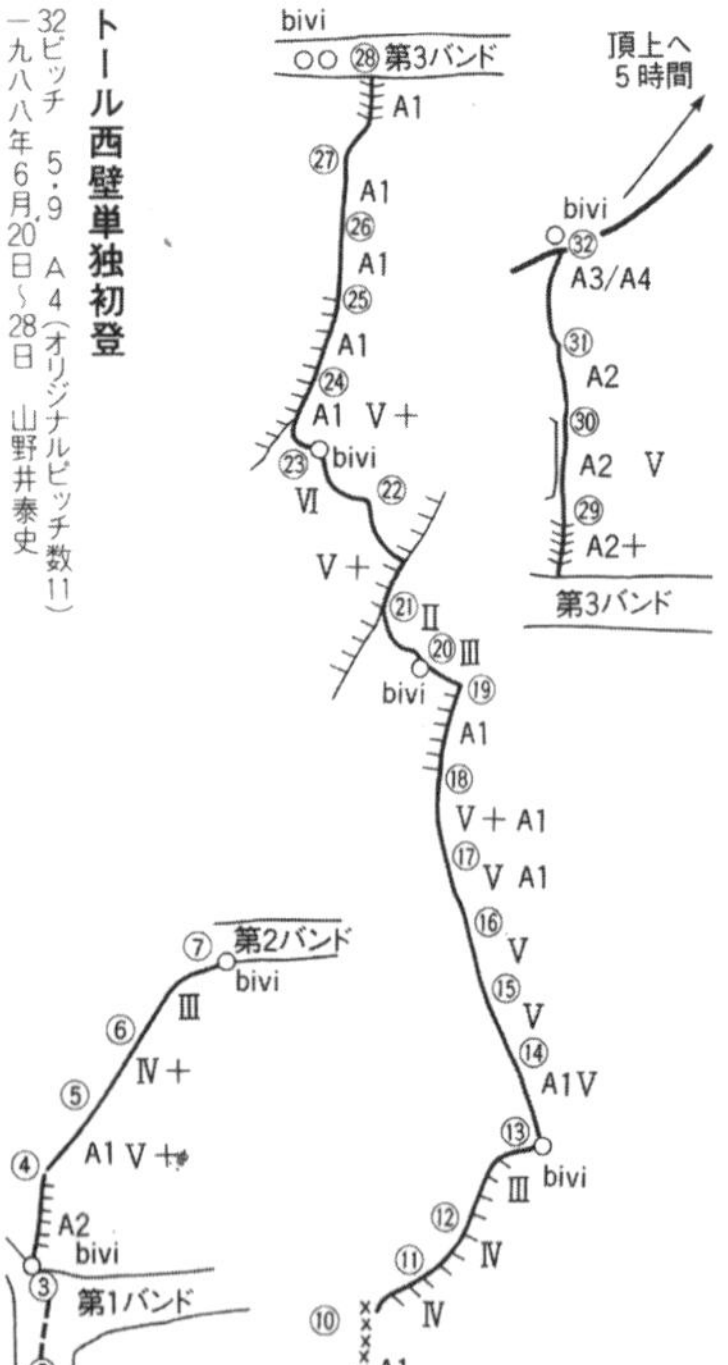

トール西壁単独初登
32ピッチ　5.9　A4（オリジナルピッチ数11）
一九八八年6月20日〜28日　山野井泰史

ない、この危険な岩をフリーで登っていくとハングにぶつかった。エイドに移る。ナッツを叩きこみ、スカイフックをかけ、自分の持っているすべてのエイド・テクニックで、次から次へとハングを越していく(ベースに帰ってから聞いた話では、ハングを越えるぼくの姿が双眼鏡で確認できたとか)。

三ピッチ登った時だった。トールでの二回目の墜落をしてしまった。軽くなったホールバッグを背負おうとした時だ、バッグが手からすべった。ぼくは本能的にバッグに飛びつき、両肘を岩に強く打ちながら、バッグもろとも五㍍ほど墜落した。バッグの中には寝袋、ポータレッジなどが入っている。まだまだ何が起きるかわからない壁でバッグを落とすことはイコール死なのだ。一五時間以上の連続クライミングで、ついに稜線まで四〇㍍に迫る。あと一ピッチ！あと一ピッチで今までの苦労はすべてむくわれる。

かぶりぎみのディエードルをステミングで一㍍一㍍高度をかせぐ。下を見ればトール下のモレーンまで一気に一〇〇〇㍍以上落ちている。凄い高度感だ。エイドに移って一〇㍍ほど登るとトール西壁の今回のルートの中でもっとも困難なセクションにぶちあたった。

赤い色の非常にもろい岩が一〇㍍ほど続いている。おまけにハングしている。ぼくは小さなナッツを丁寧に決めていく。いつはずれてもおかしくない代物だ。赤い壁を七㍍ほど進んだぼくは、ついに行き詰まった。ハーケン、ナッツを使うようなクラックもなければスカイフックを掛けるだけの強いエッジもない。ボルトを打ってもいいが、今体重をあずけているRPの1番は、ハンマーを振る衝撃に耐えるとは思えない。なによりも恐ろしいのはビレイ・ポイントにしているナイフブレードだ。もし墜落したら、あのビレイ・ポイントは必ず吹っ飛ぶだろう。退却も不可能だ。まさに絶体絶命のピンチ。神様、仏様、ぼくを殺さないでくれ！顔を岩にこすりつけて、錯乱ぎみの自分をとりもどそうと必死になる。「落ち着け、もう少しで終わりだ」

再び顔を上げると弱点が見えてきた。小さなフレークが二つ縦に飛びだしている。フレンズ4番をセットしてみると片方のカムがわずかに引っ掛かる。もうこれしかない。もしも外れたらフレンズと共に下のモレーンでバラバラになるのは確実だ。

足をエイダーに掛ける。目を閉じる、体重を移す。とまっていた。すぐに最上段に上がりラープを打ち、体重を移動させる。

「やった、生きている」

頂上の稜線まで残すは七〇度ほどの雪壁だけだ。それも五、六㍍。ピッケルを持っていないぼくは、両手を雪に突っ込み前進する。ロープの重みで何度も落ちそうになりながらもガムシャラに登る。稜線まであと二㍍、一㍍。両手を稜線にかけ、残す全ての力を振りしぼり、マントリングのように引きあげる。やっとの思いで雪面にはい上がる。全ての力を出しつくしたぼくは立ち上がれない。ただ目の前にぼくの知らない岩壁群が、氷河の上にどこまでも、どこまでもうち続いていた。

生きて帰ることができる。二人に再び会うことができる。「スーパー・ソロ・クライミング」は成功したのだ。雪面に大の字になりながら胸が熱くなるのを感じた。

〈後記〉斉藤＝高橋のペアは、アスガード東稜（ダグ・スコットのルート）をワンプッシュで試みたが、食料が不足し、数ピッチを残して惜しくも断念した。

（やまのい・やすし　日本登攀クラブ）

北極圏を示す道標 A mark of the arctic circle.

■カナダ北西準州バフィン島トール西壁単独初登（通算第三登）一九八八年6月20日～28日　山野井泰史（日本登攀クラブ）

6月20日取付～第一バンド。21日第二バンド。以後三ビヴァークで25日第三バンドへ。26日は停滞・休養にあて、27日夜完登。28日頂上を経て北面（歩き）を下降。

使用ギアはピトン各種（ナイフブレード一〇、アングル一〇、ラープ五）、スカイフック二、リング・アングルクロー一、カパーヘッド五、フレンズ二セット、ナッツ三セット、ロープ一一㍉×五〇㍍二本、カラビナ五〇、フラットソール・ブーツ、その他冬山装備。

登攀終了後の筆者 The author after the climb.

岩と雪 No.133（1989 .4）P50-56

インタビュー

鈴木英貴

最近日本ではカラビナとボルトしか売れない
なんて話を聞くと、ちょっとさみしいですね。

城ガ崎、シーサイドにて　大島三枝撮影　H. Suzuki in Jogasaki.

——正月に城ガ崎で登られたそうですが。

ええ、シーサイドで。面白かったですね、あ あいう岩っていうのは、少なくとも僕の登ったアメリカの岩場ではありませんね。

——城ガ崎は初めてですか？

ええ、日本で登ること自体八年ぶりだと思います。オーヴァーハングに関してはテネシーなどで、シーサイド以上のやつを経験しているんですが。なんといってもあのお皿のような丸っこくて大きなホールドは特種ですね。ムーヴ自体も、体の振りやフックを多用するし、僕にとってすごく新鮮でした。去年は9月からコロラドで登っていたんですが、コロラドのフェイス、特にボウルダー周辺のルートなどは、前傾していたとしてもホールドはカチッと指にかかるやつで、当然足の方も細かいエッジングで、それが続いて行くストレニュアスなフェイスが多いです。そういった点でコロラドのフェイスなどはスティープなエッジ・クライミングが中心といえますが、城ガ崎のクライミングはジムナスティックで、非常に独特です。ですからトリブの記録はやっぱりすごいですね。いくらフェイスのスペシャリストとはいえ、ポケットとは全然違いますからね。そこであれだけの短時間で次々とオンサイトしてしまうのですから。やはり相当の力だと思います。

ただトリブも指摘していたように、ホールドやルートの形状が似かよったものが多いので、何回も通っていると飽きてしまうかもしれません。

——鈴木さんの成果は?

一週間でしたが、5・12－のフラッシングを数本と、まあ5・12クラスならヨーヨー(ロワー・ダウン)で登れました。印象的だったのは、毎日七〇人以上の人がいたけれど、ハングドッグ(テンション)をしなかったのは僕一人だったようです。みんな落ちたらぶら下り、ムーヴを徹底的にさぐって……。まあ上村君とか、山下君とか、綿引君なんかとその辺の話をしたんだけど、あれがあそこのスタイルだということでしたね。まあ次々にルートを陥とすことからいえば、ハングドッグすれば、ヨーヨーの五分の一ぐらいの時間で済んでしまうかもしれません。ただ僕の場合、ヨセミテでフリー・クライミングを始めて、伝統的なスタイルでやってきたので、特にクラックではハングドッグはしないものだと思っています。

——まったくハングドッグをしたことはないのですか?

一部のフェイスでしたことはありますが、それもルートを登るためではなく、一日登った最後に、ワークアウトでパンピングさせるために登るような時にするのが多かったです。僕が思うに、ヨーヨーで登っていると持久力がつくと思います。というのは常に下から登って行くから、ムーヴがわかりませんよね、だからなんとかして登りながらムーヴを探ろうとします、つまりルートにいられる間にできる限りのことをしようとするわけです。ですから今回シーサイドでも、若い人たちに僕の登りはスーパー・スタティックだなんていわれました。要するにすごくゆっくりなんですよね。なんで上にガバがあるのに飛びつかないんだろう…とか。でもそれは知っているからランジもできるわけで、また落ちたらそこからやり直せるからで、僕の場合はスタティックに引きつけていって、できるだけ探って、またそれが悪かったらクライムダウンして、シェイクアウトしてまた行くって感じだから、岩にへばりついている時間が長いわけですよね。だから当然持久力が重要になってきます。

——日本の、特に若いクライマーの印象はいかがですか?

テクニックもあるし、パワーもありますね。ボルト・プロテクションのフェイスに関しては、僕より登れる人間が何人かいると思います。ただやはり持久力に欠けるようです。僕も見ていて勉強になることもありました。ランジがうまい人が多いし、デッド・ポイントをマスターしている人も何人かいました。だからまたぜひ城ガ崎には行きたいと思っています。

——狙っているルートがあるのですか?

今回名古屋の羽渕君がシンデレラ・ボーイを登って、実は登ったとき僕がビレイしたんですけど、彼はほんとにさすが名古屋のエースって感じで、パワーもあるし、柔軟性もあるし、弾力性に富んだ体で、可能性のあるクライマーだと思います。僕も今回チリコンカーンは登ったので、ぜひ次はシンデレラ・ボーイを登ってみたいと思います。

——ボトルのハンガーがはずれたルートがあったそうですが。

ええ、MUEというルートで二本目の上でフォールしたら、一本目のハンガーがはずれました。ヨーヨーでもう一度登ったら、こんどは三本目のハンガーもクルクル回るので指でしめながら登りましたけど…。もうちょっと長めのボルトを使った方が良いのではないでしょうか。僕もスターウォール・クラックの終了点を二㍍ほど上にしてより充実したラインにしたんですが、5・13aだったのが5・13bぐらいになったと思います。その時ボッシュドリルを借りてボルトを埋めましたが、そのボルトも八㌢ぐらいの長さのものでした。特に、まったくボルト以外にプロテクションが取れないようなルートの場合、一本のボルトがすべてですから…。

——アメリカの新しいボルトルートなどはどうなのでしょうか。

コロラドに関していえば、とにかくこの一年で、エルドラドにしてもボルダー・キャニオンにしてもラッペルボルトのルートが急増していますが、そういったルートのボルトは実にしっかりしたものです、メトリウス社のアイボルトとか…。城ガ崎のルートとコロラドのルートをくらべると、やはり城ガ崎はボルト間隔が短いということですね。エルドラドに新しいルートでユア・マザーという5・12＋のフェイス・ルートがあるんですが、一〇〇度ぐらいに前傾した最後の核心部はランジで、その時ボルトは足下一㍍ぐらいにあるんです。初登者のコリン・ランツは一九〇㌢の長身で、その彼のランジですから非常に遠いわけです。僕が三回目にトライしたときビレイヤーにクラックス(核心)に来たらロープを出してくれといっておいたら、かなり出したらしく失敗して落ち、さらにビレイヤーもひっぱられて、三〇㍍ぐらい落ち、その反動で岩に顔を打ってしまったんですけど、そういう感じのかなりの危険を許容しているルートもあります。そのあたりを考えると、城ガ崎はボルトの間隔が近いですね。

——城ガ崎に限らず、たぶん日本は世界で一番ボルトの多い国のようですが、その辺のことはどう思われますか。

安全第一と考えているのだと思います。他の人が自分のルートでケガしないようにという親切心でしょうか? 特にスクールを開いているようなプロのクライマーは、お客さんがケガしないように…と考えているかもしれません。前に『岩と雪』で見ましたが、ナチュラル・プロテクションのルートにボルトを打ったら、大勢の人が登るようになったという話がありましたが、ああいうことはアメリカでは絶対にないことです。むしろ逆に、ボルトやピトンが打たれていた所に、新らしいギアでプロテクションが取れるようになったら、それを撤去するということならありえますが。それはやはりアメリカ人の根本に、岩を傷つけな

い、岩に物を残さないという考えがあるからでしょう。その辺の考え方がまず日本とは違います。まあボルトの間隔が近い、イコール安全なルートといっていいでしょうが、最近日本でそういったルートが増えているということは、やはりクライマーがナンバー(グレイド)にはしっているということにも要因があるでしょう。一つにはムーヴに集中するためということ、一つにはケガをしたくないということ。ただしあまりにボルトの間隔が近くなり、安全になってしまうと、クライミングが本来持っていたチャレンジといった要素をそこなってしまいます。たとえばオンサイトで取付いて、ボルトが足元をすぎ、きびしい状況になってきたとき、GO FOR IT!(いっちまえ)と、つっこんでいく感覚を味わうことができなくなってしまうわけです。やっぱりクライミングの原点は墜落を恐れずに、上にどんどん登っていくことだと思います。

――やはりアメリカでもラッペルボルトのルートが増えているようですが…

それはすごいですね。エルドラドなどでもこの一、二年でやはりボッシュを使ってどんどんルートが増えています。ヨセミテやトゥオラミでもついにラッペルボルトのルートがロン・カウクによって拓かれましたし。伝統的なスタイルを守っているといったら、バーカーとカート・スミスぐらいでしょう。ぼくは別にそれに対して批判はありませんが、なんというか、変わったなーって感じですね。

――それはやはりスミス・ロックのトゥ・ボルト…の影響が大きいのでしょうか?

それは絶対にあるでしょうね。今ほんとにアメリカはヨーロッパに追い付けって感じで、みんな血まなこになってます。それと、クライミングがだいぶメジャーなスポーツになってきて、一般の人達の注目を浴びています。ですから底辺がすごく広がってきている。去年の春三カ月間ぐらいジョシュア・トゥリーにいたんですけど、土日になると初心者のクライマーがドッと押し寄せて、キャンプ場は満杯なんです。その中のほとんどの人は5・7や5・8を登って、クライミングをエンジョイしてるって感じです。ぼくも75歳のアメリカ人をガイドしましたが、彼は5・10をフォローします。そんな風にクライミングがポピュラーになってきたわけですけど、それと並行して若手のクライマーは、ヨーロッパに追い付こうと、今まで下からでは絶対に登れなかった壁にラッペルでボルトを打ち、ルートを拓き、とにかくより高いナンバーを登ることにやっきになっています。

ただ僕も九年間アメリカで登ってきて、ある程度アメリカ人の考え方が解ってきているつもりですが、今はヨーロッパに追い付くための過渡期であって、これが一段落したら、また伝統的なクライミングにもどるんじゃないかっていう気がします。アメリカはやはり、フロンティア・スピリットを大切にしますから、そう長い間人まねを続けることはしないと思います。それに昨年のサラテとかハーフ・ドームのサザンベルのフリー化といったように、ロングルートのフリー化にはしるクライマーも出てくるでしょう。

――去年5月に登られた、ジョシュア・トゥリーのザ・スティングレイ(5・13d)について聞かせて下さい。

ジョシュアには春先に毎年行ってるんですが、今回は非常に調子が良く、アシッド・クラックなんかもすぐに登って、なにか難しいルートがやりたいと思っていた矢先に、友人でジョシュアに住んでいるトッド・ゴードンにすごいクラックがあるって聞かされたんです。そのルートはやはりジョシュアのローカル・クライマーのマイク・ポールが二年間、トップロープでトライしていて、ランディ・リーヴィットもやったことがあって、その存在は多くの人が知っているようでした。ただ北面にあるため、暖かくなるまで登れないということなので、3月までは新しく拓かれたフェイスや、フェイスとクラックのミックスしたルートなどを登っていました。

そして4月の終わりごろ、マイク・ポールに例のルートに連れていってくれ、とたのんだのですが、それまで友人だったポールも、まあ僕がクラックに強いことを知っているからでしょうが、あのルートは絶対にオレが初登するといって連れていってくれませんでした。ただ僕はルート、特にクラック・ルートは誰のものでもないと考えていますから、勝手に深すことにして、二日目にやっと見つけました。

――そんな遠い場所にあるのですか?

ワンダー・ランドというエリアですが、歩いて二五分ぐらいで、そんな遠くないのですが、ちょっと見つけづらい所にあるんです。

――どんなクラックなのでしょう。

長さは六〇フィートぐらいで、ちょうどイクイノクスを逆にしたように右上しています。ただしイクイノクスは垂直ですが、スティングレイは核心部が一〇〇度ぐらいに前傾しています。見つけた時はやはりポールがトライ中で、振れ止めにプロテクションを五、六個残置してトップロープでハングドッグしながらやっていました。

その後僕がトライを始めると、その話を聞いて、ポールはこれ以上トライするなら僕の足をへし折るとまでいってきました。そして彼はガイドをやっているので、暑くなってきたジョシュアをはなれスイサイドに移る時、これ以上僕がトライできないようにと、核心部のジャムがきく部分にナッツをたたきこんだという話を聞きました。一時は僕もあきらめかけましたが、今まで出会ったクラックの中でもとびきりすばらしく、そして難しいことを知ってしまっただけに、もう一度だけ触ってみようと出かけてみると、そんな話はデマで、残置のプロテクションがなくなっているだけでした。さっそくトップロープでトライを始め六日目にノーフォールで登ることができました。

世界最難のクラック、ザ・スティングレイ(5.13d)を初登する　グレッグ・エパスン撮影
H. Suzuki in the first ascent of The Stingray(5.13d).G. Epperson photo.

シンデレラ・ボーイ(5.13b)は3日間で　大島三枝撮影
Cindellera Boy(5.13d) in Jogasaki.

その後気分転換をかねて、ヨセミテに行き、コズミック・デブリを登ったり、ファントムを二日間で登ったりしたんですが、そしてもどってきて、いよいよリードでのトライを始めたわけです。問題はプロテクションで、核心部は指二本の第一関接が入るか入らないかのジャムで、フットホールドはまったくなく、そこは止まっていることができないので、当然プロテクションはとれません。その手前でTCU(トリプル等)の0・5番とストッパーの4番がきまるんですが、それで一五フィートぐらいランナウトして、やっと第一関接がしっかりかかる部分でロックスの2番がとれるんです。その上もまだ5・12のムーヴが続くのですが、やはりランナウトで……。ですからほかのハードなクラックに比べて、プロテクションも悪いと思います。結局六日目に二回のヨーヨーで登り、テクニックの面から5・13dとしましたが、精神面を加えれば5・14かもしれません。

——それぐらいのクラックの難度となると、世界的にも比較するものがないわけですが、やはりグランド・イリュージョンなどがその対象となるのでしょうか?

そうですね、去年の夏もイリュージョンを登りましたが、一日に二回リードしたんです。一回目がワン・フォールでヨーヨーで登り、エイドダウンでクリーニングし、二回目はノーフォールで登りました。9月のコロラドでは、最初のトライでスフィンクス・クラックをノーフォールで登りました。その辺を登ってみて、やはりスティングレイははるかに難しいことを確信しました。イリュージョンは僕は・13bに感じています。これが一般にいわれるようにやはり・13cなら、スティングレイは・14aでしょう。まあナンバーはともかく、とにかく美しいクラックで、僕が初登したルートの中でも特別印象的なものです。ですから、今後機会があったらぜひレッドポイントしたいと思っています。

——レッドポイントとかピンクポイントという言葉が日本でも使われ始めていますが、アメリカではどういった定義なのでしょう。

レッドポイントっていうのは、ルートが完璧にクリーンな状態で、すべてのプロテクションをセットしながらのノーフォールのリードです。

——ボルト・プロテクションのフェイス・ルートでもそれは同じですか?

そうです。すべてのクイック・ドローをセットしながらのリードで、すでにセットしてある場合はピンクポイントになります。ですから城ガ崎でやられているのはほとんどピンクポイントですね。

——つまりレッドポイントと日本で前からいわれてきたマスター・スタイルというのは同じということですね。

そのようですね。僕はマスター・スタイルという言葉にあまりなじみはありませんが。

——アメリカのクライマーはやはりレッドポイントで登ることが多いのですか?

フェイスではそうです。通常、レッドポイントをねらう場合は、ムーヴの解決が終わったらルートをクリーンにして、他のルートを登ったりして、日をあらためてレッドポイントをねらうというやり方をする人が多いようです。

ただ城ガ崎のように、同じルートを同じ

日に、何人もの人がトライするような場合、クイック・ドローをかけっぱなしにして交代で登るのは、楽しんで登るという面で、あれはあれで良いのではないですか。

　要は一人一人が、クライミングに対して自分の考え方を持っていれば良いのではないでしょうか。ヨーロッパのコンペに出ることを目標にしているとすれば、スタイルなんか二の次になるだろうし。そういったことでいえば、あのギュリッヒがトランゴをフリー化したニュースなんか、すごいショックでしたし、面白いなーと思いました。

――鈴木さんも、今後大きな壁を登るようなことは考えていますか。

　やはりショート・ルートばかりを登っていると、ときどき行ってみたいなと思いますね。ただ今の僕の体は、ハードなショートルートを登るためのものになっていますから、一日に二〇ピッチとか、壁の中で、三、四日ビヴァークするとかいったことをするためには体を造り変えた方が効率的ですね。四、五年前にはエル・キャピタンやロングス・ピークのダイヤモンド壁等のロング・ルートをたて続けに登ったこともありましたが、その時は今とは体つきも違っていました。ですから本気でロング・ルートに行こうと思ったら、半年ぐらい前から、食事とかトレーニングを変えなければならないでしょう。まあいずれ、行くと思いますが。

――現在の体重は？

　今はたぶん五六キロぐらいだと思います。

アメリカでの食事風景　G・エパスン撮影　G. Epperson photo.

――食事はどんなものを？

　アメリカではほぼずっと同じものです。栄養物が添加してあるシリアルが主食でそれにタンパク源として乳製品、特にチーズが大好きです。あとは、豆とかバナナとかレタスですね。肉は食べません。一日二食でクライミング中はなにも食べませんが、ワーナー・ブラウンの影響なんですけど、水がわりにミルクを飲んでいます。

　日本にいる時は、シリアルが高いので代わりにパンを食べています。

――鈴木さんの食事はマッシュルームにレタスだけ、といううわさがあったんですが……。

　それはうそですね。マッシュルームは好きですけど。それだけじゃあ、体が動かないし、生きていけません。

――タバコは？

　やめるようによくいわれるんですが、喫ってますね。ただフリー・クライミングなら、ロング・ルートであっても関係ないと思います。まあ、アルパイン・クライミングなら影響するのかもしれませんが。

――アメリカのクライマーはタバコは？

　ほとんど喫っていません。

――クライミング・コンペに興味はありますか？

　ほとんど、ありません。去年のスノウ・バードのコンペにも招待されていたようで、トッド（ゴードン）なんか――出場しなくても、あんないいホテルに泊まれることはめったにないんだから行ったほうがいい――なんていってたんですが、ちょうどスティングレイをやっていたこともあって、めんどくさくて行きませんでした。

　それにフェイスでは、クラック・クライマーの僕が太刀打ちできると思えませんし……。ロン・カウクとかクリスチャン・グリフィスといった、あきらかにフェイスでは僕より数段うまい人間が勝てないわけですからね。出るからには勝って、賞金が欲しいし。

　ただ一度コンペに出るとやみつきになるようです。というのはトッド（スキナー）がぜひ今年もコンペに出たいという話をするんです。だから僕があまり成績も良くなかったようだし、ベス（ワルド）の話によるとメチャメチャあがっちゃってダメだったそうじゃないかっていったら、確かに出るまでは恐ろしくて二度とやりたくないと思っていたが、終わって一週間ぐらいたったら、また出たくてしかたがなくなったというんです。だから、クライミングのアドレナリンの集約みたいな、なにかがあるんでしょう。だからまして、常に上位に入るクライマーは、すごい快感でしょうね。人間だれでも自己顕示欲を持っているし。

まあ僕としては、自然の中で自分のクライミングをしている方が性に合っています。

——なにか特別なトレーニングはしていますか?

アメリカで登っている時はまったくやっていません。三日登って一日休養というサイクルでやっています。去年の最初、ジョシュアで二〇日間毎日登っていたら、やっぱり肩をこわしてしまって、温泉で一週間ほど休養しました。特にハードなルートをねらうときは、前日は一日休んだほうが結果は良いことが多いですね。スティングレイに成功したときは二日間休んだあとでしたね。日本にいる時は、軽いウエイト・トレーニングを一日一時間ぐらいやるぐらいです。前は日本にいる時、一日に懸垂を七〇〇回と腕立て伏せ一〇〇〇回、それと別にウエイトを一時間半ぐらい毎日やっていたこともあったんですが、疲れるばかりであまり効果がないようなのでやめました。むしろ今やっているのは、クライミングに使っていない筋肉を軽く鍛えているような感じです。あまり他の筋肉が退化してしまうのも困るので……。

——エイリアンという新しいギアについて教えてください。鈴木さんが広告に出ていましたが……。

あの写真は、ジョシュアのトップロープ・プロブレムの〈ウエン・ユア・ジェット〉で、それまで絶対にボルトを打たなければリードできないとされていた水平クラックなんですが、エイリアンを使ってリードできた時のものです。核心のフレアしたホリゾンタル・クラックで、実際に落ちてみましたが、エイリアンはぬけませんでした。たぶんTCUではぬけていたでしょう。TCUとの大きな違いは、バーが一本のケーブルで非常に柔軟性があること、そして四カムなので岩への食いつきが良いことです。スプリングがカムに内蔵されているので幅も非常にせまくなっています。すごい人気で、小さなメーカーなので製造が間に合わないようです。

やはりアメリカではクラックに対する新らしいギアや、エイドのギアの開発は盛んです。クライマーもそういったものに敏感で、キャンプ場で話してたりすると、突然車の中から引っぱり出してきて「これ見たことあるか、どうだ使って見ろよ」なんて感じで。日本ではカラビナとボルトしか売れないなんて話を聞くと、ちょっとさみしいですね。

アメリカでも確かに一部若手はナンバーを追いかけて、フェイスのみを登っていますけど、やっぱりアメリカのほとんどの一般クライマーは、いまでもクラックを登っています。まあそれだけすばらしいクラックが数多くあるわけですけど、あい変わらずヘキセンやフレンズをいっぱいぶら下げて歩いているクライマーを見ると、やっぱりアメリカのクラック・クライミングはすたれていないなーと思いますね。

インタビュー・構成　編集部

すずき・ひでたか　一九五二年生まれ。七〇年代はアルパイン・クライマーとして奥鐘山西壁など国内の冬季登攀を志向。アルプスに渡り、ドロワット他を登攀、シャモニで美智子夫人と知り合う。アメリカの岩場は一九七九年のヨセミテからだが、当初はどちらかといえば大ルート志向。すぐショート・ハードフリーに献身し、八〇年からはコロラドを足場に一年の大半をアメリカで登るようになった。八二年のクリムスン・クリンジ、ブルース・パワー等で5・12の世界に参入、八四年にはスフィンクス・クラックで5・13クライマーとなった。八五年グランド・イリュージョン第四登など高難度ルートのアーリー・アッセント多数、また5・12〜5・13台の初登も数多い。

コラム9

フリークライミングの申し子

平山裕示

ワンダーボーイ誕生

ワンダーボーイとは、スポーツや芸術の分野で、常識を覆すような若い才能が出現したときに用いられる。平山裕示（現ユージ）も、そんな存在だった。

日本の登攀界にフリークライミングが定着してから10年あまり、彼がクライミングを始めたころは、常盤橋に一部だけ残る江戸城外堀の石垣がよき練習場となり、小川山や城ヶ崎に新しいハードルートが生まれていった。クライミングウォールを備えたジムは、ごく一部を除いてまだ存在しなかったが、ヨセミテの風を受けてゲレンデが整備され、めざすべきルートがあちこちに存在するという環境は、高専1年生の少年にとって恵まれたものだった。

檜谷清の主宰する講習会で初めて岩にふれた平山はたちまちその虜になった。学業とアルバイトの間を縫って常盤橋に通うようになり、めきめき腕を上げた。城ヶ崎では、ヨセミテ帰りの山野井泰史に出会っている。このころにはヨセミテ経験者も多く、クライマーの集まるところではさまざまの情報が聞けたから夢はふくらんだ。しかし、平山はオーバートレーニングで右肘を痛め、5カ月のブランクを作ってしまった。負傷が癒えてクライミングを再開したころ、山野井からヨセミテ行の誘いを受ける。5・13のコズミック・デブリに執念を燃やす山野井は、一緒に行く本気のパートナーを求めていた。平山自身も渡航費用60万円をアルバイトで貯めていた。学校を1年休学して。アメリカの地を踏んだのは86年春のことだった。出発直前には、当時国内最難ルートのひとつ、小川山のスーパーイムジン5・12bにも成功した。

コズミック・デブリをめざす山野井と、檜谷のアドバイスにしたがって5・11から徐々にグレードを上げていく平山は、1日おきに登ることにした。つまり、相手が登る日にはビレイ役に回るのである。これは山野井の提案で、そうすれば指先の皮膚も消耗せず。おたがいのクライミングに没頭できるというわけだ。平山は登りたいルートを記したリストを用意しており、ひとつひとつ精力的にクリアしていった。山野井も、前回ケガした足首の痛みに耐えて……デブリをモノにした。平山も、5・12dまでのクラックルートを首尾よく落としたうえ……デブリも登り切った。

ヨーロッパ武者修行

5・13が登れたらビッグウォールから冒険的登攀へという青写真を描いていた山野井に対して、平山の目標はフリークライミングでさらなる高みをめざすことだった。日本最難ルートは登った、5・13もやった。次はヨーロッパとなった。ひとつには、旅の終わりに訪れたスミスロックで、フェースルートが思うように登れなかったこと、もうひとつは、アメリカで見かけたヨーロッパの無名クライマーがほれぼれするような身のこなしを見せ、どこかドタバタしたアメリカ人のそれとは少なからぬ差を感じたことだった。

図らずも彼は、アメリカ流のクラッククライミングから、事前にボルトを設置してムーブを解決するフレンチ・スタイルへの変遷、花崗岩から石灰岩への移行を予感したことになる。フランスに渡ってからの活躍は『岩と雪』129号（88年8月）から133号にかけて5回連載した。現地からエアメールが届くたびに、シュカ、レ・マン・サル、スペシャリスト……41本の8クラスルートを見つけては喝采を贈ったことを覚えている。さらに国際コンペにも誘われてマルセイユで8位、ニームでは5位に食い込んだ。

エル・キャピタンのスピード記録とサラテ・フリー、ハードルートのレッドポイント、ワールドカップ総合優勝等々、その後の活躍はご承知のとおり。彼ほどオールラウンドに活躍したフリークライマーはいない。残念ながら、休刊のためその後半を報道することはかなわなかったが、後継誌『ROCK&SNOW』が受け継いでくれている。

岩と雪 No.134（1989 .6）P86-91

突然クライミングがつまらなくなったら
どうしようなんて考えることもあります

■インタビュー
平山裕示

──なんといっても、向こうへ行って、ビュークスでいきなり調子が良かったよね。

そうですね、エスキュイーズ・エスキス（7b）なんて寺島さんの話では、すごく難しいって聞いてたけど……

──そうでもなかった？

ええ、ちょっとランナウトが恐かったけど……

──オンサイトだったね。

ええ、まあ……難しくなかったですね。自分でもビックリしたけど。

──向こうに行く前から、調子良かったみたいだけど、名古屋とかで。

そうですね、あれがそのまま続いたって感じで、調子良かったですね。

──もっとも、それまでもずっと上り調子って感じだったよ。

そうでもないですよ、やっぱりテストのあととか……さすがにテスト前の一週間ぐらいは、勉強してたからトレーニングもできなかったし。

──今回行っている間は、トレーニングは

しなかった?

まあほとんど毎日登っていたから……でもトレーニングもしていた方が、よかったのかもしれませんけど……よく岩にさわっているのが最高のトレーニング、なんて言いますけど、それが絶対とはいえないような気がします。それと(鈴木)英貴さんも言ってたみたいだけど、ハード・ルートを陥す場合は一日か二日は休んだほうがいいみたいですね。徹底的にムーヴをやって、次の日は完全に休養、その次の日は軽くルートを登って、その次の日なんてのがベストかなあ。

――ムーヴ忘れちゃうんじゃないの?

うーん、ぼくもあまり覚える方じゃないけど、登り出せばやっぱ体が覚えていますね。

――スペシャリスト(8b+)の成功なんかも、その辺のローテイションがうまくいったからなのかな?

そうですね。しばらく遠ざかっていて、さてこれから一週間ぐらいかけて登ろうかなって思ってたら、その初日に登れてしまったんですよね。ぼくもビックリして自分なりに分析してみたんだけど、やっぱりうまく気分転換できたからとしか思えないんですよね。

――たとえば、その間でも他のルートを登ったりしているけど、そういうときはスペシャリストのことは忘れているわけ?

うーん、さすがに登ってるときは考えないけど、なんていうか心の底では――スペシャリスト登るゾ――っていうのがずっとありますけどね。

それと成功したのはオーストリア人のペーター(シュトイレ、132号にハンス・ペーターとあるのは間違い)のアドヴァイスもありましたね。彼のタクティクスは、一日おきに徹底的に攻めるものでしたけど、とにかく実力が近い人間と組んだのは良かったと思います。

――ムーヴ的にはどうなの?

ムーヴは二日目にできたから……やっぱり続かないって感じのルートなんですよね。他のルートならたいていムーヴができれば次のトライか、その次かぐらいで登れたんですけど……

――長いの?

二〇㍍ぐらいなんだろうけど、長いですよ、ずっとかぶっていて……

――いろいろ有名クライマーの登りも見たと思うけど、エドランジェなんかは?

うーん、ヴァンピールをトライしているのなんか見たけど、さほど特別って感じはしませんでした。あまりガツガツ登らないので、それほどは見られなかったけど、やっぱりコンペではスターって感じですごいですね。登り始めはちょっとぎごちなく見えるのが、客がノッてくると自分もノッてくるって感じで、それで登っちゃうんですよね。あとコンペではディディエ(ラブトゥ)。これも別人って感じで出てきますね。そしてあの限りない持久力。でもなんといってもすごいのが最近のイザベル(パティシェ)ですよね。ヨーロッパで最初に見たときは、まだまだって感じだったけど、マルセイユで負け、バルドでも負けて、そのあたりから一気にうまくなりましたね。やっぱりそれまでのくやしさが一気に爆発したって感じでしょう。

――他の女性クライマーは?

ベルシーのリン・ヒルがすごかったですね。あのパワー。ディディエができなかったところ登っちゃいましたからね。デスティヴェルは、最近パッとしない感じですね。ぼくが最初にビュークスに行ったとき、ちょうどシュカ(8a+)をレッド・ポイントしたときで、すごいなーと思ったんですけど。

――シュカといえばすごいね、あのムーヴ(本誌129号口絵)。

あれは最初にコロラドのクライマーのダリアス(アージン)がやったんだけど、それまでランジだったのがあれでスタティッ

和食の食いまくり〜、カツドン、大ザル、キツネソバ、だれか止めて〜

クにできるようになったんです。

――それ以後はみんなあのムーヴをやるわけ?

いいえ、やっぱりランジの方がいいって人もいますけど、ぼくなんかあの方が確実って感じでした。

――ただ、足を掛けている方の手の指にはすごい負担じゃないの?

もう、ボロボロの血だらけ。三日目に登った時なんかテーピングぐるぐる巻きで…

――そんなに巻いちゃって他のところで困らないの?

ええ、もうシュカはほとんどこれだから(指を鉤型にして)、ほとんどこれかな(さらに指を丸めて)、鉄棒に指でぶら下がってるって感じ。

――8a+(8aともいわれている)のシュカを登って、二週間後に8bのレ・マン・サルを登っちゃったわけだけど、このルートはどんな感じ?

レ・マン・サルはけっこうスラブというか、ビュークスにはスラブっぽいルートが多いんだけど、まあまあパワーを使わないで、テクニックのみって感じだから、ムーヴを覚えれば登れちゃうって感じかな。

――一ピッチ目(8a+)のそういった感じに、二ピッチ目のハング越えがプラスされて8bなわけね。

えーと、あれってピッチが区切られているわけじゃなくて、ハング下で降りちゃえば8a+って感じですね。その部分でレストできないから、やっぱり通して登るときついですね。

――他にビュークスではタブー・ジジ(8b)を登ったよね。

うん、〝タブジジ〟は印象的ですね。とにかくほとんど、おもいっきりボッシュであけた穴ですからね、ホールドが。どうやって場所をきめたんだろうって感じ。

――一見して人があけたって解っちゃうって感じ?

もう、それは。でも不自然じゃないんですよね。

――それは登ってみるとそう感じる…

いいえ、逆に登ると不自然だけど、見る分にはそうでもないですね。でもとにかく登って面白いし…

――一部分に出てくるわけ? ブランク・セクションみたいなところに…

いいえ、タブジジの場合、いきなり登場~って感じで、全体の八〇%ぐらいが、造ったホールドじゃないのかな。指三本が、一本ずつ入るように三個穴があいてたりして、笑っちゃいますよね。

――ほかのルートにもある?

タブジジほどすごいのはなかったけど、ローズ(ラ・ローズ・エ・ル・ヴァンピール)なんかも、手を加えてるって感じの所はありますね。

――さすがに、完成されたルートに手を加えるなんてことはないのかな。

ああ、フランケンユーラでは実際にあったようですね。けっこう有名なルートが登れなくなっちゃったり。その逆にホールド造ってやさしくしちゃったり。これは絶対にまずいですよね。

――まあでき上がったルートに、他人が手を加えるのは論外だと思うけど、どうなんだろう、ホールドを造ってまでルートにするっていうのは?

う~ん、日本ではどうですか?

――まだ、はっきりそういった人造ホールドのルートが発表されてはいないけど、きたない岩や、脆い岩では、ある程度似たようなことがあると思う。

いやあ、日本ってなんでもすぐ受け入れるでしょう。クライミングのスタイルでも、ルート開拓のスタイルでも。だからあぶないなあと思って…。

――平山君の考えはある?

まあ、とれてしまいそうなホールドをボンドで固定する、なんてのはイイと思うんですけど、ボッシュで穴をあけるっていうのは……基本的に反対ですね。

――ただし今までの平山君は、他の人のルートを登ることがほとんどだったと思うけど、これからも日本で登ることになれば、自分で拓いていかなければならないでしょう、自分に見合ったルートを。そうなると対象が限られてきて、ついつい…ってなことに。

それはないと思うけど…難しい問題ですね。日本には岩がないですからね。あっちにはゴロゴロしてるんですけどね。

――ビュークスを最初に見たときは、ガーンときた?

そうですね、カーンぐらい。ただ思ったよりかぶっていなかったですね。だから圧倒はされなかった。ただクサイですね。ビュークス=ウンコの臭いって感じ。

――禁止エリアもあるようだけど…

ええ、レ・マン・サルのあるエリアだけど、ルート図からはずされていますね。フランス人の話では、やっぱり自然保護のためということでした。けっこうみんな登っていますけど、ボルトが抜けたままになっている恐いルートもありました。

――ヴェルドンを見たときは?

あれはキレーですね。ヨーロッパに来たんだ! って感じ。

――〝高度馴化〟はうまくいった?

ああ、最初はガチガチでしたね、だからこれがこんなグレイドなのかなって感じで。体がこわばってるから、すぐパンプするんです。だからヴェルドンの方がビュークスよりグレイドが辛いなんて思ってたのは最初だけで、なれてきたら、むしろヴェルドンの方が登りやすいですね。日本人が最初に行くんだったら高所恐怖症でないかぎり、ヴェルドンを薦めます。キャンプ場もきれいだし。登りもテクニカルなのが多いし、マルク(ル・メネストレル)が日本人はパワーがあるが、テクニックがないなんて言ったそうだけど、ぼくはそうは思いませんね、むしろ逆だと思います。

――スペシャリスト以外でヴェルドンで印象的だったルートは。

ラ・ブラーヴェ・ジャン(ヌ・クーラン・

パ・レ・リユ）がキレーだったですね。やさしめの8bなんだけど、ヴェルドンって感じがするルートでしたね。とにかくヴェルドンは岩がキレーでしたね。

——ヴォルクスはどうでした。雨が降るとよく行ってたようだけど。

ほとんどボロクソって感じなんだけど、アスレチックで、おもしろいですよ。長くても一五㍍ぐらいだけどかぶっていて、五〇㍍ぐらいの幅の中に8クラスが一〇本以上あるのかな。最初ロベール・コルティジヨが拓いていたんだけど、今はベン・ムーンが8cをトライ中でしたね。そういえば彼はビュークスに、8c＋（5・14d）を拓いたんですよね。

——8c＋！　それはまた大きくでたもんだね。

ええ、でも彼はほんとにビュークスに居っぱなしで、ほとんどの8b＋を登っているようですよ。だからほんとうにそれぐらいの難しさなのかもしれないですよね。ゲアハルト（ヘールハーガー）もオーストリアに8cを拓いているようだし…。

ちょっと太ると顔に出るんだよね、これがまた

——フランケンユーラはどうでした？

はっきりいって一番おもしろかったですね。一見どれも同じように見える岩なんだけど、ムーヴが多彩で、ハードで…楽しめますね。雨降ってても登れるところが多いし、ルートの長さもてごろだし、ちょっとボルトが遠いのと、位置はメチャクチャだけど…まあビュークスにしてもそれほどボルトの位置が最良とはいえないのもあって、そんなのはヌンチャクで調整すればイイって感じですね。

——ヌンチャクはトライ中はかけっぱなしがふつうなのかな。

そうですね、別にその辺は気にしてませんね。ヴェルドンなんかでは、上から全部セットしていっても、オンサイトで登ればオンサイトだし。だからヌンチャクがあるかないかは関係ないって感じですね。ディディエをヴェルドンで見たときに、パートナーがヌンチャクをかけていって、本人はサッと降りてしまうなんてことをやってましたけど、それだけオンサイトにこだわっていて、それでもヌンチャクはかけてしまうんですからね。

——ではアメリカのようにレッド・ポイントとピンク・ポイントに分けるなんてことは？

ないですね。やっぱりピンク・ポイントっていうのは、クラック・ルートに使われる言葉だと思いますけど…。クラックではプロテクションを自分でとることがクライミングの一部ですから、基本的にレッド・ポイントで登るべきものなんだと思います。それでそれに劣るということでピンク・ポイントと…。ボルト・ルートでは大差ないからどちらもレッド・ポイントと…。それでイイんじゃないですか。

――結論がでたところで他に行った岩場は と、シマイは?

　シマイも石灰岩なんだけど、ヴェルドンともビュークスとも違って、エッジ主体だけど、クラックやウンコ(石灰岩特有の縦に続く突起)が発達していて、一風変わっていますね。

――なんといってもシマイではオランジュ・メカニク(8a)のオンサイトがビッグ・タイトルだと思うけど。

　ああ、そうですね。あれは、実はシマイに着いた時から、何日ごろに登ろうって決めてたんですよね。

――ねらってたんだね。

　当然です。

――写真でみるとクラックみたいだけど。

　完璧にクラックでしたね。ジャムがほとんどだし。

――もともと平山君はクラックうまいもんね。その辺のフレンチ・クライマーとは場数も違うはずだし。

　その辺はあるでしょうね。クラックにはある程度自信ありますね。

――この辺でコンペの話を聞きたいんだけど、最初に出たのがマルセイユだったよね。

城ガ崎では山野井泰史とひさびさに会う　ジャンルは違っても日本を代表する若手クライマー同士の再会だ　大島三枝撮影

　ええ、知り合いになった英語のうまいピエールが、バルドとかアルコとかに出たいんだったら、まずローカルのコンペに出た方がいいって言われて。それでカル～ク行ってみると、インターナショナルなんて書いてあるし、有名クライマーはいっぱいいるしって感じで…。あと、待遇がいいのにはビックリしましたね。一〇〇フラン(二千円)払っただけで、四泊して、食事もただ。こりゃあやるっきゃないって感じにもなりますよね。

――それで堂々8位、次がバルドだね。

　ええ、マルセイユでわりと良かったから、こりゃあひょっとして…なんて気になっていましたね。それでどうしても出たくて行ったんだけど、ルールがよく解らなくて。

――予選がオンサイトだと思っていたら、なんとデモンストレーションがあった。

　ええ、やっぱ言葉がハンデでしたね。

――そのあとがコロセウムでやったニーム。あれは、カッコよかったですねえ。会場もすごいし。

――本格的に作られた人工壁にさわったのはこれが始めてだったと思うけど、どうだった?

　ボード自体はけっこう薄っぺらなんだけど、ちゃんとフリクションもきくように塗料が吹きつけてあって…やっぱり自然の岩に近い感じがしました。ときどきペコペコ音がしたけど。

――夜になって、スポット・ライトの中で登ったようだけど、登りにくくなかった?

いえ全然。それより気持ちよかったですね、スターになったみたいで、なんて。

——ニームではほんとにスターだったんじゃない？　五位だもんね。賞金は出た？

ええ、二〇〇〇フランだから四万円ぐらいもらったんですね。

——だいたいコンペでは何位まで賞金が出るの。

コンペによって違いますね。ニームは五位までで、アルコは三位までだったかな。でもアルコは選手もつきそいもホテルだし、招待だし、やっぱすごいですよね。

——アルコでは体調をくずしちゃったね。

裸で寝ちゃったんですよね。起きたらノドが痛くて…。そしてベルシーでは寒いところで待ってたら、やっぱり寒くなってきちゃって、あとはグリコーゲン・ローティングってやつをやったら失敗しちゃったんですよね。

——どういう内容なの？

一週間でやったんですけど、まず三日間はハードなトレーニングをやって、その間は炭水化物を一切摂らないんです。ぼくは野菜と乳製品を食べてましたけど。そのあとは一気に食いまくり〜をやるんですね。もちろん適度に体を動かして。すると三日後ぐらいに、一気にパワー全開！　ってなるはずだったんですけど…。なんかボーッとしていましたね。もっとも、マラソン選手がよくやるそうなんで、クライミングには向かなかったのかもしれませんね。でもディディエがやってるなんて話を聞いたもんで、ついついやってみたくて。

——やるとなると徹底してやるでしょう？

そうなんですよね。

——ベルシーが最後だったよね。

そうですね、コンペはベルシーが最後で…（間）クライミングも、ほとんどそれで終わりでしたね。

——せっかく買った車がこわれちゃった。

もうどん底でしたね。

——最後にフォンテーヌ・ブローに行ったみたいだけど…。

今回、それまで一回もボルダリングってやらなかったんですよ。そんなこともあって楽しかったですね。パリのクライマーは恵まれてますよね。昔からブローでトレーニングしていたんだろうし、休日に集まる人の多さなんか見ちゃうと、ほんとに層が厚いな〜って感じました。

——今後、平山君はどうするのかな？

いろいろ悩んだんですけど、とりあえず学校にまた行ってみようと思ってます。

——ここまでのびたのに、もったいないとは思わない？

そうですね、でもある程度力を維持することはできると思うし。9月のアルコには出たいと思ってます。夏休みから出かけられるし。まあ、まだ若いし、なんてね。実はときどき、突然クライミングがつまらなくなっちゃったらどうしよう、なんてことも考えるんですよね。

インタビュー・構成　編集部
写真　宇佐美栄一

ひらやま・ゆうじ　一九六九年2月23日生まれ。中学では陸上の中距離ランナー。その後山登りを始め、高校ではWV部に入る。一年生の夏に池袋・秀山荘で、檜谷清に声をかけられ、リバティ・クライミング・スクールに入る。三カ月ほどで城ガ崎の赤道ルーフ二ピッチ目（5・11）をオンサイトするが、悟空ハングで肘を痛め半年のブランク。二年生の85年8月に復帰、小川山で芥川尚司などとともに、蜘蛛の糸、ラヴ・イズ・イージー、JECCダイレクトなどを登る。12月、幕岩のスパイダーマンを初見四ロワー・ダウン、城ガ崎のタコも登る。春には小川山で、天まで上れ、スーパー・イムジン。86年5月より渡米、ヴィディヴーのミュータント、ヨセミテのフィーニックス、コズミック・デブリ、ジョシュア・トゥリーのアシッド・クラック、イクイノクスなどの5・12d〜13aのハード・ルートに成功し11月帰国。冬の城ガ崎では、パンピング・アイアンII、コロッサス、サーカスなどを登る。87年春の日原では多くの初登をし、夏の小川山では、エクセレントパワー、ローリングストーン、流れ星などを再登。秋には日原にサミット5・12d／13aを拓く。城ガ崎では、虎の穴、虎のパンツ、シンデレラ・ボーイを第二登。88年1月、日原のパチンコ・ゲーム（5・13）に成功。3月には豊田で5・12dがあたえられていたカンノン・クラックをオンサイト。4月よりヨーロッパに渡り、さる3月23日帰国。

ユージの8ᵉコレクション

〈BUOUX〉

L'Elixir de Violence	8a
Rêve de Papillon	8a
Chouca	8a
La Ouate	8a
L'Homne Programmé	8a
La Nuit des Lézards	8a＋
Les Mains Sales	8b
Tabou Zi Zi	8b
La Mission	8b

〈VOLX〉

Samurai	8a
通称〝チムニー〟	8a
Spinoza	8a
名なし	8a＋

〈VERDON〉

Sale Temps Pour les Caves	8a
Scénce Tenante	8a
Emballez cést Pese	8a
Mijo（Tr）	8a
Divan le Terrible	8a
Echographie	8a
Claudia（Tr）一撃	8a
Allo la Terra	8a＋
Dessous cést Affriolans(Tr)	8a＋
Graphik	8a＋
Crime Passionel（Tr）	8b
Les Braves gen ne Current pas les Rues	8b
Les Spécialistes	8b＋

〈CIMAI〉

En Un Combat Douteux	8a
Pantomime	8a
Peine a Jouir	8a
Orange Mécanique	8a
Samizdat	8a
Bantoustan	8a＋
Simulacler	8b

〈FRANKENJURA〉

Matellica	Ⅸ＋／Ⅹ－
Tse—Tse	Ⅸ＋／Ⅹ－
Ira Technokratie	Ⅸ＋／Ⅹ－
White Punks on Dope	Ⅹ－
Simon	Ⅹ－
Amadeus Schwarzenegger	Ⅹ－
Fanal	Ⅹ－
Centercourt	Ⅹ－／Ⅹ

岩と雪 No.150（1992.2）P14-25

EL CAPITAN

垂直のクルーズ

保科雅則　写真と文

これらのルートの重要性は、おのおのの難度にあるのではなく、総体的な意味にあるのだ……彼は楽しみを求めて登山した——筋肉、神経、精神の力強い屈伸から生ずる深遠な喜びと、人間はどこまで困難と危険に満ちた垂直の領域に入り込めるかを知るために登山した。
ハケット　スミス　1882年

Masanori Hoshina

Takeyasu Minamiura

昨年夏は、生涯忘れることのできない、とんでもない夏だった。27日間も壁に張りついていたグレート・トランゴ登攀。ネームレス・タワーでの南裏健康の救出。心も身体もボロボロに疲れはて、帰国後は5・8からトレーニングをしたほどだった。そして、高所でのビッグウォール・クライミングは、常に死と背中合せの行為だということをつくづく思い知らされたのだった。

昨年の夏はカリフォルニアの乾いた風に吹かれ、のんびりクライミングすることにした。それと少しばかり真面目な理由として、トランゴでの反省をふまえ、もう一度初めからビッグウォール技術を練習して、もっと多くの経験を積む必要があると考えたからである。そんなわけで、ウジウジジトジトの梅雨シーズンがやってくるまえに日本を脱出した。

5年ぶりのヨセミテは懐かしく、独特の植物のかおりも以前とかわらない。トランゴ・タワーズの迫力ある壁たちを見慣れたあとでも、エル・キャピタンはでかいなあと感心してしまう。

まずは笹倉孝昭とノーズに行ってみることにした。実をいうと、ぼくはまだエル・キャプのどのルートも登ってはいなかったのである。小川山に例えるなら、エクセレント・パワーを登ったあとに小川山レイバックをやるようなもので——いまは現実にそんなクライマーがいるかもしれない——正しい段階というものを踏んできていなかった。ところが、ノーズには思ったより苦

Daisaku Nakagaki

労させられた。途中で追い越したオーストラリア人に「ビッグウォールは初めてかい?」などと聞かれる始末で、笹倉と2人苦笑いして「イエス」と答えた。見ればぼくらの装備は何もかも新品で初心者まるだしだ(湾岸戦争のあおりでこのときはまだトランゴの隊荷が返ってきていなかった)。

ノーズは世界一(?)ポピュラーなVI級ルートだけあって、ビレイ点はしっかりしていてルート中の残置ピトンも多い。リードそのものはそれほど難しくないが、その分振り子や荷上げが大変で、一枚岩の花崗

シールド21ピッチ目の３本クラック（Ａ３）をリードする筆者　The author leading the 21st pitch on the Shield.

岩の露出感に身をさらすには最高のルートだ。ネイリング（ピトン打ち）こそないがビッグウォールの原点であり、登竜門であることには確かだ。このルートが拓かれたのは1954年である。ヨセミテのビッグウォールの歴史はまさにここに始まったといえる。

つぎなるステップはシールドにした。これはビデオ撮影をかねたもので、ヨセミテのクライミングを1本のビデオ・ソフトにするためのもの。南裏を加えた3人で登りながら8㍉ビデオで登攀シーンを撮り、武藤昭氏たちがメドウ(下の草地)から望遠レンズで我々を追いかける設定である。21ピッチ目の三本クラックでは、トップが登ったあとロープをフィックスして、ピトンを回収したのち、上からリード・シーンを撮ることまでやった。

さて、2ルート63ピッチのウォームアップがすんで、つぎなるルートをどこにしようか南裏と相談した。今回のヨセミテは、前年の疲れを癒やすのが最大の目的だったが、ついつい欲が出てきて「ハードなのを一発やろうか」ということになった。それというのも、奥村輝二、浦野誠動といった若手が精力的にポンポン登り込んでいるし、坂下直枝氏も、ロスト・アローの社長という身にもかかわらず、2カ月の休暇をとってヨセミテを登りにきているからなのである。奥村はロスト・ワールド(5・10、A3+)、浦野はラーキング・フィア(5・10、A3)をそれぞれソロで登ったあと、2人

ロスト・イン・アメリカ11ピッチ目　A 5のフック・ムーヴを行く筆者　The author leading the A5 hook moves on the Lost in America.

でノーズ、ゾディアック(A3+)、メスカリート（5・9、A4）を登っていた。坂下＝渋谷英明ペアも後半の1カ月間にノーズ、サラテ、シールド、ハーフ・ドームのレギュラーをたてつづけに登るという気合いの入りようだ。キャンプ4にいるより壁の中にいた時間の方が長かったのではないだろうか？　リハビリ気分に浸っているぼくらをカムバックに奮いたたせるには十分効果的だった。そしてエル・キャプ南東壁のつるつるの前傾壁は、くすぶった登攀意欲をあおるにはもってこいの対象だ。

南東壁がよく見えるマセッド・リバー岸辺の砂浜に裸で寝ころがり、トポと本物の壁を何度も見比べる。火照った身体を冷やすため川に飛び込んでひと泳ぎすると気持ちが大胆になってくる。最初ニュー・ドーン（5・9、A4）を考えたが、どうせならA5のサウス・シーズに行くか、ということになった。このルートは5ピッチ目にA5があり、11ピッチ目でパシフィック・オーシャン・ウォール（通称POウォール、5・9、A4）に合流する。POウォールはかなりポピュラーなルートだが、サウス・シーズはまだ数登（たぶん4、5登）しかされていない。サンタモニカのビーチでサハラ砂漠の横断計画をしているようなものだ。双眼鏡でルートを追ってみたが、あまりにのっぺりしていてラインが読めない。視線は5ピッチ目のA5に集中する。

「A5のとこやらしてもらってええか？」

ぼくも内心やってみたかったが、いまま

シールドのルーフ（A3）を越える筆者　The author leading the A3 roof of the Shield.

でA4すら登っていないので自信がない。ここは南裏に譲るしかないだろう。

「どうぞ、いいですよ」

ぼくは頼もしいパートナーの存在で、気楽な気分でいるのを感じた。この垂直（実際はオーヴァーハングしている）のクルージングがまたしても、心と身体をボロボロにしてくれるとは、このときはまだ思いもよらなかったのである。

のんきな気分は、最初の1日でみごとに吹っ飛んだ。この日は3ピッチだけフィックスするつもりで取付いたのだが、あまり再登されていないルートは予想以上に手強かったのである。まず1ピッチ目のA3で南裏が3、4㍍落ちた。2ピッチ目のA4では、ぼくがルートを見失い、浮いたフレークごとぶっ飛ぶところだった。南裏のリードした3ピッチ目もA2にしてはやけにテクニカルなネイリングだった。終了点から100㍍の空中懸垂で地面に戻ると、我我はくたくたに疲れきっていた。墜落した南裏はだいぶ自尊心を傷つけられたらしく、ちょっと弱気になっているように見える。1日だけ休養するつもりだったが、結局3日間も例の砂浜に寝そべって巨大な岩壁とにらめっこしてすごした。

「やっぱり、やめようか」という話しもでた。これからまだ23ピッチもある。登りだせば退却は不可能に近い。なにしろ100㍍の懸垂で取付から20㍍は離れてしまうのだから。でもこれといった口実も思いつかない。「ぼくがA5をやろうか」ともちかけ、とにかく行くことになった。

取付く前夜はほとんど眠れなかった。テントの中、ひとりヘッドランプを点けトポを照らすと、「A5、イクスパンディング（拡張）」という文字がいっそう不気味に見えた。3ピッチ目の終了点から見た記憶と照らし合わせると、心臓の鼓動が激しくなる。自分がこのピッチをリードするのかと思うと心が重い。はやく眠らなければいけないと思っても、妙に頭が回転し始めて目を閉じることさえできなくなってしまった。

これがA5クライミング

翌朝は当然寝過ごした。6時半ごろヨセミテ・ロッジのカフェテリアに行き、パンケーキを腹いっぱい詰込み、キャンプ4をゆっくり出発した。まだ頂上は遠いのだから、少しぐらい出発が遅くなったところであまり変わらないだろう。逆ドーム状にえぐれた取付から100㍍たっぷりのユマーリング。10日分の食糧と水で膨れたホールバッグを引っぱり上げると、ようやく4日前の場所に落ちついた。残置されたコパーヘッドのワイヤーがカビが生えたように見える。そのA3+を南裏が登る。「ビレイ解除」のコールのあと、ホールバッグを上げる準備をする。フィックス・ロープをほうり投げて、渋谷君に回収をお願いする。ドサッと地面に落ちたロープを見ると「これで退却はできないんだ」という諦めと同時に後髪を引かれるような複雑な気持ちになる。つぎはいよいよA5のピッチだ。

まずは5㍍ほどA2ぐらいのやさしい(?)クラックを登り、リベット（浅い穴に打ち込まれた前進用ボルト。基本的に体重を支えるだけで墜落には耐えられない）のラダーに入る。下向きのフレークに数本のコパーヘッドが残置されている。恐怖感はなく、ただあそこを早く通りすぎたい、と思うだけだった。その残置に慎重に体重をのせる。5、6本のコパーヘッドを右へトラヴァースぎみに登ると、自分がきわめて危なっかしい状況にいることがわかった。いま体重をのせているコパーヘッドが抜けたら、下のやつもつぎつぎと抜けて墜落していくだろう。どこまで落ちれば止まるのだろうか？

ここから先は残置もなく、ギアラックからピトンを取りだしネイリングを開始する。ややフレアーしたクラックのため、長めのナイフ・ブレードとロスト・アローをクラックの奥できかせるやり方が有効だ。つぎのピトンを打つときは、そいつにあらかじめセルフビレイをとり、もしいまのっているピトンが抜けても上のにぶらさがれる仕組みだ。

キーン、キーン、キンと頼もしい音をたてて打ち込まれる。ビシビシッといやな音がしたかと思うと、不意に自分ののっていたピトンがガクリとおじぎした。フレークが拡張しているのだ。頭の中は真っ白になり、口の中には苦い液体がこみあげてくる。

エル・キャプのハードなエイド・ピッチには、必ずといっていいほどいくつかの逸話が残されている。このピッチも「フレークが欠けて骨折者がでた」とか「だれそれが何十㍍も墜落した」とかいわれている。

ほとんどがタイ・オフのネイリングを続けると、やっとリベットに近づいてきた。しかしもう1本打たなくては、リベットにワイヤーを掛けられない。しかもその1本は壊れそうなフレークにラープだ。口の中の苦い液体を200㍍下に吐き捨て、ゆっくり体重を移す。なんとか抜けずにいてくれた。後頭部からキーンという音がする。リベットからフックでビレイ点にたどりついた。

放心していると南裏がクリーニングして上がってきた。「やったな」といってくれたが、ぼくの脳は声帯に命令さえできず何も答えられない。「こりゃビレイヤーもたまらんわ、緊張するわ」

6ピッチ目はA4で、ダブルのギアラックをいっぱいにして南裏が登りだす。20㍍ほど登ったところで急に動きが鈍くなった。左へのトラヴァースがどうしてもできないという。「いったん降ろしてくれ」ビレイ点まで彼をロワーダウンする。

「あかん、今日はここまでにしようや」

「大丈夫？」とぼく。

A5のピッチでかなり右上してきたので、もはや降りることは完全に不可能だ。あとは上に進むしかないが、彼は元気がない。ぼくもA5の恐怖が体中に充満したままだ。その夜は2人とも口数も少なく、ポータレッジの寝袋の中に静かにうずくまった。

翌朝、南裏は暗い表情のまま昨日の最高地点までユマーリングした。3、4㍍進んだがどうしても駄目だという。

「かわろうか？」

「そうしてくれるか、わるいな」

再び彼をロワーダウンし、ぼくがユマーリングで上がる。壊れそうなフレークにストッパーやエイリアンがセットしてある。この上は浅いシン・クラックだ。フックからコパーヘッドを4発打ち、残置のRP、そしてまたコパーヘッドを打ち……　またしても頭がキーンとしてきた。そのあとはあまり覚えていない。

踊るポンポコリン

つぎのA2を南裏。そしてつぎはA4の下向きのクラックから振り子。振り子の個所は、かぶっていて足が壁に届かないので、バックロープを引っぱってもらい、勢いよくビューンと飛んでいく。

「A4のところをユマーリングしたら、2本抜けたぞ。よく抜けへんかったな」

「ひぇー、恐ろしい」

「もう遅いから、今日はここまでにしようや」

ポータレッジを張り、サッポロ・ビールのプル・タブをプシュッと開け、缶詰を食べる。過度の緊張が続いたので胃袋が食物をあまり受け付けない。すぐに満腹になってしまった。あたりが薄暗くなり、バレーに観光にやってくる車のヘッドライトが走る。

「やけに車が多いですね」

「車の音がうるさくてかなわんわ」

そう、ここは一大観光地なのだ。人々はハーフ・ドームやエル・キャピタンを見上げ、歓喜する。なのに俺たちはこんなところで何をやっているんだろう。このポータレッジの上が天国だなんて彼らに説明しても、きっと理解してもらえないだろう。

「あれ、誰か歩いてくる」

ランタンの明かりが取付に向かっている。

「おーい、元気ですか～」

「渋谷君だ」

彼はメスカリートの取付近くまで来ると焚き火をつけ、縦笛を吹きはじめた。キャンディ・キャンディ、魔法使いサリーなどのメドレーのあと、

「何かリクエストは～」

「踊るポンポコリン～」

ピーヒャラピーヒャラとやっている。

「つぎは～」

「南さおり～」

少し間をおいて潮風のメロディーを吹いてくれる。

「じゃあ、ガンバッテー」

「ありがとう」

「ありがとう、おやすみー」

いままでの疲れがすーと抜けていった。心なしか南裏の表情も明るくなり、関西弁のきついジョークが蘇ってきた。

3日目。A3を2ピッチ登るとPOウォールに合流した。残置もぐんと増えて、人が登った気配がはっきり感じられる。

シールド17ピッチ目　A 3のトラヴァースをリードする南裏　T. Minamiura leading the 17th pitch on the Shield.

夕方、いつもの通りポータレッジを張るためアルミのフレームと格闘していると突然、「バサバサバサッ」とものすごい音がした。岩の崩壊かと思い身を伏せると、それはバサッと大きな物体に広がった。

「ウォー、やりおった」

「パラシュートだ!」

ちょうどニュー・ドーンの終了点あたりから飛び降りたのだ。少し間をおいて2人目、3人目とジャンプしてくる。ぼくらが歓声をあげると、彼らもそれに答える。

「ヘーイ、ガイズ……」

はっきり聞きとれなかったが、お互いに興奮して奇声を発した。3人目はパラシュートが開いたとき壁の方を向いたが、急旋回して難を逃れた。全部で4人がジャンプし、つぎつぎと川岸にランディングしていった。エル・キャプではこの手の冒険は禁止になっているので、パークレインジャーがやってくる前に慌てて逃げていったことだろう。やがて興奮が静まると、何となく我々だけおいてけぼりをくったようでしらけた感じになってしまった。

「つぎは、あれをやるしかないな」

まったくこの人は懲りていないが、ぼくもその意見に大賛成だ。

あらゆる神は公平だ

5日目になると南裏は完全復活をとげ、(たぶんパラシュチストを見て血が騒ぎだしたのだろう)登攀ペースは快調、もはや我々の行く手を阻むものは何もなかった。が、しかし今度は空の方がどうもおかしくなってきた。ハーフ・ドームの方角から湧きだした真っ黒な雲がこちらに向かってきて、午後には雷が鳴りだした。こちらはアルミで身を覆った、さながら登る避雷針だ。

翌日はいきなりA4から始まった。

「ウォーミングアップもなくて、いきなりA4かよ」

ギア・ラックの整理をしながら文句をいう。南裏は「このピッチが保科君だったことをあらゆる神に感謝する」などと言っている。

ビレイ点からフックの連続、かぶった個所でエイダー(アブミ)の最上段に立ったりもした。浮いたフレーク、そしてフック。もうどうにでもなれ、といった気分だ。下では「ガンバ、ガンバ」などと場違いな応援をしてくれる。

午後はまたしても雷雲がやってきた。ちょうど南裏が5・10のフリーのピッチのとき、どしゃ降りの雨になった。どうやらあらゆる神は公平だったようだ。もうあと3ピッチで終了だ。完登目前で「壁を一刻も早く抜けたい」という欲望が、急に頭をもたげてきた。

しかし、終了点が近づくにつれ、なぜかビレイ点は貧弱なものになった。それまでは必ず3本以上のボルトが打ってあったのに、最後のそれはボルトなしだ。

「ボルトを打て、打てー」と南裏が叫ぶ。

ホールバッグは軽くなったとはいえ、荷上げはビレイ点に大きな負担がかかる。こんなところからビレイ点ごと吹っ飛ぶなんてまっぴらご免だ。下からボルトキットを送ってもらい、ドリリングする。打ち終わったあと、「くそー、バカヤロー」を連発。

あとワン・ピッチで壁を抜けられる。太陽はとっくに沈んですっかり暗くなってしまったが、気持ちは頂上に行っている。ヘッドランプをホールバッグから取り出し、最後のA2のピッチを南裏が登る。

ルーフを越えたところで彼の姿が見えなくなった。その先がどうなっているのかと聞くと、「よく見えへんけど、グランド・イリュージョンみたいなコーナーやで」という答えが返ってきた。5メートルほど進んだところでロープがクラックに食い込んで動かなくなってしまった。降りてきてそれを引っ張る。「くそー、こんなところで」と罵声をとばし、岩にパンチを浴びせてハンマーを振り回している。ここまでくると2人の精神状態は狂気を帯びてきていた。長期間の精神的ストレス、肉体もかなり消耗している。しかし、壁を抜けるというモチベーションを維持するには、こういった狂気は重要な要素だと思う。

夜中の12時すぎ、やっと平らな歩ける場所に立った。南裏は松の木にポータレッジを張り、ぼくは傾いた砂地に寝た。垂直、いやオーバーハングの世界から抜け出た安堵感で、数日ぶりの深い眠りについた。ここなら寝返りをうっても大丈夫だ。南裏もポータレッジから落ちても、すぐ下の地面にころがるだけですむだろう。

翌朝、ギア類を整理して、各自30キロほどの荷物を担ぎ、イースト・レッジに向かって歩いた。3ピッチの懸垂下降は、重い荷物が肩に食い込み、地獄の苦しみだ。下るにつれてバレー内の蒸し暑さが戻ってきて、みるみる汗が吹き出してくる。やがてトレイルの傾斜が緩やかになると、文明社会の産物の排気音がけたたましく耳に入ってきた。舗装路からこっちに向かってだれか歩いてくる。それは真っ黒に日焼けした「縦笛」の主だった。

パーキング・エリアにたどりつき、バドワイザーのプル・タブをプシュッ。

「お疲れさま。おめでとう」

「ありがとう」

「どうもありがとう」

太陽がギラギラと照りつけ、アルコールがボロボロの体を支配する。

「やっぱり、ビッグウォールはいいなあ」

と、このときやっと実感が湧いてきたのだった。

グレッグ・チャイルドに会う

エル・キャプを終えてキャンプ4に帰ってくると、それまで記憶していたのとは違った雰囲気に驚かされる。混然としていたキャンプ場はテントが規則正しく立ち並び、いまでは整然としているようにさえ見える。人の動きもどことなくゆっくりで、新鮮な空気に満ちあふれている。

体に残っていた緊張も、脱力感が追い出していく。1日中のんびりしたい気分だが、意外と忙しい。まず腹いっぱい食事をとり、数日ぶりのシャワーを浴びてこびりついた垢を洗い落とす。ランドリーで洗濯をし、それがすむとギアの整理。そしてもう一度ルートの基部へ引き返し、登攀中に捨てた空缶やゴミを拾い集めなくてはならない。これらのことがすんでやっとのんびりできる。この間にまたつぎのルートへのモチベーションを高め、計画を練るのである。

「中垣くんにタンジェリン・トリップでいいか聞いといて」

数日後に帰国する渋谷君につぎのパートナーへのことづてを頼む。

「中垣はかなり使えると思いますよ。A4以上のところに行きたいんじゃないかな」

ガイドブックによるとタンジェリン……はA3+になっている。かなりの数の再登がされているから、グレード・ダウンしていることは確実だ。再登ごとに残置のピトンやコパーヘッドが増えていくためである。しかしぼくは「もうハードなのはいい」という気分になっていた。気力がかなり萎えていたからだった。

7月下旬のヨセミテは、あまりの暑さで思考回路を動かなくさせる。クライマーたちは逃げるようにバレーを去っていく。南裏は小林茂とアメリカン・フォークへ、ぼくはひとりスクォミッシュへ出発した。いつ壊れるか知れない、オンボロのダッジ・コルトをなだめすかしながら、シアトルへと北上する。しかしエンジンはさすが日本製三菱だけあって、時速60マイル(遅いか)でひた走る。道中バーガー・キングで休憩をとる。ボリュームいっぱいのハンバーガーにかぶりつきながら、ヨセミテのガイドブックをペラペラと繰ってみる。どうもタンジェリン……周辺のルートが気になりだした。一度気になりだすとどうにも抑えられない。人間というものは、安全な場所にいると新しい刺激が欲しくなる。前回の苦しみは薄れ、楽しかったことだけが脳裏に残される。

シアトルには、オーストラリアのグレッグ・チャイルドが移り住んでいる。ぼくは彼の家を訪ねた。彼はフリー・クライミングからビッグウォール、そしてヒマラヤ遠征をもこなす個性的なクライマーだ。'89年にはマーク・ウィルフォードとトランゴに行き、ネームレス・タワーの新ルート(南裏ルートの左)をトライしたが、悪天候に阻まれあえなく敗退した。'90年にはK2の北稜を無酸素で第3登している。

数日前にインデックスの岩場で足を骨折して松葉杖をついていた。身長は日本人と比べても目立たぬほどだが、上半身はがっちりと逞しい。眼鏡の奥の眼がなかなか鋭い。オーストラリア人の明るさは、ほとんど感じられない。トランゴでの我々の救出劇を聞かせると「なぜそれを本にしないのか」という。彼はクライミング雑誌に多くの文章を発表し、彼自身の本も執筆している。

「日本の出版社はヘビーな冒険に興味がないからさ」というと、小さく笑っていた。

サウス・シーズ23ピッチ目　A4のフックを行く筆者
The author on the 23rd pitch on the South Seas.

「ところで、サウス・シーズのつぎはどのルートを推薦する?」と聞いてみた。

「ロスト・イン・アメリカ、オーロラ、アトランティック・オーシャン。どれもグッド・ルートだ」(どのルートもA5だ!)

「ぼくはA5を1本しか登っていない。しかもたったワンピッチだ」素直に自信がないことを話す。

「べつに問題はなかったんだろ? だったら行けるよ」軽い調子であおりたててきた。

「ゼンヤッタ・メンダータはどうだろう?」

「あれは10登以上されていまではやさしくなっている。ロスト・イン・アメリカはまだ3、4登だ。すばらしいルートだ。推薦するよ」

　ロスト・イン……は、'85年にグレッグがランディ・リーヴィットと組んで初登したルートだ。A5がワンピッチ、A4+が3ピッチある。ルートについていくつか簡単なアドバイスを受け、美しいシアトルの街をあとにした。

　スクォミッシュを一瞥してから立ち寄ったアメリカン・フォークには、小林と南裏が待っていた。南裏はすっかりフリー・クライマーになりきっている。聞けば、最初のうちは落ちるのが怖くてしかたなかったという。この感覚はのちにぼくも味わうことになるのだった。

　エイド・クライミングは墜落しないことを前提にしている。プロテクションに対して、つねに不安を抱きながら登っている。フリー用のボルトは抜けないと理屈では理解していても、飛び降りてぶらさがることができない。体に染みついたこの感覚を取り払わなければムーヴに集中できない。この二つのスポーツは別種類のものだと意識して気持ちを切りかえていかないとジレンマを克服できない。

　3週間ほど登り込むとやっと調子がでてきた。5・12bまでコンスタントにオンサイトできるようになり、フリー・クライミング中心の生活と筋肉痛に満足していた。もっと登り込んでいたいと思ったが、残念なことにまたしてもあのおぞましい世界、エル・キャプへ戻らなければならないのだった。

再びA5の世界へ

　8月末、ヨセミテに戻ると皮肉なことに今度は逆の立場から、このジレンマと戦わなければならなかった。中垣が来るまでの1週間、ビッグウォールへのモチベーションの回復につとめた。キャンプ場でひとりギア類を並べてみたり、何度もトポを見たり、エル・キャプの取付をうろうろ歩いたりした。一連の儀式を行うと意識は少しずつビッグウォールの世界に入っていった。そして集中力が高まるのに比例して、プレッシャーも膨らんでくる。前回は、この取付く前のプレッシャーを2人で分けあうことができたのだが、今回はひとりで受けもたなくてはならない。中垣がやってくる日が待ち遠しかった。

　9月に入ってもヨセミテの暑さは容赦ない。ぼくは野良犬のようにキャンプ場の日陰を求めうろついていた。何もしない日々にそろそろ嫌気がさしたころ、待望の中垣がやってきた。キャンプ4に着いた彼は、満杯のホールバッグと同じくらいエル・キャプでの冒険に胸を膨らませているようだった。一緒に登るのは今回が初めてだが、余裕のある表情を見てこれはいけると、ぼくは直感した。タンジェリン……からロスト・イン……に変更したことは手紙で知らせてあったが、断わられないよう慎重にそのいきさつを説明した。

　ブレーキのだいぶ磨り減った愛車を走らせ、壁の見学に行った。道路脇に車を止め、首が痛くなるまでルートを凝視し続けた。エル・キャプはノーズを中心線として、南西壁と南東壁に分けられる。ロスト・イン……のある南東壁はルートの取付から抜け口まで終始オーヴァーハングしていることで有名だ。壁は右側(東の方向)へ行くほど高差が落ちるが、そのぶんかぶりは強くなる。ロスト・イン……は、その短いがかぶりが強い部分にある。

　エル・キャプ全体として花崗岩の構成を見ると、東西方向に節理が延びているため、一般に南西壁側は正面に走る縦のクラックが多く、南東壁側は薄いフレークが多くなっている。フレークのエイド・クライミングは非常にデリケートで、まるで薄氷の張った海を渡るようなものだ。ワンピッチにまるまる1日かかるのはごく普通で、ときにはピッチの半分なんてこともある。

　取付への急なガレ場を登ると岩壁が頭上にのしかかるように迫ってくる。対照物のない巨大な壁の下に立つと、頭がボーッとしてくる。まずウォーミングアップにと1

シールド13ピッチ目をリードする筆者
The author on the 13rd pitch on the Shield.

ピッチ目のA3を登る。ところがこのピッチでぼくは3回の墜落をした。フリー・クライミングに専念しすぎたためだろうか、エイドの微妙な感覚を忘れ、戸惑いながら登っていた。「抜けるかもしれないから頼むよ」を連発して登り、取付へ降りてくると「ビレイヤーもけっこうきますね」と、中垣が感想をもらす。

　翌日は中垣のリードで2ピッチ目のA3を登り、ロープをフィックスする。強い雨が降り続いていたが、この前傾壁では濡れることはない。少なくとも雨に対する心配はしなくてすみそうだ。ロープをピンと張り、木の枝に結びつける。ロープが風に揺れ、岩角で擦れるのを防ぐためである。ビッグウォールではこういった細かい配慮を怠ると、とんでもない事故につながる。

　キャンプ場に帰って食糧のチェックをする。といっても缶詰の数を数えるだけの簡単な作業だ。しかし水分に関しては慎重になる。垂直の砂漠のまっただ中で、舌をスポンジのように乾燥させるのだけはご免だ。アタックの時間が近づくにつれ、初め抱いていた強い決意はいつのまにか消え去り、不安に脅える臆病者になってしまう。自分はそれほどクライミングが好きではないのでは、という疑問が湧いてくる。

「ここの生活に何の不満があって、なぜこんなことするんだろう?」と、春にキャンプ場でつぎのルートの準備をしていた奥村君がつぶやいていたが、ぼくにもその答えはいまのところ出てこない。禅宗なら「無」と答えるのだろうか?

1ピッチに7時間半

　取付へと向かうガレ場を我々は、ずっこけながら重荷にあえいで歩いた。関西の内山、本田両君に同行してもらい、その夜は壁の基部でビヴァークして翌朝アタックすることにする。地面と別れる前夜は、ヴィレッジ・ストアーで売っている鶏の丸焼きを食べるのがなぜか恒例になっていて、このときもわざわざ運び上げてきた。しかしプレッシャーのためか食欲がわかない。中垣もあまり食べていない様子だ。関西の2人(とくに内山)がほとんどたいらげてしまった。

　翌朝、木の枝に結びつけたロープを解きユマーリングする。ビレイ点に着いたところで荷上げをしようと、滑車に通したロープに体重をのせる。ところが、牛のように重いホールバッグは頭を上に向けただけで、びくともしない。中垣が上がってくるのを待って、2人掛かりでこのいまいましいやつを押したり引いたりして持ち上げる。やっとビレイ点に上がってきたところで、「このやろう」と蹴りを一発お見舞いしてやる。フィックス・ロープを1本落として、しばらく地面ともお別れだ。下の2人に礼を言って2ピッチ目のユマーリングにとりかかる。

　3ピッチ目のA4+は残置に助けられ、1回の小さな墜落だけでやっつけた。4ピッチ目もA4+だが、これは見ただけですぐ手強いことが理解できた。いかにもエクスパンドしそうだ。ロスト・アローとナイフ・ブレードをタイ・オフして登っていく。ひとつ下のピトンに残してあったエイダーを回収しようと身をかがめる。ギシギシとピトンのずれる音がしているなと思った瞬間、不意に空中に投げ出された。「抜けた」。なかなか止まらない。つぎの瞬間ロープに体がぐっと引かれて、壁に膝を軽くぶつけた。あとで中垣に聞いたら、ピトンがつぎつぎと抜けていく軽い衝撃がロープを伝わってきたという。

「大丈夫ですか?」

「かなり落ちたなあ。けがは……大丈夫みたいだ。膝をちょっと打ったかな」

　見上げると、落ちた地点にピトンが1本残っている。つぎのピトンを打ったときにセルフ・ビレイを取っていなかったのだ。8㍍ほど落ちただろうか?　ロープのハーネス側にはカラビナが溜まり、それにタイ・オフしたピトンがさがっている。4本抜けていた。

「どうします?」

「ユマーリングするから、まだ張ってて」

　あれだけ落ちたにしては、あんがい冷静だ。しかし、ユマールで登り返してまたネイリングを始めると、ハンマーを振る手が少し震えていた。それからは、ただがむしゃらに登った。体が麻痺して動物的にハンマーを振っているだけのようだった。恐怖心は消えて感覚は鋭くなり、フレークが拡張する音やピトンがずれる気配が、はっきり把握できる。

「保科さん、もう時間が遅いですよ。そろそろ暗くなるけどどうします?」中垣が心配そうにたずねた。その声を聞いて、我に

エル・キャピタン南東壁全景　ルートはサウス・シーズ(左)とロスト・イン・アメリカ(右)　South Seas(left) and Lost in America(right).

返る。ロープは半分以上出ているので、バックロープを固定して懸垂下降する。数本のピトンに分散した支点を作るが、どのピトンもきいていないような気がした。

翌日に残りの部分も登り、ようやく4ピッチ目が終わった。前日とあわせてこのピッチに実に7時間半も費やした。

中垣がリードしているときは、ラジカセから流れる音楽で心を癒した。モデストの街から送られてくるクラシック・ロックンロールはビレイ作業の倦怠を紛らわせてくれる。ダイア・ストレイツの〝悲しきサルタン〟がかかる。ボリュームをいっぱいにあげると南東壁全体が音響効果のととのったコンサートホールのようだ。ゾディアックのパーティが奇声をあげ、手を振ってそれに答えてきた。

集中力と忍耐力

3つ目のA4＋はいきなりフックで始まる。右へ6、7㍍トラヴァースして、さらに3、4㍍直上するまでずっとフックの掛け替えが続く。プロテクションは、かすかなシワに打っただけのコパーヘッドだ。落ちれば、ただではすみそうもない。初めの部分には残置のコパーヘッドがあり、それにチーター・スティック（チョンボ棒）の先に付けたフックを引っ掛ける。あまりきいていないが、一応スリングを掛けロープを通す。テンションで右下に降り、今度は棒の先のフックを岩角に掛ける。ネイリングのテクニックには職人的な要素が多いのに対し、フックのテクニックはホールドから外れたり岩が欠けたりしないのをただだ祈る以外にない。このルートでは初登にもこの魔法の杖を使い、ボルト打ちは極力控えた。

フックの連続が終わると今度は剝がれやすい薄いフレークが待っていた。バックロープで薄刃のナイフ・ブレードとポリタンを送ってもらい、水を飲んでひと息つく。このあたりの岩質は黒色閃緑岩でとても脆く、非常にデリケートなネイリングだ。何カ所もフレークが壊れた跡があり、ピトンを打つと同じように壊れてしまう。大胆なフックのあとに神経質なネイリング、集中力と忍耐力の勝負だ。綱渡りをしているときと同じようにもし少しでも戸惑いを感じたら、精神と肉体とのリズムが崩れ、落下してしまう。

つぎのギアを直観的に選ぶ。エイド・クライミングの面白さは、目の前の障害をどのようにして克服していくかにある。そういったとき、突然インスピレーションがひらめく。まるで別の力に動かされているかのように、ギアの選択ができたりする。フックのトラヴァースを始めてから5時間半後、やっとビレイ点にたどりついた。

「いやあ、すごいピッチでしたね。こんなのは初めてだ」

2時間かけてクリーニングしてきた中垣がいう。ハードなピッチでは回収も重労働だ。この日はたった50㍍しか進めなかったが、ぼくはやり終えた仕事に満足した。

シールドのチキンヘッド・レッジで

9ピッチ目、10ピッチ目のA3＋を中垣がリードする。10ピッチ目を登り終えたところで太陽が沈み暗くなり始めた。ロープをフィックスして降りてきてもらう。その上のピッチがA5だ。

「上はどんな感じ？」

「出だしのところしか見えなかったけど、初めは楽勝みたいだよ」

　他人ごとだと思って、いたってのん気だ。

　壁での生活も7日目になった。垂直の環境に順応して、高さに対する恐怖はほとんどなくなった。しかし、つぎのA5のピッチに対する緊張感は抑えることができない。中垣のリードした10ピッチ目をクリーニングする。なかなか抜けないピトンに向かって怒りをぶつける。リードしているときは冷静さを保っているのだが、少しでも安全な条件になると溜まっていた感情が爆発する。

　緊張感を飲み込んで大きく深呼吸して、A5のピッチを登りだす。いきなりフックの掛け替えだ。

「どこが楽勝だよ！」

ビレイヤーに向かって怒ってみてもしようがない。クラックに入ってから多少やさしくなる。ハング下をくだりぎみに右へトラヴァース。そこからの直上が核心となる。大きめのフレンズを残して、少しでも体を軽くする。不明瞭なクラックがコーナーに切れ込んでいる。かぶりはきつい。エイダーを巻き込んで立つと、コパーヘッドを引き抜く方向になってしまう。

Fly or Die

　この個所はトポに「Fly or Die」と書いてある。このころ、藤原雅一氏が我々を道路脇のパーキングから見守ってくれていた。ガイドブックを広げ、双眼鏡でぼくらの登攀を追っていると、アメリカ人のおじさんがこの「Fly or Die」を見て尋ねたそうである。

「彼は飛ぶのか？」

「ノー」と藤原氏。

「じゃあ、死ぬのか？」

「メイビー」

「オー・ノー!!」

と、このおじさんは、ぶったまげたそうだ。

　そんなこととは露知らずぼくはこのピッチに集中していた。数本のコパーヘッドとピトンを打つと、しっかりと打ち込んである残置のコパーヘッドがあった。ビレイ点も思ったより近い。魔法の杖を取りだし、その先にエイダーをクリップして残置に引っ掛ける。中垣を見下ろしてにっと笑った。ビレイ点にたどりつくと、スリングを連結してすばやくセルフビレイをとる。「ビレイ解除」と大声で叫んだ。A5のピッチはあっけなく片付いた。中垣を待つあいだぼくは緊張感から解放され、リラックスした気分に満たされていた。

　つぎのピッチは「The place of Dead Roads」A3＋。その名のとおりのピッチで、やけにコパーヘッドを連打した。A5のピッチよりこっちの方が難しいと思ったくらいだが、気分のいい集中力を感じながら登ることができた。

　翌日は中垣のリードで2ピッチ進み、13ピッチ目では、ゼンヤッタ・メンダータと合流した。あと2ピッチで壁を抜けることができるが「もっと壁の中にいてもいいな」とさえ思った。しかし筋肉はそろそろオーヴァーヒートしそうだ。それに食糧もあとわずかしか残っていなかった。

　9日目、15ピッチ目のA3をゆっくり味わいながら登った。これが最後のエイド・ピッチだと思うと、50㍍の距離も短く感じた。最終ピッチの5・7のクラックを登りきると、見覚えのある平らな場所に出た。2人のクライマーがイースト・レッジを降りるため歩いてきた。ノーズを登り終えたばかりのイタリア人だった。互いに「おめでとう」を言い握手をする。

　太陽の力強い光に疲れきった体は何の抵抗もできない。2人のイタリア人は木陰にへたりこんでしまった。中垣が日焼けした顔をほころばせてユマーリングしてきた。

　ぼくは、もうろうとしながら「来年はシー・オブ・ドリームズでも登ろうかな」と、考えていた。

コラム 10

All About『岩と雪』

判型・刊行サイクル・歴代編集長

　創刊号（1958年7月）はA5判328ページ。初代編集長・川崎隆章は、山岳雑誌として空前のボリュームを謳った。56～58年の国内冬季登攀記録を網羅するが勢いは続かず、3年目の第7号（60年2月）を以て休刊となった。

　約6年半の休刊を経て復刊したのは8号（66年7月）。アルプス三大北壁を中心とする登山界の盛り上がりが後押しとなった。二代目編集長・岩間正夫がRCCⅡ系の人脈を生かして評論主体のアルピニズム路線を打ち出した。年3回刊行で、判型はA5を継承。

　20号（71年4月）から三代目編集長となった為国保は、クロニクル、書評など雑誌的要素を加えて評論誌からの脱皮を図る一方、表紙もイラストから写真に変更。59年以来の季刊化も実現。24号からB5判に変えてビジュアル化を進め、隔月刊とした。内容もアルプス一辺倒からヒマラヤをはじめとする世界の山へと視野を広げ、巻末の英文サマリーを充実させた。

　53号（77年2月）からの四代目編集長・池田常道はその路線を推し進め、国際交流の充実を図った。英国の『マウンテン』、米国の『クライミング』、『アメリカン・アルパイン・ジャーナル』、インドの『ヒマラヤン・ジャーナル』などその相手は最盛期、12誌に及んだ。掲載記事の翻訳だけでなく、日本人の活躍も積極的に発信して、名実共に国際誌となった。国内外の情報を集めたクロニクルは69号（79年8月）から臨時増刊『山岳年鑑』となり、86年版から独立した出版物となった。長らく口絵＋活版だった構成も93号（83年2月）から全面オフセット印刷に変わり、誌面の自由度が増した。このころ、海外雑誌にならってA4判への移行も検討されたが、看板雑誌『山と溪谷』（当時AB判）より大型になるのは好ましくないという理由で沙汰やみに終わった。

おもな連載記事

高みへの序曲　安川茂雄　17号～21号。
戦後登山風俗史ノート　みなみかずお　24号～29号。
モンブランのビッグルート　アンドレ・コンタミヌ　27号～38号　近藤等訳。クラシックだけでなく、日本人が目標とすべきモダンルートも収録。
私の足あと　阿部和行ほか　24号～47号　巻頭扉の1ページエッセイとして、23人の筆者が記憶に残る登攀シーンを再現した。挿画は加藤真紀子。
地域別登行記録抄　市川学園山岳OB会　33号～52号　南会津から上越国境に至る広大な中級山岳地帯の登行記録を調査・発表した。
幻の内陸海　木崎甲子郎　37号～47号　オーストラリア内陸探検史。のち同名の単行本として刊行された。
登山と「神話」　高田直樹　38号～43号　登山界に新たな視点を投げかけた評論集。著者はのち『山と溪谷』に「なんで山登るねん」を連載。
ネパール・ヒマラヤ登攀史　諏訪多栄蔵　43号～47号　山田圭一のヒマラヤ空撮写真に諏訪多栄蔵の文で構成した連載。
岩・雪・友・街・ひとりごと　小泉弘　49号～66号　49号から新たにデザインを担当した著者によるイラスト付エッセイ。
氷壁の履歴書　ヴァルター・セキネル　44号～53号　売り出し中の若手が最新のアルプス氷壁登攀を披歴。翻訳は鈴木勝。のち同名の単行本となった。
ハードクライム　ダグ・スコット　54号～60号　エヴェレスト南西壁初登で名を挙げた著者の自伝的登攀記。新島義昭訳。有名なオーガ脱出行も収録。
剣岳登攀年譜　ベルニナ山岳会　57号～64号。
ポーランドのアルピニズム　マレック・ブルニャク　63号～68号　あまり知られていないポーランド人の記録を4回連載で紹介。坂下直枝訳。
わがヒマラヤ・クライミング　ジョン・ロスケリー　80号～85号　高峰からビッグウォールまで幅広く活躍した北米クライマーの自伝。山本正嘉訳。
アメリカ・岩登り武者修行の旅　鈴木英貴・美智子　87号～92号　ヨセミテ、コロラド、ユタ…各地の岩場を登りまくった夫妻の記録。
現代ヒマラヤ登攀史　98号～112号　池田常道　8000m峰14座の登攀史を現代の視点から振り返った。のち補遺を加えてヤマケイ新書となった。
クライマーのためのウェイト・トレーニング　森正弘　96号～100号。
クライマーのためのストレッチング講座　森正弘　101号～111号。
クライミング・イン・USA　鈴木英貴・美智子　107号～114号
アルプス特選ビッグ・クライム　ジャン＝マルク・ボワヴァンほか　112号～115号　中野融・鈴木恵滋　中野氏の遭難死により連載中断。
高みをめざせ―高所への挑戦の物語　チャールズ・S・ハウストン　113号～123号　中島道郎訳。
ビッグウォール・コメンタリー　124号～130号。
ハードクラシック・コレクション　保科雅則　124号～130号。
低体温症―その予防と治療　ジェームス・A・ウィルカーソン　128号～133号　栗栖茜訳。
平山裕示8eの前線をゆく　平山裕示　129号～133号　平山裕示のヨーロッパデビュー戦を5回にわたって連載。
ビッグウォールやろうぜ　マイク・ストラスマンほか　157号～161号　アメリカで出版されたClimbing Big Wallsの翻訳連載。船尾修訳。

付録（地図・トポ・ガイドなど）

折込　4色刷ヒマラヤ大地図　吉沢一郎・中島寛　14号。
折込　ブータン・ヒマラヤ2色刷地図　吉沢一郎・小方全弘　26号。
折込　カトマンズ市街3色刷地図　五百沢智也　27号。
折込　中部ヒンズー・クシュ3色刷地図　高木泰夫　28号～29号。
折込　東部ヒンズー・クシュ3色刷地図　宮森常雄　30号～34号。
折込　ヒンズー・クシュ3色刷全域図　J・ワラ、吉沢一郎　35号。
折込　ヒマチャル／カシミール3色刷地図　井口邦利　36号～40号。
折込　ウッタル・プラデシュ3色刷地図　吉沢一郎　41号～43号。
折込　パタゴニア3色刷地図　岩田修二　44号～49号。
別冊　ヒマラヤ・トレッキング　50号。
折込　カラコルム3色刷地図　宮森常雄　51号～54号。
折込　2色刷解説アラスカ／ユーコン　栗林一路　57号～63号。
折込　ペルー・アンデス2色刷地図　小泉弘・佐藤芳夫　65号。
綴込　特選日本のビッグ・ルート　69号～75号。
折込　奥秩父岩場マップ　89号。
別冊　小川山ルート図集　112号。
別冊　城ガ崎ルート図集　115号。
別冊　谷川岳ルート図集　118号。
別冊　小川山・瑞牆山ルート図集　121号。
綴込　湯河原幕岩オールガイド　122号。
別冊　金毘羅・千石岩ルート図集　127号
別冊　瑞牆山・不動沢ルート図集　134号。
綴込　日本100岩場　135号～169号。

岩と雪 No.150（1992 .2）P27-49

岩と雪150

特集＝

アルピニズム33年史

T. Kondo photo.

特集●アルピニズム33年史

岩と雪150号へのあゆみ

『岩と雪』の創刊第1号は1958年7月に刊行された。33年あまり前のことである。

おりしも、その2年前に行われたマナスル（8125㍍、当時）初登頂が、長い間憧れの対象であったヒマラヤを身近な存在まで引き寄せていた。一方、国内の登攀においても、戦後の復興と軌を一にするように冬季未踏ルート狩りが活発化していた。

マナスル・ブームと呼ばれた登山の普及発展期のさなかに船出した『岩と雪』は、海外登山情報と国内登攀記録を二つの柱とした。創刊号はA5判320ページを超える厚さで、前半約70ページを海外記録と情報、後半約90ページを国内登攀に割いている。なかでも「一九五六―五八年積雪期登攀記録」と題した特集には前穂四峰正面、剣岳チンネ正面、北岳バットレス中央稜、一ノ倉滝沢等々時代を画した記録12本が並んで壮観を呈した。

この'58年、海外登山では、深田久弥パーティがジュガール・ヒマールを踏査して、学校山岳部のような組織がなくともヒマラヤへ行けることを実証し、国内では一ノ倉沢のコップ状岩壁や滝沢第三スラブが初登されている。

マナスル以後のヒマラヤ登山は、京大、慶大、同志社大といった学校山岳部単位のそれに移っていったが、社会人クライマーによって構成された全日本山岳連盟も、深田隊によって情報がもたらされたジュガール・ヒマールの主峰、ビッグホワイト・ピーク（現レンポ・ガン）に向けて'60年から三次にわたる登山隊を送り出した。

国内冬季登攀の分野でも、より大きな壁、すなわちアルプスやヒマラヤのそれを想定して、複数のルートを結ぶ継続登攀がさかんに行われるようになっていった。

しかし、このように内外の登攀活動が活発化していく一方で、商業誌としての『岩と雪』は行き詰まり、7号をもって休刊となってしまう。休刊期間は6年にわたった。

復刊が成ったのは1966年7月であった。その前年、渡航外貨の自由化によって拘束を解かれたクライマーたちは大挙して、アルプスの大岩壁を目ざし、アイガー、マッターホルンの両北壁ほかいくつかの登攀に成功していた。復刊第1号（8号）がそれらの話題を中心に編集されたのは、けだし当然のことであった。おりしも、ネパール・ヒマラヤは、登山隊の中国国境侵犯事件を理由に門戸を閉ざし、登山者の目はヒンドゥ・クシュ、アンデス、アラスカ、そしてアルプスに向けられていった。

20号から季刊化された『岩と雪』には、それまでとちがってニュースや書評、あるいはガイド記事も載せられ、記録・評論誌といった体裁を一新した。24号からは判型もB5判とひとまわり大きくなり、隔月刊に移行した。

このころ目立つのは、「クロニクル」欄の充実である。はじめのうちこそルート名・登攀年月日・メンバーを羅列した〝速報〟

岩と雪年譜

●**1958年7月**
創刊〈特集＝'56～'57年積雪期登攀記録〉。

●**1960年2月**
7号〈特集＝北海道研究〉をもって休刊。

●**1966年7月**
復刊実現。8号〈ヨーロッパ4つの壁の冬期登攀記録〉。以後'67年に9、10号、'68年に11～13号を刊行。

●**1969年4月**
14号〈ヒマラヤ特集〉。再解禁目前のネパールを中心にヒマラヤ情報を満載。付録はヒマラヤ大地図。

●**1969年11月**
16号〈アルピニスト25人集〉。全巻エッセイでまとめた特集。

●**1971年4月**
20号〈特集＝自由登攀〉。以後3カ月ごとの定期刊行となる。

●**1972年4月**
24号、判型をB5に変え隔月刊に移行。巻頭座談会は「海外登山・現状と問題点」。

●**1973年4月**
30号〈特集＝山岳1972年〉。全体の約半分を前年度のまとめに費す。以後毎年4月号をこの特集で埋め、今日の『山岳年鑑』の元になった。

●**1973年12月**
34号〈特集＝高度障害とヒマラヤ登山〉。高所登山経験者73人にアンケートを送り、

に過ぎなかったが、徐々に詳しい報告やトポ（ルート図）を付したものに変わり、ページも号を追うごとに増えていった。

この時期のもうひとつの特色は、折込付録として地図が付いたことである。28号の「中部ヒンズー・クシュ」に始まり、「東部ヒンズー・クシュ」、「ヒマチャル・カシミール」、「ウッタル・プラデシュ」を連載、さらに「パタゴニア」、「カラコルム」、「アラスカ／ユーコン」、「ペルー・アンデス」が続いた。

海外からの寄稿・情報提供も増加した。そのきっかけとなったのは、37号の「高山病アンケート」である。13カ国38人の海外登山家へのアンケートによって、ソマヴェルからメスナーまで各世代のヒマラヤニストが生の声を寄せてくれた。

’70年代に入って海外でも、それまでの山岳団体会報や年報に代わって、登攀を中心に据えた雑誌の創刊があいつぎ、『岩と雪』との間にパートナーシップが結ばれるようになった。イギリスの『マウンテン』、アメリカの『クライミング』などとは、その創刊間もないころから情報の相互提供が行われたし、やがて記事の訳出や執筆者、カメラマンの紹介へと発展していった。『岩と雪』の巻末英文サマリーも3ページに増やし、毎号の内容紹介のほかに日本人クライマーの動向も載せるようにした。とくにヒマラヤにおいて、少なからぬ比率を占めていた日本人の登攀活動には海外からも大きな興味が寄せられており、『岩と雪』は重要なニュースソースとして評価されるに至った。交流先も年を追って増え、現在では11カ国25誌に及んでいる。

海外チャンネルの充実と「クロニクル」への投稿拡大は、1年ごとの登攀記録をまとめた『山岳年鑑』を生み出した。ヒマラヤ地域に関してはほぼ全パーティ、その他の地域でも主要登攀を網羅するこの年鑑は、当初は春の特集号として編集され、ページ数の増加とともに臨時増刊、のち’86年版から独立した刊行物となった。

フリー・クライミングに関する本格的な紹介は、ジム・ブリッドウェルの「ヨセミテの新しい波」（39号）だったが、それが本当に浸透しはじめたのは、72号でアメリカのフリー・クライミングを特集して以降であろう。ミッドナイト・ライトニングにおけるジョン・バーカーのボルダリング・シーンは、多くのクライマーに衝撃を与えた。

三ツ峠・戸田クラックで行われた日山協岩登り競技会（’80年）、J・モファット、R・フォーセットら一流クライマーの来日（’84年）、そして多くの若き才能の出現はフリー・クライミングの前線をかぎりなく押し上げ、やがて平山裕示を出現させた。この間約10年、戸田直樹をはじめとするフリーの伝導者たちの行動と啓蒙が今日の基礎を築いたのである。

アルピニズム誌であるべき『岩と雪』がフリー・クライミングを専ら取扱うことに対する抵抗は小さくなかったが、やがて、ひとつの重要な柱として受入れられるに至った。現在ではフリー・クライミングはそれ自体ひとつのジャンルだが、同時に他のクライミング・ゲームの基礎として軽視できない、ということも理解されている。

高峰登山におけるアルパイン・スタイル、岩登りにおけるフリー・クライミングなど、登攀界を支配してきた価値観に変化をうながす動きが’70年代から’80年代にかけて高まった。登り尽くされた山々に新たな意味を付与するクライマーの行動を『岩と雪』はこれからも追い続けていきたい。

高山病と高所順応の体験・意見を集めた。

●1974年6月
37号〈高山病の体験〉。前回にひき続き、海外の高所登山経験者13カ国38人にアンケート。高所登山の貴重な体験談を集めた。

●1974年10月
39号。ジム・ブリッドウェルの「ブレイブ・ニューワールド」訳出。ヨセミテ・フリー・クライミングのルネッサンスを紹介。

●1976年4月
48号〈山岳年鑑’76〉。初めて全巻を特集にあてる。ラトック山群をカラーで紹介した。

●1976年8月
50号・記念特大号。〈日本の登攀〉を特集。別冊付録には「ヒマラヤ・トレッキング」（A5判76ページ）が付いた。

●1979年5月
67号・臨時増刊『山岳年鑑’79』。横組とし、大幅増ページ。以後’85年まで臨時増刊、’86年より単行本として毎年刊行となる。

●1980年2月
72号〈アメリカのフリー・クライミング〉。ジョン・バーカーのボルダリングを表紙に配し、フリー・クライムの魅力を伝えた。

●1982年6月
89号〈奥秩父の岩登り〉。瑞牆山、小川山、金峰山を91号まで3回に分けて紹介。

●1983年8月
97号〈エヴェレスト初登頂30周年記念特集〉。以後98号から12回にわたって他の8000メートル峰の登攀史を連載。

●1984年2月
100号・記念特大号。城ガ崎の岩場を紹介。

●1985年10月
112号。別冊付録『小川山ルート図集』。以後城ガ崎（115号）、谷川岳（118号）、小川山・瑞牆山（121号）、金毘羅／千石岩（127号）、瑞牆山不動沢（134号）をまとめる。

●1991年2月
143号〈都会の岩場〉。人工壁を特集した。

特集●アルピニズム33年史

高所登山はどのように変わったか

「いよいよヒマラヤの登山は新しい時代をむかえようとしている」

『岩と雪』創刊号に「ヒマラヤ登山の動向と将来」と題する論文を寄せた山崎安治は、冒頭にこう書いた。

じじつ、その前年、1957年までに、8000㍍峰14座のうち11座が登られ、国家規模の大遠征隊が巨峰の初登頂を競った、いわゆる「ヒマラヤ黄金時代」も先が見えはじめていた。ちなみに、それまでに登られた8000㍍峰を年代順に記すと以下のようになる。（高度はいずれも当時）

1950年　アンナプルナ1峰（8078㍍）フランス隊

1953年　エヴェレスト（8848㍍）イギリス隊　ナンガ・パルバット（8125㍍）西ドイツ＝オーストリア隊

1954年　K2（8611㍍）イタリア隊　チョー・オユー（8153㍍）オーストリア隊

1955年　マカルー（8470㍍）フランス隊　カンチェンジュンガ（8598㍍）イギリス隊

1956年　ローツェ（8501㍍）スイス隊　マナスル（8125㍍）日本隊　ガッシャブルム2峰（8035㍍）オーストリア隊

1957年　ブロード・ピーク（8047㍍）オーストリア隊

この結果、『岩と雪』創刊時に未踏でのこされていた8000㍍峰は、ガッシャブルム1峰（ヒドゥン・ピーク、8068㍍）、ダウラギリ（8172㍍）、そして当時その位置も含めて不明な点が多かったゴザインタン（シシャパンマ、8013㍍）のわずか3座となっていた。

この点をふまえて山崎論文は、「八千米峰の攻略が一段落ついた次の時代のヒマラヤの登山というものの典型」を'57年の六つの登山隊がよく示しているとし、「国家的背景を持った大がかりなエクスペディションは一つもなかった」と指摘している。

その六つとは、アンナプルナ2峰のイギリス隊、マチャプチャリのこれもイギリス隊、ジュガール・ヒマールのヨークシャー隊、ジャヌーを偵察したフランス隊、ブロード・ピークのオーストリア隊、ハラモシュのオックスフォード大学隊である。

いずれも小人数のパーティで、とくにブロード・ピークのオーストリア隊は、高所ポーターを使わず、隊員4人だけでルート工作と荷上げを行い、8000㍍峰の初登頂に成功するという画期的な成果をあげた。

「誰でも自由に、楽しく、ヒマラヤの登山を試みることが出来るという時代にすでになってきているのである」と、山崎論文は結んでいる。が、本当にそういう時代が訪れるまでには、いましばらく年月が必要だった。

酸素の使用

高所登山ということばはヒマラヤ登山とほぼ同義語といってよいだろう。たんに登ること以外に高所順応を重視しなければならない高さの山（一般に6000㍍以上）での登山をさしていうことばだが、アラスカやアンデスの一部を除いて、そのほとんど、7000㍍以上にかぎればすべてがヒマラヤおよびその周辺のパミール、天山に存在するからである。

1950年にフランス隊によってアンナプルナ1峰が登られるまでに登頂が試みられた8000㍍峰は、エヴェレスト、K2、カンチェンジュンガ、ナンガ・パルバット

証言

●日本人のヒマラヤ登山

たとえばアンナプルナは、ものすごい勇猛果敢な記録で大したものだというけれども、おそらくアンナプルナのフランス隊の登山を見て、経験の蓄積があるイギリスなんかでは、これは最低の登山だと思った人間はずいぶんいるだろうな。しかし、その後フランス隊はそれを乗り越えて、ヒマラヤでは最もスマートな登山をやる国になっているでしょう。そういう意味でいったら、日本は、何度ヒマラヤに行っても成長がないということがいえる。ただ、アンナプルナの場合は、世界で初めてというか、そういう次元での闘いでしょう。だからエベレストが登られたあとでマナスルに物量を投入して登るという場合とちょっと違う。

――原真「座談会＝海外登山・現状と問題点」（24号）

●エヴェレスト無酸素登頂は可能か？

ノートンや私のようなごくあたりまえの人間が……頂上から300㍍以内の地点に無酸素で達することができたのであるから、世の中には漸進的な訓練によって完全な高所順応の得られる、強力な運動能力を持った人間が多数いるはずである。そういった人々を最終段階でトップに立たせれば、無酸素で頂上に立つことは可能である。――T・H・ソマヴェル

ヒマラヤ「壁の時代」のさきがけとなったアンナプルナＩ峰南壁　1970年のイギリス隊が初登　1981年にチェコ，日本の２ルートが付け加えられた　1984年スペイン・ペアによってアルパイン・スタイル登攀　1987年群馬岳連隊により英国ルートが冬季初登された
The South Face of Annapurna I. C. Bonington photo.

の4座で、第2次大戦前の試登期間を通じて、８０００㍍という高度に対する主要な問題をすでに人類は体験ずみだった。

'24年にはノートン、'33年にはスマイスが、いずれもエヴェレストの８５７０㍍に達しており、'38年にはウィースナーとパサン・ダワ・ラマがＫ２の８３６５㍍まで迫っていた。すべて酸素を補給することなしに達せられたものである。しかし、どちらも頂上までのあと３００㍍足らずが乗り切れず失敗に終わっていた。

フランス隊のアンナプルナは、８０００㍍ぎりぎりの高さゆえに酸素を使わずに登られたが、８５００㍍を超える超高峰においてはその後酸素の助けを借りて登られるのが一般的となった。

その理由の第一は、第二次大戦において航空機が飛躍的発達をとげたために酸素器具も著しく改良され、軽便なボンベとマスクが戦後入手しやすくなったことである。戦前のエヴェレストでは、人工的酸素を使うか否かという倫理上、あるいは効用上の論争が何度かあったが、それには当時のボンベが重くて大き過ぎるということも重要な要素を占めていた。

第二は、戦前とちがって各国隊が巨峰を求めて殺到したために競争がはげしくなり、一度失敗したら次の番がまわってくるまでに他国に登られてしまう、という状況が生まれたからである。エヴェレストのイギリス隊もＫ２のイタリア隊も、そうした状況下で確実に登る道をえらんだ。

エヴェレスト以下マカルーまでの超高峰は別格として、初登頂に際して酸素が用いられた低い方の８０００㍍は三つある。マナスル、ガッシャブルム1峰、ゴザインタン（シシャパンマ）である。それぞれ'56年日本隊、'58年アメリカ隊、'64年中国隊によって登られた。いずれもヒマラヤ登山経験に乏しいため、超高峰を登るために開発された作戦をそのまま低い８０００㍍峰に持ち込んだわけだが、マナスルの場合は、すでに2度（'53、'54年）失敗しており、あとがなかった。という事情もあった。

しかし、酸素を使うメリットがいったん明らかになると、８０００㍍峰以外の山でも魅力的なアドヴァンテージとして注目された。かくして'60年のアンナプルナ2峰（７９３７㍍）、'61年のヌプツェ（７８７９㍍）、'62年のジャヌー（７７１０㍍）、'64年のギャチュン・カン（７９２２㍍）などが、いずれも酸素の助けを借りて登られた。

高所において酸素を補給することは、登頂成功の確率を上げると同時に、登山者を高山病の危険から守るという側面もある。しかし、いくら軽便になったとはいえ、通常の補給物資に酸素の重さが加われば、荷上げ量の増大を招き、必然的に多数の高所ポーターを使う大パーティになりやすい。'60年にダウラギリが陥落して８０００㍍峰への国家的大遠征が一段落したかに見えても、７５００㍍以上の高峰に小人数パーティがほとんど出現しなかったのは、これら

可能だと思います。ただし、長年にわたるトレーニングと絶えず繰り返された高所順応、的確な戦術計画があってはじめて可能でしょう。

エヴェレスト無酸素登頂の試みはひとつの挑戦である。しかし、それが楽しいかどうかは各個人が決めることである。酸素の欠乏は、少なくとも私が登攀に期待している価値の大部分を奪ってしまう。障害がごく小さなものであっても、楽しみが失われるということは大きな苦痛ではないだろうか。──トーマス・ホーンバイン

『高山病の体験と高所適応─海外13カ国のヒマラヤニストへのアンケート（37号）

●より少ない装備・人数・資金で…

今となってはエヴェレスト南西壁を登った大登山隊のタイプより以上の進歩を画することは不可能です。あそこは最高峰の中でも最も困難な壁でしたし、そこを登るためにあらゆる努力を尽くすことには正当な理由がありました。しかし今や我々は新しいスタイルに移行しなければなりません。より少ない装備で、より少ない人数で、そしてより少ない資金で登らねば。これが進歩への唯一の道です。

──ラインホルト・メスナー「ヒマラヤ新時代を語る」（58号）

●なぜ難しい壁を2人だけで

イギリスやアメリカ、ヨーロッパ国内で、登攀のスタイルや水準を一段と向上させようと懸命に努力している人々が、ヒマラヤに向かうと、初期の時代に比べてほんのわずかの進歩で満足してしまうことを考えると、不思議な思いがしてしようがない。

確かに、装備類に関しては長足の改良がなされたが、優秀なクライマーはいまだヒマラヤのピークを登るための、単なる道具として取り扱われている。

の山にエヴェレスト式作戦が適用され続けたためである。

ヴァリエーション・ルート

アルプスの登山史を繙いてみると、初登頂の次にくるのは、困難な新ルートからの登頂——すなわちヴァリエーション・ルートの登攀である。ヒマラヤでも、容易なルートから主要峰の初登頂がひととおり行われたあとには、新たなルートからの登頂が目標となった。

最も初期のヴァリエーション・ルートは、ナンガ・パルバットの西壁に求められた。'53年に初登頂隊をひきいたヘルリヒコッファー博士は新たな登山隊を組織して'61、'62年とこの壁に挑み、2年目にして成功した。また'63年にはアメリカ隊がエヴェレストの西稜から北壁（初登者の名をとってのちにホーンバイン・クーロワールと呼ばれた）を経て登頂、サウス・コルへ下っている。登りと下りを別ルートにとった、いわゆる縦走は、8000㍍峰では初めてのことであった。

'65年秋からのネパール・ヒマラヤ登山禁止は一時的な中断を招いたが、'69年の解禁を待ってこの傾向は引き継がれた。その口火を切ったのは、意外にも日本隊であった。もともと'66年にエヴェレストへ登る許可を得ていた日本山岳会では、'70年春に挑戦権を得たのを機に南西壁を計画に付け加え、'69年秋に試登、一気に8000㍍ラインに達した。しかし、秋の好条件にもめぐまれたのはたしかで、翌年春の本番では岩場が露出するという悪条件に見舞われ、通常ルートからの登頂を優先したこともあって失敗に終わった。

'70年春には8000㍍峰で3本の新ルートが登られた。イギリス隊のアンナプルナ南壁、西ドイツ隊のナンガ・パルバット南壁、そして日本山岳会東海支部隊のマカルー南東稜である。さらに'71年にはフランス隊がマカルー西稜、東京マナスル西壁隊がマナスル北西稜を登った。ナンガ・パルバットを除いた4隊は、いずれも酸素を使用している。

しかし、その場合問題となったのはシェルパの荷上げ能力だった。技術的に難しいルートになるほどシェルパたちは上がれない。通常ルートから登るときのように、十分な酸素ボンベを最終キャンプまで上げるわけにはいかなくなった。いきおい頂上攻撃はかぎられたものとなり、4隊とも登頂者は1パーティ2人のみにとどまった。包囲法登山による補給の問題が、ヴァリエーション時代を迎えて再びクローズアップされることになった。

日本隊が手を付けたエヴェレスト南西壁は、'71年の国際隊以降毎年のように挑戦を退けていた。最高到達点こそ8200㍍付近まで上がりはしたが、いずれも上部岩壁を攻撃するための十分な物資をその基部まで集積することができなかったからだ。8000㍍を超えた地点から本格的な岩壁が始まるこの壁は、登攀能力だけで解決するには、あまりにも大きな相手だった。

そして'75年、イギリス隊がそれを解決した。隊長ボニントンは、自らの'72年の失敗を土台にアンナプルナを上まわる大がかりで緻密なロジスティックスを作り上げ、上部岩壁の上に最終キャンプを設けて2次にわたる登頂を実現させた。

同じ年、やはり'70年代前半に何度も試みられて落ちなかったマカルー南壁もユーゴスラヴィア隊によって落とされた。

包囲法による巨峰の壁の登攀は、この年とりあえず一段落したが、ローツェ南壁、マカルー西壁など技術的にもう一段階難しい大物が残されていた。

標高こそ8000㍍に満たないが、'62年にフランス隊によって初登頂されたジャヌーは、困難をもって知られる準巨峰である。'76年、山学同志会隊はその北壁から登頂し、ヒマラヤ壁の時代に参入した。この山の無酸素初登でもある。全面的に固定ロープを用いてメンバーは入れかわり立ちかわり頂上に立ち、ほぼ全員登頂を成しとげた。

メスナーの業績

技術的に難しいルートの登攀は、これまで見てきたように固定ロープを全面的に採用し、ときには酸素も用いられた。このため登山形態は、通常ルートからの登頂以上に大量の物量を投入する包囲法を当然のこととしていた。'50年代の国家的威信を背負うようなことはなくなったが、隊員数は以前にも増して多く、組織の枠組からは一歩

もし「なぜ」かと聞かれたら、現在の遠征では成功の成否が、巨大なまでになったスポンサーに影響されているからだといおう。派手な前宣伝や帰国後の講演旅行が、実際の登山活動以上のものと印象づけてしまい、そこに「大きな隊は安全で成功する確率が高い」などということを、一般大衆が信じ込む傾向が生まれる。
——ジョー・タスカー「やってみなけりゃわからない！」（59号）

●ジャヌー・アルパイン・スタイル
最新の技術と多量のフィックス・ロープを用いたエクスペディションであれば、ヒマラヤのすべての壁を登ることができるだろう。しかし、可能な手段すべてを動員して山を征服することを目標にする代わりに登り方（クライミング・スタイル）を問うことに山行の課題を設定すれば、登山界にはこれからまだ充分先まで「主要な挑戦」という目標が残ることになるだろう。
——ラブ・キャリントン「ジャヌーへの挑戦」（66号）

●日山協K2隊を取材して
登山というのは、最終的に個人のスポーツではないのか。
実社会の構成原理を遠征隊に移しかえて、それを八千メートルの高所に運び上げたところで、今日的意義は認められない。
私が登山家に切に望むのは、俗界では見られない真に自由な人間の魂の輝きであり、非妥協的な自己主張なのである。
——本田靖春「日本人のヒマラヤ登山とその背景」（76号）

●日本人初の8000㍍峰無酸素登頂
日本においては、マナスルの成功がその後のヒマラヤ登山に大きな影響を与えた。八千㍍峰一四座中六座が無酸素で初登頂さ

も抜けだしていなかった。

　そんな状況に風穴を開けたのが、ラインホルト・メスナーとペーター・ハーベラーによるガッシャブルム1峰登頂（'75年）である。南ガッシャブルム氷河にABCを置いて順応を果たした2人は、北西壁に取付くや固定ロープも前進キャンプも設置することなく、テントひとつでビヴァークしながら頂上を往復した。アルプスの山を登るように8000㍍峰を登ってみせたこの登攀は、ヒマラヤに付きものだった組織を否定し去り、登山本来の尺度で高峰を見なおすことにつながった。ヴァリエーション・ルート登攀が従来の戦法の量的拡大だったとすれば、こちらは質的変化だったということができる。

　もちろん、このように小人数で巨峰を登るとなれば、技術的にあまり難しいルートは向いていない。ある程度スムーズに高度がかせげるような、いわば'30年代アルプスの氷壁ルートのようなラインがえらばれる。技術的に困難なルートのアルパイン・スタイルは7000㍍かそれ以下の山々で行われはじめてはいたが、それらは高所登山というよりアルパイン・クライミングの範疇に属するので次項で取扱うことにし、ここではふれないでおく。

　メスナーとハーベラーが8000㍍峰をとり巻いていた心理的障害をとり払ったことはたしかで、翌年以降同じような試みに挑戦する例がふえていった。'70年代のうちにアルパイン・スタイルで登られた8000㍍峰は、ガッシャブルム1峰を含めて5座にすぎなかったが、このほかジャヌー、ヌプツェなども同じようにして登られた。

　'78年、メスナーは西壁新ルートからナンガ・パルバットに登った。最終キャンプからの単独登頂ならそれまでにもあったが、BCから完全なソロは、8000㍍峰ではこれが初めてだった。彼はさらに'80年、エヴェレストに北面から単独登頂する。

　ナンガ・パルバットのソロに成功する前の春、メスナーはハーベラーと、史上初めて酸素補給なしにエヴェレストの頂上に立った。オーストリア隊に加わった2人は一緒にルート工作と荷上げをし、サウス・コルの最終キャンプから彼らだけで頂上を往復した。'24年に北面8570㍍まで迫ったノートンがのこした仕事は、54年ぶりに完成された。メスナーは翌年K2、'82年にカンチェンジュンガ、'86年にマカルーとローツェを

エヴェレスト南西壁　1970年以降2つの日本隊と2つの国際隊を撃退　ボニントンのイギリス隊も2度目の挑戦で1975年初登を果たした　山田圭一撮影
The Southwest Face of Everest.

れているにもかかわらず、日本隊は一四座中八座へ、計一五回四三名が登っているが、そのいずれもが酸素を使用してきた。（一九七九年静岡隊のアンナプルナ1峰は睡眠用のみ）しかし、ピトン一本の使用の是非が問題とされる現代のクライミング思想からすれば、初登攀に無酸素で登られた山に酸素をもちこむことは、ピトンを一本も使用せずに登られた岩壁に電動ドリルをもち込むようなものであろう。というのは、一〇〇年を超えるアルピニズムの歴史の中で、酸素器具ほど威力のある人工手段は見当たらないからである。

　――坂下直枝「カンチェンジュンガ北壁無酸素登頂」（77号）

●包囲法を支える人間心理
　包囲法は組織の登山であり、その運営が複雑なぶんだけ、結果は単純で退屈なものになる。アルパイン・スタイルは個人の登山であり、その原則が単純なだけ結果は多彩で刺激的になる可能性をもっている。高所登山をたのしむのならアルパイン・スタイルを採用するにこしたことはない。包囲法が退屈なだけでなく、くだらない理由は、包囲法を支える人間たちの心理状態が封建時代の人間心理そのものだからであろう。価値の判定という立場から見れば、そこが一番大切な点だと思う。

　――原真「高所登山のルネッサンス」（78号）

●無酸素登山の心理的な壁
　今考えてみると、無酸素でやってみようと決意したことや、かなりきわどい成功をかち得た大きな要因として、数カ月前メスナーとハーベラーがエヴェレストに無酸素で登っていることが私たちの頭にあったからだと思う。この事実は、人間はこのような高さでも無酸素で行動できるのだ。あの

ナンガ・パルバット西壁　1962年に西ドイツ隊が初登　1978年にはR・メスナーが右手の新ルートをソロ　滝田よしひろ撮影
The West (Diamir) Face of Nanga Parbat.

無酸素で登った。彼が成しとげた8000メートル峰14座完登記録のなかで、酸素を使用した頂は、ついに1座もなかった。

'70年のナンガ・パルバットから足かけ17年の間に彼は、包囲法によるヴァリエーション、アルパイン・スタイル、無酸素、ソロと、すべての進歩の局面をリードしたが、エヴェレストのソロ以降は専らピークハントに活動の主体を移した。それはおそらく、'80年を頂点として、自分にできることはすべて達成してしまった、という考えがあったからだろう。メスナーがやりのこした唯一のものは、真に困難なルートからのアルパイン・スタイル登攀だったが、それは次の世代のクライマーの課題となった。

冬季登頂・縦走

'80年2月、エヴェレストの冬季初登頂がポーランド隊によって行われた。同国の登山界では'70年代から冬のヒマラヤに目を向け、'73年2月にヒンドゥ・クシュのノシャック（7439メートル）に登っていた。翌年12月にはローツエを目ざし、8250メートルまで迫って敗退。しかし、そこで得た経験を生かし、5年後にみごとに最高峰を落とした。しかもこのあと、春のシーズンにも継続して新ルート（南稜）に挑み、こちらも成功する。一部メンバーの入れ替えはあったが、2シーズン続けてエヴェレストに登ったのはこれが初めてだった。

その後ポーランドは'84年から'88年にかけてマナスル、ダウラギリ、チョー・オユー、カンチェンジュンガ、アンナプルナ、ローツエの6座を加え、14座の半数に冬季登頂したほかK2とブロード・ピークも試みている。登頂に成功した7座のうちダウラギリ以外はすべて冬季初登頂である。

そのダウラギリを落としたのは'82年の北大隊だった。11月中から準備を進め、北東コルにBCを設営、12月13日に早くも頂上に立っている。

ネパールの8000メートル峰8座中7座が登られ、あとはマカルーをのこすのみ。パキスタンでは5座すべてが冬季未踏、中国のシシャパンマも同じである。

ひとつの頂を登ってべつの側へ下りるタイプの縦走は、'63年のアメリカ隊がエヴェレストで実施しているが、二つ以上の頂を結ぶ縦走は、7500メートル以上の高峰では例がなかった。

'51年のフランス隊がナンダ・デヴィで試みた例はあったが、その結果は、縦走に出発した隊長ロジェ・デュプラら2人が不帰となったまま終わっている。'75年、同じフランスからその遺志を継ぐ遠征隊が派遣されたが、東西両峰の頂に立ったのみで、両側からの縦走隊は6月中旬、早くも来襲したモンスーンのため断念した。

二人がエヴェレストを登れたんだから、と自分にいいきかせながら、自分だってやれるさ、と思わせる非常に大きな心理的効果があったと思うのだ。

――リック・リッジウェイ「軽く、速く、高く」（79号）

●アルパイン・スタイルは危険か

アルパイン・スタイルの登攀に対する最も多い批判はそれがより危険だというものである。私はその批判は当たらないと考えている。もちろん高所での登攀はすべて大変危険なものではある。アルパイン・スタイルでの登頂を志すクライマーは、自分の力量と限界を自覚してかかることが最も大切なことである。これはすべての登攀形態に共通していえることだが、まずやさしいアルパイン・スタイルの登攀から始めて徐々に大きなルートに移行すべきである。登攀に限らずあらゆる種類の登山には死が待ち構えている。最近行なわれた固定ロープ遠征隊の遭難例と比較してみれば、アルパイン・スタイルの事故数が大きく下回ることは明白である。

――アラン・ラウス「コングール私記」（89号）

●身分と権力を身にまとったまま…

何キロにも及ぶ固定ロープにすがりつき、シェルパの集団に食べさせてもらい、荒々しい自然から、洗練されたキャンプ都市で幾重にも身を隠してワルシャワや東京の街でとるのと同じ食事をしているクライマーは、身分と権力を身にまとったままの社会的動物であるにすぎない。たとえ彼が全ての汚ない嘘から谷を越えて身を隔て、明晰な洞察を回復するために山に来ているとしてもだ。

絶壁にすっかり打ち捨てられ、己れの直観のみに身を任せ、微かな音をも把える能

その翌年、日本山岳会隊は東峰から西峰へと1パーティが縦走に成功、西峰側からのサポート隊に迎えられて下山した。

'79年、カモシカ同人隊はダウラギリの2峰、3峰、5峰と、7500㍍を超える3つの頂を両側からそれぞれ1パーティが交差縦走することに成功した。

縦走するのに最も都合のよい地形をした8000㍍峰といえばカンチェンジュンガだろう。グレート・シェルフを基地とすれば西峰、主峰、中央峰、南峰の四つの8500㍍級が指呼の間に立ちならんでいるからだ。'81年の日本ヒマラヤ協会隊が西峰と主峰を結ぼうとして失敗したあと、'84年には日本山岳会隊が南峰から中央峰へ縦走、いったんシェルフまで下りてから主峰に登頂した。そして'89年のソ連隊は四つの頂それぞれに波状攻撃をかけたあと、1隊は西から南へ、もう1隊は南から西へと、それぞれ途中1泊で縦走に成功した。高所にとどまる時間が長いため縦走隊は酸素を用いた。

ガッシャブルム4峰西壁　イギリス、日本など数隊の敗退後1985年にW・クルティカとR・シャウアーが初登（登頂せず北西稜を下降）
The West Face of Gasherbrum 4, showing Kurtyka-Schauer route and bivouacs. A white line indicates the descent on the NW Ridge. W. Kurtyka photo.

ポスト・メスナー

'78年のエヴェレスト無酸素登頂に前後して'75年にマカルー、'77年にローツェ、そして同じ'78年にK2がそれぞれ酸素なしで登られた。これらはいずれも酸素を使用した包囲法登山隊の一部に加わって成されたもので、頂上攻撃時も酸素を吸ったメンバーと一緒に登った例もあった。

これに対して'79年のダグ・スコットらはカンチェンジュンガ北稜を、'80年のジョン・ロスケリーらはマカルー西稜を、いずれも酸素を使用しない小チームで登り、その内容を一歩進めた。山学同志会隊も、ジャヌー北壁を指揮した小西政継隊長の下に'80年、カンチェンジュンガ北壁に挑み、無酸素登頂を果たしている。日本の登山隊が酸素を吸わずに8000㍍峰の頂に立ったのは、じつはこれが初めてのことであった。

日本人による超高峰無酸素登山は'82年K2北稜の日山協隊、'83年エヴェレストの山学同志会、イエティ同人両隊とくり返され、すべて登頂に成功したが、都合3人が頂上からの帰途転落死し、そのきびしさを如実に示す出来事となった。ただし、'82年の山学同志会隊によるマカルーは無事故で登頂に成功している。

ところで、固定ロープを用いたヴァリエーション・ルートの登攀は、'75年以降もいろいろな山で行われた。包囲法の時代は終わったといっても、ヒマラヤの高峰にはまだたくさん未踏のラインが残されており、ルートのスケールや困難度からして包囲法を用いるのが妥当と思われるものが多かったからである。

一方、アルパイン・スタイルの登攀は、

力と壁が示す如何なる合図をも理解できる人間だけが汚濁から浄められる。

――ヴォイチェフ・クルティカ「ヒマラヤを攀る」（90号）

●組織から個人へ

自分たちの登山理念、それに登り方にしたがった遠征を行なおうとしたとき、そこに「アルパイン・スタイル」ということばがあったという感じが大きい。つまり、安くあげる、一気に短期で登る、個人の実力で登る、といった実質的な面から、結果がアルパイン・スタイルになったのである。

そして僕らは、いくら遠征であっても、登山そのものはもう個人によるものとみている。メスナーが単独のアルパイン・スタイルで八〇〇〇㍍を登ったところから、登山は、あの人は登れる、この人は登れないといった問題になったと思っているのだ。これはまた、登山がロマンにとらわれすぎていたことを、遠征が組織にとらわれすぎていたことを第一にスポーツだと認識させるものだった。

――須藤建志「マッシャブルム・アルパイン・スタイル」（105号）

●八千㍍峰のコレクション

ただたくさんの頂を集めることにどんな意味があるのか。なぜ八〇〇〇㍍峰ばかりに固執するのか。八〇〇〇㍍に満たなくてもすばらしい山はたくさんある。たんに高さが足りないというだけでそういった山々を無視してしまう態度が高所登山の通俗化につながっていると、ぼくは感じる。

――ヴォイチェフ・クルティカ「ヒマラヤン・サミット」（117号）

●登る人間の姿勢いかんで…

確かに八千㍍峰はその〝高さ〟だけで魅力的であり、困難であるに違いあるまい。

メスナーがかつて「21世紀の課題」と評したローツェ南壁　トモ・チェセンが1990年春に単独登攀したが、同じ年の秋に別のルートを包囲法で登ったソ連隊が彼の登頂に疑問を表明、フランスのマスコミが騒いだ　内田良平撮影
The South Face of Lhotse was soloed by Tomo Cesen in 1990.

クラシックな新ルートないし通常ルートをたどるものに加えて、技術的困難を伴うラインをねらったり、かつて固定ロープを用いて登られたルートを再登したりする方向性をもつようになった。

8000㍍峰の単独登頂では、メスナー以後禿博信(ダウラギリ)、イエジ・ククチカ(マカルー)、ピエール・ベジャン(カンチェンジュンガ)らが続々名乗りをあげた。

女性によるヒマラヤ登山もさかんになった。'74年同人ユングフラウの中世古直子らによるマナスルが、世界にさきがけて女性初の8000㍍峰登頂を記録すると、その翌年には女子登攀クラブの田部井淳子がエヴェレストに成功した。その後女性による8000㍍峰登頂は年を追って増え、ポーランドのワンダ・ルトキェヴィッチは'91年現在で7座の頂を制している。日本人では遠藤由加がナンガ・パルバット、ガッシャブルム1、2峰の3座にいずれも無酸素で登っており、他をリードしている。

さて、メスナーが'80年以降14座完登に向かって動き始めると、ピークの数でそれに迫ろうとする者が続々とあらわれた。イエジ・ククチカは、メスナーの翌年、'87年に14座を達成したが、一例を除いては冬季、単独、アルパイン・スタイルないしは新ルートと、内容的にはメスナーを上まわるものがあった。彼は、唯一通常ルートから登ったローツェに南壁から再挑戦をくり返したが、'89年頂上攻撃の際転落死してそこが墓所となった。14座を完登した者は、いまなおこの2人だけである。

ヴォイチェフ・クルティカは、アフガニスタンのバンダコー東壁やインドのチャンガバン南壁など6000㍍峰の難しい壁を登ってから高峰の世界にやってきた。ダウラギリ東壁('80年)、ガッシャブルム1、2峰('83年)、同4峰西壁('85年)、ブロード・ピーク縦走('84年)などのアルパイン・スタイル登攀に加えて、'88年にはトランゴ・タワーに新ルートを拓くなどピークハントには目もくれず、高峰とビッグウォールの両方で活躍している。

しかし、なんといってもポスト・メスナーの代表格は、'90年にローツェ南壁をソロしたトモ・チェセンだろう。彼は、それまでの固定ロープ遠征隊がさんざん苦しんだ3000㍍の壁をビヴァーク3回を含む62時間で往復した。'85年に包囲法でヤルン・カン北壁を登った彼はその後単独登攀に転じ、アルプスの冬季登攀で驚異的な記録をのこし、'89年にはジャヌー北壁ダイレクトのソロも行っている。岩登りにも氷雪にも、そして高所にも強い、といえば'70年当時のメスナーもそんな存在だった。

しかし七九二五㍍のガッシャブルム4峰と八〇三五㍍のガッシャブルム2峰の困難さについて、その〝高さ〟という土俵の上でのみ比較することにあまり意義を感じないのは私だけではないと思う。

かりに高さのことはおいたとしても、毎年多くの登山隊が同じ山に入りながら、そのほとんど全てが同じところをたどってゆこうとするのは非常に奇妙な感じがする。そこには、残念ながら創造性や独自性はあまり見い出せない。

他のスポーツに比べてあまりにも規制・ルールの少ない登山だからこそ、登る人間一人ひとりの姿勢いかんでその意味はいくらでも動いてしまうような気がする。

——山本宗彦「ラカポシ東稜に挑む」(125号)

●ジャヌー北壁ダイレクト単独登攀

ジャヌーの北壁を単独で登るなんて不可能に近い、と考えていた人は少なくない。しかし、私はそうは思わなかった。たぶん、誰よりも自分の成功を信じていた私にとって重要なことは、自分の信じるものを自分なりのやりかたで解いてみせたということなのだ。そして、自分以外に信じた唯一のものこそ、ジャヌーという山だったのだ。

——トモ・チェセン「JANNU・わが道を行く」(137号)

●現代の処女峰

ナムチャバルワが真の玉峰ならば、登られた後にも登山者を魅きつけるはずだ。クングールが素晴らしい初登頂をされた故に、その第2登においても、京都チームによる北稜登攀という素晴らしい登山が為された。ナムチャバルワもそのような山になって欲しい。

——和田城志「ナムチャバルワ・いかにして登るか」(147号)

特集●アルピニズム33年史

アルパイン・クライミングの行方

ここでいう「アルパイン・クライミング」とは、アルプスの、あるいはアルプス風の登攀をさす。と、わざわざことわるのは、昨今、国内の無雪期の岩登りを称して「アルパイン」とつかう人が少なくないからである。

たしかに、フリー・クライマーに対して人工登攀を含む長いルートに出かける人を区別していう場合に便利なことばだ。が、夏の一ノ倉をさしてアルパイン・クライミングというのは少々おかしくひびく。やはりここでは、岩と氷雪のアルプス風登攀の意味につかいたい。

その範囲は、アルプスそのものにかぎらず、日本の冬季登攀からアラスカ、アンデス、あるいはヒマラヤの6000㍍級の山々までを含めたものである。アルプス風クライミングは、現在ではアルプスを飛び出して、従来遠征登山の対象だった山々でも行われているからである。

さて、この特集の冒頭にも書いたように、『岩と雪』創刊号は'56年から'58年にわたる冬季登攀記録を特集している。

当時日本の冬山では、ヒマラヤを目ざす大学山岳部系登山者の間で極地法訓練や縦走を主体とした山行がさかんに行われていたが、社会人系（街の山岳会）登山者の間では冬季未踏の岩場が注目されていた。戦前拓かれたルートが多かったが、第2次大戦と戦後の混乱期という空白期間が過ぎると、クライマーたちの目は、それらのルートの冬季初登争いに注がれていった。

創刊後最初のシーズンとなった'58／'59年冬には、それまで一シーズン数本だった初登数が30本近くに増加し、「初登数の日本最高記録」（古川純一、8号「59〜65積雪期主要登攀記録」）とまでいわれた。

しかし、せっかく世に出た『岩と雪』のほうは、衝立岩正面壁が、開拓者である南博人、藤芳泰パーティによって冬季初登された同じ2月の7号をもって休刊に追い込まれてしまう。

そのころから、単一ルートの登攀に加えて屏風岩〜4峰正面壁〜前穂（'59年）とか屏風岩〜右岩稜〜Dフェース（'62年）といったような継続登攀や単独登攀の記録も出るようになる。前者は明らかに、より長大なルートを想定してのもので、海外、とりわけアルプスの大ルート登攀への準備だった。

このころのアルプスに関する文献は、アンデルル・ヘックマイヤー『アルプスの三つの壁』、ハインリヒ・ハラー『白いクモ』、ガストン・レビュファ『星と嵐』など。いずれも翻訳されており、アルプスに憧れるクライマーを刺激した。

'63年夏、芳野満彦、大倉大八パーティがアイガー北壁目ざしてスイスに渡った。2人の試登に触発されたクライマーたちは2年後、大挙してアルプスを目ざした。その数じつに30人余。もちろん統一パーティなどではなく、単独から友人同士、全岳連隊、全日本合同隊等々さまざまなグループから成っていた。

この年のアイガーはとりわけ天候が悪く、条件のよいところを求めて他の目標に向かった組もあった。芳野満彦、渡部恒明パーティはマッターホルン北壁に成功。その後高田光政、渡部パーティがアイガーに取付くが、後者は墜死、高田氏のみ頂上に抜けた。はからずもこうして果たされたアイガー北壁日本人初登攀だったが、日本のマスコミはこの遭難を大々的にとりあげて批判した。その顛末は、事件の1年後に復刊された8号に特集されている。

証言

●登山とアルピニズム

外国の山から、日本の山へもどって来た登山者が感ずる気持とは、要するに、生活に適さぬ山から、生活に適した山に還って来た安堵感なのである。それが美意識と混同されて「日本の山は美しい」という錯覚を生む。必ずしも日本の山だけが美しいわけではない。

山へ登る方法が山の構造に左右されることはいたしかたない。アルプス的な山は、岩と氷でできているのだから、岩と氷を攀じ登るという方法でしか登ることができない。アルピニズムといえば、岩と氷の登攀（クライム）のことである。日本の山では、別に、アルピニズムだけが山登りではない。旅人も、放浪者も、画家も、写真家も、詩人も、鳥の研究家も、彼らの趣味の一部または手段として、山登りを行なっている。

本来、アルピニズムとはアルプスを登ることをいい、登山とは日本の山を登ることをいっているのだ。

したがって日本では、スポーツとしての登山というように、登山という単語に註釈をつけることによって、はじめてアルピニズムと理解される。登山とアルピニズムはそのままでは同義語ではない。岩と氷の山登りという表現も、やはりアルピニズムのことなのである。登山とアルピニズムは本来同じものではないのだから、二つを同じ

アイガー北壁　1965年夏、日本人クライマーはこぞってこの壁を目ざした　1966年のダイレクト、1969年の日本直登ルート開拓では「遠征戦術」が採用されるなど話題が多い　現在この壁のルート数は20本以上になる
The North Face of Eiger(Eigerwand).

'60年代のアルプス

ここで、当時のアルプスの状況を見ておこう。

日本人がまず目ざしたアイガー、マッターホルン、グランド・ジョラスの、いわゆる三大北壁は、いずれも戦前の'30年代に登られていた壁である。順にいうと、'31年シュミット兄弟によってマッターホルンが、'38年ヘックマイヤーらによってアイガーが、同じ年カシンらによってグランド・ジョラスがそれぞれ登られた。

戦後は、技術的により難しい壁が対象となり、'51年にグラン・カピュサン東壁がボナッティらによって、'52年にプティ・ドリュ西壁がマニョーヌらによって登られた。

戦前に拓かれたルート（たとえばドリュ北壁）が優雅なフリー・クライミングを主体としていたのに対して、カピュサンは、ドロミテで培われた人工登攀技術を駆使した登攀であった。ドリュ西壁のフランス人たちも、東部アルプスに影響されて人工登攀を練習してから挑戦した。しかも後者は、いったん「90㍍のディエードル」から退却したあと、北壁から迂回してルートにもどるために「ゴロ」つまり埋込みボルトが連打された。これはまた、遠征戦術がアルプスに持ち込まれたという意味で、登攀史上の一大事件だった。

ボナッティは、K2遠征から帰った翌年、ドリュ南西岩稜に果敢な単独登攀を展開し、'57年にはプトレイ大岩稜、'59年にはブルイヤールの赤い岩稜を登って西部アルプスのレヴェルを一気に引き上げた。

彼は'61年に、フランスのピエール・マゾーらとフレネイ中央岩稜に挑むが、嵐の中を退却中に遭難、4人を失うという悲劇に遭った。このルートはその翌月、ボニントンらのイギリス・パーティと、それを急追したデメゾンらのフランス・パーティによって登られた。

ドリュ西壁には、さらに大きな発展が待っていた。'62年、ヨセミテの進んだ人工登攀技術を駆使したロビンスはヘミングと下部直登ルートを拓き、'65年には南西岩稜と西壁ルートとの間に新たな直登ルートをジョン・ハーリンと拓いた。ハーリンは'63年にフー南壁も初登している。当時モン・ブラン山群最難の人工登攀といわれたルートである。

'60年代に入ると、大岩壁の冬季登攀が活発化した。'50年のフランス・アンナプルナ隊が「ナイロン遠征隊」といわれたように、戦後、合成繊維を使ったすぐれた防寒具やビヴァーク用具が生まれ、それが一連のヒマラヤ登山で洗練化されて、冬の寒気から身を守る有力な武器となった。

ドロミテの岩壁のいくつかは、第1次と第2次の両大戦間に早くも冬季登攀されていた。西部アルプスでのそれは'57年、クジーとデメゾンによるドリュ西壁の冬季初登である。ドリュではボナッティの南西岩稜が'61年に、そして北壁は'64年になって登られた。最も容易な北壁が最後になったのは、

でなければならないと考えることには無理がある。

——原真「登山とアルピニズム」（28号）

●すばらしい「なにか」

アルプスの冬期登攀から得られる最大のものは、われわれが風や氷や岩の荒々しい厳しさに抗して全力をかたむけて登攀するときに得られる「なにか」だと私は思う。そしてそれは、まだこの世から失われていない、すばらしい「なにか」なのである。

——クリス・ボニントン「グランド・ジョラス北壁中央クーロワール試登」（29号）

●用具・技術・ルール

アルピニズムの形態・様式が変化するにつれて、用具も変化する。至極当然のことである。

新しい技術が、新しい用具を要求する訳でもある。しかし、一般には新しい用具から新しい技術を教えられるといったほうが適当であろう。ただそれが誤まって受け取られたり、登攀を容易にするためだけに使用されたとしたら、アルピニズムの退廃を招くだけだろう。

ルールの基準は、初登攀者の労苦を思い出すことから始まるのではないだろうか。

このことは道具だけに限らず、タクティクスにも言える。ユマール登高器は岩壁でのポーラー・システムを容易にしたが、ヒマラヤ鉄の時代への一つの戦術であって、乱用されるべき方法ではない。僕自身、グランド・ジョラスでこのヨーヨー・スタイルを採用して、後味の悪さを味わっている。

ボルトにしても、登山から神秘性をうばってしまうものだ。ただ単に空白を埋めるためのルート作りなら、タガネでホールドを切りきざんだほうが余程気がきいている。

——鈴木勝「登攀倫理と新しい用具」（41号）

北面に位置することと、傾斜が緩いため雪が付きやすく、冬季には逆に困難性を増すからだった。

　しかし、なんといっても'60年代の冬季登攀の目玉は、ドリュのような岩壁よりも、岩と氷が完壁に結びつけられたミックスの大ルートにあった。三大北壁である。

　その最初はアイガーだった。'61年、ヒーベラー、キンスホーファーら4人は3月6日から12日で冬季初登を果たしたが、じつはこの登攀は'52年のドリュ同様2回に分かれていた。最初の攻撃で登山鉄道の坑道出口まで登り、天候悪化で下降。ホテルで休息をとってから5日後に再攻撃したのだが、その際鉄道に乗って坑道出口にもどり、登攀を再開したのである。

　翌年1月、ヒーベラーらはマッターホルンに取付いたが、敗退。翌月のスイス＝オーストリア・パーティが初登をモノにした。

　グランド・ジョラスはそのさらに翌年、'63年1月の末にボナッティとザッペリによって登られた。ボナッティはこの2年後の冬、マッターホルン北壁に単独で直登ルートを開拓して登攀界から去った。

マッターホルン北壁　1965年に芳野＝渡部パーティが日本人初登　1967年には山学同志会パーティが冬季第３登　1965年冬ボナッティは単独直登ルート開拓を最後に登攀界を去った　内田良平撮影　The North Face of Matterhorn.

固定ロープの登場

　アルプスで新たな登攀を果たしたアルピニストたちは、ヒマラヤの高峰を目ざす一方で僻地の山々でもアルピニズムを追求していった。もっとも当時は、ヒマラヤのように圧倒的高度をもたない山々においても、頂上を射程距離に入れるまでは固定ロープを張ってゆく遠征戦術が採用されていた。それでも高さと巨大さという障害が小さいだけに、アルプス並みの難しさのルートに挑むことが可能だった。

　フランス隊は'50年のアルパマヨ、'52年のサルカンタイとフィッツロイ、'54年のアコンカグア南壁、'56年のチャクララフ西峰、'57年のパイネ・グランデと、専ら南米で活躍、'64年にはアラスカの難峰ハンティントンにも登った。

　他の国々のパーティも、アルプスで貯えた実力を海外の山にぶつけていった。

　オーストリア隊は'57年にヒリシャンカに登り、'58年にはイタリア隊がパイネ北塔に登頂、'59年にはマエストリのセロ・トーレ登攀が行われた。'63年にはアメリカ隊がカナダのマウント・プロボシスにヨセミテ流のルートを拓き、ボニントンらはパイネ中央塔、イタリア隊は同南塔にそれぞれ成功した。

　一方アルプスでは'66年冬、センセーショナルな登攀がアイガー北壁で行われた。ジョン・ハーリンらの英米隊とペーター・ハークらの西ドイツ隊が、いずれも直登ルートを拓くべく、固定ロープを張りながら登攀を開始したのである。西部アルプスで初めて大々的に採用された包囲作戦であった。両隊は途中から合同して登攀を進めたが、固定ロープの切断事故でハーリンが墜死。最終的にイエルク・レーネら西ドイツの4人とドゥーガル・ハストンが頂上に達した。

　賛否両論が渦巻いたこの登攀だったが、冬季登攀に固定ロープが使われた例はこのアイガー・ダイレクトのような新ルートば

●冬壁のフィックス・ロープ
　それを実行に移す決意をさせた最も大きな要因となったのは、『岩と雪』四五号のスワロー・クラブによる池ノ谷中央壁の記録であった。「この計画はヒマラヤへのワン・ステップであり、われわれがどうしても成さなければならなかったトレーニングだった」というその理由付けはともかく、わずか一〇ピッチそこそこの壁を登るためにとられた方法は、僕にとっては全くの唾棄すべき方法であった。登山が遊びである以上、人により楽しみ方も異なるであろうが、しかし、それでもなお僕には納得がいかない。

　かつて昭和三十年代初期に、ある山岳会によって行なわれた、冬期困難と思われる所に夏の間にロープをフィックスする方法とか、最近では黒部奥鐘山のフィックス・ロープの件である。すみやかに撤収するといわれたロープが、いつまでたっても放置されていることを、後の登攀者が報告している。既成実事を作ってしまえば、というような感じを受ける。日本の山が、ある意味で個人や一グループの楽しみの場であるという時代は遠く去った。何をどのように成すべきかは登攀者自身が考えるべきであろう。

　――松本正城「冬期登攀一九七七・剱岳R4」(57号)

●単独登攀のオリジナリティ
　一人のアルピニストがセカンドで確実に登れる所は、当然トップで登ることができ、トップで越えられた所は、必然的に一人でも越えられるはずなのである。ただ一つ、単独登攀におけるオリジナリティは、ほんの小さなミスからでも起こり得る、重大な事故から救ってくれるパートナーをあてにすることを、自ら拒絶することにある。た

グランド・ジョラス北壁　顕著な２つのバットレスのうち左がウォーカー側稜　右は1935年に登られた中央(クロ)側稜　その間の短いのがウィンパー側稜　ウォーカーとウィンパーの間にある中央クーロワールは1972年日本チームによって初登された　長い頂稜から落ちている各側稜やその各側壁にルートが拓かれ、1991年にも１本新ルートが生まれた　中野融撮影　The North Face of Grandes Jorasses.

かりでなく、'68年のピッツ・バディレ北東壁でもあった。極度に困難な対象に挑戦する場合には新技術として包囲法の採用も辞さない。当時のアルプスの雰囲気はそんなふうであった。固定ロープはまずドロミテのディレッティシマ開拓で用いられ、冬の西部アルプスに持ち込まれたのである。それが必ずしも進歩ではなかった、と認識されるのはずっとあとのことである。

'69年夏、加藤滝男らのJECCパーティはアイガー・ダイレクトの右手に新たな直登ルートを16日間にわたる包囲作戦で開拓した。'70年冬には、遠藤二郎らの山学同志会パーティがハーリン・ルート（アイガー・ダイレクト）の第2登を同じく包囲法で果たし、頂上から同ルートを下降した。こうして日本人クライマーも、固定ロープとユマールを駆使する〝新戦術〟にのめり込んでいった。'71年冬にはドロワット北壁直登ルートが、ハンス・ミューラーらによってこれも固定ロープを用いて登られた。

'72年冬には、グランド・ジョラスのウォーカー側稜右手にある中央クーロワールが登られた。まずイギリス隊が固定ロープを張って試登し、彼らの敗退後、鈴木勝らシャモニに集まった日本人チームが完登した。

変化のきざし

日本人による固定ロープにたよらない登攀ももちろんあった。三大北壁のうち唯一日本人に登られていなかったグランド・ジョラスは、'66年に独標登高会の伊藤敏夫らによって登られた。また小西政継らの山学同志会パーティは、'67年にマッターホルン北壁の冬季第3登に成功した。小西らは'71年にグランド・ジョラス北壁でも冬季第3登を果たし、メンバーの星野隆男は'70年のアイガー直登と合わせて世界初の三大北壁冬季登頂者となった。

'72年冬、小川信之、伊藤礼造パーティは、ブルイヤールの赤い岩稜からフレネイ中央岩稜へ継続するという大胆な試みを実行に移したが、前者を冬季初登したにとどまった。大ルートの継続登攀が行われるようになるには、夏においてさえまだ早すぎた。

'73年以降、固定ロープの乱用に対する反

った一つでも失敗することを許さない、厳しい規制を自らに課すことであり、消極的になるほど己れをカタストロフィーに結び付けることにもなるのである。肉体と意思の交差した失敗に対する、連続した己れ自身への闘いでもある。

——ニコラ・ジャジェール「単独登攀の擁護と注釈」（58号）

●アラスカ・アルパイン・スタイル

我々の二つの登攀は面白かったし、またおそらくアラスカ登攀史の一隅に記憶されるものだろう。しかし、我々のやり方は唯一のものでもないし、最上のものともかぎらない。クライマーたる者はこれらのことについて、他人の偏見に煩わされることなく、自分自身で決定を下さなければならない。こうした登攀をやることは、単なるスタイルや流行以上のものを含んでいるからだ。

——マイクル・ケネディ「ハンター北壁とフォレイカー南壁中央側稜」（59号）

●極限の氷はすでに登られた

アイス・クライミングの問題は、技術的に最も難しいクライミングはすでに行なわれてしまった、ということです。岩の場合は、極限というものが常に先にあるのですが、氷の方は形状や傾斜にも限度があるからです。一〇〇〇㍍の垂直の氷と一〇〇㍍のそれとの間に技術的なちがいはありません。所要時間だけの問題です。そして現代の登攀技術と用具は、最も急峻な氷でさえ克服することを可能にしてしまいましたし、実際、極限の氷はすでに登られているのです。

——イヴォン・シュイナード「シュイナードに聞く」（96号）

●危険で不快、淋しくて不安

省とそういった作戦を要する対象の消失、クライマーの自信の回復があいまって大がかりな包囲法は影をひそめていった。

ダブル・アックス技術によってもたらされた氷壁登攀のスピード化で、これまで敬遠されてきたクーロワールや氷壁にも可能性が生まれ、冬季登攀の幅をひろげた。

日本人クライマーもアルプスの水に慣れ、新ルートや冬季登攀に活躍する人々が増えた。グランド・ジョラスを登ったシャモニ・チームはその後ドロワット北壁クジー・ルートを’73年に冬季初登したし、’74年井上進らはプトレイ大岩稜北壁に新ルートを拓いた。鴨満則は’76年にブレンヴァ・フェースのマジョール、ポワール両ルートを冬季単独初登し、’80年にはフレネイ中央岩稜の冬季単独初登にも成功した。長谷川恒男は’77年から’79年にかけてマッターホルン、アイガー、グランド・ジョラスの各北壁を冬季単独初登した。

やがて’80年代になると、ヨセミテに発してフランスやドイツに定着したフリー・クライミングの波が岩の大ルートにも及び、クラシック・ルートのフリー化や良質なクラックをもつ新たな壁の開拓に結びついていった。また氷壁登攀は、おもなクーロワールがたちまち登り尽くされ、今度はさらにデリケートなグロット（氷の溝）やガリーの氷瀑が対象となっていった。

大ルートの継続登攀も’70年代後半からさかんになり、冬季にも次々に新たな記録が生まれた。さらに’80年代になると時間やルート数が競われるようになり、やがてパラパントやヘリコプターを駆使して、三大北壁を1日で登るところまできた。

本来のアルプスらしいクライミングがなくなったわけではないが、新たな壁、新たなルートを求めるその前線はアルプスを飛び出していまや僻地の山々に息づいている。アンデス、アラスカ、さらにヒマラヤの6000㍍級の山々で。そして初めのうちこそ用いられていた包囲戦術も、やがてアルパイン・スタイルに変わってきた。

’78年にはチャンガバン南壁、ラトック1峰北稜など’80年代の先駆となる登攀がすでにヒマラヤの困難な壁で行われた。環境のきびしさからして、これらの地における登攀の技術的レヴェルは大戦前のアルプス程度だが、ルートの長さや処女性が

ドリュ西壁　初登時埋込みボルトが使われた　ボナッティが1955年に南西岩稜をソロ　ロビンスは1962年と65年にヨセミテの技術と用具を駆使した新ルートを拓いた　The West Face of Dru.

山へ登れば登るほど、山の表情が千変万化することに気づく。そして我々登山者が望む真の山の姿には、そうめったにお目にかかれるものではないことも分かってくる。いったい人は山に何を求めているのだろうか。非日常—脱都会、原始の風景としての自然、静寂—より遠き高き困難なる対象、前人未踏—ほのかなる自負。個人の動機や他人の評価は色々とあるだろう。私にとっては、山は危険で不快、淋しくて不安。そんな時ほど深く心の奥底に沁み込んでゆく。

冬の八ツ峰の魅力は、八ツ峰本体より「冬の」にある。冬は雪を意味している。そしてその雪が八ツ峰を美しくする。我々に対して不安を抱かせ、厳しい環境を演出する。

——和田城志「剣岳八ツ峰・厳冬季登攀の研究」（141号）

●孤独

ちょうど一年前同じ便に乗ったぼくは、冬のフィッツロイを単独でやってみようという大きな野望で心をいっぱいにしていた。ランニングも十分やって体調はととのえたし、装備も完全だった。しかし、じっさいにベース・キャンプに入ってみると、悪天候をやりすごすための連日の待機に胸の苦しくなるような孤独を感じ、冬のパタゴニアの登攀が予想以上に困難なことを思い知らされた。結局、早く町に降りたいという思いに負け、満足できるような登攀もせずに中止した。

暑いブラジルのコパカバーナの海岸で海を見ながら誓った。

「必ずもどってくるぞ、不毛の大地、嵐の大地パタゴニアに。再び冬に、そして単独で……」

——山野井泰史「フィッツロイ冬季ソロ」（143号）

現在のアルプスでは得られない魅力を与えている。

日本の冬季登攀

ひとところのような大きな目標は少なくなったが、冬季未踏の壁はまだ残っていた。'67年2月、森田勝らは一ノ倉沢滝沢第三スラブを登ってそれを示した。滝沢のスラブやルンゼは雪崩の危険性が高く、容易に手が出せない対象だった。第三スラブの冬季第二登はそれから7年後、おりからわが国に紹介されたダブル・アックス技術を用いて、遠藤甲太らによって果たされた。その2日後、大宮求が冬季単独初登に成功した。この年、隣接する第二スラブも長谷川恒男らによって登られた。この年以降、滝沢の各スラブは冬季の人気ルートになった。

'63年に初登の黒部の奥鐘山西壁が冬季初登されるまでには8年が必要だった。'72年3月、近藤国彦ら5人は京都～広島～OCCの3ルートを結んで上部ブッシュ帯まで登りつめた。近藤と吉野正寿は'75年1月に穂高・屏風岩から4峰正面壁、東壁、滝谷を継続し、槍ガ岳を越えて北鎌尾根を下るという山行も行っている。長谷川恒男も同月、ほぼ同じコースを単独で踏破している。

冬の谷川岳一ノ倉沢滝沢スラブ　1967年の第3スラブ冬季初登以来第2登まででじつに7年間を要した　ダブル・アックスの普及によってその後各スラブは人気ルートになった　浜川悠撮影
The Takisawa Slabs, Ichinokurasawa, Mt. Tanigawadake.

'76年には寺西洋治らによって海谷山塊千丈ガ岳南西壁広島ダイレクト・ルートが冬季初登された。

スケールの大きなルートがなくなってくるにしたがい、凍った滝の登攀が'80年代の冬をリードした。甲斐駒篠沢七丈瀑、御坂芦川千波ノ滝、海谷山塊十一面のカネコロンほか大小無数の氷が発見され、登られていった。佐久の湯川はそのなかでもルートの多さ、難しさで人気を集めた。しかし、アルパイン・クライミングとしては'82年の一ノ倉沢烏帽子奥壁大氷柱初登（勝野惇司ら）が目立っている。

冬季の岩壁登攀は'70年代中にスケールの大きな冬季未踏ルートがほとんど登られてしまったため現在は登攀者数も多くない。冬季登攀そのものへの興味がうすれてきた面はたしかにあろうが、アルパイン・クライミングの舞台が大きく世界にひろがってきた今日、わが国もそれなりに充実した冬季登攀のあり方があるはずだ。さいわい最近は新たな発想で拓かれたルートも増える傾向にある。冬季登攀活性化の解決は、案外そんなところにもあるのではないだろうか。

●グレート・トランゴ北東ピラー

ぼくは強くなっただろうか？　ドーセスの魂に触れて、以前と違うクライマーになれただろうか？　ただひとついえることは、課題はまだたくさんあり、なにかを求めなければいけないということである。確かなことは、ぼくらは生きて帰り、またクライミングができるということだ。これは、もっとも歓迎すべき真実である。

――保科雅則「TRANGO・ビッグウォールのエピック」（144号）

●山本来の静けさ

それにしても、冬の一ノ倉は静かだった。10年くらい前の、あの出合の小屋における喧噪がうそのようだ。言葉はかわさなくても、お互い見知った顔が必ず何人かいたものだが、いったい、皆どこへ行ってしまったのだろう。もっとも山に向かう人が少なくなったからといって、アルパイン・クライミングが低迷しているとは必ずしもいえないと思う。クライミングの世界では、ごく少数派になってしまった感があるけれども、なにがしかのこだわりを持って、ハードなアルパイン・クライミングを実践し続け、優れたクライミングを成し遂げている人たちはいるわけで、そういったクライマーたちにしてみれば、山に本来の静けさが戻ってきたのは好ましいことなのかもしれない。

――市山篤「一ノ倉沢・烏帽子奥壁ダイレクト冬季第2登」（146号）

特集●アルピニズム33年史

ロック・クライミングの進展

けわしい山の頂上に立つ必要性がロック・クライミングを生み出した、とはよくいわれることである。しかし、ある種の人々は、急峻な岩場を地球の重力に抗して攀じ登ることがいかにすばらしいスポーツであるか、という事実をやがて発見した。

そのうち、歩いて登れるルートではなく、岩ばかりのルート（岩壁）を通って頂に至るような岩塔が、この冒険の対象となる。主要な頂が登られてしまうと、のこっていたのは、そういった岩塔や衛星峰の頂だったからである。

こうして発達した岩登りは岩塔の急峻な側面ばかりでなく、尾根の側壁や高い崖でも行われるようになっていった。その目的地は頂から岩壁の終わる地点へと下りてゆき、岩登りは「頂に至る一手段」という地位から脱してゆく。

というのはずっと昔の話で、『岩と雪』が創刊されたころ、岩登りの位置づけは、すでに頂への手段などではなかった。しかし、それでも北アルプスや谷川岳にある「大きな岩場」と街の近くにある「小さな岩場」の地位はおおいに異なっていた。後者はゲレンデと呼ばれ、前者へのトレーニングの場としてとらえられていたのである。

ゲレンデだけを好んで登るクライマーというのは、あまりいなかった。いや、いたにしても、本番の岩へ行かないクライマーなどハナから存在価値がないかのようにとらえられていた。

これはある程度当然のことで、大きな岩場にしても冬季登攀へのステップであり、その冬季登攀すら海外のより大きい岩場への準備段階だ、というヒエラルキーが登山界のなかに厳然としてあったからである。世にいう「アルピニズム至上主義」である。ワラジでスラブを登ったりすれば、「ワラジにアルピニズムがあるのかね」と、書かれる時代でもあった。

というと、いかにも当時を悪くいっているように聞こえるかもしれないが、そうではない。多くの人はそう信じ込み、一心に岩場を登っていたのである。それにあのころは、ゲレンデでやる岩登りと本番のそれとの差は、登攀動作の難しさという一点からみれば、あまりなかったのもまた事実である。

さて、'58年当時、無雪期の主要な壁はあらかた登られていたが、谷川岳一ノ倉沢では二つの岩壁が東京のクライマーに注目されていた。コップ状岩壁と衝立岩である。

前者は6月22日、東京緑山岳会と雲表クラブによって、別ルートから同時に初登攀された。この登攀には、従来からのピトンに加えて新兵器が使用された。埋込みボルトである。

これは、'52年にドリュ西壁を登ったマニヨーヌらが使用した（前項「アルパイン・クライミング…」参照）のを文献で知ったクライマーたちが手造りしたものである。ピトン類を打つクラック（リス）がなくても、どこにでも打ち込めることからのちに乱用されて批判を浴びる結果になったが、コップ状岩壁で使用された当時は、きわめて慎重に、必要最小限に使われた。

これは翌年登られた衝立岩でも同様で、初登者の南博人、藤芳泰パーティは、ルートをつなげるためだけに使っている。のちのディレッティシマ時代に見られたような、極端な連打で核心を突破するような愚は犯さなかったのである。

ヨーロッパと英国

当時ドロミテでは、奇しくもコップ状岩

証　言

●日本教徒アルピニズム派

ある人は、そこの岩場が小さいうえに脆弱で、登攀価値がないといわれるからという理由で、そこの岩場にでかけてゆく。

またある人は、ヒロイズムを前面に押しだして、自分の岩登りを位置づける。

なんでもいい。どうでもいいのだ。ただ、楽しい岩登りを取り戻すことだけは急務である。そして、新しいモラルが生まれでる日をじっと待つのだ。

それにつけても、日本教徒アルピニズム派は、はるかに高く困難な壁である。

――岩崎元郎「高さと困難が登山の目的なのか」（32号）

●ブレイブ・ニューワールド

しかし近年になって、創造力に富んだ若いクライマーたちが先頭に立ち、ヨセミテのフリー・クライミングにおける〃ルネッサンス〃を育て始めている。彼らは洗練された技術と強力なトレーニングの下に、用具を改良し、旧来の登攀倫理を浄化して、驚くべき新ルートを何本も生みだした。昨日までのエイド・クライミグのルートが、今日はフリー・クライミングの標準的ルートに変わっている有様である。発展を続ける精神は、明確なひとつの方向を生み、それは豊かな発想による登攀として表現されていった。

壁と同じ'58年6月に、チマ・グランデ北壁のブランドラー＝ハッセ直登ルートが拓かれている。ボルトも打たれたが、極限までピトン類を使った末に、ビヴァーク・レッジまでの短いトラヴァースに使われただけで、非常に困難なフリー・クライムを含む好ルートである。

この北壁のオリジナル・ルートは、'33年にコミチとディマイ兄弟がピトン類だけで拓いたものだが、ブランドラーたちのルートも精神の上ではそれに劣らず、'58年という時代のレヴェルに合致した技術的難しさをもったものだった。

ところがその8年後の冬、同じ北壁に拓かれた〝スーパー・ディレッティシマ〟では、固定ロープを張りながら16日間かけて何百というボルトを打ち込むという登攀が演じられた。ライナー・カウシュケら3人のパーティがとったこのラインは、頂上から下のガラ場までまっすぐに引いた線に沿ったもので、ナチュラル・ラインが近くにあっても見向きもせずに、ひたすら上を目ざしていた。

ディレッティシマの真髄といえば聞こえはいいが、これなら難しい個所をえらんで蛇行した方が困難なルートになるのではないか、とてもいいたくなるほどの徹底ぶりだった。このグランデ北壁では'67年にも、エンリコ・マウロらによって300本以上のボルトを打ち込んだ直登ルートが拓かれている。

隣りにそびえるチマ・オヴェスト北壁でも同じだった。'35年カシンのオリジナル・ルートに加えて'59年から'68年までの間に4本の直登ルートが追加された。

グランデやオヴェストは、高さ500㍍の大岩壁である。では、もっと低い、いわゆるクラッグと呼ばれる岩場ではどうだったか。

ヨーロッパ大陸のように高い山も大岩壁ももたないイギリスでは、「小さな岩場を最も効率よく利用するには、危険の質と成分を常に高く保っていなければならない」（ダグ・スコット）という理由から、大戦後もピトンの使用は最小限に抑えられてきた。

イギリスの山岳会《ジ・アルパイン・クラブ》は戦前、'30年代に東部アルプスで急速に発達した岩登りをナチズムと結びつけて否定的に見ていた。そのため、戦後になって大陸の岩場で新たな発展が開始されたときも、イギリスのク

チマ・オヴェスト北壁スイス＝イタリア・ルートのオーヴァーハング　1959年に登られた直登ルートのひとつ　ピトン類304本ボルト６本　ひときわきびしいペグ・ルートである　Climbing in the overhang of the Swiss-Italian route, the N Face of Cima Ovest. D. Scott photo.

──ジム・ブリッドウェル「ヨセミテの新しい波」（39号）

●ソ連クライマーの強さにふれて

彼らはこの岩登り大会のために十二分に岩を登りこみ、極限的なフリー・クライミングの一つのパターンを作り上げていた。乱れることのない完全なフォームで、可能な限り岩から身体を離し、常に次の動作への移行を用意していた。指の力と腕力は抜群で、指の第一関節だけで身体を十分支える力をもっている。

彼らが岩登りに常用している靴はゴム靴で足にフィットさせ、フリクションでも指先立ちでも自由に使いわけて登っていた。だが、あの柔らかい靴でどうして細かいスタンスに立てるのか、不思議でさえあった。彼らにとって足で立つのと手でぶら下がるのとが、登攀中同じくらいの比重を占めていた。日本の岩場でよく見られるように、ビブラムの爪先で長時間立っているような場面は全くなかった。われわれが岩場でもどこでも、山登りは一律に足で登るのだと教えられ、教えてきた固定観念は岩登り競技においては一掃しなければならないだろう。腕力や指の力を強力にするためのトレーニングが岩登りには不可欠であることを、ここで新たに認識しなければならなかった。

──田村俊介「国際岩登り大会の教訓」（53号）

●クライミングの本質

ヨセミテのクライマーの根底にある思想を考えるとき、もっとも注目しなければならないのは、ボルトやピトンをホールドにするだけで、また振子トラバースをするだけで人工登攀とみなす厳しい規定の中で、彼らは人間の極限を追求している、という事実であろう。つまり、岩をできるだけ自然のままに保つとともに、人間側の力と技

ライマーたちは後れをとっていた。

'50年にレビュファの講演に刺激されてドリュ北壁を登ったトム・ボーディロンは、アルパイン・クラブの態度にあきたらず、'53年にアルパイン・クライミング・グループ（ACG）を設立した。ここに集まった先鋭クライマーたちは次々にモン・ブラン山群やドロミテを訪れ、大陸のクライマーが拓いた高度なルートを登り込んでいった。彼らがアルプスでイギリス独自のルートを拓くようなレヴェルに達したのは、'63年にボニントンやウィランスがフレネイ中央岩稜を登ったときだった。

大陸と自国の岩場を往復しながら、イギリスのクライマーたちは徐々に力をつけていったのだが、前述した理由からピトンの使用には慎重な態度をとり続け、代わりに人工的なチョックストーン（マシンナット）をよく使った。それ以前には手ごろな小石を持っていって、必要なときにクラックにはさみ込み、スリングを通していたのである。もっとも、伝統のない新しい岩場やスコットランドの大きな壁ではピトンによる人工登攀が行われなかったわけではない。

このマシンナットは、'60年代初めには早くも鋳造の商品として作られ始めた。'70年初登にはアメリカのシュイナードが、あらゆるサイズのクラックに適合する製品のラインナップを世に送り、フリー・クライミングの発展に貢献したが、それはまだ先の話である。

イギリスのクラッグで行われる岩登り　これは1980年の写真　場所はスタニッジのティプラー・ダイレクト・ルート　高橋善数撮影
Climbing on the Tipler Direct, Stanage, England.

ヨセミテ・クライミング

アメリカの岩登りは'30年代に入ってから始まった。ワイオミングのティトン、デヴィルズ・タワー、ニュー・メキシコのシップロック等である。デヴィルズ・タワーを登ったフリッツ・ウィースナーはドイツの出身で、ザクセンの砂岩地帯や東部アルプスで高度な岩登り技術を身につけていた。彼は'37年にタワーを登った（初登頂はその44年も前に木製の梯子を使って行われていた）が、そのルートのグレイドは5・7であった。ヨーロッパのⅤ級に相当する。当時ドロミテではⅥやⅥ＋が登られていたのに比較すれば低いが、アメリカ人自身がこの難しさのルートを作り出すには、それから20年もかかった。

大戦前のヨセミテでは約40の初登が行われたが、なかにはかなりの人工登攀も含まれていた。戦後は、それまでの軟鉄製ピトンに代わって硬鋼ピトンを自ら作り出したサラテによってハーフ・ドーム南西壁、ロスト・アロー・チムニー、センティネル・ロック北壁の、いわゆるサラテ三部作が登られた。

ヨセミテ、というより世界一の大岩塊エル・キャピタンに作られた最初のルートは東バットレスである。'53年にアレン・ステックがウィリー・アンソールドらと登ったものだ。しかし、これはこの大岩塊のほんの一角にすぎず、エル・キャピタンそのものといえる、高さ1000㍍近い大岩壁に手が付けられるのは何年か先のことだった。

その前に高さ600㍍のハーフ・ドーム北西壁があった。ロビンスはハーディング

を追求することにより、人と岩との間隔を近づけるという基本姿勢である。道具を媒体とし、道具の発達に助けられて、ただどこを登ったという結果の追求だけをする山とのかかわり合い方ではないのだ。

——吉野正寿＋林泰英「誰も書かなかったヨセミテ」（54号）

●奥鐘山西壁フリー化

なにも僕たちは極限のフリー・クライムだけが至上のものだといおうとしているのではない。クライマーにとって時間と装備はいつでも無制限に入手できるものではないだろう。人工登攀とボルトさえ使えばどんな岩場も容易に登れてしまうと考えているわけではない。ただ、こんな難しい所はボルトを埋込むべきだという固執した観念に振り回されることなく、全力を傾けて手段を尽してみることの楽しさを、すばらしさを知ってほしいと思う。

——山本譲「奥鐘山西壁フリー化の試み　その遊戯と論理」（69号）

●可能性を秘めた眼で見ると

いまや世界のロック・クライミングをリードするヨセミテ、コロラドのクライミング・スポットを巡り歩いて、私自身に変化があったとするなら、それはクライミングに対する限界が、遥かかなたまで押し上げられたことだろう。いままでなら人工でなければ登れないだろうという眼でしか見られなかった所でさえ、フリーで登れるかもしれないと思えるようになった。可能性を秘めた眼で見ると、いままで見向きもしなかった岩場に、すばらしいラインが見つかる。

——戸田直樹「ヨセミテとコロラドの体験」（72号）

●たった数メートルであれ…

と2人でやった'55年の試登のあと何度も通いつめ、'57年ついに成功した。技術的には、'52年のドリュ西壁に匹敵するといわれる登攀だった。

同じ年、ハーディングは2人の仲間とともにエル・キャピタンに取付いた。南西壁と南東壁が出合うバットレス――ノーズである。登攀はその年のうちには終わらず、翌年春に再挑戦、完登は11月になった。18カ月間にわたり、延45日を費した彼らは675本のピトン類と125本のボルトを打ち込んだ。その90%が人工登攀用に使われた。

ハーディングの例を見ない大包囲作戦に批判的だったロビンスは、'60年に7日間のワンプッシュでノーズの第2登をした。彼は翌年、今度はサラテ壁をこれもワンプッシュで登ったが、ボルトは13本しか使わず、このラインが最も抵抗の少ないものであることを証明した。

その後エル・キャピタンでは'60年代に次々に新しいルートが拓かれていったが、包囲法が採用されたのはダイヒードラルとウェスト・バットレスだけで、あとはすべて「よいスタイル」で拓かれていた。

しかし、'70年にハーディングが拓いたアーリー・モーニング・ライト・ウォールは、またも論争の的になった。戦法こそワンプッシュだったが、26日間というその長さ、壁に打ち込んだボルトの桁ちがいの多さが批判の的となったのである。スカイフックを彼流に改造したバットフックやアルミ製リベットも動員された。

この壁は、ノーズと'64年に拓かれたノース・アメリカ・ウォールの間にあり、ハーディングの前に2パーティが、ノーズの右側をたどるラインから試みていた。しかし、どちらも、大量のボルト打ちが必要とみて断念していたのである。ロビンスはここでも第2登したが、このとき出だしの2、3ピッチに打ち込まれたボルトを引き抜いてしまった。一部にせよルートを「消す」ことで批判の姿勢を示したのである。

'70年代以降もエル・キャピタンのルートは増え続け、南西壁がいっぱいになると、短いがより傾斜の強い南東壁に興味が集中していった。現在では両者を合わせて60本近いラインが引かれ、世界最大のルートのネットワークを形成している。

フリー・ルネッサンス

岩登りとは基本的に手と足で登るものである。人工的補助手段《ダイレクト・エイド》は、フリー・クライミングの限界を超える個所で限定的に使われた。未踏の大岩壁がいくらもある間はそれでよかった。まず初登攀というゴールに達することがすべてであり、そのための手段は、特別な場合を除いて、クライマーの選択にまかされてきた。

ところが、新ルートは無限にあるわけではない。そのことに気づいたアメリカのクライマーたちは、フリーの限界を押し上げることに力を注ぎはじめた。'64年、フランク・サックラーとチャック・プラットは、それまでエイドで登られていたルートのフリー化に手を染め、次から次へと陥落させていった。

いっさいの確保なしで低い岩で行うボルダリングの高度な技術をルートに応用したフリー・クライミングの進展には、両手を岩からはなさずに片手で簡単にセットできるチョック（ナット）の発達、底にパターンのないフリクションのよい靴（フラットソール）の性能向上も大きく寄与した。さらに筋力を鍛練するためのサーキット・トレーニングも必須事項になった。

グレイドは飛躍的に伸びた。5・9の次は6（アメリカの人工登攀をさす）になるところを5・10a、b、c……と、あくまでフリーで登る努力が続けられた。ジム・ブリッドウエルはこれを「フリー・クライムのルネッサンス」と呼んだ。従来はホールドにもならなかった細い《シン》クラックや広過ぎる《オフ・ウイドウス》クラック、指先だけ《フィンガー・チップ》しかかからないレイバックなど、ありとあらゆる手がかりを有効に使うため技術が磨かれた。

'66年、コロラドでパット・アメントがシュープレマシー・クラックを登ったが、これはアメリカで最も早い5・11だった。ヨセミテでも'70年代初めにスティーヴ・ウンシュらがニュー・ディメンジョンズ等の5・11ルートを登った。フリー化の分野でもジム・エリクスンらが'71年にコロラドのネイキッド・エッジに成功。ヨセミテでも'75年にジョン・バーカーらがワシントン・コラム東壁をフリー化してアストロマンと名前を

とにかく、その誰もがトレーニングのためにやってくるのが城内フェース。ここでは金もかけずに練習でき、しかも挑戦的興味まで満たしてくれるのです。たとえたった数メートルであれ、全力を要求する「岩」である点で、大きな岩壁と同じです。だから僕たちは本番の岩場での段階をふむことなくここでトレーニングして奥鐘へも行ったわけです。カギになる一〇㍍が登れれば、八〇〇㍍の壁も登れると信じて。

――滝波竜也「いわゆる〝本番〟と日常の山について」（83号）

●フリーでやる精神

短い視点で見た場合、われわれにとって最も重要なのは、センセーショナルなフリー化の記録でも、新しいギアの開発導入でも、まして方法論的な倫理の統一でもなく、クライミングの進歩に対応できる次元と精度をもつグレード・システムの確立だろう。進歩を証明できる尺度がなければ、自己不信に陥って進歩はやがて止まるだろう、七〇年代のように。そしてこれと平行して、個人レベルで己れのあそびを社会的帰属意識の束縛から解放させる努力が続けられれば、もしかしたら日本でもフリーでやる精神が定着する日が来るかもしれない。

――森徹也「ドロミテ・エクスプレス」（86号）

●衝立岩をフリーで

ハード・フリーは外国でしか味わえないのか。日本の岩場では限界があるのだろうか。この思いは頭から離れず、それをたしかめなければならないという衝動にかられていた。そして――。

夏を迎えようとするころ、私の頭のなかは、谷川岳一ノ倉沢の衝立岩のことでいっぱいになっていた。

ここは、よくも悪くも日本の岩を象徴す

変えた。この年、バーカーとロン・カウクはホットラインでヨセミテ初の5・12を実現した。

'70年代最後の年には、コロラドでも初の5・12（ジェネシスの屋根）が登られた。またヨセミテではエル・キャピタンのウエスト・フェイスがフリーで登られた。ビッグウォールのフリー化は'60年代後半から部分的に試みられ、ノーズは80％フリーで行けるようになっていたが、ルート全体がフリー化されたのはこれが初めてだった。

日本のルネッサンス

日本人がヨセミテへ出かけて本格的に登ったのは'73年であった。以後毎年のように訪れては体験を持ち帰ったが、その教訓を日本の岩場に生かしたのはごく少数だった。自分の周辺でハードなボルダリングやフリー・クライムを実践したのは専ら岡山、広島のクライマーたちだった。前者は王子ガ岳、後者は三倉岳をそれぞれ開拓し、岡山の山本譲は'78年に奥鐘山西壁紫岳会ルートをフリー化した。

'79年にヨセミテとコロラドを訪れた戸田直樹は、帰国後まず三ツ峠の巨人ルート、翌春には一ノ倉沢コップ状岩壁雲表ルートもフリー化した。彼はさらに日山協岩登り競技会のルート・セッターを引き受け、三ツ峠にⅦのクラックを拓いてみせた。それが縁となって秋にはイギリスを訪れ、彼の地でもハードなフリーがすでに根付き発展しているのを見た。

その後彼は新たな岩場の開拓に着手。クラックの宝庫、瑞牆山十一面岩末端壁に通い、ナッツの人工で拓かれた春うららルートのフリー化に没頭した。

一方、谷川岳や明星山では既成ルートの人工ピッチのフリー化があいついだ。

これら本番の岩場は昔日の輝きを失い、打ち足されたピトン、ボルトによってⅣ、A1の平凡なルートに堕している例が少なくなかった。フリー・クライミングは、これらの岩場に新たなひろがりをとりもどすエネルギーをクライマーに与えた。岡山、広島から数歩遅れて東京周辺のクライマーも動

エル・キャピタン　中央のバットレスがノーズ　その右の北米大陸を思わせる黒っぽい模様がノース・アメリカ・ウォール　両者の間がアーリー・モーニング・ライト・ウォール　岡田昇撮影
El Capitan, Yosemite.

る岩壁である。この壁をフリーで攀じることは私の登攀欲をかき立てる。この壁のフリー化に成功することは、ある程度のピッチ数と困難性をもつフリー・クライミングが日本でも可能だということを示す絶好の機会になるだろう。

——池田功「衝立岩フリー宣言」（92号）

●エイド・クライミングとは
いかなるクライミングでも大切なことは、できるかぎり自然の構造物を利用するということです。最後の手段は、自然のホールドを使えるかどうか検討したあとまでつねにとっておかなくては。そういう考え方で非常に注意ぶかく岩を見れば、ルートとすべきラインを読みとることができます。最小限の人工手段を用いるだけで通過することが可能なラインを見つけることができるのです。そこにあるべき必然性のないものはいっさい打ち込まない、という態度が肝要です。クラックとかエッジとか、ルートを自然の構造物で組み立てるために、使えるものはなんでも使うべきです。ボルトを打つということは、いかなる場合でも、可能性あるホールドから自分自身を遠ざけ、逃げ出すことにつながります。

——ジム・ブリッドウェル「インタビュー」（100号）

●X級クライミングのテクニック
これから先クライミングにはどんどんアクロバチックな要素がとり入れられるでしょう。そう、たとえば登攀ライン上にあるホールドを使うだけではなく、吊輪の十字懸垂のような姿勢をとったり、古典的なスタティックなクライミングでは使わないようなフット・ホールドを使ったりという具合に。いずれにせよこういう新しいクライミング・スタイルを実践するには、膨大な量

瑞牆山十一面岩末端壁の春うららルート２ピッチ目を登る戸田直樹　花崗岩のハングしたクラックにめぐまれたこの壁は1980年代初頭の日本のフリー・クライミングをリードする存在となった　萩原浩司撮影
Naoki Toda on the second pitch of Haru-Urara route, Mizugakiyama.

き出したのである。

本格的にフリー・クライミングを追求するとなれば、当時はまずクラックであった。既成の岩場では得られないものを求めて新たな岩場さがしが始まり、小川山と城ガ崎が注目された。前者では'82年に早くも5・11cのバナナ・クラックが堀地清次によって登られ、夏に衝立岩をフリー化した池田功はイムジン河（5・11c）を拓いた。

堀地は'84年に日本初の5・12、タコを城ガ崎で登る。この年、戸田は春うらら2ピッチ目をフリー化、池田はスーパー・イムジン（5・12b）を開拓した。

'79年にヨセミテを訪れた鈴木英貴は、その後毎年をアメリカで過ごし、彼の地のクライマーに互して活躍した。'88年にスティングレイ（5・13d）を登った彼はクラックの第一人者として知られている。

小川山のクラックも'85年、橋本覚のローリングストーン（5・12c）を最後に登り尽くされ、新ルートの余地はフェイスにしか求め得なくなった。'86年、大岩純一が拓いたエクセレント・パワーは日本初の5・13ルートとなった。翌年春には、来日したドイツのシュテファン・グロヴァッツがNINJA（5・14a）を拓き、フランスのマルク・ル・メネストレルも、この年に発表されたばかりの日原・御前岩でパチンコ・ゲーム（5・13b／c）を初登した。前者はのち'91年に吉田和正が、後者は'88年に平山裕示がそれぞれ第2登した。

平山は'88年からヨーロッパを活動の中心とし、国際コンペで世界の一流に互して活躍している。

ユーロ・パワー台頭

ルネッサンスの火を点けたアメリカでは'81年にトニー・ヤニロがグランド・イリュージョン（5・13c）をレイク・タホに拓き、当時の世界最難ルートとなった。これを超えるルートはなかなか出現しなかったが、'86年にフランスのJ-B・トリブがスミス・ロックを訪れて5・14a／bを登り、世界最難ルートの地位を奪った。

またフランスではル・メネストレル兄弟らが'85年にレ・マン・サル（8b）、'86年にラ・ラージュ・ド・ヴィーヴル（8b+）、ラヴァージュ（8c）を登り、アメリカの水準を抜いた。ドイツのヴォルフガング・ギュリッヒも'85年にオーストラリアで31／32（5・14a）のパンクス・イン・ザ・ジムを初登し、'87年には自国でウォール・ストリート（XI－）を拓いた。

のムーヴの経験が必要になってくる。何よりもクライミングすることによって経験量をふやしていきます。絶えず自分にとって未知のルートでクライミングを行なうことによって……。

——ヴォルフガング・ギュリッヒ「X級への歩みはもう始まっている」（104号）

●ボルダリングの真髄
（ダイナミック・ムーヴ）

ぼくにとってはそれこそがボルダリングなのだ。一九五九年あるいは六〇年以来、ずっとその感覚でやってきた。ボルダリングは古典的なロック・クライミングに比べて、アスレティックな意味でずっと厳しい行為なのだから、単に脚や足の筋肉とか爪先だけを使うものじゃないはずだ。体操的《ジムナスティック》でアクロバティックであり、空中曲芸的《エアロバティック》でなければならない。そういうテクニックを要求するルートこそがよいボルダリング・ルートなのだ。

——ジョン・ギル「スーパー・ボルダラーへの道」（105号）

●アメリカの印象

いまフリーの最先端はヨーロッパにありますよね。アメリカでもヨーロッパのさほど有名じゃないクライマーがすごくうまいのに感心しました。初めは自分でも結構登れて浮き浮きしてたけど、よく考えれば大したことはないと思って…。次の目標はやっぱりヨーロッパですね。

——平山裕示「17歳のアメリカ・クライミング体験」（121号）

●ロード・オヴ・ザ・リングス

ロード・オヴ・ザ・リングスは、たしかによいフェイスだった。それだけにぼくは、あまりにもこのルートにこだわりすぎてしまったようだ。

こうして'80年代なかばを過ぎると、かつてのフリー王国アメリカはグレイドの点では完全にヨーロッパに後れをとる事態となった。その理由は第一に、伝統にきびしいアメリカでは、ルートは下からプロテクションをとりながら拓くもの、というモラルが強かったからである。

フランスのように、トップロープで何度も試登し、事前にプロテクションを埋め込むやり方の方が高難度ルートが拓きやすいし、グレイドの上昇が早い。

'85年からヨーロッパで行われ始めたクライミング・コンペを機にアメリカのクライマーもフランスの高難度ルートを体験する機会が増えた。帰国した彼らは、それまで顧られなかった峡谷の側壁などに前傾壁を見つけては次々に開拓していった。比較的早くからフランス方式をとり入れたスミス・ロックでは'88年にスコット・フランクリンがスカー・フェイス（5・14b）を拓いている。

イギリスも伝統の制約はあったが、モファットやベン・ムーンなどは早くから大陸で活動、自国でもフレンチ・スタイルでレヴェルの高いルートを初登している。後者は'90年、自身3本目の8c＋（世界最難、英国グレイドE9＋）となるハッブルを初登した。またモファットは'88年にドイツでストーン・ラヴ（Ⅺ－）、'90年には自国でリキッド・アンバー（8c）を初登した。

コンペがクライミングにもたらした効果は、オンサイト能力の向上であろう。全くの初見でルートに挑むこのスタイルは、何度も練習した末にムーヴを覚えて完登を目ざすレッドポイントとは異なった直観力を必要とする。オンサイト・クライミングはフリーの世界にひとつの展望をひらいた、といえるかもしれない。

これだけ高度に発達してきたフリー・クライミングは、他の分野――ビッグウォールやアルパイン・クライミング――にも好影響を及ぼしている。ボルダリングの技術を1ピッチのショート・ルートに適用することで生まれたのがハードなフリー・クライミングだ、といえるが、今度はそれを大ルートに適用することで新たな視界がひらけてくる。

人工ルートのフリー化が'79年にエル・キャピタンに及んだことは前述したが、'89年にはトッド・スキナーとポール・ピアナがサラテ壁をフリーで登った。またギュリッヒはカラコルムのトランゴ・タワーの一ルートを同じ年にフリー化しているし、ドロミテや西部アルプスでもマルモラーダやドリュ、フー、フレネイ中央岩稜、ブルイヤールの赤い岩稜などが軒並みフリーで登られている。

またすべてフリーとはいかなくても、最近の人工の大ルートや岩の比率が多いアルパイン・ルートは、いずれもあるレヴェル以上のフリー・クライミング能力を土台として登られている。

岩を登ることは、あらゆる登攀の基礎である。その能力が高ければ高いほどスピーディかつ軽やかに登れ、登攀自体のおもしろみも増してくるのではないだろうか。

■国際グレイド比較表

ドイツ	フランス	英国	アメリカ
Ⅰ	1	Moderate	5.2
Ⅱ	2	Difficult	5.3
Ⅲ	3	VD	5.4
Ⅳ	4	4a	5.5
Ⅴ－	5	4b	5.6
Ⅴ			5.7
Ⅴ＋	5＋	4c	
Ⅵ－		5a	5.8
Ⅵ	6a		5.9
Ⅵ＋	6a＋	5b	5.10a
Ⅶ－	6b		5.10b
Ⅶ	6b＋	5c	5.10c 5.10d
Ⅶ＋	6c 6c＋		5.11a
Ⅷ－	7a	6a	5.11b 5.11c
Ⅷ	7a＋		5.11d
Ⅷ＋	7b	6b	5.12a
Ⅸ－	7b＋		5.12b 5.12c
Ⅸ	7c 7c＋	6c	5.12d 5.13a
Ⅸ＋	8a		5.13b
Ⅹ－	8a＋	7a	5.13c
Ⅹ	8b 8b＋		5.13d
Ⅹ＋	8c	7b	5.14a

注）英国についてはテクニカル・グレイドのみとした

よいルートであっても、必ずそこでよいクライミングができるとは限らないわけで、…リングスは、そういう意味でもぼくにとって失敗だった。結局、ルートをやるうえで最も大切なのは、そのルートをやっていて楽しいかどうかということであるように思う。困難なルートも、完全に楽しむ気持ちが強ければ成功する確率も大きい。スタイルやモラルが問題にされるのも、ひとつにはそういったものを置き忘れてしまったクライミングは、おもしろ味が少ないということが現実にあるからだと思う。

――堀地清次「ダウン・アンダーからの報告」（130号）

●エル・キャピタン・サラテ壁フリー化

ぼくらは夢見て、鍛えて、闘った。二人がいま感じている恍惚感は、心の中に永遠に残るだろう。トッドとぼくはフリー・サラテの厳しさにいまなお畏怖の念を抱いている。仮借なき困難度と膨大な兵站作戦。次のチームもぼくらと同じだけの労苦を費す気がなければ、サラテはフリーでは再登されないだろう。ぼくらはすばらしく幸福だし、誇りを感じている。手の傷がいえたら、またクラッグでお目にかかれるだろう。

――ポール・ピアナ「フリー・サラテ・ストーリー」（132号）

コラム 11

アルピニズムの過去・現在・未来

『岩と雪』150号が「アルピニズム33年史」を特集したのは1992年2月のことだった。あれからさらに24年が経つ。この間アルピニズムはどう変わってきたのか、あるいは変わらなかったのか。33年史で用いたジャンル分けにしたがって、それぞれ見ていこう。

高所登山

150号が出た時点までにエヴェレストに登った人の数は延べ395人だった。92年中に90人（春58、秋32）が加わって400人を超え、初登頂40周年を迎える93年には500人を突破するといわれていた。ところがいまは、毎年500人単位で登頂者が生まれ、延べ7000人を超えている。エヴェレスト以外の8000m峰でもマナスルやチョー・オユーなど毎年3桁の登頂者を出す山が複数ある。

この異常な増加の背景には商業公募隊の隆盛がある。最も人気のあるエヴェレストには毎年十数隊が殺到し、それぞれ数十人のクライアント（お客）を連れてくる。ネパール政府の登山料収入は莫大なものになるが、国庫に吸い込まれ、登山者やシェルパのために使われることはほとんどない。政府はネパール登山協会が得ているトレッキングピークの収入も国庫に召し上げようと画策したが、協会が裁判に訴えたため断念したようだ。

14年と15年の春、エヴェレストは2年続けて登山禁止となった。14年はアイスフォールの雪崩でシェルパ16人が死亡したため、シェルパの側が登山再開を拒否。15年は全土に被害をもたらした大地震で、村落ごと地滑りに流されるなど、死者が8000人を超えたためだ。復興途上ながら登山は16年から再開された。

2000年代に入って、ヒマラヤ冬季登山が復活した。ネパールとチベットの8000m峰9座は09年のマカルーを最後にすべて冬に登られ、残るはパキスタンの5座となったが、これもK2を残して16年までに登られた。80年代にこの分野を席巻したポーランドの勢いが衰え、イタリアやカザフなどのクライマーが参戦、数年でたちまち4座が冬季初登頂された。

アルパインクライミング

ヒマラヤの6000m峰は、高峰というよりこちらのジャンルに属する。積雪の状態が落ち着く10月から11月にかけては天候もよく、気温もそう低くないので多くの隊がやってくる。ネパール政府が新たに104座を解禁したのも人気の一因だろう。若いシェルパのなかには、登山隊に雇われるのではなく、自分の楽しみのために登る者も増えてきた。従来のシェルパ像は、今後、大登山隊だけのものになっていくだろう。ヒマラヤの登山環境はそんなところから変わっていく予感がする。

ロッククライミング

クライミングコンペが大きく変わりそうだ。2020年東京オリンピックの正式種目に野球、空手などと共に採用されたためだ。だが、そのルールはボルダリング、リード、スピードの3種目合計でメダルを争うというもので、スピード競技に経験のない日本勢には苦しいところ。クライミングウォールを備えたジムは日本全国に増えているが、スピード用の練習壁はない。

もともと旧ソ連で行なわれてきたが、リード方式が採用されてからは、トップロープで登るのはクライミングじゃないと、エキシビションとして実施されてきた。正式競技ともなれば、トップロープが大手を振って使われるようになるかもしれない。

岩と雪 No.164（1994.6）P13-24

■インタビュー

吉田和正

難しいルートを死ぬほどハングドッグして、最後に一気に登る。それがオレのクライミング。

■'94年1月、城ガ崎にて収録
インタビュー＝小日向徹
写真＝宇佐美栄一

——お久しぶりです。驚きました、「安売り王どん」に出してたフリークライミング助手求むの広告。フリークライミング助手って、ビレイヤーのことですよね。

そうだ、そのとおりだ。2時間で2千円。小日向どうだ。

——2千円じゃ生活できませんね。

いや、ここならできる。

——今回が初めてですか。

そうだ。ビレイしてくれれば、釣り師のおっさんでもいいと思っている。

——族のお兄ちゃんがやってくれたとか。

おれがここに初めてきたとき、彼はまだ小5だったんだけど、成人したら立派な暴走族になってたんだよ。それで、頼むからビレイしてくれって……。

——ビレイの特訓したんですか。

いや、なにもないよ。2時間そいつを雇ったんだよ。バイト代だすからって。

吉田和正。30歳。ついに自分のプロジェクトのためのビレイヤーの求人広告をだすまでになってしまった、クライミング道を追求する孤高の(?)クライマーに、インタビューすることになった。

　彼との出会いは、僕がクライミングを始めたころ初めて城ガ崎へ連れていってもらったときだ。取付くルートは変わっても、吉田和正の求めているものは変わっていない。そんな彼に自分の、そしてクライミング界の過去、そして現在、将来についていろいろ語ってもらう。

■評価

――変な質問かもしれませんが、他人と比較してですけど、現在自分の実力をどう評価しているか。吉田さんのルートで初登以来再登を許してないものがかなりあると思うんですが、そういう点も含めて自分の実力について、どうですか。

　実力はあんまり高くないと思うけど、最近トレーニングをかなり積んだんで、ボルダーの力はかなりついてきた。だけど持久力は、以前に比べて相当なくなってきている。それは、自分がそうしようと思ってやってきた結果だから、気にしないようにしている。

――はっきりいって吉田さんのライバルは?

　ライバルって、なに。いないよ。

――いないんですか?

　いねーヨ、そんなの。

　他人に勝ちたいっていう気持ちより、やっぱりひとつでも上のグレードを登りたいよね。だからコンペなんかも、基本的には他の人が落ちれば自分が登れなくても勝てるわけで、それがコンペに魅力を感じない理由のひとつだなあ。

――ヨーロッパのクライマーを見て、率直にどう感じましたか。今日はヨーロッパ人は馬鹿だな、とさかんに言ってましたが。

　うーん、フランス人を見て、やっぱり馬鹿でも力があれば登れるという感じだな。練習を積めば動きは覚えるから。その練習を積む環境がフランスにはあるよな。だから、逆にあんなの日本に連れてきてそのへんにほっぽっといても、いつまでたってもうまくならない。日本人だって、ちょっと意志が強いようなやつをフランスに転がしておけば、まー、相当うまくなるよね。

――そして、その〝馬鹿〟のなかでも頂点に立つトップ・クライマーについてはどうですか。彼らが作ったルートをトライしてみてのことですが。

　力があるなっていう感じ。技はないよな。

――僕は技の前にまず、指が強いなと感じたんですが。

　そーだよな、小日向と同じように指を延ばしてぶら下がるのに強いよな。だけどそれは、つまりあっちには穴があるし、そういうルートがあるから強くなるわけで、そういうやつを日本のスラブルートに連れてきて登れるかっていうと、やっぱり同じようには登れないと思うんだよ。どちんけな、

日高源流エサオマン　5.13b(1989年7月 赤岩青巌峡)　金沢弘明撮影

クランチャー　5.13c（1990年1月 城ガ崎）　中根穂高撮影

ま、今そんなどちんけ高難度ルートはないと思うから、韓国のスラブにでも連れていって結晶をつまんで登るのをやらせてみても、そりゃできるわけないよな。

——日本にも若干いますけど、スポンサーをもって活動しているクライマーについては…。

別にどうも思わない。

——プロになりたいと思ったことは。

クライミングで金が稼げるようになりたいと思ったことはあるけど、そのための活動はしてない。

——最近コンペが盛んになってきてますよね。吉田さんはそれに背を向けているひとりだと思うんですけど、若いクライマーでコンペにまじめに取り組んでいる連中になんか意見はありますか。

うーん、まーそれはそれでいいと思うよ。ただおれは、そういうのやる気がしないっていうか。

——ところで広告にでてたんですけど、吉田さんは孤高の人なんですか。

オクラスに聞いてください。あれ、けっこうまずいと思います。付き合ってくれる人いなくなっちゃうよ。

——吉田さんのクライミングのスタイルっていうのは？　これからっていうことも考えて。吉田さんのことを知らない人もかなりいるかもしれないんで、全然知らない人に対して言うつもりで。

だから、死ぬほどハングドッグして、難しいルートを、とにかく下から上まで落ちないで一気に登る。そしてその可能性をどんどん上げていく。そんなところだな。

——それは僕が吉田さんに初めて会ったころから——たしか城ガ崎のスカラップをやってたんですけど——印象に残っていて、変わってないなと思うんですけど。

まーそうだな。

——そういうクライミングっていうのは、自分にとってどんなものなんですか。

趣味っていうのはどういうものなのかよく分かんないけど、とりあえず毎日やってて、そのことを考えているのが一日のなかでいちばん長いということだよ。それは、確かだよ。

——別にクライミングで収入を得ているわけでもなし。

そーだな、だけど「孤高の人」で靴を一足もらいました。

——オンサイトについてはどうですか。

おれのオンサイト能力は低いと思っている。でもそれはトレーニングをしてないからで、またそういう才能がないと思ったから、トレーニングはしないことにした。そういうのが得意な人もいるんだろうけど、おれはしたくないっていうことだよな。

——とにかくハングドッグ、レッドポイントっていう感じ。

もう歳も食ってきたんで、あれこれ手を出すより、やりたいことを絞ったほうがより力を発揮できると思う。

——クライミングの得意技は？

デッドポイントだろ。これができなきゃ、

難しいのはだめだろ。いかにしていらない部分を省くかだから。そこがオンサイトとレッドポイントの決定的な違いだな。

——超高難度ルート、登るのにすごいエネルギーを注がなくてはならないクライミングの魅力っていうのは。

そーだなー、はっきりいってどんな手を使っても、ふつうの人が登れないっていうルートを登ることは、すごいことだと思う。それに尽きるんじゃないですか。

■コンペ

——最近の風潮ではますますコンペが盛んになっていますが、それについてなにか注文は？ なんで吉田さんは出ないのかとか。

コンペに出ない理由は、ひとつはルールがオンサイトだから。はっきりいって自分にその実力がないのは分かっているし、醜態をさらすだけだし。あともうひとつは、露骨に他人と比較されていることだな。コンペは比較の場だけど、自分にとってクライミングはそれだけじゃないっていうか。

——ワークトのコンペだったらどうですか。

ワークトか。出ないな、やっぱり。人と比較されるのがいやだっていうのが大きいんだと思うよ。

——でも昔の吉田さんのノートには、人と比較しての記述がかなり多かったような気がするけど。そう言っているわりには人を気にしているような気がしてならない。

あーそうだな、それはあると思うよ。自己顕示欲は強いほうだな。だから、露骨には比較されたくないっていうことかな。

——コンペの成績は取り返しがきかないから。あとでそのルートが、たとえば決勝が登れたからって、どうにもならないし。

難しいルートが登れたからって、それで人より優れているっていってるわけじゃないから。どんなものに対してもそうだと思うよ。

——昔、テンが登れ、イレブンが登れてうまくなってきたときには、コンペなんてのは頭の隅にもなかったじゃないですか。

コンペなんか存在してなかったもんな。

——最近のうまい人やこれからうまくなりたい人の頭のなかには、必ず、いや必ずじゃないかもしれないけど、コンペがあると思うんだけど。そういうのに対してはどう感じてますか。

それはそういう流れなんだと思うよ、時代の流れ。それはそれでいいんじゃないの。そういうもんだから。おれはそうなりたくない。でも、そういう場所でぼこぼこ優勝するような奴だったら、やるかもしれないなあ。

——関東周辺にはクライミング・ジムが多数あって、ボルダーでもルートでも、ホールドの大きさ、向き、距離を変えて、難しい動きを作りだすことが一般的になっている感じですが。そういう、人為的に作られた高難度ルートに対してどう思いますか。

それをやっておもしろいという人がいるってことは、おもしろいんじゃないの。ただおれは、人工ホールドをつけたルートを

シュビネイター　5.14a（1992年4月 神居岩） 小松山茂撮影

登りたいとは思わないな。モチベーション起きないよ。だってそんなもん、ホールド外せばそれで終わっちゃうから。でも、自然の壁を登るやつはどんどん減っていくんだろうな、きっと。とくに日本の場合は。ファミコンやってるガキみたいなもんじゃない、人工壁をやってるやつらって。オタクってどういうのをいうのか知らないけど、そういう連中のことじゃないかな。忙しい人にはいいんだろうけど、なんか日本の縮図みたいだな。

――ただ、難しいの、本当にありますよ。今回、ぜひ一日でもドラゴンウォールへ行って、見て、触ってほしいんですけど。

いやだ。かなり怖いことだよ、価値観が壊れるのは。それに燃えたら、またやり直しになるから。

――自然の岩場で、ルートが残っているということが重要ですか。

それは思っているな。でも人工壁の施設が、そのルートを100年ぐらい保存しておくんなら、喜んで作るよ。とにかく、残っているってことはとても大事なことだし。さらに、自分の拓いたルートがほかの人に登られないなら、最高だな。

――これからうまくなっていく人にとってとくに大切なことだと思うんですが、実力のアップと打ち込んだエネルギーは比例するものだと思いますか。

今の段階ではまったくそうだと思う。だってクライミングのレベルそのものがまだずっと低いから。だけど、そういっててケガしちゃうやつも多いけど。それは、まだトレーニングが確立されてないからで。それこそまだクライミングの歴史が浅く、まだ初歩の段階にあるってことを裏付けているんじゃないかな。おれだって今のところ打ち込んだエネルギーに比例するから、だからやっているんだよ。逆に、体操みたいに小さいときから鍛えていけば、「16《シックスティーン》」なんて楽勝で登れるんじゃないかな。

それにおれなんか、どんどん歳とってるけど力がついているってことは、まだレベルが低いってことだよ。クライミング自体の上限だと思われているグレードは、上限じゃないってことだよ。

――いまいくつですか?

30。20で初めて、約10年。

――昔は吉田さんみたいに打ち込んでいた人がたくさんいたじゃないですか。

西村豊一みたいに。ハハハ、時代が変わったっていうことだろ。

■生活

――どんな生活をしてるんですか、みんな興味あると思うんですけど。

そうだろうなー。

だいたい、朝起きて7時ぐらいか。それから昼までゴロゴロして。昼からちょっとクライミングに行って、あとは帰ってゴロゴロ、メシ食って、風呂行って寝る。

――酒、タバコは?

やらないなー。

――仕事、いや生計はどうやって。

ハードラック・トゥ・ミー　5.14a/b（1993年10月 見晴岩）小桧山茂撮影

コラム 12

追悼・吉田和正

2016年9月26日早朝、北海道・富良野協会病院でクライマー吉田和正が亡くなった。享年53、肺がんであった。

山口県柳井市出身の吉田は、北大山岳部在部中にクライミングを始め、北海道の岩場、伊豆・城ヶ崎の岩場を中心に活動、多くの国内最高難度のルートを開拓した。

城ヶ崎で1989年に初登したマーズは発表時5・13dであったが、後年再登者によって5・14aとされ、当時世界最難のクラックルートであったことが確認された。

1992年には神居岩で日本初の5・14ルート、シュピネーター（5・14a）を、1993年には見晴岩でハード・ラック・トゥ・ミー（5・14a／b）を初登し、国内の高難度ルートの第一人者となる。

吉田の活動は国内にとどまらず、マジノライン、ハッブル、コブラクラックなどの世界最高峰のルートにも果敢に挑戦した。

群れることをせず、ソロシステムでレッドポントへの長い道をミリ単位で進んでいく吉田は、いつしか〝孤高の人〟と呼ばれた。

――生活のすべてをクライミングのために費やし、〝困難の追求〟に己の持てるものすべてを捧げる――

そんな吉田の姿勢は、フリークライマーはもとより、多くのアルパインクライマーにも影響を与えた。

吉田のすごさはなんといってもそのトライの膨大さであろう。通常のクライマーは数日のトライで登れない場合、「このルートはタイプでない」「もう少し自分が強くなったら」と逃げてしまうことが多い。吉田の場合は数日どころか、数カ月、数年ものトライを継続する。もちろん一本のルートだけではない。全国各地にある数本のプロジェクトを、季節に合わせトライする。終わりはいつの日かわからない、しかしその日がいつか来ることを信じてトライを続けたのだ。

「完登」という、たった一瞬の喜びのために。

吉田和正全記録
（岩と雪、ROCK&SNOW に発表されたもののみ）

1985年　※岩＝岩と雪
門脇南の磯「July ザ・ダディ5・11c」ほか　岩113号
石垣山「青い空5・11b／c」ほか、小樽赤岩「コシがはいっとらん！5・11a Tr」ほか　岩114号
1986年
おおばい「南極1号5・11d／12a」、アストロドーム「あの娘といい気分5・11d」「ディープダイバー5・10d」など、湯川「サブタナル5・9」、「西の岩場は面白い」岩117号
神居岩「元気があってよろしい5・12a」「ゾンビ5・11a」ほか　岩119号
見晴岩「青い空ダイレクト5・12a」、小樽赤岩「ドゥ・マガジン5・11a／b」ほか、おおばい「サマルカンドブルー5・12ー」岩121号
バンブー北の磯「ペントハウス5・12ー」、シーサイド「ダイナマイトボンボン5・12ー」岩122号
1987年
赤沢港「リバイバル5・11」ほか、アストロドーム「モータードライブ5・12」「ブリザード5・12＋」、八幡港「ビッグマウンテンシャッフル5・12」、門脇南の磯「サマータイムブルース5・12ー」ほか　岩124号
楯ヶ崎「八十八夜5・12d」、山口・城山「山開き5・12a」ほか、陶ヶ岳「源氏巻5・11b／c」ほか　岩125号
アストロドーム「メリーゴーランド5・12／＋」、浮山橋「ぬらりひょん5・12ー Tr」岩128号
赤沢港「ジェノサイド5・13ー」海亀エリア「フォボス5 12＋」「ダイモス5・13ー」、バンブー北の磯「熱川ダンサー5・12」岩129号
1988年
八幡野港「ビッグマウンテン宇部商業5・11／＋」、びゃくび「エキノコックス5・11＋」ほか、ヴィラエリア「ヴィラフェイス5・12 Tr」ほか、川奈崎「タコダンサー5・12＋」ほか、トモロ岬「ハニー　5・11＋Tr」ほか　岩131号
城ヶ崎「MARS 5・14a」岩134号
昇仙峡「カサンドラクロス5・12」岩130号
1989年
小樽赤岩「天安門広場5・12a」「石狩湾低気圧5・13a」ほか、赤岩青巌峡「日高源流エサオマン5・13b」、神居岩「ローリング30」5・13c、石垣山「頭ならびに腹5・11d」岩138号
シーサイド「クランチャー5・13c」岩139号
1990年
浮山橋「ガバ男5・13a」、城山「お手々つないで5・12c」岩140号
小川山屋根岩1峰「厩戸皇子5・12b」、陶ヶ岳「働かないおじさん5・12ー Tr」岩141号
フェロモンの大岩「フェロモン大王5・12ー Tr」岩143号
赤岩青巌峡「ジングルベル5・13c」、小川山「NINJA 5・14a」第2登　岩144号
1991年
神居岩「フェイス・ザ・コンプレックス5・13b」、「プラジオ5・13c」、赤岩青巌峡「燃えるお兄さん5・13d／14a」岩151号
1992年
神居岩「シュピネーター5・14a」岩153号
豊里の岩場「ハングリーハート5・13c」ほか、神居岩「コモエスタ・セニョール・シゲル5・12c」ほか、厚岸床潭「ウニはたたかう5・12c」、神居古潭ボルダー岩157号
1993年
見晴岩「ハード・ラック・トゥ・ミー5・14a」、赤岩青巌峡「ぼっちゃん5・13a」「エクセレントスポート5・12c」ほか、奥立岩「奥立ボンバー5・12b」岩162号
インタビュー吉田和正　岩164号
1993年
赤岩青巌峡「ロゼッタ5・13d」ほか、小樽赤岩「石狩浜マシンガンウェイヴ5・12c／d」岩169号
1996〜1998年　※R＝Rock&Snow/ROCK&SNOW
小樽赤岩「マグニチュード5・12d」「天安門広場5・12b／c」「ミスターオタル5・13a」「翼あるもの5・13d／14a」ほか。R3号
小樽赤岩、神居岩、ビームロックなど　R4号
2001年
城ヶ崎ボルダー、「悟空ハング直上5・13a／b」「富戸の春7b」「モンスターマン7b＋」など　R12号
吉田和正インタビュー（前編）R12号
吉田和正インタビュー（後編）見晴岩「見張り塔からずっと5・14a／b」R13号
2003年
Q&A特集「100tips」　R17号
2005年
吉田和正スクール潜入レポ「キミはここを鍛えろ！」R27号
登別港のボルダー「ブラックホークダウン8a」など　R29号
極難壁「赤岩青巌峡・ぶったまげ岩」、「コシのハナシ」R33号
10周年記念「ロクスノを飾ったクライマーたち」R40号
2013年
城ヶ崎ボルダー　R62号

デイビーズ・クッキー　5.12+（1989年　城ガ崎）

ひもだ、ひも。

——趣味は？

趣味は、オナニー。

——うそ！

ホントだよ、ホント。お前知らないだろ。

——で、何回ぐらいですか？

7回ぐらいかな。でも、疲れを感じるときがたまにあるんだよ。毎日はやらないよ。なにか波があるよ、これには。

——はあ…。あとストレッチ、昔はかなり時間をさいていたような気がするんですが。

ストレッチはね、やりすぎだっていうのがよく分かった。だいたいストレッチなんて18ぐらいからやってんだけど、結局8年くらいやって、股関節が120度以上開かないということが分かったんで、やめた。そしたら、少く開くようになった。オーバー・ストレッチだったんだろうな。

——食生活は。

食生活か、おれは相当いいもの食ってるよ。だって、いいもの食わなきゃ動かないじゃん、体が。これが、スポーツだよ。あとさ、小さいこと気にしないんだよ。細かいこと気にしないであんまり深く考えない。あと、よく寝るんだよ。だいたい、うまいやつはそうなんだ。なるべくそれに近づかないとうまくならないんだ。それで根性があれば大丈夫。うまくなりたいと思ったら、くよくよしちゃいけないんだよ。でも、くよくよしてるよな、おれも。くよくよしないやつは、ふつう物事にそんなにこだわらないだろ。だから、くよくよしないで、かつ物事に強く打ち込むってことは、相当難しいことだな。

——それから、あのどんぶりいっぱいのビタミン剤は？

ビタミン剤は効果あると思うよ。つねに飲んでれば、胃腸の調子とか考えなくていいような気がしているんだよ。

——トレーニングは？

北海道にここ3、4年いたでしょ。そこで冬のあいだ相当激しくやってみた。やってみたけど、やっぱり難しいということが分かった。どういうトレーニングが効果的かって。やっぱり全身の筋肉を、調和をとりながら鍛えるってことが大切だと思いますよ。そういう意味じゃ人工壁はいいトレーニングだよな。苦手な動きをわざとつくって、ホールドの大きさや向きで難しさを変えりゃいいんだから。

——今日感じたんですけど、吉田さんは体についてかなり研究したんだなって。僕ができないムーヴを、「あー、それができないのはこことここが弱いから」だとか、「こうすりゃ強くなる」とか、いろいろ教えてくれましたよね。あれは独学ですか。

そうです、そのとおりです。だって、ちゃんとそういうのが分かっている人、クライミング界にはいないでしょ。指導書みたいのもないし。

——昔は、そういう研究ってやってませんでしたが。

あー、やってなかったな。ただ、年とってくると、自然に伸びる率はだんだん減ってくるから、むだなトレーニングなんかしないで、効率的に伸ばせる方法を考えないと。

——いつごろからですか。

ヨーロッパから帰ってからだね。フランス人を見てからだよ。おれはあいつらより賢いと思ったから、これだけ力がなくても、頭を使えばこの程度はできるなと思ったから。もうちょっと頭を使って、力をつける方法を考えれば、いいんじゃないかと。でもやっぱり難しいよ。

それがなんでかは、いちばん、いやかなりいいトレーニングは、登ることだからだよ。頭使って、奇をてらったトレーニングとかやってみてもたいした効果がなくて、

マーズ　5.13d（1989年　城ガ崎）

結局、ただ登っているほうがいいってことがよくある。それが分かったぐらいだよ。頭を使った効果が思ったよりない、ってことはいえるよな。

——高難度ルートを登るのに必要なものは、ほかに。

あきらめないってことだよ。しつこい性格だよ。おれはしつこいさ。くよくよしてしつこくて、かなり嫌なやつだから。そういうんじゃ、今のところ登れないから、登れるような性格に変えたいとは思うが。魂を売るってわけじゃないけどさ、なるべくすべてのものをクライミングがうまくいくっていう方向に向けたいなっていう気持ちはありますね。

体に関しては、ルートに合わせてむだなものを落とすというやり方をしないとだめ。使わない筋肉とか。それと神経だよな。神経の命令系統をそのルートに合わせるというか、それにしか通用しない体になってしまうけど。

——吉田さんの跡をつぐ人に、なにか…。

おれが今やっていることは、そんなに難しいことじゃないんだよ。今のクライマーが通えば十分登れるわけで。そういうのがすぐ飽きちゃう人にはできないだろうけど。

——僕は吉田さんのトライの10分の1もしないで、まだ自分には無理だな、って感じて、ほかのルートをやることが多いんですけど。そういう人もけっこういると思いますが。

でも、最終的に登れるならいいじゃん。登れちゃうんだから。楽して登れるやつと、努力しても登れないやつがいるってことだけど、それはそれでいいと思うよ。大切なのはプロセスだから。

それから、さっきも言ったけど、クライミングのレベルはまだ低いから、やればできる。ただやるかどうか、いや、そういうのに価値を感じるかどうかだよな。何回も、そして100回も200回も、300回もやって、登れてうれしいと思うかどうかだよな。おれはそういうのをうれしいと思ってるから。3回ぐらいやって、それが登れないって思うやつにはできないだろうし。

——吉田さんの世代で、最近身を固めるというか、仕事を始めたり家庭をもったりする人が多いんですけど。

まー、別にさみしくはないよ。ただ、根性のないやつらだとは思うけど。みんな歳とって自分の能力にちょっとでも疑問を感じたりして、自分からクライミングをとったらなにが残るのか、不安になるんじゃないかな。

それで、丸くなるんだろうな。自分だって、クライミングがすべてだとは思ってないよ、すごく大切なものだけど。

■5・14

——北海道でクライミングを始めて、その後城ガ崎にでてきますよね。

6年ぐらい富戸やあちこちで家を借りていたんじゃないかな。

——そのころ「イレブンノート」なんてつけていたそうですが。

石狩湾低気圧　5.13a(1989年　小樽赤岩)

そーだな。でもやっぱりいつかは、日本のいちばん難しいルートを登りたいと思ってたな。その時代時代の。でもそういうことをやる人がしだいにいなくなったから、自分でやるようになった。

――まずは「マーズ」でしたっけ。

きてましたね、あの文章。恥ずかしいです。北海道と城ガ崎を行ったり来たりしてたころだな。どっちも環境がいいから… 岩はたいしたことないけど、居心地がいいんだよ。二子山とかは窒息しそうな感じだよ。

――北海道でもたくさん難しいやつを作りましたよね。その合間には「NINJA」も登って。

NINJAか、あれも相当しつこくやったよ。全部で四十何日やったんじゃないかな。

――難しかったですか。

難しくないと思ったんだけど、やっぱ、グロヴァッツ以外だれも登ってないのを登るっていう、精神的な殻を破るのが難しかった。おれと同じような実力のやつが登れば、「おれだってできる」っていう気になって、そんなの平気で登っちゃうと思うよ。ただ、だれもいないとなにか力がでないんだよ。

――NINJAのあと、ヨーロッパに行ったんですよね。それは、どんな目標で。

目標はなかった。ま、8b+を1本ぐらいとは、思ってたけど。

――最初がビュークス。

ビュークス行ったんだけど、そのときもう指が痛くて。で、ヴォルクスのマジノラインを、冗談のつもりで触ってみたら登れそうだったんで。それでまたしつこくやったんだよ。たしかねー、のべ七十何日ぐらい、触ってた期間は5カ月ぐらいか。

――ビレイはだれが。

それはね、いろいろ手伝ってくれる人がいたんだ。やっぱり。でも結局、マジノラインはワン・テンションでしか登れなかったんですよ。もうちょっとだったけど。あれだけやったのに…。

――また、やりたい?

いや、もういい。あれは登れるって分かったから。登れるにきまってるじゃない。

――うわさですが、ビュークスで、まずローズ(ラ・ローズ・エ・ル・ヴァンピール　8b)を触って、登れないのに、これは登れると言いきり、マジノライン(8c)をやったって。ホントなんですか。

かっこいいなー。どうだったかな。ただ、同じように登れそうだったら、マジノライン登ったほうがローズを登るよりかっこいいじゃないか。そう思ったよ。

――けっこう執念のトライで、ランタンをぶら下げて夜もトライしてたって。

そうなんだよ。最初は昼だったんだけど、いよいよ登れそうになった5月ごろ、暑くなってきて。状態がどんどん悪くなってきたんで、焦りくるって。ランタン二つを隣のルートにぶら下げてやったんだよ。そしたら、ロープに火がついて怖かったよ。

パートナーの気持ちは、みんなもう別の岩場へ動きたいんだけど、おれがマジノラインを一生懸命やっているから、それを言い出せないでいる。それがひしひしと伝わってきて…ますます、どつぼにはまったんだよ。

――それで、ハップル(8c+)。なんでも、吉田さんのマジノラインのトライを見たベン・ムーンが感動して、彼ならハップルを登れるって、吉田さんをイギリスに連れてったって。

ベン・ムーンは、いなかったよ。とにかくイギリス行ったんだよ。マジノラインができそうだったんで、ハップルもやりゃできるだろうって。ひとりで行ったら、全然できなくて。そのときベン・ムーンがいて、いろいろ教えてくれた。

ハップルの周りには、うまいやつらが多かったな。イギリス人のほうが指が強そうだと感じたよ。でも、あれちょっと、世界が違うんだよね。マジノラインは、わりと長くてふつうのルートっていう感じで、最後は1分ぐらい登った所で力つきるんだけ

ローリング30　5.13c(1989年　神居岩)

ど、ハッブルは本当にボルダー的な五手だか六手ぐらいの核心があって。そのあとはトゥエルヴぐらいだった。ただそのとき、もうマジノラインの体だったんで、細かいホールドがでてきても、どうすることもできなかった。隣の7aをやってみてもボロボロだったんで、それで帰りました。

――そんなにしつこくはやらなかった?

それでも数日だな。もし、ああいうのをやろうとしたら、体をそれ専用にしないと。

――マジノラインやっている間、ほかのルートに興味はなかったんですか。ヴォルクスにも星のついているルートはいろいろあったと思うんですけど。

あったけど、興味は全然なかったよ。早くマジノラインを登って日本に帰りたかったよ。

――帰ってきて、また北海道ですね。シュピネーターは?

あれはけっこう…。じつはあれ、短いんだよ。でも体全体使うから、おもしろい。ちんけではないと思うよ。〝ちんけ〟っていうのは、城山とか鷲頭山みたいに体のほんの一部しか使わないところのことだよ。

――そして、さらにとんでもなく難しいプロジェクトがまだあると。ハッブルより難しいと言ってましたが。

まーそれは、ハッブル登ってから言うよ。「5・14いくつ」はありますよ。北海道のもそうだし、今日一緒にやったやつもそうですよ。

――あれ(浮山橋のプロジェクト)について。一時誌上をにぎわせていた類い(岩を削ってホールドを作った)のもので、いろいろ意見がある人が多いと思いますが、どうですか。

おれはまあ、チップトルートを作ったんだけど。削ったのは4年ぐらい前で、そのときは登れなくて。放ぽっておいたら、それを埋めちゃった人がいて。栓がしてあったんだよ。帰ってきて、それをほじくり返して、やってるんだよ。

絶対登れないところで汚いところは削っていいと、おれは思っている。むろんそれなりの高難度ってのは条件になるけれど。美しくて、少しでも可能性のあるところは、おれは削ったりしないと思う。どうせ作るなら、おもしろくて難しいのを作りたい。今回のはドリルだったんで、わりとホールドはワンパターンだけど。

――かつてはクラックを追ってましたが。

あーそうだな、もういいや。いつのまにか忘れちゃったよ。だって、クラックって力要らないじゃん、あんまり。技と持久力と熟練だから。

――北海道のクライミングのレヴェルは、かなり高いっていう感じがします。

ハード・ルートがたくさんあるから、そういう印象を受けるだけだよ。人工壁をやっている関東周辺の連中のほうが全然うまいと思うよ。若いやつもあんまりいないし。

――冬の北海道のクライミングについて教えてください。スノー・モービルを買ったって。

ジングルベル　5.13c(1990年　赤岩青巌峡)

ほしいな、と思っていたんですよ。名寄の見晴岩に、伝説の課題といわれているのがあって。それをどうしても登りたいと思っていたんですよ。だけど、この前登ったやつ（ハードラック・トゥ・ミー）が思ったより長くかかっちゃって、もう、やる時間が残ってない。でもムーヴは解決してあったんで…。なんとかやりたいと思っていたら雪が降ってきた。スノー・モービルはほしいけど、買えないでいた。そうこうするうち、車の追突事故で保険金がおりた。それで即、買ったんだよ。

――実際に役に立ってますか。

まだです。それは城ガ崎のあと。あれを登ってからだから…　早く登りたいよ。

――冬の北海道は、オフのイメージでしたが、最近は違うっていうのを感じますか。

そうだな、昔はアイス・クライミングとか、スキーとか。でも、寒いときに難しいのはやらないほうがいいと思います。

――寒いって、何度ぐらいですか。

風も吹くけど、いちばん寒いときでもマイナス10度ぐらいかな。そこでフォーティーンとか取付いちゃうから、体こわしちゃうんだよ。おれも肩をこわして。帰ったら手術するけど、肩をこわしてる人は多いよ。

こんなふうになったのは、たしか山村学が2月に「神威」を登ったときからかな、あれでみんな、やりゃできるんじゃないのって感じになったんだけど。

――その気温でどのくらいまで登れるものなんですか。

難度的には自分の限界までいけると思うけど。短ければね。だいたい7メートルぐらいでだめかな。ただ靴の性能は極端に落ちる。そういうなかでの完登は難しいので、ムーヴだけ、ハングドッグを主にしている。

城ガ崎・浮山橋のプロジェクト

■未来

――今後の予定は？

とりあえず、城ガ崎のあれを登ってから北海道に戻って、肩を手術、〝伝説の課題〟を登って…　あと今年はちょっとハッゾルをやります。でも、今年は登れないかもしれない。でも来年には必ず登りますよ。

――すごいですね。

そんなの登れるにきまってるじゃない。登れないと思うから登れないんだよ。

――いや、ふつうの人の感覚だと、ちょろっとやって登れるのが、登れるって感じだと思うんですけど。

そうだな、そういう意味でいえば、おれのやり方じゃ「全然登れない」といえるな。ただ、最終的には登れるよ。

――クライミング界の将来については。

前にも言ったけど、これからどんどん人工壁が増えていくんだろうな。

――今の若いクライマーに。

女と遊んでいるようじゃ強くならないな。やっぱりまあ、どいつもこいつも根性がないから。おれはクライミング界には失望しているよ。つまり、みんな根性がないから、たいして期待してない。でも、自分をアピールする手段としてクライミングを選んだやつ、これはうまくなるだろうな。

――なにか反骨的な発言が多いようですが。

まったくそのとおり。サラリーマンになるぐらいなら、おれはフリーソロして死ぬよ。

――忘れてましたが、ハングドッグは長いほうですか。

2時間ぐらいだな。

――えっ、文句出ません？

言わせない。ただ、いつもそんなにやってないよ。おれ、時間の感覚ないから。時計もないし。

――ハングドッグを楽しんでるわけじゃないですよね。

ウーン、登るためにやってるんだ。そんなに余裕ないよ。登れりゃなんでもいいと思ってやってるのに。

――トライ回数を見ても、長い間耐えた末、1回のレッドポイントで喜びが爆発するっていう感じのスタイルですが。

それでいいんだよ。大切なのはプロセスなんだから。長い間苦しんでやっているときは楽しくなくても、登れたときは楽しいからな。

――そのスタイルにこだわり続けたことに後悔は、ためらいとかは？

まったくないね。若いころはいろいろ考えたけど、もう歳だし、引き返せない。

ハード・ルートを登るのに、別にだれのためというわけはないんだけど、義務感のようなものを感じている。そして、成功したときには周りの称賛がほしいと思うが、それが目的じゃない。自分で満足することだよな。いろんな人がいるけど、人目をあまりに気にしすぎると、思いあがってよくないと思う。

最初からグレイドに対する憧れがあって、それを追ってきたんだけど、それを突きつめていって、最終的にだれも到達したことのないグレイドにいけるかどうかは分からない。

――昔なら吉田さんの評価ももっと高かったと思うのですが。

それは、あるだろうな。ほかの日本人に比べて5・13以上はたくさん作っているし、登っているんだけど。昔は初登で勝負してたけど、今はな……。何回も言うけど、時代の流れだろ。なんだかオレ、アルパイン・クライマーにかなり近いだろうな。

――吉田さんと同じようなことのできる環境にいる人は、あまりいないんですけど。

そりゃ、やる気の問題もあると思うよ。やる気があれば、ひもにだって、なれるだろ。

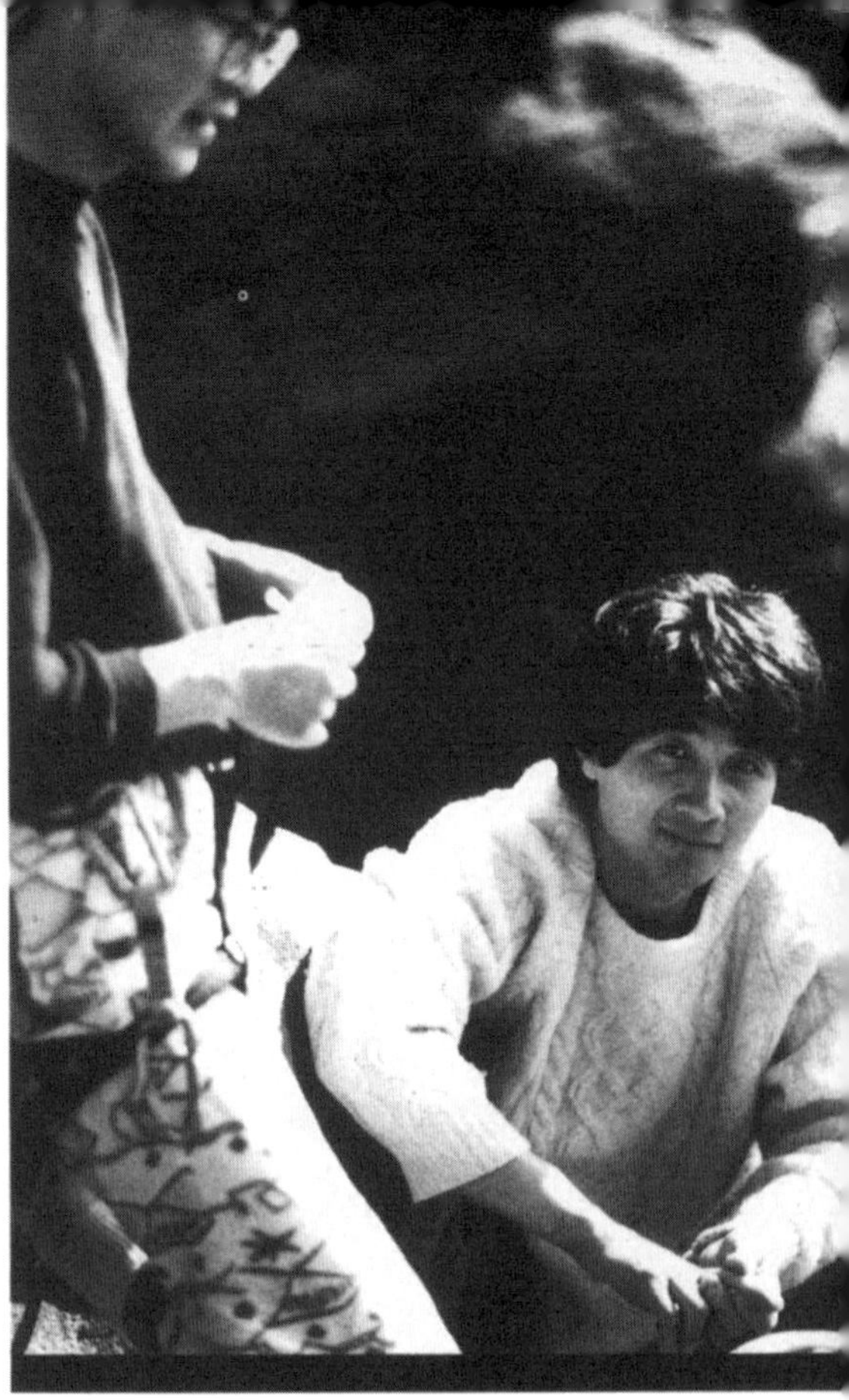

吉田和正　おもな初登ルート

■'85年
〈城ガ崎〉
4月〜6月　JULYザ・ダディ（5・11c）、熱き思いをこめて（5・11b）

■'86年
〈城ガ崎〉
2月　南極1号（5・11d／12a）
3月　パンチ（5・11b／c）
4月　あの娘といい気分（5・11d）
12月　ペントハウス（5・12a／b）
〈神居岩〉
6月　元気があってよろしい！（5・12a）
10月　俺が大将（5・12a／b）
〈石垣山〉
10月　青い空ダイレクト（5・12a）
〈見晴岩〉
10月　紙風船（5・11c）

■'87年
〈城ガ崎〉
2月　モータードライブ（5・12）
3月　ビッグマウンテン・シャッフル（5・12）
4月　ブリザード（5・12＋）
サマータイムブルース（5・12－）
5月　ビッグマウンテン（5・12－）
〈楯ガ崎〉
4月　八十八夜（5・12d）
〈山口〉
5月　ボヘミアン（5・11＋）
6月　山開き（5・12a）

■'88年
〈城ガ崎〉
1月　メリーゴーランド（5・12／12＋）
ぬらりひょん（5・12－）
フォボス（5・12＋）
熱川ダンサー（5・12）
2月　ダイモス（5・13－）
4月　ヴィラフェイス（5・12）
ネコバンザイクリフ（5・12－）
タコダンサー（5・12＋）
8月　カニダンサー（5・13）
12月　パンクドラゴン（5・12＋／5・13－）
〈昇仙峡〉
3月　カサンドラクロス（5・12）
〈韓国〉
10月　LOVE（5・13）

■'89年
〈城ガ崎〉
2月　マーズ（5・13d）
12月　虎のパンツの穴（5・13b）
〈赤岩青巌峡〉
7月　日高源流エサオマン（5・13b）
〈小樽赤岩〉
8月　マグニチュード（5・12d／13a）
9月　石狩湾低気圧（5・13a）
〈神居岩〉
8月　ローリング30（5・13c）

■'90年
〈城ガ崎〉
1月　クランチャー（5・13c）
2月　ガバ男（5・13a）
〈陶ガ岳〉
2月　働かないおじさん（5・12－）
〈城山〉
3月　お手々つないで（5・12c）
〈小川山〉
5月　瓶戸皇子（5・12b）
〈赤岩青巌峡〉
11月　ジングルベル（5・13c）

■'91年
〈神居岩〉
9〜11月　フェイス・ザ・コンプレックス（5・13b）、プラジオ（5・13c）、ムーンライトバニー（5・12c）
〈赤岩青巌峡〉
11月　燃えるお兄さん（5・13d／14a）

■'92年
〈神居岩〉
4月　シュピネイター（5・14a）
コモエスタ・セニョール・シゲル（5・12c）
〈厚岸床潭〉
ウニはたたかう（5・12c）
〈豊里〉
スーパーレインX（5・13a）
ハングリーハート（5・13c）

■'93年
〈赤岩青巌峡〉
1月　ぼっちゃん（5・13a）
エクセレント・スポート（5・12c）
〈見晴岩〉
ハードラック・トゥ・ミー（5・14a／b）
ビューティ・アンド・ブリリアント（5・13a／b）
スーパーフール（5・12c／d）

岩と雪 No.169（1995 .4）P13-20

日本ボルダリング紀行

石の人

草野俊達

早池峰山・頂上ボルダー

安達太良山・石の人　多彩なムーヴが凝縮された傑作

大日岩・岩小舎ボルダーのランジ

安達太良山・マントリングの課題

エリミネーター左

'87年、アメリカへクライミングの旅に出発する前、私は御岳の忍者返し(一級)や、四方津のドラゴン(一級)などを登って喜んでいたが、本物のしびれるようなボルダリングを実感したのは、やはりこの旅で触れたジョン・ギルのエリミネーター左(一級)だ。

真夏の暑いさなか、コロラドのホーストゥース貯水池を訪れたのは一日だけだったが、そこには二つの素晴らしいボルダーが待っていた。このときはメンタルブロックのピンチオーバーハング(初級)には手も足もでず、地面から足を浮かすのが精一杯だった。しかしもう一個のボルダーにあるエリミネーター左は最高だった。

しっかりした右手のホールドで壁に取付き、左上遠くにあるガバのクラックにただ飛びつく、手数にして一手だけの課題なのだが、クラックに手をかけたはいいものの、その手を支点として体が振り子のように振られ、左の空間へすっとんでいってしまうのだ。結局、何回やっても体は止まらず、みんなと同じようにギルに脱帽し敗退となったのだが、この一瞬の体操的な動きが理屈抜きで面白く、このときの感覚はしっかり体の中に染み込んだ。

ボルダリングにのめり込む

その後、ふつうにクライミングを行い数年間が過ぎていたのだが、'90年代に入ると、一部の人たちによる、岩場での目に余るルート開拓が目立つようになってきた。

ルート開拓の好きな人が、壁の中の登れるところすべてに、安全のためという大義名分のもとボルトを乱打し、人工壁のように碁盤目状によけいなルートを作ってしまった。また、ホールドを作るため岩を削ったり、人工ホールドを付けたり、あるいは難しくするためにホールドを落としたりと、なんの理性もない。残念ながら今の日本の岩場は、世界中で最も破壊され、よいルートよい岩場が台無しにされている。

クライミングというものは、本当はもっといろいろ考えながら行う、知的で芸術的で、昔からの歴史を持ったひとつの文化であるのに、多くの人はなにも考えていないようだ。

そんな人は覚えておくべきことがある。クライミングには、ただひとつ守るべき大昔からの最重要ルールがある。それは岩を傷つけないということだ。

ボルトというのは、そんなクライミングにとってただひとつの妥協点であり、ボルトを打つ人は、本当に必要かよく考え、悩んでから、最小限のボルトのみ打つべきだ。

岩は人工壁と違ってトレーニング場ではないし、もちろん個人のおもちゃではない。岩には自然が与えてくれた素晴らしいラインがあり、そこでクライマーは岩と真剣に向かい合う。

だから岩場には面白くない悪いルートは必要ない。岩が「ここを登れよ」と語りか

小川山きたない大岩・小川山ジャンプ

けているような、素晴らしいルートだけがあればいい。それがわからないクライマーには、ルート開拓をする資格はない。

よくない、と感じていた'92年、高校のころからいつかは行きたいと思っていた、ギルの足跡を訪ねるツアーに、同じようにこのツアーを考えていた拓植君と行く機会に恵まれた。

そのときもギルの課題は素晴らしく、あいかわらず難しかったが、エリミネーター左と、苦労したがピンチオーバーハングを登ることができた。この二つの課題は、まさにボルダリングの何たるかを示している。

帰国してからしばらくはクライミングもしていた。私は、汚くて暗く、しみ出しの多い、そんな日本の岩と、そこにある素晴らしいルートを愛しているから。しかし増えてしまった乱れたルートにはイライラするし、それらを作る開拓クライマーが嫌でたまらなくなった。それでクライミングに対しては、ちょっと気が抜けてしまった。

それに対しギルの課題のようなボルダリングが日本でもできるのではないか、また今なら、少し強くなったので難しいボルダーが登れるのではないかという思いが大きくなって、ボルダリングへ行く回数が増えた。

そしてボルダリングは真剣にやってみると、これが非常に面白い。調子が悪いとまったくといっていいほど登れない厳しい面や、どこにいっても他の人がいないので、のんびり自分のペースで登れるところなど私は好きなのだが、なんといっても最高なのは、ビクビクしながら恐ろしいマントリングを返し、最後には岩の上に立ちあがって、登ったことをひしひしと実感できることだ。そしてそこにはボルトなど人工物はいっさいない。自然の創造物である岩と人間の純粋な関係だけがある。

最近では、ビュークスでクライミングをして以来、日本では一年近くボルダリングしかしていない。当分ボルダリング中心のシーズンが続きそうだ。

これからは、少数だが岩を愛する純粋なボルダラーが各地で登り始め、日本でも無限にあるボルダーに、難しい課題がたくさん増えるような気がする。

東北へ

アメリカでのボルダリング・ツアーから帰ってきて最初に試したのが、夏の東北ボルダリング・ツアーだ。このときはサンチエ（鈴木朗）が興味を示しつきあってくれた。よいボルダーと魚屋の店先で焼いているうまいサバ、快適なロストアロー号と、この旅は最高だった。あなたも安達太良山、早池峰山、侍浜とめぐれば、満足間違いなし。

でもちょっと待って、早池峰山だけはあまり勧められないかな。なぜならボルダリングをやっていると、高山植物監視のおじさんにこっぴどく叱られるかもしれませんから。

安達太良山

胎内岩と、谷をはさんで反対側の障子岩

ボルダーというよりフリーソロに近い中津川・塩沢水辺のクラック

ユニークなスラブの課題、三峰・凄まじい平ら

との間に、信じられない数のボルダーが転がっている。胎内岩側には、面白いボルダーのまとまったボルダー尾根がある。障子岩側には、石の数の数えきれないボルダー台地が広がっている。

安達太良山のボルダーの特徴は、つるつるではなくガバも多いので、簡単な課題が多いということだ。もちろん難しい課題もたくさんある。なかでもボルダー台地が始まるところにある**石の人**（初段）は、難しいジャミングから始まり、甘いへこんだホールド、ヒールフックをかけ体が横になるマントリング、いい下地と最高の課題だ。

とにかく山の好きな人なら、山の中でたくさんのボルダーに囲まれる気分は最高だ。

福島大日岩

岩場の下にボルダーがひとつ転がっている。これには昔からのトラヴァースの課題があるが、加えて私が、面白い時間差の両手ランジ（一級）を考えてみた。

一ノ関厳美渓

まさに観光地である厳美渓には、素晴らしい**クラック**（初段）がある。まずジャンプしてガバに飛びつき、そこからクラックに移るのだが、高さがあるのでフリーソロの気分だ。ギルのスィングブル以来、落ちたらけがをする課題はもう終わりと思っていたのだが、見ているうちにどうしても登りたくなって登ってしまった。

小川山

小川山にあるボルダーは本当に少し、10個くらいしかない。でもなかなかいい。それにあのジェリー・モファットや巨人軍ロン・フォーセット、シュテファン・グロヴァッツが登ったのと同じボルダーを味わえるのだから。

小川山ジャンプ（二段）。これはギルの課題をたくさん登った結果、岩を見る目がよくなったので発見できた、ジムナスティック・ボルダリングを象徴する激しいランジだ。

ソフトクリームなど売っている売店の下にある、今まで通り過ぎていた大岩と呼ばれるきたないボルダーに、それは浮かびあがっている。小川山を訪れたときは必ず一度は自分でトライし、できたら誰かが成功するのを見てもらいたい、本当に素晴らしいから。

この岩の側面、右端のライン（一級）も難しい。

クジラ岩

クジラ岩の課題はみな素晴らしいし、難しい。実際のところは、小川山は暑いときに行ってしまうし、夏はコケむして濡れていることが多いので、どの課題も難しく感じるのだけれどね。

エイハブ船長のすぐ左の穴を使って登るのが、寺島社長が解決した、**穴社長**（初段）だ。長年、小川山ボルダリング未登の課題だっただけあり、登りごたえがある。

右のほうに目を移すと大きなフレークがあり、そのすぐ左の壁を登るのが難しいマントリングの**緑のマント**（初段）だ。

おそらく国内最難の課題であろう御岳ボルダーの「蟹」

この裏面にある簡単なクラックの少し左には、グロヴァッツが解決したといわれる穴が数個並んだスラブ（初段）がある。これもいいね。

ボルダリングではすぐあきらめられるから、気楽にスラブも楽しめるんだな。

屋根岩への道とカモシカ遊歩道の分岐点には、二つボルダーが転がっている。屋根岩側のボルダーは、穴をちりばめた変わったボルダーだ。カンテやその左の凹状は手ごろで面白い。

そしてカンテの右の壁の正面、一見なんのホールドもない壁を、細かいホールドを使ってダイナミックに登るのが、**石の魂**（二段）。どうしても登りたくて、秋雨の合間をついてひとりで飛びにいったのだが、20回くらい飛んだ後に成功したときは、だれもいない森のなかで叫んでしまった。「ワォ」。あなたも、もし登れたときはボルダーの上でびりびりとしびれてしまうこと間違いなし、保証付き。

御岳

御岳のボルダーはつるつるで難しいといわれるが、実はソフトクリーム岩以外のボルダーは、かちっとした細かいホールドが並んでいるので、指の力を思いっきり発揮できる。

そんな御岳を象徴するクラシックが、忍者返し、クライマー返し（初段）、デッドエンド（一級）、ジャンピングフック（一級）であろう。ふつうこれだけの課題を登るだけでも、けっこうな時間が必要だと思われる。

それに加え寺島社長の登った**こども返し**(初段)と、下地が削れて高くなったソフトクリーム岩の、水際のカンテ(初段)も登ろうと考えると、御岳も非常に手強く、楽しめる。

現に私も土曜半日で終わった都内の高校から御岳に向かったり、沢登りの帰りに寄ったりした高校のころから今まで、ずいぶん長い間御岳を楽しんでいるが、飽きる気配はない。

しかしクラシックな課題は、最近ボルダリングを真面目にやりだして登り尽くしてしまった。そこで'94年になって、昔から注目されてはいるがまだ登られてないあの課題を、ちょっと真面目にやってみようと思いたった。

"あの課題"とは、忍者返しを、左のほうからトラヴァースしてきた後に登るものだ。モファットなどがやり始めてから、なにが今までクライマーをはね返してきたかというと、忍者返しに合流するトラヴァースの最後の箇所が極端に難しく、もちろん、そのころ私もへただったので、ムーヴすら満足にできなかったのだ。

私は幸運にも'93年からクライミングジムで働くようになり、また柴田先輩、寺島社長と16万㌔乗りつがれてきたスターレットを譲り受け、自分の車を持つことができ、ひとつのアイデアを思いついた。これはクライミングジム営業時間前の午前中に御岳でボルダリングをして、帰ってきてから仕事につくというものだ。そしてこの「あさみたけ」が大きなトレーニング効果を発揮することになった。

困難だった合流部分の手数三手のムーヴを、春には一手ずつではあるが解決することができ、あとはつなげるだけとなった。

そして夏まであさみたけを続け、行くたびにレッドポイントをねらっていたのだが、恐れていたとおり細かいホールドはぬめりだし、とうとうあの記録的猛暑がやってきて、あさみたけは、いつのまにか「あさみたけスイミング」に変わっていた。あれは気持ちよかったけど。

その後、大倉カップがあったり、涼しい山でボルダリングをしたりで、御岳の課題からは遠ざかっていたが、10月も半ばになって涼しい季節になり、体のコンディションもよくなり、「このときを待っていたんだ」という感じで、再びあさみたけを再開した。

そして3日目だったかな、その前に行ったときに、核心を越えて忍者返しに入ってから落ち、悔しくて大声で叫んでいたので、今日こそはと満を持して挑戦し、今度は成功の雄叫びをあげることができた。「ワォ」

いつものように涼しくなって登れてしまうと簡単に感じるものだが、いっぱいやってる間に成長して強くなったということにしておこう。きっと本州で本当に難しいクライミングのひとつだ。しかも東京に最も近い。

手数は一八手くらいかな。な、な、長すぎるー。ルート名は蟹(三段)。

小川山・石の魂

三峰

堀越さんによる「ボルダー街道」の紹介はずいぶん話題になったものだが、最近は下地の悪くなったものが多く、またあの印象的だったホワイトハングも、なんらかの工事の影響で跡形もなくなり、岩にチョーク跡が印されることはめったになくなった。

しかし今も都心からわりあい近いボルダリング・エリアであることには変わりないし、行ったことのある人はわかると思うが、そのころの課題のなかに非常にレヴェルの高いものがあり、それらは十分エネルギーを費やす価値があるものだと思う。そのなかでもお勧めとしては、草餅岩のべろんちょ凹状(一級)や池田カンテ(一級)などが楽しいだろう。

もっとハードなものを求める人は、ひとすじの涙(初段)や、発表されなかったが当時登られた、草餅岩凹状の左の膨らみを、両手で抱えながら登るライン(初段)などが非常に難しく、内容もよいので満足できると思う。

厳美渓のクラック

奥多摩・黒茶屋ボルダー

　これらの三峰の課題や、'60、'70年のギルや、ジム・ハロウェイの課題、パリのフォンテーヌブローの課題のように、ボルダリングで昔の課題が今も色褪せず難しいのは、ルートでのクライミングが、ハンガーボルトの出現などによってクライミング・スタイルの革新と危険の除去が起こってグレイドが押し上げられたのに対し、ボルダリングは、ただ登りきるというルール不変の、道具に頼らない岩との対話で、より肉体的なスポーツだからである。この素晴らしいスタイルは将来も変わりないであろう。

野呂川・広河原のボルダー

足尾・松木沢にて

　三峰ではのっぺりしたのを二つほど登ってみた。ひとつは池田カンテのすぐ左を登る**一輪車**(二段)。その少し上流、父岩と名づけられた岩の平らな部分を登るのが、**凄まじい平ら**(二段)。最初のホールド以外、手はジャンケンのパーに開いたままだ。

　三峰からさらに上流、中津川の塩沢近くに、ダム工事のため出現したハイボルダーを発見。これの前傾壁に走るクラックが私の最新作、**塩沢水辺のクラック**(二段)である。二手のジャミングからあまいフチを使ってのレイバックになる。高さがあるので、一般の方はトップロープがいいかも。

岩を守ってボルダリング

　ボルダリングはロープやそれに関わるボルトなどを必要としない、純粋なフリークライミングだ。また、ちょっとスリルがあるから小さな冒険ともいえる。

　もしあなたがあるボルダーで、怖くてロープやボルトが欲しいと感じるのだったら、それはまだその課題を登るのに十分な技術がないのであって、トレーニングして出なおすべきだ。

　だからボルダーには、トップロープ用といえどもボルトを打つ必要はない。それにほとんどのボルダーは、工夫すればボルトなしでトップロープをかけられる。

　もしボルトがなければ登れないというボルダーがあったとしても、ボルトは打たないで、そのまま登らないでおけばいい。自然を対象にするクライミングでは、すべてが自由になるわけではないんだ。そういう勇気ある決断も必要だと思う。

　ボルダリングを安全に行うために必要なのは、頼りになる補助者と、危険なときあきらめる勇気、そして、つねにコントロールされたクライミングだけだ。

　この先も山の中には素晴らしいきれいなボルダーが、私と少ないボルダリング仲間のことを待っている。あなたのことを待っているかどうかは知らないけれどね。

[グレイドの目安]

　1級は7a～7a＋、初段は7a＋～7b、2段は7b＋、3段は7c。(比較しているグレイドはフォンテーヌブローのもの)

コラム⑬

あの人が生きていたら

今野和義

78年12月10日、一ノ倉沢衝立岩正面壁単独登攀中に、アブミをかけていたピトンが抜け、自己確保のボルトも抜けて250m転落、亡くなった。32歳だった。山学同志会に入会して10年、チーフリーダーとして小西政継から絶大な信頼を得ていた。71年のグランド・ジョラス冬季第3登のおり、嵐からの脱出行を大部分リードして、その代償に左足指5本を凍傷で失った。

旧ソ連の岩登り競技会に参戦してスピードとパワー、テクニックの必要性を実感し、単独登攀できびしいトレーニングを続けていた。ジャヌー北壁の成功後は、少数精鋭のアルパインスタイルまで視野に入れていた。

アレックス・マッキンタイア（イギリス）

82年10月17日、アンナプルナ南壁の新ルートで落石に打たれ死亡。28歳だった。装備を切り詰めたためロックバンドから敗退。その基部まで下りてガリーを横断中、落石に後頭部を直撃されて即死した。

77年にポーランドのヴォイチェフ・クルティカとバンダコー北東壁を初登攀。英国・ポーランドの合同遠征「東西絶壁仲間」を結成した。チャンガバン南壁、ダウラギリ東壁を登り、81年マカルー西壁に挑戦。82年春にはダグ・スコットとシシャパンマ南西壁も登った。マッキンタイアの命を奪ったルートは、84年秋にスペインペアによって登られた。

吉野 寛

83年10月9日、エヴェレスト無酸素登頂に成功した翌日、ヒラリーステップ付近で転落死、11日に遺体で発見された。33歳だった。吉野のイエティ隊と山学同志会隊は8日に遠藤晴行ら3人が登頂、吉野と禿博信は遅れて頂上に着いた。南峰でビバークした遠藤が翌朝見ると吉野はいたが、禿がいない。吉野は、東京雲稜会から独立してイエティ同人を結成、81年にアンナプルナ南壁に3本目のルートを拓いた。翌年の日山協K2隊では北稜から無酸素登頂。下降中ビバークとなり、同じ会の柳沢幸弘の状態が悪化。ロープを結んで下ろし、ほぼ安全地帯まで着いた直後にロープを解いた柳沢が北壁を転落してしまった。

イエジ・ククチカ（ポーランド）

89年10月24日、ローツェ南壁で転落死、41歳だった。メスナーに続く8000m14座登頂者だが、唯一通常ルートから登ったローツェを南壁からやり直そうとした。成功すれば、すべてバリエーションか冬季の14座となり、メスナーを凌ぐ。まして、ローツェ南壁はまだ登られていなかった。ククチカにとって85年に8200mで敗退して以来の夢だった。今回は8300mに最終ビバークを設け、翌朝8時半にククチカが出発。50mほど登って頂稜に出る最後の壁を越えたと思われるあたりでククチカの体が突然宙を舞い、6mmロープが切れてそのまま落ちていった。

ヴォルフガング・ギュリッヒ（ドイツ）

92年8月29日、ミュンヘンからニュルンベルクに通じるアウトバーンで運転していた車が立木に衝突、重傷を負って死亡した。31歳だった。早朝のラジオ番組に出た帰りに居眠りしたものと思われる。

10年前、当時世界最難と謳われたグランドイリュージョンを登って国際的に知られた。83年にX級時代は近いと予言し、そのとおりに歩んだ。84年カナール・イム・リュッケン（X－）、85年パンクス・イン・ザ・ジム（X）、86年アマデウス・シュワルツェネッガー（X）、87年ウォールストリート（XI－）、91年アクシオン・ディレクト（XI）。これ以外にもトランゴタワーとパイネ中央タワーで、フリー主体のビッグルートも拓いた。

年代	号数	特集タイトル
1958	1	1956～57年積雪期登攀記録
	2	特集＝谷川岳研究
1959	3	続・谷川岳研究
	4	特集＝八ガ岳研究
	5	特集＝槍・穂高研究
	6	特集＝中央アルプス研究
1960	7	特集＝北海道研究
1966	8	ヨーロッパ4つの壁の冬期登攀記録
1967	9	座談会＝ディレッティシマの追及
	10	特集＝登攀用具の再検討
1968	11	特集＝日本登山界の問題点
	12	特集＝〝登攀〟
	13	特集＝冬山の再検討
1969	14	ヒマラヤ特集　付録＝4色刷ヒマラヤ大地図
	15	特集＝アルピニズム再考
	16	アルピニスト25人集
1970	17	特集＝ヒマラヤ1970年
	18	座談会＝新しいヒマラヤニズム
	19	特集＝ナイロンザイル切断
1971	20	特集＝自由登攀
	21	ヒマラヤ＝記録と諸問題
	22	ヒマラヤ'70－71　マナスル西壁隊詳報

年代	号数	特集タイトル
1972	23	総特集＝トランシーバー
	24	座談会＝海外登山・現状と問題点
	25	特集＝海外登山タブー集
	26	特集＝ザイルのすべて
	27	特集＝ヒマラヤトレッキング
	28	ナイロンザイル―その強度を考える
1973	29	地域研究＝海谷山塊の全ルート／パタゴニア大陸氷
	30	特集＝山岳1972年
	31	厳冬期初登記録／研究＝ヒマチャル・プラデシュの山々
	32	特集＝日本の岩場・記録と課題
	33	異端者マエストリの行動と倫理
	34	特集＝高度障害とヒマラヤ登山
1974	35	アンデス／アルプス1973年の登攀
	36	特集＝山岳1973年
	37	海外著名アルピニストの〈高所登山論〉
	38	特集＝エベレスト南西壁
	39	特集＝登攀用具改造の側面
	40	特集＝カラコルム1974年
1975	41	海外登山推薦基準再考
	42	山岳年鑑'75
	43	冬期登攀1974－75　ネパール・ヒマラヤ登攀史
	44	座談会＝現代の登攀を語る
	45	特集＝エベレスト8848m

36号　ポピュラーなツール・ロンドの写真だが、アクションショットとして好評だった。撮影＝武藤 昭

20号　用具シリーズ、季刊化第1号。その後、ハンマーやワカン、細引き等のアイテムが表紙に

14号　風見武秀撮影によるヌプツェ。初めてヒマラヤの写真を表紙にした

8号　上田哲農のイラストを使ったデザインが出色。6年の休刊を経ての復刊記念号

1号　記念すべき創刊号はピッケルとハーケンのイラストをあしらった表紙

年	号	内容
1975	46	初登頂＝ヒマラヤ'75 地域研究・黒部奥鐘山西壁
1976	47	氷壁登攀＝その歴史・技術・記録
	48	山岳年鑑'76
	49	ヨセミテ'75／アルプス2つの冬期登攀
	50	日本の登攀　別冊付録＝ヒマラヤ・トレッキング
	51	ジャヌー北壁／チャンガバン南西岩稜
	52	特集＝カラコルム1976　主要記録と諸問題
1977	53	アンデス―3つの壁の記録　ソ連岩登り大会の教訓
	54	エル・キャピタン／ナンダ・デヴィ／ 谷川岳宙吊り遭難考
	55	山岳年鑑1977
	56	D・ハストン追悼／剣沢大滝と池ノ谷
	57	特集＝冬期登攀1977
	58	特集＝単独登攀のすべて／ ノルウェーのビッグウォール
1978	59	特集＝アラスカ・極北の山々／ バインターブラック初登頂
	60	特集＝北海道の登攀／ エル・キャピタン トリプルダイレクト
	61	山岳年鑑1978
	62	アルプス'78冬／パタゴニアの嵐／トランゴ・タワー
	63	特集＝いまロック・クライミングは…
	64	講座・EXPEDITIONS／積雪期登攀1978
1979	65	特集＝ペルー・アンデスのすべて
	66	ジャヌーへの挑戦／岩登り競技再考
	67	臨時増刊＝山岳年鑑'79
	68	ダウラギリ南東稜／冬期登攀記録1979

年	号	内容
1979	69	特集＝世界のロック・クライミング／ 日本のビッグルート24
	70	カンテガとタムセルク／人物特集＝H・W・ティルマン
	71	カラコルムのビッグ・ウォール／高所登山と体力
1980	72	アメリカのフリー・クライミング／登攀用具の研究
	73	ネパール・ヒマラヤ記録集／極北のビッグウォール
	74	臨時増刊＝山岳年鑑'80
	75	エヴェレスト冬期初登頂／高所登山とトレーニング
	76	ヒマラヤ登山思想の変貌／フレネイ中央岩稜
	77	チョモランマ／カンチェンジュンガ／日本のボルダー
	78	高所登山のルネッサンス／ラトック4峰
1981	79	特集＝英国のフリー・クライミング
	80	ダウラギリ東壁／王子ガ岳／C・ボニントン
	81	臨時増刊＝山岳年鑑'81
	82	現代のヨセミテ／ケニア・赤道の岩と氷
	83	冬のヒマラヤ／アコンカグア南壁
	84	独占手記・ダウラギリ単独登頂／特集＝パタゴニア
	85	海外山岳遭難を考える／三ツ峠再発見
1982	86	単独登攀者の横顔／K2北稜
	87	アメリカ・岩登りの旅／カナダの氷壁／松木沢の岩場
	88	臨時増刊＝山岳年鑑'82
	89	特集＝奥秩父の岩登り／ユタの砂漠
	90	四方津の岩場／奥秩父②小川山／マカルー西壁
	91	ナッツのすべて／御在所岳藤内壁／鳴満則の世界

72号　日本のクライミング界を変えた表紙。ジョン・バーカーのミッドナイト・ライトニング。撮影＝戸田直樹

68号　群馬県山岳連盟のダウラギリ南東稜。ナイフエッジの頂点に設営されたキャンプに注目

66号　英国隊のジャヌー南西壁・アルパインスタイル。撮影＝R・キャリントン

53号　初めての外国人作品、ドリュ北東クーロワールのユマーリング。　撮影＝ヴァンサン・メルシュ

46号　幻の鋭峰チャンガバンを、初めて日本人が撮影した。撮影＝大野晴美

年	号	内容
1982	92	喬戈里北稜／谷川岳・衝立岩フリー化
1983	93	クライミングと倫理／小川山
1983	94	マカルー北西稜／パイネ中央塔／西伊豆・鷲頭山
1983	95	臨時増刊＝山岳年鑑’83
1983	96	シュイナードと語る／スコットランド／秩父・双子山
1983	97	エヴェレスト初登頂30周年記念特集
1983	98	瑞牆山十一面末端壁／マカルー登攀史
1983	99	オーストラリアの岩場／一ノ倉再訪
1984	100	エヴェレスト無酸素登頂の波紋／城ガ崎海岩の岩場
1984	101	松本龍雄vs戸田直樹　カラコルム継続登攀 アメリカの岩場をめぐる
1984	102	山岳年鑑’84　世界の動向・登攀記録・最新情報
1984	103	植村直己アラスカに逝く 野呂川・海谷2つの氷壁　穂高岳屏風岩
1984	104	特集＝フラットソール・ブーツ　城ガ崎・瑞牆山・ 小川山
1984	105	特集＝ボルダリング　ジョン・ギルとの対話
1984	106	特集＝アイス・クライミング J・モファット日本を攀る
1985	107	三ツ峠再発見　御在所岳藤内壁 カシン・リッジ冬季登攀
1985	108	自立する女性クライマーたち 新しいボルダリング・エリア
1985	109	山岳年鑑’85　世界の動向・登攀記録・最新情報
1985	110	特集＝氷瀑’85　スーパー・ボルダリング伝説を 訪ねて　マカルー縦走
1985	111	花崗岩の王国　ブロード・ピーク縦走 シャワンガンクスへの招待
1985	112	クーンブ合宿報告　フー南壁新ルート 別冊付録＝小川山ルート図集

年	号	内容
1985	113	アンクライマブルズ圏谷　屏風岩東壁 新連載＝高みをめざせ
1986	114	特選アイス・クライミング’86 マッシャブルム　G4西壁
1986	115	ガンクス紀行　南紀・白崎海岸 別冊付録＝城ガ崎ルート図集
1986	116	特集＝最新氷壁エリア’86　マナスル冬期登頂 高知・大堂海岸の岩場
1986	117	ヒマラヤン・サミット　南佐久の岩と氷 西日本ボルダーめぐり
1986	118	ヒマラヤン・サミット［下］ 別冊付録＝谷川岳ルート図集
1986	119	特集＝冬季登攀の魅力 最新ダブル・アックス技術
1987	120	特集＝冬でも登れる近郊の岩場 メスナーの軌跡　ヨーロッパをめぐる
1987	121	高峰登山を考える 別冊付録＝小川山・瑞牆山ルート図集
1987	122	特集＝トレーニングで実力アップ 綴込付録＝湯河原幕岩
1987	123	グロヴァッツ&メネストレル　久慈・北侍浜 東海の岩場［上］
1987	124	日原・御前岩　オーストラリア紀行 奥鐘山西壁　東海の岩場［下］
1987	125	ミディ南西壁　現代ボルト技術 ラカポシ東稜　榛名山の岩場
1988	126	特集＝フラットソール新時代 トランゴ2つの登攀　ジャパン・カップ’87
1988	127	特集＝「ゲレンデ」は誰のものか? 別冊付録＝京都・千石岩と金毘羅山
1988	128	特集＝冬季登攀記録集　小川山オールガイド
1988	129	特集＝フリー・クライムのロング・ルート 8b世界をゆく
1988	130	ヴェルドン　ワールドカップ’88 小川山新エリア
1988	131	ヨーロッパ最新コンペ 極限のソロ　ブータン・ヒマラヤ

122号　城ヶ崎サーカスを登る平山ユージ。マルク・ル・メネストレルはこれを見て来日した。撮影＝保科雅則

106号　ジェリー・モファット来日の衝撃。小川山蜘蛛の糸をリードする。撮影＝保科雅則

99号　ナンガ・パルバット南壁の雪崩。この号からヒマラヤ登攀史の連載が始まる。撮影＝藤塚 弘

96号　フリー勃興期を代表するショット。瑞牆・春うらら2ピッチ目をリードする戸田直樹。撮影＝萩原浩司

80号　世界的にも高い評価を与えられた東大スキー山岳部隊のシヴリン北壁。撮影＝山本正嘉

年	号	内容
1989	132	サラテ壁オールフリー　ジャパン・カップ88 / 明星山南壁
1989	133	ワイルド・ロックス　鈴木英貴インタビュー
1989	134	平山裕示　ヨーロッパ全体験 / 別冊付録＝瑞牆山・不動沢ルート図集
1989	135	ガイド特集＝小川山への招待 / 綴込付録＝特選・日本の岩場（〜145）
1989	136	特集＝秩父・二子山の岩場
1989	137	研究＝開かれた天山山脈
1990	138	シティ・オブ・ロックス
1990	139	ソ連の知られざる山々　二子山最新ルート
1990	140	ヒマラヤを語る　厳冬の剱岳八ツ峰
1990	141	女王リン・ヒルは語る　ローツェ南壁陥つ
1990	142	特集＝ヒマラヤ'50-'90　ローツェ南壁特別手記
1990	143	特集＝都会の岩場　フィッツロイ冬季単独行
1991	144	特集＝トランゴのエピック　パイネ中央岩塔
1991	145	ヒマラヤ最新登攀記録　ブリアンソンの岩場
1991	146	秘境のビッグウォール / 海抜ゼロからエヴェレストへ
1991	147	アフリカ　岩と氷の登攀　ハッブル8c＋
1991	148	カンチェンジュンガ東面 / 南仏の岩場　ケイヴ・ロック
1991	149	ソ連5高峰完登記 / スミス・ロックとレッド・ロックス
1992	150	特集＝アルピニズム33年史 / エル・キャピタン　垂直のクルーズ
1992	151	ワンダーランドへの招待　二子山・西岳
1992	152	エヴェレスト南西壁冬の挑戦 / インディアン・クリーク

年	号	内容
1992	153	女たちの八千メートル / フレンチ・セレクション
1992	154	特集＝都会の岩場Ⅱ　奥秩父・最後の楽園
1992	155	ジョン・ギルの足跡を訪ねて / 黒部・丸山の冬季登攀
1993	156	四姑娘山南壁初登攀 / 女ひとりのエル・キャピタン
1993	157	［特集］ビッグウォール・クライミング / アマ・ダブラム西壁
1993	158	特集［エヴェレスト］初登頂40周年 / ドロミテの夏
1993	159	特集［ナンガ・パルバット］　甲府・太刀岡山
1993	160	特集［シッキム・ヒマラヤ］ / プロボシス南東壁
1993	161	カナディアン・アイス　南タイの石灰岩壁
1994	162	特集＝クライミングシューズ / 南仏カランク　剱岳北方稜線
1994	163	エル・キャピタン2つの記録　仁寿峰への招待
1994	164	エルベ砂岩の「伝説」を訪ねて / 人物特集＝吉田和正
1994	165	特集＝奥三河・鳳来の岩場 / グランド・ジョラス女性ソロ
1994	166	特集＝まだまだある「日本の岩場」 / 新しいトレーニング法
1994	167	特集＝K2初登40周年　最強の女性クライマー
1995	168	ミックス・クライミング / チョー・オユー南西壁
1995	169	特集＝クライミングウォール　山家の立岩

168号　オクトパシーのジェフ・ロウ。アイスクライミングの革命ともいえる登攀。撮影＝ブラッド・ジョンスン

165号　ヨセミテ、クロスローズのロン・カウク。ラップボルト論争の発端に。撮影＝グレッグ・エパスン

142号　トモ・チェセン。偽りの記録として、のちに疑問がもたれたローツェ南壁。撮影＝J・コカリ

135号　ビュークスのアジンコートを登るベン・ムーン。高難度課題を次々に登攀。撮影＝中川隆志

132号　エル・キャピタン、サラテ壁をフリー化したトッド・スキナー。撮影＝ビル・ハッチャー

あとがき　21年目の編集後記

１６９号に最後の編集後記を書いてから21年経ちました。24号から編集部に入って23年間を『岩と雪』で過ごしたわけですから、それと同じくらいの年月です。岩と雪の世界とのお付き合いは、ロクスノ（ROCK&SNOW）のレギュラーとして、いまも続いています。

この21年の間に登攀の世界がどう変わったかと考えると、実はたいして変わっていないと感じています。フリークライミングが5・15のレベルに突入し、エヴェレスト登頂者が延べ７０００人を超えたといっても、登攀界を揺るがすような変革ではありません。しいていえば、スポーツクライミングが東京２０２０でオリンピック種目になったことが、今後クライミングのありかたを変えてしまうかもしれません。

思えば大きな変革は、『岩と雪』がまだ続いていた70年代から80年代にかけて起こってしまったような気がします。いまは、むしろそれぞれに専門化した各分野でおだやかな発展が続いているのだと思います。

ヒマラヤ・アルパインスタイル、エヴェレスト無酸素登頂等々、あまりにも急速な変革のなかで少なからぬ人々が命を落としました。新しい登攀行為に目を配ってフォローしていく醍醐味の裏で、交流のあった方々が消えていくことは、登攀専門誌の宿命とはいえ、やりきれない思いを抱かされることもしばしばでした。編集部に在籍した23年間に、いったい何人の追悼記事を書いたことでしょうか。

『岩と雪』のライバルであり、親しい提携先でもあった英誌『マウンテン』を創刊したケン・ウィルスンも昨年6月に亡くなりました。彼の影響といえば、やはり世界中の登攀記録を集めたＩＮＦＯ欄でしょう。おたがいに情報交換しつつ、こちらも負けじとクロニクル欄の充実を図ったものです。だれが、いつ、どこを、どうやって登ったのかということは最も基本的な情報です。たとえハガキ一枚でも、そこから昇格して記事が生まれたこともありました。

そうした情報の集積を1年ごとにまとめて『山岳年鑑』が生まれたわけです。79年から85年は臨時増刊、86年から95年は単行本として刊行されました。いまならブログやフェイスブックで発信するところでしょうが、編集の手を入れて分かりやすくすることは、記録を客観視するうえで大切なことです。

＊

ところで本書は、169冊のなかから気になった記事を選んで編んだものです。ベスト……のタイトルに見合うものかどうか、異論もあろうかと思いますが、インパクトのあった記事、現代のクライマーに読んでほしい記事を中心に構成しました。惜しむらくは外国人著者の論考をほとんど収録できなかったことで、当人が亡くなっていて遺族が不明な場合、こればかりは版権処理の都合上、割愛せざるを得なかったためです。また重要な記事でも他誌に掲載されたものは、当然のことながら、収録していません。記事の合間に何カ所か、時代背景や人物紹介などの解説コラムを、一緒に『岩と雪』を編集した北山真さんと分担して挿入しました。

創刊号から目を通していくうちに、原稿を依頼したときの著者とのやりとりや読者からの反応、編集作業で苦労したことなど、さまざまなエピソードが思い出され、まるで自分の半生を振り返っているような気分でした。

本書に収録した記事が皆さんの登攀生活に少しでも役立てば幸いです。

２０１６年12月18日

池田常道

編者

池田常道（いけだ・つねみち）
１９７２年から『岩と雪』の編集に携わり、77年から95年の休刊まで編集長を務める。雑誌編集のかたわら『高所登山研究』『ヒマラヤ研究』『ビッグ・ウォール・クライミング』『ビヨンド・リスク』『アイス・ワールド』などの山岳書を企画・編集。共訳書に『ヒマラヤン・クライマー』『ピークス・オブ・グローリー』『ヒマラヤ アルパイン・スタイル』がある。２０１３年には『世界の山岳大百科』の日本語版を監修した。近著にヤマケイ新書『現代ヒマラヤ登攀史』がある。

コラム執筆

コラム１～11・13（池田常道）、コラム12（北山 真）

校正　中井しのぶ

おことわり

『岩と雪』バックナンバーの再録にあたりまして、著者の皆様、ならびに著作権継承者の皆様の許諾をいただくよう試みましたが、一部、著作者、著作権継承者との連絡が至らなかった記事があります。恐れ入りますがお心あたりのある方はお申し出くださいますようお願い申し上げます。

岩と雪 BEST SELECTION

二〇一七年二月五日　初版第一刷発行

編　　者　池田常道
発 行 人　川崎深雪
発 行 所　株式会社 山と溪谷社
郵便番号 一〇一—〇〇五一
東京都千代田区神田神保町一丁目一〇五番地
http://www.yamakei.co.jp/
■商品に関するお問合せ先
山と溪谷社カスタマーセンター
電話　〇三—六八三七—五〇一八
■書店・取次様からのお問合せ先
山と溪谷社受注センター
電話　〇三—六七四四—一九一九
ファクス　〇三—六七四四—一九二七

編　　集　秋原浩司（山と溪谷社）
デザイン　エルグ
印刷・製本　大日本印刷株式会社

Printed in Japan　ISBN978-4-635-17188-5

*乱丁、落丁などの不良品は送料小社負担でお取り替えいたします。
*定価はカバーに表示してあります。